Öffne deine
Augen
neige dein
Ohr
löse deine
Zunge
und
erschließe
    dein Herz

D1730517

Grundkurs Spiritualität

Herausgegeben vom
Institut für Spiritualität, Münster

Öffne deine
Augen
neige dein
Ohr
löse deine
Zunge
und
erschließe
   dein Herz

Verlag Katholisches Bibelwerk
Stuttgart

Redaktion:
Elisabeth Hense, Michael Plattig, Paul Menting, Thomas Dienberg

Autoren:
Thomas Dienberg, Gotthard Fuchs, Elisabeth Hense, Maria Hense,
Reinhard Isenberg, Bernhard-Maria Janzen, Paul Menting,
Michael Plattig

Die Deutsche Bibliothek – CIP-Einheitsaufnahme

Ein Titeldatensatz für diese Publikation
ist bei Der Deutschen Bibliothek erhältlich.

ISBN 3-460-32613-1
Alle Rechte vorbehalten
© 2000 Verlag Katholisches Bibelwerk, Stuttgart
Erstellung der Druckvorlage: Paul Menting
Umschlag: Finken & Bumiller, Stuttgart
Druck: Druckerei Grässer, Karlsruhe

Inhaltsverzeichnis

Vorwort

Liebe Leserin, lieber Leser

Das Thema Spiritualität ist in den vergangenen Jahren immer mehr in den Mittelpunkt der Suche nach authentischer Religiosität und erneuertem, zeitgemäßen Glauben gerückt. Nachdem die Kirchen in den sechziger und siebziger Jahren des zwanzigsten Jahrhunderts unter dem Einfluß einer zunehmenden Säkularisation in unserer Gesellschaft ihre traditionelle Rolle im Leben der Menschen immer mehr verloren hatten, konnte in den achtziger und neunziger Jahren jenes Jahrhunderts sowohl innerhalb der Kirchen als auch außerhalb von ihnen eine neue und ehrliche Suche nach Tiefe und Sinn einsetzen. Die intensive Hinwendung zu Fragen der Spiritualität zu Beginn des neuen Jahrtausends bringt deutlich ins Bewußtsein, daß ein persönlicher, authentischer Weg der Vertiefung und Verwurzelung in Gott notwendig ist, um heute zu glauben und den Glauben im Alltag zu bekennen. Ein nahezu unüberschaubarer Berg an Büchern und Broschüren zur Spiritualität hat sich begleitend zu dieser Entwicklung in den letzten Dezennien aufgehäuft. Das reicht von praktischen Hilfen für die spirituelle Alltagsgestaltung bis hin zu wissenschaftlichen Werken über die Geschichte und die Thematik der Spiritualität. Wer sich heute der Spiritualität zuwendet, kann sich daher anstecken lassen vom erfrischenden Elan einer erst vor kurzem wiederentdeckten oder von Neuem entdeckten Wissenschaft und dem Geist des Aufbruchs und Umdenkens im geistlichen Leben.

Es scheint, daß die theologische Disziplin der Spiritualität heute den Zusammenhang von Erfahrung und Theologie wiedergefunden hat, der uns im fünfzehnten Jahrhundert verloren gegangen war und der sich in den nachfolgenden Jahrhunderten sowohl für die Theologie als auch für das geistliche Leben unselig ausgewirkt hat. So sehr Glauben und Handeln, Beten und Denken untrennbar zusammengehören, so unaufhebbar sollte auch die Verbindung und Durchdringung von Theologie und Spiritualität sein. Eine Spiritualität, die sich und anderen nicht auch gedanklich Rechenschaft gäbe über ihre Gründe und Inhalte, wäre denkfaul. Eine Theologie, die sich bloß in Begriffen und Spekulationen verlöre und nicht den notwendigen Erfahrungsbezug und Praxiskontext hätte, wäre ein hölzernes Eisen. Je nach Berufung und Begabung unterschiedlich akzentuiert, ist doch für jede Glaubensbiographie beides entscheidend: kritisches Denken und ergriffenes Lieben. Erkenntnis und Erfahrung miteinander verbindend will spirituelle Theologie „den Menschen aus der übersichtlichen Helle seines Daseins hinauszwingen in das Geheimnis Gottes hinein, wo er nicht mehr begreift, sondern ergriffen wird, wo er nicht mehr räsoniert, sondern anbetet, wo er nicht bewältigt, sondern selber überwältigt wird. Nur dort, wo die Theologie der begreifenden Begriffe sich selbst aufhebt in die Theologie der ergreifenden Unbegreiflichkeit, ist sie Theologie" (Rahner, 1967, 153). Es gilt also sowohl einem kognitivistischen, rationalistischen, ‚verkopften' Mißverständnis von Theologie zu wehren wie auch einer einseitig erfahrungsbezogenen Auffassung von Frömmigkeit und Spiritualität. Glaubende wie Meister Eckhart und Johannes vom Kreuz, Teresa von Avila und Madeleine Delbrêl – sie alle bezeugen, wie sehr geerdete Theologie und gelebte Spiritualität zwei Seiten ein und derselben Medaille, zwei Atembewegungen desselben Lebensvorgangs sind. „Glaube, dem die Vernunft fehlt, hat Empfindung und

Erfahrung betont und steht damit in Gefahr, kein universales Angebot mehr zu sein. Es ist illusorisch zu meinen, angesichts einer schwachen Vernunft besitze der Glaube größere Überzeugungskraft; im Gegenteil, er gerät in die ernsthafte Gefahr, auf Mythos bzw. Aberglauben verkürzt zu werden. In demselben Maß wird sich eine Vernunft, die keinen reifen Glauben vor sich hat, niemals veranlaßt sehen, den Blick auf die Neuheit und Radikalität des Seins zu richten" (Johannes Paul II., Fides et ratio Nr 48).

Dieser Kurs will sich den wiedergewonnenen Zusammenhang zwischen Theologie und geistlichem Leben zunutze machen. Wir möchten den von Karl Rahner als ‚gräßlich' bezeichneten Unterschied zwischen ungeistlicher Theologie und untheologischer Frömmigkeit hinter uns lassen und uns als denkende und liebende Wesen hier und jetzt neu auf den Weg des Glaubens machen. Wenngleich wir, wie gesagt, darin nicht allein sind, sondern momentan eine intensive Hinwendung zu Fragen der Spiritualität zu verzeichnen ist, dürfte doch unstrittig sein, daß viele Gottsucherinnen und Gottsucher es schwer haben, sich im Dschungel der spirituellen Literatur und spirituellen Kursangebote zu orientieren und vielen der rote Faden fehlt, mit dessen Hilfe sie das für sie Wichtige und Interessante in ihr Denken und Leben integrieren könnten. Es genügt nämlich nicht, hier und da punkthafte Erfahrungen zu machen oder sich in einzelnen Fragen auszukennen. Es bedarf schon einer eingehenden Besinnung auf Religion und Kultur, persönlichen Stil und gesellschaftliche Tendenzen, menschliche Beziehungen und politische Ziele, Gottesglauben und globale Verantwortlichkeiten und vieles andere mehr, um wieder deutlicher in den Blick zu bekommen, welche Entwicklung heute in der Spiritualität ansteht. Der rote Faden im eigenen Leben ist heute meistens nicht mehr selbstverständlich von außen vorgegeben, er muß vielmehr mit Verstand und Gefühl, mit Geist und Herz persönlich gefunden und festgehalten werden. Denn, so stellte Karl Rahner schon in den 60er Jahren fest, „die Frömmigkeit von morgen wird nicht mehr durch die ... einstimmige, selbstverständliche öffentliche Überzeugung und religiöse Sitte aller mitgetragen" (Rahner, 1966, 22). Spirituelle Bildung tut also not und ist nur im kritischen Gespräch mit Theologie und Philosophie, mit den Humanwissenschaften (Pädagogik, Psychologie, Soziologie, Anthropologie) und den Künsten (Literatur, Musik, Kunst) zeitgemäß zu erwerben. Zu bedenken ist dabei,

- wie Erfahrungen zu geistlichen Erfahrungen werden können
- wie die Künste das geistliche Leben bereichern können
- wie alltägliches Leben zu einem geistlichen Prozeß wird
- wie Geistliche Begleitung hilfreich sein kann für den geistlichen Weg
- wie die Unterscheidung der Geister zu guten Entscheidungen führen kann
- wie Liturgie und Gebet wieder in die Gottesbegegnung führen können
- wie unser Umgang mit Klima und Kosmos die Weisheit des Bewahrens lernt
- wie unsere Beziehungen spirituelle Tiefe erhalten können
- wie unsere Arbeit befreit werden kann von einer einseitigen Orientierung an Börse und Gewinnsteigerung
- wie der einzelne und die Kirche ihren missionarischen Auftrag heute leben können

– wie Christen ihre Verantwortung in Diakonie und Politik als Teil geistlichen Lebens ernst nehmen können.

In der Theologie ist es üblich, das Gespräch mit anderen Wissenschaften zu suchen und zu pflegen. Menschliches Leben ist vielschichtig und komplex. Die Humanwissenschaften haben hilfreiche Theorien zum Verständnis biologischer, psychologischer und soziologischer Entwicklungen erarbeitet. Die Spiritualität ist offen für all diese Ansätze und diskutiert sie kritisch. Sie ist sich dessen bewußt, daß die spirituelle Dimension des Lebens nicht losgelöst von der genetischen, psychischen und sozialen Wirklichkeit des Menschen besteht, nicht hinter oder über dieser Wirklichkeit, sondern eher zu verstehen ist als die Luft, in der wir atmen, oder die Hefe, die den Teig unseres Lebens aufgehen läßt. So ist es für die Spiritualität auch selbstverständlich, daß politische und wirtschaftliche Fragen nicht ausgeklammert werden dürfen. Spiritualität ist keine fromme Innerlichkeit: sie hinterfragt den Zeitgeist und mischt sich ein, wenn es um die Kursbestimmung für die Zukunft geht.

Neben der Dringlichkeit einer intellektuellen Auseinandersetzung mit diesen Fragen gibt es aber ein mindestens ebenso großes Bedürfnis nach eigenen spirituellen Erfahrungen und dem Austausch über die eigene spirituelle Biographie. Viele wünschen sich

– Hilfen im Umgang mit ihren täglichen Erfahrungen, mit ihrer Leiblichkeit und Sexualität auf dem Hintergrund ihrer religiösen Erfahrungen
– Kriterien für die Unterscheidung der Geister
– Anregungen für den persönlichen Dialog mit Gott und mehr Offenheit für den geisterfüllten Austausch der Kirche mit ihrem Haupt: Jesus Christus
– die konkrete Weiterentwicklung eines verantwortlichen Umgangs mit der Schöpfung
– spirituelle Impulse für ihre persönlichen Beziehungen
– eine Neuorientierung hin zu menschenwürdiger Arbeit für alle
– einen Dialog mit den anderen Religionen und Teilhabe an ihren reichhaltigen Traditionen
– eine christliche Spiritualität der Diakonie
– politisches Engagement von Christen.

Das Institut für Spiritualität an der Philosophisch-Theologischen Hochschule in Münster und die theologische Erwachsenenbildung greifen diese Interessen und Anliegen auf und bieten Möglichkeiten an, Einblick zu nehmen in die aktuelle Diskussion, neues Wissen zu erwerben, Sachkenntnisse zu vertiefen, Auseinandersetzungen zu führen, eigene Positionen zu beziehen, Erfahrungen auszutauschen, Impulse mit nach Hause zu nehmen und neue Perspektiven zu entwickeln.

Das vorliegende Buch lädt Sie ein zu einem Grundkurs Spiritualität. Wir möchten Sie einführen in aktuelle Themenkreise aus der Spiritualität und Ihnen gleichzeitig das breite Spektrum spirituell relevanter Fragestellungen vorstellen. Gleichgewichtig sind die verschiedenen Themenkreise nebeneinandergestellt; es wird dem Leser überlassen, eigene Akzente zu setzen und seine persönlichen Interessen mit Hilfe ausgewählter Literatur, die zu den einzelnen Themen angegeben ist, weiter zu verfolgen.

Der Grundkurs Spiritualität wurde vom Institut für Spiritualität an der Philosophisch-Theologischen Hochschule in Münster entwickelt. Er wird als Veranstaltung der theologischen Erwachsenenbildung angeboten und durchgeführt.

Das vorliegende Buch bietet fünf in sich abgeschlossene Einführungen zu fünf verschiedenen Themenbereichen.

1. Das Leben geistlich leben – Lebensgestaltung, intensives Leben
2. Von Angesicht zu Angesicht – Spiritualität der Beziehungen
3. Leben in Dialog mit Gott – Spiritualität von Liturgie und Gebet
4. Begleitet vom Geist Gottes – Geistliche Begleitung und Unterscheidung der Geister
5. Nicht von der Welt, aber in die Welt gesandt – Christliche Existenz in der Welt

In allen Einführungen wird uns gleichsam als Leitthema die Frage begleiten: Spiritualität – was ist das eigentlich? Die Antwort auf diese Frage soll nicht schon vorab theoretisch erörtert werden, weil wir die Spiritualität nicht aus dem ‚normalen' Leben herausfiltern oder von ihm absondern wollen, sondern gerade als Geistdimension vielschichtigen, komplexen menschlichen Lebens betrachten müssen und deshalb nur eingebettet und verbunden mit dem ganzen Leben verstehen können. Es schien uns daher viel sinnvoller, im Laufe des Kurses nach und nach Bausteine zu sammeln, kleinere und größere, die sich allmählich wie ein Puzzle zusammenfügen lassen und uns die komplexe menschliche Wirklichkeit aus einer bestimmten Perspektive zeigen und deuten, die wir Spiritualität nennen können. Unsere Arbeitsweise soll dabei eine einheitliche sein: Wir gehen aus von der folgenden sehr kompakten Kurzdefinition von Spiritualität und beziehen sie in jedem Kapitel auf unser jeweiliges Thema: *Spiritualität ist die fortwährende Umformung eines Menschen, der antwortet auf den Ruf Gottes.* Gott, der die Toten lebendig macht und das, was nicht ist, ins Dasein ruft (vgl. Röm 4,17), ist ein verwandelnder, befreiender und umformender Gott. Das wichtigste Schlüsselwort unseres Kurses ist also die Umformung vom alten Menschen zum neuen Menschen: Legt den alten Menschen ab ... zieht den neuen Menschen an... (vgl. Eph 4,22-24). Spiritualität beschäftigt sich mit dem dynamischen Prozeß menschlicher Verwandlung. Wichtig sind dabei u.a. die Fragen: Was hilft uns dabei, uns auf diesen Verwandlungsprozeß einzulassen? Wie wird dieser Prozeß blockiert? Wie können Blockaden überwunden werden? Was ist die Perspektive dieses Prozesses... usw. Methodisch geht es darum, die Signale der Umformung in ihrer jeweils eigenen Dynamik und Struktur zu beschreiben und zu analysieren.
Wir verankern unsere Beschreibung und Analyse von Spiritualität in vielfältigem Quellenmaterial, das wir in einer eigenen Spalte am Rand zitieren.

Dieser erste Band des Grundkurses Spiritualität kann von Interessierten zur eigenen Information im Selbststudium genutzt werden. Zudem kann dieser erste Band auch als Grundlagen- und Begleitbuch für eine mehrteilige Seminarreihe der theologischen Erwachsenenbildung dienen. Band 2 bietet für Veranstalter und Referenten solcher Seminarangebote Verlaufsskizzen mit methodisch-didaktischen Hinweisen und vertiefende und ergänzende Medien und Materialien zu den einzelnen Teilen.

Ihnen als Leserin und Leser wünschen wir eine anregende und fruchtbare Auseinandersetzung mit den verschiedenen Themenfeldern der Spiritualität. Über wohlwollende und kritische Rückmeldungen zu unserem Angebot eines Streifzugs durch die Spiritualität freuen wir uns.

P.S. Auch wenn wir um der Lesbarkeit willen meistens die üblichen männlichen Sprachformen benutzen, sind Frauen gleichwertig mitgemeint. Wir sind uns dessen bewußt, daß die männlichen Sprachformen unzureichend bleiben, auf der anderen Seite wird der Text aber unübersichtlich und kompliziert, wenn ständig weibliche und männliche Sprachformen nebeneinander gestellt werden. So werden wir in kurzen Textpassagen durch inklusiven Sprachgebrauch immer wieder einmal daran erinnern, daß Frauen und Männer gleichermaßen angesprochen sind.

Institut für Spiritualität
Hörsterplatz 4
Münster, Pfingstsonntag den 11. Juni 2000

Elisabeth Hense
Michael Plattig
Thomas Dienberg
Paul Menting
Gotthard Fuchs
Maria Hense
Reinhard Isenberg
Bernhard-Maria Janzen

I. Das Leben geistlich leben
Lebensgestaltung, intensives Leben

von
Thomas Dienberg

0. Der Weg

0.1. Worum es in diesem Teil geht

Fragt man nach dem, was geistliches Leben ist oder auch wie man es definieren will, so ist es wichtig, zwei Schritte zu tun. Zum einen gehört zu der Frage nach dem, was geistliches Leben ist, unbedingt ein Blick in die reiche Traditionsgeschichte der christlichen Spiritualität. Dort gibt es die unterschiedlichsten Modelle und Formen, wie geistliches Leben gesehen und dann auch gelebt worden ist: angefangen vom Verständnis des geistlichen Lebens als einem Weg zur Vereinigung mit Gott über die Perspektive des geistlichen Lebens als einem Leben im Heiligen Geist bis hin zu der Definition geistlichen Lebens als Leben in der Christusnachfolge. Für jedes Modell lassen sich beredte Zeugen finden: ein Weg der Vereinigung mit Gott – dafür stehen Vertreter der Deutschen Mystik, Bernhard von Clairvaux († 1153) oder die ganze Tradition der Ostkirche. Für das Leben im Heiligen Geist gilt schon der Apostel Paulus als einer der führenden Theologen. Was die Christusnachfolge angeht, so sind vor allem Franziskus († 1226) und Ignatius († 1556) zu nennen. Jede Interpretationsform zeitigte ihre je eigenen Gebets- und Meditationsweisen. Das Grundmotiv, das allen Modellen und Interpretationsweisen mehr oder weniger gemeinsam zugrunde liegt, soll hier Thema sein: das Bild und Motiv des Weges. Es ist Bild für menschliches Leben im allgemeinen, im besonderen aber auch für den geistlichen Weg des Menschen. So soll im folgenden zunächst das Bild des Weges ein wenig untersucht werden, bevor wir uns den Eckdaten des menschlichen Weges und Lebens zuwenden, dem Erlebnis und der Erfahrung. Was macht eine Erfahrung zu einer geistlichen Erfahrung? Was ist Gotteserfahrung?

Zum zweiten gehört der Blick in die Gegenwart gerichtet: Geistliches Leben umfaßt das ganze menschliche Leben, die gesamte Biographie mit ihren Glückserfahrungen, aber auch mit den Momenten von Leid und Scheitern, mit den Alltagserfahrungen, aber auch mit den Höhepunkten menschlichen Lebens. Will jemand sein geistliches Leben ordnen, so kommt er nicht umhin, sein ganzes Leben zu ordnen, denn das geistliche Leben ist kein Sonderbereich des menschlichen Lebens.

Schließlich wird es auch noch um ganz spezifische Ausdrucksformen von geistlicher Erfahrung gehen bzw. um die Hilfe, die künstlerische Formen in Wort, Musik und Darstellung dem Menschen und damit auch dem glaubenden Menschen auf seinem Lebensweg geben können. In allem, was dieser erste Teil aufzeigt, geht es darum, daß der Mensch sich ansprechen läßt, daß er aufmerksam dem begegnet, was er erlebt und erfährt – und daß er sich umformen läßt. Umformung – und damit Umkehr – ist der Weg des geistlichen Lebens.

0.2. Der Weg als Symbol

So heißt es in einer der ältesten christlichen Schriften, der *Didache*: „Zwei Wege gibt es. Der eine ist der Weg des Lebens, der andre der des Todes. Zwischen beiden Wegen aber besteht ein großer Unterschied. Dies ist der Weg des Lebens: „Erstens du sollst Gott lieben, der dich erschaffen hat, zweitens deinen Nächsten wie dich

Das Symbol des Weges ist ein uraltes Symbol, das dem Menschen und seinem Leben entspricht. Das ganze Leben ist wie ein Weg. Es ist nicht abgeschlossen. Der Mensch unterliegt Prozessen, Veränderungen und Geschehnissen, die er nicht selbst im Griff hat. Er ist dem Schicksal unterlegen.

Schritt für Schritt geht ein jeder seinen eigenen Weg; mal ist es eine gerade Strecke mit interessanter Aussicht, mal ist es kurvenreich, und man kann nicht absehen, was für Überraschungen nach der nächsten Kurve warten. Es gibt steile und ebene Wege, es gibt Mühen und An-

selbst". Und alles, was du nicht willst, daß man es dir zufügt, das füge auch einem andren nicht zu. ... Du sollst keine Verleumdungen weitergeben, du sollst das dir zugefügte Böse nicht nachtragen. Du sollst nicht hinterhältig denken und dann falsch reden. Denn eine Schlinge des Todes ist die Doppelzüngigkeit. Deine Rede sei nicht lügenhaft, nicht hohl, sondern erweise sich als wahrhaftig durch die Tat. ... Mein Kind, sei nicht vergrämt. Denn das führt zum Lästern. Sei auch nicht frech oder von schlechter Gesinnung. Denn aus all dem entstehen nur Lästereien. ... Dies ist der Weg des Lebens.

Didache, 99ff.

Weg als Metapher für unser Leben umgreift alles, was uns begegnet und geschieht, was wir erkunden und erleiden, was wir entwerfen und erreichen. Etwas bewegt uns. Wir setzen uns in Bewegung, wir haben Beweggründe und handeln verwegen. Wir wandeln Wege und deshalb wandeln wir uns. Weggefährten gehen mit uns. Wegzehrung brauchen wir und Wegweise. Was wir ausgeschritten haben, wird uns zur Erfahrung. Wir setzen etwas in Gang, wollen Fortschritt und Wandel.

Schneider, H., 171f.

Niemand kann gehen ohne den Stand im Inneren, ohne die geballte Kraft, wie sie der Läufer im Startloch sammelt.

Bamberg, 12.

strengungen, Entscheidungen an Wegkreuzungen. Es gibt Partner, die eine Etappe, mehrere Etappen oder gar den gesamten Weg mitgehen. Es gibt Erinnerungen und Erfahrungen, die klug machen und eine Strecke dosiert, in Etappen mit Vorbereitung oder auch spontan gehen lassen. Und schließlich ist das Leben ein ständiger Weg, dessen Ziel im Ungewissen liegt: im Tod – die letzte Etappe geht der Mensch nicht, er wird gegangen. Und es liegt sicherlich auch an der Vorbereitung und der bislang zurückgelegten Wegstrecke, wie die letzte Etappe aussieht und wie der Mensch sie erfährt und erlebt.

Interessant ist, daß sprachlich gesehen Weg und Wagnis die gleiche etymologische Bedeutung haben, so daß ein Weg immer ein Wagnis ist, da ein Weg mit Aufbruch zu tun hat. „Deshalb ist Wagemut die Tugend des Beweglichen" (Schneider, H. J., 172). Eine zweite etymologische Bedeutung des Wortes Weg hat mit Sinn zu tun – ein Weg ist ein Weg der Sinnsuche, die der Mensch immer wieder von neuem angehen muß. Sinnsuche hat den Charakter des Weges, des Unterwegsseins.

Schon mit der Geburt beginnt das Leben als Weg. Der Mensch beginnt sich zurecht zu finden. Er muß seinen Bezug zu der Wirklichkeit und den Personen um sich herum entwickeln. Er beginnt sich rein körperlich zu bewegen, wird bewegt, erlebt Momente und Geschehnisse, die ihn für sein weiteres Leben prägen und bewegen, die Antriebsmotor sind. Im Laufe seines Lebens erfährt der Mensch dann, daß er nicht nur körperlich sondern auch geistig bewegt wird und bewegen kann, daß Ortswechsel geistig mobil machen, daß körperliches Gehen mit der geistigen Beweglichkeit einhergeht. Ein Leben lang wird der Mensch bewegt und bewegt selbst. Der Mensch benötigt Bewegungsfreiheit. In dieser Freiheit ist es wichtig, den rechten Weg zu finden zwischen einer Mobilität, die nicht mehr zur Ruhe kommen läßt, und einem Stillstand, der tödlich ist. Dabei ist der Weg, auch wenn es selbstverständlich zu sein scheint, immer individuell. Gemachte Erfahrungen, erlebte Wegabschnitte werden je eigen interpretiert und gesehen. Jeder einzelne Lebensweg hat seine je eigene Logik. Irrwege und Abwege werden nicht immer gleich interpretiert.

Des Menschen Leben ist ein Weg, ein ständiges Unterwegssein, mit Zielen, mit Irr- und Umwegen, mit klarer Wegführung und trübem Wetter, mit Wegzeichen und manchmal mangelnder Orientierung. Voraussetzung für gelungenes und tragendes Gehen ist das gute Stehen. Denn steht der Mensch nicht gut, kann er sich auch nicht gut und leicht fortbewegen.

Ein uraltes Symbol, das in diesem Zusammenhang Erwähnung finden muß, ist das Labyrinth. Es ist dies ein Symbol, das in fast allen Religionen der Welt seine Bedeutung gefunden hat. Es ist Bild von Umweg, von Verwirrung und von Mitte zugleich. Von allen Labyrinthformen ist das siebengängige Labyrinth das klassische und auch älteste, ursprünglich wohl eine Form zu kultischer Bewegung und Tanz. Um ein Labyrinth zu begreifen, muß man es begehen. In die Böden so mancher mittelalterlichen Kathedralen sind Labyrinthe eingezeichnet: Symbol der mühsamen Erkenntnis Gottes, der Geheimnishaftigkeit des Weges, aber auch der Einfachheit und zugleich immensen Schwierigkeit, an das Ziel zu gelangen: die Mitte. Ein Labyrinth bringt all die ‚Irrungen und Wirrungen' christlichen, ja menschlichen Lebens überhaupt bildlich ausgezeichnet zum Ausdruck: Mühseligkeit, Freude und

Spaß, Pausen und Irrwege, Abwege und Krümmungen ... all das gehört dazu, bis man ans Ziel des Lebensweges gelangt.

So nimmt es nicht Wunder, daß das Wegmotiv innerhalb der Religionsgeschichte der Menschheit überaus große Beachtung findet. In der hellenistischen Tradition war der dreifache Weg maßgebend, mit dem Ziel sich von den Leidenschaften und der materiellen Welt loszulösen: Reinigung, Erleuchtung und Vereinigung oder auch *via purgativa, illuminativa* und *unitiva*, was in der christlichen Tradition später aufgenommen wurde, z.B. auch von Bonaventura († 1274) entfaltet und gedeutet wurde. Der Buddhismus gestaltet sich in Form dreier Wege, dem *hinayana* (kleiner Weg), *mahayana* (großer Weg) und dem *vajrayana* (Weg der Mantras). Auch im Tao und im Islam ist der Weg eine traditionelle Bezeichnung und ein gängiges Motiv.

0.3. Das Wegmotiv in der Heiligen Schrift

Das Wegmotiv ist dem geistlichen Leben zutiefst zu eigen, denn was ist geistliches Leben anderes als ein Weg, den der Mensch beschreitet, ein Weg der Sehnsucht hin zu Gott. So wie das Leben ein Weg ist, so ist es auch und insbesondere das geistliche Leben.

Dabei zeigt sich, daß das Unterwegssein und das Wandern Dimensionen in der Bibel darstellen, ohne die die Bibel arm und aussagelos wäre. Alle großen Gestalten der Bibel sind auf dem Wege. Noach macht sich auf den Weg, baut die Arche, geht den Geschöpfen und den Menschen entgegen, rettet die Welt, indem er sich aufmacht (Gen 6-10). Abraham macht sich auf, zieht aus seinem Vaterland aufgrund der Worte Gottes aus; er macht sich auf den Weg in das Unbekannte, der Verheißung entgegen (Gen 12-25). Mose macht sich auf, das ganze Volk im Schlepptau; er geht den Weg durch die Wüste, wird immer wieder von Gott errettet und sieht schließlich das verheißene Land (das Buch Exodus). Die Propheten machen sich immer wieder auf den Weg zum Volk Israel, um es aus seiner Verstocktheit zu erlösen und befreien. Es gibt jedoch auch Propheten wie Jona, die sich auf den Weg machen, um vor Gott und vor der Aufgabe, der sie sich nicht gewachsen fühlen, davonzulaufen. Das Alte Testament ist voller Weggeschichten, die dem Menschen von heute nahelegen, sich mit dem ein oder anderen Aspekt zu identifizieren, denn der Weg der Menschen der Bibel ist in vielem der Weg der Menschen heute, da das gelebte Leben der biblischen Gestalten viele Ähnlichkeiten zu dem Leben eines jeden Menschen, gerade auch heute, aufweist.

Auch das Neue Testament in der Gestalt der Evangelien ist voller Weggeschichten, ja es ist selbst eine Weggeschichte, nämlich die des Menschensohnes in den drei Jahren seines öffentlichen Wirkens bis zum Tod am Kreuz und seiner Auferstehung. Jesus geht seinen Weg wie jeder andere Mensch auch, mit Höhen und Tiefen, mit Erfahrungen und Erlebnissen in seiner Kindheit, die ihn tief prägen. Sein Weg ist ein Weg mit Gott, ganz in der Tradition des israelitischen Volkes, mit Wallfahrten nach Jerusalem. Die Jünger gehen mit ihm, folgen ihm und machen sich auf in eine unbekannte Zukunft. Jesus zieht mit ihnen umher, geht und verkündet die Botschaft vom Reich Gottes. Zentral steht dabei die Aufforderung umzukehren, da das Reich Gottes nahe ist. Hier ist schon das Bild vom Weg in der Verkündigung Jesu zugrunde gelegt. Auf seinem bisherigen Weg soll der Gläubige umkehren, eine Wende vollziehen und sich auf die Botschaft und das angebrochene

---

Die Form des klassischen Labyrinths ist in vielen Traditionen als Übergang und Durchgang vorhanden, wo es um Geburt, Leben, Tod und Auferstehung geht. Es ist ein Einweihungsweg aus einer Zeit, wo nicht linear gedacht, sondern analog wahrgenommen wurde, wo sakral und profan nicht getrennt wurden.

Grimm, 20.

Nach allem, was wir heute sehen können, war Markus der erste, der hinging und die ganz und gar irdische Geschichte des erhöhten Herrn erzählte. Er erzählte einen Glaubensweg. Er erzählte, wie dieser jetzt erhöhte Herr (und das schienen damals wie heute viele zu vergessen) nicht über dieser Erde ‚geschwebt‘, sondern oft mühsam seinen Weg gegangen war. Er erzählte allen, die glauben lernten, wie Jesus selbst gelernt hatte bis zum letzten Schrei. So wurde der erhöhte Herr wieder Vor-Bild, dem Christen-Menschen nachfolgen konnten. Und um der Nachfolge willen schrieb Markus ein Evangelium.

Bruners, 124f.

Unter ‚Lebensraum' des Glaubens verstehen wir ja nicht bloß einen äußeren Rahmen oder eine soziologische Hilfsstruktur, sondern ... das, was den persönlichen Glauben der einzelnen von allem Anfang an zu einem gemeinsamen Glauben macht: das verbindende ‚Band', der einheitsstiftende ‚Geist' oder die gemeinschaftliche ‚Form' des Glaubens, in der sich die Beziehung zwischen den einzelnen Glaubenden mit Gott und untereinander abspielt. ... Vielmehr ist diese gemeinsame Glaubensform mit jedem persönlichen Glaubensweg immer schon mitgegeben. Sie ist mitgegeben als vorausgesetzter Ermöglichungsgrund, aus dem und in dem die einzelnen ihren Glauben überhaupt nur vollziehen können.

Kehl, 119.

Das Gehen beim Gebet gibt ferner der Religion Ausdruck. Die Religionen sind Weg und nennen sich gerne Wege, tao, do, via. Im Osten redet man vom ‚Wege Buddhas', vom ‚Wege des Konfuzius' usw. Israel wird gemahnt: ‚Dies ist der Weg, schreitet auf ihm!' (Jes 30,21). Spr 15,24 ist die Rede vom ‚Weg des Lebens'. Christus lehrt den ‚Weg Gottes' (Mt 22,16) und ist selbst ‚der Weg' (Joh 14,6). In der Apostelgeschichte wird die neue Religion wiederholt der Weg genannt (9,2; 16,17; 24,14). Christus hat uns in einen ‚neuen und lebendigen Weg ... eingeweiht... durch den Vorhang' (Hebr 10,20). Gehen drückt speziell das Beten aus.

Ohm, 382.

Reich Gottes einlassen (vgl. Mk 1,15). Schließlich bezeichnet Jesus sich selbst als den Weg, die Wahrheit und das Leben (Joh 14,6). Wer ihm folgt, wer sich mit ihm auf den Weg macht, der hat das ewige Leben (Mt 10,39; Joh 8,12). Christliche Existenz, christlich leben bedeutet nichts anderes als mit Christus auf dem Wege zu sein, als sich auf den Weg zu machen, ihm in den Menschen zu begegnen. Dabei gilt es, die Dimension des Kreuzes nicht aus dem Blick zu verlieren. Der Christ ist aufgefordert, wie Jesus das Kreuz anzunehmen und es zu tragen (Mt 16,24): sein eigenes Kreuz, die Lasten des Lebens, die dunklen Momente nicht zu fliehen – denn den Weg der Nachfolge gehen bedeutet auch Anstrengung und Mühe. Das Leben des Christen beinhaltet – wie das Leben und der Weg Jesu – die Erfahrungen von Karfreitag und Ostern.

An Jesu Weg wird ersichtlich, daß der Weg des Glaubenden ein Weg in und mit der Gemeinschaft ist, so wie auch das Volk Israel einen gemeinsamen Weg mit seinem Gott gegangen ist. Als Glaubende sind die Jünger vor allem nach dem Tode Jesu als das pilgernde Volk Gottes unterwegs, das wie das Volk Israel auf die Hilfe und das Mitgehen Gottes vertrauen darf. Gott geht den Weg seiner Kirche mit.

Vor allem Lukas kann man als den Evangelisten des Weges bezeichnen. Der Geburt Jesu geht eine Weggeschichte voraus: Maria geht zu Elisabet; sie macht sich auf, wie der Engel zuvor zu ihr. Die Geburt selbst findet in einer Krippe statt, nachdem Josef und Maria sich zur Volkszählung auf den Weg gemacht hatten. Beide fliehen mit dem neugeborenen Kind nach Ägypten, nachdem sich Hirten und drei Weise aus dem Morgenland zu ihnen auf den Weg gemacht hatten. Maria selbst ist eine typische Weggestalt, die in der Geschichte aufgrund ihrer einzigartigen Rolle im Heilsgeschehen, aber auch aufgrund ihrer Menschlichkeit und ihres ‚Auf dem Wege sein' immer wieder eine besondere Verehrung erfahren hat. Der Weg Marias ist der Weg des Glaubens hin zum *Fiat*, zum ‚Es geschehe', das der Gläubige Gott gegenüber spricht (vgl. Lk 1,39-56). Sicherlich ist dies ein entscheidender Grund dafür, daß die Mutter Gottes eine derartige Beliebtheit in der Verehrung innerhalb der christlichen Spiritualitätsgeschichte gefunden hat und sich viele Wallfahrtsorte aufgrund von Begegnungen mit ihr herauskristallisiert haben.

Jesus erzählt immer wieder Geschichten und Gleichnisse, die Weggeschichten sind, die das Leben heute noch ähnlich schreiben könnte: der barmherzige Samariter (Lk 10,25-37), der verlorene Sohn (Lk 15,11-32). Diese Erzählungen und Weggeschichten des Alten und Neuen Testaments provozieren und fordern eine Stellungnahme des Lesers zu den dargelegten Erfahrungen und Etappen. Sie sind Erzählungen, die Bewegung beinhalten, die aber ebenso Bewegung provozieren. So ist die Seßhaftigkeit das negative Stigma eines Weges, den es zu gehen, nicht abzusitzen gilt. Leben heißt voranschreiten und vorwärts gehen – das zeigen und bewirken die biblischen Wegerzählungen. Nicht umsonst ist es genau die Seßhaftigkeit, das Ausruhen und im Trägen oder in Konventionen oder Sünden Ver- und Beharrende, was die Propheten des Alten Testamentes immer wieder be- und anklagen. Auch der blinde Bettler Bartimäus muß aufspringen und aus der hockenden Position am Wegesrand fort, um geheilt zu werden (Mk 10,46-52).

Dabei sind es nicht nur die Gestalten oder die Weggeschichten, die eine Theologie des Weges bzw. eine Grundlegung einer Theologie der

Spiritualität mit dem Motiv des Weges geeignet erscheinen lassen, es ist auch die Theologie des Weges generell, die sich in den beiden Testamenten finden läßt. Gehen und Weg sind Worte, die gezielt und immer wieder benutzt werden. So werden Haltungen beschrieben, in denen sich der Fromme ergehen soll: Wandeln im Gesetz des Herrn (Ex 16,4), auf den Weg des Herrn gilt es zu gehen (Dtn 8,6); es gibt die zwei Wege (Ps 8); vor Gott in Demut wandeln ist das Entscheidende (Mi 6,8); dann erweist Gott sich als einer, der mitgeht, als Jahwe, als der „Ich-bin-da" (Ex 3,14), als der, der Israel begleitet: Mit ganzem Herzen gilt es deshalb, vor Gott zu wandeln (1 Kön 8,23), sprich in seiner Gegenwart zu leben. Gott geht mit und befreit, er tritt wirkmächtig auf: „Wenn du durchs Wasser schreitest, bin ich bei dir, wenn durch Ströme, dann reißen sie dich nicht fort. Wenn du durchs Feuer gehst, wirst du nicht versengt, keine Flamme wird dich verbrennen!" (Jes 43,2) Gott erst schafft dem einzelnen und dem ganzen Volk die notwendige Bewegungsfreiheit zum Leben. Gott ist der Hirte, der den Menschen weiden läßt, nichts wird ihm fehlen (Ps 22). Gott weiß um das, was der Mensch auf seinem Weg braucht: „Ob ich gehe oder ruhe, es ist dir bekannt; du bist vertraut mit all meinen Wegen" (Ps 139,3).

Höhepunkte neutestamentlicher Wegtheologie stellen das Johannesevangelium und der Hebräerbrief mit seinen Ausführungen zum wandernden Gottesvolk dar: Jesus stellt sich als der Weg, die Wahrheit und das Leben dar (Joh 6,67f). Dabei greift Johannes mit den ‚Ich-bin-Worten' sehr bewußt die ‚Ich-bin-Formel' aus Ex 3,14 auf: Jesus ist von Gott, mit ihm verbunden, von daher der legitime und einzige Weg, um zum Vater zu gelangen. „Es gibt nur ihn; wer ihn ‚hat', ihn ‚zur Methode hat', muß den Weg – der ja sein eigener Weg werden soll – und muß den Sinn seines Weges nicht mehr suchen: Er hat beides geschenkt bekommen" (Schneider, H. J., 174.) Es ist ein schmaler Weg. Es ist der Weg, sich für Jesus zu entscheiden; er ist für den Christen der einzige Weg.

So machen die biblischen Erzählungen, die Psalmen und der Weg Jesu deutlich, daß geistliches Leben Weg bedeutet, daß der Gläubige einen Weg mit seinem Gott geht, daß aber ebenso Gott derjenige ist, der sich zum Menschen hin auf den Weg macht. Nicht nur der Mensch lebt somit in der Bewegung, sondern auch Gott, der immer wieder eingreift, sich bemerkbar macht und spricht – in den verschiedensten Dingen des Lebens. Er ist Begleiter, nicht der unbewegte Beweger. Davon zeugt sein Handeln in der Geschichte des Volkes Israel. Davon zeugt sein Handeln in seinem Sohn Jesus Christus. Davon zeugt die Geschichte der Kirche, die trotz allen Trubels, aller Dunkelheit seit 2000 Jahren lebt und Gottes Güte und Begleitung erfährt.

Es gibt eine ungeheure Vielfalt der Wegworte und -erzählungen in der Bibel – und letztlich läuft alles darauf hinaus, daß Gott mit dem Menschen ist, daß er den Menschen ruft und ihn fordert, daß er stützt und trägt.

0.4. Das Wegmotiv in der Tradition

Das Bild des Weges wird in der Tradition der christlichen Spiritualität immer wieder genannt, wenn es um die Beziehung des Menschen zu Gott und um den konkreten Ausdruck dieser Beziehung geht. Der Mensch ist ein *homo viator*, einer, der auf dem Wege ist. Der Christ ist ein Mensch, der auf dem Wege ist, um Gott zu begegnen und ihn un-

---

Wir danken dir, Gott unser Vater, denn du hast uns ins Leben gerufen. Du läßt uns nie allein auf unserem Weg. Immer bist du für uns da. Einst hast du Israel, dein Volk, durch die weglose Wüste geführt. Heute begleitest du die Kirche in der Kraft deines Geistes. Dein Sohn bahnt uns den Weg durch diese Zeit zur Freude des ewigen Lebens.

Präfation des Ersten Schweizer Hochgebetes.

Den Weg zu betreten heißt auf diesem Weg: den eigenen Weg zu lassen, oder besser gesagt: ans Ziel zu kommen. Und die eigene Weise zu lassen heißt:

in das einzutreten, was keine Weise hat, d.h. in Gott.

Johannes vom Kreuz, S II,4,5.

Ich befahl, mein Pferd aus dem Stall zu holen. Der Diener verstand mich nicht. Ich ging selbst in den Stall, sattelte mein Pferd und bestieg es. In der Ferne hörte ich eine Trompete blasen, ich fragte ihn, was das bedeutete. Er wußte nichts und hatte nichts gehört. Beim Tore hielt er mich auf und fragte: ,Wohin reitest du, Herr?' ,Ich weiß es nicht', sagte ich, ,nur weg von hier, nur weg von hier. Immerfort weg von hier, nur so kann ich mein Ziel erreichen.' ,Du kennst also dein Ziel?' fragte er. ,Ja', antwortete ich, ,ich sagte es doch: ,Weg-von-hier', das ist mein Ziel.' ,Du hast keinen Eßvorrat mit', sagte er. ,Ich brauche keinen', sagte ich, ,die Reise ist so lang, daß ich verhungern muß, wenn ich auf dem Weg nichts bekomme. Kein Eßvorrat kann mich retten. Es ist ja zum Glück eine wahrhaft ungeheure Reise.

Kafka, 321.

terwegs zu verkünden. Die Bilder für den Weg in der geistlichen Tradition sind dabei variabel: mal ist es der Weg mit verschiedenen Etappen, mal ist es der Aufstieg, der Abstieg oder das Bild einer Treppe, mal ist es das Bild einer Spirale. Glauben bedeutet ein ständiges Sich-auf-den-Weg-Machen. Schon in der Philosophiegeschichte taucht das Motiv des Weges auf. Die Philosophen der Schule der Peripatetiker z.B. zeichneten sich dadurch aus, daß sie ihre Philosophie und ihre Gespräche im Wandeln, im Gehen (entsprechend der griechischen Wortbedeutung) absolvierten. Doch nicht nur in der antiken Philosophiegeschichte war das Gehen ein Modus des Denkens. Auch heute ist ein Gang oftmals ein geeignetes Mittel, um Probleme zu lösen, um sich frei zu reden, um in die Bewegung der Beine einzuschwingen, so daß sich die Zunge leichter löst. So manch einer lernt beim Gehen, lernt auswendig im Gehen oder erzählt sich etwas, erarbeitet sich gehend eine Materie. In einer eindrucksvollen Erzählung mit dem Titel: *Der Feldweg*, spricht der Philosoph Heidegger († 1976) davon: „Vom Feldkreuz her biegt er auf den Wald zu. An dessen Saum vorbei grüßt er eine hohe Eiche, unter der eine roh gezimmerte Bank steht. Darauf lag bisweilen die eine oder die andere Schrift der großen Denker, die eine junge Unbeholfenheit zu entziffern versuchte. Wenn die Rätsel einander drängten und kein Ausweg sich bot, half der Feldweg. Denn er geleitet den Fuß auf wendigem Pfad still durch die Weite des kargen Landes. Immer wieder geht zuweilen das Denken in den gleichen Schritten oder bei eigenen Versuchen auf dem Pfad, den der Feldweg durch die Flur zieht. Dieser bleibt dem Schritt des Denkenden so nahe wie dem Schritt des Landmannes, der in der Morgenfrühe zum Mähen geht" (Heidegger, 11). Der Feldweg wird für Heidegger zur entscheidenden Instanz, Gott und den Dingen der Welt zu begegnen. Nur wer die Weisheit des Feldweges hört, ist für das Leben und seinen Zuspruch gerüstet.

☞ Den verschiedenen Modellen, die sich im Laufe der Jahrhunderte mit dem geistlichen Leben beschäftigt haben, liegt das Bild des Weges zugrunde; ob es das geistliche Leben als das Leben im Heiligen Geist ist, ob es das geistliche Leben mit dem Ziel der Vereinigung in Gott ist oder auch das Leben in der Christusnachfolge. Immer geht der Mensch seinen Weg vor und mit Gott und auf Gott hin. In der Tradition steht dafür das lateinische Wort *advertere* – ,hinwenden'. ,Sich Gottes vergegenwärtigen' ist eine andere Umschreibung für die Hinwendung zu Gott und dafür, daß der Mensch sein ganzes Leben vor und mit und auf Gott zu geht.

1. Erfahrungen auf dem Wege

Das Verlangen nach Unmittelbarkeit und Erfahrung ist etwas, was den Menschen schon immer auszeichnet. Wer erfahren ist, der gilt etwas, der kann mitreden und hat am eigenen Leibe erfahren und gespürt, worüber er spricht. Er hat Autorität.

Erfahrung der Gegenwart: ‚Erfahrungshunger'

In einer Zeit, in welcher die Medien die Öffentlichkeit bestimmen, und in einer Zeit, die vom Wort und vom Bild geprägt ist, macht sich eine Müdigkeit breit, die sich in der Forderung nach Unmittelbarkeit und Erfahrung insbesondere ihren Weg bahnt. In einem Arbeitsprozeß, der nur an Leistung und Effizienz orientiert ist, sehnen sich heute viele nach der Erfahrung, angenommen zu sein und etwas zu gelten, kein kleines Rädchen in einem Getriebe zu sein, das man ohnehin nicht beeinflussen kann. In einer Gesellschaft, in der alles immer schneller geht, in der Individualität und das Gesetz des Stärkeren gelten, sehnen sich viele nach Erlebnissen und Erfahrungen, in der der Mensch sich erfahren kann und einfach sein darf, wie er ist. In einer Gesellschaft, die an Konsum und am Machbaren orientiert ist, sehnen sich viele danach, das, was ihnen in Werbung und über die Medien vermittelt wird, auch wirklich zu erleben und zu haben. Man kann sicherlich davon sprechen, daß gerade heute der Hang zur Erlebnis- und Erfahrungsorientierung so stark ist wie kaum zuvor in der Geschichte der Menschheit. Um mit einem Soziologen unserer Tage zu sprechen: Wir leben heute in einer Erlebnisgesellschaft (vgl. Schulze).

Auch auf das religiöse Verhalten hat das Auswirkungen. Auch hier zählen Erlebnis und Erfahrung. Nicht von ungefähr ist die Zahl der Sekten, sektiererischen Gruppierungen und Meditationskreise unterschiedlichster Art zur Zeit so unübersichtlich und groß. Es geht um Erfahrung des Nichtgreifbaren, dessen, was uns Sinn und Ziel gibt. Es geht um Erfahrung von Gemeinschaft und des Göttlichen. Dabei wird vor allem den großen Kirchen ein Erfahrungsdefizit vorgeworfen. Das Schlüsselwort der sogenannten ‚Neuen Religiosität' heißt Erfahrung. Jedoch werden oft die Begriffe von Erfahrung und Erlebnis synonym gebraucht, was so ohne weiteres, wie noch zu sehen sein wird, nicht geht. Es geht vielfach um die Unmittelbarkeit innerer Erfahrungen, heraus aus den unüberschaubar gewordenen Weltverhältnissen und unabhängig von den großen Kirchen mit ihren geschichtlichen Altlasten und dem großen institutionellen Ballast. Hier ist auch der Ruf: ‚Christus ja, Kirche nein', einzuordnen. In der Großkirche mit ihren ritualisierten Gottesdiensten sind unmittelbare Erfahrungen für viele nicht mehr zu machen. Ein nicht unmaßgeblicher Grund für die Abkehr von den Kirchen und die Hinwendung zu verschiedensten sektiererischen Gruppierungen mag dabei das Moment der Leiblichkeit spielen. Wo ist der Raum für ganzheitliche Erfahrungen in den Kirchen? Was wird dort noch erfahren: ein Gottesdienst, der nicht mehr den einzelnen trifft, ritualisierte Sprache, schlechte Predigten, ritualisierte Symbole, die für viele heute nicht mehr sprechen. Es wird eine Spaltung erfahren zwischen der Welt und den Erfahrungen in den Gottesdiensten, die so nicht annehmbar ist: „Die Erfahrung der All-Einheit, der Verbundenheit des Einzelnen mit der ganzen lebenden

---

Nicht hin zur realen Welt mit ihren Widersprüchen und Konflikten, die das Feld der Bewährung des Glaubens ist, sondern heraus aus den unüberschaubar gewordenen verwickelten Weltverhältnissen in die Unmittelbarkeit innerer Erfahrung oder – vorbei an der Kirche mit ihrer geschichtlichen Last – zu einem unmittelbaren Jesus-Verhältnis. Dem liegt ein falsches Verständnis von Erfahrung zugrunde, nämlich die Auffassung von einer möglichen ‚reinen' Erfahrung jenseits aller Vermittlungen, oder auch die Verwechslung von Erlebnis und Erfahrung. Alle Erfahrung ist ermöglicht, geprägt, vermittelt einmal durch die Welt, in der wir leben, sodann durch die Überlieferung, ihre Sprache und ihre Reflexion, durch die uns ein geschichtliches Erbe oder eine geschichtliche Gestalt wie Jesus übermittelt wird.

Pottmeyer, 33f.

Welt, bildet das Grundelement der Neuen Religiosität. Jetzt heißt es nicht mehr: Ich bin hier drinnen, und die übrige Welt ist dort draußen, sondern: Ich und die übrige Welt sind drinnen und draußen und darum eins" (Zahrnt, 47f.).

Herausforderung für die Kirchen

Zunächst ist diese Entwicklung in der westlichen Hemisphäre ein Grund, sich positiv von Seiten der Kirchen herausgefordert zu fühlen und die eigene Tiefe und den Reichtum der spirituellen Tradition zu entdecken, um dabei festzustellen, daß hier ein überaus reicher Schatz verborgen liegt, den es zu bergen gilt. Zugleich wird man auf der Suche in der Tradition immer wieder auf einen gravierenden Unterschied zur Esoterik stoßen, der betont werden muß, und die Forderung nach Ganzheitlichkeit und Erfahrung erhält eine notwendige Relativierung im Vergleich zu dem großen Bereich der Esoterik. Zur Klärung und zur Reflexion von Erlebnissen und Erfahrung gehören zwangsläufig auch Verstand und Überlegung dazu. Jegliche Dimension menschlicher Erfahrung ist in der christlich-religiösen Erfahrung angesprochen – auch der gesamte Bereich der sozial-caritativen und der politischen Dimension, im Unterschied zu der Esoterik, in welcher Verstand sowie sozial-caritative Tätigkeiten und politische Aktivität keine oder nur eine sehr geringfügige Rolle spielen.

Nachfolge – der Weg des Christen

Der geistliche Weg im Christentum sieht anders aus als es der breite Strom der Neuen Religiosität verheißt. Diese scheint wie ein religiöser Flickenteppich zu sein, ein großer Steinbruch, aus dem der einzelne sich je nach gewünschter Erfahrung bedienen kann; eine Bewegung, die vielfach sozusagen ‚Instant-Erfahrung' verheißt, in welcher jedoch ein persönlicher Gott keine Rolle spielt, so daß man heute sinngemäß mit Metz für viele Menschen sagen kann: Religion ja, Gott nein. Es ist eine große Sehnsuchtsbewegung, die sich jedoch im Unpersönlichen und Unverbindlichen verflüchtigt, die zwar Religion und das unbändige und unausrottbare religiöse Bedürfnis des Menschen ernst zu nehmen, die jedoch auf Dauer nicht tragbar zu sein scheint. Das Göttliche ist nicht mehr als die Totalität des Kosmos, als Symbol der Alleinheit, die es zu erstreben gilt. Der Eindruck drängt sich nachhaltig auf, daß es sich in all diesen Erfahrungen um eine Flucht vor Leid, Schmerz und Tod, um eine Flucht vor der ernüchternden Realität der Wirklichkeit handelt. In den vielen Gruppierungen und Bewegungen geht es immer wieder, vor allem auch auf dem diffusen esoterischen Markt, um Lebensbewältigung und Lebenshilfe: Rezepte für Lebensglück und Erfolg, für die Bewältigung des Schicksals. Dabei beziehen sich viele Gruppierungen auf Verheißungen, ob biblisch oder außerbiblisch, ob über Medien und Offenbarungen, ob über Kontakt mit den Toten – und es werden Formen gesucht, diese einzuüben, um die neue Welt vorwegzunehmen, um aus der alten Welt auszusteigen, aufzutanken und neu bestehen zu können. Die religiöse Ursehnsucht im Menschen bahnt sich ihren Weg und fordert ihren Tribut.

Doch darum darf und kann es in der Nachfolge Christi auf dem geistlichen Weg nicht gehen.

Zwei religiöse Ziele beherrschen seit Anbeginn unserer Geschichte die Menschheit und streiten miteinander um die Herrschaft über die Menschen: die Vergottung des Menschen, seine Veredelung bis hin zur Gottwerdung und seine Vermenschung, die in der Gottesbeziehung zum Dienen, zur Hingabe wird. Vielleicht ist Ur in Chaldäa auf geheimnisvolle Weise die Ideenscheide gewesen. Die Menschen dort wollten die Vergottung des Menschen. Der Turm zu Babel ist biblisches Bildsymbol. Abraham aber zog weg von Ur in Chaldäa, nicht um Gott gleich oder ähnlich zu werden, sondern um ihm zu dienen. Und seine Kinder unter dem Davidstern, dem Kreuz und dem Halbmond haben dieses religiöse Grundziel in ihren Glaubenssystemen zur Grundlage gemacht. Vor Abrahams Gott waren alle Menschen gleich, und nur nach der Maßgabe ihrer Rechtschaffenheit konnten sie Ansehen gewinnen. Nicht dadurch, daß sie Gott gleich zu werden versuchten. Das wurde sogar als die Ursünde definiert. ... Ein bedenklicher Zug zeigt sich in den christlichen Kirchen schon jetzt. Man ist dabei, das positive Erbe der Aufklärung zu verspielen. Versuche, die Astrologie als ‚Hilfe für die Seelsorge' durch die Hintertür wieder kirchengenehm zu machen, korrespondieren mit anderen Bemühungen, okkulte Denkmodelle per ‚Seelsorgehilfe' zu heiligen.

Haack, 190f.

Der Ruf nach Erfahrung ist nicht zu überhören. Dem haben sich auch die christliche Spiritualität und die Kirchen zu stellen. Doch was ist nun Erlebnis, Erfahrung und im speziellen die christliche Gotteserfahrung auf dem Lebensweg als geistlichen Weg des Menschen?

1.1. Erfahrung und Erlebnis

Des Menschen Weg ist ein Weg voller Erlebnisse und Erfahrungen. Ohne diese kommt der Mensch auf seinem Weg nicht voran, ohne sie ist er nicht, was er ist. Erfahrungen gehören zum Menschen. Nicht von ungefähr sprechen viele Kulturen seit jeher Menschen mit viel Erfahrung Weisheit zu, eine Lebensweisheit, die sich der Mensch nicht anlesen kann.

Sprachliche Bedeutung

Will man bestimmen, was Erfahrung ausmacht und wie dieser Begriff und die damit gemeinte Wirklichkeitsbegegnung bestimmt werden kann, dann stößt man schon bald auf Schwierigkeiten, denn der Erfahrungsbegriff ist mehrdeutig.

Vom Etymologischen her gesehen besitzt das Wort ‚erfahren' indogermanische Wurzeln. Die germanischen und romanischen Bedeutungsnuancen von ‚erfahren' heißen: ‚reisend erkunden', ‚experimentell aneignen'. Das Wort ‚fahren' weist auf zweierlei hin, auf die Dimension der Bewegung, Dynamik, auf Entdecken und Sich-auf-den-Weg-Machen; zum zweiten darauf, daß die Sache der Erfahrung jeweils immer mit einer menschlichen Person zusammenhängt und kein vom Menschen losgelöster Bereich sein kann. Nach der germanischen Version ist der Erfahrene immer auch der weit Gereiste; nach romanischer Version ist der Erfahrene der Experte, der durch Versuch und Probe am eigenen Leibe Dinge, Wahrheiten und Wissen gespürt und erkannt hat. Klug und erfahren ist, wer weitgereist ist, wer einen Weg gegangen ist und einen Lernprozeß hinter sich hat. So gibt der Erfahrene also nicht einfach etwas weiter, sondern das, was er selbst durchlebt hat. Erfahrung bedeutet in diesem Zusammenhang zwangsläufig somit keine Art von objektiver Mitteilung, sondern eine je subjektive Konfrontation mit der Wirklichkeit, die so ohne weiteres nicht auf andere übertragbar ist. Jede Erfahrung ist absolut subjektgebunden, womit die oftmalige Verständnisschwierigkeit erklärt ist, die sich für viele Menschen ergibt, die andere an freudigen oder traurigen Erfahrungen teilnehmen lassen wollen. Wie schwer ist es, einem anderen zu erklären, daß man verliebt ist. Wie schwer war und ist es für viele Mystiker, ihre Gottesbegegnung und Gotteserfahrung mitzuteilen. Sie geraten ins Stottern, die Sprache versagt und verstummt. Gleichzeitig jedoch basiert jede Erfahrung bei aller Subjektgebundenheit nicht nur auf persönlichen Erlebnissen, die nur der Betreffende gemacht hat; jede Erfahrung ist – in Grenzen und bei aller Schwierigkeit – vermittelbar, wenn auch nicht übertragbar. Auch Vermittlung durch Gemeinschaft und Gesellschaft sind für Erfahrungen notwendig, wie sonst könnte je Tradition zustandekommen. So ist die Möglichkeit gegeben, daß der Mensch auch durch vermittelte Erfahrung lernen kann, sich mit ihr auseinandersetzen kann und auf seinem Weg in der Gemeinschaft der Menschen voranschreitet, indem er teilhat am Wissen und der

Wie entsteht eine persönliche Erfahrung? Jeder macht seine eigenen Erfahrungen, allerdings gewöhnlich ohne sich darüber klar zu werden, wie sie zustande kommen. An einem Beispiel, das jeder mit seiner Phantasie nachvollziehen kann, läßt sich der Entstehungsprozeß von Erfahrung so beschreiben, daß er für die Verständniskontrolle aus eigener Erfahrung offenliegt. Nehmen wir also an, ich habe irgendwo an einem mir noch unbekannten Ort ein Bungalow-Appartement gemietet und bin nun hingefahren, um dort Urlaub zu machen. Nachdem ich es bezogen habe, gehe ich abends aus, um die Umgebung in Augenschein zu nehmen. Als ich zurückkehre, ist es bereits dunkel geworden. Ich gehe schon auf die Tür zu, da sehe ich durchs Fenster drinnen einen Lichtschimmer. Der Lichtkegel einer Taschenlampe? Ein Dieb in meinem Appartement? Ich prüfe auf leisen Sohlen, ob vielleicht ein Fenster zerbrochen oder geöffnet ist. Ich versuche vorsichtig, ob die Tür offen ist. Nichts! Wahrscheinlich also kein Dieb. Aber wer weiß! Ruckartig schiebe ich den Schlüssel ins Schloß, drehe ihn um und stoße die Tür auf. Nichts rührt sich. Ich trete nur eben so weit ein, bis ich den Lichtschalter erreichen kann und schalte das Licht an – nichts zu sehen. Wie ich nun untersuche, woher der Lichtschimmer kam, entdecke ich, daß sich der am Horizont aufgegangene Mond in der Glasscheibe eines Bildes an der Wand gegenüber dem Fenster gespiegelt hat. Bei meiner Rückkehr von meinem Spaziergang am nächsten Abend werde ich vielleicht noch auf das Licht am Fenster aufmerksam, vielleicht erregt es sogar noch ein kurzes Schaudern in Erinnerung an den Vorabend. Aber meine Wahrnehmung bleibt nicht mehr daran haften. Ich weiß ja jetzt Bescheid. Ich habe erfahren, was es mit dem Lichtschimmer auf sich hat. Ich habe in meiner augenblicklichen Lebenswelt eine Erfahrung gemacht. Das erste Strukturmoment von Erfahrung ist folglich eine Wahrnehmung.

Langemeyer, G., 13.

Wenn der Lebensbaum auch längst aus dem Erdreich herausgewachsen und seine Baumkrone viele Meter über den Boden erhoben ist, so bleiben seine Wurzeln, aus denen er die Lebensnahrung bezieht und lebt, doch im Erdreich verhaftet, aus dem er gekommen ist. Viele Menschen kümmern sich später wenig um ihre Wurzeln und den Mutter- und Vaterboden, in dem sie verwurzelt sind. Sie wollen sich mit diesem unsichtbaren, im Erdreich verborgenen Teil ihres Lebens nicht auseinandersetzen. Sie verdrängen ihn ins Unbewußte, erklären ihn pauschal als ‚schöne Kindheit', als nicht bedeutsam oder können sich häufig an die ersten Kindheitsjahre beim besten Willen nicht erinnern. Doch wo kommen die unerklärlichen Angstzustände, die Minderwertigkeitsgefühle, die zwanghaften Wiederholungen, die zur Verneinung des Lebens führen, denn eigentlich her? Werden sie von außen dem Lebensbaum zugetragen oder liegen sie nicht schon tief in den unsichtbaren Wurzeln begründet?

Frielingsdorf, 56f.

Ein expansiver Erlebnismarkt hat sich entwickelt. Zu der privatwirtschaftlichen Antwort auf die Zunahme der Erlebnisorientierung gesellt sich die politische Reaktion einer allmählichen Anerkennung als ressortfähiges Bedürfnis, das kulturpolitisch, städtebaupolitisch,

Erfahrung der Gemeinschaft. Wenn dem nicht so wäre, könnte der einzelne nur in den Dingen handeln und reden, in welchen er erfahren ist, bzw. die er selbst erlebt und erfahren hat. Das würde wiederum bedeuten, die gesellschaftliche Dimension der Erfahrung auszuschließen, doch allein schon vom Etymologischen her gesehen gehört die gesellschaftliche Dimension dazu, denn wer bestimmt, daß jemand als erfahren und weit gereist gilt?

Erfahrung bedeutet Erkenntnis und Interpretation

Schaut man genauer auf den Prozeß der Erfahrung, dann meint Erfahrung nicht einfach nur wissen oder lernen, es meint und bezeichnet jeweils eine gewisse Form der Erkenntnis. Zugleich bezeichnet Erfahrung auch die zur Verfügung stehende Summe von persönlich verarbeiteter Erkenntnis. Sie ist immer Erkenntnis auf einem Wege, die sich zu anderen Erkenntnissen und Erfahrungen gesellt und das Bild vom eigenen Wege bereichert, erweitert und den Horizont für weitere Erfahrungen öffnet. Erfahrungen sind die Meilensteine auf dem Weg des Menschen, und in der Tat ist es wichtig, daß der Mensch immer erfahrener wird, auf seinem je eigenen und nur von ihm zu gehenden Weg, so daß er sich auch nicht von den Erfahrungen anderer abhängig macht. Der Mensch wird nur des Weges geführt, den er wählt, nicht den andere wählen.

Erfahrung ist stets interpretierte Erfahrung. Dabei spielen die bisher auf dem Lebensweg gemachten Erfahrungen des Menschen eine entscheidende Rolle, denn „die Art, wie jemand Erfahrung macht, hängt von seiner Haltung, von seiner Einstellung ab; sie bestimmt die Art der je eigenen Interpretation des Erlebens" (Fraling, 18). Die Einstellung des Menschen hängt von seinen gemachten Erfahrungen ab. Hat ein Kind schon von Geburt an die Erfahrung gemacht, daß die Mutter es ablehnt, dann wird es im Umgang mit anderen Menschen immer vorsichtig sein und sehr mißtrauisch anderen begegnen. Wohlwollen und ehrliche Aufmerksamkeit können in einem Sinne interpretiert werden, wie sie nicht intendiert waren: als ‚der will etwas von mir und versucht sich einzuschmeicheln' oder wie auch immer. So hat Erfahrung zweierlei Dimensionen: die Tatsache oder das Ereignis, die Begegnung oder die Wirklichkeit, kurzum, daß es etwas zu erfahren gibt, sowie die Interpretation und Lebenseinstellung dessen, der die jeweilige Erfahrung macht, also der je eigene Lebensweg des Menschen mit der Summe seiner bisherigen Erfahrungen und gelernten Traditionen.

Erfahrung ist ein Begriff, der also auf der einen Seite Sicherheit, Tradition voraussetzt und ausdrückt. Gleichzeitig aber hat er auch einen experimentellen Charakter, denn in vielen Dingen und Situationen beansprucht der Mensch jeweils die Erfahrung für sich selbst, nach dem Motto: laß mich meine eigenen Erfahrungen machen.

Die Ausführungen bisher mögen so klingen, als sei ein sauberer Trennungsstrich zu ziehen zwischen der Erfahrung und der Reflexion, die die Erfahrung zur Erfahrung macht, doch so eindeutig geht das nicht. Es gibt keine vorrationale Erfahrung, auf welche der Akt des Verstandes folgt. Es ist mehr ein gleichzeitiges Geschehen von Erfahrung und Reflexion.

arbeitszeitpolitisch, familienpolitisch befriedigt werden soll. Erlebnisorientiertes Handeln ist schließlich ein Feld von Professionalisierung: Entertainer, Animateure, Reisebegeleiter, Psychologen, Erwachsenenbildner, Sozialarbeiter, ,Kulturarbeiter', Freizeitpädagogen bieten sich als berufsmäßige Erlebnishelfer an; Designer, Journalisten, Redakteure, Diskjockeys, Unterhaltungsplauderer in Radio und Fernsehen sorgen für ununterbrochene Abwechslung; neue Einrichtungen wurden in den sechziger und siebziger Jahren erfunden: Kommunikationszentren, Diskotheken, Kinokneipe.

Schulze, 59f.

Peak-Experience und ,kosmisches Bewußtsein' sind die leitenden Paradigmen religiöser Erfahrung.

Gasper, 261.

Erlebnis kommt ,vor' der Erfahrung

Wenn von Erfahrung gesprochen wird, so ist in den bisherigen Ausführungen sicherlich deutlich geworden, gilt es noch einen weiteren Begriff und eine damit verbundene Begegnung mit der Wirklichkeit zu klären: den Begriff des Erlebnisses, der sich von der Erfahrung maßgeblich unterscheidet, was gerade heute in einer Welt mit dem oben geschilderten Erfahrungshunger nicht deutlich zu sein scheint.

Bevor eine Begegnung mit der Wirklichkeit zur Erfahrung wird, ereignet sich das Erleben. Es ist die unmittelbare Begegnung mit einem Bereich der Wirklichkeit, der jemandem zukommt. Erfahrung ist die Reflexion dieses Prozesses. Je tiefer ein Erlebnis trifft, desto wichtiger wird die Erfahrung für den Menschen. „Erfahrung enthält demnach ein aktives Moment, während sich das Erlebnis mehr oder weniger ohne eigenes Zutun einstellt" (Langemeyer, B., 113).

Aus Erfahrungen wird man klug; sie können auch weitergegeben werden, jedoch nur bedingt, und je tragender eine Erfahrung ist, um so geheimnisvoller ist sie und um so weniger mitteilbar. Erlebnisse hingegen sind von ihrer Struktur her nicht im gleichen Maße mitteilbar. Man kann ein Erlebnis schildern, angesprochen werden dabei beim Hören das Nachempfinden und die Empathie. Ob sich die allerdings dann auch ereignen, ist ungewiß. Der Erfahrung eignet mehr das Kognitive. Dem Erfahrenen eröffnet sich, wie die Dinge zusammenhängen. Das Erleben ist punktuell und manchmal irrational. Erlebnisse sind um so intensiver, je weniger sie dem Erlebenden die Freiheit lassen, eine eigene Stellung zu beziehen. Der Erlebende kann sich dem Ereignis nicht aus freiem Willen entziehen oder überlassen. Es verstört und verunsichert. Man kann vom Erleben hinweggerissen werden, ob im Raum der Liebe (,Liebe macht blind') oder in anderen Erlebnissen, die unmittelbar treffen und unmittelbar ihre Folgen zeitigen (,Himmel hoch jauchzend, zu Tode betrübt'). Das Erlebnis kann durchaus einen abenteuerlichen Charakter haben.

Es gibt Erlebnisse, die nicht zur Erfahrung führen, aber keine Erfahrung kommt ohne Erlebnisse aus. „Erlebnis verhält sich zu Erfahrung in etwa wie ein Teil zum Ganzen. Erfahrung ist das Umfassendere. Löst man das Erleben aus der Erfahrung heraus und bestimmt es im Unterschied zu Erfahrung, so muß es folglich abgewertet erscheinen. In Wirklichkeit bedeutet eine Verkümmerung des Erlebens, der Erlebnisfähigkeit, immer auch eine Minderung der Erfahrungsmöglichkeit und damit ein Defizit an Lebenserfahrung und Lebensorientierung" (Langemeyer, B., 116). Angesichts des Erfahrungsbooms heute läßt sich hier die Frage stellen, ob nicht vieles, was unter dem Bereich der Erfahrung läuft, schlicht und ergreifend nicht mehr als ein unmittelbares Erleben ist. Insbesondere in der Esoterik ist Erfahrung wichtig, zugleich aber auch undifferenziert benutzt. Innere Erlebnisse und Erfahrungen werden als Erfahrungen des Göttlichen gedeutet, oftmals mit Hilfe der humanistischen Psychologie. Werden hier nicht Erlebnisse kultiviert, die sich nur auf der rein subjektiv-individuellen Ebene abspielen?

Erfahrung ist somit eine Erkenntnisweise, in der der Mensch Kontakt zu einer Sache selbst bekommt, sie erlebt und sie in ein Gesamt von Erfahrungen einzuordnen versucht. Gilt dieses auch für die Gotteserfahrung?

Am Anfang aller Religion steht eine Erschütterung. Es ist das Erlebnis eines Mangels, ein Leiden am Leben, wie es ist, ein Sichwundreiben an der Wirklichkeit; die Erfahrung, daß die Welt zerbrechlich und nicht heil ist, sondern voller Unheil, daß sie im Argen liegt und verloren ist. ... Aus dieser Grunderfahrung wächst ... das Streben nach einer Gesamtdeutung des Daseins .... Dabei erfährt der Mensch, daß er das Ganze, sein Heil, die Erfüllung und Erlösung nicht durch eine eigene Tat, auch nicht durch die eigenmächtige Verwirklichung einer moralisch-gesellschaftlichen Zielvorstellung vollbringen kann, sondern daß es von außen her, von dem Letzten und Ganzen selbst, in dem alles gründet, das alles hält, trägt und bestimmt, geschehen muß. ... Eben das ist es, was sich heute unter uns begibt. Geboren aus einem metaphysischen Schock, aus der Angst vor dem drohenden Nicht-Sein angesichts des apokalyptischen Szenarios ringsum, hat die Religion sich in unserer Welt neu einen Weg gebahnt. Weil der Mensch nun einmal nicht vom Brot allein leben kann, die neuzeitliche Aufklärung aber die Lebensfragen, die auf das Ganze gehen und die Person betreffen, je länger desto mehr ausgespart hat und auch die christlichen Kirchen das große Bedürfnis nach Wegweisung und Trost nicht zu stillen vermochten, haben die Zeitgenossen sich ihrerseits auf eine allseitige Suche nach Hilfe zum Leben gemacht – und auf dieser ‚Reise ins Innere' haben sie die Religion für sich wiederentdeckt.

Zahrnt, 40f.

Vor allem die franziskanische Tradition der Mystik betont dieses Element; so schreibt z.B. Bonaventura: „Des Schöpfers höchste Macht, Weisheit und Güte leuchtet in den geschaffenen Dingen auf ... Wer darum durch solchen Glanz der Geschöpfe nicht erleuchtet wird, ist blind; wer durch dies laute Rufen nicht aufwacht, ist taub; wer wegen derartiger Werke Gott nicht lobt, ist stumm; wer aus solch deutlichen Zeugnissen den Urgrund nicht erkennt, ist ein Tor. – Darum öffne deine Augen, neige dein Ohr, löse deine Zunge und erschließe

1.2. Gotteserfahrung

Die Menschheitsgeschichte, so Johann Baptist Metz, ist immer schon Religionsgeschichte und damit immer schon Gebetsgeschichte. Der Mensch scheint in der Tat unheilbar religiös zu sein. Selbst heute in der Zeit nach der Aufklärung und der aufgeklärten Postmoderne stirbt Religion nicht, im Gegenteil, wie schon aus den obigen Ausführungen deutlich zu sehen ist. Die alten Götter kehren wieder.

Gotteserfahrung wird heute nicht nur belächelt, sondern auch vielfach ersehnt. Doch läßt sich Gott oder lassen sich die Götter erfahren? Was wird da erfahren?

Wenn man von Gotteserfahrung spricht, dann kann man wohl nur von und in Analogie sprechen. Gotteserfahrung kann man nicht machen. Es ist eine Erfahrung, die die ganze Existenz in ihrer Tiefe betrifft und die von außen auf den Menschen zukommt. Trifft auf die Gotteserfahrung auch zu, daß ein Erlebnis notwendig ist? Keine Gotteserfahrung ohne Erlebnis?

„Erfahrung ist ein Ganzes aus Einzelteilen. Sie dient der Orientierung und motiviert zu einem erfahrungsgemäßen Handeln. Gotteserfahrung wäre dann eine Gesamtorientierung, die dem menschlichen Daseinsvollzug ein Ziel und einen Sinn gibt" (Langemeyer, B., 120). So definiert Langemeyer Gotteserfahrung. Das bedeutet, daß Gotteserfahrung eine Art Überbegriff über eine Gesamtorientierung im Leben des einzelnen darstellt und das erfahrungsgemäße Handeln des einzelnen bestimmt und leitet.

Direkte und indirekte Gotteserfahrung

Fraling differenziert zwischen direkter und indirekter Gotteserfahrung. Direkte Erfahrung Gottes ist unmittelbar, überwältigend, mystisch. „Direkte Gotteserfahrungen können einmal darin bestehen, daß im Erleben selbst eine unabweisbare Evidenz des sich den Menschen zuwendenden Heiligen gegeben ist. Das kann in Visionen, in Auditionen geschehen, allemal in Erfahrungen, die eine Art überwältigenden Charakter haben" (Fraling, 20). Diese Erfahrungen können den Menschen im Alltag treffen, mitten in der Arbeit, aber auch im Gebet, im Gottesdienst oder in geistlichen Übungen. Sie treffen den einzelnen, sind Geschenk und nicht machbar.

Indirekte Gotteserfahrung liegt dann vor, wenn der Mensch zwar nicht Gott in Form eines Umkehrerlebnisses erfährt und spürt, aber wenn er Erfahrungen und Erlebnisse im Lichte des Glaubens interpretiert und Gott in dieser Erfahrung als anwesend oder mittätig erfahren hat. Die Alltagserfahrung wird in Beziehung zum Glauben gesetzt und entsprechend interpretiert. Beide Formen der Gotteserfahrung ergänzen einander. Beiden Formen liegt religiöses Erleben zugrunde, das den Horizont zum Transzendenten öffnet. Der Gotteserfahrung eignet immer auch ein Zug der Ehrfurcht, der Demut, des Unverständnisses und der Anbetung. Langemeyer nennt es das Aushalten vor dem Unbegreiflichen. Es geht um Anknüpfungspunkte, in denen jemand erfährt, daß es etwas Größeres als ihn selbst gibt. Diese Anknüpfungspunkte können unterschiedlichster Art sein: die Natur ist ein möglicher Ort. Im Glauben gedeutete Naturerfahrungen sind auf Hoffnung hin auszulegen.

dein Herz, auf daß du in allen Geschöpfen deinen Gott siehst, hörst, lobst, liebst und anbetest, verherrlichst und verehrst, damit sich nicht etwa der ganze Erdkreis gegen dich erhebe.

Bonaventura, in: Im Spiegel, 49.

In dieser namenlosen und weglosen Weite unseres Bewußtseins wohnt der, den wir Gott nennen. Das Geheimnis schlechthin, das man Gott nennt, ist nicht ein besonderes, besonders eigentümliches, gegenständliches Stück Wirklichkeit, das wir zu den übrigen Wirklichkeiten unserer nennenden und ordnenden Erfahrung hinzufügen und in sie einfügen; er ist der umfassende, nie umfaßte Grund und die Voraussetzung von unserer Erfahrung und von deren Gegenständen.

Rahner, 1978, 235.

Ebenso können Schicksalsschläge Orte sein, in welchen die Erkenntnis und das Gespür Gottes wie ein Blitz einschlagen können, schließlich auch in der Begegnung mit dem anderen Menschen, in der Liebeserfahrung menschlichen Lebens.

So vermögen die Grunderfahrungen menschlichen Lebens als Berührungspunkte mit dem lebendigen Gott verstanden und erfahren werden. Für die Seelsorge und für eine Theologie der Spiritualität hat das elementare Konsequenzen, nämlich die Lebenserfahrungen der Menschen ernst und als Ausgangspunkt für Reflexion und Gotteserfahrung zu nehmen. Geistliches Leben und menschlicher Weg, so zeigt sich hier, sind nicht zu trennen, sind nicht zwei voneinander getrennte Bereiche menschlichen Lebens. Das Leben als ganzes ist ein geistliches oder es ist nicht.

Gotteserfahrung ist nichts Elitäres oder für eine elitäre Schar von Auserwählten; sie ist grundsätzlich jedem möglich, der von seinen beiden Grundkräften, Erkenntnis und Freiheit, Gebrauch machen kann. Der Mensch ist ein transzendentales Wesen, indem er das einzelne immer schon überschreitet, und das einzelne ist die Erfahrung des Alltags, die er auf Gott hin überschreitet. So geschieht Gotteserfahrung nicht durch besondere Methoden oder Techniken oder Hilfsmittel, sondern am Material des normalen Lebens.

Die Schrift kann die eigene Erfahrung nie ersetzen. Gotteserfahrung hat also vornehmlich ihren Ort im Leben des einzelnen, in der Begegnung mit der Schöpfung, weniger in der Schrift oder den geistlichen Schriften, die zwar die Sinne öffnen können, nie jedoch die eigenen Erfahrungen zu ersetzen vermögen. Dabei ist Gottes Wirken nicht allein von der Offenheit des Menschen abhängig, so als wäre diese die unbedingte Voraussetzung.

Im Benennen der Gotteserfahrung gilt es vorsichtig zu sein. Was ist der je eigene Vogel? Wie kann man überhaupt sagen, dieses oder jenes ist eine Gotteserfahrung. Der Mensch in seinem Erleben und subjektiven Empfinden ist hier gefragt. Gleichzeitig sollte man in der Beurteilung dieser Fragen die Unterscheidung der Geister hinzuziehen, denn an den jeweils gezogenen Konsequenzen aus einer behaupteten Gotteserfahrung läßt sich die Kraft einer Gotteserfahrung erkennen, vielleicht auch deren Wirklichkeit.

Ein letztes Problemfeld stellt sich in diesem Zusammenhang. Es ist dies die Frage nach der spezifisch christlichen Gotteserfahrung. Unterscheidet sie sich von dem, was zuvor allgemein zur Gotteserfahrung gesagt worden ist, setzt sie andere oder besondere Akzente? Was ist christliche Gotteserfahrung?

1.3. Christliche Gotteserfahrung und geistliches Leben

Ich bin davon überzeugt, daß eine solche Unmittelbarkeit zwischen Gott und dem Menschen heute von größerer Bedeutung ist als jemals zuvor. Alle gesellschaftlichen Stützen des Religiösen sind in dieser säkularisierten und pluralistischen Gesellschaft immer mehr

Grund- und Eckdaten christlicher Gotteserfahrung sind die Erfahrungen Jesu und seine Gotteserfahrung. Sie basieren also auf Erfahrungen dessen, der Gottes Sohn war und ist und seine Jünger an seinen Erfahrungen hat teilnehmen lassen, auch wenn diese sie zunächst nicht fassen und verstehen konnten. Somit haben christliche Gotteserfahrungen einen einmalig geschichtlichen Ort und haben sich an der Erfahrung Jesu und an der Erfahrung der Jünger in Jesus zu orientieren. Der

am Wegfallen, am Absterben. Wenn es trotzdem wirkliche, christliche Frömmigkeit geben soll, dann kann sie sich nicht lebendig und stark erhalten durch Hilfen von außen, auch nicht durch Hilfen kirchlicher Art, nicht einmal durch Hilfen – unmittelbar und für sich allein genommen – sakramentaler Art, sondern nur durch eine letzte, unmittelbare Begegnung des Menschen mit Gott. ... Es geht um eine Gotteserfahrung, die letztlich den Menschen von seinem gesellschaftlichen Milieu bis zu einem gewissen Grad unabhängig macht und ihn höchstens in Kirchlichkeit einweist, aber nicht eigentlich von traditioneller Kirchlichkeit herkommt.

Karl Rahner im Gespräch, 34f.

christliche Glaube hat seine Wurzeln im Hören und Erzählen der ursprünglichen Zeugnisse des Glaubens, primär also in der Heiligen Schrift als Maßstab, Quelle und Grundlage unserer christlichen Erfahrungen heute. Christliche Spiritualität ist wesentlich grundgelegt im Hören des Wortes, im Lesen der Erfahrungen anderer mit ihrem Gott. Dieses Wort Gottes und das Hören auf das Wort ereignen sich je in den konkreten geschichtlichen und zeitlichen Gegebenheiten im Kontext von Leben und Zeit. Christliche Gotteserfahrung ist Erfahrung Gottes auf dem Wege mit dem Wort Gottes in der Auseinandersetzung mit der Gegenwart, also mehr als ein einfaches Hören auf das Wort oder ein ‚einfaches Lesen‘ der Schrift. Der Christ ist unterwegs in Raum und Zeit, in einer konkreten Gesellschaft und Kultur; in diese hinein spricht Gott sein Wort. Das geschriebene Wort Gottes in Form der Heiligen Schrift vermag dem Christen Interpretationsrahmen für die alltägliche Erfahrung sein, mit deren Hilfe er seine täglichen Erfahrungen im Lichte des Glaubens deuten kann – die Erfahrung von Leben wird zur indirekten Gotteserfahrung mit Hilfe des Wortes Gottes. Gleichzeitig jedoch drängt das Wort nicht nur dazu, gehört und mit der Gegenwart konfrontiert zu werden, vielmehr will es auch erfahren und geschaut werden. Damit sind wir bei der klassischen Einteilung geistlicher Übungen im Dialog mit Gott: das Lesen drängt zum Meditieren, dieses wiederum zum Gebet und zur Vereinigung oder zum Schauen Gottes, zur Kontemplation. Grundlage jedoch ist das Hören, selbst bis in höchste Formen der Mystik hinein, denn nie ist das Hören überflüssig, da die eigenen Erfahrungen nie die Erfahrungen Jesu einholen und überflüssig machen würden, oder umgekehrt. Der Christ kann auf seinem Weg versuchen, so wie es z.B. Franziskus intensiv versucht hat, Christus gleichförmig zu werden. Bei Franziskus hat die Verinnerlichung der Erfahrungen Jesu und das Hören der Schrift im Kontext des eigenen Lebens bis hin zu den Stigmata geführt, in denen er die Wundmale Jesu an seinem eigenen Leib zu spüren bekam.

Das Spezifikum christlicher Gotteserfahrung

Das Kreuz ist so die Norm aller christlichen Erfahrung: ‚Welcher Geschmack sich den Sinnen darbieten mag: wenn er nicht rein für die Ehre und Verherrlichung Gottes ist, so verzichte (der Christ) darauf und versage ihn sich aus Liebe zu Jesus Christus, der in diesem Leben keinen anderen Geschmack besaß und besitzen wollte, als den Willen seines Vaters zu tun ... Gott duldet nicht, daß ein anderes Streben bestehe als dieses, und er will, daß es da sei, wo Er ist: nämlich seine Weisung vollkommen zu erfüllen und das Kreuz Christi auf sich zu nehmen‘ [Johannes vom Kreuz]. Das Kreuz ist der Gipfel der Nichterfahrung. Jesus erblickt darin nur Verlassenheit: ‚Mein Gott, mein Gott, warum hast du mich verlassen?‘ Nichtsdestoweniger behält er den Glauben an den

Oft ist im Zusammenhang mit der Frage nach der spezifisch christlichen Gotteserfahrung das personal-dialogische Verhältnis genannt; doch ist dieses auch anderen Religionen zu eigen. Ein Spezifikum liegt sicherlich in der Erfahrung Jesu am Kreuz. Wider alle Hoffnung und wider alle Erfahrung von Leid, Schmerz und Tod hält Jesus an Gott, seinem Vater, fest, legt sein Leben vertrauensvoll in seine Hände und stirbt am Kreuz einen grausamen Tod. Doch wird er von den Toten auferweckt und lebt. Diese Dimension christlichen Glaubens, die Grenzen sprengt und Leben selbst dort unter der Perspektive der Hoffnung sieht, wo es hoffnungslos zu sein scheint, hat Auswirkungen auf den Umgang mit Scheitern und Leid auf dem je persönlichen Weg des Christen. Denn Leid und Schmerz, Qual und die mühsamen, fast nicht zu bewältigenden Wegstrecken menschlichen Lebens werden nicht aus dem Bereich des Religiösen und Gottes herausgenommen. Alles, das ganze menschliche Leben, erfährt durch den Kreuzestod Jesu eine Wandlung, eine Umformung. Fragen und Zweifel sind nicht herausgenommen. Fragen und Zweifel können bleiben. Die Umwandlung kann Jahre dauern. An den Gott glauben, der das Kreuz auf sich genommen hat, bedeutet: Scheitern, Leid und Tod ernst nehmen, es nicht wegreden oder harmonisieren. Es darf sein – und es gehört zum Leben, ja

Vater, um dessen Willen zu tun. Aber das Kreuz ist keine Vernichtung. Die Erfahrung der Nichterfahrung verleitet nicht dazu, sich zu vernichten: der Selbstmord, der Menschenmörder (Joh 8,44) wäre die höchste Form eines sich selbst wollenden Willens, wäre unter dem Anschein der Demut der höchste Akt des Stolzes.

Brague, 491f.

Das unterscheidend Christliche bestände darin, daß der Christ auch im Erleben und Erfahren des unbegreiflich und unbenennbar waltenden Göttlichen die Liebe des Vaters Jesu Christi am Werke glaubt, glaubt auch wider alles Erleben und hofft wider alle Erfahrung. Das würde aber heißen, daß auch in der christlichen Spiritualität der Dialog mit Gott umschlagen kann in die reine Anbetung vor dem alle personalen Vorstellungen übersteigenden Heiligen. Die dunkle Nacht der christlichen Mystiker ist vielleicht ein Zeugnis dafür.

Langemeyer, B., 125.

Aber selbst das personale Gottesbild steht bei hauptamtlichen Theologen in Frage, so stellt eine Focus-Umfrage fest: „Christus als personaler Gott, so fand vor drei Jahren der Berliner Religionssoziologe Klaus-Peter Jörns heraus, wird selbst von jenen nur noch beschränkt wahrgenommen, die ihn predigen sollen. Nur zwei von drei Pfarrerinnen und Pfarrern geben ‚Jesus Christus als Gottesnamen' an. Ihre Zweifel an dem auferstandenen Christus lassen sie dadurch erkennen, daß sie nur noch allgemein von Gott reden, wenn sie Jesus meinen.

Focus 14/1999, 122.

zum Glauben. Große Heilige sprechen von der dunklen Nacht der Gotteserfahrung, der Erfahrung Gottes im Nichts und in der Fragwürdigkeit menschlichen Lebens.

> Durch Jesu Gottesbeziehung und seine Vatererfahrung sind alle die, die glauben, mithineingenommen in diese personale Gotteskindschaft. Doch in dieser personal-dialogischen Gotteserfahrung geht der christliche Glaube nicht auf, denn liebende Allmacht Gottes ist nicht zu verwechseln mit einem Gott, der in allem und zu allem zur Verfügung steht. Die Allmacht Gottes erweist sich – im Gegenteil – für viele als willkürlich, als ohnmächtig und fragwürdig.

Allmacht und Ohnmacht Gottes

Sören Kierkegaard († 1855) spricht im Zusammenhang mit der Allmacht von der Selbstbeschränkung aus Liebe. Die Allmacht Gottes besteht darin, daß er sich aus Liebe in Liebe zurücknimmt. So wie der Vaterbegriff für die Gottesbeziehung ein Beziehungsbegriff ist, so ist es auch der Allmachtsbegriff. Gottes Allmacht ist seine Güte. Es ist nichts anderes als die Umschreibung für Gott als das lebenschaffende und Leben ermöglichende Prinzip im Leben des einzelnen und der Menschheit. Es ist nichts anderes als der Ausdruck dessen, daß wir an einen Gott glauben, der Beziehung will und ist, der Beziehung sucht und sich ansprechen läßt: Abba, Vater. Doch geht die christliche Gotteserfahrung nicht in einem personal-dialogischen Gottesverhältnis und ihrer Erfahrung auf.

Gott bleibt letztlich der ganz andere, der Fremde und manchmal Geheimnisvolle; er ist der, der begegnet und sich entzieht. Er ist der, der nicht zu begreifen ist, der gleichzeitig aber als die absolute Liebe erfahrbar ist. Kategorien wie Vater oder Mutter entzieht er sich, ebenso theologischen Kategorien und Systemen. Der mittelalterliche Theologe Nikolaus von Kues († 1464) hat in diesem Zusammenhang von einer Dimension Gottes gesprochen, von der *coincidentia oppositorum*: das Ineinanderfallen der Gegensätze – Ohnmacht und Allmacht, Vater und Mutter, Barmherzigkeit und Strenge, Immanenz und Transzendenz. Dorothee Sölle formuliert es in einem Gedicht auf ihre Weise: „ich glaube an gott, der den widerspruch des lebendigen will" (Sölle, 120). Gott fordert den Widerspruch heraus. Und das scheint ein Spezifikum christlichen Glaubens und auch christlicher Gotteserfahrung zu sein. Insofern ist der Weg des Christen mit Gott kein stromlinienförmig gerader, sondern einer mit Pausen, Umwegen, Irrwegen und einem klaren Ziel. Es ist ein spannender, zugleich aber auch schwerer Weg; es kann ein Weg sein, der durch Leid und Scheitern hindurchgeht. Es kann ein Weg sein, der jahrelang der Frage nachgeht: Gott – wer bist Du?

Kommt und seht! „Glaube im aktiven Sinn ist also die auf Vertrauen beruhende Praxis der Nachfolge Jesu, die Gott, die Welt und das eigene Selbst erfahren läßt in der Deutung Jesu Christi und damit zur Erfahrung der heilschaffenden Gegenwart Gottes kommt. Insofern ist Glaube selbst ein Erfahrungsprozeß, und er ist eine Deutung der Wirklichkeit, die einen bestimmten, allerdings das Ganze umfassenden Aspekt der Wirklichkeit zur Erfahrung und zur Erkenntnis bringt. Wir können deshalb auch sagen, daß der Glaube die christusgemäße Erfahrung mit aller Erfahrung ist" (Pottmeyer, 41f.).

> Somit drängt christliche Gotteserfahrung darauf, das Innere zu sprengen und die Welt mit einzubeziehen. Fern jeder gnostischen Verdächtigung kommt es nicht auf die innere Erfahrung an oder auf die Erlösung durch die Erkenntnis, vielmehr steht die Welt und das Leben mit allem, was dazugehört, im Zentrum christlicher Glaubens- und Gotteserfahrung. Durch die geschichtliche Offenbarung Gottes in Jesus Christus ist dem christlichen Glauben ein klarer Maßstab an die Hand gegeben. Nicht die eigene innere Erfahrung ist der Heilsweg.

Christliche Gotteserfahrung ist Erfahrung des Geistes

In diesem Zusammenhang muß noch auf einen Aspekt hingewiesen werden, der nicht übersehen und in Vergessenheit geraten darf. Eine Kraft, die in der geistlichen Erfahrung und der christlichen Gotteserfahrung eine maßgebliche Rolle spielt, ist der Geist, der Geist Gottes, der Heilige Geist. Eine Erfahrung Gottes und geistliche Lebenserfahrung ist immer geistgewirkt. Sie erfordert Offenheit und Sensibilität, Gott im Säuseln des Windes nicht zu überhören. Wie Paulus es treffender nicht hätte formulieren können, zeichnet sich geistliche Erfahrung dadurch aus, daß es der Geist Gottes ist, der Besitz vom Menschen ergreift: „Wenn nun Gottes Geist von uns Besitz ergriffen hat, dann wollen wir auch aus diesem Geist unser Leben führen." (Gal 5,25). Im Brief an die Galater erinnert Paulus daran, wie es zum Christwerden und zur Entstehung der Gemeinden kam und immer kommen wird. Dem Geist Gottes gegenüber offen sein, der wirkt und weist, ist das A und O geistlichen und christlichen Lebens. Dann wird auch die Botschaft Jesu nicht verwässert oder durch Irrlehren verfälscht werden. Der Geist ist für Paulus die Kraft, die dem Leben eine Ausrichtung und Orientierung gibt. Es ist auch der Raum erfüllten und erleuchteten Lebens. „Geist wird somit zu einem globalen, umfassenden Begriff, austauschbar mit der Lebendigkeit Gottes, mit dessen Herrschaftsräumen und –zeiten, mit seinen Willenskundgebungen und Begegnungsformen" (Ruhbach, 8).

‚Fleisch' ist sozusagen der Gegenbegriff zum Geist und zu dem Leben im Geiste Gottes. In der Schrift beschreibt ‚Fleisch' zum einen die geschöpflich-irdische Wirklichkeit, ausgedrückt durch die Körperlichkeit und auch Vergänglichkeit der Geschöpfe. Dabei ist der Mensch im Fleische stets versucht, diese Grenze zu überschreiten. Zum anderen bedeutet ‚Fleisch', daß es im Menschen Strömungen und Wünsche gibt, sich selbst zu verwirklichen und an Gottes Stelle treten zu wollen. Dem Geist nach zu leben bedeutet für Paulus, im Fleisch, dem der Mensch nicht entrinnen kann und das seine geschöpfliche Abhängigkeit von Gott ausdrückt, aber nicht gemäß dem Fleisch zu leben.

Der Geist ist die in Jesus Christus gegenwärtig gewordene Liebe Gottes, die den Menschen begleitet und das Leben ernst nimmt wie es ist. Es blendet keinen Bereich aus und schaut aus auf das Kreuz. Die gekreuzigte und auferstandene Liebe Gottes ist der Beistand, der den Christen verheißen ist. Erfahren wird dieser Geist und Beistand dann

Warum sträubst du dich denn, das Kreuz auf deine Schulter zu nehmen, da doch der Weg des Kreuzes der Weg zum Himmelreich ist. Im Kreuze ist Heil, im Kreuze ist Leben, im Kreuze ist Schutz vor den Feinden, im Kreuze ist Seelenkraft, im Kreuze ist Geistesfreude, im Kreuze ist höchste Tugend, im Kreuze ist vollendete Heiligung zu finden. Es ist kein Heil der Seele, keine Hoffnung auf ewiges Leben, außer im Kreuze. Nimm also dein Kreuz auf dich und folge Jesus nach, und du bist auf dem geradesten Wege zum ewigen Leben. Siehe, er ging dir ja voraus und trug dir das Kreuz voran und starb sogar für dich am Kreuze, damit auch du dein Kreuz tragen lernst und Mut bekommen solltest, am Kreuze zu sterben.
Thomas a Kempis, 126.

vor allem in der Erfahrung von Freiheit und Befreiung: „Denn ihr habt nicht einen Geist empfangen, der euch zu Sklaven macht, so daß ihr euch immer noch fürchten müßtet, sondern ihr habt den Geist empfangen, der euch zu Söhnen (und Töchtern) macht, den Geist, in dem wir rufen: Abba, Vater! So bezeugt der Geist selber unserem Geist, daß wir Kinder Gottes sind. Sind wir aber Kinder, dann auch Erben; wir sind Erben Gottes und sind Miterben Christi, wenn wir mit ihm leiden, um mit ihm auch verherrlicht zu werden" (Röm 8,15-17). So läßt sich sagen, daß christliche Gotteserfahrung zumindest eine Erfahrung ist, in welcher das Wirken des Geistes, das Wirken Gottes erfahrbar ist – vor allem in den Dimensionen von Freiheit und Befreiung. Doch ist es Gott, der mir ganz persönlich darin begegnet? Ist er in seiner Tiefe erfahrbar? Sind es nur kurze Momente, in denen er mir begegnet? Es bleiben Fragen, die nur der einzelne ganz persönlich für sich beantworten kann. Dabei hilft weder der theologische Diskurs noch vorgeschlagene Methoden und Formen.

Geistliches Leben ist somit „die Bereitschaft zur Begegnung mit dem persönlichen und überpersönlichen Gott, der sich zu Wort und zur Erfahrung bringt, wann, wo und wie er es will, quer durch unsere Ortsangaben, Gottesdienstzeiten und Erklärungsbemühungen hindurch. Offene Verbindlichkeit, engagierte Erwartung, glühende Sehnsucht, liebender Gehorsam, wachsame Zuwendung, solche Einstellungen und Haltungen beschreiben geistliches Leben am ehesten. Immer aber wird es einen unaussagbaren Rest und ein staunendes Schweigen geben, das anzunehmen, auszuhalten und in neue Erfahrungen zu bringen ist" (Ruhbach, 9f.).

1.4. Gelebte geistliche Erfahrung

Nachfolge und Liebe, so kann man den bisherigen Ausführungen entnehmen, sind Schlüsselkategorien geistlichen Lebens, damit auch intensiven Lebens. Wer Erlebnisse und Erfahrungen macht und diese geistlich, d.h. im Lichte des Glaubens deutet, den drängt es dazu, diese Erlebnisse und Erfahrungen umzusetzen, sie mit dem eigenen Leben zu buchstabieren. Geistliche Erfahrungen wollen umgesetzt, das heißt vor allem mit dem je eigenen Leben bezeugt werden. Das bedeutet im Prinzip nichts anderes als Jesus Christus auf seinem Weg der Liebe, der Barmherzigkeit und des Dienstes an den Notleidenden und am anderen zu folgen; und das an dem Ort, an welchem der einzelne lebt und arbeitet. In der christlichen Tradition, auch in der Gegenwart, gibt es aber immer wieder Menschen, die sich nicht einfach damit begnügen, die vielmehr aufgrund gemachter Erfahrungen mit den Menschen und mit Gott mit ihrem bisherigen Leben brechen und einen ganz anderen, einen neuen Weg einschlagen. Die Wüstenväter im dritten und vierten Jahrhundert in der ägyptischen Wüste sowie Franziskus im zwölften Jahrhundert haben dies in eindrücklicher Weise praktiziert. Dabei haben sie mit ihrer Lebensweise bis heute große Kreise gezogen und können mit ihrem geistlichen Weg und ihren spezifischen Erfahrungen Wegweiser für die Christen heute sein; zumal sowohl die Wüstenväter als auch Franziskus das Motiv des Weges zentral in ihre jeweilige Form der Nachfolge des Kreuzes, dem Spezifikum christlicher Gotteserfahrung, stellten.

'Gott wurde Mensch, damit der Mensch Gott werde', formulierte Augustinus. Als Jesus von Nazareth hat er sich uns zugänglich gemacht. Nun kann ich Gott kennenlernen. An einem realen Menschen kann ich ablesen, was für ein Herz und was für einen ‚Charakter' Gott hat. Geistliches Leben besteht nach der Erfahrung und Lehre der geistlichen Meister darin, Jesus Christus kennenzulernen, damit ich ihn immer mehr lieben lerne und er so meinen Charakter seinem Charakter angleichen kann. Ein ‚anderer Christus' soll ich werden, sagt Paulus (vgl. Gal 4,19). Um ein geistliches Leben zu beginnen, braucht man nur ein wenig Neugier: Was ist das für einer, dieser Mann, der von sich sagt, daß er Gottes Sohn ist, und in dem Menschen aller Generationen ihren Lebensinhalt gefunden haben? Geistlich lebt, wer sich mit Jesus Christus einläßt und – wie Edith Stein sagt – das Studium der ‚Kreuzeswissenschaft' beginnt.

Körner, 29f.

1.4.1. Die Wüstenväter: *Peregrinatio*

Die Alternative *Haben* oder *Sein* leuchtet dem gesunden Menschenverstand nicht ein. *Haben*, so scheint es uns, ist etwas ganz Normales im Leben; um leben zu können, müssen wir Dinge haben, ja wir müssen Dinge haben, um uns an ihnen zu erfreuen. In einer Gesellschaft, in der es das oberste Ziel ist, zu haben und immer mehr zu haben, in der man davon spricht, ein Mann sei ‚eine Million wert‘: wie kann es da eine Alternative zwischen Haben und Sein geben? Es scheint im Gegenteil so, als bestehe das eigentliche Wesen des Seins im Haben, so daß nichts *ist*, wer nichts *hat*. Die großen Meister des Lebens haben jedoch in der Alternative zwischen Haben und Sein eine Kernfrage ihrer jeweiligen Anschauung gesehen. Buddha lehrt, daß nicht nach Besitz streben dürfe, wer die höchste Stufe der menschlichen Entwicklung erreichen wolle. Jesus sagt: ‚Denn wer sein Leben retten will, der wird es verlieren; wer aber sein Leben verliert um meinetwillen, der wird es retten. Denn was nützt es dem Menschen, wenn er die ganze Welt gewinnt, sich selbst aber verliert und Schaden erleidet?‘ Meister Eckhart lehrt, nichts zu haben und sich selbst offen und ‚leer‘ zu machen, sich selbst mit seinem eigenen Ich nicht im Wege zu stehen, sei die Voraussetzung, um geistigen Reichtum und Kraft zu erlangen.

Fromm, 284.

Peregrinatio, Wanderschaft, ist ein Schlüsselwort zum Verständnis des alten Mönchtums im dritten und vierten Jahrhundert. Wie Jesus als Fremder unter den Menschen gelebt hat, so wollen die Mönche in der Wüste Ägyptens es ihm nachtun. „Die Füchse haben Gruben, und die Vögel des Himmels haben Nester, der Menschensohn aber hat nichts, wo er sein Haupt hinlegen kann" (Lk 9,58). Die Welt hat ihn letzlich nicht verstanden. Und der Christ ist, wie es Clemens von Alexandrien († nach 215) ausdrückt, ein Bürger zweier Welten: vorübergehend hat er seine Wohnung auf Erden, doch die eigentliche Wohnung ist beim Vater im Himmel. Christus hat das vorgelebt, dem gilt es nachzufolgen. Dabei machen die Mönche deutlich, daß die Wurzel und Quelle des Lebens, daß die Heimat des Lebens und des Menschen in Gott liegen, in dem Vertrauensverhältnis von Gott und Christus, in das der Mensch hineingenommen ist und so auch *Abba*, Vater sagen darf. Aus der frühchristlichen Tendenz zur Askese entstanden, gehen einzelne Menschen, Frauen und Männer, zunächst in die Wüste Ägyptens, um dort ein Leben in Einsamkeit, in Entbehrung, Armut und völliger Hingabe an Gott zu leben. Es entstehen verschiedenen Lebensformen: zunächst solche, die mehr den Aspekt der Einsamkeit und des Alleinseins betonen, die sogenannten Anachoreten (zurückgehend auf den Mönchsvater Antonius † 356). Diese treffen sich zwar zu gemeinsamen Gottesdiensten am Wochenende; sie arbeiten für das Gesamt der Einsiedler, die jeder eine Höhle, Hütte o.ä. in der Nähe haben, doch ist es eine lose Eremitenkolonie, die sich um einen erfahrenen Altvater gesammelt hat. Die Gemeinschaft steht nicht im Vordergrund. Im Gegensatz dazu entsteht eine zweite Lebensform in der ägyptischen Wüste, das sogenannten Coenobitentum. Sie besteht aus Männern, die einsam in Form der Gemeinschaft zu leben versuchen. Alles dient der Gemeinschaft; es gibt gemeinsame Gebetszeiten, die Arbeit ist für den Unterhalt der Gemeinschaft; es entstehen klösterliche Formen mit strengen Regeln unter Führung eines Abbas. Diese Lebensform geht vor allem auf den Mönchsvater Pachomius († 346) zurück. Die Motive jedoch, diese Lebensformen in der Wüste zu suchen, sind ähnlich, wenn auch die Ausgestaltung und die Formen sehr unterschiedlich sind. Immer geht es darum, die Hingabe zu Gott radikal zu leben und mit dem eigenen Leben deutlich zu machen, daß Gott es ist, dem das Leben des Menschen gehört. Um seinetwillen gilt es, auf alles zu verzichten und allein ihm zu leben. Das schließt den Dienst an den Mitmenschen nicht aus, im Gegenteil: Für Antonius entscheiden sich Leben und Tod des Mönches u.a. an der Haltung zu seinen Mitmenschen; für Pachomius ist der gegenseitige Dienst unter den Mönchen Ausdruck der Liebe und Hingabe an Gott.

1. Diese Pilgerschaft des Menschen zu Gott, überhaupt die Pilgerschaft des Lebens wird von den Mönchsvätern mit dem Weg Jesu, aber auch mit dem Weg der Patriarchen des Alten Testaments belegt. Zunächst geht es ihnen um den Auszug aus der Heimat als Bedingung für die Nachfolge, entsprechend Abraham, der sich auf Gottes Geheiß hin auf den Weg macht (vgl. Gen 12,1-3). „Der Mönch soll auswandern aus dem Denken an diese Welt (*ex memoria mundi huius*), sein Geist soll allein an Gott denken" (Grün, 17). Das Verlassen der Gemeinschaft der Menschen geschieht um Christi willen. Nicht die Motive von Flucht vor den Menschen oder vor der Geschäftigkeit der Welt stehen

im Vordergrund der Mönche, auch wenn so manche Motive sich diesbezüglich sicherlich eingeschlichen haben mögen.

2. Ein zweites Motiv der Mönche, das mit dem Auszug aus der bisherigen Welt und den bisherigen Gewohnheiten einhergeht, ist das Verlassen von Haus und Verwandten (vgl. Mt 19,21.29). Wer sich auf den Weg zu Gott macht und ihm in der Wüste nachfolgen will, muß dieses in letzter Radikalität und im Wandern und Umherziehen tun. Haus und Verwandte werden um Christi willen verlassen. Wie Christus keinen Ort hatte, wo er sein Haupt hinlegen konnte, so soll dieses auch der Mönch meiden und es Jesus gleich tun, er soll sich nicht festmachen und offen sein für das, was Gott ihm schenkt. So wie die Lilien auf dem Felde und die Vögel des Himmels soll er sich keine Sorgen machen müssen, Gott sorgt für ihn. Für die Mönche ist es vor allem auch eine ‚Wanderschaft des Herzens‘ und damit nicht nur ein äußerer Aufbruch, als vielmehr ein innerer Weg.

● Es geht den Mönchen um den inneren Weg. Und auf diesen Weg mache ich mich nur, wenn ich mich freigehe von allem, was mich daran hindert, ich selbst zu sein. Wandernd muß ich die Rollen ablegen, die ich spiele, die Masken abfallen lassen, die mein Wesen verdekken und entstellen. Wer bin ich, der da geht, wenn all das Zufällige wegfällt, wenn nicht mehr zählt, was ich geleistet habe, was ich bei den Menschen gelte? Wandernd gehe ich mich hinein in mein Wesen, in meine Wahrheit, in meinen Kern. Was die Menschen von mir halten, ist nicht wichtig, das fällt beim Gehen ab. Was ist mein Kern, wer bin ich wirklich vor Gott? Im Wandern ziehe ich aus aus allem Zufälligen und mache mich ● auf den Weg zu mir selbst, auf den Weg zu Gott, zu meinem Gott, zum Gott des Lebens.

Grün, 20.

3. Ein drittes Motiv, das eng mit der *Peregrinatio* der Mönche verbunden ist, ist die Nachfolge des Kreuzes, was wir später noch weitaus ausgeprägter z.B. bei Franziskus finden werden. Entsprechend Mt 16,24 soll der Mönch sein Kreuz auf sich nehmen und Christus nachfolgen. Also neben dem Leben in der Fremde, neben allem Vorläufigem und Unbehausten ist die Zielrichtung die Nachfolge Christi und seines Kreuzes. Nicht von ungefähr gelten daher auch die Märtyrer in den ersten Jahrhunderten als besondere Menschen, die die Nachfolge Christi ausdrücklich und in einzigartiger Weise leben. So ist das geistliche Leben für die Mönche ein fortwährendes Gehen; es ist zugleich, da es um Nachfolge geht, ständige Umkehr. Das eigene Kreuz auf sich zu nehmen bedeutet, in Demut sich selbst zu erkennen und die eigenen Schwächen und das eigene Kreuz im Lichte des Kreuzes Christi zu betrachten. Die Voraussetzung für den inneren Auszug ist der äußere Auszug und das Verlassen der Heimat. „Glauben heißt, die Welt übersteigen auf Gott hin, der Welt fremd werden und sich auf den Weg zu Gott machen" (Grün, 27).

4. Schließlich ist die Wanderschaft der Mönche keine ziellose Wanderschaft. Nicht der Weg ist das Ziel, wie man bei so vielen geistlichen Übungen der Gegenwart zu hören vermag. Jegliche Wanderschaft der Mönche hat ein Ziel, nämlich das Leben in Fülle und die Wohnung beim Vater. Somit sind Gehen und Wanderschaft Mittel, um zum Ziel zu gelangen. Und dieses Ziel beruht auf der Verheißung, die Gott mit und in Jesus Christus unwiderruflich gegeben hat. Das Ziel ist die Erfüllung der Verheißung, die endgültige Heimat bei Gott zu finden. Was auf Erden ist, wird relativ. In der Wanderschaft rührt der Mönch an seine innerste Sehnsucht, nämlich an sein Ziel zu kommen: in der Heimat bei Gott zu sein. Das Motiv des Weges bringt die eschatologische Spannung zum Ausdruck zwischen dem bereits geschehenen Anbruch der Gottesherrschaft und der noch ausstehenden Vollendung des Reiches Gottes, die Spannung zwischen dem ‚Schon und Nochnicht‘.

Betrachtet man die gesamte Bewegung der Mönche und der späteren Ordensgemeinschaften, so stellt man fest, daß es immer eine asketische und zugleich mystische Bewegung war. Mit und in Mühe und Anstrengung wurde der Weg der Nachfolge beschritten, der sich im dialogischen Geschehen zwischen dem einzelnen, der Gemeinschaft und Gott zum Ausdruck bringt. Beide Aspekte gehören auf dem Weg und in der Wanderschaft zusammen: Es ist Disziplin, Aufmerksamkeit sowie Ordnung und Mühe gefordert, zugleich aber auch Sorglosigkeit, kindliches Vertrauen und die Reinheit des Herzens, die Gott schenkt.

1.4.2. Franziskus: ‚Pilger und Fremdling sein‘

Der heilige Franziskus von Assisi († 1226) ist Beispiel und Modell für den franziskanischen Weg, aber auch für den christlichen Weg. Franz von Assisi war nicht nur zu seiner Zeit ein Modell, Vorbild und Ideal – bereits im Jahre 1219 kommen zu einem Kapitel in Assisi (das sogenannte Mattenkapitel) über 5000 Brüder zusammen. Für viele Menschen heute ist er das Modell gelungenen Lebens, was die Wahl zum Mann des Jahrtausends deutlich zeigt. Fragt man nach dem, was gelungen bedeutet, dann sind es sicherlich die Stichworte der Sehnsucht und Suche, Konsequenz, Verbundenheit mit der Schöpfung und den Geschöpfen, innige Gottesbeziehung und Gebet. Ihm ging es immer nur um das eine, um das Evangelium; so schreibt er zu Beginn seiner Regel: „Regel und Leben der Minderen Brüder ist dieses, nämlich unseres Herrn Jesu Christi heiliges Evangelium zu beobachten" (Franz von Assisi, 99). Nichts anderes will er Zeit seines Lebens als die Nachfolge des gekreuzigten Jesus Christus, als ein Leben in seinen Fußspuren: ein evangelisches Leben im Dienst an den Menschen und der gesamten Schöpfung. Fünfmal kommt der Ausdruck ‚den Fußspuren Christi folgen‘, den Franziskus aus dem ersten Petrusbrief (1 Petr 2,21) entnommen hat, in seinen Schriften vor. Es ist das Programm bzw. die Überschrift über das Programm seines Lebens. Der Mensch ist bleibend auf dem Wege und muß diesem Rechnung tragen, eben dadurch, daß er Christus in dessen Spuren folgt.

Konsequenz seiner Erfahrungen

Voraussetzung eines solchen Lebens ist die Entscheidung und das konsequente Loslassen, wie wir es oben bei den Mönchsvätern sahen: ‚Verlasse Heim und Hof und vertraue der Zusage der Wohnung im Reich des Vaters – um nichts anderes soll es euch gehen.‘ Franziskus ist in vielem seiner Suche exemplarisch für so manchen Menschen heute: „Seltsam, dieses unvollendete und kontrastreiche Leben ist das Modell eines geglückten Lebens, weil es ganz lauter, ganz ehrlich, ganz konsequent, ganz menschlich, ganz christlich und dadurch ganz eigentlich war. Deshalb wird dieser Bruder aller Menschen zum ‚Vater‘ eines neuen Weges, der franziskanischen Alternative" (Pohlmann, 18).

Das Faszinierende ist die Umsetzung seiner Gotteserfahrung, dort liegt das eigentliche Geheimnis seines Lebens. Franziskus ist Gott auf seinem Lebensweg begegnet, und diese Begegnung hat tiefe Spuren hinterlassen: „Von jener Stunde an begann er sein eigenes Nichts zu fühlen und die Dinge, die früher seine Liebe gefunden hatten, zu verachten" (Dreigefährtenlegende, 90). Sein Leben änderte sich, er kehrte in sich und schließlich um. Der lebendig rufende Gott bewirkte bei Franziskus einen lebendigen Glauben in einer Haltung, die sich am besten

Vielmehr macht dieser Weg einen stets neuen Aufbruch notwendig, eine unaufhörliche Abwendung vom lieben kleinen Ich und eine ebenso entschiedene Zuwendung zum Du des andern und des ganz andern. Unterbleibt dieser täglich neue Aufbruch, dann gerät der ziellos gewordene Wanderer unweigerlich wieder in den Sog der Kräfte, von denen er sich lösen wollte, die Richtungslinie seines Gehens rollt sich ein und endet in ein unfruchtbares Kreisen um eine Mitte, die keine ist. Deshalb spricht Franziskus von seinem Weg als einem Leben der Buße, und die ersten Gefährten, die sich mit ihm auf den Weg machten, nannten sich ‚Büßer aus der Stadt Assisi‘. Nur so kamen sie weiter.
Lang, 23.

Nach Beendigung des Baues der Kirche S. Damiano trug der selige Franziskus noch das Kleid eines Einsiedlers. Er ging einher mit einem Stab in der Hand, mit Sandalen und mit einem Riemen gegürtet. Eines Tages aber hörte er bei der Feier der Messe jene Worte, die Christus im Evangelium zu den Jüngern sprach, als er sie zum Predigen aussandte, daß sie nämlich weder Gold, noch Silber, weder eine Tasche, noch Brot oder einen Stab auf dem Weg tragen, weder Schuhe noch zwei Röcke haben sollten. Als er dies hierauf mit Hilfe des Priesters noch deutlicher verstand, wurde er von unsagbarer Freude erfüllt und sprach: ‚Das ist es, was ich mit allen Kräften zu erfüllen wünsche!‘ Nachdem er alles, was er gehört, seinem Gedächtnis eingeprägt hatte, mühte er sich, es freudig zu erfüllen. Ohne Zaudern legte er ab, was er doppelt hatte, und benützte deshalb von nun an weder Stab, noch Schuhe, weder Beutel, noch Tasche. Er machte sich ein sehr unansehnliches und schmuckloses Gewand, warf den Riemen weg und nahm als Gürtel einen Strick. Auch alle Sorgen seines Herzens setzte er auf die Worte des neuen Gnadenerweises, wie er sie im Werk erfüllen könne. Auf göttliche Eingebung hin begann er, als Verkünder der evangelischen Vollkommenheit aufzutreten und einfältig in der Öffentlichkeit Buße zu predigen. Seine Worte waren weder nichtssagend, noch lachhaft, sondern drangen, voll der Kraft des Heiligen Geistes, in das Innerste des Herzens, so daß die Zuhörer darüber in gewaltiges Staunen gerieten.

Dreigefährtenlegende, 111f.

mit dem Wort der Armut vor Gott beschreiben läßt: alles verlassen, um nackt dem Nackten zu folgen, die Dinge der Welt lassen, um ganz die Freiheit Gottes, die sich im Dienst an den Menschen erweist, leben zu können. So liegt ein Hauptcharakteristikum im franziskanischen Weg in der Armut, ein weiteres in der Hinwendung zum Menschen und zur gesamten Schöpfung, schließlich im Gebet, das sich innig und zutiefst mit Gott verbunden weiß: Das ganze Leben ist ein ständiger Dialog mit Gott, dessen Anruf der Mensch Franziskus mit Wort, in Tat und in Gemeinschaft antwortet.

An Franziskus vermag deutlich zu werden, daß sich christliche Spiritualität im Bild des Weges gut veranschaulichen läßt: Er geht den Weg, zunächst der Suche und des Fragens; er sondert sich ab, wird fremd, ist sich selbst in vielem fremd und kann die Träume und Gesichter, die ihn bewegen, nicht immer einordnen. Ist es Gott, der zu ihm spricht? Was will er? Das Leben in Saus und Braus, das er zuvor gelebt hat, kann er nicht mehr ertragen. Er ist nicht mehr der Mittelpunkt der Jugend von Assisi. Seine Träume, Ritter zu werden, sind lange nicht mehr geltend. Er sucht und weiß nicht genau, was es ist. Eines Tages begegnet er einem Aussätzigen, um die er bislang immer einen großen Bogen gemacht hat. Er steigt vom Pferd hinab, und indem er sich ihnen stellt, nimmt sein Leben eine radikale Wende; was ihm bitter war, wird ihm in Süßigkeit verwandelt. „Als er eines Tages inbrünstig zum Herrn betete, wurde ihm geantwortet: ‚Franziskus, alles, was du fleischlich geliebt und zu haben gewünscht hast, mußt du verachten und hassen, wenn du meinen Willen erkennen willst. Wenn du nachher zu tun beginnen wirst, was dir bisher angenehm und süß erschien, wird es dir unerträglich und bitter sein.‘ Durch diese Worte auch in Gott gestärkt, begegnete Franziskus eines Tages, als er in der Nähe von Assisi einen Ritt unternahm, einem Aussätzigen. Und während er sonst gewohnt war, vor Aussätzigen großen Abscheu zu haben, tat er sich jetzt Gewalt an, stieg vom Pferd, reichte dem Aussätzigen ein Geldstück und küßte ihm die Hand. Dann empfing er von ihm den Friedenskuß, stieg wieder zu Pferd und setzte seinen Weg fort" (Dreigefährtenlegende, 93). Ein Abstieg vom Pferd, der zum Aufstieg wird – der franziskanische Weg der Gotteserfahrung.

Das Leben in der Nachfolge: Aufstieg und Abstieg

Endlich nannte er alle Geschöpfe Bruder und erfaßte in einer einzigartigen und für andere ungewohnten Weise mit dem scharfen Blick seines Herzens die Geheimnisse der Geschöpfe; war er doch schon zur Freiheit der Herrlichkeit der Kinder Gottes gelangt.

Celano, 81.

Ratgeber ist in erster Linie das Evangelium, zugleich ist es Quelle seines Lebens. Franziskus baut Kirchen wieder auf, geht zunächst einen Weg der Praxis, doch Gott will anderes von ihm: eine Gemeinschaft innerhalb der Kirche, die die Kirche bewegt und provoziert; eine Gemeinschaft von Brüdern, die sich derer annehmen, die am Rande leben, Mindere für die Minderen. All das zeugt zutiefst von einem kommunikativen Weg, der das Du, ob im Mitmenschen, ob im Geschöpf oder in der Natur, ernst nimmt: eine Haltung der Demut, die sich selbst zurücknimmt und losläßt, um sich dem anderen widmen zu können, diesen dabei aus Ehrfurcht vor dem Geschöpf Gottes die Freiheit läßt, die das evangelische Leben ausmacht. Franziskus lebt geschwisterlich mit der Welt – Begegnung und Dialog sind bei ihm die Wegzeichen für andere. Alle Dinge, die ihm begegnen, verdienen volle Aufmerksamkeit und Ehrfurcht, sie haben personalen Charakter. So werden sicherlich die meisten Menschen heute mit Franziskus in erster Linie seinen Sonnengesang sowie die Predigt zu den Vögeln verbinden – nicht

Der heilige Franziskus besaß eine bewundernswerte Liebe zum Herrn und zu den Mitmenschen. So groß war seine Liebe zum Herrn und sein Verlangen nach ihm, daß er ganz entrückt wurde, wenn man von ihm sprach; und nicht er allein, sondern auch ein Bruder, der lange bei ihm geweilt und den er durch sein Beispiel zur Gottesfurcht und –liebe angeleitet hatte, wurde ganz verzückt, wenn jemand Christus erwähnte, so daß er unbeweglich wie ein Stück Holz wurde. Er besaß also eine große Liebe zu Christus. Er wollte auch Christus nachfolgen und es ihm in der Liebe gleichtun.

Bonaventura, 518.

umsonst, auch wenn es sich oftmals dabei in Naturschwärmerei zu beschränken scheint, doch die Wurzeln liegen in der Ernstnahme des Evangeliums und der Gottesbegegnung auf allen Ebenen des Lebensweges.

Gleichzeitig erscheint Franziskus nicht als der Übermensch, der in allem Vollkommene, der für immer und ewig unerreichbar bleiben wird. Franziskus erlebt tiefste Stunden der Gottesferne und der Dunkelheit: „Während des Winters ist das Leben in den Bergeinsiedeleien hart. Die Einsamkeit wird noch drückender, sie macht Angst. Wo jede Spur von Leben erstorben ist, bleibt der Mensch allein. Allein mit seinen Gedanken und Wünschen. Schlimm für den, der in die Einsamkeit gekommen ist, ohne vom Geiste Gottes getrieben zu sein. Ganz düstere, kalte Tage lang muß der Einsiedler in seiner Zelle aushalten. Alle Wege draußen sind verschneit, oder ein Eisregen fällt und hört nicht auf. Der Mensch ist allein mit Gott, es gibt kein Entrinnen. Keine Bücher, die ihn ablenken könnten. Kein Mensch, der ihn freundlich ansähe oder ihm Mut zuspräche. Er ist auf sich selbst verwiesen. Auf seinen Gott oder seine Dämonen. Er betet. Und bisweilen lauscht er auch, was draußen vor sich gehen mag. Er hört keine Vogelstimmen mehr, nur das Pfeifen des Nordwindes, der über die Schneedecke fegt. Der Mann zittert vor Kälte. Vielleicht hat er seit morgens nichts gegessen. Und er fragt sich, ob die Brüder, die betteln gegangen sind, etwas für ihn mitbringen werden" (Leclerc, 37).

Pohlmann spricht nicht umsonst von den verschiedenen Stufen auf dem Weg der franziskanischen Nachfolge: Erschüttertsein durch die Liebe Gottes, dankbare Antwort des Herzens, Frei werden von aller Ichhaftigkeit, konkrete Nachfolge Jesu und damit Wandlung (vgl. Pohlmann, 139).

Das Leben von Franziskus ist ein geistlicher Weg, den man durchaus mit Aufstieg und Abstieg bezeichnen und umschreiben kann, der sich aber dennoch von den vielen Modellen, genährt aus der monastischen Tradition, unterscheidet: Ernst genommen ist es kein Weg einer geistlichen Leiter, die es Stufe für Stufe zu erklimmen gilt, bis oben angekommen das Leben in Fülle bei Gott wartet. So sind die Fußspuren Christi, um im Bild zu bleiben, die geographischen Orte der franziskanischen Gottesbeziehung, der franziskanischen Kontemplation: es geht um die Begegnung, und das nicht nur mit sich selbst und Gott in der mystischen Vereinigung und/oder Entrückung. In seiner Gottesbeziehung und in seinem Verständnis von Gebet und Glauben wendet sich Franziskus gerade den Begegnungen zu, nicht von ihnen ab; die Erfahrung der Welt und der Menschen sind der Ort franziskanischer Nachfolge. Das ist die tiefe Dimension der Geschwisterlichkeit, die er und Klara gelebt haben und von ihren Gemeinschaften verlangen. So ist die Schriftlesung im franziskanischen Sinne die gelebte Umsetzung des Evangeliums.

Franziskus – der Mindere und der Arme

Franziskus kann die Armut nicht genug preisen. Er spricht so von der ‚höchsten Armut', daß die Sprache der endgültigen Regel in Ekstase gerät. Das ist um so verwunderlicher, als diese typisch franziskanische Offenheit für Ekstase und

Franziskus lebt somit die Bewegung der Wüstenväter in einer sehr radikalen Weise: Verlassen des Bewährten und Allgemeinen, Hinwendung zum Du und zu Gott nicht in der Abgeschiedenheit der Wüste, sondern inmitten der Menschen. Die Erniedrigung Jesu, seine Entäußerung und seinen Dienst (vgl. Phil 2,5-11) lebt Franziskus konkret nach: Diener aller sein, sich für die anderen ans Kreuz schlagen lassen,

die Bereitschaft zur dichterischen Form, wie sie zum Beispiel der vorausliegenden Regel durchgängig zu eigen ist, in diesem Regeltext völlig fehlt. Der Wert ‚Armut' dagegen führt zu einem zweistrophigen Gedicht:

'Die Erhabenheit
der höchsten Armut
hat euch
meine geliebten Brüder
zu Erben und Königen des
himmlischen Reiches bestellt
Sie macht arm an Dingen
Sie erhöht durch Tugenden

Sie sei eure Zuflucht
Sie führe euch
ins Land der Lebenden
Ihr sollt ihr
meine geliebten Brüder
ganz anhangen
Nichts anderes sollt ihr auf immer wollen unter dem Himmel
Um des Namens
unseres Herrn Jesus Christus
willen'

Wenn einer beim Sprechen über eine Sache zum Dichter wird, dann ist er ganz bei sich. Nur wenn Franziskus von Gott oder Jesus spricht, ist das so. Wie nahe muß ihm also die Armut sein! Sie ist sein Wesen, sein Halt, seine Zuflucht, das, was sein Herz erfüllt und beglückt. Armut ist für ihn also alles andere als eine düstere aszetische Maßnahme: Eine Grundhaltung, die mit der Freude des Herzens verbunden ist.
Rotzetter, 80f.

Mit Recht dürfen wir darum von ihm [Franziskus] sagen: Gott schuf den Menschen nach seinem Bild und Gleichnis, nach dem Bilde der göttlichen Wesenheit und nach dem Gleichnis der menschlichen Natur Christi. Laßt uns den Herrn um die Gnade bitten, daß wir ihm nach dem Vorbild des heiligen Franziskus ähnlich und gleichförmig werden und daß wir ihn

sich auf eine Stufe mit den Verelendeten stellen, mit ihnen leben und ihnen die Würde zurückgeben, die Gott einem jeden Menschen gegeben hat. Nachfolge in den Fußspuren Jesu bedeutet Abstieg, wie es Jesus getan und gezeigt hat. „Minderbruder – das heißt soviel wie aller Welt unter den Füßen liegen. Denn je mehr Abstieg, desto mehr Aufstieg! Aus dem Grund hat der selige Franziskus gesagt, vom Herrn sei ihm geoffenbart worden, daß sie sich ‚Minderbrüder' nennen sollten." (Ägidius, zitiert nach: Pohlmann, 142). Minderbruder sein und sich wie Christus denen zuwenden, die am Rande stehen, die nichts haben, die ihre Würde als Mensch verloren haben – für den franziskanischen Weg bedeutet das in erster Linie, wie Franziskus, die Armut zu leben und zur Braut zu nehmen; keine Armut um der Armut willen, keine Armut, die allein aus materiellen Entbehrungen besteht, sondern eine Grundhaltung des Herzens, die sich selbst loslassen kann um Gottes und der Menschen willen, die sich existentiell abhängig weiß von dem Du, das die Welt geschaffen hat und trägt. Hierin ist die Armut nicht mehr nur Bestandteil der drei Gelübde eines Ordenschristen, vielmehr ist sie eine gelebte christliche Haltung im Alltag eines jeden Christen.

Die Armut ist der vortrefflichste Weg franziskanischer Nachfolge und somit Kernstück geistlichen Lebens in der franziskanischen Tradition. So heißt es in einer sehr frühen Schrift, die einem mittelalterlichen Mysterienspiel ähnelt, über die Beziehung von Franziskus zur Armut: „Unter den übrigen vortrefflichen und besonderen Tugenden, die Gott im Menschen Wohnung und Bleibe bereiten und die den vorzüglicheren und leichteren Weg, zu Gott zu gehen und ihn zu erreichen, zeigen, ragt die heilige Armut durch ein gewisses Vorrecht über alle hinaus und übertrifft durch einzigartige Schönheit den Ruhm der anderen. Sie ist nämlich die Grundlage aller Tugenden und ihre Hüterin; sie steht unter den bekannten evangelischen Tugenden mit Recht nach Rang und Namen an erster Stelle" (Der Bund, 87f.).

Franziskus macht sich innerhalb dieser Schrift auf den Weg, die Herrin Armut zu finden – es ist ein Weg, der ihn auf einen Berg führt, wo die Herrin Armut ihren Ort hat. Aufgrund vieler Enttäuschungen in der Geschichte der Orden und der Kirche will sie ihn und seine Brüder eigentlich nicht empfangen. Doch da Franziskus den Berg so spielerisch leicht erklommen hat und seine Worte so aufrichtig klingen, spricht sie mit ihm. Es entwickelt sich ein hochinteressantes Gespräch zwischen der Armut, Franziskus und seinen Brüdern, in welchem sich auch der Herr selbst kurz einmischt. Zum Schluß wird ein Bund zwischen den beiden geschlossen und mit einem Mahl und einer Verheißung nach dem gemeinsamen Abstieg vom Berg besiegelt. Dabei ist die Armut die Braut Christi, welcher der edle Ritter Franziskus Minnelieder singen kann, um dabei den Herrn zu ehren.

Franziskus macht sich auf den Weg wie zuvor das Volk Israel. Voraussetzung ist der Auszug und Aufbruch aus dem Land der Heimat in eine ungewisse, aber von Gott verheißene Zukunft. Motivation ist also weder Flucht noch Resignation; Motivation, gespeist durch Sehnsucht und Verheißung, ist das Leben in Gott, ist die Suche nach dem Spiegelbild Gottes in der Schöpfung. Es ist ein Prozeß, der Wandel und Umkehr beinhaltet, ganz gemäß Mk 1,15 und der Aufforderung Jesu umzukehren. Umkehr für Franziskus beinhaltet aber gleichzeitig auch Hinkehr; es ist die Erfahrung des anderen, des vielleicht ganz anderen; es ist die Erfahrung des anderen in der Konfrontation mit sich selbst, wie es eindrücklicher nicht in der Begegnung mit dem Aussätzigen

durch die Gleichförmigkeit mit ihm und auf die Fürsprache des heiligen Franziskus in seiner Herrlichkeit zu schauen verdienen. Das möge Christus uns gewähren. Amen.

Bonaventura, 525.

beschrieben sein könnte. Es ist ein Prozeß, in welchem der andere eingeschlossen ist. Zwangsläufig wird somit der Dienst am anderen, wie in der Erzählung vom Aussätzigen, zu einer ‚Herz-zu-Herz-Begegnung‘. Der Dienst ist nicht Pflicht, der Dienst ist ein Liebesdienst, der von Herzen kommt und das Herz des anderen meint, eben ihn in seinem Menschsein. Somit ergibt sich auch für die Verkündigung, daß diese, in Wort und Tat, das Herz meint – also: nicht Katechese, nicht Belehrung, sondern Begegnung will und initiiert.

Des weiteren ist der Weg, den Franziskus einschlägt, ein Weg der Freiheit: von sich selbst, von unguten Beziehungen, von den Sorgen um Besitz – er bindet sich in radikaler Weise und wird gerade dadurch frei. Der Weg geht dabei über die Sinne, wie es Franziskus vorgelebt hat: Fühlen, Tasten und Berühren sind Dimensionen franziskanischer Welterfahrung.

> Den Fußspuren Christi folgen, in aller Radikalität und Konsequenz, das heißt für Franziskus nichts anderes als ‚Sein in Christus‘, von dem Paulus immer wieder spricht. Seine Nachfolge und damit das Leben der franziskanischen Alternative hat nichts mit einer Fixierung auf den Gründer zu tun, sondern macht vielmehr deutlich, wie sehr das Wegmotiv innerhalb der christlichen Tradition christozentrisch ist. Franziskus wollte nichts anderes als den Weg Christi nachzugehen – ein Leben nach dem Evangelium: Das ist geistliches Leben, intensives Leben.

☞ Geistliches Leben ist ein Leben mit und in Erfahrungen. Diese bewegen den Menschen, sein Leben mit dem Evangelium zu konfrontieren und es vom Evangelium her umformen zu lassen. Geistliches Leben ist ein Leben in der Nachfolge, im Aufbruch und auf dem Wege.

2. Biographie und Lebenserfahrungen als geistliche Wegerfahrungen

Wo und wenn Theologie so verstanden wird, daß die ‚Sache' des christlichen Glaubens in einen totalen Gegensatz zur Erfahrung tritt, sie zur ‚Sonderwirklichkeit' oder einem abstrakten Überbau-System ausartet, dort und dann verliert sie den Kontakt zur gelebten Wirklichkeit und entläßt keine Orientierung mehr für den Menschen. Glaube wird lebens-los, Welt glaubens-los.

Ritter, 161.

In der Geschichte der christlichen Spiritualität gab es im Anschluß an die Rezeption der aristotelischen Philosophie einen verhängnisvollen Bruch in der Theologie, der bis zur Klage nach dem Erfahrungsdefizit heutiger Theologie seine Auswirkungen zeitigt. Es kam zu einer umfassenden Spaltung zwischen Lehre und Leben, zwischen Dogma und Praxis. Waren zuvor die Heiligenlegenden und Heiligenleben, waren die konkreten Biographien gleichzeitig gelehrte und gelebte Theologie und Unterweisung der Gläubigen, so werden nun theologische Systeme entwickelt, die der Erfahrung entbehren und sich in der Scholastik im 12./13. Jahrhundert in spekulativer Theologie und Gedankenarbeit ergehen. Die Mystik und die mystische Erfahrung geraten zunehmend in Verruf und in den Verdacht, etwas Gesondertes, etwas Gefährliches und nicht Kalkulierbares zu sein. Die Diskrepanz zwischen Mystik und Lehre wird zunehmend größer, und die Theologie nimmt ihre Basis und ihre Gedanken fortan nicht mehr aus der Biographie der Heiligen, sondern aus Gedankensystemen und spekulativen ‚Höhenritten'. Die Erfahrung von Gott und das Wesen Gottes nehmen zwei verschiedene Bereiche ein. Die Theologie ist fortan, um es drastisch auszudrücken, keine gelebte und gebetete Theologie mehr, als vielmehr eine spekulativ gedachte Theologie. Doch Theologie sollte, so wie wir es in der Darstellung der Mönchsväter und vor allem auch von Franziskus sahen, aus der Praxis der Nachfolge resultieren, sich vom Leben beeinflussen und prägen lassen, denn Nachfolge verändert das Denken sowie das Denken die Nachfolge reflektiert und bereichert.

Die Mystik wird im gesamten Genre der aszetischen Schriften und der Theologie, die mit dem 17. Jh. in Massen auftauchen, als ein besonderes und gesondertes Phänomen behandelt, als etwas, das außergewöhnlich ist und nicht zur gewöhnlichen Spiritualität eines Christen gehört.

Spiritualität meint mehr als die subjektive Seite der Theologie. Insofern sie den ganzen Weg des Glaubenden umschreibt, darf Spiritualität als der alles bestimmende Inhalt theologischen Denkens verstanden werden, ohne den die Theologie ihre eigene Glaubwürdigkeit verliert. Nicht als überzeitliche Größe, sondern aufs engste – auch inhaltlich – mit dem Prozeß des menschlichen Lebensweges verbunden, impliziert die Spiritualität ihrem Wesen nach eine Theologie, die in der Nachfolge des Herrn auf dem Wege bleibt.

Schneider, M., 15.

Das geistliche Leben wird durch die Überbetonung der Askese und der Anrüchigkeit der Mystik und der Gotteserfahrung instrumentalisiert, rationalisiert und zielgerichtet, es ist eine Technik; die Mystik wird unproduktiv. Wurzeln dieses Denkens liegen zweifelsohne in der Zweiteilung von Erfahrung und Dogma im Anschluß an das aristotelische Denken.

Geistliches Leben ist biographisches Leben

Der Wegcharakter geistlichen Lebens, die Einbindung von Erlebnis, Erfahrung und Gotteserfahrung in das Motiv des Weges legen es nahe, eine Verbindung von Theologie und Biographie zu postulieren und zu wagen. Ein Baustein dazu ist sicherlich, daß sich die Theologie der Spiritualität der Alltagserfahrungen der Menschen annimmt, diese wesentlicher mit Biographien von Heiligen in Verbindung bringt und beginnt, biographisch zu denken. Wenn geistliches Leben dem Motiv des *homo viator* (der Mensch auf dem Wege) Rechnung zollt, dann hat auch eine Theologie der Spiritualität, ja eine Theologie generell die Erfahrungen und Begegnungen des Gläubigen, ja des Menschen ernst zu nehmen und sich von diesen bestimmen zu lassen. Die Lebensgeschichte des einzelnen ist eine Heilsgeschichte mit Gott. So bezeichnet Schneider die Nachfolge als den authentischen Ort der Theologie. Sie

Die theologischen Existenzen übersetzen die Gestalt des Glaubens in die Konkretheit ihres Lebens, ohne dabei das Ganze aus dem Blick zu verlieren. Vielmehr geben sie einen Durchblick auf das Ganze, das gerade im Einzelnen aufleuchtet. Keiner dieser theologischen Existenzen lebt das ganze Evangelium, sondern immer nur einen Aspekt, und doch wird in ihrem Leben die ganze Botschaft des Glaubens sichtbar.

Sie leben das Ganze im Fragment, ohne dadurch den Durchblick auf das Ganze zu entstellen. Das Fragmentarische der Theologie führt sie nicht ins Beliebige, sondern in die äußerste Verbindlichkeit. Denn jede dieser theologischen Existenzen entfaltet eine Theologie, die trotz alles Fragmentarischen exakt bleibt, weil der Redende im Fragment seines Lebens dem ähnlich wird, von dem er spricht oder im Schweigen und Verweilen Zeugnis ablegt.

Schneider, M., 19.

ist nur dort Theologie, wo sie aus der Praxis der Nachfolge genährt wird und diese wiederum zum Gegenstand ihrer systematischen Reflexion macht. Es ist der Weg des Evangeliums, der die Theologie ausmacht und bestimmt; dieser Weg des Evangeliums findet seine konkrete Ausformung in der Biographie des einzelnen. Mit dem Leben gilt es heute den Glauben zu bezeugen, vor allem in einer Zeit der Abwesenheit und der Ferne Gottes, darin dann eine Theologie zum Ausdruck zu bringen, die sich dem Leben und dem Leben in der Nachfolge widmet. Dabei wird es immer zu einer Brüchigkeit kommen, wenn Theologie als Biographie betrieben wird und Theologie die Biographie des einzelnen ernst nimmt. Dann kann es nicht sein, daß ein theologisches System glatt und rund ist, dann muß sich dieses System auch am Rand des Abgrunds, an der Frage, an dem Schweigen als Verstummen und an der Frage nach dem Warum bewegen und damit umgehen können.

Erfahrungen bestimmen den Weg des Menschen. Geistliches Leben ist die gesamte Summe des Weges eines Menschen, die im Licht der Erfahrung oder auch der Nicht-Erfahrung Gottes gedeutet und erlebt wird. Gerade mit dem Blick auf das Leben, auf die Passion und auf den Tod Jesu kann eine gelebte Spiritualität im christlichen Kontext nicht an den Fragen, an den Problemen und den Brüchigkeiten und all dem Leid der Welt vorbeigehen. Dieses nicht ernst zu nehmen würde bedeuten, das Leben, das intensive Leben nicht ernst zu nehmen, letztlich die Schöpfung Gottes nicht als das zu nehmen, was sie ist. Ein frommer Mantel über die Fragen der Menschheit – das ist nicht geistliches Leben.

Wo Seelsorge mystagogisch arbeitet, werden zwei ‚heilige Schriften‘ gelesen. Auf der einen Seite die ‚Kleine heilige Schrift‘, Gottes Liebesgeschichte mit dem je einzelnen Menschen und die Geschichte der Antwort des Menschen auf das Zuvorkommen Gottes. Auf der anderen Seite wird die ‚Große Heilige Schrift‘ gelesen, mit der die ‚kleinen heiligen Schriften‘ verwoben werden. Das geschieht in der Absicht, den persönlichen Glaubensgeschichten die formende Kraft der Bibel angedeihen zu lassen und diese zugleich von der Gefahr freizuhalten, daß – statt sich von Gott aufrichten und darin auch richten zu lassen – der Mensch sich selbstbezogen mit Gott richtet und sich dazu einen Gott herrichtet, der dem wahren Gott Jesu Christi nicht entspricht.

Zulehner, 24.

So kann und darf es auch keine Unterscheidung geben zwischen den ‚Geistlichen‘ und den ‚normalen Leuten‘, denn ein jeder Mensch, auch wenn er keinen kirchlichen Beruf hat, ist dazu berufen, als Geistlicher zu leben, so wie es auch Paulus in seinen Briefen zum Ausdruck bringt. „Geistlich leben heißt, den Glauben ins Leben umzusetzen und dabei die Kräfte des Glaubens für den Alltag fruchtbar werden zu lassen. Die Formen werden sich freilich unterscheiden" (Körner, 6).

Maßstab jeder Form ist der Weg und das Leben Jesu, der kein theologisches System, keine systematische Lehre des Gebets und keinen theoretischen Überbau geistlichen Lebens geschaffen hat, der aber in seinem Leben, durch seine Worte, durch sein Handeln und durch die einmalige Tat am Kreuz die Wegmarken für die Theologie und weiteres theologisches Denken gesetzt hat. Es ist ein Zusammen von Wort und Tat, von Schweigen und Gebet, von Verstummen, Klage, Schrei und Hingabe gewesen.

Ebenso ist Theologie kein System und kein Überbau. Betreibt man sie im Angesicht Gottes und im Angesichte des Menschen, muß sie ein Weg sein und bleiben, und der Weg ist nicht abgeschlossen, muß fragmentarisch bleiben. Systeme geben Antworten, wo vielleicht Fragen oder Schweigen stehen sollten. Systeme lassen kaum Beunruhigungen zu und sie vereinfachen. Der Geheimnishaftigkeit Gottes sollte in der Theologie Rechnung getragen werden; theologisches Reflektieren sollte biographisch orientiert und damit brüchig sein. Dabei ist Nachfolge eine Theologie der Heiligkeit: „Nachfolge als Heiligkeit hat ihren Ursprung im Menschensohn als dem authentischen ‚Theologen‘. ... Gleich den Jüngern zeigen die Heiligen exemplarisch, daß Nachfolge biographische Exegese des Lebens Jesu ist" (Schneider, M. 25f.). Der Weg des Glaubens ist der Weg Jesu, ist die Nachfolge auf dem Weg Jesu, ist Teilnahme an der Erfahrung Jesu. Diese wiederum ist trinitarisch grundgelegt, geistgewirkt und kirchlich.

Im folgenden nun sollen einige Stationen auf dem Wege des Menschen in ihrer geistlichen Gestalt untersucht werden und dabei in all ihrer Fragmentarität zur Sprache kommen. Somit geschieht ein Stück biographischer Theologie als geistlicher Theologie, die den Leser dazu animieren kann, die eigenen Lebenssituationen, geglückte und mißlungene, unter dem Blickpunkt des Geistlichen zu betrachten. Geistliche Theologie, und damit Spiritualität, ist Theologie des Subjekts.

Eine wichtige Komponente dabei ist der Erzählcharakter des Lebens, so wie er sich in der Verkündigung Jesu zeigt. Es müssen heute neue Wege gefunden werden, die Erfahrungen des Lebens im Lichte des Glaubens zu deuten und diese vor allem erzählend füreinander und für andere fruchtbar zu machen. So wie die Jünger und die Frauen in den Evangelien miteinander reden, zunächst hinter verschlossenen Türen (vgl. Lk 24,33-36; Joh 20,18f.), um einander von den Erfahrungen mit dem Tode und vor allem den Erscheinungen Jesu zu berichten, ist geistliches und christliches Leben elementar an das Erzählen gebunden. Während sich die Jünger und Frauen austauschen, während sie über alles reden, erscheint ihnen Jesus. Am Ort der Versammlung und während des Erzählens erscheint er ihnen – ein Aspekt, der nicht nur zufällig ist. Im Austausch der Glaubens- und Lebenserfahrungen kann Jesus präsent werden.

2.1. Grenzerfahrungen und eine Spiritualität des ,Scheiterns'

Die für selbstverständlich erachtete Art und Weise, wie prämoderne Institutionen das menschliche Leben regelten, ist fragwürdig geworden. Was zuvor selbstverständliches Faktum war, wird nun zur Wahlmöglichkeit. Schicksal erfordert keine Reflexion, doch der Mensch, der sich gezwungen sieht, seine Wahl zu treffen, ist auch gezwungen, sich anzuhalten und nachzudenken. Je mehr Wahlmöglichkeiten, desto mehr Reflexion. Der einzelne, der notgedrungen nachdenkt, wird sich seiner selbst immer mehr bewußt. Das heißt, er wendet seine Aufmerksamkeit von der objektiv gegebenen Außenwelt zu seiner Subjektivität. Wenn er dies tut, geschehen gleichzeitig zwei Dinge: Die Außenwelt wird immer fragwürdiger, und seine Innenwelt wird immer komplexer. Beide Dinge sind unmißverständliche Merkmale des modernen Menschen.
Berger, K., 34f.

Einer Theologie der Spiritualität und einer praktisch orientierten Theologie heute steht es gut zu Gesichte, wenn sie sich biographisch und damit am Subjekt, am einzelnen orientiert. Wie kann der einzelne innerhalb seiner Lebenswelt und auf seinem individuellen Lebensweg aus der Tradition schöpfen und mit der religiösen Tradition umgehen? Was kann der christliche Glaube dazu beitragen, daß der Mensch sich in einer Welt mit zunehmender Individualisierung und Globalisierung zurechtfindet und sein Ich im Lichte des Glaubens entfalten kann? Dabei soll dieser Individualisierung nicht das Wort geredet werden, aber letztlich kann sich auch der Christ diesen gesellschaftlichen Tendenzen nicht entziehen und muß ihnen antworten. Angesichts einer Welt, in der der Kapitalismus die vorrangige Gesellschafts- und Wirtschaftsform ist, wird der Mensch flexibler, werden Formen des Zusammenlebens flexibler, damit auch brüchiger und kurzlebiger. „Wie bestimmen wir, was in uns von bleibendem Wert ist, wenn wir in einer ungeduldigen Gesellschaft leben, die sich nur auf den unmittelbaren Moment konzentriert? Dies sind die Fragen zum menschlichen Charakter, die der neue flexible Kapitalismus stellt" (Sennett, 12). Die Zeit und das Zeitgefühl verlaufen nicht mehr so linear wie es vor Jahren gewesen ist, das Leben ist vielschichtiger, wechselhafter, eben auch flexibler geworden, damit fallen so manche ritualisierte Handlungen – gerade auch im christlichen Milieu – heraus, neue müssen gesucht und gefunden werden. Das Leben ist unberechenbarer geworden. Langfristig ist wenig. Verträge werden auf Gestellungsbasis geschlossen, kaum mehr ist gesichert, einen Job auf Lebenszeit zu erhalten und sich häuslich an einem Ort für immer einzurichten; es sei denn, man macht

Abstriche und muß nicht jedes Jahr einen teuren Urlaub finanzieren, wie es schon fast zum Status quo gehört. Was in den USA schon Brauch geworden ist, wird sich sicherlich in den kommenden Jahren auch in Deutschland einschleichen: ein junger Amerikaner mit zwei Jahren Studium, so Sennett, muß heute damit rechnen, in vierzig Jahren mindestens elfmal die Stelle zu wechseln. Wie können da die Werte in den Beziehungen und Familien wie Loyalität, Vertrauen und Verpflichtung gelebt, geschweige denn eingeübt werden? Die Bindungen in Firma und Familie werden wie ein Netzwerk gestaltet, das flexibel ist, sich gleichzeitig aber auch durch Schwäche an Bindung und Vertrauen auszeichnen. Starke Bindungen hängen von langem Zusammenhalt ab.

Der Ort der Religion und des Glaubens

Wie lassen sich langfristige Ziele in einer auf Kurzfristigkeit angelegten Gesellschaft anstreben? Wie sind dauerhafte soziale Beziehungen aufrechtzuerhalten? Wie kann ein Mensch in einer Gesellschaft, die aus Episoden und Fragmenten besteht, seine Identität und Lebensgeschichte zu einer Erzählung bündeln? Die Bedingungen der neuen Wirtschaftsordnung befördern vielmehr eine Erfahrung, die in der Zeit, von Ort zu Ort und von Tätigkeit zu Tätigkeit driftet.

Sennett, 31.

Die Erfahrung einer zusammenhanglosen Zeit bedroht die Fähigkeit der Menschen, ihre Charaktere zu durchhaltbaren Erzählungen zu formen.

Sennett, 37.

Charakteristisch für die Gestalt des Jeremia ist die Tatsache, daß er seine menschliche Schwäche nicht verbirgt, sondern ausspricht – vor Gott und offenbar auch vor den Menschen. Nun wird man daraus nicht unbedingt ein Vorbild machen müssen. Aber bedeutsam ist es doch. Kommt in dieser menschlichen Schwäche nicht deutlich zum Ausdruck, wie wenig Jeremia in eigener Vollmacht spricht, wie sehr er nur Zeuge ist für eine Wahrheit, die auch ihn überwältigt? Das Wort, das Paulus hörte, hat auch über

Die Lebensgeschichten der einzelnen Menschen sind der Verständnisschlüssel heutiger Pastoraltheologie und einer Theologie der Spiritualität. Voraussetzung zu einer solchen Theologie des Subjekts ist die Annahme, daß die religiöse Welt keine Sonderwelt innerhalb des Lebens des einzelnen darstellt, sondern daß das religiöse Leben und damit das geistliche Leben innerhalb des Lebensalltags der Menschen ihren Platz haben. Dort wird dann deutlich, daß Alltag mehr ist als nur Alltag und daß es innerhalb dieses Alltags Momente gibt, die Verweischarakter haben und Berührungsorte mit dem Transzendenten, mit Gott sein können. Das sind dann nicht nur die Sakramente und die Lebensorte, die diese einnehmen, obgleich sie heute – trotz veränderter Lebenswelten und schwindender sakramentaler Frömmigkeit – immer noch Berührungspunkte Gottes sind.

Im Alltag findet, so Henning Luther, eine zunehmende Marginalisierung der Religion statt, sie spielt nur eine Randrolle, obgleich damit eigenartigerweise eine gegenläufige Tendenz einhergeht: Zu bestimmten Lebenswenden oder Ereignissen gehört die Kirche nach wie vor dazu und verliert ihre Relevanz nicht, so bei Hochzeiten oder auch bei Beerdigungen, obgleich gerade bei letzterer die Tendenz zur anonymen oder zur nicht-kirchlichen Bestattungszeremonie zunimmt. Es ist zur Zeit sicherlich eine sehr eigenartige Tendenz, die jedoch zeigt, daß Seelsorge und damit auch Spiritualität sich an der Alltagssituation in Verbindung mit den Hochzeiten menschlicher Biographie orientieren muß. Dabei geht es nicht um eine fromme Selbstbespiegelung, sondern um eine Ernstnahme des Lebens, in welchem Gott auf den Menschen zukommt und ihn in konkreten Situationen anspricht.

Eine zunehmende Trennung von Kirche und Welt hat zur Folge, daß die Kirche nicht mehr sämtliche Handlungsabläufe im Leben der Menschen in der westlichen Welt bestimmt und mitträgt, wie es noch vor dreißig Jahren der Fall gewesen sein mag. Die kirchliche Lebensordnung ist nicht mehr die maßgebende Ordnung für das Leben und den Zyklus der Menschen. „Interpretierte früher die von der Kirche repräsentierte christliche Religion den Lebenslauf, so interpretiert nun die je individuelle Lebensgeschichte des einzelnen seinen Zugang zu Religion und Glauben. Oder anders: Nicht mehr ist die Kirche die bestimmende Mitte einer einheitlichen Lebenswelt. Vielmehr ergeben sich aus einer Vervielfältigung verschiedener Lebenswelten und Lebensgeschichten unterschiedliche Zugänge zu Religion, Kirche und Glauben" (Luther, 40). So ergeben die Lebensgeschichten und Biographien der

dem Leben des Jeremia seinen Platz: ‚Meine Gnade genügt dir; denn sie erweist ihre Kraft in der Schwachheit' (2 Kor 12,9). Wir können uns fragen: Neige ich der Meinung zu, ich müßte eigentlich immer gelassen und unangefochten sein? Halte ich Fragen und Ausweglosigkeiten meines Lebens geheim oder spreche ich sie aus – vor Gott und auch vor Menschen. Macht mich die Erfahrung der eigenen Schwäche eher mutlos oder führt sie mich zum demütigen Gebet: ‚Du bist doch in unserer Mitte, Herr, und dein Name ist über uns ausgerufen. Verlaß uns nicht!'

Gräve, 97f.

einzelne je unterschiedliche Zugänge zu Glauben, Religion und Kirche; dem müssen Seelsorge, Spiritualität und die Kirche Rechnung tragen. „Die Lebensgeschichte, die jeder oder jede von ihnen erzählen kann, wird die Fragen des Glaubens und der Religion je anders ins Spiel bringen. Darauf sollte Kirche zunehmend sensibler zu hören beginnen" (Luther, 40). Zudem steht der Mensch heute aufgrund der sozio-ökonomischen Bedingungen, aufgrund der Marginalisierung von Kirche und Religion zunehmend unter dem Druck, Sinn und Ziel des Lebens selbst zu suchen und zu definieren. Übergangssituationen und Krisen im Leben des einzelnen werden zu den Punkten, wo Religion und Glaube anknüpfen können, wo der Mensch für die Frage nach Gott und Welt empfänglich ist, wo er auch Hilfe benötigt. Das jedoch erfordert eine klare Hinwendung zum einzelnen und dessen Weg; das erfordert eine intensive Individualseelsorge und Begleitung (bis hin zu einer geistlichen Begleitung, siehe Teil 4). Oftmals fehlt es auch am roten Faden im Leben einzelner, an dem Erzählstrang, der Gründe bereitstellt, warum etwas ist oder geworden ist oder eben nicht. Aufgrund der flexiblen Lebenswelt und der Mobilität sind diese Erzähl- und Plausibilitätszusammenhänge oftmals verloren gegangen.

Grenzsituationen

Besonders die Grenzsituationen des menschlichen Lebens wie Krankheiten, schwere Schicksalsschläge, Abschied und Tod, persönliches Versagen und Schuld, erfordern Begleitung und Orientierung. Hier zeigt sich, daß der Mensch bei aller Machbarkeit sein Leben letzten Endes nicht im Griff hat. Es entzieht sich. Er wird eines Weges geführt, den er so nicht unbedingt gehen will, aber muß; es sei denn er bleibt am Wegesrand sitzen und läßt den Kopf hängen, geht nicht mehr vor und zurück. Doch Stagnation bedeutet Tod.

Es kommt darauf an, diesen unvorhergesehenen Momenten auf dem Lebensweg zu begegnen, sie zu integrieren und sich auf die unbekannte neue Wegstrecke einzulassen. So einfach das klingen mag, um so schwerer ist es in die Tat umzusetzen. Da ist oftmals Hilfe und Begleitung vonnöten. Mit Begrenzungen und Grenzen umgehen gehört zur Lebensaufgabe des einzelnen auf seinem Lebensweg. Letztlich spiegelt sich in den Grenzsituationen des Lebens die Endlichkeit und Begrenztheit menschlichen Lebens wider.

Grenzsituationen können vielfältiger Natur sein; allen voran sind diejenigen zu nennen, die dem Lebenskonzept des einzelnen einen gehörigen Strich durch die Rechnung machen: eben die oben genannten von Leid, Krankheit, Schicksalsschlägen und Tod: Situationen in denen sich nach dem Philosophen Jaspers († 1969) mein eigenes Sein in der absoluten Einsamkeit bildet. Diese Bewältigung kann mir keiner nehmen, ich muß sie letztlich allein bestehen.

Doch gibt es andere Grenzerfahrungen, die nur allzu oft aus dem Blickwinkel geraten. Es sind dies die Erfahrungen, die in diesem Teil zum Schluß erwähnt werden: die Erfahrungen des Schönen und Herausfordernden in den Künsten; wenn sich mit einem Male der Horizont aufgrund von Literatur, Musik oder Kunst öffnet und Grenzen überschritten werden, wenn die Begrenztheit des Alltags in Momenten überwunden wird.

Es gibt des weiteren Grenzerfahrungen, die in Gemeinschaft erlebt werden, so vor allem im Bereich der Kommunikation. Wohl kaum ein

Fremder: erstickte Wut tief unten in meiner Kehle, schwarzer Engel, der die Transparenz trübt, dunkle, unergründliche Spur. Der Fremde, Figur des Hasses und des anderen, ist weder das romantische Opfer unserer heimischen Bequemlichkeit noch der Eindringling, der für alle Übel des Gemeinwesens die Verantwortung

trägt. Er ist weder die kommende Offenbarung noch der direkte Gegner, den es auszulöschen gilt, um die Gruppe zu
befrieden. Auf befremdliche
Weise ist der Fremde in uns
selbst: Er ist die verborgene
Seite unserer Identität, der
Raum, der unserer Bleibe zunichte macht, die Zeit, in der
das Einverständnis und die
Sympathie zugrunde gehen.
Wenn wir ihn in uns erkennen,
verhindern wir, daß wir ihn
selbst verabscheuen.

Kristeva, 11.

Bereich menschlichen Lebens ist derart mit Grenzen und Grenzerfahrungen behaftet wie der Bereich der Kommunikation. Es ist der andere,
der mir begegnet; jemand, der im Tiefsten wie ich selbst Geheimnis ist,
nie ganz zu begreifen und zu fassen, eben Abbild des geheimnisvollen
Gottes. Er benutzt vielleicht die gleiche Sprache, und nutzt sie doch so
unterschiedlich. Er kann mich in meinem Sein stören und empfindlich
behindern, er kann mich aber auch bereichern. Außenseiter sind das
Paradebeispiel für eine Kommunikation, die von vornherein zum
Scheitern verurteilt ist, in der Kommunikation auf dem Lebensweg des
Menschen Schiffbruch erleidet, aufgrund vorgefertigter Vorurteile und
Beurteilungen. Das Anderssein des Anderen ist die Grenze, zugleich
aber Chance einer jeden Kommunikation.

> Grenzsituationen sind Erfahrungen, die den Menschen verunsi-
> chern und zur Stellungnahme herausfordern. Sie sind Erfahrungen
> und Widerfahrnisse, die es anzugehen gilt, will der einzelne denn
> auf seinem Lebensweg voranschreiten. Sie formen den einzelnen
> um und formen ihn neu.
> Die Biographie und der Lebensweg des einzelnen fordern gerade-
> zu, eine Spiritualität des Scheiterns zu entwickeln. Denn das
> Scheitern und zwangsläufig der Umgang mit Scheitern ist eine der
> tragenden menschlichen Erfahrungen.

„Daß die anderen mich scheitern lassen, daß ich andere scheitern lasse, das ist leider kein Einzelfall. Daß wir einander scheitern helfen, das
kommt schon seltener vor. Aber muß nicht doch im Grunde jeder
selbst damit zurechtkommen und das Scheitern bewältigen? Ist das
‚Scheiternkönnen‘ nicht geradezu die Reifeprüfung des menschlichen
Lebens, weil das Scheiternmüssen die Urbedingung des Menschseins
ist?" (Fuchs/Werbick, 25f.).

Das Scheitern

Die Ontologisierung oder
Theologisierung des Scheiterns
landet zu schnell bei der Auskunft, daß das Scheitern – und
dann auch dieses konkrete
Scheitern – sein *muß*, da es
den Menschen zu sich selbst –
zur Besinnung, zur Einsicht –
bringt. So entzieht man sich
leicht der Frage, was (wer) die
Menschen im konkreten Fall
zum Scheitern bringt und wie
die Natur des Menschen – sein
Lebensrecht – in diesem
Scheitern vergewaltigt wird.
Gott und das Scheitern des
Menschen: sie sind zusammen
zu nennen, zusammenzuhalten;
aber das Scheitern ist nicht
theologisch (ontologisch) aus
Gott abzuleiten oder auf ihn zu-
rückzuführen. Das ‚und‘ markiert eine schmerzliche Spannung – nicht auch für Gott?

Fuchs / Werbick, 29f.

Doch unsere Gesellschafts- und Wirtschaftsstruktur des späten Kapitalismus in einer Zeit, die Postmoderne oder auch Zeit nach der Postmoderne benannt wird, geht nicht konform mit einer Spiritualität des
Scheiterns. Scheitern ist nicht nur marginalisiert wie die Religion,
Scheitern darf nicht sein, denn den Erfolgreichen gehört die Welt. Der
Mensch muß sein Leben im Griff haben und erfolgreich sein. Wer
scheitert, der ist nicht gut und ein Verlierer. Das darf weder sein noch
eingestanden werden. So lassen sich viele ‚Schein-existenzen‘ feststellen, die den Status quo nach außen wahren, doch nach innen bankrott
erklären mußten, finanziell und/oder auch in den Beziehungen. Doch
Scheitern ist menschlich und wird es immer bleiben; es sind nicht erst
die großen Lebenskrisen, die den Menschen zum Scheitern verurteilen;
es sind oftmals die vielen kleinen Dinge, die im Alltag mißlingen, die
langsam das Leben auseinanderfallen lassen und deutlich machen, wie
schwer es ist, die eigene Existenz zusammenhalten zu können.
In diesem Zusammenhang muß auch die Frage gestellt werden, ob
nicht auch Gott am Kreuz mit der Botschaft von der Umkehr gescheitert ist? Und ist nicht diese gescheiterte Botschaft zu einem Hoff-
nungszeichen geworden, so daß es in der christlichen Spiritualität elementar darauf ankommt, die eigenen Schwächen, das Leid und die

Momente des Scheiterns wie Schuld und Sünde, wie Versagen, Feigheit und Mutlosigkeit, wie eine nicht zu bewältigende Krankheit oder auch die Angst vor dem Tod anzusehen, ernst zu nehmen und mit der Botschaft des Kreuzes als Zeichen der Hoffnung zu konfrontieren. Dadurch ändert sich nicht die Situation, womöglich bleiben auch sämtliche Fragen und Zweifel, doch wird vielleicht der Umgang mit der Situation ein anderer sein. Es kann nicht darum gehen, die Situation zu harmonisieren und schön zu reden, sondern ernst zu nehmen, in all ihrer Brüchigkeit und Fragwürdigkeit, so wie es auch in der Diskussion um die Theodizeefrage nicht darum gehen kann, das Leid zu erklären. Das Scheitern gehört zum Weg des Menschen dazu, und es will immer wieder gelernt sein. Neben den lebensverneinenden Handlungen wie Verdrängen, Beschönigen und ‚Gesundbeten‘ ist das Scheitern zunächst einmal anzunehmen und dann zu bearbeiten. Gott ist einem Volk ‚hinterhergelaufen‘, das sich immer wieder abgewandt hat, das die Propheten und damit die Botschaft Gottes abgelehnt hat. Gott ist in Jesus Christus gescheitert, hat sich ans Kreuz schlagen lassen; die Jünger sind immer wieder gescheitert, selbst zu Lebzeiten Jesu – darf nicht auch ich scheitern und es zulassen, wenn es unvermeidlich wird? Auch hier gilt das Wort von der Nachfolge Christi als geistlichem Leben, auch hier ist er Maßstab im Umgang mit Scheitern und Grenzen.

Sowenig es ein Ostern ohne Karfreitag gibt, sowenig einen Karfreitag ohne Ostern: Beides ist dringend zu unterscheiden und wohlunterscheidbar, doch nicht zu trennen! Wirklich stark ist, wer auch Schwächen und Niederlagen vor sich und anderen zugeben lernt! Wirklich glaubhaft ist, wer Tod und Leben zugunsten des Lebens anschaut und nicht eins auf Kosten des anderen hervorhebt. Hier liegt der entscheidende Unterschied zwischen Trauer (-Arbeit) und Depression: Letztere ist allzu oft nichts anderes als Verweigerung notwendiger Abschiedsarbeit und Trauer.
Fuchs / Werbick, 137f.

Wenn ein Keil zwischen Generationen getrieben worden ist oder eine Beziehung nur noch auf dem Papier besteht, sie nicht mehr zu ‚kitten‘ ist, muß man da nicht den Tatsachen ins Auge blicken und um des Lebens willen das Scheitern zulassen, um so Neues in Angriff zu nehmen und nicht Kräfte zu binden und zu investieren, die anderweitig besser einzusetzen wären? Muß man nicht das, was nicht leben kann und will, sterben lassen, um des Lebens willen?

Auch innerhalb der Kirchen unserer Gegenwart gilt es, die Situation als solche zu nehmen, wie sie ist, und sich das Scheitern in so manchen Richtungen einzugestehen; ebenfalls in so manchen Ordensgemeinschaften, die kaum mehr oder nur sehr wenig Nachwuchs im Vergleich zu früheren ‚goldenen Zeiten‘ haben, die ihren *Kairos* hinter sich haben und nun in Würde mit großem Schmerz das Scheitern eingestehen müssen, statt zu jammern und zu wehklagen. Wichtig scheint dabei zu sein, daß das Scheitern nicht mit einer Niederlage gleichzusetzen ist, sondern daß im Scheitern etwas zum Abschluß gebracht wird, was so nicht mehr geht und der Blick in eine andere Richtung geht. Gott sorgt für die Kirche, wie ein Vater für seine Kinder sorgt. Es tut dann zwar weh, den eigenen Niedergang zu sehen, doch gibt es dafür an anderen Orten Aufbrüche.

> Das Scheitern gehört zu dem Weg, den Jesus von uns verlangt: ‚Kehrt um und glaubt an das Evangelium‘. Wer umkehren kann, muß zuvor gelernt haben, daß Scheitern ein Notwendiges im Leben und auf dem Lebensweg darstellt. Nur wer scheitern und umkehren kann, kann auch aus dem Scheitern lernen, gewinnen und wachsen.

Dazu gehören sicherlich in der Verarbeitung, die intensiv und gut geschehen sollte, das Klagen, Gefühle wie Zorn und Resignation; dazu gehören Tränen und Leere, Abschied; oder wie es der Apostel Paulus formuliert, wenn er sich seiner Schwachheit rühmt: „Er antwortete mir:

Meine Gnade genügt dir; denn sie erweist ihre Kraft in der Schwachheit. Viel lieber also will ich mich meiner Schwachheit rühmen, damit die Kraft Christi auf mich herabkommt. Deswegen bejahe ich meine Ohnmacht, alle Mißhandlungen und Nöte, Verfolgungen und Ängste, die ich für Christus ertrage; denn wenn ich schwach bin, dann bin ich stark" (2 Kor 12,9f.).

2.2. Alltag und Ritual

Hier stellt sich die Frage, inwieweit geistliche Erfahrung, das ‚Wehen des Geistes' nur an bestimmten Hochzeiten und Orten angesiedelt werden kann, oder ob nicht der Alltag der Ort ist, wo sich der Geist Gottes seinen Weg bahnt. Inwieweit ist Gott nicht auch von ‚weltlichen' Erfahrungen her zu ertasten? Das Bild vom Weg beinhaltet Prozeß und Dynamik. Es ist ein Bild, das nichts Abgeschlossenes hat, sondern das auf das Ende hin offen ist. Insofern ist es zwangsläufig so, daß nicht nur Gott, sondern auch die Erfahrung Gottes und der geistliche Bereich des menschlichen Lebens mehr ist als nur die Kirche oder der Meditationsraum.

> Unterwegs sein bedeutet, das Gottesbild ständig zu hinterfragen und Gottes nicht habhaft sein, es bedeutet aber auch offen zu sein für den Gott in den kleinen Dingen, im Alltag, nicht nur in den großen Momenten an den Wendezeiten des Lebens, in den Sakramenten oder in Momenten der Not, der Grenze und des Scheiterns.

Was ist Alltag?

Der Begriff ‚Alltag' wird zumeist recht unterschiedlich verwendet. Lange Zeit ist der Alltagsbegriff negativ besetzt gewesen. Mit Alltag und Alltäglichkeit wurden Zeitdimensionen und Handlungen umschrieben, die banal oder negativ gewöhnlich betrachtet wurden, wobei der Routine auch positive Sichtweisen zuerkannt wurden. Marxismus und Phänomenologie (eine philosophische Richtung) haben zu unterschiedlichen und damit auch positiven Betrachtungsweisen des Phänomens Alltag geführt. Alltag, alle Tage bedeutet nichts anderes als täglich, gewöhnlich. Alltäglichkeit, so der Duden, ist entweder Üblichkeit oder Gewohnheit oder die durch nichts Außergewöhnliches gekennzeichnete, übliche, alltägliche Erscheinung, der alltägliche Vorgang. Philosophisch gesehen, so das LThK, ist Alltag eine transzendentalphilosophische Kategorie der ‚Lebenswelt'. Für den Philosophen Martin Heidegger ist ‚Alltäglichkeit' der generelle Zustand, der das Seiende zunächst ausmacht und auszeichnet. In der Soziologie steht Alltag meist für das Normale und Geläufige.

Doch was ist Alltag in der Erfahrung der Menschen heute? Gibt es in unserer westeuropäischen Welt und Gesellschaft den Alltag an sich? Zeichnet sich nicht das Leben des modernen Menschen gerade dadurch aus, daß das Leben und der Lebensweg aus vielen verschiedenen Elementen und Facetten besteht, aus verschiedensten Sonderwelten,

Das Ja zum eigenen Alltag meint bejahte Nüchternheit: Wir brauchen nicht alles allein zu schaffen, sondern nur das in unseren Grenzen und Möglichkeiten Liegende. Wer sich in keine Utopien verliert, wird auch der Not des anderen ansichtig bleiben und für Hilfe (eigene und fremde) sorgen können. Ein Meister übt jeden Tag seine Kunst und damit sein Leben, ein Schwärmer meint, er wüßte alles und könne alles allein. ... So ist geistliches Leben alltägliches Leben, ein tragfähiges Fundament bei großen und kleinen Belastungen, Verlusten und Anfechtungen. Wer Gott nur am Feiertag ehrt, bringt sich um die Schönheit und um das Glück des Glaubens. Der Alltag in Ort und Zeit ist die Gestaltwerdung des Lebens, der erste und zweite Schritt der Nachfolge, das tägliche Brot.
Ruhbach, 59f.

Das menschliche Leben ist einmalig und unwiederholbar. Gültige Erfahrung ist: Wir leben als Menschen unsere Tage, deren Zahl wir nicht kennen, in ihrem Gleichmaß und ihrer Wiederholung. Alltagszeit ist Lebenszeit. *1. Biblisches Zeugnis.* Der Mensch und die ihm zugemessene Spanne Zeit ist ein zentrales Thema der Offenbarung. Gott allein ist Herr über die Zeit, und ‚tausend Jahre sind für dich wie der Tag, der gestern vergangen ist, wie eine Wache in der Nacht' (Ps 90,4). Das Leben besteht aus Tagen, deshalb ist jeder Tag mit seinen flüchtigen 24 Stunden einmalig und unwiederholbar – das Modell des ganzen Lebens. Das zu begreifen ist entscheidend: ‚Unsere Tage zu zählen, lehre uns! Dann gewinnen wir ein weises Herz' (Ps 90,12). Dieser je neu geschenkte Tag ist in seiner Alltäglichkeit der kairos: die im Hier und Jetzt und Heute zu ergreifende Chance zum

Guten. ‚Seid also wachsam! Denn ihr wißt weder den Tag noch die Stunde' (Mt 25,13). Für den Christen, der aus dem Glauben lebt, ist der erste Ort des geistlichen Lebens der Alltag: Anruf der Gnade und Antwort des Menschen in der konkreten Lebenssituation. ‚Wer mein Jünger sein will, der verleugne sich selbst, nehme täglich [!] sein Kreuz auf sich und folge mir nach' (Lk 9,23). So steht jeder Tag in sich und genügt sich; ‚Sorgt euch also nicht um morgen; denn der morgige Tag wird für sich selbst sorgen. Jeder Tag hat genug an seiner eigenen Plage' (Mt 6,34).

Mattes, 21f.

Das ‚Reich Gottes' ist also beides zugleich: ‚mitten unter euch' (Lk 17,21) (im Alltag) und ‚nahe herbeigekommen' (Mt 4,17) (über den Alltag hinaus, ihm voraus).

Luther, 217.

Grundtypen von Erfahrungen im Alltag mit eigener Mystagogie sind: 1) die Erfahrung von Monotonie ruft nach Hoffnung und eschatologischer Ausschau; 2) der Erfahrung von Ohnmacht oder Scheitern entsprechen Klage, Hoffnung, Bitte, Annahme des Kreuzes; 3) die Erfahrung von Stimmigkeit, Glück und Lebensfülle führt zu Lob, Dank und Vorgeschmack des Endgültigen. Wichtige Impulse für eine Spiritualität des Alltags gibt das ignatianische ‚Gott suchen und finden in allen Dingen', umgesetzt im ‚Gebet der liebenden Aufmerksamkeit' (früher: ‚Wandel in der Gegenwart Gottes'). Spiritualität des Alltags setzt eine Sicht des irdischen Lebens voraus, wie sie erst im Vat. II voll zum Tragen kommt (GS), und ist demzufolge für das ‚fromme Bewußtsein' vieler Gläubigen trotz wichtiger Ansätze in der Tradition weithin noch Desiderat.

Lippert, in: LThK, 419f.

die gemeinsam das Leben des einzelnen kennzeichnen? Der Alltag – ist es die Arbeit in Verbindung mit immer Wiederkehrendem und Gleichem? Ist es die Woche mit Ausnahme des Wochenendes? Zählen die Abende dazu? Was ist das, Alltag? Ist er die Verhinderung von Außergewöhnlichem? Dienen all die vielen kleinen Reisen oder die Spielothek um die Ecke dem Entrinnen des Alltags? Ist auch der Sonntag und die kirchliche Seelsorge sowie die Theologie außerhalb des Alltags? Sind unsere Feste Alltag?

Kiwitz stellt eine Poetisierung und Ästhetisierung des Alltags fest, wodurch im Alltag das Geheimnis und die Tiefe wiederentdeckt werden können. In diese Richtung zielt sicherlich auch der Ansatz von Joseph Beuys, daß jeder Mensch ein Künstler ist und seine Kreativität zu nutzen habe. Der Alltag ist der Ort des Subjekts und der hauptsächliche Ort, an welchem die Biographie des einzelnen geschrieben wird; aufgrund dessen gestaltet er sich vielfältig und mehrdeutig. Er ist der Ort und der Weg des Menschen.

Und Religion und Alltag – wie gehen beide zusammen, bezieht sich doch die Religion gerade auf Momente und Erfahrungen, die eben nicht alltäglich zu nennen sind? Religion wird in der Fachliteratur oft ergänzend zur Alltagserfahrung bestimmt, so daß die Religion als das sinnstiftende Element für den Alltag mitsamt seinen Erfahrungen betrachtet wird. Die Religion hat Sinnstiftungskapazität. Beide gehören, folgen wir unserem Bild vom Wege, zusammen, ohne die Religion allein auf ihre sinnstiftende und damit ordnende Funktion zu reduzieren noch den Alltag eindimensional auf einen entfremdeten Lebensort zu reduzieren, der nicht die wahren und tiefen menschlichen Erfahrungen zulassen kann. Im Alltag läuft das gesamte Leben des Menschen mit, sozusagen als ein Hintergrundwissen, und entsprechend tiefer Erfahrungen wird der Alltag interpretiert und gelebt. Henning Luther verweist auf Jesu Reden in Form von Gleichnissen; hier nimmt Jesus Bezug auf die Alltagswelt und die Lebenserfahrungen seiner Hörer; er redet in ihrer Sprache, nicht über ihre Köpfe hinweg. Dabei benutzt er Gleichnisse und Rätsel, in welchen er genau diese Erfahrungen im Alltag der Menschen durch Überraschungen und Verfremdungen bereichert, um so darauf aufmerksam zu machen, daß sich im Kleinen und Alltäglichen die Erfahrung vom Reich Gottes ereignen kann, indem die Erfahrungen des Alltäglichen durchbrochen werden und die Perspektive des Reiches Gottes durchscheint. Nicht in der alltäglichen Erfahrung ereignet sich dann geistliche Erfahrung, sondern im Durchbruch und Aufbruch der alltäglichen Erfahrung. Im Zuhören ereignet sich für den Hörer das Überraschende und kann sich bereits Aufbruch ereignen. Vielleicht wird auch deutlich, daß der Alltag vielfältiger ist als angenommen und sehr bewegt.

> Religion und damit Spiritualität darf sich nicht jenseits des Alltags bewegen, will sie den Weg und die Biographie des Menschen ernst nehmen. Der Ort der Spiritualität des Menschen ist der Alltag, somit auch der Ort von Seelsorge und Theologie.

Auf das geistliche Leben übertragen bedeutet das, daß geistliches Leben nicht ein Zusatz zum alltäglichen Leben darstellt, sondern daß es im alltäglichen Leben seinen Platz hat. Frömmigkeit, ein anderes Wort aus der Tradition, ist die Art und Weise, wie der Mensch sein Leben in

Mit der Frömmigkeit ist es eine merkwürdige Sache: Entweder ist der Mensch in *allen* Lebensbereichen fromm, d.h. auf Gott hin aufmerksam, oder er ist es überhaupt nicht.

Wanke, 63.

Beziehung zu Gott lebt. Es ist eine Lebensform in Beziehung. Diese Beziehung, wenn sie wirkliche Beziehung und Freundschaft ist, ist nicht festgelegt auf bestimmte Momente. Sie bedarf natürlich der besonderen Gestaltung und Ausformung, sie bedarf gewisser reservierter Zeiten. Aber es kommt darauf an, daß der Mensch in seinem ganzen Leben versucht, die gelebte Beziehung zu Gott wach sein zu lassen, daß er versucht in der Gegenwart Gottes zu leben, nicht nur im Chor oder in der Kirche. Das hat dann auch Konsequenzen für das Gebet. Es ist die Aufforderung, ‚immerwährend‘, ‚innerlich‘ zu beten, stets mit Gott verbunden zu sein. So fordert Bischof Wanke von Erfurt dazu auf, die ‚Mystik des Alltags‘ wieder neu zu entdecken, die darin besteht, auch in den scheinbar banalsten und unreligiösen Augenblicken des Alltags das Wehen des Atems Gottes zu spüren (vgl. Wanke, 65).

Übergänge und Durchbrüche im Alltag

Wenn Religion als Differenz zur Welt, als Weltabstand verstanden werden kann, indem Wirklichkeit und Versprechen kritisch aufeinander bezogen werden, und wenn Alltag immer auch gekennzeichnet ist von Situationen der differenzerzeugenden Übergänge, der Unterbrechungen, der Brüche, der Schwellen, dann ist der Alltag (und die Lebensgeschichte) des einzelnen durchaus ein legitimer Ort der Religion. – Religion im Alltag der Moderne verweigert sich damit jenen sich oft ans Religiöse gekoppelten Strategien der Vereinfachung und den regressiven Wünschen nach Eindeutigkeit.

Luther, 223.

In den oben genannten Grenzerfahrungen kann sich inmitten der Lebenswelt und im Alltag des einzelnen solch eine Erfahrung ergeben, indem der Alltag in seiner Gewohnheit und Routine durchbrochen wird, er nicht mehr fraglos und selbstverständlich ist. Somit erscheint Religion an den Rändern des Alltags. „Jeder Augenblick des Alltags kann dann eine Erfahrung der ‚Grenze‘ oder der ‚Schwelle‘ werden. Wo eine bisher eingespielte Selbstverständlichkeit an ein Anderes stößt: die Begegnung mit einem anderen Menschen, das Erlebnis eines ungewohnten und unerwarteten Ereignisses, die Erinnerung an Vergangenes, das Wachwerden eines Wunsches, die Erfahrung eines Traumes" (Luther, 217). Es sind dies Übergangssituationen, in welchen die alte Ordnung nicht mehr zählt und brüchig wird, so z.B. wenn der Wohnort gewechselt wird, wenn sich der Beruf ändert oder innerhalb des Berufs die Bezugspersonen andere werden; wenn sich im persönlichen Bereich Beziehungen ändern, abbrechen, neue sich ergeben, wenn einschneidende Lebensentscheidungen oder Ereignisse dem Lebensweg eine andere Richtung geben, wenn sich Phasen im Wachstum und in der Reifung abwechseln. Auch der Bereich der Sexualität ist im Alltag ein Bereich, an welchem sich Übergangserfahrungen ereignen können. Es ist eine Kraft, mit der der Mensch ein Leben lang umzugehen lernen muß. Das rechte Verhältnis zu ihr zu finden, sie in das Leben zu integrieren und vor allem auch mit den verschiedenen Phasen zulassen zu können, das ist eine Aufgabe, die Ängste und Befürchtungen auslösen kann, der es sich allerdings zu stellen gilt. Eine gelebte und gereifte Spiritualität bezieht die Sexualität mit ein, denn Spiritualität durchzieht das Leben, somit auch die Sexualität, die dem Menschen von Beginn an gegeben ist. Spiritualität und Sexualität sind untrennbar miteinander verbunden. Intensives Leben ereignet sich vor allem dort, wo diese Beziehung gelebt wird.

Was aber aller Anfechtung gemeinsam ist, was an der Wurzel jeder existentiellen Verunsicherung liegt, das ist eine Quelle von Leid. Es sind Erfahrungen von Unerfülltheit, erlittene Verletzungen, auch kränkende Begegnungen und Ablehnung in unserem Beziehungsfeld. Es ist im Grunde die Trauer darüber, daß die Form von Gemeinschaft, wie sie einem vor-

Henning Luther nennt zwei Bereiche, in welchen sich Übergänge ereignen: zum einen sind es die Passagen des Lebens, sozial oder individuell bedingt; es sind dies Lebensschwellen, die vom einzelnen gegangen werden und bewältigt werden müssen. Religion kann hier stabilisierend wirken, indem sie die Brüchigkeit und Diskontinuität zu mindern und aufzufangen versucht; oder aber sie kann diese Brüchigkeit und Diskontinuität noch bestärken, die Unterbrechung gestalten und dem Schwebezustand Form und Inhalt geben, mit Hilfe mancher Rituale. Ein zweiter Bereich ist der der sozialen Bezüge und der sozialen

schwebte oder wie man sie sich dachte, sich nicht realisieren ließ. Die Bande zu Partnern oder zu Gruppen wurden nicht so tragfähig, wie man es sich wünschte oder wie es auch nötig gewesen wäre, um darin menschlich zu leben. Es sind Enttäuschungen darüber, daß das erhoffte, während einer gewissen Zeit auch verwirklichte Miteinander zerfallen ist zu einem gleichgültigen Nebeneinander; Trauer über Hoffnungen, die zunichte gemacht und durch die Realität zerbrochen worden sind. Wie mit solchen Erfahrungen umgehen? Was gilt es zu lernen, wenn man an ihnen nicht zerbrechen und scheitern will?

Schaller, 80.

Beziehungen, in welcher der einzelne lebt, denn diese sind oftmals so vielschichtig und auch vielfältig, daß sie ständige Übergänge provozieren, vor allem dann wenn diese Lebensbezüge nicht miteinander harmonisieren und in einen Konflikt geraten. Der Wiener Pastoraltheologe Paul Michael Zulehner entwickelt eine kleine Phänomenologie der Lebensübergänge, die er in drei Bereiche aufteilt: zum ersten die lebensgeschichtlichen Übergänge mit den verschiedenen Übergängen von Lebensphasen in andere oder dem Wechsel von Beruf, Wohnort etc. oder auch Partnerschaft; zum zweiten die Zeitübergänge wie Jahreswechsel und zum dritten die kollektiven Übergänge, die sich in Gesellschaften, Kulturen und Kirchen ereignen, die dann alle zugehörigen Mitglieder in der ein oder anderen Weise betreffen.

Es wird auf jeden Fall, ob man nun von einer Zwei- oder Dreiteilung der Übergänge spricht, deutlich, daß je mehr unterschiedliche Bezüge der Mensch hat (verschiedene Arbeitsplätze, Familie, Freundeskreis ...), es um so mehr Übergänge und Schwebezustände geben kann. Es gibt mehr Unterwelten, in welchen sich der einzelne bewegt. Pluralisierung der Lebenswelt des einzelnen ist das Stichwort hier. Religion kann dann in Form von Kirche eine dieser Lebenswelten unter vielen anderen sein, die eben am Sonntag ihre Verwirklichung erlebt; sie kann aber auch eine integrierende Funktion einnehmen und sich an den Schnittstellen der verschiedenen Lebensbereiche ansiedeln. Den Übergangssituationen und Passagen ist wohl gemeinsam, ob nun kollektiv oder individuell, daß sie z.T. Ängste auszulösen vermögen, daß Trennung und Schmerz eine große Rolle spielen, daß sie mit Bindungen und Loslassen zu tun haben. Je pluraler die Gesellschaft ist, desto größer wird die Herausforderung an den einzelnen, seine eigene Biographie im Alltag und alltäglich gestalten zu müssen und gleichzeitig mit den Übergangssituationen fertig zu werden. Dabei ist der Wunsch nach Sicherheit und Verläßlichkeit eine Triebfeder, zugleich aber auch ein Hemmschuh, der u.U. Übergangssituationen erschwert und das Loslassen und Hineinwachsen in die neue Situation belastet.

Natürlich ist eine biographische Sichtweise der Dinge schwer, da die subjektiven Deutungssysteme und die realen Lebenssysteme so miteinander in Beziehung zu setzen sind, „daß das mehrseitige Bedingungs- und Wechselwirkungsverhältnis von Individuum, Person und Institution, Selbstentwurf und Fremdbestimmung, das Verhältnis von Zeitlichkeit des individuellen Lebens und von Geschichtlichkeit der Lebenswelt entschlüsselt werden kann" (Failing, 163).

Rituale

Nach so vielen Mühen, Zornesausbrüchen, Freuden, Flüchen und Segnungen entdeckte ich, was schon immer entdeckt war. Ich erfuhr etwas handgreiflich Einleuchtendes. Sakrament ist das, was immer schon lebte und was alle Menschen erleben, was ich aber nicht wußte und was nur wenige wissen. Ich begann, die Landschaft der Dinge in Augenschein zu nehmen, die schon immer vor meiner Nase lagen. Jeder Tag steckt voller Sakramente. In den Tiefenschichten des Alltäg-

Im Leben eines jeden Menschen, auf seinem Wege gibt es Grenzerfahrungen, gibt es immer wieder die gleichen Deutemuster, um Erfahrungen einordnen zu können. Auf dem Lebensweg eines jeden gibt es bestimmte Grundmuster und Gesetze, die vom Lebenszyklus her gesetzt werden. Diese sind oftmals verbunden mit Krisen, mit Schwellen, Übergängen und Wendepunkten. Hier ist der Ort der Religion, am Rande und inmitten des Lebens des einzelnen. Hier gilt es Rituale zu entwickeln, die den Betreffenden helfen, mit den ungewohnten, neuen und oftmals beängstigenden Erfahrungen im Alltag umzugehen. Der Mensch erlebt sich auf seinem Wege als unabgeschlossen, als bedroht, als defizitär, gleichzeitig aber auch u.U. als flexibel, als beschenkt und offen. Krisenerfahrungen und Übergangserfahrungen sind in ihrer

lichen gedeihen lebendige, erlebte und wirkliche Sakramente. Sakramente sind der Trinkbecher in unserer Familie, Mutters Polenta, der letzte Stummel einer Strohzigarette, den Vater hinterließ und den ich liebevoll aufbewahre, der alte Arbeitstisch .... All diese Dinge sind nicht einfach mehr Sachen. Menschen sind sie geworden. Sie sprechen zu uns, und wir sind in der Lage, ihre Stimme und ihre Botschaft zu vernehmen. Sie besitzen Innenleben und Herz, Sakramente sind sie geworden. Mit anderen Worten: sie sind Zeichen, die eine andere von ihnen zu unterscheidende, in ihnen aber präsente Wirklichkeit enthalten, darstellen, an sie erinnern, sie sichtbar machen und vermitteln.

Boff, 21f.

jeweiligen Ambivalenz zu betrachten und auch zu eröffnen. Die christliche Spiritualität hat das Potential, sinnstiftend und vor allem angesichts der Bedrohungen menschlichen Lebens Halt und Interpretationshilfen zu geben. Dies wird in der Geschichte deutlich an den Sakramenten, die sich an bedeutenden Momenten im Lebenszyklus des einzelnen angesiedelt haben: zur Geburt, inmitten des kindlichen Heranreifens und der Pubertät (wobei sich natürlich die Frage stellt, ob Kommunion und Firmung ihren adäquaten Ort im Alter von 6 bzw. 12 Jahren haben), zur festen Bindung an einen Partner oder eine Lebensform, in Krankheit und Tod. Doch hat sich in der Zwischenzeit ein differenzierter und weitaus uneindeutiger Lebenszyklus und -wandel in der Moderne entwickelt, der sich nicht mehr allein auf biologische Wendepunkte im Leben des Menschen bezieht und dem es Rechnung zu tragen gilt. Die Sakramente und ihre Orte sind nicht überholt, doch bei weitem nicht mehr die einzigen Orte von Krise und Übergang, von Möglichkeit, dem Geheimnis und dem Transzendenten zu begegnen.

> Der ganze Alltag ist der Ort, an welchem in Krisen- und Übergangssituationen Geheimnis und Gott ihren Platz haben. Rituale sind dabei von enormer Bedeutung, denn sie geben Halt und vermitteln in ihrer Symbolgestalt Möglichkeiten der Verarbeitung und der Begegnung. Rituelle Begehungen ermöglichen religiöse und geistliche Erfahrungen.

Die gelebte Lebensgeschichte gilt es zu berücksichtigen. Rituale vermitteln dabei, daß bei aller Aktivität und Freiheit, bei aller Selbstbestimmung und allem Engagement, der Mensch auf einem Weg ist, den er allein nicht im Griff hat, der sich noch aus anderem speist als aus ihm selbst, der schließlich auch ein Weg innerhalb einer Gemeinschaft von Menschen ist. Rituale, vor allem innerhalb der Sakramente, machen deutlich, daß es zwar der ganz spezifische Lebensweg des einzelnen ist, der sich zugleich jedoch nicht wesentlich in den Tiefenerfahrungen von den Wegen anderer unterscheidet – auch das vermag eine große Hilfe zu sein. „Sie vermitteln Erfahrung als Erfahrung einer mit vielen geteilten Lebenswelt" (Failing, 226). Rituale im Alltag schaffen Ordnung im Chaos. Sie bringen Sicherheit und Ruhe in manchmal unüberschaubare Lebensprozesse. Sie sind Regulativ gegen Streß, gegen immer wieder thematisierte Problematiken, sie verschaffen womöglich so etwas wie Lebensfreude inmitten des Alltags.

Der Mensch braucht Rituale, die ihm das Leben deuten, die es auf den Punkt bringen und im Alltag das Geheimnis und die Transzendenz durchstrahlen lassen. Und das ist die positive Kehrseite dessen, was wir u.a. mit Alltag bezeichnen. Ein jeder Mensch hat Gewohnheiten, seinen Tag zu gestalten; wann mache ich was, wie gehe ich vor – und ein jeder, wenn er genau hinsieht, wird feststellen, daß sich manche Gewohnheiten ritualisiert haben. Sie laufen immer nach gleichem Schema ab, sie geben dem Alltag Sicherheit und ein festes Gefüge. Werden sie durcheinander gebracht, wird es schwierig, damit umzugehen. Wir haben unserem Leben eine persönliche Ordnung gegeben, an der wir festhalten, die uns hält. Rituale im Alltag sind eine eminent wichtige Form, Problemen, die Übergänge, Passagen und Schwellen ausstrahlen, zu begegnen und mit ihnen in einer positiven Weise, ohne vor ihnen davon zu laufen, umzugehen. Schon die morgendlichen Rituale prägen den Menschen für den Tag. Sie sind Spiegel für den

Umgang mit der Welt. Rituale schaffen Bezug zu Ereignissen und Situationen des Lebens. Sie haben die elementare Funktion, das Leben des einzelnen zu erzählen und den Erzählungsstrang zu gestalten und zu tragen. Sie sind die Schnittstellen von Zukunft, Gegenwart und Vergangenheit – sie sind ebenso wie die ihnen innewohnenden Erfahrungen Meilensteine auf dem Lebensweg des einzelnen. Rituale stellen Beziehungen her, nicht nur zur eigenen Geschichte oder auch erhofften Zukunft, vielmehr auch zur Gemeinschaft, zur Kultur, zum Lebensraum und zur Gesellschaft bzw. in den sozialen Gruppen, in welchen der Mensch sich bewegt und die er mitgestaltet. Rituale stiften insofern Identität und Zugehörigkeit. „Sie regeln nicht nur unseren Alltag in Form von Gewohnheiten, unsere Kommunikation und unseren Umgang untereinander durch unbewußte Botschaften, unser Familien- und Betriebsklima, sondern auch den Umgang mit uns selbst, unseren Gefühlen, unserem Glauben, unserer Lebensphilosophie. Dieses Gerüst aus offiziellen oder ‚selbstgestrickten‘ Regeln scheint uns Halt, Orientierung und Sicherheit zu vermitteln" (Ressel, 151). Gleichzeitig ermöglichen Rituale eine Balance zwischen Lebensformen, Kräften und verschiedenen Blickwinkeln; sie verweisen auf anderes und lassen das Leben in seiner Zwiespältigkeit und Brüchigkeit zu. Unser persönliches und vor allem auch unser gemeinschaftliches Leben ist geprägt von Regeln und Gewohnheiten, von Ritualen.

2.3. Umformung als das Gestaltprinzip geistlichen Lebens

Geistliches Leben und Alltag, geistliches Leben als Weg – das beinhaltet Wachstum, Reifung, so daß das ganze Leben unabgeschlossen vorwärts geht; der Perspektive der Verheißung entgegen und im Vertrauen auf den Geist, der geistliches Leben ermöglicht. Dieses Wachstum und die geistliche Reifung kann nur gelingen, wenn sich der Mensch vertrauensvoll auf den Weg einläßt, den Gott mit ihm gehen will, wenn der Mensch sich bewußt ist, asketisch übend und einübend aktiv zu sein und gleichzeitig passiv hörend, empfangend und geschehen lassend. Wachstum im geistlichen Leben bedeutet, die Grenzerfahrungen und Schwellen, die Passagen und die Erfahrungen des Scheiterns nicht einfach nur hinzunehmen, geschweige denn sie zu verneinen, sondern sie als Punkte zu nehmen, die aussagen, wie ernst, tief und vielfältig das Leben ist. Sie sind Chancen geistlichen Lebens und Wachsens, ohne sie harmonisieren und allzu schnell auf das Kreuz Christi verweisen zu wollen mit der Aussage, daß alle Leiden nichts im Vergleich dazu seien. Das meint ein Wachstum angesichts der Erfahrungen von Scheitern allemal nicht. Ein geistliches Leben, das Scheitern ernst nimmt, versucht Schuld und Tod, den endgültigen wie auch die vielen kleinen Tode im Alltag, zu integrieren, sie nicht zu überspringen, und die Gunst der Stunde zu nutzen, d.h. nicht Prozessen vorzugreifen oder Entwicklungsstufen zu überspringen. Geistliche Prozesse, somit auch die Wachstumsprozesse, verlaufen nicht geradlinig und stromlinienförmig.

Ein Stichwort, das den geistlichen Prozeß sehr gut und präzise auf den Punkt bringen kann, ist das Wort von der ‚Umformung‘. Wenn geistliches Leben nichts Abgeschlossenes darstellt und einen Weg markiert mit Anfang und Ende, mit Ausgangspunkt und Ziel, mit Unwägbarkeiten und Scheitern, dann ist geistliches Leben stets mit der Aufgabe

Darum gehört zur Einübung in Freiheit auch der Mut, echt zu sein. Man kann auch sagen: Es gehört Wahrhaftigkeit dazu, der Wille, sich selbst und anderen nichts vorzumachen, sich so zu geben, wie man ist, wie man wirklich denkt und empfindet. Solche Wahrhaftigkeit ist nur durch Selbstzucht möglich, auch durch die Bereitschaft, auf manche Zustimmung und Anerkennung und auf manch andere Vorteile zu verzichten, durch die Kraft, sich nicht zu Bedürfnissen, Handlungen und Vergnügungen verführen zu lassen, die wir nicht wirklich bejahen, zu denen wir uns nicht wirklich bekennen können. Einübung in Freiheit ist ein Wachstumsprozeß. Was wachsen soll, ist unsere Erfahrung, was uns wesentlich ist, und was wachsen soll, ist unsere Entschlossenheit, dem zu folgen. Darum kann sich in Freiheit einüben nur, wer auch nein sagen kann, wer sich selbst und anderen in dem, was er nicht bejahen kann, zu widerstehen vermag.

Schmidhäuser, 74f.

'Alle Schulen verbinden diese Therapie mit einer tiefgreifenden Umwandlung der Denk- und Seinsweise des Individuums. Die geistigen Übungen haben die Verwirklichung eben dieser Umwandlung zum Ziel.' Als wichtigste Übungen, weil sowohl alltägliche als auch letztgültige Lebensziele anstrebend, nennt Hadot: ,mit anderen reden lernen', ,lesen lernen', ,sich freuen lernen', überhaupt allgemein ,leben lernen' und zuletzt auch ,sterben lernen'. Das alles ist ,Askese'.

Angenendt, 297.

versehen, sich den Herausforderungen des Lebens zu stellen und diese im Lichte des Glaubens und mit dem Maßstab des Lebens Jesu zu deuten. Das wiederum bedeutet nichts anderes als sich von den Erfahrungen auf dem Wege umformen zu lassen, sie zu verinnerlichen und sich mit ihrer Hilfe neu auf den Weg zu machen. Mit dem Begriff der ,Umformung' (entnommen vom Ansatz des TBI in Nijmegen) soll versucht werden, die polare Struktur von Askese und Mystik als einen spirituellen Prozeß einerseits und die polare Struktur des Begegnungsgeschehens zwischen Gott und Mensch andererseits zusammenzufassen. Beides sind Spannungsverhältnisse, und vor allem in der Geschichte der Theologie und Frömmigkeit gab es Rivalitäten und einseitige Verschiebungen im Verhältnis von Askese und Mystik. Das Verhältnis von Gott und Mensch ist polar, ist einfach und schwierig zugleich; es ist nicht harmonisch in den Griff zu bekommen.

Es geht in der ,Umformung' immer um ein dialogisches Geschehen zwischen Mensch und Schöpfung, zwischen Mensch und Mensch, zwischen Mensch und Gott. Es geht um eine allmähliche Verinnerlichung und auch Festigung der eigenen Grundeinstellung, in der christlichen Spiritualität um die Verinnerlichung des Verhältnisses Jesu zu seinem Vater und das Einschwingen in den Weg der Gottesbegegnung in allen Dingen; ein nicht endender Prozeß der Aufnahme göttlichen Lebens in alle Ebenen des Bestehenden, ein geistlicher Prozeß, der sich spiralförmig entwickelt und alle Niveaus und Dimensionen der menschlichen Existenz umfaßt.

Der Begriff der Umformung

,Um-form-ung' hat drei Bedeutungsebenen, die sich den drei Silben des Wortes zuordnen lassen und die im folgenden kurz beleuchtet werden sollen: „1. Spiritualität impliziert eine Form von Leben. 2. Dabei ist das konkrete Subjekt in einem Prozeß. 3. Es ist die Rede von einer Interaktion zwischen dieser Lebensform und dem konkreten menschlichen Subjekt" (Waaijman, 92).

Askese wird dabei wieder zu einer notwendigen Konsequenz, aber nicht etwa nur unter dem negativen Vorzeichen des Verzichts, sondern ebenso unter dem positiven Aspekt der Auswahl und der Einübung, der Einübung nämlich in ein kritisches Verhalten, das uns Menschen der heutigen Zeit fähig macht, jeweils das Beste zu wählen.

Rauh, 18.

So sollst du auch die äußeren Frömmigkeitsformen prüfen, die großes Aufsehen erregen; hindern sie dich auf deinem Weg zum innerlichen Leben, so lege sie ab! Warum spreche ich nicht von großem Fasten und Wachen? Weil sie eine große und starke Hilfe zu einem göttlichen Leben sind, wenn der Mensch sie zu ertragen vermag. Wenn aber ein Mensch schwächlich ist und leicht Kopfschmerzen bekommt (und das ist hierzulande bei vielen der Fall!), wenn ein Mensch findet, daß es seine Natur drückt und sie zugrunde zu richten droht, so mag er sich des Fastens entschlagen. ... Die Kirche hat

1. Zunächst ist da die Form, die die Mitte dieses Begriffs bildet: Im geistlichen Leben und auf dem Lebensweg des einzelnen geht es um Erfahrungswege, die z.T. durch Generationen von Menschen hindurch so intensiv gegangen worden sind, daß sie ihren Niederschlag in Formen fanden, die dann für andere Generationen ein Zugangsweg zu dergleichen oder ähnlichen Erfahrungen wurden. Diese Formen können breit verstanden werden, so z.B. die benediktinische oder franziskanische Frömmigkeit und Lebensideale oder die talmudische Frömmigkeit innerhalb des Judentums; anders, ,kleiner' verstanden, sind sie das kleinste Ganze innerhalb einer Frömmigkeitsrichtung, so z.B. eine Körperhaltung, eine Zeiteinteilung, ein Raum oder eine Begegnung. In gelebter Spiritualität geht es immer wieder um eine Form oder eine Gestaltgebung bzw. -findung. Jedes Leben in einer Frömmigkeit besteht aus Formen, die übernommen worden sind und sich langsam herauskristallisiert haben, die vielleicht vom Betreffenden oder von einer Gruppe neu gestaltet worden sind. In diesen Formen kommt die Grundeinstellung der einzelnen zum Ausdruck. Die Formen sind Ausdruck einer ganz bestimmten Haltung. Nun gibt es innerhalb dieser Formen Spannungen: systeminterner Art oder solche, die von außen herangetragen werden. Dies kann das Wertesystem sein, das den

zu keiner Zeit gewünscht, daß jemand seine Gesundheit schädige. Meine Lieben! Das ist doch klar und deutlich gesagt! Alles also, was dir auf dem geradesten Weg zur Wahrheit ein Hindernis ist, schiebe es weg, sei es etwas Äußeres oder Inneres, Leibliches oder Geistiges, von welchem Ansehen und Namen es immer sei.

Johannes Tauler,
in: Im Spiegel, 221.

In diesem Sinn ist, vom Subjekt aus gesehen, Umformung eine fortdauernde Selbsttranszendierung: meine Selbstdefinition wird fortwährend aufgebrochen zu meiner Nicht-Form, meiner Noch-Nicht-Form. Dieses impliziert eine Prozeßhaftigkeit von Form zu Form: loskommen aus der alten Form (der alte Mensch) und eingehen in die neue Form (der neue Mensch). ... Spiritualität ist – so gesehen – ein Prozeß, worin der Mensch entdeckt, daß er keine autonome Form ist, die sich selbst aus sich selbst bestimmen und handhaben kann (causa sui), sondern eine Form, die sich in einem nicht endenden Prozeß Gottes Form ‚anzieht‘ (Eph 6,11-17).

Waaijman, 94.

Hintergrund einer Form bildet und heute nicht mehr paßt; das können die Strukturen des einzelnen sein – beide können miteinander konkurrieren oder passen nicht zusammen; es findet eine Konfrontation und eine Auseinandersetzung statt – das kann schließlich die Diachronie, die ‚Nicht-Zeitgemäßheit‘ einer Form sein. Die ‚gefährliche Erinnerung‘ des Neuen Testaments, die vor allem J. B. Metz in seinen Schriften intensiv dargelegt hat, ist der Stachel auf dem spirituellen Wege des einzelnen sowie der Kirche, stets Spannungen diachronischer Art herbeizuführen und auch zu fördern. Es geht um einen gelebten Weg, auf welchem sich Formen ändern, eben umgeformt werden können. Hier wird der Wegcharakter geistlichen Lebens sehr deutlich; einmal gefundene Formen sind nicht für das ganze Leben geltend, sie können sich ändern, können umgeformt werden. Der geistliche Weg ist unabgeschlossen, gehört reflektiert und gerade in seiner ‚Formverhaftetheit‘ überprüft und gegebenenfalls verändert.

2. Die Endsilbe ‚ung‘ drückt zunächst Handlung aus, und diese Handlung kann mehr aktiv oder mehr passiv sein; sie kann gestaltet oder erlitten werden: ich forme um oder ich werde umgeformt. Es geht bei beidem um das menschliche Subjekt, um eine konkrete Person, die umgeformt wird oder sich umformt. Das Subjekt steht in dem Prozeß der ‚Umformung‘ im Zentrum, nicht die Form, diese ist Mittel. Es geht um die konkrete Verbindung des einzelnen mit den Formen. Das Moment der gelebten Spiritualität findet sich also auch in der Reflexion wieder. Jeder Mensch hat seine eigene Spiritualität, die im Laufe seines Lebensweges gewachsen ist, seine eigene Ausrichtung und seinen eigenen ‚Geist‘. Diese ist gewachsen und umgeformt worden aus bewußten Entscheidungen heraus, aus unbewußten Übernahmen, aus Gelerntem und Eingeübtem, aus umgeformten Lebensweisen. So ist die Person eines Menschen stets in Umformungsprozessen involviert; stets neu muß der einzelne sich selbst definieren und sein Wertesystem in Formen umsetzen, so auch auf dem christlichen Wege.

3. Die Silbe ‚Um‘ schließlich als erster Teil des Wortes ‚Um-form-ung‘ hat im Deutschen oftmals die Konnotation der Veränderung: etwas um-ordnen, um-strukturieren, um-schichten. Sie beinhaltet Ganzheitlichkeit, etwas, das alles berührt und umgibt: um-spülen, um-geben, um-fassend. Schließlich kann diese Silbe etwas andeuten, das alles durchziehend sein kann: um-pflügen, oder etwas zu einem Ende bringt: um-kommen. So bringt diese Silbe den Dialog zwischen der Form und dem Subjekt zum Ausdruck. In der Konfrontation mit einer Form ereignet sich beim Subjekt etwas, das zu einer Übernahme, zu einer Veränderung, zu einer Neuformulierung einer Form führen kann, eben bis hin zu einer vollständigen Formveränderung; die eine Form löst die andere, die alte, ab. Eine völlige Verinnerlichung einer Form ist dabei das Ziel, wobei Verinnerlichung bedeutet, daß diese Form wirklich zu mir paßt, mir und meiner Spiritualität entspricht.

Der Begriff der Umformung impliziert die Vorstellung, daß Spiritualität und der geistliche Weg nichts einfach Übergestülptes oder endgültig Fertiges darstellen, im Gegenteil: Der geistliche Weg des Menschen ist ein dynamischer Prozeß, der den Menschen nicht in Ruhe läßt. Es ist ein Prozeß, der den Menschen zu einer Übereinstimmung von Form, Inhalt und Grundausrichtung seines Lebens führen will. Der Prozeß ist für den Christen die fortwährende Umformung hin zur Vereinigung mit Gott, eine Umformung mit Ziel, Inhalt und Formen, ein Weg mit einer Vorwärtsstruktur und Bewegung.

Der geistliche Weg ist dabei der Weg im Alltag, im Scheitern, in und mit den vielen bewußten und unbewußten Ritualen.

☞ Alltag und Ritual sind entscheidende Größen für geistliches Leben. Der Alltag ist der Ort des geistlichen Lebens, das Ritual ist eine Form, die den Alltag mitformt, ihn gleichzeitig durchbricht und bewältigen hilft.
Im Alltag findet der Prozeß der Umformung statt; im Ritual findet die Umformung ihren Ausdruck.

3. Kreativität, Kunst und der geistliche Weg

Auf ihre Weise sind auch Literatur und Kunst für das Leben der Kirche von großer Bedeutung. Denn sie bemühen sich um das Verständnis des eigentümlichen Wesens des Menschen, seiner Probleme und seiner Erfahrungen bei dem Versuch, sich selbst und die Welt zu erkennen und zu vollenden; sie gehen darauf aus, die Situation des Menschen in Geschichte und Universum zu erhellen, sein Elend und seine Freude, seine Not und seine Kraft zu schildern und ein besseres Los des Menschen vorausahnen zu lassen. So dienen sie der Erhebung des Menschen in seinem Leben in vielfältigen Formen je nach Zeit und Land, das sie darstellen.

GS 62.

Auf dem Wege des christlichen Glaubens macht der Mensch seine Erfahrungen. Gleichzeitig versucht er diese seine Erfahrungen umzusetzen bzw. mit den Erfahrungen anderer zu konfrontieren, um Gewißheit zu erhalten oder die eigene Erfahrung zu relativieren und einzuordnen. Drei Grundkräfte, früher unter dem Begriff der ‚Schönen Künste' geführt, können dem Menschen helfen, seine Erfahrungen zu verstehen, sie einzuordnen oder ihnen gar Ausdruck zu verleihen, was sich oftmals mit Erfahrungen schwer gestaltet. Schaut man sich die Mystiker an, dann ist ihre Sprache der Sprache der Dichtung sehr verwandt, ja sie ist poetische Sprache, durch und durch. Oder Musik – sie vermittelt für viele die Erfahrung von Tiefe, von Spiritualität, von Ausdruck, der in ihrem eigenen Inneren ist, dem es nur im alltäglichen Leben an Ausdrucksformen mangelt. Mithilfe mancher Musik werden Erfahrungen, gerade auch geistliche Erfahrungen, gedeutet, u.U. auch gemacht. Und die darstellende Kunst – sie visualisiert, oft auf sehr provozierende Weise, Erfahrungen und Anfragen an Erfahrungen, sie ist genauso Ausdrucksmittel der Wegerfahrung menschlichen Lebens und damit auch des Glaubenslebens. Die Kunst ist Mittlerin zwischen Verstand und Gefühl, Vergangenheit, Gegenwart und Zukunft, Geschichtlichkeit und absolutem Sein. Sie findet ihre Erfüllung nicht schon im Können, sondern erst im Künden, so daß Darstellung, Interpretation und Auseinandersetzung notwendig zum Kunstwerk hinzu gehören.

> Künstler, Dichter, Musiker und Theologen haben eine große Nähe zueinander, denn alle beschäftigen sie sich mit dem Leben, den Tiefen des Lebens und dem Geheimnisvollen des Lebens; sie versuchen die Tiefenschichten menschlichen Lebens anzusprechen und auszudrücken.

Das Persönlichste ist das Allgemeinste. ... Das hat mich zu der Überzeugung geführt, daß, was am persönlichsten und einzigartigsten in jedem von uns ist, wahrscheinlich gerade das Element ist, das in seiner Mitteilung andere am tiefsten ansprechen wird. Diese Einsicht hat mir dazu verholfen, Künstler und Dichter als Menschen zu verstehen, die es gewagt haben, das Einzigartige in sich auszudrücken.

Rogers, 41f.

So liegt es nahe, sich näher mit diesem Feld der Kunst am Ende dieses Teils zu beschäftigen. Ist die Kunst die Chance der Religion? Ist sie das Mittel, daß Religion und vor allem die Kirchen dem Verfall entgehen können? Ist Kunst immer schon religiös, weil sie die Dimension und Komponente der Transzendenz in den Blick nimmt und den Menschen dazu anregt, sich auf Transzendenz hin zu öffnen? Papst Johannes Paul greift in einer Kleinschrift, die er an die Künstler richtet, dieses Phänomen auf, indem er den Künstler als das Abbild des Schöpfergottes bezeichnet. Der Künstler ist der ‚geniale Baumeister' der Intuition. Wird hier der Künstler nicht allzu sehr religiös und christlich vereinnahmt?

Mit der Abwendung von den Kirchen findet eine Hinwendung zu allem Erlebnis- und Erfahrungsorientierten statt, gleichzeitig bedeutet das auch eine Hinwendung zur Kunst in ihren verschiedensten Facetten, so daß der Künstler Schreiter in diesem Zusammenhang von der Kunst als dem Lebenselexier des Konsumproduktionssklaven des 20. Jahrhunderts spricht (vgl. Schreiter, 228). Für Schreiter ist die Kunst ein Existential inmitten der Ortlosigkeit unserer Zeit und Gesellschaft. „Im Umgang mit ihr erfolgt nicht nur die vielzitierte Sensibilisierung, die Scharfstellung und Differenzierung des menschlichen Sensoriums, sondern die für uns so lebenswichtige Identitätsreifung des Ichs. Sie ist sozusagen der Sand im Getriebe der erbarumgslosen Nivellierungs- und Vermassungsmaschinerie. Das schlägt in einer Welt, in der es beinahe nur noch möglich ist, *man* zu sein, enorm zu Buche" (Schreiter, 228f.).

Spiritualität und Kunst

'Gott sah alles an, was er gemacht hatte: Es war sehr gut (Gen 1,31)'
Der Künstler, Abbild des Schöpfergottes
Besser als ihr Künstler, geniale Baumeister der Schönheit, vermag niemand intuitiv etwas von dem Pathos zu erfassen, mit dem Gott am Anfang der Schöpfung auf das Werk seiner Hände blickte. Ein Nachschwingen jenes Gefühls hat sich unendliche Male in den Blicken niedergeschlagen, mit welchen ihr als Künstler jeden Zeitalters, vom Staunen über die geheimnisvolle Macht der Klänge und Worte, der Farben und Formen gebannt, das Werk eurer Eingebung bewundert und darin gleichsam das Echo jenes Geheimnisses der Schöpfung wahrgenommen habt, an dem Gott, der alleinige Schöpfer aller Dinge, euch in gewisser Weise teilnehmen lassen wollte. ... Der Anfang der Bibel stellt uns Gott gleichsam als das beispielhafte Modell jedes Menschen vor, der ein Werk hervorbringt: Im Künstler spiegelt sich sein Bild als Schöpfer. Besonders offenkundig wird diese Beziehung im Polnischen durch die sprachliche Verwandtschaft zwischen den Worten *stwórca* (Schöpfer) und *twórca* (Künstler).
Brief von Papst Johannes Paul II., 3f.

Findet sich die christliche Spiritualität in der Kunst nur dort, wo der Betrachter, Hörer oder Leser sie zu entdecken meint? Ist jedem Kunstwerk Spiritualität zu eigen, oder nur, wenn der Künstler sie ausdrücklich proklamiert und postuliert? Findet sich die Spiritualität im Kunstwerk nur dort, wo ein Prozeß zwischen Betrachter, Hörer, Leser sowie dem Werk initiiert wird, unabhängig von der Intention der Künstlers? Eignet jedem Kunstwerk in sich Spiritualität? Was ist eigentlich das Spirituelle in der Kunst?

Für Schmied ist Spiritualität „das geheime Kennzeichen aller wahrhaft großen Kunst dieses Jahrhunderts" (Schmied, 133). Das bedeutet aber nichts anderes, als daß es in der Kunst darauf ankommt, die Werke sprechen zu lassen, nicht schon von vornherein mit einer bestimmten Lese- und Betrachtungsbrille an sie heranzugehen, um das Religiöse, Spirituelle oder Christliche zu finden. Spiritualität und Kunst zu verbinden, bedeutet dann, sich dem Werk zu stellen und es sprechen zu lassen, den Prozeß zu wagen und sein eigenes Leben mit dem des Werkes zu verbinden.

Kann man es überhaupt genau festmachen, die Spiritualität in der Kunst, oder sind es nur Ahnungen? Muß deshalb jedes Kunstwerk Aufnahme finden? Tiefe und Dichte können mögliche Kriterien für das Spirituelle bzw. für die spirituelle Relevanz der Kunst sein, überall dort, wo die Frage nach Mensch und Welt thematisiert wird. Sicherlich kann man nicht erwarten, daß die Kunst das theologische Weltbild rechtfertigt oder darstellt, eher im Gegenteil. Kunst entdeckt die Motive hinter den Motiven, die Werte hinter den Werten, sie ist niemals Handlanger einer Ideologie oder Institution, dann würde sie sich pervertieren. Kunst läßt die Unfaßbarkeit der Wirklichkeit erahnen. Insofern kann Spiritualität auch nicht am Gebrauch der allseits akzeptierten religiösen Symbole festgemacht werden, eher sogar im Gegenteil.

Kunst und Kirche

Um die Botschaft weiterzugeben, die ihr von Christus anvertraut wurde, braucht die Kirche die Kunst. Denn die Kirche soll die Welt des Geistes, des Unsichtbaren, die Welt Gottes wahrnehmbar, ja so weit als möglich, faszinierend machen. Sie muß also das an sich Unaussprechliche in bedeutungsvolle Formeln übertragen. ... Die Kirche braucht also die Kunst. Kann man auch sagen, daß die Kunst die Kirche braucht? Die Frage mag provokant erscheinen. Tatsächlich aber hat sie, wenn sie richtig verstanden wird, ihre legitime

Kunst und Kirche haben heute zweierlei gemeinsam: Sie haben Artikulationsschwierigkeiten und man versteht sie oft nicht. Für Egon Kapellari ist die Kunst für die Kirchen lebensnotwendig. Fehlt der Dialog und die Auseinandersetzung mit ihr, fehlt sie innerhalb der Kirchen und des Glaubensgeschehens, ist es um die Kirche geschehen. „Wenn aber in der Kirche der Brunnen der Ästhetik und der von ihr genährten Phantasie vertrocknet, dann drohen auch die ethischen Energien sich zu mindern oder ideologisch mißbraucht zu werden" (Kapellari, 41). Die Kirche braucht die Kunst, denn nirgends spricht sich das Lebensgefühl der Menschen heute besser aus als in der Kunst. Ob die Kunst allerdings auch die Kirche braucht, das sei an dieser Stelle nur als Frage aufgeworfen. Kapellari stellt im Anschluß an seine Ausführungen einige Imperative auf, die sich vor allem auf die praktische Begegnung des Christen mit der Kunst von heute beziehen. Er fängt damit an, daß

und tiefgehende Begründung. Der Künstler sucht immer nach dem verborgenen Sinn der Dinge; seine quälende Sorge ist, daß es ihm gelinge, die Welt des Unaussprechlichen auszudrücken. Sieht man da nicht, welch große Inspirationsquelle für ihn jene Art von seelischer Heimat sein kann, wie sie die Religion darstellt? Werden etwa nicht im religiösen Bereich die wichtigsten persönlichen Fragen gestellt und die endgültigen existentiellen Antworten gesucht? In der Tat gehört die religiöse Frage zu den von den Künstlern jeder Epoche am meisten behandelten Themen.
Brief von Papst Johannes Paul II., 35ff.

●

Achtung vor dem Wort ist die erste Forderung in der Disziplin, durch welche ein Mensch zur Reife erzogen werden kann – intellektuell, im Gefühl und sittlich. Achtung vor dem Wort – seinem Gebrauch in strengster Sorgfalt und in unbestechlicher innerer Wahrheitsliebe –, das ist auch die Bedingung des Wachstums für Gemeinschaft und Menschengeschlecht – Das Wort mißbrauchen, heißt die Menschen verachten. Das unterminiert die Brücken und vergiftet die Quellen. So führt es uns rückwärts auf der Menschwerdung langem Weg.
Hammerskjöld, 63.

●

Wir fanden dieses Spirituelle in der Idee, Konzept und Vorstellung der Künstler, ihren Antrieben und Zielen, so bei Cézanne, Kandinsky, Malewitsch, Mondrian, diesen Pilgern zum Absoluten. Wir sahen es sich manifestieren in der Formenwelt Klees und Mirós und in der Farbe bei Albers und Rothko. Es trat uns entgegen als die rätselhaft metaphysische Stimmung eines verlassenen Platzes bei de Chirico, mit bestimmten sichtbaren Gedanken

der Mensch von heute wieder hören, lesen und schweigen lernen müsse, um die Dinge so betrachten zu können wie sie sind. Das eigene kulturelle Erbe sollte wieder zugänglich werden, denn Kirche und Glaube haben sich über Jahrhunderte hinweg mit der Kunst in der Architektur und in der Literatur verbunden. Wer dieses eigene Erbe nicht kennt, so Kapellari, der kann sich auch vor interessierten und anspruchsvollen Fernstehenden keine Achtung und Gehör verschaffen. Über Schönheit und Stil in der Kleidung, in der Ausstattung von Räumen etc. kommt er auf die Liturgie zu sprechen, in welcher die Symbole wieder sprechen lernen sollten und die Sprache der Verkündigung eine Sprache sein müsse, in welcher Ehrfurcht vor dem Wort herrsche. Schließlich postuliert er den ständigen Dialog mit Künstlern und Andersdenkenden, um die eigene künstlerische Fähigkeit zu entdecken und sich auseinanderzusetzen mit sich selbst, dem anderen und dem Ganz Anderen.

Wieland Schmied behauptet gar, daß Spiritualität und Kunst unweigerlich zusammengehören, und nur die Frage der Spiritualität wird den Menschen ins Zentrum aller Kunst führen, „nur von der Erkenntnis ihrer Spiritualität her wird sich die Kunst unseres Jahrhunderts in ihrer Qualität, wie in ihrer Fülle ganz erschließen" (Schmied, 113). Kunst ist immer Entwurf von Gegenwelt und Utopie. Schmied macht dieses insbesondere an Paul Cézanne († 1906) mit seiner umfassenden Vorstellung von Kunst als gläubiger Katholik fest. Auch Wassilij Kandinsky († 1944), der als einer der Pioniere des Abstrakten gilt, ist in diesem Zusammenhang zu nennen. 1911 erschien seine programmatische Schrift: ‚Das Geistige in der Kunst'. Für Kandinsky lebt der Mensch, zur Zeit seiner Niederschrift, in einer Zeit des Übergangs: von einer materialistischen Epoche hin zu einer Epoche des großen Geistigen. Es gilt in dieser Zeitenwende zu erkennen, was gültig und notwendig ist. Die Kunst vermag der große Künder dieser geistigen Epoche sein, Künder des Heiligen Geistes, der nur ungegenständlich zu vermitteln ist.

Viele Kunstwerke verweisen auf das Numinose und verlangen Andacht. Wer sie verstehen will, muß sich mit Beharrlichkeit und ohne Vorurteile auf sie einlassen. Ein oftmals sehr hinderlicher Grund, sich auf Kunstwerke einzulassen, stellt die allzu schnell vorhandene christliche Brille dar. Wie schreibt Schmied so treffend: „Kunst hat religiöse Züge – wenn auch nicht konfessionelle" (Schmied, 119). War im Mittelalter die Gesellschaft christlich geprägt und war Kunst zwangsläufig ein Rad in diesem einheitlichen Weltbild, so ist es heutzutage anders. Der Künstler muß eine Theorie, seine Theorie entwerfen, um fragenden Menschen Orientierung zu geben oder um verstanden zu werden. Kunstwerke heute sind im wesentlichen autonomer, weil ein gemeinsamer Sinnzusammenhang fehlt.

Spiritualität zeigt sich für Schmied in der Kunst des 20. Jahrhunderts sowohl in den Mitteln wie auch in den Motiven, in der Form, im Thema etc. und ist vom ganzen Werk dadurch nicht mehr zu lösen, denn: „Von der einen Stelle aus, durch die das Geistige eintritt, empfängt das ganze Werk seinen Glanz und seinen Rang" (Schmied, 129). Spiritualität läßt sich mit Mitteln und Formen zeigen, thematisch und gestalterisch. Sie kann auch in den Dimensionen – gerade auch in der Kunst – von Raum und Zeit erscheinen.

In diesem Schlußkapitel soll in aller gebotenen und damit auch verengenden Kürze der Versuch unternommen werden, aus dem Bereich der Literatur, der Musik und der darstellenden Kunst jeweils einen Künst-

verbunden bei Magritte. Wir erlebten es als eine Heiligung der täglichen Dinge in den Collagen eines Kurt Schwitters, als ein Beschwören und Beseelen banaler Objekte in den Aktionen und Environments von Joseph Beuys.

Schmied, 129.

ler herauszugreifen, der in seinem Werk eine Verbindung von Kunst und Glauben, von Kunst und Literatur bewußt hergestellt hat. Es ist eine Möglichkeit, den eigenen Glauben und die eigene Spiritualität zu hinterfragen und mit ihren Gedanken, ihrer Kunst zu konfrontieren, um so auf dem Lebensweg ein Stück voranzukommen. Es kann auch eine Möglichkeit sein, einfach etwas innezuhalten oder sich Anregungen für die eigene Kreativität zu suchen, um vielleicht einfach zu genießen und sich dem Kunstwerk auszusetzen, es aktiv und passiv aufzunehmen, wie es in einer kombinierten Haltung von Mystik und Askese auch im Glauben und in der spirituellen Umformung geschieht. Heinrich Böll († 1985), Olivier Messiaen († 1992) und Joseph Beuys († 1986) sollen im folgenden in einzelnen Werken oder in ihrem Gesamtbezug zur Spiritualität in kurzen Hinweisen zur Sprache kommen. Es geht dabei nicht um eine theologische Auseinandersetzung oder Klarstellung bzw. Abgrenzung. Sicherlich ließe sich einiges dazu sagen und vor allem auch korrigieren, aber in ihrer Provokation und in ihrer Auseinandersetzungskraft haben die drei Künstler mehr zu sagen als dies ein theologischer Disput mit ihnen klären könnte. Manches ist stark vereinfacht, manches stark pointiert, manches theologisch nicht klar, doch darum geht es im folgenden nicht. Nicht allein das, was klar, was richtig ist, hat Anspruch, auf dem geistlichen Weg des einzelnen und der Gemeinschaft der Gläubigen Beachtung zu finden, im Gegenteil, erst über das Ungewöhnliche und Herausfordernde stolpert der einzelne auf seinem Weg und beginnt sich damit auseinanderzusetzen.

3.1. Spiritualität und Literatur: Heinrich Böll

Spiritualität des Lesens spricht uns als ganze Menschen, als denkende, fühlende und handelnde an. Sie gilt allen Büchern, nicht nur den religiösen und der Bibel. Sie möchte helfen, daß ich im Umgang mit den Büchern der Einmaligkeit meines Lebens auf die Spur komme und darin zum Glauben finde.

Deselaers, 99.

Der evangelische Theologe Gerhard Ebeling versteht die Grundsituation des Menschen wesentlich als ‚Wortsituation'. Der Mensch ist derjenige, der der Sprache mächtig sein kann und sich in Sprache bewegt, sich mit Sprache verständlich macht und in Sprache erlebt. Der Mensch erfährt und denkt in Sprache, er kommuniziert mit anderen in Sprache. Der Mensch erfährt sich angegangen und so als Empfänger, als derjenige, der vom Geschenk des Wortes lebt und sich zu verantwortlicher Antwort aufgefordert sieht. Der Philosoph Hans Georg Gadamer sieht in der Sprache das notwendige Medium, mit dessen Hilfe der Mensch das Sein und das Leben überhaupt erst verstehen kann: „Sein, das verstanden werden kann, ist Sprache" (Gadamer, 450). Damit liegt er ganz in der Tradition der angelsächsischen Sprachanalytik, für die alles geistige Erkennen sprachlich ist. Die Sprache ist die Voraussetzung und die Möglichkeit der Erkenntnis.

Die Sprache und das Wort

Überall dort, wo Bücher als Freunde angenommen werden, wo man Texte – um ein Wort Kierkegaards aufzugreifen – aufs Herz legt, kann es sich ereignen, daß sie Einstellungen verändern, Sinnerfahrung vermitteln, Glauben vertiefen. Wer existentiell liest, lesen kann, zu lesen gewohnt ist, hat die Chance, Gott zwischen den Zeilen zu finden.

Muth, 124f.

Ein Modus, in welchem sich Lebenserfahrungen von Menschen äußern, ist die Sprach-Kunst, die Literatur. Sie beinhaltet dargestellte und gedeutete Erfahrungen von Menschen, Verstehensversuche von Erlebnissen und Erfahrungen, in Sprache gebracht. Durch die Artikulation werden die Erfahrungen auf eine Ebene gehoben, die Distanz ermöglicht. „Wenn Erfahrung reflektiert wird, wird sie ‚zur Sprache gebracht'. Sprache ermöglicht das typisch menschliche, freie, distanzierte Verhalten zur Um-Welt, das diese zur Welt erhebt. Sie ermöglicht die Ordnung der als vielfältig erlebten Wirklichkeit durch das Benennen" (Schwens-Harrant, 28).

Literatur als Tätigkeit besteht in einer spezifischen Form des kommunikativen, d.h. sinnproduzierenden und sinnverstehenden Handelns. Schreiben und Lesen als die vorherrschenden Formen dieses Handelns (auch die mündliche Verständigung über Literatur gehört dazu) zielen vor allem auf produktive Aneignung von Wirklichkeit, d.h. auf die ‚Gewinnung und Auswertung' – aber auch die Umverteilung – von Erfahrungen und Erfahrungsfähigkeit. Diese Funktion einer Verständigung über alle den Menschen betreffenden Aspekte der Wirklichkeit erfüllen literarische Werke in ganz besonderer Weise, indem sie Erkenntnis in der Form ästhetischer Erfahrung vermitteln.

Schutte, in: Schwens-Harrant, 32.

Zur Sprache gebrachte Erfahrung nun äußert sich nicht in einer Informations- geschweige denn Wissenschaftssprache. Diese ist sicherlich nicht genügend, um den Erfahrungsschatz angemessen ausdrücken zu können. Die Sprache der Erfahrung ist eine Sprache, die Spielraum läßt, die deutet und mit den Deutungen Möglichkeiten eröffnet; sie ist eine Sprache, die vieldeutig sein muß. Diese Sprache spricht die Literatur. Die Sprache der Poesie und der Literatur ist keine Mitteilungssprache, vielmehr will sie Wirklichkeit eröffnen und bilden (allein schon durch die zweckfreie Dimension ästhetischer Texte), d.h. Literatur ist nicht einfach eine Sammlung von Wörtern, Geschichten und Texten. Literatur ist mehr als das, sie will als kommunikative Tätigkeit verstanden werden: eine Kommunikation zwischen Autor und Text, zwischen der Zeit und der Geschichte und dem Text und vor allem zwischen dem Leser und dem Text. Literatur hat eine zutiefst kommunikative Grundstruktur.

In der Literatur kleiden sich menschliche Erfahrungen in das Gewand der Sprache und stiften Sinn, fragen nach Sinn, sind damit theologisch und vor allem auch spirituell relevant. In dem geschriebenen Wort finden sich Erfahrungen von Menschen der Gegenwart. Literatur lebt aus Erfahrungen und Deutungen von Erfahrungen, aus der Lebensgeschichte des Autors, aus der Menschheits- und Kulturgeschichte. Literatur ist in Sprache umgewandelte und verarbeitete Erfahrung, die in einem kommunikativen Prozeß selbst wiederum den Leser zu Erfahrungen animieren kann und will.

Es werden Lebensmodelle beschrieben, die dem Leser zur Eigenreflexion dienen können; oft kommt es aber auch vor, daß die Lebensmodelle der Leser in Frage gestellt werden. Hier kann sich ein Gespräch mit der Theologie ereignen. Schnittpunkt eines möglichen Dialogs ist der Mensch mit seinen Erfahrungen in der Welt von heute.

Literatur und der Leser

Dichtung ist ein verantworteter und existentieller Umgang mit der Sprache und gehört zu den Grundbeständen der menschlichen Kultur. Sie ist so alt wie die Menschheitsgeschichte. Man kann sicherlich, analog zur Religionsgeschichte sagen, daß die Menschheitsgeschichte auch eine Geschichte der Dichtung ist, sofern die Sprache des Menschen ureigenste Möglichkeit ist, sich auszudrücken und seinem Inneren Form zu verleihen (analog dazu ist Menschheitsgeschichte immer auch schon Kunst- und Musikgeschichte, als die Dimensionen, die den Menschen im Innersten anzurühren vermögen und mit Hilfe derer er sein Innerstes zum Ausdruck zu bringen versucht). In der Dichtung spricht sich aus, was den Menschen überhaupt auszeichnet. Der Mensch tritt aus dem Gegebenen heraus und ihm gegenüber. Er schafft sich seine eigene Welt innerhalb und aus der ihm gegebenen Welt, wichtigstes Werkzeug dabei ist die Sprache. Der Dichtung kommt in diesem Prozeß die Nachahmung zu; sie ist immer auch Nachahmung der Wirklichkeit. Dieses ist eine der ältesten Bestimmungen dessen, was Dichtung meint: Nachahmung der Wirklichkeit, Mimesis. In diesem Nachahmungsprozeß filtert und selektiert die Dichtung; sie wählt aus und vereinseitigt. Sie verdichtet die Erfahrungen des einzelnen

Es dürfte sich bestätigt haben, daß Dichtung als Abbildung, Auswahl, Verdichtung, Komposition, Stilisierung, Selbstreflexion mehr und anderes ist als eine bloße sprachliche Verdoppelung der gegebenen Welt. Sie ist im Darstellen – und das ist ein entscheidender, in den bisherigen Erörterungen schon angeklungener Befund – immer auch Deutung der Welt. Diese Verschmelzung von Darstellung und Deutung ist vielleicht das wichtigste Kennzeichen der Dichtung, das sie mit der bildenden Kunst gemein hat, und ihr Hauptunterschied von allen Theorien und wissenschaftlichen Interpretationen der Welt. Die Dichtung sagt gleichzeitig, daß, wie und warum etwas ist. Das tut sie nicht explizit, obwohl sie auch dafür Möglichkeiten hat.

Kaiser, 57.

und/oder der Kultur und übersteigt damit eine simple Geschichtsschreibung. Nachahmung bezieht sich dabei auf den ganzen Prozeß der Menschheitsgeschichte, d.h. Vergangenheit, Gegenwart und Zukunft. Sie wechselt die Ebenen und Perspektiven, sie lockt den Leser, sich auf seinem Wege zu besinnen, innezuhalten und das Gelesene mit dem eigenen in Einklang zu bringen bzw. sich herausfordern zu lassen. Doch Dichtung ist mehr als nur Nachahmung, um diese klassische Kategorie zu sprengen. Dichtung bildet Leben ab, indem sie auswählt, komprimiert, steigert – Dichtung erfindet Leben. Gleichzeitig, und das ist in unserem Zusammenhang bedeutsam, gibt Dichtung Lebensdeutung.

> Doch in jedem Fall ist es der Leser, der den Sinn in die Zeichen hineinliest, der einem Gegenstand, Ort oder Ereignis die Lesbarkeit abgewinnt. Der Leser ist es, der einem System von Zeichen Bedeutung beimessen muß, um es zu entziffern. Wir alle lesen in uns und der uns umgebenden Welt, um zu begreifen, wer wir sind und wo wir sind. Wir lesen, um zu verstehen oder auf das Verstehen hinzuarbeiten. Wir können gar nicht anders: Das Lesen ist wie das Atmen eine essentielle Lebensfunktion.
> Manguel, 16.

Der Leser schreibt sich mit dem Text u.U. sein Leben neu und anders. Er schreibt den Text mit seinem Leben fort, d.h. ein Text und eine Dichtung sind zwar abgeschlossene Texte, die der Autor so und nicht anders konzipiert hat, doch abgeschlossen sind sie nie, sofern es immer Leser gibt, die sich diesen Texten stellen und sich herausfordern lassen. Es ist dies die sogenannte Polyvalenz der Texte oder auch die hermeneutische Differenz, die sich ergibt, sobald ein Autor seinen Text an die Öffentlichkeit gibt: Seine Intention ist niemals exakt deckungsgleich mit der eines Lesers. Der Text hat verschiedene Bedeutungen, spricht verschiedene Sprachen und erlebt eine je individuelle und unterschiedliche Rezeption. Jeder literarische Text, der Momente der Fiktionalität beinhaltet, gibt dem Leser Auslegungsspielraum. Damit erlebt jeder Text mit jedem neuen Leser eine je eigene Deutung in Auseinandersetzung mit dessen Lebensgeschichte. Das heißt wiederum, daß dem literarischen Text umformende Kraft zugesprochen werden kann. Jede Form der Interpretation ist ebenso ein sprachliches wie ein kommunikatives Handeln und Geschehen. Diese beinhaltet gleichzeitig auch ein Moment der Entscheidung: Für welche Lesart entscheide ich mich? Wo lasse ich mich in Frage stellen, wo nicht? Durch die Vielfältigkeit literarischer Texte muß der Leser sich stets für eine Deutung entscheiden. Die Literatur geht einen Weg, jeder Text einen Prozeß, der durch den Leser noch einmal andere Richtungen erhalten kann.

> Nicht aus der Autorität ihres Autors – wie diese auch immer begründet sein mag – kommt die Geltung der Texte, sondern aus der Konfrontation mit unserer Lebensgeschichte. Hier sind wir Autor, denn jeder ist der Autor seiner Lebensgeschichte.
> Zimmermann, in: Schwens-Harrant, 38.

Nicht zuletzt hat die poetische und erzählerische Sprache eine Kraft, das Geheimnisvolle auszudrücken, welche eine reine Informations- und Mitteilungssprache niemals erreichen kann. „Das Schaffen und Aneignen von Literatur (Schreiben und Lesen) sind Beispiele und Ausdrücke für das Vermögen des Menschen, aus der Unmittelbarkeit der Erfahrungen zu treten und sich auf anderer Ebene mit der Welt auseinanderzusetzen, die Welt zu transzendieren" (Schwens-Harrant, 56). Das Beispiel schlechthin dafür ist die Heilige Schrift, die niedergeschriebenen Erfahrungen des Glaubens des Volkes Israel und der Jünger mit Jesus. Lebens- und Glaubenserfahrungen haben ihr adäquates Ausdrucksmittel in dem Wort, der Erzählung und der Literatur.

Heinrich Böll

> Zur Kirchensteuer sagt Böll z.B.: „Diese Basis halte ich ohne jede Einschränkung für kriminell, ich habe sie mit Zuhälterei verglichen, und ich nehme den Vergleich nicht zurück. Man verrechtlicht das Verhältnis zu einer Religion, man

Kaum ein Schriftsteller hat sich mehr mit Kirche, Glauben und Spiritualität auseinandergesetzt als dies Heinrich Böll getan hat. Er ist jemand, dem Zeit seines schriftstellerischen Wirkens die Aufmerksamkeit der Öffentlichkeit galt, da er sich z.T. sehr unbequem und unorthodox hinsichtlich Gesellschaft und Kirche äußerte. Niederschlag findet dies in seinen Romanen und Erzählungen. In ihnen zeigt sich, daß

fiskalisiert es, materialisiert es, das ist klassischer Materialismus. ... Das heißt, ich muß aus der Kirche austreten, wenn ich diese Steuer nicht mehr zahlen will. Und in dem Augenblick kommen die Kirchen und sagen: Du willst ja nur das Geld sparen. Sie können nur materialistisch denken, das ist das Problem, sie können nicht spirituell oder spiritualistisch denken."

Böll, 1991, 57.

er ein Suchender ist, stets auf dem Wege in Auseinandersetzung mit dem, was in Gesellschaft vor- und beherrschend ist, u.a. eben auch in der Kirche. So mancher Zeitgenosse wird sich womöglich fragen, was Heinrich Böll in diesem Teil über das geistliche Leben zu suchen hat, in dem es um Spiritualität und geistliches Leben geht. Doch hat kaum ein anderer Schriftsteller der letzten Jahrzehnte wie er gezeigt, daß geistliches Leben alltägliches Leben ist, daß Frömmigkeit und Glauben mit der Alltagserfahrung übereinstimmen müssen, daß sich Spiritualität mit dem ganzen Leben beschäftigt und auch erfahren sein will. Dieser Aspekt einer alltäglichen Frömmigkeit sei aus dem Werk von Böll herausgegriffen; vielleicht mögen andere wichtiger sein oder noch mehr die Bedeutung für Spiritualität herausstreichen, doch angesichts der Ausführungen zum Wegcharakter geistlichen Lebens und zur Bedeutung der alltäglichen Erfahrungen liegt die Konzentration auf dem Aspekt des Alltags.

Heinrich Böll stellt unangenehme Fragen und provoziert den Leser, sich mit sich selbst und den großen Institutionen von Kirche und Gesellschaft kritisch auseinanderzusetzen. Geboren am 21.12.1917 in Köln und aufgewachsen im katholischen Rheinland, in welchem Religiosität nicht unbedingt mit Kirchlichkeit identisch ist, erlebt er von Seiten seiner Eltern eine große Toleranz in kirchlichen und religiösen Fragen. Dieses wirkt sich zusammen mit dem Erleben der Kirche in der Nachkriegszeit auf seine Haltung und seine Kritik gegenüber den Kirchen aus. Um es kurz zu formulieren: Böll will eine arme Kirche, die im Modus der Zeitgenossenschaft lebt. Zeitgenossenschaft bedeutet für Böll, in der Gegenwart zu leben und sich mit der eigenen Generation sowie der Gegenwart zu identifizieren, also weder die Vergangenheit noch die Zukunft zu glorifizieren. Das bedeutet für die Kirche, weder der Vergangenheit nachzutrauern noch sich der Zukunft entgegenzusehen, sondern in der Gegenwart aus der Vergangenheit heraus für die Zukunft zu leben.

Nicht Lippenbekenntnisse, sondern gelebtes Zeugnis

Ich habe die Klienten dieser Häuser nie verachten können, weil es mir unmöglich ist, das, was man irrigerweise die körperliche Liebe nennt, zu verachten; sie ist die Substanz eines Sakraments, und ich zolle ihr Ehrfurcht, die ich auch dem ungeweihten Brot als der Substanz eines Sakraments zolle; die Spaltung der Liebe in die sogenannte körperliche und die andere ist angreifbar, vielleicht unzulässig; es gibt nie rein die körperliche, nie rein die andere; beide enthalten immer eine Beimischung der anderen, sei es auch nur eine winzige. Wir sind weder reine Geister noch reine Körper, und das ständig wechselnde Mischungsverhältnis von beidem – vielleicht beneiden uns die Engel darum. Einen Brief zu schreiben, das

Gegenüber seiner Kritik an den Kirchen, an der Scheinheiligkeit und der Diskrepanz zwischen Reden und Handeln verblaßt seine persönliche Glaubenseinstellung, obgleich diese für das Verständnis seines Werkes und Lebens wichtig ist. Religion und damit auch die Vertreter der Religionen müssen sich nach dem Leben richten. Fällt beides auseinander, verliert die Religion ihre Legitimation und Bedeutung. Glaubensvollzug und Lebensalltag bilden eine Einheit, der Glaube muß eingebettet sein in den Alltag. Der Begriff der Frömmigkeit erhält bei Böll eine stark engagierte und politische Bedeutung: „Frömmigkeit schützt vor gar nichts, wenn sie sich nicht mit Verantwortung in der Welt und für die Welt verbindet" (Nielen, 37). Dabei sind Frömmigkeit und Gottesglaube (natürlich benützt Böll die Begriffe nicht klar und unterschieden) nicht einfach nur Engagement und Handeln, die Gottesfrage beantwortet Böll mit dem Hinweis auf die Mystik. Der Mensch hat Gott in sich. Die Göttlichkeit des Menschen in Jesus und in jedem Menschen zeigen auf, welch großen Wert der Mensch hat und wie es den Vertretern der Kirche ansteht, sich für die Würde und den Wert des einzelnen einzusetzen: „Mir scheint die Trennung des Jesus vom Christus wie ein unerlaubter Trick, mit dem man dem Menschgewordenen seine Göttlichkeit nimmt und damit auch allen Menschen, die

kann ein fast vollkommen sinnlicher Akt sein: Papier, Federhalter und die Hände, diese Instrumente subtiler und weniger subtiler Zärtlichkeit. Ich lernte manche Dirnen verachten, nicht ihres Berufes wegen, sondern so wie ich Priester verachte, die sich über die Inbrunst der Gläubigen lustig machen. Wenn es wahr ist, was manche Theologen sagen, daß im Wein des Sakraments Bacchus und Dionys miterlöst worden sind, so müßte man daraus schließen, daß im Sakrament der Ehe Venus und Aphrodite erlöst werden müssen; dies aber würde eine weniger grobe, weniger verächtliche Behandlung der sogenannten körperlichen Liebe erfordern.

Böll, 1986, 24f.

noch auf ihre Menschwerdung warten" (Böll, in: Nielen, 26). Daraus resultieren für Böll eine unbedingte Ehrfurcht vor jedem Menschen, und darin erweist sich dann gerade die Ehrfurcht gegenüber Gott. Besonders in dem Verhältnis gegenüber den Leidenden und Ausgegrenzten, denen ihre Würde abgesprochen wird, erweist sich die Ehrfurcht vor der Menschwerdung Gottes.

Innerhalb seiner Werke lassen sich in den 60er und 70er Jahre Brüche feststellen, vor allem hinsichtlich der Frömmigkeit. Er benutzt den Begriff seltener, das Leben erscheint als Bewährungsprobe für den Glauben, ohne daß er es eigens thematisiert. Frömmigkeit ist oftmals nur noch Anachronismus. Ihm kommt es ab den 70er Jahren darauf an, die Situation der BRD darzulegen, und darin haben Kirche sowie Glaube nunmehr marginale Kraft, anders als in den Frühwerken Bölls, wo er das aufstrebende Land erfahren hat, inmitten einer Trümmerkirche lebte, die sich mehr und mehr der Gesellschaft anpaßte. Kirchenräume sind für ihn nicht mehr als Ausdrucksmittel, der Ort persönlicher Echtheit und der Frömmigkeit ist das Leben, der Alltag und die Wahrhaftigkeit in den Handlungen.

Der Alltag und die Sakramente

Im Mittelpunkt einer Spiritualität und eines gelebten Glaubens im Alltag stehen für Heinrich Böll die Sakramente. Sie sind Knotenpunkte des christlichen Lebens. Böll legt in seinen Werken großen Wert auf die Sakramente, wenn es um den Glauben geht, dabei jedoch sieht er eine große Diskrepanz zwischen den gelebten Sakramenten und der Kirche. Letztere ist für ihn mehr und vor allem auch anderes als das, was sich in Form der institutionalisierten Kirche im Westen zeigt. Kirche hat nichts mit Anpassung, nichts mit Verwaltung und Bürokratie zu tun. Kirche ist für ihn Gemeinschaft, Lebensgemeinschaft. „Ich brauche die Sakramente, ich brauche die Liturgie, aber ich brauche den Klerus nicht – grob gesagt – als Institution" (Böll, in: Nielen, 62). Sakramente sind für ihn also nicht die Riten, vermittelt zu Hochzeiten des Lebens oder in Krisensituationen oder am Sonntag, sie sind für ihn die Zeichen des Göttlichen, die im Alltag Menschen miteinander verbinden. Eine Umschreibung für die Sakramente, dessen Neudefinition er fordert, ist die durch Menschen vermittelte erfahrbare Gnade Gottes. Damit ist ein Auftrag verbunden, eine ethische Implikation, nämlich das Erfahrene weiterzutragen und alles für die Menschwerdung Gottes und der einzelnen zu tun, letztlich den ganzen Alltag von dieser Haltung des Lebens in Fülle durchdringen zu lassen. Vermittelt und erfahrbar werden die Sakramente durch Sinnlichkeit, durch Erfahrung der Sinne, die in den Riten der Institution Kirche für Böll völlig verkümmert sind.

Unbewußt habe ich als junger Mensch wahrscheinlich diesen Zwiespalt empfunden, vor allen Dingen die niederschmetternde Erkenntnis, wie wenig die Sakramente bei den Menschen als Masse bewirken. Wenn Sie sich vorstellen, daß Millionen Menschen morgens zur heiligen Kommunion gehen, daß sie beichten gehen am Freitag oder Samstag und daß im Laufe der Geschichte das milliardenfach passiert ist, und es ändert eigentlich die Menschen gar

Die konkreten Ereignisse von Brot und Wein, von Liebe und Brüderlichkeit sind es, die die Gnade Gottes vermitteln. Gemeinschaft hat für ihn mit Institution nichts zu tun. Die Bindung an die Kirche ist eine mystische, ebenso an die Sakramente, die Bindung an die Institution Kirche ist eine verrechtlichte, die Leben eigentlich nicht will. Durch die Verrechtlichung und Verwaltung sind die Sakramente nicht mehr sinnlich, weder in ihrer Ausprägung noch in ihrer Erfahrbarkeit. Eucharistiefeier und Ehe als die für Böll herausragenden Sakramente können für ihn nicht bestimmt und initiiert sein durch einen Ritus, sondern nur durch das lebendige Miteinander, so daß er in einem seiner frühesten Romane *Und der Engel schlief* einer Beziehung

nicht. Es wird zu einer fast automatischen Abfertigung, zu einem Abladeplatz, nicht zu einer Befreiung und Veränderung. Und auch das Sakrament der Ehe hat ja die Schmerzlichkeiten der Sexualität gar nicht gelöst, geschichtlich, menschheitsgeschichtlich gesehen. Und möglicherweise sind in vielen meiner Bücher und Erzählungen bewußt und unbewußt Versuche, nicht nur die Brüchigkeit des Rechtlichen innerhalb der Religion zu zeigen, sondern auch das, was man früher Sakramente genannt hat, neu zu definieren durch Beispiele, durch Versinnlichung, wie man es heute nennt. ... Ich glaube nicht, daß man durch automatisches Absolvieren von Sakramenten wirklich Heilung erfährt. Immer nur im Zusammenhang mit konkreten, ich möchte sagen, sinnlichen Erlebnissen von Brot und Wein und Liebe und Brüderlichkeit.

Böll, 1991, 62f.

Seine Vorstellung von der Funktion des Schriftstellers und der Literatur ist ja nicht zu trennen von seiner Vorstellung, wie die Menschen essen, trinken und lieben sollen.

Demetz, 22.

zwischen der weiblichen und männlichen Hauptperson erst dadurch sakramentale Kraft zuspricht, daß sie Leben miteinander teilen und sich lieben, nicht durch den kirchlichen Vollzug, geschweige denn durch den Ritus. In diesem frühen, jedoch erst posthum veröffentlichten Roman lebt der Kriegsheimkehrer Hans mit seiner Freundin Regina zusammen, die er in seiner zerbombten Heimatstadt kennengelernt hat. Eines Tages geht Hans zu dem Kaplan seiner Heimatkirche. Er möchte beichten und den Kaplan bitten, daß er sie traut. Da Hans aber nur gefälschte Papiere hat, können beide nicht zuvor amtlich heiraten. Hans bittet den Kaplan, es dennoch zu tun, nachdem dieser zu ihm über das Gebet gesprochen hat: „Beten Sie, wenn Ihnen langweilig wird, und wenn es Ihnen zunächst noch langweiliger erscheint, beten Sie, beten Sie. Hören Sie? Einmal schlägt es durch. Immer weiter beten – und lassen Sie sich trauen" (Böll, 1992, 172). Der Kaplan setzt sich über Vorschriften hinweg und tut es – das Gebet der Tat, nicht nur fromme Worte.

Leben miteinander teilen und Liebe bedeuten elementar auch Erotik und Körperlichkeit als Ausdruck von Liebe und Zuneigung. Liebe ist eine sakramentale Form, die nicht zu verrechtlichen ist. Wichtig ist Böll nicht die Form der Sakramente, sondern wie der einzelne sie in seinem Alltag lebt und verwirklicht. So weicht Böll in der konkreten Ausgestaltung und der literarischen Ausformung erheblich von der Gestaltung der Sakramente in den Kirchen ab. Provozierend formuliert hat die Menschheit in gelebter Geschwisterlichkeit sakramentale Form und Funktion. Auf diesem Hintergrund kann man die Literatur von Heinrich Böll als ein einziges Hohelied der Liebe bezeichnen, eine Literatur voller Liebe und Zärtlichkeit, voller Traurigkeit ob der Lieblosigkeit der Welt, voller Hoffnung und Detailfreudigkeit, in der sich eine Liebe zum Kleinen und zum Leben ausdrückt. So beschreibt kaum ein Schriftsteller (mit Ausnahme vielleicht von Peter Handke) Dinge und Eindrücke des Alltags derart detailliert wie Heinrich Böll es tut. Seine Literatur ist eine Poetik der Alltäglichkeit und darin eine Hommage an das Kleine und Unscheinbare. Konsequenterweise beschreibt er vielfach auch die Gefühlslage der kleinen Leute. Es ist der Augenblick, der wichtig ist und gelebt werden muß, wie es der Protagonist Hans Schnier in *Ansichten eines Clowns* ausdrückt: „Ich bin ein Clown und sammle Augenblicke" (Böll, 1973, 382). – Augenblicke als Kristallisationspunkte von Leben und Liebe.

Ein Beispiel sei dafür im folgenden mit der Eucharistie dargestellt.

„Im Grunde genommen hat die Sonntagsmesse viel mehr Familie zerstört als aufgebaut. Das ist meine Ansicht und meine Erfahrung, weil eine gemeinsame Mahlzeit die Familie endlich einmal versammelt. Sagen wir mal, sie hätte da beim Frühstück gesessen, der Vater hätte erzählt, die Mutter und die Kinder hätten geplaudert, man hätte Zeit gehabt an diesem einzigen arbeitsfreien Tag der Menschheit, mal wirklich sakramental zu sein, mit Brot und Kaffee, Milch und Wein vielleicht, in diesem Augenblick der Schreckensschrei: wir müssen in die Messe" (Böll, 1991, 63). Provozierende Worte, die den gläubigen Menschen fragen lassen, was für ihn die Eucharistie bedeutet und ob es eucharistisches Verhalten und Verhältnis nicht auch im Alltag und im Leben außerhalb der Kirche gibt. Für Heinrich Böll ist dies der Zusammenhang von Glaube und Gemeinschaft, von sakramentaler Gemeinschaft, die sich im Erzählen, in der gemeinsamen Mahlzeit und im gemeinsamen Tun ereignet, eben eine Frömmigkeit, die den Sonntag durchbricht. Die gemeinsame Mahlzeit ist Ausdruck dessen, was für Böll

Glaube bedeutet. So sagt ein Mann auf die Frage seiner Frau, warum er sie geheiratet habe, in seiner eindrucksvollen Erzählung *Und sagte kein einziges Wort*: „Wegen des Frühstücks. ... Ich war auf der Suche nach jemand, mit dem ich mein Leben lang frühstücken konnte, da fiel meine Wahl – so nennt man es doch – auf dich. Du bist immer eine großartige Frühstückspartnerin gewesen" (Böll, 1987, 99). Es mag lächerlich klingen, doch macht es deutlich, wie sehr der Mensch aus gemeinsamen Mahlzeiten, in denen sich viel ereignet, lebt und zehrt. Nicht umsonst hat auch Jesus immer wieder das Mahl mit den Sündern und Ausgestoßenen gesucht. Sich gemeinsam an einen Tisch setzen und speisen bedeutet den anderen ernst zu nehmen. Was gibt es Schlimmeres als sich Tag für Tag bei den gemeinsamen Mahlzeiten anzuschweigen? Und wie sieht es mit dem gemeinsamen Mahl, der Eucharistie, und der Kommunikationsfähigkeit, -bereitschaft und -ermöglichung in unseren Gottesdiensten aus?

Heinrich Böll beschreibt einen Glauben, der Konsequenzen zeitigen soll, der außerhalb der Kirchenmauern in einer Spiritualität des Alltags gelebt werden will. Darin mag er – in aller theologischen Fragwürdigkeit – Stein des Anstoßes und der Provokation für eine gelebte Spiritualität auf dem Wege sein.

„Literatur will den verborgenen Text sprechbar machen, der unser Leben beherrscht und von dem wir fürchten und hoffen, daß die anderen ihn verstehen" (Wellershoff, 36). Der verborgene Text unseres Lebens und unseres Weges – Literatur kann ihn artikulieren, aber auch die Musik oder die darstellende Kunst, wie im folgenden zu sehen sein wird.

3.2. Spiritualität und Musik: Olivier Messiaen

Olivier Messiaen ist am 10.12.1908 in Avignon in der Provence geboren und am 28.4.1992 in Paris gestorben. Dazwischen liegt ein Leben voller Aktivitäten und musikalischer Meisterwerke, die zum Teil auch musikalisch harte Kost sind, da Messiaen eine eigene Tontheorie entwickelt hat und seine Musik für unsere Ohren heute nicht gerade eingängig klingt. Doch macht seine Musik deutlich, wie sehr Musik geistliche Erfahrung herausfordern und fördern kann, wie sehr Musik auf dem Wege der Spiritualität ihren einmaligen und unverwechselbaren Platz hat. Bereits mit elf Jahren ist Messiaen Schüler des Pariser Conservatoire. 1931 ist er mit 23 Jahren Organist an der großen Orgel der Ste. Trinité in Paris, für die er, angefangen mit *La Nativité du Seigneur* (1935), alle seine großen Orgelwerke schrieb. Gleichzeitig nimmt er eine Lehrtätigkeit wahr. Die Kriegswirren gehen auch an ihm nicht spurlos vorüber. 1942 kehrt er aus deutscher Kriegsgefangenschaft zurück, und selbst in dieser komponiert er noch, so z.B. das *Quattuor pour la fin du temps* (1940). Im Laufe seines Lebens hat Messiaen, der ein großer Naturfreund war, Tausende von Vogelgesängen notiert. Aufmerksam auf die Stimmen der Natur und Schöpfung prägt die Beschäftigung mit Vogelstimmen fast sein ganzes Oeuvre. Manche Werke wie *Catalogue d'Oiseaux* bestehen nahezu völlig aus kunstvollen Adaptionen von Vogelgesängen. Ein großer Teil seines Werkes, das allerdings kaum Kirchenmusik enthält, kreist um christliche Glaubenswahrheiten – nicht nur seine Orgelmusik, sondern auch Werke wie *Vingt Regards sur l'Enfant Jésus* für Klavier oder *Trois Petites Litur-*

Sicherlich versteht derjenige, der Harmonielehre studiert hat, ein Konzert besser als einer, der sie nicht studiert hat. Derjenige, der Instrumentation studiert hat, hört die Klangfarben besser, der Rhythmus studiert hat, die Rhythmen besser als einer, der das nicht studiert hat. Ebenso versteht auch ein Glaubender die Wahrheit des Glaubens besser als ein Ungläubiger. Aber die Musik ist gewissermaßen eine Spezialität, eine Technik, während der Glaube, die Religiosität ein Bedürfnis ist, besonders übrigens auch für diejenigen, die nicht glauben. Sie beneiden sogar die, die glauben, weil sie letzten Endes unzufrieden darüber sind, daß sie nicht glauben. Eine Musik, die ihnen Musik und Glauben bringt, ist für sie letzten Endes ein Trost, vielleicht sogar noch mehr als für die Glaubenden.

Rößler, 99f.

gies de la Présence Divine für Frauenchor, Klavier, Ondes Martenot und Orchester (beide 1941). Bezeichnenderweise gibt es zwischen den geistlichen und den weltlichen Werken, wie der *Turangalîla-Symphonie* (1946-48), keine erkennbaren stilistischen Unterschiede, was uns noch einmal auf den Aspekt bringt, daß das ganze Leben geistlich ist und sich in den Erfahrungen im Alltag Erfahrungen von Geheimnis und Transzendenz ereignen können. Der Weg des Lebens ist der geistliche Weg, keine gesonderten Höhenerfahrungen (*peak-experience*) so wie es im Werk von Messiaen keine stilistischen Unterschiede zwischen weltlicher und geistlicher Musik gibt.

Im Laufe seines Schaffens beschäftigt sich Messiaen neben den Vogelstimmen intensiv mit dem Studium der Zahlenmystik, mit indischer und griechischer Rhythmik. Anregungen für seine Werke entnahm er u.a. aus den Werken Debussys, Stravinskijs, Musorgskijs und weiterer russ. Komponisten, A. Bergs, Jolivets und nicht zuletzt dem gregorianischen Choral. So kann sich sein Werk fürwahr einer breiten Aufnahme verschiedener Traditionen rühmen, gleichzeitig erleichtert dieses natürlich nicht gerade die Rezeption.

Messiaen war der Lehrer von so bedeutenden Musikern wie P. Boulez, K. Stockhausen und I. Xenakis. Verheiratet war er mit der Pianistin Yvonne Loriod.

Wahre Musik ist spirituelle Musik

Die intellektuellen Unsicherheiten oder gar existentiellen Ängste eines mit Luther fragenden Christen, wie denn wohl er einen ,gnädigen Gott' zum Richter erhalten könne, scheinen Olivier Messiaen kaum bedrängt zu haben: Sein Gottesbild ist nicht innerweltlich aus dem hoffenden Subjekt gewonnen, sondern diese unsere Wirklichkeit überschreitend auf die ,Offenbarung' gestützt, durchaus affirmativ gewiß und vielleicht kaum je kritisch. Es bestimmt sich weniger durch Kreuz und Leiden des offenbarenden Christus als durch die geoffenbarten ,Wahrheiten' vom ewig in seiner Größe existenten Vater-Gott.

Herbort.

Schon in seiner Schrift *Technik meiner musikalischen Sprache*, Paris 1944 fordert Messiaen „eine wahre, das heißt: eine spirituelle Musik – Musik als Glaubensakt; eine Musik, die alles berührt –, ohne dabei aufzuhören, Gott zu berühren" (zit. nach: Herbort). Er versteht sich bewußt als ein katholischer Musiker. Dabei scheint das Gottesbild von Messiaen nicht innerweltlich aus dem hoffenden Subjekt gewonnen, als vielmehr auf die Offenbarung hin orientiert zu sein. Insofern interessieren ihn die großen Fragen der Menschheit kaum, Leid und Kreuz bestimmen sein Gottesbild weniger. Auch die große Frage nach dem Warum oder die Frage nach dem strengen Richtergott stellt sich ihm nicht.

Sein katholischer Glaube ist ihm die wichtigste Antriebskraft in seinem Schaffen sowie die inspirierende Erscheinungsvielfalt der Natur, so vor allem die Vogelgesänge, aber auch die Gestirne, Mineralien etc.. Besonders letzteres spiegelt sich in seiner Musik wieder, so daß sein Schüler Stockhausen davon spricht, daß Messiaen in seinen Werken tote Elemente lebendig machen könne. Überall nimmt Messiaen sein Notizbuch mit und macht sich von dem Gehörten Aufzeichnungen, die er in seiner Musik schließlich zu verarbeiten sucht. „Messiaen ist ein glühender Schmelztiegel. Er nimmt klingende Formen in sich auf und spiegelt sie in der Form seines musikalischen Verstandes" (Schweizer, 486). Dabei zeichnet sich seine Musik durch klare Strukturen aus, die wiederum ekstatisch aufgebrochen werden, so daß Herbort sagen kann, daß eine Mischung aus Askese und Ekstase zum Kriterium der Interpretation seiner Musik werden müsse. Seine Musik ist jedoch keine Idylle oder eine Mischung aus Romantik und Intellekt. Sie ist schwer, ist fragend und suchend in aller Gewißheit des Glaubens; sie läßt den Abgrund und auch das Scheitern gelten. Doch auch in aller Not und Brüchigkeit des Lebens gibt der Glaube Kraft und Mut, denn er ist die Wahrheit des Lebens, die er schon in frühesten Jahren erfahren hat. Dies ist neben den Dramen Shakespeares, die Welt seiner Mutter, einer Dichterin, die Wahrheit und die Welt, in der er aufwächst, die ihm Halt verleiht. Sein Glaube ist kein eigenes Konstrukt, keine Loslösung von Tradition oder kirchlichen Formen, es ist schlicht und ergreifend der Glaube an den dreifaltigen Gott. „Ich bin gebeten worden zu definieren, was ich glaube, liebe, hoffe. Das ist schnell gesagt: Ich glaube an Gott und damit notwendigerweise an die Dreieinigkeit und darum auch an den Heiligen Geist (dem ich meine ‚Pfingstmesse' gewidmet habe), darum auch an den Sohn, an das Fleisch gewordene Wort, an Jesus Christus (dem ich einen großen Teil meiner Werke gewidmet habe)." (Aus der Dankesrede bei der Verleihung des *Praemium Erasmianum*, Amsterdam 25.6.1971, zit. nach: Herbort.) Dieser ist für ihn nicht konfessionsgebunden, denn das Geheimnis der Inkarnation verbindet die christlichen Kirchen über alle Grenzen hinweg, das Geheimnis und die Erkenntnis, daß Gott gekommen ist und wiederkehren wird.

Ausdruck seines Glaubens und auch der Kraft, die dem Glauben zu eigen ist, ist seine Musik, von der er selbst sagt, sie sei so etwas wie eine geheime Schriftsprache, die er erfunden habe ähnlich den ersten Christen und die – egal wie man sie liest – stets ein Kreuz ergibt. Die Noten und die Musik geben seine Überzeugung wieder: ein tiefer Glaube, der umgesetzt und vor allem auch weitergegeben, verkündet sein will. Für Olivier Messiaen ist die Musik die Kunst, die dem Ausdruck des Glaubens am nächsten kommt. „Ihr nur gelingt es, Dinge zu erklären, wozu bislang Theologen nicht in der Lage waren" (zit. nach: Berger, 198).

Messiaen und Franziskus

Im folgenden sei eines aus seinen vielen Werken besonders betrachtet, das seine Glaubenshaltung und auch die Bedeutung der Musik für die Spiritualität sehr schön zum Ausdruck bringt. Es ist dies ein Werk, das leider aufgrund seiner hohen musikalischen Ansprüche vor allem an die Chöre nur selten aufgeführt wird: Saint François d'Assise. „Ich habe ihn [Franziskus] gewählt, weil unter allen Heiligen er es ist, der Christus am meisten ähnelt, geistig – durch seine Armut, seine Keuschheit, seine Demut – und körperlich – durch seine Wundmale, die er an Füßen, Händen und der Seite erhalten hatte" (Entretien avec Olivier Messiaen, 15).

Saint François d'Assise kann gut als die Summe und Synthese des reichen schöpferischen Lebens Messiaens angesehen werden, bringt es doch sowohl seine Musiktheorie als auch seinen Glauben und die Haltung, daß Musik mehr als Theologie Verkündigung lebendig zu gestalten und Dinge zu erklären vermag, wozu Theologen so bislang nicht in der Lage waren, zum Ausdruck. „Messiaen hat sein Leben in die Partitur eingegossen" (Hagmann, 32). Für diese Partitur wählt er nicht den Begriff „Oper" oder „Oratorium", sondern ganz bewußt den Begriff „franziskanische Szenen". Erst im Untertitel kommt der Begriff der Oper vor. Es ist ein Werk, in welchem wichtige Szenen des Lebens des heiligen Franziskus dargelegt und musikalisch umgesetzt werden. Messiaen wollte mit diesem Stück die verschiedenen Betrachtungsweisen der göttlichen Gnade in der Seele des hl. Franziskus darstellen. Schaut man genau hin, wird deutlich, daß die Titelfigur Franziskus sogar autobiographische Züge von Messiaen trägt, so daß es allen Ernstes

Zuweilen aber machte er es also: Wenn der Geist in seinem Innern in süßer Melodie aufwallte, gab er ihr in einem französischen Lied Ausdruck, und der Hauch des göttlichen Flüsterns, den sein Ohr heimlich aufgefangen hatte, brach in einen französischen Jubelgesang aus. Manchmal hob er auch, wie ich mit eigenen Augen gesehen habe, ein Holz vom Boden auf und legte es über seinen linken Arm, nahm dann einen kleinen, mit Faden bespannten Bogen in seine Rechte und führte ihn über das Holz wie über eine Geige. Dazu führte er entsprechende Bewegungen aus und sang in französischer Sprache vom Herrn. Diese ganzen Freudenszenen endeten häufig in Tränen, und der Jubelgesang löste sich in Mitleiden mit dem Leiden Christi. Dann seufzte der Heilige beständig, und sein Stöhnen nahm immer mehr zu, bis er schließlich die niedrigen Dinge vergaß, die er in Händen hielt, und zum Himmel entrückt wurde.

Celano, 356f.

Aus dem 5. Bild (Deutsche Übersetzung von Thomas Daniel Schlee):
Der Engel: Gott blendet uns durch die Überfülle an Wahrheit. Die Musik trägt uns zu Gott durch den Mangel an Wahrheit. Du sprichst durch die Musik zu Gott: Er wird dir durch die Musik antworten. Kenne die Freude der Seligen durch die Zartheit an Farbe und Melodie. Und mögen sich dir die Geheimnisse, die Geheimnisse der Herrlichkeit eröffnen! Höre diese Musik, die das Leben auf die Himmelsleitern erhebt, höre die Musik des Unsichtbaren ...

Aus dem 8. Bild (Deutsche Übersetzung von Thomas Daniel Schlee):
Der Engel: Franziskus! Franziskus! Erinnere dich ... Franziskus! Franziskus! Der Gesang von jenseits des Fensters ... Denn Gott, denn Gott, denn Gott ist größer, ist größer als dein Herz. Er weiß alles.
Er ist es! Es ist der Aussätzige, den du geküßt hast. Er ist als Heiliger gestorben und kehrt mit mir zurück, um dir beizustehen. Wir beide werden an deiner Seite sein, wenn du in das Paradies eingehst, in das Licht, in das Licht der Herrlichkeit! Heut, bald schon, wirst du die Musik des Unsichtbaren hören ... du wirst die Musik des Unsichtbaren hören ... und du wirst sie in alle Ewigkeit hören. ...

als Kompendium seiner musik- und auch existenzphilosophischen Anschauungen zu lesen und zu hören ist. Mit den franziskanischen Szenen widmet sich Messiaen erstmalig auch dem Gebiet der Oper bzw. des Oratoriums; erst auf Anfrage des Direktors der Pariser Staatsoper im Jahre 1975 wagt Messiaen diesen Schritt, und er tut es mit Ausschnitten aus der Vita des hl. Franziskus, da Jugenderlebnisse mit verschiedenen Werken der Musikliteratur, die sich franziskanischen Themen widmeten, ihn stark beeinflußten. Es ist ein Stationenweg mit acht Szenen in drei Akten. Koch nennt dieses gewaltige Werk eine im mehrfachen Sinne ‚katholische Oper‘, an der Messiaen acht Jahre gearbeitet hat (1975-1983). Die Premiere fand am 28. November 1983 in Paris statt und wurde recht unterschiedlich vom Publikum aufgenommen. Vor allem über den für viele sehr süßlich anmutenden Schlußchor im letzten Akt wurde heftigst diskutiert, doch schaut man auf das gesamte Werk und auf die Biographie sowie Glaubenshaltung Messiaens, dann wollte er sicherlich nicht ein ‚himmlisches Disneyland‘ darstellen, so wie es ihm manche Kritiker vorwarfen.

Einige Bilder seien kurz beleuchtet. Sie machen deutlich, daß in der Musik von Messiaen eine Verbindung von Gebet, Natur und von einem Ineinander von Mystik und Askese vorhanden ist, die diese Musik als eine zutiefst spirituelle erweist und eine Quelle für die persönliche Spiritualität darstellen kann.

Im fünften Bild (der musizierende Engel) befindet sich Franziskus in tiefer Meditation. Er betet eine Strophe aus dem Sonnengesang und bittet Gott um einen Vorgeschmack der himmlischen Glückseligkeit. Der Schrei eines Turmfalken mitten in der Nacht bereitet Franziskus auf das Kommende vor: Der Engel erscheint und verkündigt Franziskus, Gott werde ihm durch Musik die Geheimnisse der Herrlichkeit zeigen. Der Engel spielt auf seiner Viola und Franziskus hört die Musik des Unsichtbaren. Als die Brüder Leo, Masseo und Bernhard ihn finden, hat er das Bewußtsein verloren. Die liebevolle Sorge der Brüder bringt ihn wieder zu sich und Franziskus erzählt, was ihm geschehen ist. Die Wegerfahrungen, so diese Szene, wollen geteilt und erzählt werden. Geistliches Leben ereignet sich in den unterschiedlichsten Bereichen des Lebens, eben auch in der Musik sowie in der Weitergabe durch Wort und Musik.

Im achten Bild (der Tod und das neue Leben) nimmt Franziskus Abschied von allem, was er geliebt hat, dem Berg, dem Wald, dem Fels, von den Vögeln, von der Stadt Assisi und der kleinen Kirche Portiuncula, er sagt den Brüder Adieu und segnet sie. Franziskus singt die letzte Strophe seines Sonnengesangs, von unserem Bruder, dem leiblichen Tod. Die Brüder rezitieren den 141. Psalm. Der Engel erscheint mit dem Aussätzigen, um den Sterbenden über die Schwelle zu begleiten. Franziskus spricht sein letztes Gebet: „Herr! Musik und Poesie haben mich in Deine Nähe geführt: Durch Abbild, Symbol und den Mangel an Wahrheit. Herr, erleuchte mich durch deine Anwesenheit! Erlöse mich, mache mich trunken, blende mich für immer durch die Überfülle an Wahrheit.“
Franziskus nimmt Abschied von der Welt, von dem Bereich, wo ihm Gott begegnet ist: die Natur, die Stadt und die Kirche – Gottes Spuren lassen sich im Leben und im Alltag finden. Dabei erscheint ihm der Engel mit dem Aussätzigen, mit der Figur seines Lebens, die ihn die radikalste Wende in seinem Leben hat einläuten lassen; der Aussätzige

hat Franziskus umgeformt und ihn Formen geistlichen Lebens finden lassen, die bis heute viele Nachfolger auf dem Weg der franziskanischen Alternative gefunden hat.

Nachdem dieser einzigen Oper von Messiaen prophezeit wurde, daß sie nicht lange leben würde, gilt sie mittlerweile – trotz des Schwierigkeitsgrades – als ein Meilenstein in der Geschichte des modernen Musiktheaters. Ihr ungemein langsamer Ablauf im Geschehen, der weitgehende Verzicht auf eine äußere Handlung und auf zwischenmenschliche Konflikte sind einzigartig und wegweisend. Messiaen klammert bewußt alle äußerlich dramatischen Ereignisse der Legende aus (wie etwa den Konflikt mit dem Vater), so daß es wirklich szenische Darstellungen sind, die den Hörer und Betrachter auf sich selbst und die Auseinandersetzung mit dem Leben des Franziskus verweisen. Es ist ein kontemplatives Werk, das den Weg der Protagonisten zu Gott darstellt – einen langsamen Weg, den man geschehen lassen muß. So kreisen die drei Akte jeweils um eine von Franziskus erbetene Prüfung oder Auszeichnung, die ihn näher zu Gott bringt: die Heilung eines Aussätzigen, die Begegnung mit dem musizierenden Engel und den Empfang der Stigmata.

Messiaens Musik zielt immer auf die Aufhebung des chronometrischen Zeitgefühls des Hörers. Dies gilt auch für *Saint François d'Assise*, das mit vier Stunden längste Werk des Komponisten – eine Musik von schillernder Vielfalt, die den Hörer einfangen will, die ihn herausfordert und seine Stellungnahme erwartet.

Ebenso braucht die Kirche Musiker. Wie viele Kirchenkompositionen sind im Laufe der Jahrhunderte von Menschen geschaffen worden, die zutiefst vom Sinn des Geheimnisses erfüllt waren! Unzählige Gläubige haben ihren Glauben von Melodien genährt, die im Herzen anderer Glaubender entstanden und Teil der Liturgie oder zumindest eine äußerst wirksame Hilfe für ihre würdevolle Gestaltung geworden sind. Im Gesang erfährt sich der Glaube als überschwengliche Freude, Liebe und zuversichtliche Erwartung des rettenden Eingreifens Gottes.
Brief von Papst
Johannes Paul II., 36.

Die Bedeutung der Musik für die Spiritualität kann sich – so läßt es sich an der kurzen Auseinandersetzung mit Olivier Messiaen zeigen – auf dreierlei Weise ereignen: zum einen für den Autor, der in und mit seiner Musik versucht, seinem Glauben, seiner Überzeugung und seiner Grundinspiration Ausdruck zu verleihen, so wie es Messiaen formuliert hat. Zum zweiten kann Musik in der Form der Darstellung in Kombination mit dem Inhalt eine Quelle oder ein Anstoßpunkt für die Spiritualität sein. Messiaen hat in und mit seiner Darstellung der Szenenbilder franziskanischer Lebensweise ein Werk geschaffen, das z.B. für jeden, der in der Nachfolge Christi auf dem Weg der franziskanischen Spiritualität geht, eine gute Auseinandersetzung mit der eigenen gelebten Spiritualität bedeuten kann. Zum dritten vermag Musik eine Kraftquelle und/oder Provokation für die Spiritualität der Hörer zu sein. Musik rührt Tiefenschichten im Hörer an, die so manches Wort nicht erreichen kann. Sie rührt den Menschen an, berührt den Menschen, so wie es Franziskus im achten Bild bei Messiaen ausdrückt: neben der Poesie ist es die Musik, die ihn in die Nähe Gottes geführt hat. Musik bewegt den Menschen und ist Ausdruck und Bild von Bewegung, der Grundkomponente geistlichen Lebens.

3.3. Spiritualität und darstellende Kunst: Joseph Beuys

Kaum ein moderner Künstler hat ähnlich viel Aufsehen erregt wie Joseph Beuys sowohl zu seinen Lebzeiten als auch heute in der Rezeption seiner Werke. An ihm schieden und scheiden sich die Geister der Zeitgenossen. Wenn schon nicht Ablehnung, dann ist zumindest

Die Kirche braucht im besonderen Leute, die all das auf literarischer und bildnerischer Ebene dadurch zu verwirklichen vermögen, daß sie mit den unendlichen Möglichkeiten der Bilder und ihrer symbolischen Bedeutungen arbeitet. Christus selbst hat der Entscheidung entsprechend, in der Menschwerdung selbst zur Ikone des unsichtbaren Gottes zu werden, in seiner Verkündigung umfassend von Bildern Gebrauch gemacht.

Brief von Papst Johannes Paul II., 36.

Fett, Fettecken, Filz – und in Verbindung damit auch Kupferelemente – tauchen in Beuys' Werk immer wieder auf. ‚Diese Materialien werden so lange nicht verstanden, wie man sie als Farbe-und-Form anschaut und die materiale Qualität ungefragt bleibt.' Oman, 74.

Mystik und Politik, Intuition und Ratio, verweilendes inneres Schauen und tatkräftiges Handeln hatte Ignatius in das ‚Militante' seiner Exerzitien und seines Ordens überführt. Beuys sah hier ein Handlungsmodell – einen *modus procedendi*, wie Ignatius sagen würde – entwickelt, den es zu generalisieren galt. In diesem Disziplinmodell liege etwas, das weiterführe. Aber: ‚Das ganze Militante muß auf den Menschen selbst hin sich vollziehen. Es muß ein ‚Innenkrieg' werden, ... es muß ein Streiten für die Erringung dieses Bewußtseins sein. Und das läßt sich nicht erreichen ohne diese Disziplin und ohne diese Militanz.' In diesen Sätzen formuliert sich Faszination wie Distanz. ‚Im Bemühen um neue Ressourcen der Erkenntnis und Spiritualität wie Inspiration, Intuition und Gefühl', resümiert Johannes Röhrig seinen ersten Überblick über die

Ratlosigkeit angesagt. Seine Kunst wird als Provokation erlebt, eine Provokation oftmals aber, die nicht in die Herzen der Betrachter zu gehen vermag. In der Tat will Beuys, der am 12. Mai 1921 in Kleve geboren wurde und am 23. Januar 1986 in Düsseldorf starb, mit seinen Werken provozieren, jedoch nicht aus Protest oder aus einer aggressiven Haltung heraus, vielmehr ist es ihm Zeit seines Lebens in Form seiner Kunst ein Anliegen, den Menschen dahin zu provozieren, daß dieser sich seiner eigenen Quellen und seiner eigenen Kreativität bewußt wird, um so spirituell zu leben. Auch in der Wahl seiner Arbeitsmaterialien, wie Fett und Filz, kommt es ihm nicht auf die Provokation als solche an, vielmehr auf den Symbolgehalt. Die Dinge, die er verwendet, gehen weit über den einfachen oberflächlichen Sinn hinaus. „Es sind die Dinge, die sein Werk bereithält, wiederkehrende Elemente, die auf Konstanten seines Denkens weisen: Fett, Filz, Wachs, Talg, Kupfer, Aggregate und Batterien, Honig, Taschenlampe, Schlitten, Feuerstätte und Erdtelefon. Es sind Elemente, die immer wieder auf Schutz, auf Wärme, auf Kontakte, auf Kommunikation, auf Vereinigung, auf Bewegung und Leben verweisen. Sie bewahren und vermitteln Energie. Kupfer leitet, Fett speichert, Filz wärmt, Honig nährt, der Hut schützt, die Batterie lädt auf – der symbolische Gehalt all der Beuysschen Elemente liegt auf der Hand, ihr geistiger Kontext ist ohne weiteres einzusehen. Ihre Simplizität verblüfft. Was uns oft Schwierigkeiten bereitet ist das, was als Beispiel oder Gleichnis als Sinnbild gemeint ist, zu übersetzen in den Zusammenhang eigenen Erlebens, oder – anders gesagt – für die Elemente der Beuysschen Weltkonzeption Entsprechungen in der eigenen Existenz zu finden, unser eigenes Dasein anschaulich zu buchstabieren" (Schmied, 128). Wärme und Schutz, Vernetzung (Tierhaare, die verfilzen) und ein soziales Ganzes – das sind Themen seiner Kunst, die sich in den elementaren Dingen und Substanzen, die er verwendet, zum Ausdruck bringen lassen.

Beuys und der christliche Glaube

Das zentrale Thema von Beuys liegt, sicherlich zum Erstaunen vieler Zeitgenossen, in der imitatio Christi. Immer wieder hat Beuys mit und in einzelnen Aktionen bestimmte symbolische Handlungen Christi wiederholt. Für Beuys gibt es nichts, was keinen Christusbezug aufweist. Das Einzelteil verweist aufs Ganze.

Joseph Beuys sieht sich auf seinem künstlerischen Weg zunächst der Tradition sehr verbunden, vor allem auch der christlichen Tradition. Zu Beginn seines Schaffens bewegt er sich denn auch konsequent in dem künstlerisch vorgegebenen Raum: Er schafft verschiedene Christusfiguren, beschäftigt sich intensiv mit dem Kreuz und setzt sich mit dem Bild der Pieta und der Madonna auseinander. Im Traditionellen sucht er seinen Weg, dem Ausdruck zu geben, was in ihm lebt und was er fühlt. Doch schon schnell kehrt er der Tradition den Rücken. Vom traditionellen Motiv her gelingt es ihm immer weniger, der spirituellen Dimension seines Denkens und Schaffens Ausdruck zu verleihen. Die traditionellen Motive und Formen fassen nicht, was er erfahren hat und erlebt. Mehr und mehr bringt er in seiner nächsten Schaffensperiode das Christliche mit Naturkräften in Zusammenhang, dabei sind ihm die anthroposophischen Gedanken von Rudolf Steiner wegweisend. Es schließt sich eine Phase der Aktionen an, in welchen das Christliche ganz massiv und konzentriert auftaucht, so in seiner

,Berührungen' bei Beuys und Ignatius, ,muß er sich in Bewegung setzen'. Darin liegt letztlich die Übereinstimmung. Beuys schätzte Ignatius, er wollte aber auch dessen konkrete kirchlich-institutionelle Bindung überwinden und sein Denken auf den Menschen und seine Freisetzung in der Geschichte hin transformieren. Hier schieden sich, hier scheiden sich die Geister.

Mennekes, 1992, 123.

berühmten Aktion *Manresa*, in welcher er am 15. Dezember 1965 in der Düsseldorfer Galerie Schmela demonstrativ die tiefe Krisensituation des Ignatius von Loyola in Manresa mit Fragen und Konzeptionen am Ende der Neuzeit verbindet. In Manresa hatte Ignatius seinen Bruch mit seinem bisherigen Leben als Edelmann vollzogen und den Aufbruch in die Neuzeit gewagt. Das moderne Subjekt hat sich gegen und über den überkommenen Ordo-Gedanken des Mittelalters gestellt. Beuys bringt in dieser Aktion seine eigene Lebensgeschichte mit der von Ignatius in Verbindung: Krisensituationen, Fragen – auch für Joseph Beuys gab es in seinem Leben einen massiven Einschnitt, der sich prägend auf all sein weiteres Tun ausgewirkt hat: der Absturz mit seinem Flugzeug 1943 über der Halbinsel Krim und die Rettung durch umherziehende Tartaren, die ihn mit Fett einrieben, mit Filz umwickelten und in eine Jurte legten, ihn so wärmten und zu überleben halfen. Filz und Fett werden in der Folgezeit die Gestaltungselemente für Beuys schlechthin: Fett als Wärme und Filz als Isolationselemente. An der Aktion *Manresa* werden die wesentlichen Einflüsse auf das Schaffen von Joseph Beuys deutlich: Wesentlich geprägt ist die Kunst Beuys durch seine Lebenserfahrungen, aus der heraus auch seine Plastische Theorie oder auch die These, daß ein jeder Mensch ein Künstler ist, resultiert; daneben ist es die christliche Tradition und der christliche Hintergrund, schließlich die anthroposophische Lehre Rudolf Steiners, vor allem seine Vorträge *Über die Bienen* in ihrer beispielhaften Bedeutung für das menschliche Gesamt und das soziale Gefüge.

Als Beuys aus dem Krieg zurückkommt, besinnt er sich auf die Sinn-Relikte der Gesellschaft und der Kultur. Dazu gehört auch das Christentum in der niederrheinisch-katholischen Variante, in dem er schon in früher Distanz aufgewachsen ist. Dabei wird Christus zum Inbegriff, Symbol des spirituellen Ganzen, zu dem er sein Leben lang unterwegs ist. Er versucht es darstellerisch mit dem *Ecce homo*, dem Gekreuzigten, mit der Pietà, mit dem Auferstandenen. Er versucht sich also an den überkommenen, traditionellen ikonografischen Formen, und er sieht doch zugleich, daß so für ihn nichts mehr geht. Er hat auf der Basis des Alten nichts Neues mehr hinzuzufügen. Am Ende von einigen Sondierungen steht ein Bild: eine Art von Vortragekreuz auf einer Gipsplatte; die hatte er zerbrochen. Damit war diese erste Phase abgeschlossen.

Mennekes, 1989, 121.

Immer wieder spielen Christentum und Spiritualität im Werk von Joseph Beuys eine Rolle. Dabei geht Beuys eine Entwicklung vom Konkreten und christlich Eindeutigen hin zum Allgemeinen und Grundsätzlichen. Beuys wehrt sich dagegen, daß Christus lediglich eine historische Gestalt von großer Bedeutung gewesen ist. Ihm geht es darum, aufzuzeigen, daß von Christus eine Kraft ausging und noch ausgeht, die in die Gegenwart hineinwirkt und die real präsent ist. Im christlichen Leben gilt es die Tiefen des Glaubens wahr- und ernst zu nehmen. „Das heißt, der Mensch muß diesen Vorgang der Kreuzigung, der vollen Inkarnation in die Stoffeswelt durch den Materialismus selbst hindurch auch erleiden. Er muß selbst sterben, er muß völlig verlassen sein von Gott, wie Christus damals vom Vater in diesem Mysterium verlassen war. Erst wenn nichts mehr ist, entdeckt der Mensch in der Ich-Erkenntnis die christliche Substanz und nimmt sie ganz real wahr. Das ist eine Erkenntnis. Die ist so exakt und sie muß sich so exakt vollziehen wie ein Experiment im Labor" (Mennekes, 1994, 22). Leiden bedeutet für Beuys, keine Möglichkeiten mehr zu haben, ausgeliefert sein an die Passivität. Jesus zeigt auf, daß gerade das Leiden dem Menschen helfen kann; der Leidende bereichert die Welt, er führt sie weiter, er trägt und erträgt sie. Durch das Leiden, so Beuys, wird die Welt real mit christlicher Substanz erfüllt. „Übrig bleibt, wenn man das in eine Formel bringt, daß dem Menschen nur zwei Weisen seines schöpferischen Verhaltens gegeben sind, und das natürlich in allen Abschattierungen, in jeder Biografie in einer anderen Mischung: das eine ist das Tun, das andere ist das Erleiden. Beide Schicksale führen die Bereicherung der Welt hinauf, und beide Funktionen garantieren die menschliche Zukunft" (Mennekes, 1994, 44). Die Passion nimmt in seinem Werk eine zentrale Stellung ein, sicherlich auch auf seinem biographischen Hintergrund.

Die Erinnerung der Christuserfahrungen, die der Betrachter angesichts des eigenen Sterbens hatte, versucht Joseph Beuys in dem für München angekauften Ambiente ‚Zeige deine Wunden‘, aufzuzeigen. Christus ist für ihn allgegenwärtig, dabei immer in doppelter Weise: als Mensch und als göttliche Person, als Christus.

Beuys wollte in seiner Kunst das Konfessionelle überwinden und von den Grunddaten des menschlichen Lebens her seine Kunst mit der Natur, dem Universum und der Schöpfung verbinden.

Jeder Mensch ist ein Künstler

Für Beuys ist es von enormer Bedeutung, daß jeder Mensch ein Künstler ist, daß jeder in sich eine Kreativität hat, sich und der Welt und dem Wesentlichen zu begegnen. Diese führt ihn über Anstrengungen und Bewegungen zur Selbstbestimmung, zum Kontakt mit sich selbst. Dabei liegt die Kraft der Kreativität gerade auch darin, den Verweischarakter aller Dinge zu erkennen und sie in ihrem Symbolgehalt zu erfassen. Für Beuys sind Filz und Fett z.B. wesentlich symbolische Materialien, die auf mehr hinweisen als auf das bloße Medium.

Das Künstlersein des Menschen besteht nicht in der Kunstfertigkeit im Umgang mit den verschiedenen Materialien, um dann etwas künstlerisch Wertvolles zu schaffen. Mit seiner Aussage, daß jeder Mensch ein Künstler ist, gestaltet Beuys einen erweiterten Kunstbegriff. Er bezeichnet damit die Fähigkeiten und Qualitäten eines jeden Menschen, sein Leben zu gestalten, es in Angriff zu nehmen und den Weg des eigenen Lebens selbstbestimmt zu gehen. Dabei geht es um eine Kreativität, die für den einzelnen erlöserische Momente beinhaltet, Erlösung im Sinne von Befreiung. Es ist die Teilhabe an der Schöpfung und die Ebenbildlichkeit mit dem Schöpfer, die den Menschen dazu befähigt, die Welt schaffend zu verändern. Die Kreativität des Menschen muß diesen dazu drängen, im Schöpfungsprozeß und in der Schöpfung seine Fähigkeiten zum Wohle des Gesamten zu entfalten. Für Beuys sind es dann die Themen der klassischen Mystik, denen sich der Mensch zu stellen und die er zu gestalten hat: Geburt und Tod, Gemeinschaft und Einsamkeit, Erfüllung und Entfremdung, Glück und Gefährdung.

In Bewegung bleiben, sich in Bewegung bringen – immer wieder benutzt Beuys diese Ausdrücke, um seine Kunst, um Kunst generell und den Menschen in seiner kreativen Kunst zu beschreiben. Das Element der Bewegung ist dann auch das Hauptelement, um die Christusgestalt für unsere Zeit zu vermitteln: „Das Element der Bewegung zu vermitteln, ist die Hauptaufgabe. Denn in dem Augenblick, wo etwas in Bewegung gerät, kommt etwas in Fluß. Während in der Gegenwart der Mensch in seiner seelischen Konfiguration in einer tiefen Erstarrung liegt, liegen auch die Gesellschaftssysteme, Kommunismus und Kapitalismus, in einer Erstarrung. ... Die Bewegung kommt zustande durch eine Provokation. ... Es ist also das Auferstehungsprinzip, die alte Gestalt, die stirbt oder erstarrt ist, in eine lebendige, durchpulste, lebensfördernde, seelenfordernde, geistfördernde Gestalt umzugestalten. Das ist der erweiterte Kunstbegriff" (Mennekes, 1994, 58ff.). Das Auferstehungsprinzip sagt nichts anderes, als daß des Menschen Aufgabe darin besteht, ein neuer Mensch zu werden und damit zu Dingen fähig zu sein, die ihm bislang unmöglich zu sein schienen. Die Erweiterung des Kunstbegriffs liegt also in der Beziehung von Kunst auf den Menschen

---

Aber in der Bergpredigt ist für mich das Wichtigste, daß hier ein entscheidender Hinweis auf die Möglichkeit des Menschen gegeben wird. Auf die Möglichkeit des Menschen selbst. Hier wird ja nicht an irgendwelche Dogmen oder Glaubenssätze appelliert, sondern es sind eigentlich unendliche Möglichkeiten des Menschen auf seinem Gipfel. Deswegen ist es auch eine Bergpredigt. Da ist der Mensch auf der Höhe seines Bewußtseins. Also dieses Element des Gipfelgespräches ist mir wichtig. Der Gipfel ist immer das Höchste im Menschen, in seinem Innern, es ist die absolute Klippe, das Oben. Das ist das, was mich an der Bergpredigt am allermeisten interessiert: sich völlig ablösen aus der Tradition, die Eigenständigkeit des Menschen.
Beuys, in: Mennekes, 1994, 32.

Einerseits ist es unsinnig, zu sagen: ‚Alles ist Kunst‘, denn wenn alles Kunst ist, ist nichts Kunst, weil Kunst ununterscheidbar wird. Andererseits ist es eitel, Kunst definieren zu wollen, weil sie ein komplexes Phänomen darstellt.
Rombold, 243f.

Plastik ist heute ein Begriff, der nicht tief genug erfaßt wird. Viele Vorstellungen über Plastik sind doch noch sehr von der Wirkung nach außen her bestimmt. Das war nicht der Fall z.B. in älteren Epochen – nehmen wir Griechenland –, wo der ganze Mensch Ausdruck der Plastik selbst war, wo der Mensch anhand der Plastik nicht bloß Schmuckbedürfnis war, sondern Vorbild, Modell, Leitbild für das, was sich der Grieche vorstellte unter einer menschlichen Gestalt, unter der Bildung des Menschen, wie er sein könnte.
Beuys, in: Oman, 80.

und alle Vorgänge, die dieser veranlaßt und initiiert. Somit bezieht sich der Kunstbegriff von Beuys auf den menschlich-physiologischen Bereich, auf die seelisch-geistige Ebene, auf die Beziehungen der einzelnen zu den anderen sowie auf den außermenschlichen Bereich wie z.B. die Natur.

Auch den Begriff der Plastik erweitert Beuys ähnlich wie er es mit dem Begriff der Kunst wagt. Er nimmt ihn aus seinem Platz in der bildenden Kunst heraus und gibt ihm seinen ursprünglichen griechischen Sinn zurück: die Kunst des Gestaltens. Ungeformt – Bewegung – Geformt – sind für ihn die Prinzipien der plastischen Theorie, dieses transformiert er auf den Lebensvorgang im Menschen. Diese Prinzipien von Umformung und Bewegung liegen zutiefst auch unserer spirituellen Erfahrung zugrunde. Sein Begriff vom Kunstwerk als einer ‚sozialen Plastik‘ dient ihm dazu, auszudrücken, daß Kunst und Kunstwerke eine Gemeinschaft von Menschen zu stiften vermögen, einen sozialen Organismus der Lebewesen. Für ihn ist es immer wichtig gewesen, ein totes Ding zunächst als ein beseeltes Wesen zu erkennen und es dementsprechend anzusprechen, das Ding also in seiner Gegenständlichkeit und elementaren Bedeutung ernst zu nehmen. Insofern hat seine Kunst einen rituellen Zug, wobei Beuys selbst der Schamane und Opferpriester ist. Beuys will neue Zusammenhänge schaffen und dem Menschen Orientierung geben. Er glaubt dabei an den Menschen, er vertraut der Schöpferkraft und der Kreatürlichkeit des Menschen auf der einen Seite und erwartet, daß er die Dinge neu ordnet. Auf der anderen Seite betrachtet er den Menschen gleichzeitig als eine Person der Alltäglichkeit, der sich vor allem auch um das Kleine kümmern muß.

Beuys hat mit seiner Kunst eine snobistische und rein konsumorientierte Betrachtung der Kunst durchbrochen. Er will mit seiner Kunst etwas aussagen und den Betrachter dazu animieren, die eigenen künstlerischen Kräfte und Fertigkeiten zu entfalten und zu nutzen. Kunst sollte nicht nur schön sein, sie sollte eine Botschaft haben. Sie hat spirituelle Wirk- und Sprengkraft.

Die Kunst ist für Beuys das Medium, wieder an das Leben und zum Leben zu gelangen, es wirklich zu berühren und die Freiheit des Menschen auszukosten. Er möchte abkommen von einer Aufteilung der Kunst in elitär und normal. Jeder ist ein Künstler und kann Kunst genießen, nicht nur eine elitäre Sondergruppierung. Kunst existiert für jeden einzelnen. Jeder Mensch ist Mitgestalter der sozialen Skulptur, dabei hat jeder eine gleich wichtige Aufgabe. Tragendes Element ist die soziale Wärme, die den Menschen in Ehrfurcht betrachtet, die sich in der Nächstenliebe äußert, in der Solidarität weltweit.

Für Beuys ist der Weg zu einer Spiritualisierung des Lebens die Kunst. In ihr entdeckt sich der Mensch als Mitschaffender, als jemand, der sich wie Christus, für das Leben entschieden hat. „Es gibt für den Menschen keine andere Möglichkeit, als sich in die Rolle des Christus hineinzubegeben. Hier sind die Möglichkeiten für den Menschen abgesteckt: Durch den Tod vollzieht sich das eigentliche Leben." (Mennekes, 1994, 89). Zugleich ist die Kunst ein soziales Strukturmittel, das selbst wiederum Träger einer sozialkommunikativen Basis wird. Für Beuys ist die Kunst in das Gesamt von Gesellschaft einzuordnen, nicht als museale Größe, sondern als eine schöpferische Dimension, die an der Humanisierung der Gesellschaft mitarbeitet. Kunst und Leben gehören in seinem Werk zusammen, der eine Begriff formt den anderen, beide sind Bedingungen füreinander.

Kein Wort von Karl Rahner ist so oft zitiert worden wie sein Ausspruch, daß ‚der Fromme der Zukunft ein Mystiker sein wird – einer, der etwas erfahren hat – oder er wird nicht mehr sein‘. Dabei geht es Rahner nicht um besondere Erlebnisse, sondern schlichtweg um Glaubenserfahrung an Ort und Stelle, um die Tiefendimension geistlichen Lebens auf dem Wege des Menschen. Es geht ihm dabei nicht um gesonderte Erfahrungen, um Höchsterlebnisse oder ekstatische Momente. Mystik ist für Karl Rahner vielmehr innerstes und wesentliches Moment des Glaubens. Diese Dimensionen sind auf dem Weg des einzelnen die entscheidenden. Wer anders als die Künstler, in Form von Sprache, Musik und Darstellung kann das besser zum Ausdruck bringen. Die Theorie von Joseph Beuys, daß jeder Mensch Künstler ist und eine Verpflichtung hat für das Ganze, bringt das besonders deutlich zum Ausdruck; ebenfalls die Alltäglichkeit, die Messiaen mit seiner Musik verbindet, indem er keine Unterschiede setzt zwischen geistlicher und weltlicher Musik.

So hat ein jeder seine Sprache, seine Musik und Kunstformen, den Glauben auszudrücken und sprechen oder anfragen zu lassen. Auf die Suche nach ihnen muß ein jeder sich selbst machen. Was sind meine Ausdrucksformen des Glaubens? Was ist meine Kunst?

☞ Im geistlichen Leben geht es um Betroffenheit, um Aufmerksamkeit und Ehrfurcht. Es geht darum, sich auf seinem Lebensweg als geistlichem Leben umformen zu lassen. Nur wer Umkehr und Anfragen zuläßt, der kann intensiv und wahrhaft geistlich leben. Nur wer Scheitern und Alltag, nur wer Glaube und dunkle Nacht in ihrer Fragwürdigkeit stehen lassen kann, der kann in diesen Erfahrungen tiefes Leben erspüren, mag es auch noch so schmerzhaft sein, nur der ist der Mystiker und Christ von morgen. Mystik ist also kein intellektueller Überschwang, keine titanische Selbstverwirklichung des Menschen, sondern im Grunde nichts anderes als der Wesensvollzug des Menschen, indem er auf die Stimmen auf seinem Lebensweg hört: in der Schöpfung, in sich selbst, im anderen – und darin dann Gottes leise Stimme auf seinem Lebensweg wahrnimmt, die ihn formt und umformt.

II. Von Angesicht zu Angesicht
Spiritualität der Beziehungen

von
Elisabeth Hense und Maria Hense

0. Gute Beziehungen

0.1. Worum es in diesem Teil geht

In diesem zweiten Teil geht es um die spirituelle Gestaltung menschlicher Beziehungen. Im kleinen, überschaubaren, privaten Bereich wie im öffentlichen, politischen und internationalen Raum können unsere Beziehungen spirituelle Tiefe bekommen. Mit anderen Worten: Unsere Beziehungen können uns Gott näherbringen und uns tiefer in das hineinführen, wozu wir von ihm geschaffen wurden: in die Liebe.

Welche Bedeutung unser Leben auch haben mag, es wäre sinnlos ohne die Liebe. „Brannte nicht unser Herz" (Lk 24,32) – diese Erfahrung ist nicht nur Zeichen der Verbundenheit unter Menschen, sondern auch Erkennungszeichen der Anwesenheit Gottes.

Nur wer Menschen liebt, kann auch Gott lieben. Nur wer sieht, daß das Antlitz eines jeden Menschen Abbild Gottes ist, wird Gott schauen lernen – ganz nah und lebendig. Wir können nicht erwarten, daß wir Gott finden, wenn wir nicht aufmerksam für ihn sind im Antlitz unserer Mitmenschen.

Wir wollen hier drei Beziehungstypen unterscheiden: die Zweierbeziehung (binäre Beziehung), die Beziehung zu einer (noch) überschaubaren Gruppe (meso-soziale Beziehung) und die Beziehung zur unüberschaubaren Menge (makro-soziale Beziehung).

0.2 Die Gesichter in der Beziehung

Der erste Beruf des Menschen ist seine Beziehung.
Malte Rauch, Filmemacher, in: Moeller, 75.

Ohne Beziehung hat der Mensch kein *Gesicht*. Ohne Beziehungen sind Menschen anderen und sich selbst unbekannt. Die Beziehung sondert den Menschen aus, das heißt, in der Beziehung wird der Mensch wahrgenommen als der eine, der nur er ist. Die Beziehung macht den Menschen also erkennbar und wiedererkennbar. Wo Menschen mit einander in Beziehung stehen, blicken sie in Gesichter, wo Menschen beziehungslos aneinander vorbeilaufen, streifen ihre Blicke gesichtslose Gestalten.

Ohne ein eigenes Gesicht und ohne Gesichter, die zu ihm in Beziehung stehen, kann der Mensch nicht leben. Ohne Gesicht kann der Mensch sich nicht mitteilen und andere nicht verstehen. Gesichter berühren und bewegen sich gegenseitig; sie wecken sich damit gegenseitig zum Leben. Wo Menschen *von Angesicht zu Angesicht* leben, können sie ihre Talente entfalten, sich gesund entwickeln und ein erfülltes Leben genießen, wo Menschen gesichtslos aneinander vorbeilaufen, verkümmern sie und können im Extremfall psychisch wie physisch zu Grunde gehen.

Kohut ging davon aus, daß Menschen sozial veranlagte Tiere sind, daß zu Beginn unsere ganze Existenz und unsere Entwicklung von der physischen und psychischen Unterstützung unserer Umwelt abhängen und daß während des ganzen Lebens – speziell in Krisenzeiten – die Zuwendung und Anteilnahme anderer wesentlich für die Kohäsion des Selbst ist.
Basch, 21f.

Auf eindringliche Weise hat René Spitz festgestellt, „daß Kinder, die über einen längeren Zeitraum hin physische Zärtlichkeiten entbehren müssen, zu chronischen Krankheiten neigen, und daß sie dann schließlich einer neu hinzutretenden Krankheit erliegen. Diese Feststellung bedeutet im Endeffekt, daß der Vorgang, den er als ‚emotionale Deprivation' bezeichnet, tödliche Folgen haben kann" (Berne, 12).

Auch für die biblische Spiritualität gilt: ‚Es ist nicht gut, daß der Mensch allein bleibt' (Gen 2,18). Um Mensch zu sein, genügt es nicht, daß der Mensch in Verbindung steht zur Natur mit all ihren Pflanzen und Tieren, vielmehr braucht er eine Hilfe, die ihm entspricht (Gen 2,18), mit anderen Worten: er ist angewiesen auf die Beziehung zu seinesgleichen. Das ist der Bibel zufolge darin begründet, daß Gott selbst kein Individualist, sondern ein Beziehungswesen ist: ‚Am Tag, da Gott den Menschen erschuf, machte er ihn Gott ähnlich. Als Mann und Frau erschuf er sie, er segnete sie und nannte sie Mensch an dem Tag, da sie erschaffen wurden' (Gen 5,2). Nicht als einzelner sondern gerade als Beziehungswesen sind wir also Mensch und Abbild Gottes.

0.2.1 Philosophische Auffassungen

Philosophen wie Georg Wilhelm Friedrich Hegel († 1831), Edmund Husserl († 1938), Martin Buber († 1965) und Emmanuel Lévinas († 1985) haben sich Gedanken darüber gemacht, wie Beziehungen zwischen Menschen möglich werden. Zur menschlichen Beziehung, darüber sind sich alle einig, gehört grundsätzlich ein Ich und ein Du. Doch wie kommt es zwischen beiden zur Beziehung? Geht die Beziehung vom Du aus? Mit anderen Worten: Ist es so, daß ich erst die Konfrontation mit einem Menschen brauche, der mir Grenzen setzt, um zu merken, wer ich selbst bin (Hegel)? Oder beginnt Begegnung beim Ich? Muß ich mich zunächst selbst finden, muß ich mich zunächst in meine Eigenheit vertiefen, um mir dann vorstellen zu können, wie mein Du ist (Husserl)?

Martin Buber und Emmanuel Lévinas gehen als dialogische Philosophen und Vertreter der jüdischen Spiritualität von einem Ineinandergreifen beider Positionen aus: nicht das eine Bewußtsein oder die eine Person leitet sich her aus dem anderen Bewußtsein oder der anderen Person, sondern beide Personen entwickeln sich gleichzeitig gegenseitig. Indem ich mein Du finde, finde ich auch mein Ich. Dies geschieht gleichsam in ein und demselben Verbindungskanal zwischen Ich und Du. Dieser Kanal ist nach beiden Seiten hin offen; gleichzeitig fließt die Beziehung in beide Richtungen. Diese Gedanken von Martin Buber und Emmanuel Lévinas wollen wir hier etwas ausführlicher betrachten.

„Im Anfang ist die Beziehung", schreibt Buber in seinem Buch *Ich und Du* (Buber, 1972, 36), und mit Beziehung meint er: das *Du* bekommt ein Gesicht und auch das *Ich* bekommt ein Gesicht. Eine naturhafte, noch gesichtslose Verbundenheit mit der Welt erfährt der Embryo bereits im Mutterschoß. Mit der Geburt wird diese naturhafte Verbundenheit durchtrennt und allmählich durch eine geisthafte Verbundenheit, nämlich durch die Beziehung, ersetzt (Buber, 1972, 33-34), in der es ein Du und ein Ich gibt. Ohne naturhafte Verbundenheit kann menschliches Leben nicht entstehen, ohne geisthafte Verbundenheit kann es sich nicht entwickeln und entfalten. Die wichtigste Grundenergie des Menschen ist für Buber dann auch der Kontakttrieb, mit dem der Mensch zunächst nach taktiler und dann auch optischer ‚Berührung' strebt (Buber, 1972, 36). Das direkte Fühlen und Gefühltwerden, das unmittelbare Sehen und Gesehenwerden bedeutet leben können und Mensch werden. Mensch ist man nicht für sich allein; Mensch

Es ist eben nicht so, daß das Kind erst einen Gegenstand wahrnähme, dann etwa sich dazu in Beziehung setzte; sondern das Beziehungsstreben ist das erste, die aufgewölbte Hand, in die sich das Gegenüber schmiegt; die Beziehung zu diesem, eine wortlose Vorgestalt des Dusagens, das zweite; das Dingwerden aber ein spätes Produkt, aus der Zerschneidung der Urerlebnisse, der Trennung der verbundenen Partner hervorgegangen – wie das Ichwerden. Im Anfang ist die Beziehung: als Kategorie des Wesens, als Bereitschaft, fassende Form, Seelen-

model; das Apriori der Beziehung; das eingeborene Du.
Buber, 1972, 36.

Das Antlitz ist gegenwärtig in seiner Weigerung, enthalten zu sein. In diesem Sinn kann es nicht begriffen, d.h. umfaßt werden. Weder gesehen noch berührt – denn in der visuellen oder taktilen Empfindung wikkelt die Identität des Ich die Andersheit des Gegenstandes ein, der ebendadurch zum Inhalt wird.
Lévinas, 277.

Die verlängerten Linien der Beziehungen schneiden sich im ewigen Du. Jedes geeinzelte Du ist ein Durchblick zu ihm. Durch jedes geeinzelte Du spricht das Grundwort das ewige an.
Buber, 1972, 91.

Im Evangelium spricht Jesus Christus von der Parallele der Gottes- und Menschenbeziehung. Wer einen Kranken

ist man in Beziehung zu den Händen, die einen festhalten und den Gesichtern, die sich einem zuwenden. Jeder Mensch braucht für eine gesunde Entwicklung diese im physischen Kontakt verankerten Beziehungen. Ohne diese über die Sinne bemittelten Berührungen mit einem konkreten Du kann der Mensch kein Mensch werden mit einem eigenen Gesicht, das heißt er kann kein Ich werden. „Ohne Du ist das Ich unmöglich" (Jacobi, in: Buber, 1979, 301).

Lévinas betonte immer wieder, daß in der Beziehung das Antlitz des Du deutlich vom Ich unterschieden bleibt, daß also die Ich-Du-Beziehung die beiden Personen nicht in ihrem Anderssein verwässert, sondern Ich und Du als eigene Personen bestehen bleiben. Wer die Beziehung will, muß anerkennen, daß das Antlitz des Du mehr ist als ein Objekt, das vom Ich ergriffen, benutzt, sich einverleibt oder manipuliert werden kann. Wer Beziehung will, muß sich darüber klar sein, daß das Antlitz des Du sich weigert, auf ein Dasein als Objekt eingegrenzt zu werden; es setzt sich durch als ein eigenes Subjekt. Damit fordert es das Ich auf, seine von eigenem Wissen, von eigener Macht und eigenem Besitz dominierte Position zu überschreiten. Das Eingehen von Beziehungen ist somit verbunden mit einem doppelten Loslassen: dem Loslassen des Du, weil das Du ein fundamental anderer und eigener Mensch ist, als auch dem Loslassen des Ich, weil das Ich sich selbst erst noch werden will in der Begegnung.

Wirklich leben kann nur wer einem Du begegnet und an ihm Ich werden kann: „Alles wirkliche Leben ist Begegnung" (Buber, 1972, 18). Für Buber findet die Initiation ins wirkliche Leben durch jede Ich-Du-Beziehung statt, weil jedes wirkliche Du das Ich aus seiner kleinen, begrenzten, selbst konstruierten Scheinwelt herausholt und in eine neue Dimension hineinnimmt. Diese neue Dimension erschließt sich nur in der Begegnung. Kein Mensch kann sie für sich selbst als einzelner entdecken. Wirkliches Leben machen Ich und Du füreinander zugänglich. Zugleich initiiert für Buber jede Ich-Du-Beziehung die Begegnung mit dem ewigen Du, mit Gott, der gleichsam auf der verlängerten Verbindungslinie zwischen Ich und Du zu finden ist. Das ist für Buber dann auch der Grund, warum der Mensch in seinem Du einerseits Erfüllung findet – ist es doch Abbild des ewigen Du – und andererseits Unerfülltheit – ist es doch immer weniger als das ewige Du in seiner Fülle und Vollkommenheit.

Wenn zwischen Ich und Du die Gegenseitigkeit zerstört wird, weil die Beziehung zu einer Einbahnstraße degradiert, gehen daher drei Gesichter verloren: das von mir und das von dir und darüber hinaus das des ewigen Du: das Antlitz Gottes.

> Beziehung bedeutet: Du schaust mich an und ich sehe, daß du mich anschaust; ich schaue dich an und du siehst, daß ich dich anschaue. Beziehung meint diese doppelte gegenseitige Wahrnehmung und doppelte Selbstwahrnehmung und gerade darin die verborgene Wahrnehmung des ewigen Du. Kontemplation, das Schauen des ewigen Du, ist Buber zufolge also in jeder menschlichen Ich-Du-Beziehung möglich.

Im Matthäus-Evangelium ist das ewige Du der Menschensohn, der am Ende der Zeiten Gericht halten wird. Zu „denen auf der rechten Seite" wird er sagen: „Kommt her, die ihr von meinem Vater gesegnet seid,

besucht, besucht Jesus Christus. Wer einem Hungernden Essen reicht, schenkt es dem Herrn. Wer einen Obdachlosen aufnimmt, beherbergt Gott selber. Wer einen Häftling aufsucht, begegnet Jesus Christus. Damit identifiziert Er die Beziehung, die wir zu den Menschen haben mit der Beziehung, die wir zu Ihm haben. Er behauptet, daß alles, was wir im menschlichen Umgang erleben, sich zur gleichen Zeit mit Gott ereignet.

Wenn wir wissen wollen, wie wir zu Jesus Christus stehen, brauchen wir es nur an unseren menschlichen Beziehungen abzulesen. Jeder geht so mit Gott um wie mit seinen Mitmenschen.

Jalics, 61.

nehmt das Reich in Besitz, das seit der Erschaffung der Welt für euch bestimmt ist. Denn ich war hungrig, und ihr habt mir zu essen gegeben; ich war durstig, und ihr habt mir zu trinken gegeben; ich war fremd und obdachlos, und ihr habt mich aufgenommen; ich war nackt, und ihr habt mir Kleidung gegeben; ich war krank, und ihr habt mich besucht; ich war im Gefängnis, und ihr seid zu mir gekommen" (Mt 25,34-36).

Obwohl diese Menschen, die auf der rechten Seite des Menschensohnes stehen, das ewige Du nicht bewußt erkannt haben und anscheinend ‚nur‘ Menschen gesehen haben, haben sie doch in ihrer Hingabe an diese Menschen Gott geehrt, der auf verborgene Weise in jedem Menschen zu finden ist. Das ist hier das Entscheidende. Nicht jeder braucht sich auf die Kunst der Kontemplation zu verstehen und im Antlitz seines Mitmenschen deutlich und klar Gott zu schauen. Wer seinem Mitmenschen in schlichter Selbstvergessenheit Aufmerksamkeit und Achtung schenkt, kann darauf vertrauen, daß das ewige Du auf verborgene Weise mitbeachtet und mitrespektiert wird.

> In dieser Passage aus dem Matthäus-Evangelium und in den philosophischen Gedanken von Buber wird deutlich, daß menschliche Beziehungen immer etwas mit der Gottesbeziehung zu tun haben.

0.2.2 Humanwissenschaftliche Ansätze

Ein Echo der fundamentalen philosophischen Auffassungen über die menschlichen Beziehungen läßt sich in den verschiedenen therapeutischen, pädagogischen und auch politischen Positionen unserer Tage wiederfinden (vgl. Imoda, 193 und Stauss, 15-26). Da befaßt man sich u.a. mit der Frage nach der Verschiedenheit und Gleichheit von Menschen, der Befriedigung und Frustration ihrer Sehnsüchte und Bedürfnisse, der Nähe und Distanz zwischen Personen, dem Verhältnis zwischen Individuum und Gemeinschaft, usw. Da befaßt man sich auch mit den erzieherischen, therapeutischen oder politischen Möglichkeiten, durch Beziehungen und in Beziehungen etwas zu bewegen. Dadurch wird dem philosophischen Modell die pädagogische, therapeutische oder politische Praxis zugesellt.

> Spiritualität als Wissenschaft beschäftigt sich mit beidem: dem theoretischen Modell der zwischenmenschlichen Beziehungen und der konkreten Praxis des Umgangs miteinander. Beides hat mit Spiritualität zu tun. Das Spirituelle einer Theorie und das Spirituelle einer Praxis hängen dabei grundsätzlich von der Frage nach Gott ab. Mit anderen Worten: die Beziehung zum ewigen Du läßt die mentale, psychische, soziale und politische Entfaltung des Menschen auch zu einer spirituellen Entfaltung werden (vgl. Imoda, 364). Öffnen für die Begegnung mit dem ewigen Du kann uns jedes menschliche Du. Wer sich dem Du verweigert und sich in sein Ich einigelt, ist resistent gegen Spiritualität.

Das soziobiologische Modell

Biologen, Psychologen und Soziologen operieren mit ihren
Theorien auf unterschiedlichen
Ebenen der Betrachtung
menschlichen Verhaltens. Ihre
Theorien widersprechen einander oft nur scheinbar. Bei nähe-
rem Hinsehen ergeben sie aber
nur zusammengenommen ein
sinnvolles Ganzes – so wie erst
die koordinierten Bewegungen
und Gegenbewegungen der
Flugzeuge einer Staffel eine
wirkungsvolle Figur ergeben.
Vowinckel, 26.

Die Erklärungsebenen lassen
sich leichter unterscheiden,
wenn wir übergehen zur Betrachtung der Prozesse, die die
menschlichen Organismen, ihre
Psychen und die Formen ihres
Soziallebens geformt haben
und fortlaufend verändern. Diese Prozesse sind die eigentlichen Gegenstände biologi-
scher, psychologischer und soziologischer Erklärungen. So
gelten evolutionsbiologische
Erklärungen Prozessen, die im
Rhythmus des Generations-
wechsels, in Zeiträumen, die in
Jahrtausenden gemessen werden, die DNS-kodierten Erbin-
formationen, die Konstruktions-
pläne für individuelle Organismen verändern. Psychologische Erklärungen gelten Prozessen, die in Zeiträumen, die
im Bereich von Sekunden bis
Jahren liegen, die Verhaltens-
bereitschaften und –möglichkeiten individueller Organismen
verändern. Soziologische Erklärungen gelten Prozessen, die in
Tagen, Jahren oder Jahrhunderten die Formen menschlichen Soziallebens verändern.
Vowinckel, 2-3.

Die Humanwissenschaften gehen heute von einer mehrschichtigen Wirklichkeit menschlicher Beziehungen aus: der biotischen, der psychischen und der sozialen Wirklichkeitsdimension der Beziehung. Auf allen Ebenen lassen sich Puzzleteilchen der empirischen Verhaltensforschung ineinanderstecken: auf der unteren Ebene solche, die somatische Mechanismen der Beziehung erläutern, auf der mittleren Ebene solche, die psychische Mechanismen der Beziehung deuten, und auf der oberen Ebene schließlich solche, die soziale Mechanismen der Beziehung erklären. Die Ergebnisse aller drei Ebenen lassen sich miteinander verknüpfen und sind insgesamt das kulturell entwickelte Beziehungsmuster, das Einfluß auf das konkrete menschliche Verhalten ausübt. Soweit das soziobiologische Modell. (Die Soziobiologie betont den Zusammenhang zwischen soziologischen Mechanismen und den biologischen Grundgegebenheiten menschlichen Lebens.)

Alle Beziehungsebenen kennen eigene Bindemittel, die zwischen den Beziehungspartnern aktiviert werden können. Biologen entdeckten auf der biotisch-somatischen Ebene hormonale und biochemische Prozesse als Bindemittel in Gegenseitigkeitsbeziehungen (vgl. Crenshaw, 176ff.). Wie wichtig das intakte Zusammenspiel dieser Prozesse z.B. für eine gut funktionierende Liebesbeziehung ist, steht heute außer Frage. „Wenn wir uns verlieben, uns unwiderstehlich zu jemandem hingezogen fühlen oder von sexuellen Phantasien und Gelüsten überwältigt werden, dann sind immer – so wenig sexy das auch klingt – chemische Reaktionen unseres Körpers im Spiel" (vgl. Crenshaw, 2). Allgemein ist zu beobachten, daß der Sympathiefaktor, der immer auch biochemische Wurzeln hat, für das Anknüpfen und Pflegen von Beziehungen von großem Nutzen ist. Mit anderen Worten: Wenn die ‚Chemie stimmt', werden Beziehungen leichter zusammengehalten als wenn das nicht der Fall ist.

Psychologen beschreiben, daß auf der psychologischen Ebene Beziehungen entweder emotional, funktional oder kalkulatorisch geknüpft werden (vgl. Vowinckel, 109). Menschen neigen spontan zu emotionalen Beziehungen und befriedigen damit subjektive soziale Bedürfnisse. Im Vordergrund steht dann die Bindung selbst und die Gefühle und Gesinnungen, auf der sie beruht. Gleichzeitig neigen Menschen dazu, das in bestimmten Rollen zu tun, sie ‚funktionieren' dabei als Partner, als Eltern, als Kollegen, als Nachbarn, als Spezialist in einem bestimmten Fach usw. Daneben tendieren Menschen zu Beziehungen, die ihnen nützlich sind für Zwecke, die außerhalb dieser Beziehung liegen. In vielen Beziehungen funktionieren alle Bindemittel nebeneinander, so z.B. in jenen Ehen die einerseits als Befriedigung emotionaler Bedürfnisse erfahren werden, die außerdem den Partnern die Gelegenheit geben, ihre Rolle verantwortlich zu tragen und zudem für beide Seiten nützlich sind.

Auf der sozialen Ebene ist als Bindemittel die gemeinsame Anerkennung und Einhaltung gewisser ritueller, sozialer und kultureller Regeln und Normen zu nennen (vgl. Vowinckel, 151ff.). Indem man sich an die allgemeine Moral hält, investiert man nicht mehr nur in eine bestimmte Beziehung sondern gleichzeitig auch in seinen Ruf als akzeptabler Beziehungspartner. In meso-sozialen Beziehungen (z. B. in der Beziehung zur Familie) funktioniert dieses Bindemittel nach wie vor, doch in makro-sozialen Beziehungen ist dieses an persönliche Emotionen appellierende Bindemittel heute in Westeuropa vielfach in den

Hintergrund getreten und ist von unpersönlichen Bindemitteln wie Geld im wirtschaftlichen Bereich und legaler Macht im gesellschaftlichen Bereich ersetzt worden (vgl. Vowinckel, 6).

Die Bindemittel aller Ebenen zusammengenommen, lassen die kulturell gewachsenen Bindemittel einer Gesellschaft erkennen. Diese wirken jedoch nur so lange verbindend, wie eine Gesellschaftsform relativ stabil bleibt. Mit anderen Worten: der soziale Kitt, der unsere Großeltern noch gesellschaftlich zusammenhielt, kann uns heute kaum noch zusammenbinden, ja, er ist sogar teilweise zum sozialen Sprengstoff geworden.

Kulturelle, gesellschaftliche und politische Veränderungen verlangen nach einem neuen Zusammenspiel der Bindemittel auf allen Ebenen. Dies ist ein Prozeß, der immer und überall stattgefunden hat und stattfindet, der aber weltweit wohl noch nie so heftig im Gange war, wie das zur Zeit der Fall ist.

Die vierte Ebene

Für unsere Überlegungen reicht das soziobiologische Modell zur Analyse menschlicher Beziehungen nicht aus, denn selbst wenn das kulturelle Muster mehr ist als die Summe der Beziehungsmuster auf den einzelnen Ebenen, so läßt sich daraus noch nicht das spirituelle Muster einer menschlichen Beziehung ablesen. Zugegebener Weise ist die spirituelle Ebene in vielen Beziehungen unterentwickelt bzw. verkümmert. Sie steht jedoch jedem Menschen als Möglichkeit offen und kann neu gewonnen oder wiederentdeckt werden. Anrißweise soll die spirituelle Wirklichkeitsdimension menschlicher Beziehungen hier als vierte Ebene unterschieden und beschrieben werden, so daß wir eine umfassende Sicht auf menschliche Beziehungen erhalten.

Die Aufgabe, sich zu einer Person zu entwickeln, ist in Anbetracht des Geheimnischarakters der menschlichen Wirklichkeit, unvermeidlich eine Aufgabe der *Individuation* und *Beziehung*. Es gibt nicht nur keine Individuation ohne Beziehung und umgekehrt, sondern es gilt auch: je tiefer die Individuation desto bewußter kann man sich der Tatsache werden, daß man in Beziehung steht. In diesem Sinn kann man die Wirklichkeit der Person eingespannt sehen zwischen zwei Zusammenhängen: dem sozialen und dem spirituellen, dem infra-personalen Zusammenhang auf der einen Seite und dem supra-personalen Zusammenhang auf der anderen Seite.

Der andere, der als Geheimnis vor mir steht, ein ‚ich‘, das ebenfalls ein Geheimnis ist, ist eine ständige Aufforderung, eine Frage, eine Welt, die es zu entdecken und zu erkennen gilt, so daß der andere auch zur Antwort werden kann. Der andere ist auch ein Hindernis, und als Subjekt unendlicher Sehnsucht begrenzt es mich, der ich

Die Verbundenheit mit Gott in der Verbundenheit mit einem anderen Menschen macht die spirituelle Beziehungsebene aus. In der Vergangenheit hatten Humanwissenschaftler die Neigung, die spirituelle Wirklichkeitsdimension auszublenden, das heißt die Gottesbeziehung wurde bei ihnen innerpsychisch oder innerkulturell aufgelöst. Heute ist aber eine neue Offenheit der Humanwissenschaften für Spiritualität und damit für die reale Wirklichkeit der Gottverbundenheit festzustellen. Bestimmte Strömungen in den Humanwissenschaften sehen inzwischen bewußt die menschliche Möglichkeit, aus dieser Gottverbundenheit heraus zu handeln und Beziehungen zu gestalten.

Die Spiritualität beschäftigt sich nicht nur mit der hier gegen die biologische, psychologische, soziologische und kulturelle Ebene abzugrenzenden spirituellen Ebene menschlicher Beziehungen, sondern auch damit, wie sich die Impulse und Motivationen auf dieser Ebene in die soziale, psychische und somatische Wirklichkeit des Menschen inkarnieren. Spiritualität interessiert sich also für die ganze Wirklichkeit des Menschen und vor allem dafür, wie sie von der Geistebene aus bewegt und verwandelt wird. Konflikte, die dadurch auf den verschiedenen Ebenen ausgelöst werden können, gehören ebenso zum Themenbereich der Spiritualität wie die Perspektive, heil und ganz zu werden als Mensch, indem diese Konflikte durch geistige Umformung bewältigt werden.

ihm gegenüberstehe, und er widersteht mir, er kann mir aber auch Bewußtwerdung ermöglichen in der gegenseitigen Anerkennung und Hingabe. Der andere ist somit eine Bedrohung, eine Herausforderung, eine Gefahr, eine Quelle der Angst, doch ebenfalls die Verheißung der Vervollkommnung, der Steigerung des Wertes der Selbstgabe.

Imoda, 190-191.

Wie auf der biotischen, psychischen und sozialen Beziehungsebene, gibt es auch auf der spirituellen Ebene ein spezifisches Bindemittel, nämlich die eingeborene Berufung zur Liebe. Das ist gleichsam das pneumatische Programm, das im Menschen ebenso angelegt ist, wie das genetische Programm und die psychischen und sozialen Bedürfnisse.

Was wir unter pneumatischem Programm verstehen wollen, kann das folgende Zitat deutlich machen: „Der Mensch hat eine unvermeidliche Sehnsucht nach Glück, Glück, das er nur in Gott finden kann. Die menschliche Sehnsucht ist unendlich und nur ein unendliches Objekt kann seiner Sehnsucht genügen. Darum sucht der Mensch Gott ... In dem Andern, der unbegrenzt ist, kann er sich selbst ganz finden. Der Mensch als Geheimnis sucht darum nach einem Sein, das bleibend und unendlich ist, das heißt nach Gott" (Imoda, 39).

So schrieb C.G. Jung an Bill Wilson, den Mitbegründer der anonymen Alkoholiker: ‚Die Sucht nach Alkohol entspricht auf einer niedrigen Stufe dem geistigen Durst des Menschen nach Ganzheit, in mittelalterlicher Sprache: nach der Vereinigung mit Gott.'

Fossum / Mason, 199.

Diese unvermeidliche Suche nach Gott ist spirituell gesehen die eingeborene Bereitschaft, Beziehungen aus Liebe und um der Liebe willen einzugehen. Der Mensch findet Gott nirgends besser als in der Liebe. Das ist das spirituelle Erfahrungswissen unzähliger Generationen vor uns. Das ist gefundenes, geschmecktes Glück all derer, die Liebe gelebt haben, das ist der Sinn unseres Lebens.

Die spirituelle Vorprogrammierung für das Glück der Liebe ermutigt uns, eigene spirituelle Erfahrungen in den Beziehungen zu Mitmenschen zu machen. Der Mensch findet Gott in der Liebe, er findet ihn jedoch nicht direkt und offensichtlich, wie er einen geliebten Menschen finden kann, sondern verborgen und dunkel. Indem er liebt und geliebt wird, begegnet Gott ihm als Geheimnis dieser Liebe.

Vor allem aber liebt einander, denn die Liebe ist das Band, das alles zusammenhält.

Kol 3,14.

> Auf der spirituellen Ebene ist das Bindemittel die Liebe. Dieses Bindemittel kann Menschen auch dann zusammenhalten, wenn es scheinbar unüberbrückbare Unterschiede zwischen ihnen gibt. Das kann deshalb gelingen, weil dieses Bindemittel sich nicht von menschlicher Anziehungskraft herleitet, sondern von Gott kommt. Wenn dieses Bindemittel wirkt, gibt es nicht „Griechen oder Juden, Beschnittene oder Unbeschnittene, Fremde, Skythen oder Freie, sondern Christus ist alles und in allen" (Kol 3,11).

Dieses Bindemittel ist zwar in seiner Ausdrucksform von sozialen, kulturellen und politischen Umständen beeinflußt, doch hat es ewigen, göttlichen Halt. Es ist anpassungsfähig an die verschiedenartigsten Beziehungsmodelle, die wir hier besprechen wollen, und zugleich ist es das eindeutige Gütesiegel einer jeden gottgefälligen Beziehung.

0.2.3 Psychotherapeutische Aspekte

In der Psychotherapie werden menschliche Beziehungen problematisiert bzw. Probleme, die in Beziehungen auftreten, untersucht und behandelt. Da es nicht nur intakte, funktionierende oder gesunde Beziehungen gibt, sondern auch gestörte, dysfunktionale oder kranke Beziehungen – und jede Beziehung letztendlich aus einem Gemisch intakter und gestörter Anteile in unterschiedlicher Komposition besteht –, wird in der Psychotherapie u.a. der Frage nachgegangen, unter welchen Voraussetzungen eine Beziehung gelingen kann. Um diese Frage beantworten zu können, müssen wir uns erstens anschauen, welche Merkmale gesunde Beziehungen kennzeichnen, zweitens was die beteiligten Personen beziehungsfähig macht und drittens wie man mit den unvermeidlichen Störungen und Blockaden in einer Beziehung umgehen kann.

Merkmale gesunder Beziehungen

Beziehungen sind nicht statisch, sie sind in ständiger Bewegung oder Veränderung, sie lassen sich nicht konservieren, sie müssen immer wieder neu gewagt, eingegangen, gelebt und erhalten werden. Sie befinden sich in einem Fließgleichgewicht, wobei die Beziehungspartner die Fähigkeit besitzen, mit / in ihrer Beziehung sowohl selbst zu agieren als auch mit / in ihren Beziehungen auf äußere und innere Einflüsse zu reagieren. Beziehungen spielen sich wie gesagt auf der somatischen, psychischen, sozialen und spirituellen Ebene ab. Sie erfüllen ganz verschiedene Aufgaben. Daraus ergibt sich eine Fülle von Möglichkeiten, sie förderlich zu gestalten, also zu pflegen, zu nähren, zu schützen, zu entwickeln und zu leben, aber auch jede Menge Gelegenheiten, sie zu blockieren, also zu vernachlässigen, sie auszuhungern, abzuwürgen, auszuschalten, zu unterbinden, zu fürchten, zu vermeiden oder zu vermissen usw..

Neben Ansätzen, die sich der Familiendynamik mehr oder minder ausgeprägt mittels psychoanalytisch-psychodynamischer Konzeptualisierung zugewandt haben, sind in den letzten beiden Jahrzehnten Forschungsansätze entwickelt und ausgearbeitet worden, die – zum Teil in Abgrenzung von der Psychoanalyse als einer bis dahin vorzugsweise individuumszentrierten Arbeitsrichtung – die Familie als Kommunikationssystem auffassen und untersuchen. Die dazugehörige Begrifflichkeit ist von der Kybernetik (Informations- und Kommunikationstheorie) und Allgemeinen Systemtheorie abgeleitet.

Fürstenau, 21f.

Fließen ist die holistische Empfindung, die gegeben ist, wenn wir in totaler Hingabe handeln; eine Handlung folgt der anderen einer inneren Logik zufolge, wozu es keiner bewußten Intervention unsererseits bedarf. Fließen wird erfahren im Sport und Spiel, in künstlerischen Prozessen und in religiösen Ritualen. Im Fließen gibt es keinen Dualismus. Derjenige, der handelt, ist sich dessen bewußt, was er tut, kann sich aber nicht dieses Bewußtseins bewußt sein, denn dann hört das Fließen auf.

Turner and Turner, 254.

Mittel für dies alles ist der Austausch zwischen den zueinander in Beziehung stehenden Personen bzw. die wie auch immer motivierte Verweigerung von Austausch oder der Abbruch der Verbindung. Die Kommunikationswissenschaften beschäftigen sich ausführlich mit diesem Thema (vgl. z.B. Watzlawik oder Fürstenau, 22). In kybernetischer Terminologie ausgedrückt, geht es bei diesem Austausch um Vermittlung von ‚Nachrichten‘ bzw. ‚Botschaften‘, um Sender und Empfänger, um Frage und Antwort, um Aktion und Reaktion. Hauptziel des gegenseitigen Austausches ist die Verständigung, eine Verständigung zu ganz unterschiedlichen Zwecken als da sind Existenzsicherung, Besitzwahrung, Geselligkeit, Fortpflanzung, Umsetzung von Ideen, Vereinigung und Auseinandersetzung, Zusammenarbeit, Zusammenleben, Erziehung. Diese Verständigung findet in ganz unterschiedlichen Beziehungstypen statt: im Privatbereich, im Arbeitsleben, im sozialen, kulturellen, politischen, nationalen und internationalen Bereich. Dabei kann das emotionale Klima variieren, ideologische Vorzeichen können sich ändern, das Interesse aneinander oder die Position zueinander können sich wandeln.

Wenn das Ziel der Verständigung erreicht wird, kommt es zu echter Begegnung zwischen den Partnern, die in beiden neue Kraftreserven erschließt und neue kreative Impulse hervorbrechen läßt. Die Anstrengungen und Bemühungen auf dem Weg zur Verständigung lösen sich im Augenblick der unmittelbaren Begegnung in einer sogenannten *flow*-Erfahrung, das heißt in dem Phänomen völliger Kongruenz mit sich selbst und mit dem Beziehungspartner. Die Erfahrung des ‚inneren Fließens‘, entdeckt und beschrieben von dem ungarisch-amerikanischen Psychologen Mihaly Csikszentmihalyi und weiter ausgearbeitet von dem englischen Anthropologen Victor Turner († 1983), drückt Manfred Josuttis für den Kontext des Gottesdienstes folgendermaßen aus: „Wenn es in einem Menschen zu fließen beginnt, dann werden interne Blockaden und Barrieren durchbrochen, Energieströme durchfluten den Körper, ein Gefühl intensiver Vitalität entsteht. Und viele Fähigkeiten stellen sich ein, die man bei sich selbst bisher gar nicht wahrgenommen hat oder die lange verschüttet gewesen sind. Mindestens einige Aspekte dieser Erfahrung wird der verstehen, der schon erlebt hat, wie sich die inneren Spannungen im Ablauf des Gottesdienstes allmählich oder plötzlich aufgelöst haben" (Josuttis, 42).

> Durch Zugehörigkeit befreit sich die Seele von den Fesseln des Ichs, ohne ihr Gefühl für das Ich oder das Sein zu verlieren, aus dem unsere individuelle Existenz besteht.
>
> Lowen, 55f.

Ähnliches kann sich in anderen Momenten wirklicher Begegnung einstellen, denn man besorgt sich seine Energie nicht nur aus der Nahrungsaufnahme, sondern auch durch die positiven Kräfte, die sich im Kontakt mit der Umwelt freisetzen können. Innere Blockierungen geraten ins Fließen, wo ein Bewußtsein der Zugehörigkeit und des Wahrgenommenseins gewonnen wird, das immer weitere Kreise umfaßt: von der Mutter und der Familie über Gemeinde, Volk, Menschen, Pflanzen und Tieren bis zu den Gestirnen, ja über die Grenze des Universums hinaus bis hin zu Gott (vgl. Josuttis, 44).

> Wenn ich mich als Teil eines Ganzen erfahre, trete ich nicht nur in Kommunikation mit den anderen Teilen, sondern erfahre mich auch in Beziehung zu einem Ganzen. Die Namen für das Ganze (Gott, Brahma, Universum, Mutter Erde usw.) sind Hinweis auf die Möglichkeit nichtdualer Wahrnehmung der ‚Einheit‘.
>
> Essen, 50.

Das spirituelle Moment gesunder Beziehungen kann man allgemein als Einstimmen in den Zusammenhang beschreiben. *Religio* ist Rückbindung in den größeren Zusammenhang. Dieser Umgang mit der Wirklichkeit ist ebenso wie der gegenteilige, nämlich der Glaube an Trennung, eine zu verantwortende Entscheidung. Therapie und Heilung haben dann etwas zu tun mit dem Wiederwahrnehmen und Sich-Einfügen ins Ganze (vgl. Essen, 51).

Beziehungsfähigkeit der Partner

Die Frage, wie Rückbindung in den größeren Zusammenhang erfolgen kann oder welche Voraussetzungen erfüllt sein müssen, damit Beziehungen gelingen, ist eine der spannendsten Fragen überhaupt. Sie beschäftigt den Menschen nicht nur auf der Suche nach dem privaten Glück, sondern der Aufbau von Gruppen, Vereinen, Betrieben, Schulen, die Gestaltung von Gemeinwesen, ja ganze Schicksale von Völkern und letztendlich die Weiterentwicklung unseres Lebens auf der Erde werden von dieser Frage tangiert.

Aus psychotherapeutischer Sicht ist bei der Beantwortung dieser fundamentalen Frage der Ich-Begriff relevant, da die beteiligten Partner in einer Beziehung je ein Ich sind und außerdem ihr ‚Ich‘ für die Beziehungsgestaltung benötigen.

> Der Mensch ist ein Prozeß, ein ununterbrochen im Werden befindliches Wesen. Wer abwartet, stoppt diesen Prozeß. Er stagniert. Er lebt und lebt doch nicht. Individuation, Ich-Werdung, ist ... nie abreißende Bewegung, ist eine Dialektik, die mir buchstäblich immer wieder den Stuhl unter dem Hintern wegzieht. Nur wer sich ändert, bleibt sich treu, sagt das Sprichwort.... Realisiere ich selbst in meinem Leben das Menschenrecht auf Entwicklung, Lebendigkeit, Entfaltung meiner Persönlichkeit? Bin ich glücklich? Bin ich frech? Bin ich angepaßt oder fordernd? Bin ich ein langweiliges Suppenhuhn oder ein Kolumbus, der sich neue Erdteile des eigenen Lebens erobert? Bin ich eine ‚nette Frau‘ oder ein souveräner Mensch? Bin ich der ‚liebe Schwiegersohn‘ oder ein Mann von Statur und Eigengewicht? ... Mut zum Ich bedeutet Wachstum. Wachstum aber bedeutet Veränderung. Das sagt sich so selbstverständlich. In Wahrheit ist Wachstum das Dynamit unseres Lebens. Es

Das Ich wird je nach theoretischem Hintergrund oder psychotherapeutischer Schule gesehen als Zentrum der Persönlichkeit, als WagenlenkerIn oder Herr(in) im Hause, als Vermittler(in) zwischen Innen- und Außenwelt, als bewußt erlebbarer Teil der Persönlichkeit, als dynamische Doppelgestalt, bestehend aus einem Ego und einem Selbst, als gleichzeitig auf Autonomie und auf Bezogenheit angelegt, als ein die ganze Person umgreifendes Entwicklungsgeschehen von der Wiege bis zur Bahre, als Manager(in) in verschiedenen Rollen und (Entwicklungs- oder Lebens-)Aufgaben, um hier nur einige zu nennen.

Wir werden das Ich hier als zentrales Steuerelement der menschlichen Persönlichkeit begreifen. Bevor wir darauf eingehen, wie das Ich seine steuernden Funktionen ausübt, wollen wir zunächst verschiedene Aspekte der Persönlichkeit besprechen.

donnert, reißt Löcher in die Textur des Gewohnten, es macht ratlos, macht Angst, moussiert oft aber auch wie Champagner.

Jung, 11-32.

A. Aspekte der Persönlichkeit

1. Jeder Mensch trägt in sich verschiedenste und zum Teil ständig wechselnde, zum Teil relativ konstante Bedürfnisse, Gefühle, Gedanken, Wünsche, Vorhaben, Ziele, Erwartungen und Einstellungen, Bereitschaften und Motivationen, Vorstellungen und Bilder, Werte und Überzeugungen, die insgesamt seine innere Welt ausmachen.

2. Gleichzeitig steht er nach außen hin in bestimmten Lebenszusammenhängen und ist Teil von größeren Systemen mit je wechselnden (Entwicklungs- oder Lebens-)Aufgaben, Rollenerwartungen und Anforderungen, die möglicherweise in Widerspruch zu Aspekten seiner inneren Welt stehen, sich möglicherweise aber auch ergänzen, decken oder zu Neuem herausfordern oder ihn auch einmal relativ unsanft in unbekanntes Neuland oder ,aus der Bahn' stoßen.

3. Um mit all dem umzugehen, bringt er eine je eigene charakteristische, persönliche Ausstattung materieller, intellektueller, emotionaler, sozialer und spiritueller Art mit und hat seine ureigene aus verschiedenen positiven und negativen – leider oft auch traumatischen – Erfahrungen zusammengesetzte Lebensgeschichte, die einerseits veränderbar und entwicklungsfähig ist, andererseits aber auch eine gewisse Kontinuität bewahrt.

4. Jeder Mensch entwickelt sich prozeßhaft, er ist nie etwas Fertiges, sondern immer im Werden, das heißt also: er ist immer unvollkommen. Bis zu seinem Tod lernt jeder Mensch durch Erfahrung; er macht dabei immer wieder Fehler, aber auch Fortschritte.

> Wie man sieht, ist die Persönlichkeit jedes Menschen also ein recht komplexes Ganzes, das ständig in Veränderung und Entwicklung begriffen ist, zum Teil nach selbstgesetzten Zielen vorgeht, zum Teil den vom Leben vorgegebenen Zyklen folgt, zum Teil bestimmten gesellschaftlichen und politischen Normen und Zwängen unterliegt, und nach spiritueller Auffassung zusätzlich bei allem und in allem nach Einheit (mit Gott) strebt.

B. Die Funktionen des Ich

Das Ich hat einerseits die verschiedenen Persönlichkeitsaspekte in ihrem jeweils aktuellen Ausprägungs- und Entwicklungsgrad zur Verfügung, identifiziert sich mit ihnen, kann sie verarbeiten, auswerten, gewichten und die entsprechenden Konsequenzen zum Handeln ziehen. Andererseits steht es aber auch immer in einem bestimmten Verhältnis zu den jeweils vorhandenen konkreten, aktivierten Teilen der inneren Welt, der äußeren Bedingungen und der eigenen Geschichte.

Dieses Verhältnis des Ich zu den jeweiligen inneren und äußeren Gegebenheiten macht insgesamt die Beziehung aus, die man zu sich selbst hat, für deren Gestaltung das Ich im wesentlichen folgende Funktionen benötigt:

Gott gebe mir die Gelassenheit, Dinge hinzunehmen, die ich nicht ändern kann, den Mut, Dinge zu ändern, die sich ändern lassen, und die Weisheit, das eine vom andern zu unterscheiden.

Frei nach Epiktet.

1. Die erste Funktion ist die Selbstakzeptanz und beinhaltet, daß das Ich, das prinzipiell entweder eine bejahende oder ablehnende Haltung gegenüber einzelnen Aspekten bzw. Merkmalen der inneren oder äußeren Welt einnehmen kann, die vorhandenen Gefühle, Wünsche, Bedürfnisse, Ideen etc. als gegeben zur Kenntnis nimmt und zulassen kann. Das Ich scheitert hierin, solange seine Schattenseiten durch alte Abwehr- und Überlebensmechanismen ausgeklammert und durch Selbstzensur Teile seiner selbst abgespalten werden.

Was bringt Sie in Wut? Was
haben Sie satt? Was empfinden
Sie als falsch? Was können Sie
nicht aussstehen? Wodurch
fühlen Sie sich unwohl? Was
wünschen Sie? Was brauchen
Sie? Was wünschen und brauchen Sie nicht? ... lernen wir,
daß wir durch den sorgsamen
Umgang mit uns selbst hingeführt werden zu Gottes Willen.
Beattie, 10.

Selbstbehauptung und Abhängigkeit, Individuation und Beziehung, Selbstbestimmung
und Fremdbestimmung, und
damit die Frage nach der Verantwortlichkeit, sind Themen,
die uns täglich beschäftigen,
existentiell, emotional und natürlich auch gedanklich.
Kast, 8f.

Ich bin schön, ich bin stark, ich
bin weise, ich bin gut. Und ich
habe das alles selbst entdeckt!
Stanislaw Jerzy Lec.

2. Die zweite Funktion ist die Selbstverantwortung. Hier geht das Ich einen Schritt weiter. Denn nachdem es sich jeweils so akzeptiert, wie es ist, kann es in einem weiteren Akt bewußt Verantwortung für sich übernehmen, d.h. zu sich bzw. den jeweiligen Umständen stehen, für sich eintreten, für sich sorgen. Hier scheitert das Ich, wenn es sich selbst, seine Bedürfnisse und seine Situation nicht ernst nimmt, wenn es seine Rechte nicht einfordert, nicht Nein-sagen und sich nicht ab-grenzen kann.

3. Die dritte Funktion ist die Selbstregulation oder Integrität, die be-sagt, daß das Ich die Fähigkeit zu selbständiger Regie seiner Angele-genheiten hat. Lebenslang ist das Ich um immer größere Autonomie und Selbständigkeit bemüht. Dabei kann es allerdings auch scheitern, so daß es punktuell – was jeder immer wieder erlebt – oder längerfristig – was sehr schmerzhaft ist – seine Integrität einbüßt und die Kontrolle über sich selbst verliert. Unter anderem scheitert das Ich dann, wenn es in abhängigen Positionen verharrt oder wenn es – im anderen Extrem – Autonomie mit Autarkie verwechselt und sein grundsätzliches Ange-wiesensein auf andere im totalen Rückzug auf sich selbst leugnet.

4. Die vierte Funktion ist das Selbstbewußtsein, verbunden mit Selbst-achtung und Selbstsicherheit. Sie erwächst aus den ersten drei Funk-tionen und beinhaltet, daß das Ich sich als wertvoll und prinzipiell kompetent erlebt und dementsprechend in der Lage ist, Position zu be-ziehen und diese Position sich selbst und anderen gegenüber auch zu vertreten. Hier scheitert das Ich, wenn es – aus welchen Gründen auch immer – an seinem Selbstwert zweifelt und sich anderen gegenüber nicht gleichwertig fühlt. Aus dieser Schwäche heraus vermeidet es dann klare Positionen bzw. hat gar keine, ist mehr oder weniger ver-wirrt und bringt dementsprechend auch Verwirrung in die Beziehung zu sich selbst, was in einem traurigen Teufelskreis seine Selbstachtung weiter unterläuft und sinken läßt.

Man geht mit anderen nicht anders um als mit sich selbst. Nur wer in gesunder Selbstakzeptanz, Selbstverantwortung, Selbstregulation und Selbstachtung eine gute Beziehung zu sich selbst pflegt, kann auch gute Beziehungen zu anderen unterhalten. Optimal für Bezie-hungen ist, wenn beide Partner gut mit sich selbst umgehen und entsprechend offen für einander sind. Sind beide Partner nicht im Reinen mit sich selbst, sind sie auch nicht offen für Beziehung und wird diese entsprechend schwierig.

Zum Umgang mit Störungen

Auf Grund der Komplexität menschlicher Beziehungen gehören Stö-rungen immer auch dazu und sollten entsprechend berücksichtigt wer-den. Wer offen ist für Beziehung, kann Störungen ansprechen, sie ge-meinsam mit seinem Beziehungspartner beheben oder integrieren. Falls die Beziehung aber so nachhaltig und massiv blockiert wird, daß den Beteiligten aus eigener Kraft keine Bereinigung mehr gelingt, sollte man Hilfsangebote von außen in Anspruch nehmen. Systemische The-rapie z.B. kann hier neue Türen öffnen, gerade weil sie nicht nur Indi-viduen sieht, sondern auch die Systeme, in denen sie miteinander le-ben und umgehen:

Diese Forschungsrichtung faßt psychogene Störungen als Kommunikationsstörungen auf, d.h. als Störungen der Interaktion innerhalb von Kommunikationssystemen.

Fürstenau, 22.

„Systemische Therapie arbeitet auf derjenigen Ebene, auf welcher Gefühle, Gedanken und Handlungen als in meiner eigenen Entscheidungskompetenz liegend angesehen werden. Sie wirkt, kurz gesagt, durch Erzeugung von Unterscheidungen in der Sichtweise, im Denken, im Glauben. So unspektakulär ihre Fragen sind, so stark sind doch die Unterschiede, die Information, die sie erzeugen. Wir machen uns die geistigen Unterscheidungen bewußt (den Glauben, der hinter unserem Verhalten steht); und indem sie uns bewußt werden, übernehmen wir Verantwortung für sie und ihre Folgen. Transformation geschieht nur in Freiheit" (Essen, 47).

Probleme und Konflikte sind Bestandteile des Lebens und unserer Beziehungen – zu Freunden, Familie, Geliebten und Berufskollegen. Problemlösung und Konfliktüberwindung sind Techniken, die wir uns aneignen und mit der Zeit verbessern können.

Die Weigerung, sich auf Beziehungsprobleme einzulassen und sie zu lösen, führt zu unverarbeiteten Wutgefühlen, in die Opferrolle, zum Abbruch von Beziehungen und zu Machtspielen, die das Problem verstärken und Zeit und Energie unnötig beanspruchen.

Die Weigerung, uns einem Problem zu stellen und es zu lösen, führt dazu, daß wir genau diesem Problem wieder begegnen.

Manche zwischenmenschliche Probleme können nicht in gegenseitig zufriedenstellender Form aufgearbeitet werden. Wenn das Problem mit unseren Grenzen zu tun hat, fehlt oft jeglicher Verhandlungsspielraum. In diesem Fall müssen wir genau wissen, was wir wollen und brauchen, um unsere Grundsätze formulieren zu können.

Andere zwischenmenschliche Probleme können behandelt, aufgearbeitet und zufriedenstellend überwunden werden. Oft ergeben sich für uns erst dann praktikable Alternativen, wenn wir zu der Auffassung gelangen, Probleme in Beziehungen überhaupt aufzuarbeiten, anstatt vor ihnen davonzulaufen.

Beattie, 104.

Ohne Hilfe von außen dürfte es kaum gelingen, solch belastende Störungen zu beheben wie z.B. Abhängigkeit, Mißhandlung, Mißbrauch. Ein gleiches gilt aber auch für alle anderen gravierenden Störungen wie Depressionen, Ängste, Zwänge, funktionelle oder psychosomatische Beschwerden, für Persönlichkeitsstörungen, Anpassungsstörungen, Belastungsreaktionen, Traumata und dergleichen mehr. Diese Störungen werden bisher häufig noch als individuelle Störungen aufgefaßt und dann als emotionale Störungen oder emotionale Krankheiten bezeichnet. Im Grunde haben diese Störungen aber meistens ihre Ursachen nicht nur in einem Individuum, sondern in den beteiligten Beziehungspartnern und im Beziehungssystem. Die sogenannten Geisteskrankheiten, als da sind Schizophrenien, Psychosen, Autismus u.ä. wären nach dem Modell der Kommunikationsstörungen nicht nur Störungen in der Beziehung, sondern Abbrüche, Unterbrechungen oder Kurzschlüsse in der Verbindung.

All diese Störungen oder gar Abbrüche in der Verständigung und somit in der Beziehung als solche zu erkennen, sie zu akzeptieren und dementsprechend angemessen zu behandeln, wie wir das auch mit Störungen im körperlichen Bereich tun, ist in unserer Gesellschaft noch nicht selbstverständlich. Im Gegenteil, allen Störungen im Beziehungsbereich oder, vom Individuum her betrachtet, im emotionalen Bereich, haftet schnell so etwas wie ein Makel an, der vertuscht, verdrängt, abgewertet, eben tabuisiert werden muß. Dieser Tatsache liegen sicherlich komplexe Ursachen, auch durchaus gesellschaftspolitischer Art, zugrunde, die hier nicht näher berücksichtigt werden sollen (vgl. Fürstenau, 24ff.).

Für uns gilt festzuhalten, daß Spiritualität bei der Enttabuisierung und Aufdeckung von Beziehungsstörungen eine wertvolle Rolle übernehmen kann und damit dem betreffenden Menschen Heilung zugänglich machen kann. Denn ohne das Erkennen einer Störung durch die Unterscheidung der Geister wird keine Maßnahme zur Behebung derselben getroffen werden können.

Eine Beziehungsstörung zu erkennen bedeutet für die Betreffenden aber, sich einzugestehen, das heißt zuzugeben, daß man krank ist, oder zuzugeben, daß die Beziehung gestört ist. Und das ist schwer. Auch hier kann Spiritualität helfen. Denn ohne die Erfahrung des Angenommenseins trotz Fehler und Mängel fehlen Mut und Energie zu Umkehr und Verwandlung.

Bei allem, was da verarbeitet und neu gestaltet werden muß, reichen oft die Kräfte nicht aus. Manche Störungen sind so gravierend, daß sie aus menschlicher Sicht als irreparabel angesehen werden müssen. Auch hier öffnet Spiritualität eine neue Perspektive: die Unzulänglichkeit menschlichen Bemühens hat nicht das letzte Wort. Gott kann heil und ganz machen, was in uns zerbrochen ist und wir selbst nicht mehr zusammenbringen.

0.2.4 Der Blickwinkel der Spiritualität

Spiritualität betrachtet menschliche Entwicklung und Reifung als Prozeß der Bewußtwerdung des Geheimnisses der Liebe. Dazu sind Menschen spirituell berufen. Die Begegnung mit jedem anderen kann Zugang zum Geheimnis der Liebe sein, durch das menschliches Leben Vervollkommnung erfährt. Das Geheimnis der Liebe kann der Mensch niemals infra-personal entdecken bzw. offenbaren. So gilt im besonderen für den Liebenden: „Der Mensch wird zu dem, der er ist, eben durch seine Begegnung mit verschiedenen anderen Menschen" (Imoda, 191).

Weil Menschen miteinander oder auch unabhängig von einander Entwicklungen durchmachen – und sei es nur den unvermeidlichen Wachstums- oder Alterungsprozeß, dem kein Mensch ausweichen kann – können sie das Geheimnis der Liebe in ihren Beziehungen nicht unveränderlich festhalten. Je bewegter eine Biographie ist, um so geschmeidiger müssen die Beziehungen sein, um das Geheimnis der Liebe bewahren zu können. Die Liebe selbst ist die Kraft, die Beziehungen geschmeidig und anpassungsfähig macht.

In einer Gesellschaft, in der Flexibilität und Mobilität so hoch im Kurs stehen wie in der unseren, werden Beziehungen ständig in Frage gestellt, weil alle Bewegung und Veränderung in einer Biographie neue Anpassungsprozesse in den Beziehungen erfordert. Manchmal verändern sich Umstände so schnell, daß Menschen kaum Zeit und Gelegenheit haben, sich darauf einzustellen. Für viele Menschen gibt es in dieser Situation keine Beziehungsmodelle mehr, an denen sie sich orientieren können, weil die Modelle der vorigen Generation nicht mehr greifen und die individuellen Umstände meistens eine sehr individuelle Beziehungsgestaltung erfordern.

Nur Menschen, die lieben, können ihre Beziehungen auf eine wirklich erfüllende Weise neu gestalten. Nur Menschen, die lieben, haben die Geschmeidigkeit und Beweglichkeit, die für eine neue Beziehungsgestaltung notwendig ist. Beziehungen müssen entweder mitwachsen oder sie beginnen zu drücken und zu zwicken wie ein zu klein gewordenes Hemd. Beziehungen zerreißen, wenn keine Elastizität und keine Entwicklung mehr vorhanden ist. Paradoxerweise zeichnen sich stabile Beziehungen gerade dadurch aus, daß man nicht klammert, sondern losläßt, daß man sich im gegenseitigen Anschauen nicht fixiert, sondern Spielraum gibt: um einander immer wieder neu anzuschauen, um einander auch zu sagen, daß man die Veränderungen und Entwicklungen mitkriegt, um einander zu unterstützen in den jeweiligen Reifeprozessen.

☞ Gesichter, die einander in Liebe zugewandt sind, können für einander Katalysatoren geistiger Umformungsprozesse sein, denn jedes menschliche Gesicht, das sein Gegenüber in Liebe anschaut, gibt den Blick frei auf Gott. Und umgekehrt: Gesichter, die für einander die Dimension der Liebe verschließen, verschließen füreinander auch spirituelle Entfaltung und geistiges Weiterkommen, denn jedes menschliche Gesicht, das Liebe verweigert, verstellt

Manche Leute schrecken vor einer persönlichen Gottesbeziehung (noch) zurück bzw. haben in ihrer Gottesbeziehung viele seelische Nöte, weil sich ihre lebensgeschichtlich bedingten Beziehungsschwierigkeiten nicht nur im menschlichen Bereich, sondern auch in der Beziehung zu Gott – namentlich auf ihr Gottesbild – auswirken.

Sr. Elisabeth Peeters OCD, Karmelitin, Weimar.

den Blick auf Gott. Das ist so, weil das Antlitz des ewigen Du im Antlitz des menschlichen Du *erkannt* beziehungsweise *verkannt* wird.

> Wir müssen uns dessen bewußt sein, daß unsere Gottesbeziehung nur insofern wachsen kann als auch unsere mitmenschlichen Beziehungen wachsen bzw. daß auch unsere Gottesbeziehung blockiert wird, wenn es in unseren menschlichen Beziehungen Hindernisse und Blockaden gibt.

0.3 Typologie der Beziehungen

Jede echte Beziehung ist unverwechselbar und einzig wie die Gesichter, die sich da einander zuwenden. Das heißt aber nicht, daß Beziehungen nicht eingeordnet und miteinander verglichen werden könnten. Manche Beziehungen sind bedeutungsvoller oder stabiler oder umfassender als andere. Sicherlich liegt es nahe, den Versuch zu wagen, die Beziehungen eines Menschenlebens in eine hierarchische Ordnung zu bringen. Eine solche Beziehungshierarchie könnte etwa wie folgt aussehen: im innersten Bereich des Lebens steht die eine oder der eine, die/der einem am nächsten ist. Dann folgt der Kreis der Familie und lieber Freunde. Schließlich kommen dann etwas weiter weg die Verwandten und Bekannten und noch weiter weg die Berufskollegen (vgl. Nouwen, 1969, 117f.). Ziemlich entfernt befinden sich die Kirchen, Verbände und Parteien. Und ganz zum Schluß kommen schließlich die eigene Nation und die Weltgemeinschaft.

So logisch eine solche Einteilung auf den ersten Blick erscheinen mag, so klischeehaft ist sie aber auch und trifft in vielen Fällen die Wirklichkeit nicht. Einmal, weil die ‚natürliche Beziehungshierarchie' für einen spirituellen Menschen auf den Kopf gestellt werden kann – (vgl. die wahren Verwandten Jesu Mt 12,46-50), zum anderen aber auch, weil die tatsächliche Beziehungshierarchie sich nicht an Quantitäten, sondern eben an Qualitäten orientiert. Für manch einen gehört der innerste Lebensbereich einer spirituellen Gemeinschaft, mit der er sein Herzensanliegen teilt, und für manche Befreiungskämpfer und Amtsträger ist das Herzstück ihres Lebens in erster Linie ihr Volk oder eine bestimmte Volksgruppe. Die intensivste und intimste Beziehung muß nicht immer eine Zweierbeziehung sein. Es muß auch nicht so sein, daß dem einzelnen mehr Hingabe und Engagement zukommen kann als den vielen, oder daß in der Zweierbeziehung mehr Erfüllung erfahren wird als in den meso-sozialen oder makro-sozialen Beziehungen. Je nach Persönlichkeit, Berufung und Lebensphase können Beziehungshierarchien also ganz verschieden aussehen: das Gesicht der Gemeinschaft oder das Gesicht der Menge kann ebenso im Zentrum stehen wie das Gesicht eines individuellen Gegenübers.

Vielleicht meinen manche, der zentrale Platz im innersten Lebensbereich solle Gott vorbehalten werden. Doch: „wer seinen Bruder nicht liebt, den er sieht, kann Gott nicht lieben, den er nicht sieht" (1 Joh 4,20). Tatsächlich will Gott nicht gesichtslos geliebt werden; in Jesus Christus hat er sein Antlitz auf besonders deutliche Weise sichtbar gemacht.

Das Gesicht, das im Zentrum unserer Beziehungshierarchie steht, ist das Gesicht, durch das hindurch Gott am intensivsten und lebendigsten gesehen werden kann. Das kann das Gesicht des geliebten Partners sein, es kann aber auch das Gesicht der geliebten Gemeinschaft oder des geliebten Volkes sein usw. Auf verborgene Weise blickt Gott uns durch jedes menschliche Gesicht an und möchte, daß wir ihn in jedem menschlichen Antlitz erkennen. Indem wir uns auf menschliche Beziehungen einlassen, lassen wir uns auf ihn ein.

Es scheint also wenig sinnvoll, eine ‚allgemeingültige' Beziehungshierarchie zu entwerfen. Das gibt es nicht und kann es nicht geben, weil Menschen und ihre Beziehungen viel zu verschieden sind. Interessant wäre es aber schon, einmal eine ganz persönliche Beziehungshierarchie zu entwerfen:

Welche Beziehung nimmt für mich den wichtigsten Platz ein? In welcher Beziehung kommen meine Talente am besten zum Tragen? Zu welchen Beziehungen fühle ich mich berufen? Welche Beziehungen sind eher unwichtig für mich?

Für jeden mag dabei eine andere Reihenfolge und Rangordnung von Beziehungen herauskommen. Vielleicht ist es auch wieder einmal an der Zeit, hier und da etwas zurechtzurücken. Vielleicht sind neue Beziehungen ins Zentrum hineingewachsen oder andere inzwischen unbemerkt an den Rand gedrängt worden.

Im Rahmen dieser Überlegungen zur Spiritualität der menschlichen Beziehungen ist es auf Grund der vielen denkbaren Variationen in den Beziehungshierarchien nicht möglich, diesen Weg weiterzuverfolgen. Es bleibt dem Leser / der Leserin überlassen, sein / ihr eigenes, ganz persönliches Beziehungsprofil zu erstellen.

Für unseren Zweck ist es sinnvoller, alle Beziehungstypen neutral nebeneinander zu behandeln. Ausdrücklich soll betont sein, daß die Beziehungstypen, die hier genannt werden, sich grundsätzlich nicht hinsichtlich ihrer Qualität unterscheiden, sondern eher hinsichtlich der Quantität der in die Beziehung involvierten Gesichter:

1. Das Gesicht in der Zweiheit: Hier betrachten wir die beiden Gesichter in einer Gegenseitigkeitsbeziehung.

2. Das Gesicht in der Gruppe: Hier betrachten wir das vielgestaltige Gesicht einer Gruppe, Gemeinschaft, Familie usw., schillernd in den verschiedenen Gesichtern, die zu dieser Gemeinschaft gehören oder zu ihr in Beziehung stehen.

3. Das Gesicht in der Menge: Hier betrachten wir das komplexe Gesicht einer Menge, exemplarisch aufleuchtend in einzelnen Menschen, die zu dieser Menge gehören oder zu ihr in Beziehung stehen.

Bei allen Beziehungstypen gilt es, in Gesichter zu blicken. Nur durch Respekt vor dem menschlichen Antlitz läßt sich garantieren, daß unsere Beziehungen spirituelle Tiefe bekommen und transparent werden für das Urbild unserer Gesichter, das Gott ist.

1. Das Gesicht in der Zweiheit
Spiritualität in binären Beziehungen

Binäre Beziehungen

> Unter binären Beziehungen verstehen wir hier Zweierbeziehungen von einer gewissen Dauer und Intensität: zwei Menschen begegnen sich über einen bestimmten Zeitraum hinweg mehr oder weniger regelmäßig. Binäre Beziehungen werden in direkten Kontakten gepflegt und sind die kleinste Form einer echten Gemeinschaft. Gerade in einer Gesellschaft wie der unsrigen, die dem Individuum einen so wichtigen Stellenwert gibt, stehen binäre Beziehungen hoch im Kurs, weil sie mehr als andere Beziehungen nach sehr persönlichen Vorstellungen eingerichtet und somit flexibel und mobil dem eigenen Lebensstil angeglichen werden können.

Wir besprechen hier solche Zweierbeziehungen, die für das Christentum seit seinen Anfängen eine besondere spirituelle Tragweite haben: 1. Beziehungen der Bindung, 2. Beziehungen der Begleitung, 3. Beziehungen der Fürsorge.

1.1. Der reziproke Altruismus

Robert Trivers formulierte die Bedingungen, unter denen es sich für Gene auszahlt, wenn die von ihnen programmierten Organismen eigene Fitneßressourcen verwenden, um Nichtverwandten zu helfen. Organismen sollten immer dann Nichtverwandten Hilfe zuwenden, wenn sie im Gegenzug auf deren Hilfe rechnen können und die erhaltene Hilfe ihnen mehr wert ist als der eigene Aufwand, genauer gesagt, wenn das eigene Fitneßopfer durch den Fitneßertrag aus der Gegenleistung mehr als aufgewogen wird. Es handelt sich also gewissermaßen um ‚Geschäfte‘: Leistung um Leistung. Aus solchen Geschäften, aus den kleinen und großen Diensten, die wir einander erweisen, besteht unser menschliches Zusammenleben. Im Umgang mit Menschen, die uns nahestehen, verstehen wir diese Dienste allerdings normalerweise nicht als Geschäfte ... Elementare Voraussetzung dafür, daß sich der Austausch von Diensten und Ressourcen gewöhnlich für alle Beteiligten lohnt, ist der unterschiedliche Wert von Gaben oder Hilfen für Geber und Empfänger. Mit Diensten, die uns leichtfallen, oder Dingen, von denen wir

Wir wollen zunächst am Beispiel der Theorie des reziproken Altruismus zeigen, wie den Humanwissenschaften zufolge Beziehungen funktionieren, welche Motivationen den Beziehungen zugrunde liegen, und welchen Gewinn die Beziehungspartner durch die Beziehung für sich verbuchen können. ‚Reziproker Altruismus‘ heißt auf Deutsch ‚gegenseitige Uneigennützigkeit‘. Diese Theorie beschreibt, warum es für Menschen unter bestimmten Umständen lohnend ist, zu Nicht-Verwandten in freundschaftlicher Beziehung zu stehen (vgl. Voland). Der reziproke Altruismus eignet sich als Erklärungsmodell für binäre und meso-soziale Beziehungen. Wichtig für den reziproken Altruismus ist der direkte Kontakt der Beziehungspartner.

Zunächst eine knappe Darstellung des reziproken Altruismus:
Unabhängig von religiösen Einflüssen haben Menschen erkannt, daß es für sie unter bestimmten Umständen gut ist, sich auch in ihren Beziehungen zu Nicht-Verwandten ‚uneigennützig‘ zu verhalten, und zwar vor allem dann, wenn sie davon ausgehen müssen, dem anderen noch öfter zu begegnen.
‚Uneigennütziges‘ Verhalten ist dann ‚lohnend‘, wenn für eine Beziehung der Grundsatz gilt: Wir haben beide etwas davon, wenn wir uns gegenseitig einen Gefallen tun. Daraus entsteht dann auf beiden Seiten folgende Motivation zur ‚uneigennützigen‘ Hilfe für den anderen: Wenn ich dir einen Gefallen tue, kann ich davon ausgehen, daß du mir ebenfalls einen Gefallen tust, wenn ich deine Hilfe brauche.
Wir sehen, daß die Bedeutung des Wortes ‚uneigennützig‘ hier aufgeweicht wird. Im Grunde geht es hierbei nämlich um einen ziemlich eigennützigen Handel oder ein ziemlich eigennütziges Geschäft zwischen Menschen: ich tue etwas für dich, damit du (später) etwas für mich tust.

reichlich haben, helfen wir anderen aus. Manche Gaben und Hilfen kosten den Helfer fast nichts, haben aber großen Wert für den Adressaten, retten ihm wohl gar das Leben. Über kurz oder lang kommt auch der Helfer in die Lage, Hilfe zu brauchen. Erweist sich sein Gegenüber dann dankbar, dann hat sich ein vielleicht geringer Aufwand als lohnende Investition erwiesen.

Vowinckel, 101.

Selbst solche Formen menschlichen Zusammenlebens, in denen wir nach unserem Alltagsverständnis ein kalkulatorisches Element am wenigsten vermuten würden, und in denen es nach unserer moralischen Rhetorik am wenigsten zu suchen hat, können nach diesem Mechanismus funktionieren: die intimen Gefühlsbeziehungen zwischen Mann und Frau. Vowinckel beschreibt, wie auch hier ‚Handel‘ getrieben wird mit gegenseitigen Diensten und Leistungen: „Der Wandel der Lebensbedingungen hat zu relativen Kursverlusten traditionell männlicher Leistungen und Ressourcen und zu relativen Kursgewinnen traditionell weiblicher Leistungen und Ressourcen geführt, so daß die traditionellen Rollenbeziehungen mehr und mehr als unausgeglichen und ungerecht empfunden wurden. Was wir gegenwärtig erleben, ist der Versuch, die ‚Tarife‘ der Leistungen neu auszuhandeln und zu einem neuen Gleichgewicht von Leistungen und Gegenleistungen zu kommen. Hausarbeit und Berufsarbeit, Kinderkriegen und Karrieremachen, Heiraten und Beischlafen, ökonomische Selbständigkeit und die Risiken einer Scheidung, alles wird neu bewertet" (Vowinckel, 146).

Weil der ‚Handel‘ mit diesen Diensten und Leistungen oft funktioniert und Menschen aus Erfahrung wissen, daß es hierbei Vorteile für beide Seiten gibt, erscheint solch ein wechselseitiger Austausch von Diensten vielleicht einfach und selbstverständlich, doch in Wirklichkeit ist die Strategie der gegenseitigen Gefälligkeiten viel komplexer und zwar hauptsächlich durch die zahlreichen unvermeidlichen Konkurrenzsituationen. In solchen Situationen läßt sich nämlich die Spannung, daß Leistung und Gegenleistung meistens nicht gleichzeitig erfolgen, nicht mehr gut aushalten, und unkontrollierte Emotionen können das ‚Geschäft‘ verhindern, das sich eigentlich auch jetzt noch machen ließe.

Welches Verhalten vorteilhaft ist, wenn die Beteiligten damit rechnen müssen, einander immer wieder zu begegnen, haben Robert Trivers und Robert Axelrod in spieltheoretischen Modellüberlegungen gezeigt.
Als Sieger ging die einfachste aller angetretenen Strategien hervor. Ihre Bezeichnung TIT-FOR-TAT läßt sich deuten als ‚dies für das‘, ‚Zug um Zug‘, ‚Auge um Auge‘, ‚Zahn um Zahn‘ o.ä. Die Strategie besteht aus zwei Regeln: 1. Trage zunächst deinem Gegenüber durch eigene Hilfsbereitschaft eine Kooperationsbeziehung an. 2. Richte anschließend dein Verhalten nach dem seinigen, vergelte also Hilfe mit Hilfe und Ausbeutung mit Ausbeutung. Die Strategie ist freundlich, indem sie Kooperation anbietet, vergeltend, indem sie jede Untreue sogleich beim nächsten Spielzug durch Nichtkooperation vergilt, und verzeihend, indem sie nach der ersten Kooperation des Gegenübers gleichfalls zur Kooperation zurückkehrt.

Vowinckel, 104-105.

Nehmen wir als Beispiel die Situation, daß ein Ehepaar auseinandergehen will. Wenn beide klug sind und sich auf der Grundlage gegenseitiger Gefälligkeiten einigen können, sparen sie hohe Anwaltskosten, eine Menge Ärger und vertun ihre Zeit nicht mit sinnlosen Streitigkeiten, bei denen meistens beide viel zu verlieren haben. Doch die Ex-Partner befinden sich in einer Konkurrenzsituation und handeln nicht mehr automatisch nach dem Prinzip gegenseitiger Gefälligkeiten. Dennoch gibt es meistens genug gute Gründe, auch in dieser Situation miteinander zu kooperieren. Vor allem wenn bei Scheidungsprozessen Kinder im Spiel sind, ist die Strategie der gegenseitigen Gefälligkeiten immer die beste und wird von sozial intelligenten Partnern im Interesse der Kinder und damit auch in ihrem eigenen Interesse befolgt. Wenn dies den Partnern aus eigener Kraft nicht mehr gelingt, kann fachkundige Begleitung sehr zur Schadenbegrenzung beitragen. Je klarer den auseinandergehenden Partnern ist, daß sie sich wegen der Kinder und möglichen Enkelkinder in Zukunft immer wieder begegnen werden, desto mehr sind sie geneigt, miteinander zu kooperieren. Wir sehen also, daß Menschen mit sozialer Intelligenz sich die Strategie des reziproken Altruismus in persönlichen Problemsituationen zunutze machen und bewußt praktizieren können, auch wenn ihre emotionale Situation unter Druck geraten ist. Daß solche Menschen ihre Beziehungen befriedigender gestalten können als diejenigen, die sich von ihren Emotionen regieren lassen, steht außer Frage.

Gegenseitigkeitsbeziehungen werden instand gehalten durch einen Austausch an Diensten, Hilfen oder Gefühlen, für die in etwa mit gleicher Münze zurückbezahlt wird. Ich biete meine Hilfe und meine Dienste an, weil ich irgendwann in die Lage kommen kann, deinen Dienst und deine Hilfe zu brauchen. Ich kann meine Hilfe und meinen Dienst sogar aktiv und gezielt investieren, so daß ich dich damit zu Leistungen mir gegenüber verpflichte.

Dieser Mechanismus funktioniert allerdings nur so lange, wie beiden Beteiligten klar ist oder klar gemacht werden kann, daß sie sich gegenseitig etwas zu bieten haben. Wichtig ist in diesen Beziehungen also immer das ‚Geschäft‘, das man machen kann und die ‚Tarife‘, die dazu ausgehandelt werden sowie die beidseitige buchhalterische Kontrolle, unter denen die Geschäfte abgewickelt werden.

> Ihr habt gehört, daß gesagt worden ist: Auge um Auge und Zahn um Zahn. Ich aber sage euch: Leistet dem, der euch etwas Böses antut, keinen Widerstand, sondern wenn dich einer auf die rechte Wange schlägt, dann halt ihm auch die andere hin. Und wenn dich einer vor Gericht bringen will, um dir das Hemd wegzunehmen, dann laß ihm auch den Mantel. Und wenn dich einer zwingen will, eine Meile mit ihm zu gehen, dann geh zwei mit ihm. Wer dich bittet, dem gib, und wer von dir borgen will, den weise nicht ab.
>
> Mt 5,38-42.

Auch die Evangelien kennen den hier beschriebenen Mechanismus in zwischenmenschlichen Beziehungen, fordern aber ein Loskommen vom Aufrechnen der Dienste und Hilfen. „Wenn ihr nur die liebt, die euch lieben, welchen Dank erwartet ihr dafür? Auch die Sünder lieben die, von denen sie geliebt werden. Und wenn ihr nur denen Gutes tut, die euch Gutes tun, welchen Dank erwartet ihr dafür? Das tun auch die Sünder. Und wenn ihr nur denen etwas leiht, von denen ihr es zurückzubekommen hofft, welchen Dank erwartet ihr dafür? Auch die Sünder leihen Sündern in der Hoffnung, alles zurückzubekommen" (Lk 6,32-34).

Welchen Grund haben die Evangelien, die Handlungsstrategie des reziproken Altruismus um ein neues Handlungsmodell zu erweitern? Warum genügt das Ethos des ‚Auge um Auge‘ und ‚Zahn um Zahn‘ nicht? Immerhin werden Beziehungen mit dieser Strategie in gesundem Gleichgewicht gehalten – keiner kann den anderen ungestraft ausnutzen, und keiner braucht einseitig zu viel zu investieren.

Kurz zusammengefaßt beklagen die Evangelien, daß der Handel mit Diensten und Hilfen und das Einfordern von Lohn und Vergeltung unsere Beziehungen kleinhält. Wir leben in knechtischen Strukturen, wenn wir nur geben, um etwas dafür zurückzubekommen, wenn wir uns kaufen lassen und andere kaufen wollen. Liebe ist anders, und Liebe ist viel mehr.

> Umsonst habt ihr empfangen, umsonst sollt ihr geben.
>
> Mt 10,8.

Gott liebt uns. Er gibt, ohne daß wir bezahlen müssen. In der Apostelgeschichte (8,9-25) wird berichtet, wie Simon der Zauberer, versuchte, sich den Geist Gottes mit Geld zu kaufen. Petrus sagte zu ihm: „Dein Silber fahre mit dir ins Verderben, wenn du meinst, die Gabe Gottes lasse sich für Geld kaufen" (Apg. 8,20). Genauso wenig nützt es, aus Berechnung viele Gebete zu verrichten, häufig zu fasten und großzügige Almosen zu geben; Jesus entlarvt diese Haltung bei den Pharisäern: „Ihr redet den Leuten ein, daß ihr gerecht seid; aber Gott kennt euer Herz. Denn was die Menschen für großartig halten, das ist in den Augen Gottes ein Greuel" (Lk 16,15). Weder mit materiellen Dingen noch mit sogenannten geistigen Dingen will Gott mit sich handeln lassen. Er schenkt, und wir sollen offen und frei empfangen können. So bekommt unsere Beziehung zu ihm eine ganz neue Qualität.

> Jeder, der um meinetwillen Haus oder Brüder, Schwestern, Mutter, Vater, Kinder oder Äcker verlassen hat, wird das Hundertfache dafür empfangen:

So wie Gott mit uns umgeht, sollen auch wir miteinander umgehen. Das befreit unsere Beziehungen zur Liebe. Und diese Liebe lohnt sich mehr als jede Bezahlung, auf die wir Anspruch erheben könnten.

Die Strategie des reziproken Altruismus stabilisiert und optimiert

Jetzt in dieser Zeit wird er Häuser, Brüder, Schwestern, Mütter, Kinder und Äcker erhalten, wenn auch unter Verfolgungen, und in der kommenden Welt das ewige Leben.

Mk 10,29-30.

unsere Beziehungen, sofern wir für einander interessante Handelspartner sind. Das ist schon eine ganze Menge. Doch die Strategie der Evangelien geht weit darüber hinaus: sie stabilisiert und optimalisiert unsere Beziehungen, auch wenn wir keine interessanten Handelspartner füreinander sind – sie umfaßt also auch all jene für uns nutzlosen und armen Menschen, die uns nichts zu bieten haben und deshalb eigentlich unwichtig oder überflüssig für uns erscheinen.

Es gilt allerdings zu bedenken, daß Liebe nicht wie der reziproke Altruismus als moralisches Programm durchgezogen werden kann. Liebe ist in erster Linie Teilhabe an göttlichem Überfluß und Weitergabe von göttlichem Überfluß und deshalb nicht machbar und forcierbar – sie muß zuallererst einmal empfangen werden.

Lieben heißt: Ohne Gewinn- und Verlustberechnungen für einen anderen da sein können und gerade darin überreich bezahlt werden: mit einem sinnerfüllten, beglückenden, zutiefst vollkommenen Leben.

Ohne sich im einzelnen darüber Rechenschaft zu geben, spielen Menschen in ihren Beziehungen eigentlich meistens ein doppeltes Spiel: das Spiel von Axelrod (s. oben) und das Spiel der Evangelien, man könnte auch sagen: das Spiel sich selbst zu finden, um sich zu verlieren, und das Spiel sich selbst zu verlieren, um sich zu finden. Je besser das eine gelingt, um so mehr wird das andere mißlingen. Das eine läßt sich nicht mit dem anderen harmonisieren.

Wer das Leben gewinnen will, wird es verlieren; wer aber das Leben um meinetwillen verliert, wird es gewinnen.

Mt 10,39.

> Gott ist Garant dafür, daß es keine Dummheit ist, uneigennützig und umsonst zu geben, sondern daß dies Gewinn echten Lebens ist. Echtes Leben gewinnen bedeutet: lieben zu können wie Christus liebt (Joh 15,12), schenken zu können, wie der Vater im Himmel schenkt (Mt 5,45), vollkommen zu sein, wie der Vater im Himmel vollkommen ist (Mt 5,48). Auf diese Weise zu leben ist echtes, erfülltes Leben, ist Lebensgewinn, Lebenssinn.

Jetzt paßt gut auf: All die Menschen, die sich selbst so unordentlich lieben, daß sie Gott nicht anders dienen wollen als um ihres eigenen Gewinns und um ihres eigenen Lohnes willen, die trennen sich von Gott ab und bleiben unfrei und in ihrer Eigenheit; denn sie suchen und meinen sich selbst in all ihren Werken.

Weil sie im Innern untreu sind, wagen sie es nicht, Gott zu vertrauen. All ihr inneres Leben ist Zweifel und Angst, Mühe und Elend.

Ruusbroec, 51.

Wie kein anderer beschrieb der flämische Mystiker Jan van Ruusbroec († 1381) das Geheimnis der Liebe in seiner Schrift *Vanden blinckenden Steen*, wo er vier binäre Beziehungstypen nebeneinanderstellt: den bezahlten Knecht neben den treuen Knecht, den treuen Knecht neben den vertrauten Freund, den vertrauten Freund neben den verborgenen Sohn. Indem Ruusbroec diese Beziehungsmodelle nacheinander beschreibt, führt er den Leser immer tiefer von den Berechnungen des eigenen Vorteils weg und in das Geheimnis der Liebe ein. Motivationen werden unterschieden und eine Perspektive öffnet sich; Schritt für Schritt kann der Leser mitvollziehen, wie sich der bezahlte Knecht immer mehr zu einem liebenden Sohn entwickelt, der in allem Anteil hat an dem, was des Vaters ist. Dies geschieht dadurch, daß das Vertrauen auf Gott wächst, und es dem Menschen auf diese Weise möglich wird, die kleinkarierten Berechnungen loszulassen und Liebe im Übermaß zu empfangen.

Du sollst deinen Nächsten lieben wie dich selbst.

Mk 12,31.

Ebenso wie das Leben ohne Liebe zum Du kein erfülltes Leben sein kann, kann es das auch nicht ohne Liebe zum Ich. Liebe wird falsch verstanden, wenn sie nicht Nein sagen kann, keine Grenzen setzen kann, die eigene Person nicht miteinschließt. Es kann also nicht darum gehen, sich selbst außer acht zu lassen, für wertlos zu halten, sich gar von anderen mißbrauchen oder schänden zu lassen. Ein Mensch mit gesundem Selbstwertgefühl und stabiler Psyche, der sich des inneren Adels seiner Seele bewußt ist, ist in der Lage, beides zu tun: einerseits ohne Gewinn- und Verlustrechnungen für einen anderen da zu sein, und andererseits ohne falsche Selbstverleugnung auch für sich selbst da zu sein.

Wir wollen im folgenden die drei binären Beziehungstypen besprechen, die seit biblischen Zeiten für die Spiritualität von besonderem Interesse sind: Bindungsbeziehungen, Begleitungsbeziehungen, Fürsorgebeziehungen. Gerade in diesen Beziehungstypen kann das Verlangen nach wahrer uneigennütziger Liebe und das Wissen darum, daß solche Liebe wirklich möglich ist, von knechtischen Berechnungen befreien und zur Selbstgabe inspirieren.

1.2. Bindung
Ehe, Freundschaft, Elternschaft, Kindschaft, Verwandtschaft

Man ist geneigt, die Bindungsbeziehungen als wichtigste binäre Beziehungen zu bezeichnen, da die Bindung die umfassendste Form einer Zweierbeziehung darstellt. Einerseits schließt sie unweigerlich Aspekte der Begleitung und Fürsorge mit ein, andererseits steht Bindung für das Zentrum des eigenen Lebens, für die Heimat, das Zuhause. Binäre Bindungsbeziehungen finden wir in Partnerschaft und Ehe, in Freundschaften, in Elternschaft und Kindschaft, in Bluts- und Wahlverwandtschaft.

Was ist nun genau mit Bindung gemeint?
In Bindungsbeziehungen geht es, anders als in Begleitungs- oder Fürsorgebeziehungen, umfassend um die Personen selbst, die sich aneinander binden. Sie erfahren beieinander Gemeinschaft als bedingungslose Annahme ihrer ganzen Person, als Möglichkeit umfassender Zugehörigkeit. Beide Beziehungspartner teilen miteinander ein Stück ihres Lebens. Ohne den anderen wäre das Leben eines jeden nicht das, was es ist; beide sind füreinander nicht austauschbar. Sie gestalten ihre Verbundenheit mittels gemeinsamer Werthaltungen und Lebensanschauungen, gemeinsamer Überzeugungen und Umgangsweisen in der Beziehung, sie teilen oft wesentliche Ziele und Interessen, haben eventuell einen gemeinsamen Haushalt, gemeinsamen Geschmack, gemeinsame Aufgaben, sie befinden sich vielleicht in vergleichbaren Lebenssituationen, besitzen dasselbe Blut, dieselben Traditionen, geben einander Herkunft bzw. Zukunft. Allen Bindungsbeziehungen gemeinsam ist eine große persönliche Nähe, eine natürliche gegenseitige Hilfsbereitschaft, spontane Zuneigung und eine gegenseitige Verfügbarkeit.

Intimität ist jenes innige Gefühl der Verbundenheit mit anderen, das uns glücklich macht ... Intimität bedeutet: Wir führen eine gegenseitig aufrichtige, warme, fürsorgliche, sichere Beziehung – in der ein anderer sein kann, wer er oder sie ist, und wir sein können, wer wir sind – und beide Partner sich schätzen und achten. Gelegentlich tauchen Konflikte auf. Konflikte sind unvermeidbar. Manchmal gilt es, schwierige Gefühle aufzuarbeiten. Manchmal verändern sich Grenzen oder Begleitumstände von Beziehungen. Doch die Verbundenheit – das Band aus Liebe und Vertrauen – bleibt bestehen.
Beattie, 158.

Liebe, Nähe und Verbundenheit aufgrund paritätischer, persönlicher, umfassender und unmittelbarer Gemeinschaft sind also die wesentlichen Merkmale von Bindungsbeziehungen. Sie schaffen ein Gefühl von Heimat und Zuhause, sie umfassen das gegenseitige Füreinander-Dasein, die gegenseitige Anteilnahme und die gegenseitige Hilfe, wodurch weitere Liebe, Nähe und Verbundenheit genährt werden, d.h. sie erzeugen eine Atmosphäre von Intimität, die als Lebenselixier oder als Essenz aller Bedürfnisbefriedigung gilt und den Menschen in umfassendem Sinn gedeihen läßt.

1.2.1. Charakteristika einer gesunden Bindung

Ein Paar ist mehr als die Summe zweier Menschen. Die Kombination der Fähigkeiten potenziert die seelischen Kräfte. Das Paar bildet Realität, entwickelt Identität und ist in seelischen wie intellektuellen Leistungen dem einzelnen überlegen – sofern es kooperiert.

Moeller, 277.

1. Ein erstes Merkmal gesunder Bindung ist die paritätische Aufteilung der ‚Beziehungsgüter'. Damit ist gemeint, daß beide sich einbringen und auch zurücknehmen können und sich die jeweils zur Verfügung stehenden Ressourcen, Möglichkeiten, Gewichtungen entsprechend den jeweiligen Bedürfnissen zugestehen. Dabei sind zeitweise Schwankungen und Verschiebungen miteingeschlossen, langfristig gesehen bedarf es aber eines echten Gleichgewichts für eine stabile Bindung. In Bindungsbeziehungen leiten die Bedürfnisse und Möglichkeiten der konkreten Beziehungspartner dazu an, wie Ressourcen und Möglichkeiten aufgeteilt werden können und wie diese Aufteilung entsprechend der Entwicklung der Beziehung anzupassen und zu korrigieren ist.

Die Verwirklichung und Erfahrung von Intimität ist für den einzelnen immer nur in der Begegnung mit einigen wenigen möglich. Ich kann nicht zu beliebig vielen Menschen eine intime Beziehung unterhalten. Ich kann immer nur zu einigen wenigen Menschen eine tiefe, bedeutungsvolle Beziehung aufbauen. Je mehr angeblich intime Beziehungen ich unterhalte, desto weniger intim werden die jeweiligen Beziehungen.

Müller, 48.

2. Ein zweites Merkmal gesunder Bindung ist das Freisein oder sich Freihalten für den Bindungspartner. Zum einen steht jeder Bindung ihr ureigener Platz zu, der also zu reservieren ist. Dadurch entsteht je nach Bindungstyp eine mehr oder weniger starke Verbindlichkeit. Bei Partnerschaft und Freundschaft spricht man in diesem Zusammenhang von Treue. Zum andern bedarf es einer Bindungskompetenz auf beiden Seiten. Innere und äußere Unfreiheit eines Beteiligten führen entweder zu knechtischer Bindung oder zu Scheinbindungen. Im ersten Fall besteht Abhängigkeit z.B. durch nicht verarbeitete oder innerlich nicht gelöste alte Bindungen. Davon sind all jene Beziehungen betroffen, in denen einer der Partner sich kindlich an den anderen klammert und es nicht lernt, auf eigenen Beinen zu stehen. Im zweiten Fall gibt es dadurch, daß man zu sehr an sich selbst oder aber bereits anderweitig gebunden ist, zu wenig Tiefe und Ernst für eine Bindung. Wer z.B. sechzig Stunden in der Woche arbeitet, wird kaum genug Zeit für eine gute Ehe übrigbehalten. Man macht sich selbst und seinem Bindungspartner dann etwas vor, so daß es immer wieder zu Konflikten kommen muß, weil man nicht erfüllen kann, was man an Erwartungen weckt.

Vier Bereitschaften müssen gleichzeitig zusammenkommen: Die beiden Bereitschaften bei dir und mir lauten: daß ich gleichzeitig bereit bin, mich zu äußern und zu öffnen wie dir aufmerksam zuzuhören, und daß du zur selben Zeit ebenfalls zu beidem bereit bist. Der berüchtigte Satz: ‚Das hab ich dir doch schon tausendmal gesagt', zeigt unbarmherzig, wie wenig diese vierfache Bereitschaft gleichzeitig gegeben ist – selbst bei den Dingen, die einem offensichtlich wichtig sind.

Moeller, 189.

3. Ein drittes Merkmal gesunder Bindung ist der emotionale Austausch zwischen den Beteiligten. „Glückliche Paare unterscheiden sich von unglücklichen gerade durch die Intensität ihrer Gespräche. Sie reden nicht nur, weil sie glücklich sind. Vielmehr werden sie glücklich, weil sie reden" (Moeller, 43). Nähe, gegenseitige Verfügbarkeit, Füreinander-Dasein und Unterstützung werden dadurch geschaffen und erhalten, daß man einander ehrlich und umfassend mitteilt, was man fühlt, wo man steht, was ansteht und dergleichen mehr. Es geht darum, sich zu zeigen als der, der man ist, ohne Verstellung, Maske oder Zurückhaltung. Wo der emotionale Austausch fehlt, kommt nur eine schwache Bindung zustande, denn er ist der Schlüssel zur Intimität und, wie es scheint, ihr wichtigster Garant.

1.2.2. Die spirituelle Dimension

Es gibt viele Blockaden gegen Intimität und vertrauliche Beziehungen. Süchte und mißbräuchliche Verhaltensweisen verhindern Intimität. Ungelöste Probleme aus der eigenen familiären Vergangenheit erschweren Intimität. Kontrolle

Obgleich wir natürlich danach trachten können, unsere Bindungsbeziehungen gemäß den genannten Merkmalen zu gestalten, machen wir doch immer wieder die Erfahrung, dies aus eigener Kraft nicht durchhalten zu können, da wir in unseren menschlichen Konditionierungen, Leidenschaften, Verletzlichkeiten und Verletztheiten, Egotrips, Launen und vererbten Beziehungsstörungen befangen sind. Wir können zwar punktuell hin und wieder ausbrechen bzw. über unsere Begrenztheiten

beeinträchtigt Intimität. Unaus-
geglichene Beziehungen, in
denen die Kräfte zu unterschiedlich verteilt sind, lassen
Intimität nicht zu. Übertriebene
Fürsorge kann Intimität aus-
schließen. Wenn wir herumnör-
geln, uns zurückziehen oder
ganz abkapseln, kann Intimität
verletzt werden. Eine dieser
Blockaden ist (auch) der
Klatsch – wir reden über eine
Person, um sie herabzusetzen
oder zu verurteilen und uns
selbst in ein besseres Licht zu
rücken.

Beattie, 158-9.

Wir sind dafür geboren, uns
selbst zu überwinden ... Wir
sind dafür geboren – wir sind es
noch nicht. Wir sind Suchende,
und das ist die Essenz unseres
gegenwärtigen Menschseins.
Und in der Liebe haben wir die
Möglichkeit und die Notwendigkeit, uns gegenseitig bei der
Suche zu helfen.

Needleman, 31.

Es ist nicht gut, daß der
Mensch allein bleibt.

Gen 2,18.

Was die Begegnung zu einer
wirklich intimen Begegnung
macht, ist nicht die äußere Nähe, es ist die innere gegenseitige Umfassung, die sich konkretisiert in der Sorge füreinander,
der Offenheit miteinander und
einer tieferlebten inneren Verbundenheit. Ja, die andere Person ist ganz tief in mir angenommen, sie hat in meinem Inneren einen Platz, ich bin ihr in

hinauswachsen, speziell wenn wir lieben, doch würde dies allein nie
ausreichen, eine Bindung auf gesunde Weise aufrechtzuerhalten und
durchzuhalten. Wir besitzen weder genügend Einsicht in uns selbst
oder in unseren Bindungspartner, um zu ergründen, wie und warum
unsere Bindung ,funktioniert' oder ,nicht funktioniert', noch haben wir
die Kraft, zerbrochene Bindungen mit Willensanstrengung wiederher-
zustellen oder bestehende Bindungen mit Gewalt zu lösen. Weil Bindungen uns übersteigen, erfahren wir in ihnen die Wirkkraft einer höheren Macht.

Gott, der uns mit der Sehnsucht nach guten, unverbrüchlichen Bindungen ausgestattet hat, wird uns diese auch gewähren – nicht auf
Grund unserer menschlichen Kapazitäten, sondern vielmehr auf
Grund unserer Schwäche. Denn wenn wir uns selbst und unserem Gegenüber unsere Schwäche in Bezug auf Liebe, Nähe und Füreinander-
Dasein eingestehen und uns dennoch hoffnungsvoll dafür öffnen, daß
Gott uns gibt, was wir brauchen aber nicht machen können, überlassen
wir seinem verbindenden Heiligen Geist das Feld, und er wird es er-
obern. Bindung in Liebe kann man nicht durchsetzen, man kann sich
ihr nur anschließen.

Wichtig für gesunde Bindungsbeziehungen ist es, sich gegenseitig hierbei zu unterstützen. Das fördert die Fähigkeit zu immer wieder neuer
Umkehr und Umkehrbereitschaft bei den Beteiligten. Diese permanente Umkehrbereitschaft gleicht die Unvollkommenheitsprobleme aus
und schenkt die für nahe Beziehungen so wichtige Verläßlichkeit und
Stabilität.

1.2.3. Beispiel: Ehe

Die Ehe ist „etwas Gutes", ja sie gilt als „wirksames Zeichen der Gegenwart Christi" (Katechismus 1613). Die Ehe wird geschlossen, wenn
Mann und Frau sich frei von äußeren oder inneren Zwängen in Liebe
füreinander entscheiden (vgl. Katechismus 1625). Nichts anderes soll
uns in die Ehe treiben als die Liebe. Das ist das Fundament der Ehe.

„Die Heilige Schrift sagt, daß Mann und Frau füreinander geschaffen
sind" (Katechismus 1605). Das Bild der Erschaffung Evas aus der Rip-
pe Adams (Gen 2,22) bedeutet: Mann und Frau sind sich ebenbürtig,
stehen sich ganz nahe und werden einander von Gott als Hilfe gegeben
(Gen 2,18.20). Die Ehe bedeutet also: sich als gleichwertig respektieren, sich nah sein, sich gegenseitig helfen. Dadurch entsteht Einheit in
Liebe.

Wie erkennt man diese Liebe? Kann sie uns auch heute gut tun? Wie
können wir in dieser Liebe Gottes Gegenwart spüren? Das sind drän-
gende Fragen angesichts der immer noch steigenden Scheidungsrate
und der Unbeständigkeit vieler Beziehungen, die schon lange den
Glauben an eheliche Liebe verloren haben.

Wenn wir heute – was die Ehe betrifft – nüchtern Bilanz ziehen, können wir folgendes festhalten: Viele der früheren Gründe für das Zusammenleben der Menschen sind heute ungültig geworden. Die soziale
Akzeptanz alternativer Lebensstile, die zunehmende wirtschaftliche
Unabhängigkeit von Frauen, ein verändertes Rollenverständnis, die
freie Entscheidung über die Fortpflanzung und vieles andere mehr haben die äußeren und inneren Zwänge, die Paare in der Vergangenheit
zusammenhielten, immer mehr verschwinden lassen. Im Bann der sozialen und sexuellen Revolution des 20. Jahrhunderts haben wir

Innigkeit verbunden. Diese Intimität ist keine Sache von Sekunden und Minuten. Sie *ist*.
Sie ist mal stärker, mal näher
sichtbar und spürbar. Aber sie
ist da. Beständig.

Müller, 74.

Es ist das Geheimnis einer
plötzlichen Vermischung und
Vereinigung in ein einziges un-
unterscheidbares Sein von
Fleisch und Geist, von Himmel
und Erde, von menschlicher
und göttlicher Liebe. Der göttliche Geist berührt menschliches
Fleisch ... im brennenden Moment der erotischen Ekstase.
Wir sind Zeuge eines wirklichen
Sakraments: der Geist Gottes
dringt in das kosmische Element ein, ohne dabei aufzuhören Geist zu sein, das Fleisch
aber geht über in die Transzendenz des Geistes, ohne aufzuhören Fleisch zu sein.

Lampert, in: Müller, 97f.

Intimität, körperliche und emotionale, kann sich dann ausbreiten, wenn zwei Menschen
ihre Körper und das, was in ihnen ist, ihre Gefühle, ihre Gedanken, ihre Phantasien, ihre
Träume, ihre Hoffnungen und
Ängste miteinander teilen. Körperliche Nähe und Intimität
treffen dann auf eine psychische Nähe und Intimität und
umgekehrt. Jetzt sind auch die
Herzen der beiden füreinander
geöffnet.

Müller, 72.

In einer Gesellschaft, die der
Beziehung und der Liebe
schlechte Bedingungen bietet,
muß ein Paar gegensteuern
und sich einen Freiraum für die
eigene Entwicklung schaffen ...
Wir können nicht warten, bis
bessere gesellschaftliche Bedingungen entstanden sind, die
das derzeitige Paarsterben verhindern. Wir müssen sie für uns
selber schaffen. Zwiegespräche
sind eine ‚Politik des Paares‘,

gemeint, nun lieben zu können, wen und wann wir wollten. Das hat zu
großen Turbulenzen in den Paarbeziehungen geführt, doch wir waren
damit nicht glücklicher als vorher. Frustriert von den alten Regeln und
Bräuchen, die Menschen zwar äußerlich gefesselt aber nicht innerlich
verbunden haben, und ebenso frustriert von moderner Willkür und
Unverbindlichkeit, die Menschen zwar kurzzeitig zueinander gebracht
haben aber nicht wirklich vereinigen konnten, wird uns heute klar, daß
wir da eigentlich nur die eine Lieblosigkeit gegen die andere einge-
tauscht haben. Mit Einheit in Liebe, mit Nähe und gegenseitiger Hilfe
hat das wenig zu tun.

Die letzten Jahrzehnte haben aber auch viel Positives gebracht:
Wir fühlen uns befreit von falschen Gründen, die Paare genötigt haben,
zusammenzubleiben, selbst wenn die Partner sich mißachteten statt zu
respektieren. Wir können die Dinge heute benennen, wie sie sind: ein
solches Zusammenbleiben ist kein Sakrament, ein solches Zusammenbleiben tut nicht gut, es ist nicht Bild der Gegenwart Gottes.
Wir beginnen zu ahnen, daß die sexuelle Befreiung allein nicht genügt.
Vielen ist klar geworden, daß es eigentlich um ihre ganze Partnerbe-
ziehung geht, die in all ihren Aspekten zur Liebe befreit werden muß.
Zur Liebe befreit wird aber nur das, was in die Liebe hineingenommen
wird. Sich wirklich nah sein, sich gegenseitig helfen und sich respektieren geht nur, wenn all das, was wesentlich zu beiden Partnern gehört,
in die Intimität ihrer Liebesbeziehung hineingenommen wird.

> Intimität ist das, was die Liebe beständig machen kann. Gefragt ist
> heute eine Ehespiritualität, die uns verstehen läßt, was ganzheitli-
> che, beständige, intime Liebe ist, und der Sexualität darin ihren
> Platz gibt. Nur das kann uns wirklich befreien. Nur darin können
> wir heute ein tragfähiges Fundament für die Ehe finden.

Kern- und Angelpunkt der ganzheitlichen und beständigen Liebe ist
und bleibt die Erfahrung der intimen Vereinigung, die jedes Liebespaar
machen kann, das sich einander nicht nur sexuell, sondern auch emotional hingibt. Die Erfahrung solcher Intimität ist vielen Paaren verlorengegangen und muß neu erobert werden. Das wichtigste Hilfsmittel,
um die Intimität der Beziehung zurückzugewinnen, sind wesentliche
Gespräche: „Was not tut, ist eine neue Gewohnheit. Paare brauchen
eine regelmäßige Gelegenheit, ungestört, ausführlich und lebensbe-
gleitend miteinander zu reden, und zwar so, daß beide einander wirklich folgen können. Wenn ich mein Ideal der Partnerschaft nennen
soll, so sage ich: wechselseitiges Sichmiterleben. Dies wird durch die
wesentlichen Gespräche geschaffen" (Moeller, 45). Wesentliche Gespräche ermöglichen lebendige, zärtliche Intimität und das ist der beste
Nährboden für beständige Liebe.
Um lebendige Intimität und beständige Liebe geht es auch im Buch
Genesis, wo es heißt: „Darum verläßt der Mann Vater und Mutter und
bindet sich an seine Frau, und sie werden ein Fleisch" (Gen 2,24).
Nicht ohne Grund drückt die Bibel den komplexen Prozeß der ganz-
heitlichen und dauerhaften Bindung an einen Partner in seiner dyna-
mischen Perspektive aus. Erst müssen alte Bindungen gelöst werden.
Die Bindung an die Eltern steht hier für die vergangene, verblassende
Intimität, für das alte Zuhause.
Dann ist die Erfahrung der Vereinigung wichtig: Bein von meinem
Bein, Fleisch von meinem Fleisch (Gen 2,23). ‚Bein‘ oder ‚Fleisch‘

weil bessere Beziehungen nicht nur dem Paar zugute kommen, sondern auch den Kindern, das heißt den künftigen Generationen, wie auch allen Menschen, mit denen wir zusammen sind.

Moeller, 274.

Förderlich für gute Kommunikation:
- Entwickeln Sie Interesse für das Gesprächsthema Ihres Partners, über das er am liebsten spricht.
- Halten Sie eine Unterhaltung im Gleichgewicht.
- Nehmen Sie das Gespräch als Mittel, Ihren Partner zu informieren, zu fragen und zu verstehen.
- Schenken Sie einander Ihre ungeteilte Aufmerksamkeit.

Harley, 85f.

Aus persönlicher Erfahrung weiß ich, wie leicht ein Ehepaar sich verändern und auseinanderleben kann, wenn die Kommunikation in ihrer Ehe nicht stimmt ... (Meine Frau und ich) haben gelernt, uns gegenseitig in dem jeweils eigenen Interessengebiet zu unterstützen. Das bedeutet nicht, daß wir versucht hätten, den anderen zu bevormunden oder ihm eine Menge ungebetener Ratschläge zu erteilen. Mit diesem neuen Arrangement (sich für den Beruf des anderen zu interessieren) begannen sich unserer Interessengebiete langsam zu überschneiden und wir hatten gemeinsame Interessen. Wir bekamen wieder das Gefühl des Einsseins, das wir vor unserer Hochzeit gehabt hatten.

Harley, 81.

meint hier nicht nur den Körper, sondern die ganze Beziehung. „Die ganze Beziehung ist die erogene Zone" (Moeller, 112), die ganze Wirklichkeit beider Partner muß in die Erfahrung des ‚einen Fleisches' hineingenommen werden, dann wird auch die ganze Wirklichkeit beider Partner im Licht ihrer Liebe verwandelt. Wer dies verstanden hat, dem wird eine körperliche, physiologische, auf die Genitalzone beschränkte Sexualität als Vollzug der Ehe nicht ausreichen, ja sie muß ihm sogar verdächtig vorkommen, denn alles, was ausgegrenzt wird, macht sich selbständig, und hindert die beiden Partner daran, ‚ein Fleisch' zu werden.

Ohne die Erfahrung, über die ganze Beziehung vereinigt zu werden, kann der Mensch keine eheliche Bindung eingehen; und diese Erfahrung wird nicht bei jeder sexuellen Vereinigung gemacht, sondern nur, wenn beide Partner sich wirklich auf zärtliche Weise nah sind, sich gegenseitig respektieren und sich gegenseitig helfen.

Schließlich ist wichtig, daß beide Partner durch die Vereinigung nicht in einem statischen Sinn ‚ein Fleisch' *sind*, sondern daß sie in einen Prozeß eintreten, in dem sie ‚ein Fleisch' *werden* und es immer mehr werden können. Nicht für wenige Sekunden oder Minuten *sind* Mann und Frau ein Fleisch, sondern sie *werden* es in der Entwicklung ihrer Beziehung *beständig*, auch wenn dies nicht immer gleich deutlich zu spüren ist.

So mahnt die Ehe an, was in unserer heutigen individualistischen Gesellschaft an den Rand gedrängt worden ist, was vielen heute ein fernes, unerreichbares Ideal zu sein scheint. Der bekannte amerikanische Philosophieprofessor Jacob Needleman scheint in dieser Hinsicht bereits resigniert zu haben: „Wir können nicht wirklich behaupten ein Fleisch zu sein – unsere individualistische Kultur trägt diese Vision, als *Tatsache*, in der *Praxis* nicht länger. Wir können nicht einmal mehr behaupten, irgendeine Erfahrung davon zu haben" (Needleman, 45).

Sicher ist es richtig, daß unsere individualistische Kultur uns nicht hilft, ‚ein Fleisch' zu werden, aber sie fordert uns zum Widerspruch heraus. Die Kultur einer guten Ehe setzt ein sichtbares Zeichen gegen die Blockaden des Individualismus (wie Egoismus und Vereinsamung) und ist darum nicht nur ein Segen für das betreffende Paar und seine Kinder, sondern wirkt darüber hinaus auf die ganze Gesellschaft. Je mehr Mann und Frau in ihrer ganzen Beziehung ‚ein Fleisch' werden, desto weniger bedarf es äußerer oder innerer Zwänge, um sie zusammenzuhalten, desto mehr erweist sich die Liebe als das einzig rechtmäßige Band, das Mann und Frau beständig zusammenhält.

Liebe – das ist ihre eigentliche Definition – Liebe vereinigt: „Im Universum, in der Natur, zwischen Menschen und in uns selbst führt die Kraft der Liebe grundverschiedene und getrennte Wirklichkeiten zu Verschmelzung und Austausch" (Needleman, 11). Menschliches Lieben ist immer Teilhabe an dieser göttlichen Kraft zur Vereinigung. Nicht daß Menschen ihre Vereinigung machen oder bewerkstelligen können – sie können sich aber vom göttlichen Liebesfeuer in ihrer Sehnsucht nach Liebe abholen lassen und hineinnehmen lassen in die Ekstase der Vereinigung. Da begegnen sie dann nicht nur ihrem geliebten Partner, sondern auch Gott, der uns Menschen zu einem Leben in vereinigender Liebe berufen hat. Die Ehe nimmt diese Berufung ernst – auch heute, auch in Widerspruch zu unserem individualistischen Zeitgeist.

Gerade im sexuellen Zusammensein können zwei Menschen Gott lieben, danken und anbeten. Das Verlangen nach Vereinigung, zur Fülle gebracht in der sexuellen Liebe, kann Teil der Überschreitung des Ichs sein, das wir erfahren in unserem Bemühen, Gott spirituell zu lieben. Die Spiritualität muß sexuell sein, will sie menschliche Spiritualität sein. Wir lieben Gott entweder als mit Sexualität ausgestattete und leibhafte Wesen oder nicht.

Donnelly, in: Müller, 34.

Die körperliche Ekstase der Vereinigung ist Symbol für die umfassende spirituelle Ekstase der Vereinigung von Mann und Frau, auch wenn es vielen nicht bewußt ist. In der Ekstase der Vereinigung rühren Mann und Frau gemeinsam an das Wesen Gottes; gemeinsam lieben sie Gott, wenn sie sich als Paar lieben. Und in ihrer Liebe als Paar bilden sie Gottes Liebe ab.

> Keine andere Beziehung zeigt eindringlicher, wie Gottes Liebe ist. Darum ist die Ehe die spirituellste aller menschlichen Beziehungen und darum hat die Kirche sie in die Reihe der sieben Sakramente aufgenommen.

1.3. Begleitung
Pastorale, geistliche, therapeutische und pädagogische Begleitung

Nicht jeder kann jeden begleiten. Das ist eine – leider oft vergessene – Binsenwahrheit. Günstig ist ein gewisser Grad an Fremdheit. Die dadurch gegebene Distanz ist für die Begleitung eine Hilfe: Sie kann vor zu schnellen Festlegungen des anderen bewahren (‚Ah, das kenne ich schon ...‘) und die ‚Freiheit des Geistes‘ fördern. Kennen sich dagegen zwei Menschen sehr gut, bestehen intensive berufliche oder persönliche Kontakte oder gegenseitige Verpflichtungen, so ist es besser, jemand anderen als Begleiter zu wählen.
Es empfiehlt sich, daß beide diese Frage im Gebet vor Gott tragen, um nicht zu überstürzt zu entscheiden: Ist sie / er der / die richtige BegleiterIn für mich? Kann ich sie / ihn begleiten? Eine so entstandene Vereinbarung ist beständiger und weniger krisenanfällig als eine vorschnell getroffene.

Schaupp, 42.

Wie in Bindungsbeziehungen auch die Aspekte der Begleitung und der Fürsorge eine Rolle spielen, so finden sich in den meisten Begleitungsbeziehungen auch Aspekte von Fürsorge und Bindung. Begleitet werden Gläubige von ihren Seelsorgern, Gottsucher von ihren geistlichen Vätern und Müttern, Patienten von ihren Therapeuten, Therapeuten von ihren Supervisoren, Führungskräfte von ihren Coaches, Schüler von ihren Lehrern, Kinder von ihren Eltern.

Was ist mit Begleitung gemeint?
In ihrer ursprünglichen Bedeutung meint Begleitung, daß jemand, der auf der Reise ist, der Bekanntes verläßt und zu Unbekanntem und Neuem aufbricht, jemanden mitnimmt, der den Weg kennt und helfen kann, die Schwierigkeiten und Mühen zu meistern, die sich unterwegs ergeben können. Damit wird bereits angesprochen, was Begleitung im übertragenen Sinn bedeutet: Unterstützung dessen, der seinen Weg durchs Leben sucht. Dazu wird eine bestimmte Kompetenz gebraucht, das heißt ein Erfahrungsvorsprung und die Fähigkeit, diesen für andere nutzbar zu machen. Der Weg, der gegangen werden muß, und das Ziel, das erreicht werden soll, übersteigen die Kräfte dessen, der da unterwegs ist. Er holt sich deshalb Unterstützung bei einem anderen, von dem er meint, daß er diese Kompetenz besitzt. In Begleitungsbeziehungen wird Gemeinschaft als (vertraglich geregelte) Dienstleistung mit festgelegtem Auftrag und Gegenleistung erfahren. Nur solange kann jemand einen anderen begleiten, wie einerseits der Begleitete von der Kompetenz seines Begleiters überzeugt bleibt, und andererseits der Begleiter sich fähig fühlt, dem Begleiteten etwas zu vermitteln.

> Der Begleitete begibt sich in die Obhut des Begleiters. Das dadurch entstehende Machtgefälle wird erträglich, 1. weil der Erfahrenere mit seiner größeren Kompetenz auch eine größere Verantwortung trägt und laut Begleitungsauftrag in der Verpflichtung steht, in dieser übernommenen Aufgabe von eigenen Interessen abzusehen und für den anderen da zu sein, 2. weil der Begleitete freiwillig und nur für eine bestimmte Wegstrecke einem anderen Verantwortung überträgt. Unterstützung und Hilfestellung aufgrund von (vertraglich geregelter) Dienstleistung sind also die wesentlichen Merkmale von Begleitungsbeziehungen.

1.3.1. Charakteristika einer guten Begleitung

Die Herstellung eines guten persönlichen Kontaktes mit der Perspektive, daß dem Patienten geholfen werden wird, ist ... die wichtigste Voraussetzung für ein Gelingen der Therapie ... (Sie ist) eine Solidarisierung des Therapeuten mit den Heilungswünschen des Patienten, seinen guten Absichten und Lebenszielen. Und dies auf der Ebene zweier in ihrer jeweiligen Rolle verantwortlich handelnden Partner, die eine auf Wechselseitigkeit beruhende Kooperation miteinander vereinbaren und realisieren. Dies bedeutet, daß der Therapeut den Patienten auf dem Niveau seiner erwachsenen, gesunden Verantwortlichkeit und Entscheidungsfähigkeit anspricht und damit diese Aspekte seiner Persönlichkeit von vornherein voraussetzt, stärkt und fördert, zugleich aber die klinische Bedürftigkeit, Hilflosigkeit oder defiziente Position des Patienten genau wahrnimmt und akzeptiert.

Fürstenau, 83f.

Die Fähigkeit, sich der Führung des Therapeuten anzuvertrauen, und die Unterstützung, die der therapeutische Prozeß als solcher bietet, sind wesentlich für jedwede psychotherapeutische Arbeit.

Basch, 57.

Wirklich ernstgemeinte Fachkompetenz impliziert z.B. die Kritik an einer falsch verstandenen Abstinenz und Distanz des Begleitenden und verlangt den Mut zu persönlich ausgeübtem Einfluß auf andere Menschen ... (Ein Beispiel:) eine fachlich angemessene Form der Förderung von Patientenautonomie erfordert eine klinische Einschätzung dessen, was in einer bestimmten Situation der betreffende Patient wirklich selbst sinnvoll entscheiden kann und welche Schritte ich ihm dosiert in bestimmter Form durch steuernde Aktivitäten meinerseits vorzeichnen muß, um seine Autonomieentwicklung effektiv zu fördern.

Fürstenau, 168.

1. Ein erstes Merkmal guter Begleitung ist die Etablierung und Aufrechterhaltung eines guten persönlichen Kontaktes zwischen den zwei beteiligten Personen und das Installieren einer Perspektive der Hoffnung und des Gelingens, wenn nötig, unter beträchtlichem Einsatz des Begleiters. Es ist Aufgabe des Begleiters, einen guten, verantwortungsvollen Kontakt auf Erwachsenenebene aufzubauen und sicher zu etablieren, gleichzeitig aber auch angemessen haltgebende (Elternersatz-) Funktionen zu übernehmen. „Prinzip ist, die Kommunikation zwischen zwei in unterschiedlichen Rollen verantwortlich handelnden Partnern von Anfang an herzustellen und auch bei Belastung möglichst schnell wiederzugewinnen" (Fürstenau, 85). Die Beziehungsgestaltung obliegt also dem Begleiter und hat einen entscheidenden Einfluß auf den Erfolg der Begleitung.

2. Ein zweites Merkmal guter Begleitung ist das Sich-Einstellen des Begleiters auf den zu Begleitenden. Zunächst gilt es herauszufinden, ‚wo der Betreffende steht', welche Schwierigkeiten ihm zu schaffen machen, welches Rüstzeug er für deren Lösung mitbringt, welche Lernaufgaben vor ihm liegen und worum es dementsprechend in der Begleitung genau gehen soll. D.h. der Begleiter muß sich für die Eigenarten, die Probleme oder Symptome und die gegenwärtige Situation des zu Begleitenden ebenso interessieren wie für seine Stärken und Ressourcen, für seine Lösungen. Dabei hat er auch die Freiheit des Betreffenden zu respektieren, das eigene Leben nach eigenen Vorstellungen zu gestalten. Er hat sich darauf einzustellen und seine Begleitung daran anzupassen. Dies fordert vom Begleiter ein hohes Maß an Empathie – also das nötige Einfühlungsvermögen und intuitive Erfassen dessen, was im anderen vorgeht – und an Flexibilität bzgl. der jeweiligen Vorgehensweisen: sowohl die Methodik als auch das Setting als auch die Inhalte müssen variabel bleiben und für jeden Begleiteten neu zusammengestellt werden.

Vergleicht man diesen Prozeß mit einer Bergwanderung, so ist die Problematik des Begleiteten die Landschaft, seine Kondition und Ausrüstung sind seine Ressourcen, der Begleiter ist der Bergführer. Die Landschaft sieht also bei jedem Begleiteten anders aus, und der Begleiter muß sich jedesmal anders verhalten, um der begleiteten Person nah genug zu sein. Denn „beim Klettern ist der dir am nächsten kletternde Bergführer am nützlichsten für dich, denn der hundert Meter höher kletternde kann dir nicht viel helfen" (Skynner / Cleese, 63).

3. Ein drittes Merkmal guter Begleitung ist die solide Fachkompetenz des Begleiters, gepaart mit persönlicher innerer Reife. Wie die zwei vorhergehenden Merkmale ist auch dieses ein wichtiger Baustein für professionelle Begleitung. Fachliche Kompetenz beinhaltet das Wissen um die jeweiligen Wachstums- und Entwicklungsbedingungen, -gesetze und -sektoren in dem Bereich, in dem Begleitung übernommen wird, sowie die genaue Kenntnis der entsprechenden möglichen Störungsbilder, Blockaden und Abweichungen im Entwicklungsprozeß. Darüber hinaus heißt Fachkompetenz: eventuell auftretende Schwierigkeiten im Begleitungsprozeß erkennen und mittels angemessener Interventionen korrigierend eingreifen können. Die persönliche Reife des Begleiters gründet auf reflektierter Selbsterfahrung, Inanspruchnahme von Supervision, kollegialem Austausch, guter Weiterbildung und Lebenserfahrung. Sie führt zur Ausstrahlung persönlicher Integrität, die für eine erfolgreiche Begleitung unverzichtbar ist.

Mein Leitspruch für die therapeutische Arbeit: Konflikte und
Probleme im Hier und Jetzt erkennen, auf der Basis der Vergangenheit verstehen und neue
Wege/Lösungen für die Zukunft
finden.

Therapie-Führer Köln.

4. Ein viertes Merkmal guter Begleitung ist die bewußte Ausrichtung der Begleitung auf das (abgesprochene) Ziel. Bei therapeutischer Begleitung z. B. ist das allgemeine Ziel die Erkennung, Behandlung und Heilung emotionaler Krankheiten und Beziehungsstörungen. Die Erreichung des Ziels wird im klinischen Bereich – auf Freud zurückgehend – allgemein an der Arbeits- und Genußfähigkeit, die heute auch Beziehungsfähigkeit impliziert, festgemacht. Im ambulanten Bereich behilft man sich bisher noch mit dem Begriff der Symptomfreiheit. M. Basch formuliert positiv und spricht von der Wiederherstellung der Handlungsfähigkeit und des Selbstwertgefühls. Er geht davon aus, daß alle Menschen ein Grundbedürfnis nach Kompetenz in diesem Sinne haben, das heißt, Situationen herbeizuführen, in denen „man einigermaßen gut an die Umgebung angepaßt ist und gleichzeitig seine eigenen Bedürfnisse befriedigen kann" (vgl. Basch, 37). Für den Patienten empfiehlt sich bei der Suche nach dem richtigen psychotherapeutischen Begleiter durchaus ein Nachfragen nach den umfassenden Therapiezielen desselben, in Großstädten gibt es auch entsprechende Publikationen.

> Für eine gute Begleitung ist eine hohe fachliche, soziale und persönliche Kompetenz vonnöten, die mit aufrichtiger Integrität und Selbstzurücknahme, Vermittlung von Sicherheit und Hoffnung auf Erfolg verbunden sein muß, um beim Begleiteten das geforderte Vertrauen zu rechtfertigen und ihm immer wieder Mut zum Gelingen seines weiteren Weges zu vermitteln.

1.3.2. Die spirituelle Dimension der Begleitung

Die spirituelle Dimension der Begleitung wird berührt in der Erfahrung verschiedener Ambivalenzen bei der Begleitung, sowohl auf Seiten des Begleiters als auch auf Seiten des Begleiteten.

Beim Begleiter ist da die Ambivalenz zwischen einer gewissen Überforderung durch die anspruchsvolle Aufgabe einerseits und dem Selbstverständnis andererseits, Verbündeter und Diener des allen Entwicklungs- und Wachstumsaufgaben und -zielen zugrundeliegenden Lebensstroms oder Geistwirkens Gottes zu sein. Ein Therapeut etwa findet nicht immer die beste und schnellste Methode zur Problembewältigung, doch kann er sich darauf verlassen, daß in jedem seiner Patienten ein Heilungswille vorhanden ist, mit dem er sich solidarisieren und sich dadurch entlasten kann. Eltern sehen sich durch ihren Erziehungsauftrag hohen Anforderungen ausgesetzt, können sich aber gleichzeitig darauf verlassen, daß das, was sie versäumen oder nicht leisten können, ihren Kindern von anderer Seite zuwächst oder Teil der Lebensaufgabe bildet, für die Gott sie geschaffen hat.

Der Begleiter kann seine Ambivalenz also fruchtbar machen, indem er nicht nur auf seine erlernten Techniken, Kompetenzen und Pläne setzt, sondern gleichzeitig mit engagiertem Glauben, Hoffen und Lieben Heilung und Heil so geschehen läßt, wie es in dem Begleiteten wachsen will. Dazu ist immer viel Zeit notwendig; Gott läßt allmählich wachsen und reifen; wir dürfen in diese Prozesse nicht ungeduldig und mit Gewalt eingreifen – das würde nur alles zerstören.

Beim Begleiteten besteht die Ambivalenz darin, daß er einerseits nur selbst für sein Leben und seinen Weg verantwortlich sein kann und

Auf dem Weg des Lebens
braucht jeder Mensch ein Ge-
leit. Gerade weil auf allen Seiten Abgründe drohen und Feinde lauern, benötigt man einen
Führer, dem man vertrauen
kann, weil er Schutz gewährt,
und dessen Solidarität soweit
reicht, daß sie den Einsatz des
eigenen Lebens einschließt.
Die Diskussion um die religi-
onsgeschichtliche Herleitung

des Hirtenbildes beweist, daß damit ein universal verbreitetes, wenn auch in sich gefährliches Bedürfnis angesprochen ist, das Bedürfnis nach einer Autorität, der man sich blind unterwerfen möchte. Heilvoll kann eine solche Beziehung nur sein, wenn der Führer die Machtposition verweigert, und eine Beziehung anbietet, die auf wechselseitigem ‚Erkennen‘, auf Bewußtsein und freigebender Liebe beruht. Auch Mündigkeit gibt es nicht als pure Autarkie, sondern als Ergebnis einer Lebensbegleitung, die Anleitung und Auseinandersetzung umschließt.

Josuttis, 32-33.

ihm diese Verantwortung kein einziger, noch so guter Begleiter abnehmen kann, es aber andererseits Phasen und Passagen gibt, wo er den Überblick oder die Kontrolle verliert und wo eine Hilfestellung bei der Entschlüsselung der gegebenen Verwirrungen und Verstrickungen nicht nur angemessen, sondern sogar unerläßlich ist. Es gilt also eine Haltung zu finden und einzunehmen, die die Balance hält zwischen dem Vertrauen zum Begleiter und dem Vertrauen zu sich selbst als einem, der nicht nur körperlich sondern auch psychisch und geistig wachsen und erwachsen werden kann. Hilfe bei der Lebensinterpretation, Eröffnung neuer Blickwinkel auf ein altes Problem, Ermöglichung neuer Erfahrungen und Korrektur von Einstellungen – all dies gilt es für sich selbst neu zu entdecken nach dem Motto: Fragen, wie's gehen kann, ist wichtig, laufen muß und kann ich selber. Und das auch dann, wenn ich für eine kurze Wegstrecke einmal an die Hand genommen werde.

> Die Ambivalenz-Erfahrungen in der Begleitung geben Zugang zur spirituellen Dimension. Sie relativieren das eigene Machen bzw. die eigene Ohnmacht und geben dem Wehen des Geistes oder dem verborgenen Heilungswillen in jedem Menschen und den allgegenwärtigen Erneuerungs- und Transformationskräften Raum.

1.3.3. Beispiel: Pastorale Begleitung

Seelsorge ist die kompetente Begleitung bei der Suche nach dem Heiligen, sie bietet Orientierung im Bereich des Heiligen und leitet dazu an, Heiliges in den Alltag zu integrieren.

Aktuelle Bücher zur Seelsorge fordern daher vom Seelsorger über die berufliche Qualifikation hinaus *spirituelle* Fähigkeiten, um eine heute sinnvolle und erfolgreiche Pastoral praktizieren zu können. Welche Befähigung wird genau gemeint? Was braucht ein Priester/Pfarrer, ein Diakon, ein(e) Katechet(in), ein(e) Pastoralreferent(in), ein(e) Gemeindereferent(in), damit sie in den Gemeinden als Beauftragte der Institution Kirche kompetente Gesprächspartner in der Einzelseelsorge sind?

Wer heute ein pastoral kompetenter Gesprächspartner sein will, „braucht kein ‚integrierter Schamane‘ zu sein. Dennoch muß er sich auf eine Wachstumsreise zu einer heileren Existenz begeben. Er muß wenigstens anfanghaft erfahren haben, was Heil und Heilung in seinem eigenen Leben bedeuten, aus welchen Quellen sie kommen, welche Dynamik in ihnen steckt und wodurch sie verhindert werden. Die spirituelle Kraft von Seelsorgern und Seelsorgerinnen hängt eng zusammen mit der Reife ihrer Persönlichkeit" (Gmelch, 28). Mit anderen Worten: spezielle Kenntnisse, eine spezielle Ausbildung und spezielle Fertigkeiten sind notwendig und wichtig, aber mindestens ebenso wichtig ist die eigene Heilsgeschichte, die eigene geistige Entwicklung und spirituelle Erfahrung.

Für eine Therapie der Metanoia, des Umdenkens, des Standpunktwechsels, ist die Distanzfähigkeit oder Neutralität des Therapeuten mindestens ebenso wichtig wie Empathie und Mitgefühl. Identifikation als

Pastoral begleiten kann also nur, wer selbst mit Gott unterwegs ist, wer Erfahrungen mit dem geistlichen Weg hat, wer die Schwierigkeiten kennt, die einem dabei begegnen können, und die Kraftquellen und Rastplätze, die sich unterwegs finden lassen. Nicht daß der Seelsorger in dem Sinne begleiten und führen muß, daß er dem anderen zeigt,

Anhaften fördert Helfertum und Mitleidspathos, während die Praxis der Desidentifikation, der Selbstverleugnung, wie Jesus das nannte, der Boden ist für die Entwicklung von Mitgefühl und bedingungsloser Liebe.

Essen, 45.

wohin und wo entlang er zu gehen hat – er ist vielmehr einer, „der dem anderen den Vortritt läßt, nachgeht, hütet und weidet" (Bäumer / Plattig, 239), der sich in dem Sinne selbst verleugnet, daß er seinen eigenen Weg nicht zur Norm für andere macht – doch sollte er heilvolle Wege von unheilvollen Wegen unterscheiden können, er sollte auf Durststrecken Mut machen können, Sackgassen erkennen helfen, Gipfel und Tiefpunkte benennen können usw.. Dabei läßt er „seinen Talar zu Hause, seine liturgischen Geräte in der Sakristei. Er trägt nicht, wie auf dem Weg zum Altar, Bibel und Gesangbuch in seiner Hand. Er hat nichts in seinen Händen!" (Piper, 295f.). Herz und Hände hat er vielmehr frei für das, was im Leben des Begleiteten wachsen und werden will. So ermutigt er denjenigen, den er begleitet, sich Gottes Führung anzuvertrauen und sich einzulassen auf ein Leben mit Gott. Je nach konkreter Situation und dem persönlichen Bedürfnis des Begleiteten kann der Seelsorger mit Fingerspitzengefühl in sakramentalen oder allgemein verständlichen Zeichen diesen Prozeß unterstützen und deuten.

In diesem Absehen vom Besserwissen, in dieser Absichtslosigkeit liegt auch die Hoffnung, daß das Gespräch zum Wesentlichen kommt, theologisch gesprochen: daß der Heilige Geist am Werk ist. Das fordert den Seelsorger in seiner Hoffnung und in seinem Glauben heraus, ob er dem anderen zutraut, noch wachsen zu können, ob er glauben kann, daß der andere noch einen Schritt weiterkommen kann vor Gott oder einfach, ob er glauben kann, daß Gott da ist in der Beziehung.

Bäumer / Plattig, 241.

> Die spirituelle Kraft des Seelsorgers liegt darin, daß er auf das Heilige vertraut und daran glaubt, daß Gott gegenwärtig ist, wenn auch nicht immer erreichbar. Seine Kraft liegt darin, daß er trotz aller beruflichen Fertigkeiten, Techniken, Konzepte und Theorien die eigentliche Begleitung und Führung dem Heiligen Geist überläßt, der besser weiß, wohin und wo entlang wir zu gehen haben.

Eine Heilsgeschichte mit Gott gibt es nur, wenn alles, was zum Menschen gehört, in die Gottesbeziehung hineingenommen werden kann. Das ganze Leben will vor Gott eingesammelt und gedeutet werden.

Heute ein pastoral kompetenter Gesprächspartner sein, bedeutet deshalb, „sich für Alltäglichkeiten genauso zu interessieren wie für Höhe- und Tiefpunkte, für Erfolg und Glück ebenso wie für Niederlagen und Konflikte. Es bedeutet, der Tatsache Rechnung zu tragen und sich für sie zu interessieren, daß alle Erlebnisse eine spirituelle Dimension haben" (Hartmann, 50).

Gerade dadurch kann kirchliche Pastoral heilsam sein, zum Heil- und Ganzwerden der Menschen beitragen. Läßt kirchliche Pastoral sich hingegen etwa auf den Bereich Liturgie und Verkündigung, Katechese und Gemeindeorganisation zurückdrängen, wird sie nicht nur unwichtig und uninteressant, wenn es um die Sinnfrage des ganzen wirklichen konkreten Lebens geht, nein, sie ist auch nicht mehr in der Lage, Liturgie und Verkündigung, Katechese und Gemeinde mit dem Alltagsleben zu verbinden, den Alltag damit zu durchsäuern und als einen Alltag mit Gott zu deuten.

Freiheit und Verantwortung für das eigene Leben werden jedem Einzelnen nicht abgenommen; vielmehr soll ihm nur bei der Selbstentdeckung der persönlichen Heilsgeschichte geholfen werden. Mystagogik wäre demnach der kompetente Beistand bei der religiösen Selbstanalyse.

Josuttis, 32.

Eine heilsame Lebensdeutung erfordert mystagogische Kompetenz, um „Menschen vor jenes Geheimnis zu führen, das ihr Leben im Grunde immer schon ist: Das Geheimnis der Geschichte Gottes mit jeder und jedem einzelnen" (Zulehner, 188). SeelsorgerInnen brauchen also die Befähigung, Menschen mit dem Heiligen in Kontakt zu bringen, das in jedem Leben verborgen ist, oder anders gesagt: sie brauchen die Befähigung, heilsam, das Heil und die Heiligkeit fördernd, anwesend zu sein.

Das ist so etwas wie die Begleitung bei einer Geburt: mit Gott beginnt ein neues Leben. Darum spricht Josuttis von der ,Hebammenkunst pastoraler Führerschaft', worunter er die ‚Hilfe bei der je eigenen Lebensinterpretation' versteht.

> Pastorale Begleitung ist die heilsame Kunst, das Leben so, wie es ist, als ein Leben mit Gott zu deuten. Dabei geht es nicht darum, das Alltagsleben mit einer frommen Glasur zu überziehen, sondern in seiner heiligen Tiefe zu entdecken. Das braucht meistens viel Zeit und schließt mit ein, daß Zeiten des Unglaubens ehrlich ausgehalten werden und die Entwicklung nicht auf ein von außen auferlegtes Ziel hingedrängt wird.

Pfarrer und Pfarrerin führen in die verborgene Zone des Heiligen. Ihr initiatischer Beitrag zur Erbauung des Leibes Christi besteht darin, daß sie andere Menschen in das Geheimnis priesterlicher Existenz einweihen. Sie leiten zu einem Leben an, das durch den Vollzug von Gebet, Opfer und Segen Gott ehrt und dem Nächsten dient. Natürlich setzt das voraus, daß sie selber ein Leben führen, das von der Heilsmacht Gottes geprägt ist. Heiligung, dieser alte theologische Terminus, meint eine Gestaltung des eigenen Lebens aus der dynamischen Kraft des Heiligen.

Josuttis, 152.

Karl Rahner († 1984) fordert, daß die Mystagogie heute nicht nur einzelnen Predigern, den Aszeten oder Mystikern überlassen wird; auch der Seelsorger soll diese Aufgabe übernehmen, denn „der Mensch von heute wird auch in der Dimension seiner theoretischen, satzhaften Überzeugungen nur dann ein Glaubender sein, wenn er eine wirkliche echte, persönliche religiöse Erfahrung gemacht hat, immer neu macht und darin durch die Kirche eingeweiht wird" (Rahner, 269f.). Anders gesagt: Wenn der Glaube nicht aus dem unmittelbaren, persönlichen Kontakt mit dem Heiligen genährt wird, bleibt er blaß und blutleer, wenn er aber von Gott selbst geweckt und gestärkt wird, ist er lebendig und kraftvoll.

> Die persönliche Verwurzelung in der Gottesbeziehung ist Ziel spiritueller Seelsorge. Die spirituelle Seelsorge stellt sich dieser Herausforderung; sie ist sich bewußt, daß individuelle Begleitung aus diesem Grund heute noch dringlicher geworden ist.

Um ihrem vollen Auftrag gerecht zu werden, muß Seelsorge Therapeutisches und Spirituelles so in die vorgegebene Glaubenssubstanz integrieren, daß diese als Quelle von Lebenskraft und Heilung und nicht als Fremdkörper erfahren wird. Es geht darum, Menschen von heute lohnende, verheißungsvolle Wege anzubieten, die es ihnen ermöglichen, sich erlebnismäßig und rational mit den Wurzeln der christlichen Lebensanschauung und -deutung zu verbinden, so daß sie dort wieder eine geistige und emotionale Heimat finden.

Kreppold, 50.

Gibt es diese Seelsorge? Welche Wege führen dorthin?
Es scheint, daß die hier angedeutete Richtung heute vor allem von solchen Seelsorgern als zukunftsweisend erkannt und praktiziert wird, die ihre seelsorglichen Beziehungen als „eine unschätzbare Quelle der Kontemplation" (Nouwen, 102) begreifen. Nicht indem sie möglichst ohne große Einbußen die vorhandene Infrastruktur der Kirchen ins dritte Jahrtausend hinüberretten, stellen SeelsorgerInnen die christliche Pastoral der Zukunft sicher, sondern indem sie heute in ihren pastoralen Beziehungen Gott finden. Wenn sie offen sind für die spirituelle Berufung der ihnen Anvertrauten und wenn sie nicht nur von außen eine Botschaft an die Menschen herantragen, sondern von innen her die Sehnsucht nach dem lebendigen Gott wecken, der lebendig macht und befreit, der das Leben in Fülle schenkt, der wehrhaft macht und hoffen läßt – dann sind sie in der Lage, heilend und inspirierend die Gegenwart Gottes zu offenbaren. Gott ist dann kein ungewisser Glaubensinhalt mehr, kein unerreichbares Phantom, – er kann vielmehr zur Quelle des Lebens werden und diese Quelle des Lebens entspringt ganz konkret in seelsorglichen Beziehungen.
Eine der häufigsten Blockaden bei pastoraler Begleitung besteht darin, daß ein Seelsorger meint, er müsse dem Mangel seines Gegenübers (an Glauben, Hoffnung und Liebe) abhelfen, er müsse ihm etwas verkünden oder ihn unterweisen. Ein so motivierter Seelsorger schaut mehr auf vermeintliche spirituelle Defizite seines Gegenübers als auf diesen selbst; er verpaßt es deshalb, im Antlitz seines Gegenübers das Bild Gottes zu schauen.

Genauso blockiert wird Seelsorge, wenn sie sich auf der Ebene von Fertigkeiten und Techniken abspielt. Der Seelsorger betrachtet den Menschen dann durch eine professionelle Brille, und der andere kann nicht an das lebendige Bild Gottes herankommen, das der Seelsorger für seinen Gesprächspartner sein könnte.

> Gute Seelsorge ist Kontemplation und das heißt: in Ehrfurcht schauen, wie Gott im andern am Werk ist bzw. den anderen so ohne Vorbehalt anschauen, wie Gott ihn anschaut.

„So besehen, ist Kontemplation nicht nur ein wichtiger Aspekt im Leben des Priesters oder eine unerläßliche Bedingung für eine fruchtbare Seelsorge. Seelsorge *ist* Kontemplation. Von daher läßt sich Einzelseelsorge nie auf die Anwendung irgendwelcher Fertigkeiten oder Techniken einschränken, denn letztlich besteht sie im ständigen Suchen nach Gott im Leben der Menschen, denen wir dienen wollen. Das Paradox des Seelsorgdienstes liegt in der Tat darin, daß wir Gott, den wir den Menschen nahebringen wollen, im Leben dieser Menschen erst finden müssen" (Nouwen, 104).

1.4. Sorge
für den Kranken, Bedürftigen, Gefangenen, Fremden

Was wir bei den Bindungs- und Begleitungsbeziehungen festgehalten haben, gilt auch für die Fürsorgebeziehungen: in der Praxis lassen sich diese drei Beziehungstypen nicht immer scharf gegeneinander abgrenzen. Jede enthält meistens auch Aspekte der anderen beiden. Im folgenden soll die (Für-)Sorge für Hilfsbedürftige und Ausgegrenzte im Vordergrund stehen; Aspekte der Bindung und Begleitung werden in vielen Fürsorgebeziehungen im Hintergrund mitspielen.

Wir wollen hier nicht nur die mehr oder weniger weit entfernten und dem eigenen Lebensbezug unbekannten Bedürftigen wie etwa Leprakranke oder Aidskranke, Kriegsflüchtlinge, Bewohner von Großstadtghettos oder Bewohner von Behinderten- und Altenheimen, Insassen von Gefängnissen und Waisenkinder im Auge haben, sondern auch und zuerst Betroffene innerhalb des eigenen Lebensumfeldes wahrnehmen, sei es ‚das schwarze Schaf‘ der eigenen Familie, die alleinerziehende Freundin, die emotional bedrängten Nichten und Neffen oder Nachbarskinder, den kranken Bruder in der Psychiatrie oder die von Scheidung betroffene Schwester und die verwitwete Großtante, den im Suff steckenden Opa und die Mutter oder Tochter mit Eßstörungen, die befremdlichen lesbischen oder schwulen Verwandten. Damit sollen Patenschaften, Spenden, Aktionen, tätige Hilfe und Demos für uns persönlich unbekannte Bedürftige und Ausgegrenzte auf keinen Fall abgewertet werden – im Gegenteil besitzen sie ihren eigenen Stellenwert –, doch geht es hier vor allem um Fürsorgebeziehungen von einer gewissen Dauer und Intensität.

Was ist mit Sorge gemeint?
In Sorgebeziehungen geht es ähnlich wie in Begleitungsbeziehungen um zwei auf den ersten Blick ungleiche Partner, aber anders als bei der Begleitung handelt es sich bei der Sorge nicht um ein Arbeitsbündnis, um eine (mehr oder weniger vertraglich geregelte) Dienstleistung mit

Die Methode der systemischen Aufstellung lädt jedes Familienmitglied dazu ein, sich wieder im Zusammenhang wahrzunehmen und in ihn einzustimmen, und das gerade dann, wenn es vorher geleugnet oder ausgestoßen war (abgewertete Elternteile, abgetriebene Kinder, Sündenböcke, Minderheiten, Vertriebene usw.). Alle Teile werden (als Rollenspieler oder Symbole) solange zurechtgerückt oder rücken sich zurecht, bis Friede einkehrt. Und Friede kehrt ein, wenn jeder seinen Platz hat und sich gewürdigt fühlt.

Essen, 51.

Wir können für Menschen sorgen, wenn wir sie an uns heranlassen.
Nehmen wir z. B. den politischen Flüchtling, der in der

Heimat durchaus selbständig und kompetent sein Leben meistern konnte, durch die Flucht in die Fremde und den damit verbundenen Schwierigkeiten, Verlusten, Engpässen und Entbehrungen dies aber nun nicht mehr schafft. Er ist verfolgt, fremd, allein, erschöpft, kann sich möglicherweise nicht verständigen, ist oft ohne eigene Habe, ohne Identitätsnachweise, ohne finanzielle Reserven, ohne Arbeitserlaubnis, – kurz: ohne die üblichen Sicherheiten, Aktivitäten und Kontakte. Zudem ist er in einem Land, wo es schon Hunderttausende anderer Flüchtlinge in ähnlicher Lage gibt. Aber dadurch, daß er nun in *meinem* Land, in der *eigenen* Stadt, dem *eigenen* Viertel, der *eigenen* Straße auftaucht, ist er gar nicht mehr so weit weg, und ich muß prüfen, was ich für ihn tun könnte.

Maria Hense, Psychotherapeutin, Köln.

festgelegtem Auftrag und Gegenleistung – wobei zudem die Initiative von dem ausgeht, der die Begleitung wünscht –, sondern hier geht es um die freiwillige Initiative eines Stärkeren zum Wohle eines Bedürftigen. Einer Position der Fülle und des Überflusses in einem menschlichen Vermögen steht eine Situation der Notlage, der Sackgasse, des Mangels, der Schwäche im selben menschlichen Vermögen gegenüber. Die Fülle allein reicht aber noch nicht aus, damit Sorge entsteht. Erst in der Initiative des Starken für den Schwachen, d. h. wenn jemand die Notsituation wahrnehmen kann, wenn er hinsehen und mitkriegen kann, was los ist, wenn er sich kümmern will und kümmern kann, wird für einen Ausgleich gesorgt. Hier wird Gemeinschaft erfahren als Miteinander-Teilen. Je nach bedürftiger Person, je nach Umstand und je nach den Möglichkeiten des Helfers sind sehr unterschiedliche Maßnahmen gefragt: von der spontanen Bekundung von Mitgefühl und Verständnis über Kontaktaufnahme, (finanzielle) Unterstützung, Entlastung, Fürsprache und Schutzgewährung bis hin zur Pflege, ja bis hin zur Verteidigung fundamentaler Menschenrechte, dem Verleihen einer Stimme oder dem Ansprechen eines Problems bzw. der Konfrontation mit der Wahrheit.

> Konstitutiv für Fürsorgebeziehungen ist also, daß ein Mensch einem andern, der – meist nur im Hinblick auf eine bestimmte Angelegenheit – in einer Position der Unfähigkeit steckt, etwas zu geben vermag und außerdem bereit ist, die Initiative dazu zu ergreifen.
> Teilen und Ausgleichen aufgrund freiwilliger, solidarischer Gemeinschaft sind also die wesentlichen Merkmale von Fürsorgebeziehungen.

1.4.1. Charakteristika einer guten Fürsorge

1. Ein erstes Merkmal guter Fürsorge für andere ist die Fähigkeit zur guten Selbstfürsorge. Paradoxerweise scheint man nämlich um so besser für andere sorgen zu können, je mehr man gewohnheitsmäßig fürsorglich mit sich selbst umgeht. Damit ist gemeint, sich selbst Aufmerksamkeit angedeihen zu lassen, eigene Bedürftigkeiten ernstzunehmen, vernachlässigte oder abgespaltene Anteile seiner selbst liebevoll zurückzuholen und zu integrieren, sich selbst schonend und rücksichtsvoll zu begegnen, seine eigenen Schwächen und Unfähigkeiten voller Erbarmen in sich aufzunehmen und sich nicht zu überfordern. Übt man sich in dieser Fürsorglichkeit für sich selbst, wird man auch den Schwächen, Bedürftigkeiten und Notlagen anderer nicht aus einer Position der Überlegenheit oder falsch verstandenen Stärke begegnen, sondern im Bewußtsein eigener Mängel und Bedürftigkeiten erspüren können, wie in einer konkreten Situation Abhilfe geschaffen werden kann. Kurz gesagt: die Selbstfürsorge ist Einübung der Fürsorge für andere und Basis für eine umfassende Menschenfreundlichkeit. Sie fördert empathische Fähigkeiten und bewahrt vor dem Übel der Verhärtung des Herzens.

2. Ein zweites Merkmal guter Fürsorge ist die Fähigkeit, sich mit Hilfsbedürftigen solidarisieren zu können. Die Erkenntnis, daß es mir selbst manchmal genauso geht (oder gehen kann) wie diesem oder jenem Menschen in Not, daß ich selbst in irgendeiner Hinsicht bedürftig bin

Es gibt Menschen, die immer die Gebenden sein möchten und es niemals zustande bringen, die Nehmenden zu sein. Diese Unfähigkeit, zu nehmen, ist vielleicht der verletzendste menschliche Hochmut. Selbstverständlich ist Geben seliger denn Nehmen. Denn indem einer nimmt, macht er das freimütige und noble Geständnis, ein Bedürftiger zu sein, ein Schwacher, ein Bettler.

Werfel, in: Betz, 47.

Viel bedeutender als der Blick auf die Defizite des Pflegebedürftigen – daß er nach einem Schlaganfall z.B. nicht mehr gehen kann, daß er die Kontrolle über das Wasserlassen verloren hat –, ist der Blick auf die noch vorhandenen Fähigkeiten, die wiedererlangten Kompetenzen, daß er z.B. noch in der Lage ist, selbständig und mit Lust zu essen, daß er lesen kann, daß er wieder sprechen kann, daß er wieder beginnt, bei der Körperpflege am Waschbecken mitzuhelfen, sich selbst schön machen will. Solche aktivierende Pflege ist auf abwartende Kooperation angelegt.

Stegmann, 15.

Die Witwen mißachten sie nicht; die Waise befreien sie von dem, der sie mißhandelt. Wer hat, gibt neidlos dem, der nicht hat. Wenn sie einen Fremdling sehen, führen sie ihn in ihre Wohnung und freuen sich über ihn, wie über einen wirklichen Bruder. Wenn einer von ihren Armen aus der Welt scheidet und ihn irgendeiner von ihnen sieht, so sorgt er nach Vermögen für sein Begräbnis. Und hören sie, daß einer von ihnen wegen des Namens ihres Christus gefangen oder bedrängt ist, so sorgen alle für seinen Bedarf und befreien ihn, wo möglich.

Aristides, Apologie 15,7f.

(oder sein kann), gibt Anlaß zu einer Haltung der Solidarität und kann zu der Bereitschaft führen, den eigenen Überfluß mit anderen zu teilen. Solidarisches Handeln wird von beiden Seiten in sich selbst als Segen erfahren und bedarf keiner anderen Belohnung. Geteilt wird ganz einfach deshalb, weil man etwas zu teilen hat, dessen ein anderer bedarf. Die konkrete spontane Praxis des Sorgens schafft ein Klima warmer Menschlichkeit. Darum ist es so wichtig, das Sorgen für Arme, Schwache, Kranke, Einsame, Trauernde usw. nicht nur den entsprechenden Institutionen des Staates zu überlassen. Das persönliche Sorgen und Sich-Kümmern, ergänzend zur sozialen Gesetzgebung und zu den Verantwortlichkeiten hauptamtlicher Mitarbeiter im Sozialen Dienst, rettet in unserer Gesellschaft geschwisterliches Mitgefühl.

Wer allerdings aus Prestigegründen teilt oder offene Forderungen bzw. subtile Erpressungen mit seinen Gaben verbindet, ist weit entfernt vom Segen solidarischen Lebens.

Wenn man aus Gründen der Selbstfürsorge in einer bestimmten Situation nichts zu teilen hat, braucht man sich darüber kein Kopfzerbrechen zu machen – neue Gelegenheiten zum Teilen werden sich jedem immer wieder auftun.

3. Ein drittes Merkmal guter Fürsorge ist die Fähigkeit, bei sich selbst, beim Bedürftigen oder aus dem Umfeld Ressourcen zu mobilisieren. Jeder Mensch besitzt nämlich aufgrund seiner Talente, seiner Eigenschaften, seiner Ausbildung, seiner finanziellen und materiellen Mittel usw. Kapital und Reichtum. Dies zu erkennen und wirklich zu begreifen ist außerordentlich wichtig, da man sich 1. erst dann richtig bewußt wird, was man zu geben hat, und weil man 2. über die Bedürftigkeit, die im gegebenen Moment beim andern im Vordergrund steht, nicht die Vorzüge und Qualitäten des Betroffenen übersieht. Indem die starken Seiten des in eine Notlage geratenen Menschen ausdrücklich gewürdigt werden und er eine respektvolle Behandlung erfährt, kann man ihn über seine Problematik hinausführen und/oder seine lädierte Selbstachtung aufrichten helfen. Auf jeden Fall vermeidet man dadurch, jemanden in die Opferrolle zu drängen – er hat ja in anderer Hinsicht reichlich zu geben.

1.4.2. Die spirituelle Dimension der Fürsorge

Das selbstlose Liebeswerk dessen, der etwas zu geben hat, und das dankbare Empfangen dessen, der Not leidet, sind die zwei Seiten des *einen göttlichen Auftrags*, wie wir Menschen miteinander umgehen sollen. Aus spiritueller Sicht sind beide gleichwertig.

Für den Gebenden gilt: „Selig sind, die Besitz haben und die Einsicht gewinnen, daß ihr Reichtum vom Herrn stammt. Denn wer diese Einsicht gewinnt, ist imstande, einen Dienst zu leisten" (Hirte des Hermas, sim. II, 5-10). Und: „Heilt Kranke, weckt Tote auf, macht Aussätzige rein, treibt Dämonen aus! Umsonst habt ihr empfangen, umsonst sollt ihr geben" (Mt 10,8).

Für den Empfangenden gilt, daß er Gott für das empfangene Gut loben soll (Lk 17,15), daß er für den Wohltäter beten soll, daß er voll Vertrauen bitten soll (Mt 7,8-11), daß er ohne Begierde, Neid und Verschwendungssucht bitten soll (Jak 4,2-4), und daß es ihm zuallererst um das Reich Gottes gehen soll: „Macht euch also keine Sorgen und fragt nicht: ‚Was sollen wir essen? Was sollen wir trinken? Was sollen wir anziehen? Denn um all das geht es den Heiden. Euer himmlischer

Vater weiß, daß ihr das alles braucht. Euch aber muß es zuerst um sein Reich und um seine Gerechtigkeit gehen; dann wird euch alles andere dazugegeben" (Mt 6,31-33).

Wenn beides zusammenkommt, Freigebigkeit auf der einen Seite und Hunger und Durst nach einem Leben in geschwisterlicher Liebe auf der anderen Seite, kann das hohe Ideal verwirklicht werden, das in der Apostelgeschichte so formuliert ist: „Die Gemeinde der Gläubigen war ein Herz und eine Seele. Keiner nannte etwas von dem, was er hatte, sein Eigentum, sondern sie hatten alles gemeinsam" (Apg 4,32).

Weil wir Menschen aber zu eigensüchtigem Verhalten neigen – ganz gleich ob wir uns in der Rolle des Gebenden oder in der Rolle des Nehmenden befinden – funktioniert dieser ‚Liebeskommunismus' allerdings nur selten, nämlich nur in solchen kostbaren Augenblicken, in denen es keinem von beiden um den (materiellen) Wert der Gabe geht, sondern nur um die Liebe, die damit ausgedrückt wird und alles andere vergessen läßt.

Die Beschämung des Bedürftigen in Fürsorgebeziehungen ist als grober Fehltritt zu bewerten und muß unbedingt vermieden werden. Unseres Erachtens nach können beide Seiten, der Sorgende und der Versorgte, einen Beitrag dazu leisten, daß eine Beschämung vermieden wird.

Dem Gebenden gelingt das, indem er die Fürsorge für seine Mitmenschen als göttlichen Auftrag an ihn begreift: „Denn alles, was von Gott kommt, dient uns allen gemeinsam zum Gebrauch und niemand ist von seinen Wohltaten und Gaben ausgeschlossen, sondern das ganze Menschengeschlecht hat sich an der göttlichen Güte und Freigiebigkeit in gleicher Weise zu erfreuen. ... Der Besitzer also, der auf Erden nach diesem Vorbild der Gleichheitlichkeit seine Einkünfte und Erträgnisse mit seinen Brüdern teilt, ahmt Gott den Vater nach, indem er in seinen freiwilligen Spenden die Gleichheit wahrt und Gerechtigkeit übt" (Cyprian, de op.et el. 25).

Dem Nehmenden hilft der gleiche Glaube, nämlich daß Gott alles, was er geschaffen hat, *zum Wohl aller Menschen* geschaffen hat und nicht nur für einige wenige. Er kann also ohne Schuldgefühle oder Scham annehmen. Auch er erkennt in seiner Bitte einen Beitrag zur Verwirklichung des *einen göttlichen Auftrags*. Denn durch sein Bitten ermöglicht er es demjenigen, der Überfluß hat, in Nachahmung Gottes mit Wohltaten zu dienen. In diesem Bewußtsein kann einem das berühmte ‚vergelt's Gott' unbeschwerter über die Lippen gehen.

Mein Sohn, wenn dein Vater alt ist, nimm dich seiner an, und betrübe ihn nicht, solange er lebt. Wenn sein Verstand abnimmt, sieh es ihm nach, und beschäme ihn nicht in deiner Vollkraft!

Sir 3,12-13.

Ist dein Freund verarmt, beschäme ihn nicht, und versteck dich nicht vor ihm!

Sir 22,25.

Wer aber irdisches Vermögen besitzt und sieht, daß sein Bruder Mangel leidet, und verschließt (dennoch) sein Inneres vor ihm – wie kann die Liebe Gottes in ihm bleiben?

1 Joh 3,17.

Eigentum verpflichtet. Sein Gebrauch soll zugleich dem Wohl der Allgemeinheit dienen.

Grundgesetz § 14,2.

> Das Annehmen von Hilfe steht gleichwertig neben dem Gewähren von Hilfe, beide bedingen einander und gehören zusammen. Natürlich gibt es immer wieder Verwicklungen, Mißgeschicke und Fehlhaltungen und zwar auf beiden Seiten: Überlegenheitsgefühle, Prahlerei und dergleichen auf der einen Seite, Verschlossenheit, Nötigung, Scham auf der anderen. Dann wird verkannt, daß Geben und Nehmen zwei Seiten des einen göttlichen Auftrags geschwisterlichen Teilens sind.

1.4.3. Beispiel: Sorge für den Kranken

Gibt es keine Hilfe mehr für mich, ist mir jede Rettung entschwunden?

Ijob 6,13.

Auch für den umfassend versicherten Menschen der modernen westeuropäischen Gesellschaft ist Krankheit ein gefürchtetes Übel geblieben. Krankheit trifft einen oft unverhofft, und selbst wenn sie sich durch verschiedene Vorboten seit längerem ankündigt, stellen sich doch ähnliche Gefühle ein: Ohnmacht, Ausgeliefertsein, Hilflosigkeit, Angst, Trauer, Schmerz, Einsamkeit, Belastung, Überforderung und Wut.

Da ist nicht nur die Krankheit selbst, die einem zu schaffen macht. Der Verlust der Gesundheit bedeutet auch: aus den gewohnten Lebensrhythmen gerissen werden, am Leben nicht mehr wie gewohnt teilhaben können, aus der Familie und dem Freundeskreis isoliert werden, an die Gebrechlichkeit und Endlichkeit des Lebens erinnert werden, eventuell mit bleibenden Schäden und Einschränkungen konfrontiert werden, oftmals große Schmerzen ertragen müssen, finanziellen Belastungen ausgesetzt sein, eventuell bleibend große Summen für die notwendige Behandlung aufbringen müssen, den Arbeitsplatz gefährdet sehen oder sogar verlieren. Krankheit geht daher immer mit Streß einher, weil wir uns auf schwierigere Lebensumstände einstellen müssen. Falls es sich um eine gesellschaftlich geächtete Krankheit (z.B. Alkoholabhängigkeit) handelt, kommt noch zusätzlich Druck durch Scham- und Schuldgefühle beim Betroffenen und bei den Angehörigen hinzu. Und schließlich sind da noch bei manch einer Krankheit die Bedrohung durch den Tod und die damit verbundenen Ängste und Sorgen.

Wenn wir bei Krankheit füreinander Sorge tragen wollen, werden wir die oben beschriebenen, mit dem Kranksein verbundenen inneren Vorgänge und äußeren Realitäten zu berücksichtigen haben.

Ganz allgemein ist zu bedenken

Die drei Freunde Ijobs hörten von all dem Bösen, das über ihn gekommen war. Und sie kamen, jeder aus seiner Heimat ... Sie vereinbarten hinzugehen, um ihm ihre Teilnahme zu bezeigen und um ihn zu trösten.
Ijob 2,11-12.

1. Manche Bedürfnisse eines Kranken sind für den Sorgenden leicht nachvollziehbar und dementsprechend einfach zu beantworten. Dazu gehört z.B. das Bedürfnis nach Kontakt. Der Krankenbesuch ist ganz wichtig und vermag viele der mit dem Kranksein verbundenen Probleme zu lindern. Die Isolation wird durchbrochen, der Besucher kann Anteilnahme, Trost, Zuspruch, Verständnis, emotionale und materielle Unterstützung vermitteln und als Brücke zum Leben draußen dienen. Besuch ist meist mit Freude und Abwechslung verbunden, die Beschwerden und Nöte können eine Weile in den Hintergrund treten. Der Kranke kann Bitten äußern, sich versorgen lassen, andere für sich dasein lassen, Zuneigung und Liebe fühlen. Außerdem helfen ihm Besuche, durch seine momentanen Schwierigkeiten ‚vergessene' schöne Tage sowie durch die akute Not ‚vergessene' Lebenshilfen und Glaubensüberzeugungen wieder zu erinnern und sich so innerlich gegen die Dominanz der Krankheit zu stärken. Manchmal benötigt ein Kranker auch ganz ausdrücklich korrigierende Unterstützung beim Umgang mit seiner Krankheit: sei es die Ermutigung, sich auf seine Krankheit einzulassen, sei es im Gegenteil den Einwand, sich nicht in sie hineinzusteigern; sei es die Rückbeziehung auf den helfenden Gott, oder sei es das Aussprechen der Gottverlorenheit, der abgründigen Verzweiflung, der Hoffnungslosigkeit.

Je besser organisiert, delegiert, auf viele Schultern und Verantwortlichkeiten verteilt, je sensibler von Anfang an auf ,Psychohygiene', auf das ‚Sichselber-gut-Sein', auf das ‚Erbarmen' mit dem Patienten und

2. Neben dem Bedürfnis nach Kontakt steht meistens das Bedürfnis nach Pflege stark im Vordergrund. Wer krank ist, kann oft nicht mehr selbst für sich sorgen. Er braucht tägliche Betreuung, um seine Grundbedürfnisse nach Nahrung, Wärme und Sauberkeit zu befriedigen. Unterstützend zur medizinischen und therapeutischen Versorgung braucht ein(e) Kranke(r) zudem meistens besondere Pflege hinsichtlich

des erkrankten Körperteils sowie Assistenz bei vielen alltäglichen Handlungen, die durch die Krankheit nur eingeschränkt möglich sind. Als Kranker erfährt man hier auf ganz unmittelbare Weise das Angenommensein in der eigenen Bedürftigkeit. Die menschliche Würde des Kranken, sein Gefühl wertvoll und wichtig zu sein, wird gerade durch achtsame und umfassende Pflege während einer Zeit der Schwäche bewahrt und bestätigt. Weltberühmtes Beispiel für einen ehrfürchtigen Umgang mit Kranken und Sterbenden ist der Orden der Kleinen Schwestern von Mutter Theresa.

3. Weniger ein Bedürfnis als eine bittere Notwendigkeit ist für Kranke meistens die Übertragung ihrer Aufgaben und Ämter auf andere. Die Erledigung der beruflichen Arbeiten und Pflichten, die Versorgung von Kindern und Tieren, das Sich-Kümmern um Wohnung oder Garten u.a. muß aus der Hand gegeben werden. Das fällt vielen Menschen schwer. Selbständigkeit, Bewegungsfreiheit und den eigenen Stil einbüßen müssen ist für manch einen noch schlimmer als die Krankheit selbst. Auf der anderen Seite kann es aber auch Erleichterung verschaffen, wenn jemand da ist, der Verantwortung übernehmen kann und die anstehenden Aufgaben zeitweilig auf sich nimmt. Nur wenn diesbezüglich eine gute Regelung gefunden wird, kann der Erkrankte seine momentane Situation gelassener hinnehmen.

Manchmal ist mit dem Kranksein allerdings eine größere Lebenskrise verbunden oder eine Lebensbilanz zu ziehen und wir sind ganz speziell gefordert. Reicht unsere eigene Lebenserfahrung und persönliche Reife aus, oder ist es angebracht, an dieser Stelle an einen Fachmann, eine Fachfrau weiterzugeben? Haben wir Vergleichbares selbst schon einmal durchgemacht und bewältigt, haben wir uns entsprechenden Anfechtungen gestellt und auf ähnliche Fragen Antworten errungen? Trauen wir uns zu, einen Teil der Ohnmacht mitzutragen, wenn sonst nichts mehr zu tun bleibt? In wieweit sind wir selbst letzten Fragen bisher schon begegnet?

Im besonderen ist also zu bedenken

1. Eine fundamentale Kompetenz in bezug auf Krankheit stellt sich ein, wenn wir anfangen, unsere Krankheiten als immanenten Teil unseres Lebens zu begreifen. Krankheit gehört zum menschlichen Leben; ich kann sie zwar verdrängen und leugnen, ich kann sie als unmenschlich ablehnen – doch dadurch wird sie nicht aus meinem Leben verschwinden. Diese Erkenntnis in die Lebenspraxis hineinzunehmen fällt aber nicht leicht. Oft kommt es zu Abwehrreaktionen, zu Wut und Zweifeln an der Liebe Gottes oder an seiner Existenz. Mit meiner Vergänglichkeit und – darin verborgen – mit meiner Machtlosigkeit konfrontiert zu werden, tut weh. Angesichts von Krankheit, Leid und Tod ist immer eine neue Suche nach Sinn notwendig.
Und doch liegt die größte Hilfe zum lebensfördernden Umgang mit uns selbst gerade darin, JA zu sagen zum eigenen Leben, auch wenn es durch Krankheit beeinträchtigt ist. Das eigene Leben als krankes, um Genesung schreiendes Leben wahrnehmen und annehmen, ist nicht leicht. Worauf vertrauen in einer Erfahrung tiefer Heil-losigkeit? Worauf hoffen, wenn Therapien nicht (mehr) greifen? Vielleicht gibt es manchmal keine Hoffnung und kein Vertrauen mehr – solange es aber

---

Marginal notes:

dem Pflegenden und eben nicht auf das heroische ‚Opfer' geachtet wird, desto stabiler und zufriedenstellender wird Pflege miteinander wachsen. Pflege und Heldentum schließen sich wohl aus.
Stegmann, 15.

Da sie von fern aufblickten, erkannten sie ihn nicht; sie schrien auf und weinten. Jeder zerriß sein Gewand; sie streuten Asche über ihr Haupt gegen den Himmel. Sie saßen bei ihm auf der Erde sieben Tage und sieben Nächte; keiner sprach ein Wort zu ihm. Denn sie sahen, daß sein Schmerz sehr groß war.
Ijob, 2,12f.

Sagen Sie JA zu Ihrem Leben, denn dieses Wort kann Ihr ganzes Leben verändern. Denken Sie JA, fühlen Sie JA. Sagen Sie JA, wenn ein Problem vor Ihnen liegt. Schieben Sie es nicht vor sich her, denn mit NEIN löst man keine Probleme. Erledigen Sie Ihr Problem. Sofort werden Sie sich freier fühlen. NEIN macht nur ärgerlich, und Sie haben jeden Tag von neuem das gleiche Problem. Sagen Sie JA, wenn Sie die Straßenbahn verpaßt haben oder wenn unangemeldet Besuch kommt, obwohl Sie gerade weggehen wollten. Sagen Sie JA zum verregneten Urlaub, denn mit einem NEIN wird nichts, aber auch gar nichts besser. Auch ein verregneter

Urlaub kann Spaß machen, wenn Sie innerlich heiter und gelöst bleiben. Denn JA ist Medizin, mit JA geht alles besser. JA macht die Freude größer und die Sorgen kleiner – JA macht das Leben wieder lebenswert.

Teppenwein, 167.

Der Herr ist mein Hirte, nichts wird mir fehlen. Er läßt mich lagern auf grünen Auen und führt mich zum Ruheplatz am Wasser.
Muß ich auch wandern in finsterer Schlucht, ich fürchte kein Unheil; denn du bist bei mir, dein Stock und dein Stab geben mir Zuversicht.
Lauter Güte und Huld werden mir folgen mein Leben lang, und im Haus des Herrn darf ich wohnen für lange Zeit.

Ps 23,1-2.4.6.

Dahin sind meine Tage, zunichte meine Pläne, meine Herzenswünsche ... Ich habe keine Hoffnung. Die Unterwelt wird mein Haus, in der Finsternis breite ich mein Lager aus. Zur Grube rufe ich: Mein Vater bist du! ... Wo ist dann meine Hoffnung und wo mein Glück?

Ijob 17,11ff.

In ihrem Buch *Interviews mit Sterbenden* schildert Elisabeth Kübler-Ross fünf Phasen des Sterbeprozesses. Auf eine erste Phase der Verleugnung und Isolierung folgt eine zweite der Wut und Auflehnung und eine dritte des Verhandelns. In einem vierten Schritt kann Trauer zugelassen werden und in der fünften Phase kommt es zur Akzeptanz und Zustimmung zum eigenen Schicksal.

Kübler-Ross.

noch Sorge gibt, gibt es auch das JA zum kranken Leben. Es ist schön, wenn auch der Kranke dieses JA mitsprechen kann, wenn ihn diejenigen, die für ihn sorgen, zu diesem JA ermutigen können, und wenn er spürt, daß er darin auch selbst gut für sich sorgt. Wer sich darin übt, eine grundsätzlich bejahende Haltung gerade auch gegenüber krankem und leidvollem Leben einzunehmen, wird diese äußerst wirksame Bewältigungsstrategie bald nicht mehr missen mögen.

2. Voraussetzung für diese Haltung ist ein umfassendes Gottvertrauen, das im jüdisch-christlichen Kulturkreis durch das Bild von Gott als dem Guten Hirten symbolisiert wird. So beginnt Psalm 23 auch zunächst mit der Etablierung dieses Bildes, bevor er sich den Herausforderungen des Lebens stellt. Aufgefangen in dem Bewußtsein, daß Gott die Menschen nie verläßt, sondern daß er immer und überallhin mitgeht und auch in der äußersten Not hütend und sorgend gegenwärtig bleibt, können auch finstere und schwierige Lebensphasen durchgehalten werden.
Auch in anderen Religionen gibt es entsprechende Leitbilder für diese Haltung grundsätzlichen Vertrauens. So benutzen Moslems etwa bei allen Ereignissen des Lebens die Formel: ‚Gott ist größer‘, das heißt also beispielsweise: ‚Gott ist größer als Krankheit‘, ein sehr knappes und doch ebenso wirkungsvolles Bild.

3. Trotzdem müssen wir jedem Kranken auch Phasen der Verzweiflung und Hoffnungslosigkeit zugestehen und nicht vorschnell dagegen anreden oder anhoffen wollen. Angesichts einer solchen Erfahrung, wie Ijob sie beispielsweise machte, dürfen wir ruhig erst einmal dem Wunsch nach Ruhe im Tod lauschen und vor der Unerträglichkeit der schmerzlichen Lage schweigen. Wir dürfen dem Kranken seine Wut, sein Leid, seine Angst, seine Ohnmacht lassen. Keinesfalls dürfen wir ihm aber zusätzlich zu allem, was er durchmacht, auch noch die Schuld für seine Situation in die Schuhe schieben. Sonst werden wir Ähnliches zu hören bekommen, wie Ijob es seinen Freunden in seiner Not entgegenschleuderte: „Ihr aber seid nur Lügentüncher, untaugliche Ärzte alle. Daß ihr endlich schweigen wolltet; das würde Weisheit für euch sein. Eure Merksätze sind Sprüche aus Staub, eure Schilde Schilde aus Lehm. Hört nun genau auf meine Rede, was ich erkläre vor euren Ohren" (Ijob, 13,4-5.12.17). Und wir müßten wie Ijobs Freunde feststellen, daß Gott dem Kranken Recht gibt und für ihn Partei ergreift, wenn wir ihn mit falschen Gottesvorstellungen noch zusätzlich belasten: „Als der Herr diese Worte zu Ijob gesprochen hatte, sagte der Herr zu Elifas von Teman: Mein Zorn ist entbrannt gegen dich und deine beiden Gefährten, weil ihr über mich nicht die Wahrheit gesprochen habt wie mein Knecht Ijob" (Ijob, 42,7).

4. Sich einer gravierenden Krankheit wirklich zu stellen, erfordert viel Kraft; es bedarf großen Mutes, der Klugheit, Weisheit, Geduld, Tapferkeit, Disziplin und Ausdauer, des Glaubens und Vertrauens. Und natürlich bedarf es auch der Unterstützung und des Beistands von Außen. Das ist eine riesige Herausforderung für die Betroffenen und für diejenigen, deren Sorge sie sich anvertrauen. Oft muß der Betroffene sich durch eine dicke Schicht von Enttäuschung über Mängel und Verluste, sowie Groll und Zorn auf die Ungerechtigkeiten des Lebens hindurcharbeiten und wie Ijob endlos mit seinen Freunden über seine Gottverlassenheit in der Krankheit streiten, klagen und lamentieren

und sich solange ‚austoben‘, bis alles herausgeschrien und gewütet ist. Das kann für die Umgebung recht belastend sein. Auch Ijobs Freunden wird es zwischendurch zuviel, so daß ein weiterer hinzutritt und ihre Funktion übernimmt (vgl. Ijob 32ff). Er kann eine neue Sichtweise anbieten und so scheint eine innere Stille einzutreten, in der der Kranke offen wird für die Akzeptanz seiner Lage. Ijob hört am Tiefpunkt seines Lebens Gottes Stimme, d.h. es wird ihm eine Gottesbegegnung zuteil, die ihn mit seinem Schicksal versöhnt: „Vom Hörensagen nur hatte ich von dir vernommen; jetzt aber hat mein Auge dich geschaut. Darum widerrufe ich und atme auf, in Staub und Asche" (Ijob 42,5-6).

☞ Das Leben in Bindungs-, Begleitungs- und Fürsorgebeziehungen eröffnet allen Beteiligten geistliche Reife- und Umformungsprozesse. Die Beziehungspartner können sich gegenseitig in ihrer Weiterentwicklung unterstützen oder aber sich gegenseitig hindern. Befreiende und heilvolle Umformung wird um so besser gelingen, je mehr sich beide Beziehungspartner auf gemeinsame neue Aufbrüche einlassen.

2. Das Gesicht in der Gruppe
Spiritualität in meso-sozialen Beziehungen

Meso-soziale Beziehungen

> Unter meso-sozialen Beziehungen verstehen wir hier Beziehungen
> innerhalb einer Gruppe oder zu einer Gruppe, wobei die Beziehungspartner sich gegenseitig kennen und gemeinsam wichtige Erfahrungen machen bzw. austauschen. Meso-soziale Beziehungen
> werden außer in direkten Kontakten auch über Repräsentanten der
> Gruppe, Teilgemeinschaften, Rundschreiben, Arbeitsgruppen,
> Kommissionen etc. gepflegt. Meso-soziale Beziehungen ermöglichen es uns, in einem überschaubaren Rahmen eine eigene Position zu beziehen, eigene Ideale umzusetzen, einen Lebensstil zu
> entfalten und uns in gemeinsame Aktivitäten einzubringen.

Wir besprechen hier solche meso-sozialen Beziehungen, die für Spiritualität von besonderem Interesse sind: 1. Zugehörigkeitsbeziehungen,
2. Mitarbeitsbeziehungen, 3. Begegnungsbeziehungen und 4. Leitungsbeziehungen.

2.1. Die Transaktionsanalyse

Wir wollen zunächst am Beispiel der Transaktionsanalyse ein Modell
vorstellen, das uns Einblick verschafft in die Kommunikationsstrukturen von Menschen. Dazu sollen wichtige Grundpositionen dieses in
verschiedenen Zusammenhängen angewandten Ansatzes hier im
Überblick dargestellt werden.
Die Transaktionsanalyse ist anwendbar auf binäre, meso-soziale und
makro-soziale Beziehungen. Sie wird in der Praxis allerdings hauptsächlich im meso-sozialen Kontext gebraucht: Therapiegruppen, Unterrichtsgruppen, Pastorale Gruppen, Managements- und Kommunikationstrainings von Organisationen, Gruppenarbeit im Kontext von
Sozialarbeit, Polizei und Gefängnis. Der sehr begrenzte Einblick in die
TA, der im Rahmen dieses Kurses gegeben werden kann, soll lediglich
exemplarisch zeigen, daß moderne psychotherapeutische Therorien
sinnvoll mit Spiritualität verbunden werden können. Wir möchten hier
nicht den Eindruck wecken, die TA auch nur annähernd in all ihren
Möglichkeiten und Implikationen dargestellt zu haben. Wer TA-Therapeut werden will, macht dafür eine international anerkannte TA-Ausbildung und ein eigenes TA-Examen.

Weitere nichttherapeutische
Anwendungen von TA entwikkelten sich in den meisten Berufen, die Umgang mit Menschen erfordern: Erziehung,
Schule, Kirche, Management,
Sozialarbeit, Krankenpflege,
Telefonseelsorge usw.
Petzold, 310.

Die Transaktionsanalyse (TA) ist ursprünglich eine von dem nordamerikanischen Sozialpsychiater Eric Berne († 1970) in der zweiten Hälfte
der 50er Jahre aus der Psychoanalyse entwickelte Form von Psychotherapie, „um schnellere und effizientere Behandlungserfolge zu erreichen" (Jessen, 279). Berne wollte das Verhältnis zwischen Psychiater
bzw. Psychotherapeut und PatientIn demokratisieren und verfaßte seine Bücher in allgemein verständlicher Sprache, damit sich zwei Partner mit gleichem Wissensstand begegnen könnten. Dies war wohl mit
ein Grund dafür, daß die TA bald auch in anderen Bereichen eingeführt wurde. Die TA ist inzwischen in verschiedenen Strömungen und

‚Schulen' über die ganze Welt verbreitet. Wir versuchen hier, die allen Richtungen im Groben gemeinsamen Grundpositionen darzustellen.

Ein großer Vorteil der TA besteht darin, daß sie ein Modell innerpsychischer Vorgänge im einzelnen Menschen mit einem Modell der Kommunikationsvorgänge in zwischenmenschlichen Beziehungen (Zweierbeziehungen und Gruppenbeziehungen) verknüpft und dabei noch zusätzlich Metaebenen der Kommunikation miteinbezieht, als da sind Manipulationen verschiedener Art und Einflüsse aus Kindheitserfahrungen. So setzt sich die TA aus insgesamt vier verschiedenen Analysen zusammen: 1.) in der Strukturanalyse wird die je einzelne Persönlichkeit betrachtet, 2.) in der (eigentlichen) Transaktionsanalyse der Austausch zwischen (zunächst zwei) Menschen, 3.) in der sogenannten Spielanalyse werden dann krumme, verdeckte, mit schlechten Gefühlen endende manipulative Austauschsequenzen zwischen den Beteiligten untersucht und 4.) in der Skriptanalyse schließlich wird nach dem ‚Lebensdrehbuch', dem ‚Lebensfahrplan' der Beteiligten gefragt (vgl. Rogoll, 12).

2.1.1. Strukturanalyse

Die Strukturananlyse konzentriert sich auf die innerpsychischen Vorgänge einer Person. Zu den Grundbegriffen auf dieser Ebene gehört die Vorstellung der Ich-Zustände und die Verteilung der psychischen Energie.

Ich-Zustände

Das Eltern-Ich (EL) – ein System von Einstellungen, Verhaltensweisen und Gefühlen, die denen einer Elternfigur entsprechen.
Petzold, 331.

Das Erwachsenen-Ich (ER) – ein System von Gedanken, Gefühlen und Verhaltensweisen, die nicht vom EL und von archaischen Gefühlen und Denkvorstellungen des K beeinflußt sind.
Petzold, 331.

Das Kind-Ich (K) – ein System von Gefühlen, Vorstellungen, Glaubensüberzeugungen und Verhaltensweisen, die aus unterschiedlichen Phasen der Kindheitsentwicklung stammen.
Petzold, 331.

Die TA geht davon aus, daß das Ich jedes Menschen sich in drei verschiedenen Zuständen befinden kann und, wenn es gesund ist, jeden dieser Zustände aktivieren und zwischen ihnen wechseln kann, d.h. sich je nach Situation frei für den gerade angemessensten Ich-Zustand entscheiden kann. Die drei Ich-Zustände sind: das Eltern-Ich (EL), das Erwachsenen-Ich (ER) und das Kind-Ich (K). Ein jeder Ich-Zustand funktioniert nun nach unterschiedlichen Verhaltenskomponenten: wenn sich jemand wie eine Elternfigur verhält, kann dieses Verhalten entweder kontrollierend (kEL = kontrollierendes, kritisierendes EL) oder nährend (nEL = nährendes EL) sein, die Verhaltensweisen des Erwachsenen-Ichs sind informationsverarbeitend, realitätsprüfend und problemlösend, im Kindheits-Ich zeigen sich Gefühle, Wünsche, Bedürfnisse und Phantasien, die sich entweder in spontanen und natürlichen (nK = natürliches K) oder in angepaßten bzw. rebellischen (aK = angepaßtes Kind bzw. rK = rebellisches K) Verhaltensweisen äußern, die aus früheren Entwicklungsstufen stammen (vgl. Petzold, 332).

Folgendes Beispiel kann die verschiedenen Ich-Zustände verdeutlichen: „Janneke fährt mit ihrem Auto über eine stark befahrene Straße. Fortwährend beurteilt sie den Abstand ihres Autos zu anderen Fahrzeugen und die Schnelligkeiten der anderen Fahrzeuge. Sie beachtet die Verkehrsschilder. Sie hält ihr Auto unter Kontrolle. Sie ist in ihrem *Erwachsenen-Ich*.

Plötzlich wird sie von einem anderen Auto überholt, das dann kurz vor ihr rechts abbiegt. Einen kurzen Moment hat Janneke Angst vor einem Aufprall. Sie schaut schnell in den Rückspiegel, sieht, daß der Weg hinter ihr frei ist und bremst ab, so daß es nicht zu dem befürchteten Auffahrunfall kommt. *Janneke ist in ihrem Erwachsenen-Ich.*

Als das andere Auto außer Sicht ist, schüttelt Janneke den Kopf und sagt zu ihrem Mitfahrer: ‚Solche Leute sollten keinen Führerschein bekommen!' *Janneke ist in ihrem Eltern-Ich.*
Wenige Minuten später erreicht Janneke ihr Büro. Sie schaut auf die Uhr und sieht, daß sie zu spät kommt zu einer wichtigen Besprechung mit ihrem Chef. In diesem Moment sinkt ihr der Mut und sie wird nervös. *Janneke ist jetzt in ihrem Kind-Ich*; sie ist in Kontakt gekommen mit alten Erinnerungen an ihre Schulzeit, in der Zu-spät-Kommen bestraft wurde" (Stewart / Joines, 27).

Energieverteilung
Jeder Mensch hat nun diese drei Ich-Zustände unterschiedlich stark mit Energie besetzt, je nach seinen biographischen Erfahrungen, nach den Stimulationen von außen und je nach bewußter willentlicher Entscheidung. Dusay hat die Technik des Egogramms entwickelt, mit deren Hilfe man graphisch darstellen kann, wie eine bestimmte Person ihre psychische Energie, die konstant ist, auf die einzelnen Ich-Zustände verteilt. „In einer gesunden Persönlichkeit werden alle Ich-Zustände gleichberechtigt genutzt werden und flexibel – situationsangemessen – aktiviert werden. Jeder Ich-Zustand hat seine Vor- und Nachteile, seine guten und schlechten Seiten" (Jessen, 282).

In der TA-Therapie sind auf der Ebene der Strukturanalyse, d. h. also innerhalb einer Person, vier mögliche Störungsarten bekannt; sie beziehen sich auf die eben besprochene Energieverteilung: 1. Wenn ein Ich-Zustand (oder gar zwei) gar nicht mit Energie besetzt ist (sind), wird von Ausschluß des Ich-Zustands bzw. der Ich-Zustände gesprochen. 2. Wenn die Energie zu leicht zwischen den einzelnen Ich-Zuständen hin und her pendelt oder – im Gegenteil – zu schwerfällig von einem zum andern übergeht, spricht man von Störungen in den Ich-Zustandsgrenzen. 3. Wenn sich die einzelnen Ich-Zustände überschneiden und „das ER nicht mehr in der Lage ist, Fehlinformationen von seiten des EL und/oder des K zu überprüfen und zu korrigieren" (Rogoll, 27), handelt es sich um eine Trübung und 4. Wenn zwei verschiedene Ich-Zustände in einer Person gleichstark energetisch besetzt sind und den Konflikt zwischen sich allein nicht lösen können, entsteht ein Engpaß (Petzold, 350).

In der TA ist die jeweilige Analyse nicht nur Diagnostik, sondern auch Behandlungsmethode, d.h. indem die Störungen aufgedeckt werden, behandelt man sie gleichzeitig.

2.1.2. Transaktionsananlyse (im engeren Sinne)

Die zweite Art der Analyse, die eigentliche Transaktionsanalyse, führt auf die Ebene zwischenmenschlicher Beziehungen und untersucht die Interaktionen zwischen den Personen im Hinblick darauf, welche Ich-Zustände an der Transaktion teilnehmen bzw. beteiligt sind. Sie kennt drei wichtige Begriffe: die Transaktion, die Zuwendung und die Zeitstrukturierung.

Transaktion
Unter Transaktion „verstehen wir jeden beliebigen Austausch (verbal oder nonverbal) zwischen mindestens zwei Personen" (Rogoll, 31).

Bisher hatte sie nämlich ihre Ich-Zustände zur falschen Zeit besetzt, indem sie bei der Arbeit ihr K von schönen Freizeitbeschäftigungen träumen ließ, ihr ER in der Freizeit sich Arbeitspläne überlegte und ihr EL ihr dann Vorwürfe über das zur Arbeitszeit Versäumte machte.
Rogoll, 22.

Zwischen zwei Personen (mit je drei Ich-Zuständen) lassen sich neun verschiedene Verbindungskanäle denken, indem man einfach jeden Ich-Zustand der einen Person mit jedem der anderen Person verbindet.
Rogoll, 31.

Eine komplementäre Transaktion ist dann vorhanden, wenn die Reaktion aus dem angesprochenen Ich-Zustand erfolgt, sie kann symmetrisch (z.B. ER an ER u. ER zurück an ER) oder asymmetrisch (z.B. EL an K u. K zurück an EL) sein.

Petzold, 334.

Eine gekreuzte Transaktion ist dann vorhanden, wenn die Reaktion aus einem anderen als dem angesprochenen Ich-Zustand kommt, z.B. Reiz = ER an ER, Reaktion = K an EL.

Petzold, 335

Eine gewinkelte Transaktion findet dann statt, wenn statt 2 Ich-Zuständen derer 3 beteiligt sind, z.B. ER an ER und an K.

Jessen, 288

Verdeckte oder doppelbödige Transaktionen finden auf zwei Ebenen der Kommunikation statt und verlaufen zwischen insgesamt 4 Ich-Zuständen, z.B. ER an ER plus K an EL.

Jessen, 288.

Vier Grundhaltungen lassen sich unterscheiden:
1. Ich bin o.k. – du bist o.k. (haltbare und gesunde Haltung von ‚Gewinnern‘).
2. Ich bin nicht o.k. – du bist o.k. (verzweifelte, hilflose Grundhaltung von Depressiven, die zu Selbstmord führen kann).
3. Ich bin o.k. – du bist nicht o.k. (beziehungsgestörte, paranoide Grundhaltung, die zu Isolation, Ehescheidung und im Extremfall zum Mord führen kann).
4. Ich bin nicht o.k. – du bist nicht o.k. (katastrophale Grundhaltung eines absoluten ‚Verlierers‘, z.B. eines Schizophrenen).

Rogoll, 43.

Da negatives Streicheln zu bekommen besser ist als Übersehen-werden, suchen viele Menschen immer wieder negatives Streicheln durch Dumm-Spielen, Versagen, Straftaten, Unfälle usw.

Petzold, 338.

Eine Transaktion besteht aus einem Reiz aus einem Ich-Zustand von Person A und einer Reaktion aus einem Ich-Zustand von Person B und bildet die Grundeinheit eines Kommunikationsvorganges. Berne unterscheidet vier Formen von Transaktionen: komplementäre (parallele), gekreuzte, gewinkelte und verdeckte. Aus diesen Formen können drei Kommunikationsregeln abgeleitet werden.

1. Regel:
bei komplementären Transaktionen läuft die Kommunikation reibungslos und kann unendlich lange dauern.

2. Regel:
gekreuzte Transaktionen beenden die einverständliche Kommunikation und/oder ändern das Thema.

3. Regel:
bei verdeckten Transaktionen gibt es zwei Ebenen: a). die zutage liegende soziale und b). die verdeckte, psychologische Ebene. Diese ist stärker und auf sie erfolgt auch die Reaktion. Verdeckte Transaktionen können psychologische Spiele (siehe unten) einleiten.

Zuwendung
Nach Berne stellt die Zuwendung ein grundlegendes Bedürfnis des Menschen dar, das ihn überhaupt erst zu Kontaktaufnahme veranlaßt. Zuwendung und Anerkennung sind dabei nach Bernes Auffassung schon eine Sublimierung des Hungers nach Stimulation, ohne die Babies an Marasmus (= Kräfteverfall bei schweren Krankheiten) dahinwelken (er bezieht sich hier ausdrücklich auf die weiter oben schon erwähnten Forschungen von R. Spitz). Berne unterscheidet vier Formen der Zuwendung: 1. Bedingungslos positive (ich liebe dich), 2. Bedingt positive (ich mag dich, wenn ...), 3. Bedingt negative (ich mag dich nicht, wenn ...), 4. Bedingungslos negative (ich hasse dich).
Alle Menschen machen mit allen 4 Arten der Zuwendung in unterschiedlichem Ausmaß Erfahrungen. Die Art und Weise, wie jemand als Kind Zuwendung erfahren hat, wird sein spezifisches Streichelmuster, mit dem er sich orientiert und präsentiert.

„Positive Zuwendung, wie ein freundlich warmer Gruß, ein ermutigendes Zunicken, ein ehrliches Kompliment oder das Anerkennen einer Handlungsweise, die man selber vielleicht anders gehandhabt hätte – beinhaltet die Botschaft: Du bist o. k. Diese läßt uns (genauso wie gutes Essen) behaglich und zufrieden fühlen und erfüllt somit die drei Grundbedürfnisse unseres Lebens: Anerkennung – Selbstwertgefühl – Sicherheit (unsere ASS). Demnach ist die positive Zuwendung der wichtigste Inhalt aller zwischenmenschlichen Beziehungen, ob in der Familie oder am Arbeitsplatz, in der Dorfgemeinschaft oder in der großen Politik. Obgleich jedermann diese Tatsache versteht, ist die positive Zuwendung immer noch diejenige, die die Menschen in unserem Kulturkreis am wenigsten anwenden, ja sie oft sogar als unsinnig verlachen.“ (Rogoll, 39).

„Die negative Zuwendung (Abwertung, Mißbilligung) beinhaltet: ‚Du bist nicht o.k.‘, was soviel heißt wie: ‚Du und deine Bedürfnisse, Gefühle und Interessen zählen nicht.‘ Wir mißbilligen (uns selbst,) unsere Kinder, Eltern, Ehepartner, Verwandte, Arbeitskollegen, Untergebene,

Vorgesetzte und Politiker, wenn wir auf sie wütend sind oder uns in einer schlechten Stimmungslage befinden, weil unser K sich nicht o.k. fühlt." (Rogoll, 39).

Zeitstrukturierung

Neben dem Hunger nach Zuwendung gibt es den Hunger nach Zeitstrukturierung. Nach Berne gibt es insgesamt sechs mögliche Formen der Zeitstrukturierung: den Rückzug, das Ritual, den Zeitvertreib, die Aktivität, die Psychologischen Spiele und die Intimität (vgl. Rogoll, 45ff.). Jedes Streichelmuster hat seine eigene Form der Zeitstrukturierung, denn jede Art von Zeitstrukturierung vermittelt eine bestimmte Weise und ein spezifisches Quantum an Zuwendung.

Es ist deine Wahl, wieviel Zeit deines Lebens du welchem deiner Gefühle zugestehen willst: du kannst depressiv sein, dich dauernd ärgern, einsam bleiben, dich langweilen, zu anderen Menschen gerade guten Tag und auf Wiedersehen sagen, sie anschreien oder abwerten oder lachen und lieben und manchmal auch weinen und dich freuen, daß du lebst.
Rogoll, 49.

„Auf einer Parkbank sitzt eine Mutter mit ihrem einjährigen Sprößling im Kinderwagen, aus irgendeinem Grund fängt dieser plötzlich an zu schreien. Nun kann die Mutter: 1. Das Geplärr nicht beachten (= sich entziehen); 2. dem Baby einen Schnuller in den Mund stecken (Ritual); 3. den Wagen schaukeln (Zeitvertreib); 4. aktiv werden und den Kleinen aus dem Wagen nehmen, ihn füttern oder die Windeln wechseln (Aktivität); 5. sich über das Baby ärgern (Gefühlsmasche) oder seufzen: ,Wenn du nicht wärst, könnte ich jetzt ...' und damit die Verantwortung für ihr ,schweres Los' auf das kleine Geschöpf abschieben (Ränkespiel); 6. das Baby in ihre Arme nehmen, es an sich drücken, liebkosen und ihm Sicherheit und Wärme geben (Intimität). – Dieses Zeitgefüge ist nach steigender Intensität und Macht der Zuwendung geordnet. Jede Zeitstruktur hat ihre Vor- und Nachteile." (Rogoll, 45)

2.1.3. Spielanalyse

Bei der Spielanalyse handelt es sich genaugenommen um die Untersuchung und Behandlung von Störungen auf der Ebene der Transaktionen, d.h. es geht um Störungen zwischen zwei oder mehreren Personen, die Beziehungsstruktur ist gestört. Bei dieser dritten Art von Analyse sind folgende Begriffe zentral: (Ränke-)Spiel, Symbiose.

Berne hatte schon 1958 den Begriff des ,Spiels' zur Beschreibung pathologischen Sozialverhaltens eingeführt.
Petzold, 352.

(Ränke-)Spiel

Nach Bernes Definition besteht ein Spiel „aus einer fortlaufenden Folge verdeckter Komplementär-Transaktionen, die zu einem ganz bestimmten, voraussagbaren Ergebnis führen" (Petzold, 352). Spiele sind keine bewußten Strategien, sondern Verhaltensmuster des Kindes, die unbemerkt vom Erwachsenen-Ich (ER) ablaufen. Sie haben ihren Ursprung in der Kindheit und dienen dazu, alte schmerzliche Erfahrungen zu vermeiden, allerdings ausgerechnet dadurch – und das ist das paradoxe und auch pathologische –, daß man sie im Heute sich oder anderen wieder zufügt. „Spiele sind charakterisierbar durch ihren sich stetig wiederholenden, immer gleichen Ablauf, der immer mit einer – verdeckt gesendeten – Abwertung anfängt und mit einem meist miesen – selten auch kurzanhaltenden scheinbar positiven, z. B. Triumph-Gefühl endet" (Jessen, 290). Spiele können nach ihrem Verlauf in Schritten mit immer denselben Anteilen analysiert werden: zunächst wirft der Spieleröffner einen Haken in Form einer verdeckten Transaktion aus, dieser trifft auf einen ,wunden Punkt' eines Spielpartners, der die ,Einladung' spürt. Reagiert er, dann ist das Spiel im Gang, und es kommt zu einem Umschlag, einem Wechsel der Ich-Zustände. Die

Bei (Ränke-)Spielen verläuft die Kommunikation parallel auf zwei Ebenen, zum einen auf der sozialen Ebene, zum anderen auf der verdeckten (psychologischen) Ebene. Spiele beinhalten eine unaufrichtige, manipulative Art der Beziehung, da einerseits die Person sich scheut, offen zu dem verdeckt gesendeten Inhalt zu stehen, sie andererseits alles daran setzt, auch mit der verdeckt gesendeten Botschaft anzukommen.
Jessen, 289.

Folge ist Verwirrung. Das Ganze endet mit dem ‚Nutzeffekt' (siehe negative Zuwendung) für beide Spieler in vorhersagbaren miesen Gefühlen (vgl. Petzold, 352).

Spiele können nach drei Grundmustern unterschieden werden: 1. der sich selbst abwertende Spieler (Mechanismus: Regression), 2. der aggressive und/oder andere abwertende Spieler (Mechanismus: Projektion und/oder Verdrehung) und 3. der verschlafene Spieler (Mechanismus: Verleugnen, Verneinen) (vgl. Jessen, 292).

Die miesen Gefühle sind bei den Beteiligten jeweils andere, je nach ihren bevorzugten Gefühlsmaschen (Ersatzgefühle für in der Kindheit nicht erlaubte Gefühle). Sie werden oft als sog. Rabattmarken gesammelt und dann bei Gelegenheit als Rechtfertigung für sonst schuldhaft erlebtes Verhalten wie von z. B. Untreue, Scheidung und dergleichen eingesetzt.

Symbiose
Ursprünglich versteht man unter Symbiose eine gesunde Phase der Entwicklung, die erste Zeit nach der Geburt, in der das Baby noch ganz auf die Bezugsperson angewiesen ist. Im Gegensatz dazu ist hier symbiotische Pathologie gemeint, eine Dynamik, die am Werk ist, wenn symbiotische Beziehungen auch im Erwachsenenalter fortgesetzt und erzwungen werden. „Ursächlich dafür ist, daß die ursprüngliche Symbiose gestört oder nicht angemessen gelöst wurde. Solche Menschen tendieren dazu, ihre internen und externen Vorgänge auf die Aufrechterhaltung dieser Beziehungsstruktur auszurichten" (Petzold, 349). Autonome, selbständige Reaktionen werden mit Hilfe verschiedener Erscheinungsformen von Passivität vermieden: Nichtstun, Überanpassung, agitiertes Verhalten, Sich-unfähig-Machen und/oder Gewalttätigkeit.

2.1.4. Skriptanalyse

Die Skriptanalyse stellt die vierte und letzte Art der Analyse in der TA dar. Hier wird nach den Motiven für die verschiedenen Störungen auf den anderen Ebenen gefragt, außerdem befinden sich auf dieser Ebene auch die grundlegenden Codierungen für das menschliche Erleben, so daß die TA als Psychotherapie davon ausgeht, daß Heilung erst dann entstehen kann, wenn diese Ebene miteinbezogen wird. Die Schlüsselbegriffe in der Skriptanalyse sind: das Skript, Einschärfungen, Antreiber.

Skript
Mit dem Skript (Abkürzung von Manuskript) ist das ‚Lebensdrehbuch' gemeint, nach dessen Vorlage wir uns unser ganzes Leben lang automatisch richten, es sei denn, wir besinnen uns und holen uns Unterstützung, um die Anteile oder Abschnitte des Drehbuches zu ändern, die nicht unseren wahren Wünschen entsprechen. Es handelt sich also um ein unbewußt ablaufendes Programm, das durch frühkindliche Entscheidungen zusammengestellt wurde und auf das unser ER zunächst weder Zugriff noch Einfluß hat. Dieser umfassende Lebensplan wird durch die Botschaften der Eltern(figuren) in den ersten Lebensjahren, die Entscheidungen des kleinen Kindes diesen Botschaften

---

Spielegrundmuster:
Der sich selbst abwertende Spieler: macht sich selbst kleiner/minderwertiger, als er eigentlich ist, er stellt sich in einer Opferrolle dar.
Der aggressive Spieler: macht andere kleiner/ minderwertiger/ hilfloser, als sie eigentlich sind, er stellt sich in einer Retter- oder Verfolger-Rolle dar.
Der verschlafene Spieler: verpaßt Gelegenheiten und läßt sie ungenützt verstreichen, stellt sich als Opfer dar.
Jessen, 292.

(Pathologische) Symbiose kann von zwei Positionen her gelebt werden: von der Eltern- und der Kindposition. Je nachdem kommt es dabei zum Ausschluß bestimmter Ich-Zustände (K bei der Elternposition, ER und EL bei der Kindposition).
Petzold, 349.

Während sich die Struktur-Analyse, die Transaktions-Analyse und die Spiel-Analyse mit dem heutigen Verhalten und Erleben der Person befassen, werden mittels der Skript-Analyse der historische und biografische Hintergrund und die das Leben der Person bestimmenden Entscheidungen aufgerollt und einer auch dem Erwachsenen-Ich möglichen Überprüfung und Neuentscheidung (mit allen Ich-Zuständen im Einklang) zugänglich gemacht, indem die in der Kindheit wirksamen Bedrohungen und Anpassungszwänge und die damit verbundenen emotionalen Reaktionen durchgearbeitet und entkräftet werden. Zudem werden neue, der Realität angemessene und flexibel einsetzbare Schutzmechanismen gefördert und aufgebaut, um dem Klienten zu erleichtern, die als Kind bedeutsamen und auf die damalige Wirklichkeit passenden Schutzmechanismen aufgeben zu können.

Jessen, 296.

Frühkindliche Erfahrungen werden nach prä-logischen Gesetzmäßigkeiten aufgenommen und verarbeitet (Helman & Austin, 1977), wobei phantasierte Befürchtungen und Ängste eine treibende Kraft darstellen für die Aufrechterhaltung und Respektierung der erziehungsbedingten Einschränkungen.

Jessen, 296.

gegenüber und durch modellhaftes Ausleben von Skriptbotschaften der Eltern gebildet, gefestigt und automatisiert.

Er wirkt sich auf vier Ebenen des menschlichen Erlebens aus: „auf die Verhaltensebene, auf die kognitive Ebene, auf die emotionale Ebene und auf die Ebene körperlicher Spannungen" (Jessen, 294).

Einschärfungen

Die vom Kind übernommenen Botschaften der Eltern, die auf einer oder mehrerer oben genannter Ebenen einschränkend wirken, hat Berne Einschärfungen genannt. „Goulding u. Goulding (1976) haben 12 destruktive K-Einschärfungen immer wieder bei ihren Patienten gefunden: Nicht! Existiere nicht! Sei nicht du (z.B. das Geschlecht, das du hast)! Gehöre nicht dazu! Sei nicht wichtig! Sei kein Kind! Werde nicht erwachsen! Sei nicht nahe! Habe/zeige keine Gefühle! Schaff' es nicht! Sei nicht gesund! Denke nicht!" (Petzold, 355). Sie bilden zusammen mit den Antreibern und dem modellhaften Vorleben des gleichgeschlechtlichen Elternteils die sog. Skriptmatrix. (Vgl. Rogoll, 83).

Antreiber

Bei den Antreibern handelt es sich um EL-Ermahnungen, die verbal und später (ca. ab 6. Lebensjahr) in der Absicht gegeben werden, den frühen Einschärfungen gegenzusteuern. H. Petzold (S. 355) zitiert Kahler (1974) mit fünf Antreibern: „Mach's mir recht! Sei stark! Sei perfekt! Sei schnell! Streng dich an!"

In der TA wurden verschiedene Namenssysteme für typische Skriptformen gebildet. Eins der geläufigsten ist das der Unterscheidung in Gewinner-Skript, Verlierer-Skript und banales Skript (vgl. Rogoll, 88ff.).

2.1.5. Aus dem Blickwinkel der Spiritualität

Die Gottförmigkeit der Ich-Zustände

Die christliche Spiritualität gibt seit ihren Anfängen intuitiv Raum an alle von der TA genannten Ich-Zustände. „Wenn ihr nicht umkehrt und wie die Kinder werdet, könnt ihr nicht in das Himmelreich kommen" (Mt 18,3) heißt es im Matthäus-Evangelium. Offensichtlich würdigt Jesus das Kind in uns als einen auch im spirituellen Sinn wertvollen Ich-Zustand, als Schlüssel zum Himmelreich. Der Apostel Paulus hingegen will seine Gemeinden zum erwachsenen Glauben aufrufen und schreibt: „Jeder, der noch mit Milch genährt wird, ist unfähig, richtiges Reden zu verstehen; er ist ja ein unmündiges Kind; feste Speise (die Botschaft der Evangelien) aber ist für Erwachsene, deren Sinne durch Gewöhnung geübt sind, Gut und Böse zu unterscheiden." Mit anderen Worten: Wir sollen spirituell erwachsen werden, um in der Lage zu sein, unseren Glauben verantwortungsvoll zu leben und in der Auseinandersetzung mit anderen spirituellen Strömungen zu bewahren. Im Ersten Petrus-Brief schließlich werden die Ältesten der Gemeinde ermahnt: „Sorgt als Hirten für die euch anvertraute Herde" (1 Petr 5,2), d.h. also: der Petrus-Brief appelliert an das Eltern-Ich der Angesprochenen, das förderlich ist für ein gutes Funktionieren der Gemeinden.

Wann ist ein Ich-Zustand o.k. oder nicht o.k.? Die christliche Spiritualität bringt als Kriterium für die Unterscheidung der Geister die Gottförmigkeit ins Spiel. Der Mensch, der nach dem Bilde Gottes (secundum imaginem dei) geschaffen wurde, kann einerseits in allen Ich-Zuständen dem Urbild in sich selbst ähnlicher werden, das heißt: er kann sich auf eine immer deutlichere Gottförmigkeit hin entwickeln (ad imaginem dei), oder aber er kann sich von diesem göttlichen Urbild in seinem Innern entfernen, das heißt: er bleibt in dem Bild hängen, das sich andere Menschen oder er selbst gemacht haben, und ist dann in seinen Ich-Zuständen der Selbst- oder Fremdmanipulation verhaftet (siehe Einschärfungen, Antreiber).

Die durch die TA dargebotenen Erkenntnisse sind nicht nur bei psychischen Problemen hilfreich, sondern bieten auch hinsichtlich der spirituellen Verfassung ein gedankliches Hilfsmittel, um Fehlentwicklungen zu konstatieren und zu beheben, Blockaden zu überwinden und frei zu werden für das gottförmige Ich, das als tiefstes Lebensskript in jedem Menschen schlummert und in einem Prozeß psychisch-spiritueller Reifung ausbuchstabiert werden kann.

Das „edle, gottfarbene Seelenfünklein" (Tauler) ist dem Menschen bei seiner Erschaffung gleichsam von Gott als Zeichen bedingungslos positiver Zuwendung eingeprägt. Gottes Geist ist das positive Gegenstück zu den manipulativen ‚Antreibern' und ‚Einschärfungen', er ist der Helfer, der dafür sorgt, daß der Mensch sich seines Seelenfünkleins erinnert, es zur Geltung kommen, wachsen und gedeihen läßt. Transaktionen des Menschen mit Gott und mit seinen Mitmenschen können den Prozeß des Gottförmig-Werdens unterstützen oder aber behindern, je nachdem ob es gelingt, die Ich-Zustände gottförmig mit Energie zu besetzen oder nicht. ‚Psychologische Spiele' (siehe oben) mit Gott und den Mitmenschen sind schlechter Nährboden für das Seelenfünklein, Intimität und ein gesundes ASS (siehe oben) in uns selbst und unseren Beziehungspartnern sind hingegen guter Nährboden.

Die Aufmerksamkeit für das Seelenfünklein kann auch gerade für die Aufarbeitung des biographischen Skripts hilfreich sein, da manche psychischen Traumata, Defizite und Störungen so tiefgreifend sind, daß sie mit psychotherapeutischen Methoden allein nicht zufriedenstellend behandelbar sind.

> Auf allen Ebenen (Strukturanalyse, Transaktionsanalyse, Spielanalyse, Skriptanalyse) kommt es darauf an, uns auf unser Seelenfünklein zu beziehen – sprich: zu werden, die wir werden können, nämlich ‚gottfarben'. Wie unser Gottesbild Anteile aller Ich-Zustände enthält, so werden Anteile all unserer Ich-Zustände um so mehr Bild Gottes, je mehr wir sie mit Hilfe des Seelenfünklein gottförmig mit Energie besetzen können.

2.2. Die Wir-Gruppe

> Wir entscheiden uns hier für ein relationales Gruppenkonzept, einerseits orientiert an der Frage der Zugehörigkeit zur Eigengruppe und Mitarbeit in der Eigengruppe, andererseits orientiert an der Frage der Kontaktpflege mit der Fremdgruppe und Leitung einer Gruppe, der man selbst nicht angehört, und stellen der Wir-Gruppe

Marginal notes:

Gott lebt, west und wirkt in der Seele.
Dadurch wird die Seele ganz gottfarben, göttlich, gottförmig. Sie wird durch Gottes Gnade all das, was Gott von Natur ist, (und zwar) in der Vereinigung mit Gott, in dem Einsinken in Gott, sie wird über sich hinaus in Gott geholt. Ganz gottfarben wird sie da; könnte sie sich selber erblicken, sie hielte sich für Gott. Wer sie sähe, erblickte sie in dem Kleid, der Farbe, der Weise, dem Wesen Gottes, alles durch Gnade, und wäre selig in dieser Erscheinung, denn Gott und die Seele sind eins in dieser Vereinigung, durch (Gottes) Gnade, nicht von Natur.

Tauler, 277.

Im Lexikon der Psychologie, Hrg. Arnold, Eysenck, Meili, Freiburg ³1987, 816f und auch anderenorts innerhalb der Sozialpsychologie wird der ‚Wir-Gruppe' die ‚Die-Gruppe' (outgroup) gegenübergestellt, womit ‚die Anderen' im Sinne von Rivalität, Konkurrenz oder Distanzierung gemeint sind.

(in der sozialpsychologischen Literatur auch als ‚in-group' bezeichnet) die Ihr-Gruppe gegenüber. Mit Wir-Gruppen sind also beispielsweise gemeint Familien, Teams, Vereine, Selbsthilfegruppen etc., mit Ihr-Gruppen Austauschgruppen mit Andersdenkenden, Andersgläubigen, Andersartigen etc. sowie Ausbildungsgruppen, Therapiegruppen, Kurse etc. Die Wir-Gruppen bestehen aus Angehörigen, Mitgliedern, Kollegen, Kameraden usw., die Ihr-Gruppen aus Fremden, Klienten, Teilnehmern, Untergebenen usw.

In jedem Gruppenprozeß gibt es verschiedene Positionen, so z.B. die Alpha-Position, die vom Führer der Gruppe eingenommen wird, Beta ist der neutrale Spezialist, Gammas sind die Mitläufer und Omegas die Außenseiter.

Kitzmann, 333.

Den Wir- und Ihr-Gruppen gemeinsam sind bestimmte gruppendynamische Strukturen und Prozesse; außerdem finden sich in beiden Gruppenarten sozialpsychologische Phänomene wie Gruppenkohäsion, Rollenkonstellationen, Normenbildung und -einhaltung, Gruppendruck, Grad der Konformität, Gruppenordnungen, Führungsprozesse.

Zunächst wenden wir uns den Wir-Gruppen zu, in denen es um Zugehörigkeit und Mitarbeit geht.

2.2.1. Zugehörigkeit (Die wahren Verwandten)

In der Tat wächst der Einzelne aus einem schon vor ihm vorhandenen Geflecht von Menschen heraus und in ein Geflecht von Menschen, das er selbst mitbildet, hinein. Der einzelne Mensch ist kein Anfang, und seine Beziehungen zu anderen Menschen haben keinen Anfang.

Elias, 54.

Schon durch die Tatsache unserer Geburt gehören wir einer Gruppe, nämlich der Familie, an, und unser ganzes Leben wird strukturiert von Zugehörigkeiten zu weiteren Gruppen, ganz gleich ob diese Gruppen uns in sich aufnehmen oder uns ausgrenzen, ganz gleich ob wir uns unsererseits in diese Gruppen integrieren oder uns von ihnen distanzieren. Zugehörigkeiten sind vorgegeben und werden gleichzeitig mitgestaltet – häufig geht dies allerdings mit kleineren oder größeren Akzeptanz- und Einfügungsproblemen einher.

Schon in der Familie haben wir einen Platz, der nur uns gehört. Er gehört uns, ohne daß wir dafür etwas tun müssen, allein unser Dasein und Sosein berechtigt uns zu diesem Platz. Dies gilt auch dann, wenn uns – wie die Familientherapie mit ihren Methoden nachweisen kann – dieser Platz streitig gemacht oder gar nicht erst zugestanden wird.

Das Individuum ist Teil eines sozialen Netzwerks, ein kleiner Knotenpunkt in diesem Netzwerk und kann nur künstlich als isoliert davon beschrieben werden.

Foulkes, 14.

Mit zunehmender Selbständigkeit in der Kindheit und während unseres ganzen Lebens als Erwachsene suchen und finden wir weitere Gruppen, wo wir hingehören. Unser Dasein und unser Sosein wird eingebettet in einen größeren Zusammenhang. Veränderungen in unserem Sosein (etwa Änderung der Nationalität, des Berufs, der Religion, des Geschlechts usw.) ziehen neue Zugehörigkeiten nach sich.

Es gibt verschiedene Arten von Zugehörigkeitsgruppen: natürliche, frei gewählte und institutionalisierte. Natürliche sind z.B. die leibliche Familie, Gruppenbildungen nach Geschlecht, Alter, Generation, Ausbildung, Rollenfunktion u.ä. Frei gewählte Zugehörigkeitsgruppen sind Interessengruppen aller Art aufgrund von gemeinsamen Merkmalen, gleichgültig, um welchen Bereich von Merkmalen es sich dabei handelt. Ob es nun um Berufsverbände, Hobbyclubs und Vereine, Religionsgemeinschaften, Bürgerinitiativen, politische Parteien, Studentenfachschaften, Arbeitnehmervertretungen, Sportverbände, Selbsthilfegruppen, Freizeitgruppen, Ordensgemeinschaften, Kommunen usw. geht – die Zugehörigkeit ergibt sich aus einem oder mehreren gemeinsamen Merkmalen. Institutionalisierte Zugehörigkeitsgruppen sind z.B. Kindergartengruppen, Schulklassen, Einwohner eines Stadtviertels u.ä. Auch sie sind innerhalb eines gewissen Rahmens vorgegeben.

Funktion der Zugehörigkeitsgruppen

Es produzieren sich im Verkehr mit anderen in dem einzelnen Gedanken, Überzeugungen, Affekte, Bedürfnisse und Charakterzüge, die sein Allerpersönlichstes, sein eigentliches ‚Selbst' darstellen und in denen eben darum zugleich das Gewebe der Beziehungen zum Ausdruck kommt, aus dem er hervor, in das er hinein geht; und so bildet sich dieses ‚Selbst', dieses Allerpersönlichste in einer kontinuierlichen Verflechtung der Bedürfnisse, in einem beständigen Verlangen und Erfüllen, einem wechselnden Geben und Nehmen.

Elias, 55.

Welche Funktion erfüllen diese verschiedenen Gruppen, zu denen eine Zugehörigkeit besteht? In erster Linie symbolisieren sie die Tatsache der Verbundenheit des Menschen mit anderen Menschen. Kein Mensch besteht losgelöst und isoliert, jede Person ist eingeordnet als Teil eines größeren Ganzen. Zugehörigkeitsgruppen vermitteln – in umfassenderer Form als binäre Beziehungen – ein Heimatgefühl, indem sie unsere Grundbedürfnisse nach Anerkennung als Mitglied eines größeren Ganzen, Selbstwertgefühl und Sicherheit auf den verschiedenen Ebenen unseres persönlichen, sozialen, politischen und religiösen Lebens befriedigen. Dadurch vermitteln sie ein Gefühl der Stärke und der Identität. Indem man mit seinem Sosein nicht allein dasteht, sondern sich in einer Gruppe spiegeln kann, wird man ermutigt, den eigenen Standort innerhalb eines noch größeren Ganzen zu finden, einerseits in der Verbundenheit zu verschiedenen Teilgruppen, andererseits in Abgrenzung zu anderen Teilgruppen. Speziell die Zugehörigkeitsgruppen im Nahbereich haben noch eine weitere Funktion: sofern die gegenseitige Wertschätzung und das Sich-Einbringen der einzelnen gelingt, sind sie ihrem Wesen nach Kraftzellen für gesunde Entwicklung und gesundes Zusammenleben.

Wie dies aufzufassen ist, erläutert Friedemann Schulz von Thun so: „Weil hier viele Mißverständnisse entstehen, möchte ich auch darauf hinweisen, was mit ‚Wertschätzung' nicht gemeint ist: nämlich gleichbleibende Freundlichkeit und In-Watte-Packen. Wertschätzung ist keine ‚warme Milch', sondern eine respektierende Art, den anderen als vollwertigen Partner auch bei Konflikten und harten Auseinandersetzungen zu achten" (Schulz von Thun, 48).

Verfehlen dieser Funktionen

Im Nahbereich wird Zugehörigkeit dann verfehlt, wenn die Gruppenmitglieder anstelle der Wertschätzung und des Sich-Einbringens Ersatzbefriedigungen im Umgang miteinander wählen, als da sind Macht, Kontrolle, Arbeit, Spiele, Klatsch usw. Solche Ersatzbefriedigungen verselbständigen sich mit der Zeit und bringen die Gruppe auf einen ungesunden Kurs. „Unsere wesentlichen und wesensgemäßen Bedürfnisse beziehen sich immer auf das Erzeugen und Austauschen von Liebe. ... Sucht ist Abhängigkeit von Ersatzbefriedigung; für Liebe gibt es aber keinen wirklichen Ersatz. Jeder Ersatz bleibt daher Täuschung" (Grigat, 8). Durch die Leidenschaften, Charakterschwächen, die psychologischen Spiele (siehe TA) u.ä. auf der individuellen Seite, die Mißstände und Fehlentwicklungen in der Kommunikation und im Umgang miteinander auf der soziologisch-gesellschaftlichen Seite wird die fundamentale menschliche Einordnung und Einbettung in ein lebendiges Ganzes – eben die Zugehörigkeit – unterbrochen. Der Einzelne löst sich mehr oder weniger lange und intensiv aus der Teilhabe am Ganzen und kündigt dadurch auch seinen Teil der Verantwortung für das Ganze auf, d. h. er isoliert sich. Die Isolierung hat die fatale Folge, daß wir den Zusammenhang verlieren und mit dem Zusammenhang auch die Wirklichkeit, die Wirklichkeit der Liebe. D. h. als losgelöste, isolierte Einzelne werden wir unwirklich, da wir keinen Zugang mehr zum liebevollen Austausch innerhalb einer Gruppe haben.

Dieser ungeschriebene und nie je so ausgesprochene Vertrag beinhaltet, daß jeder einzelne

Sowohl Einzelne als auch ganze Gruppen können sich aus dem stillschweigenden Vertrag der Einheit mit anderen Menschen lösen oder

Mensch stets das Wissen in sich bewahrt und beachtet, ein lebendiger Teil des lebendigen Ganzen der Menschheit zu sein.

Grigat, 10.

ausgestoßen werden. Besonders kraß zeigt sich dies am Schicksal der Obdachlosen: die Akzeptanz- und Einfügungsprobleme sind für diese Menschen aus verschiedenen Gründen nicht überwindbar. Dennoch wirkt das vorgegebene Geflecht von Menschen und Gruppen auch in diesen Fällen ungebrochen: Man erfährt sich dann z.B. als Ausreißer/in, als Verstoßene(r).

Spirituelle Dimension

Zieh weg aus deinem Land, von deiner Verwandtschaft und aus deinem Vaterhaus in das Land, das ich dir zeigen werde.

Gen 12,1.

Nicht jede Zugehörigkeit ist aus dem Blickwinkel der Spiritualität gleichbedeutend. Wandlung und Reifung auf dem Lebensweg können das Lösen alter Zugehörigkeiten und Hineinwachsen in neue Zugehörigkeiten erfordern.

Da kamen seine Mutter und seine Brüder; sie blieben vor dem Haus stehen und ließen ihn herausrufen. Es saßen viele Leute um ihn herum, und man sagte zu ihm: Deine Mutter und deine Brüder stehen draußen und fragen nach dir. Er erwiderte: Wer ist meine Mutter, und wer sind meine Brüder? Und er blickte auf die Menschen, die im Kreis um ihn herumsaßen, und sagte: Das hier sind meine Mutter und meine Brüder. Wer den Willen Gottes erfüllt, der ist für mich Bruder und Schwester und Mutter.

Mk 3,31-35.

Jesus weist in Gleichnissen darauf hin, daß sich die verschiedenen Zugehörigkeiten hierarchisieren lassen und daß die gemeinsame Vision vom Reich Gottes anderen Verwandtschaften und besonders den natürlichen Verwandtschaften vorangestellt ist. Als seine ‚wahren Verwandten' bezeichnet Jesus diejenigen, die seine Vision teilen und ihn somit wesentlich verstanden haben. Insofern stellt spirituelle Gleichgesinntheit die innigste Form von Zugehörigkeit dar und bringt gleichzeitig den Begriff der Zugehörigkeit in einen umfassenden Bezugsrahmen: jeder Mensch, der den Willen Gottes tut, ist im geistigen Sinn mein(e) Schwester/ Bruder, Vater/ Mutter oder Tochter/ Sohn. Den Willen Gottes tun heißt aber, wie die Bibel immer wieder belegt, das Gebot der (Nächsten-)Liebe erfüllen. Im spirituellen Sinn kann Zugehörigkeit also weit über die Grenzen der meso-sozialen Ebene hinausreichen.

2.2.2 Mitarbeit (Der eine Leib und die vielen Glieder)

Unter subjektiver Rücksicht ist Arbeiten das Sich-Einbringen von Menschen mit ihren Kräften, Qualitäten und Fähigkeiten.

Reisinger, 54.

Mitarbeit beinhaltet, auf der Basis des Eingeordnetseins in einen größeren Zusammenhang wieder hervorzutreten mit seinen speziellen Begabungen, diese zur Verfügung zu stellen und mit denen der anderen zum Wohl des Ganzen zu verbinden. Gelungene Mitarbeit respektiert den Einzelnen in seinen besonderen Stärken, honoriert sie, indem das Ganze davon profitiert, ohne den Einzelnen dabei auszunutzen. Im Gegenteil, beide Seiten gewinnen bei dieser Form von Austausch: gäbe es das Ganze nicht, könnte der Einzelne seinen Teil nicht einbringen, gäbe es den Einzelnen nicht, könnte das Ganze nicht leben und blühen. Voraussetzung dafür sind allerdings sowohl im beruflichen wie im privaten wie im sozial-öffentlichen Bereich Zugehörigkeit, Egalität der verschiedenen Begabungen, Teamfähigkeit.

Insbesondere sollte (durch das Kommunikationstraining) ein Interaktionsverhalten bei Führungskräften und Mitarbeitern gefördert werden, das sich u.a. durch vermehrte Kooperation, Partizipation, Selbstverantwortung, Selbstkontrolle, Offenheit, Vertrauen, Veränderungsbereitschaft, Kreativität, konstruktive Konfliktregelung, Metakommunikation zeigt. Diese psychologischen Klimafaktoren stellen

Mitarbeit setzt *Zugehörigkeit* voraus. Echte Mitarbeit funktioniert nur auf der Basis garantierter Zugehörigkeit. Erst wenn ich mich zugehörig fühle, bin ich in der Lage, wirklich mitzuarbeiten und mich mit meinen Fähigkeiten einzubringen. D.h. erst wenn Menschen auf den verschiedenen sozialen Ebenen ihre jeweiligen Zugehörigkeitsgruppen gefunden haben, können sie sich gemäß ihren speziellen Begabungen dort auch engagieren. Interessanterweise tun sie dies dann in der Regel spontan und freiwillig.
Mitarbeit setzt ebenso *Egalität* der verschiedenartigen Begabungen voraus. Es ist für echte Zusammenarbeit unabdingbar, daß die

einen – vielleicht den – wesentlichen Schlüssel dafür dar, die Produktivität und die Humanisierung im Bereich des Arbeitslebens gleichzeitig zu fördern.

Fittkau u. Fittkau-Garthe, 1980, 533.

In dem Maße, wie im Rahmen der Forderung nach Humanisierung der Arbeitswelt fremdbestimmende Organisationsstrukturen und bürokratisch-autoritäre, konfliktunterdrückende Führungsmethoden abgebaut werden, nimmt die Artikulation von Interessengegensätzen und ihre offene Austragung zu.

Dorow / Grunwald, 510.

Nehmen die Konfliktparteien an, daß eigene Gewinne nur durch Verluste der anderen Partei erzielt werden können, streben sie eine distributive Konfliktlösung an. [D. h. Gewinn und Verlust werden auseinandergelegt.] Eine destruktive Konfliktlösung entsteht, wenn beide Konfliktparteien Verluste hinnehmen müssen. Glauben die Konfliktparteien dagegen, daß eine Konfliktlösung möglich ist, bei der beide Parteien Gewinne erzielen, dann wählen sie eine integrative Konfliktlösung.

Dorow / Grunwald, 512.

einzelnen Beiträge in ihrer Unterschiedlichkeit gleichermaßen respektiert sind und gleichberechtigt honoriert werden.

Mitarbeit setzt *Teamfähigkeit* voraus. Teamfähigkeit ist derzeit ein vielbenutztes Schlagwort, mit dem man die Fähigkeit zur Zusammenarbeit und Kooperation umschreibt. In dieser Fähigkeit sind verschiedene Grundfertigkeiten zusammengefaßt: soziale Kompetenz (Merkmale wie Kontakt-, Kommunikations- und Konfliktfähigkeit, soziale Sensibilität u. ä.), Flexibilität und Anpassungsfähigkeit, Sachbezogenheit und Sachkompetenz.

Ausgerechnet im Bereich der eigentlichen (Lohn-)Arbeit funktionieren diese drei Prinzipien aufgrund des grundsätzlichen Interessenkonflikts von Kapital und Arbeit aber nicht richtig. Das Prinzip Gewinnmaximierung kollidiert mit dem Sozialprinzip. „Beispielsweise wird das Management (einer Firma) bei der Gestaltung des Arbeitsprozesses die ökonomischen Zielkriterien (Lohnkosten, Arbeitsproduktivität, Arbeitsgeschwindigkeit des Arbeitsprozesses), die Arbeitnehmervertretung hingegen die sozialen und personalen Zielkriterien (Arbeitsbelastung, Arbeitsklima, Monotonie, Pausenregelung) höher gewichten" (Dorow / Grunwald, 516). „Aus derartigen Erfahrungen resultiert die Forderung, solche Arbeitsverhältnisse zu schaffen, in denen neben den rein ökonomischen Interessen auch noch andere Anliegen Platz haben. ... Die Soziallehre der Kirche formuliert daraus das Postulat: Der Mensch muß Vorrang haben vor der Arbeit, und die Arbeit soll Vorrang haben vor dem Kapital" (Reisinger, 55). „In der Arbeit selbst und in der ihr immanenten Logik scheint für spirituelle Momente kaum eine Chance zu bestehen. Spiritualität und Arbeit scheinen unterschiedlichen Segmenten im Leben anzugehören" (Ebd., 56).

Neuerdings scheint sich aber durch das Konzept der Selbststeuerung von sozialen Systemen wieder eine Tür für die Spiritualität in der Arbeitswelt zu öffnen. Was bedeutet es, wenn den MitarbeiterInnen in Organisationen, den TeilnehmerInnen an Fortbildungen oder den Mitgliedern von Arbeitsteams zugetraut wird, sich selbst zu steuern? „Familien, Gruppen, Organisationen müssen nicht mehr nach den Vorbildern der Vergangenheit gestaltet werden, sie können und müssen laufend neu erfunden und den eigenen Vorstellungen, die auch erst entwickelt werden müssen, angepaßt werden" (Schattenhofer, 19). Welche Vorstellungen vom Umgang miteinander, vom Arbeiten miteinander können gerade dann aktiviert werden, wenn alle Mitglieder der Gruppe daran beteiligt werden, wie etwas zu geschehen hat und was genau zu geschehen hat. Damit die Gruppe über diesen Weg tatsächlich weiterkommt als über den althergebrachten Weg der Hierarchie oder des Konformismus, braucht es eine Sensibilisierung für die Vielfalt der Begabungen und Talente, eine Offenheit auch für ungewöhnliche Verhaltens- und überraschende Sichtweisen, einen Kräfte erhaltenden Umgang mit den Ressourcen der Gruppenmitglieder, eine Wertschätzung der Qualitäten anderer, die Bereitschaft, sich einzubringen usw.

Funktion der Mitarbeit

Wichtigste Funktion der Mitarbeit ist die optimale Verteilung und Ausführung von Aufgaben, die nicht in den Zuständigkeitsbereich eines Einzelnen fallen, sondern in die Zuständigkeit der Gruppe als ganzer. Prinzip ist dabei der Gedanke der sinnvollen Arbeitsteilung.

Durch gut funktionierende Arbeitsteilung ergibt sich die Teilhabe der Einzelnen am Potential des Ganzen. Einerseits kommen die eigenen Spezialkenntnisse und besonderen Fähigkeiten besser zur Geltung; andererseits gibt es auch qualitativ bessere Ergebnisse und darüber hinaus Ergebnisse, die überhaupt nur durch Zusammenarbeit möglich sind.

Mitarbeit heißt daher auch: Getragensein von einem größeren Ganzen. Es ist sehr entlastend, nicht alles selbst können und tun zu müssen und es trotzdem gekonnt und getan zu sehen. Man kann sich in den vorhandenen Stärken verbünden und die gegebenen Schwächen dadurch ausgleichen.

Verfehlen dieser Funktion

Verfehlt wird die Funktion der Mitarbeit über verschiedene Abwertungsprozesse und -mechanismen; hierzu gehören Selbstabwertungen in Form von unberechtigten Aufwertungen anderer oder Abwertungen anderer, z.B. wenn die Gruppe als Ganzes oder einzelne Mitglieder falsche Bewertungsmaßstäbe propagieren bzw. ausagieren, die einzelne Begabungen und darüber auch einzelne Mitglieder in ihrem Beitrag abwerten, aber auch fälschlicherweise aufwerten bzw. überbewerten. Das geschieht nicht nur im Hinblick auf andere, sondern auch im Hinblick auf die eigene Person. Auch hier gibt es oft Fehleinschätzungen, man über- oder man unterschätzt sich selbst. Ausgangspunkt solcher Abwertungsprozesse (mit der Kehrseite der Überbewertung) sind meist ein biographisch beschädigtes Selbstwertgefühl und/oder wiederum (wie das schon beim Verfehlen der Funktionen der Zugehörigkeit der Fall war) die verschiedenen nicht erkannten bzw. ausufernden Leidenschaften und Ersatzbefriedigungen wie Herrschsucht, Kontrollsucht, Arbeitssucht, Spielsucht, Klatschsucht, etc., die zu Boykott und anderen Blockaden der Kooperation führen. Auch hier kann man wieder z. B. mit den Techniken der TA die verschiedenen zugrundeliegenden psychologischen Spiele bzw. das Ausagieren destruktiver Skriptanweisungen u. ä. offendecken und dadurch Abhilfe schaffen. Oft helfen auch Kurse in Sozialer Kompetenz, in Kommunikations- und Konfliktregelungstrainings.

Auf der Ebene der Mitarbeit unterbrechen die gerade genannten Charakterschwächen und andere (Beziehungs-)Störungen den freien Zusammenfluß der verschiedenen vorhandenen Potentiale und bedrohen die optimale Effektivität der ganzen Gruppe. Ein gesunder Wetteifer untereinander weicht destruktiver Konkurrenz, aus freundlicher Unterstützung wird ein feindliches Gegeneinander.

Nicht nur Einzelne, sondern auch ganze Gruppen können von Kooperation zu Feindschaft übergehen bzw. in eine aggressive oder defensive Verweigerungshaltung gedrängt werden.

Spirituelle Dimension

Die spirituelle Dimension der Mitarbeit möchten wir anhand eines eingängigen Symbols verdeutlichen, denn, um mit Paul Tillich († 1965) zu sprechen: „Symbole öffnen, sie öffnen die Realität und sie öffnen etwas in uns" (Tillich, 257f.). Hilfreich ist hier das Symbol, das der Apostel

einzelne aber sind wir Glieder, die zueinander gehören. Wir haben unterschiedliche Gaben, je nach der uns verliehenen Gnade. Hat einer die Gabe prophetischer Rede, dann rede er in Übereinstimmung mit dem Glauben; hat einer die Gabe des Dienens, dann diene er. Wer zum Lehren berufen ist, der lehre; wer zum Trösten und Ermahnen berufen ist, der tröste und ermahne. Wer gibt, gebe ohne Hintergedanken; wer Vorsteher ist, setze sich eifrig ein; wer Barmherzigkeit übt, der tue es freudig. Seid einander in brüderlicher Liebe zugetan, übertrefft euch in gegenseitiger Achtung!

Röm 12,4-10.

Paulus in seinen Briefen an die verschiedenen Gemeinden für die spirituelle Gestalt der Kirche benutzt: das Symbol des einen Leibes und seiner vielen Gliedmaßen.

Der eine Leib und die vielen Glieder

„Denn wie der Leib eine Einheit ist, doch viele Glieder hat, alle Glieder des Leibes aber, obgleich es viele sind, einen einzigen Leib bilden: so ist es auch mit Christus. Durch den einen Geist wurden wir in der Taufe alle in einen einzigen Leib aufgenommen, Juden und Griechen, Sklaven und Freie; und alle wurden wir mit dem einen Geist getränkt. Auch der Leib besteht nicht nur aus einem Glied, sondern aus vielen Gliedern. Wenn der Fuß sagt: Ich bin keine Hand, ich gehöre nicht zum Leib!, so gehört er doch zum Leib. Und wenn das Ohr sagt: Ich bin kein Auge, ich gehöre nicht zum Leib!, so gehört es doch zum Leib. Wenn der ganze Leib nur Auge wäre, wo bliebe dann das Gehör? Wenn er nur Gehör wäre, wo bliebe dann der Geruchssinn? Nun aber hat Gott jedes einzelne Glied so in den Leib eingefügt, wie es seiner Absicht entsprach. Wären alle zusammen nur ein Glied, wo bliebe dann der Leib? So aber gibt es viele Glieder und doch nur einen Leib. Das Auge kann nicht zur Hand sagen: Ich bin nicht auf dich angewiesen. Der Kopf kann nicht zu den Füßen sagen: Ich brauche euch nicht. Im Gegenteil, gerade die schwächer scheinenden Glieder des Leibes sind unentbehrlich. Denen, die wir für weniger edel ansehen, erweisen wir um so mehr Ehre, und unseren weniger anständigen Gliedern begegnen wir mit mehr Anstand, während die anständigen das nicht nötig haben. Gott aber hat den Leib so zusammengefügt, daß er dem geringsten Glied mehr Ehre zukommen ließ, damit im Leib kein Zwiespalt entstehe, sondern alle Glieder einträchtig füreinander sorgen. Wenn darum ein Glied leidet, leiden alle Glieder mit; wenn ein Glied geehrt wird, freuen sich alle anderen mit ihm. Ihr aber seid der Leib Christi, und jeder einzelne ist ein Glied an ihm. So hat Gott in der Kirche die einen als Apostel eingesetzt, die andern als Propheten, die dritten als Lehrer; ferner verlieh er die Kraft, Wunder zu tun, sodann die Gaben, Krankheiten zu heilen, zu helfen, zu leiten, endlich die verschiedenen Arten von Zungenrede. Sind etwa alle Apostel, alle Propheten, alle Lehrer? Haben alle die Kraft, Wunder zu tun? Besitzen alle die Gabe, Krankheiten zu heilen? Reden alle in Zungen? Können alle solches Reden auslegen?" (1 Kor 12,12-30).

Das Symbol des einen Leibes mit den vielen Gliedern, mit dem Paulus die spirituelle Dimension der Kirche beschreibt, trifft heute wie damals auf eine gewisse Skepsis: einerseits ist es erfahrbare Realität, daß das eigene Wohl auf wunderbare Weise verknüpft ist mit dem Wohl der Zugehörigkeitsgruppe, andererseits scheint der eigene Vorteil oft im Widerspruch zum Gruppenvorteil zu stehen, und man wird verleitet, die eigenen Begabungen zur Übervorteilung der anderen zu mißbrauchen bzw. andere Begabungen abzuwerten, um die eigene Position zu stärken. Hier setzt die Spiritualität an. Sie öffnet den Blick immer wieder für die komplexe Realität des einen Ganzen in seiner bunten Vielfalt. Sie will Leib (Kirche) und Glieder in gesundem Gleichgewicht zusammenhalten, weil menschliches Leben nur so zur vollen Entfaltung kommen kann.

Das Symbol des einen Leibes und der vielen Glieder ist der Schlüssel zu einem Leben in Demut, ohne daß das eigene Licht unter den Scheffel gestellt wird. „Das Wort Demut hat heutzutage im Allgemeinen keinen guten Klang, wird es doch meistens gleichgesetzt mit

Die Demut, zu der wesentlich gehört, sich nicht mit anderen zu vergleichen, sich nicht für besser als andere zu halten, ist die höchste Tugend des Mön-

ches. Die Demut bricht die
Macht der Dämonen und ent-
larvt ihre Trugbilder.
Vgl. Apo 337, 1064, 1066.

Verdemütigung, Unterwürfigkeit, Servilität. Der Rechtfertigung oder
Propagierung einer solchen Haltung mußte es ja auch meistens dienen.
In Wirklichkeit aber ist mit Demut eine zutiefst positive und für einen
gläubigen Menschen höchst nötige Haltung gemeint, so daß Demut
nicht einfach eine Tugend neben anderen ist, sondern die Grundhaltung des Menschen für sein Zusammenleben mit den Mitmenschen
und seine Haltung gegenüber Gott meint" (Dobhan, 213). Demütig
sein heißt dann, sich selbst mit seinen Gaben und Talenten einzubringen und gleichzeitig die anderen mit ihren Gaben und Talenten anzuerkennen und anzunehmen. Demut ist somit die Voraussetzung dafür,
daß die Harmonie des einen Leibes sich wohltuend auf jedes der vielen
Glieder auswirken kann, wodurch die Sorge um den eigenen Vorteil
gegenstandslos wird.

2.3. Die Ihr-Gruppe

> Während es in den Wir-Gruppen um Zugehörigkeit zur Eigengrup-
> pe und Mitarbeit in einer Eigengruppe ging, geht es nun in den Ihr-
> Gruppen um Kontaktpflege zu Fremdgruppen und um Leitung ei-
> ner Gruppe, der man auf Grund seiner Funktion gegenübersteht.
> Wir denken hier an Fremdgruppen wie z.B. Andersgläubige, An-
> dersstämmige, Nichtverwandte, Fremde etc., und an Gruppen, für
> die das Leitungsamt konstitutionell ist, wie z.B. Kurse, Ausbil-
> dungs- oder Trainingsgruppen, Therapiegruppen, Reisegruppen,
> Aktionsgruppen, Projektgruppen in Firmen usw.

Einerseits gelten hier dieselben gruppendynamischen und sozialpsychologischen Strukturen und -prozesse wie in den Wir-Gruppen, doch
bekommen hier Begegnung und Austausch sowie Leitung und Dienst
eine andere Dynamik. Die Tatsache, der Gruppe selbst nicht anzugehören oder die offizielle Leitung inne zu haben, bringt eine spezielle
Verantwortung mit sich: Einmal die Verantwortung für die Identität
und Abgrenzung der Beziehungspartner, zum anderen die Verantwortung für das Zustandekommen der Gruppe, die Zielsetzung, die
Durchführung eines Programms, den Abschluß eines Auftrags und gegebenenfalls die Begutachtung der Teilnehmer oder Untergebenen.
Wir besprechen hier im Rahmen der Ihr-Gruppen die für Spiritualität
relevanten Konstellationen Begegnung und Leitung.

2.3.1 Begegnung (*Schalom*)

Begegnung und Austausch sind nicht nur innerhalb der Zugehörig-
keits- oder Mitarbeitsgruppe möglich und wertvoll, sondern – heute
mehr denn je – gerade auch in Bezug auf Fremdgruppen. Begegnung
und Austausch sind der wichtigste Stabilitätsfaktor innerhalb unserer
multikulturellen, multireligiösen und multinationalen Gesellschaft. Gerade da, wo Begegnung und Austausch noch nicht in festen Bahnen
verlaufen, wo es Unsicherheiten und Berührungsängste gibt, sollten wir
uns grundlegende Erkenntnisse der Kommunikationsforschung zu nut-
ze machen, um unsere Begegnung und unseren Austausch mit Fremden, Andersartigen, Andersdenkenden, Andersfühlenden usw. zu op-
timieren.

Funktion von Begegnung und Austausch

In kybernetischer Terminologie ausgedrückt, geht es in jeder Begegnung um den Austausch von ‚Nachrichten' und um deren ‚Sender' und ‚Empfänger'. Nach F. Schulz von Thun haben Nachrichten immer vier Seiten: „sie enthalten gleichzeitig einen Sachinhalt, eine Selbstoffenbarung des Senders, ein Beziehungsangebot des Senders an den Empfänger und einen Appell an den Empfänger. ... Da alle vier Seiten immer gleichzeitig im Spiele sind, muß der kommunikationsfähige Sender sie sozusagen alle beherrschen. Einseitige Beherrschung stiftet Kommunikationsstörungen. So nützt es z.B. wenig, sachlich (auf der ersten Seite der Nachricht) recht zu haben, wenn man gleichzeitig auf der Beziehungsseite Unheil stiftet" (Schulz von Thun, 16 und 20f.) Begegnungen haben somit eine vierfache Funktion: Austausch über Sachinhalte, Austausch von Selbstoffenbarungen, Austausch gegenseitiger Beziehungsangebote, Austausch gegenseitiger Appelle.

Sachinhalt

Der Sachinhalt einer Nachricht ist nicht immer deutlich. Ursache dafür ist entweder Unverständlichkeit oder Unsachlichkeit. Unsachlichkeit meint den nicht „auf ein Sachziel bezogenen Austausch von Informationen und Argumenten, das Abwägen und Entscheiden, belastet von menschlichen Gefühlen und Strebungen wie: das Gesicht wahren und recht behalten wollen, sich produzieren, rächen und rehabilitieren, sich lieb Kind machen oder es den anderen zeigen wollen usw." (Schulz v. Thun, 29). Dieses Problem löst sich paradoxerweise nicht über einen Appell an die Sachlichkeit, sondern durch „den Mut zur gelegentlichen Metakommunikation mit starker Betonung der Selbstoffenbarungs- und Beziehungs-Seite der Nachrichten" (Ebd., 30). Unverständlichkeit liegt dann vor, wenn nur ein Bruchteil der gesendeten Inhalte aufgrund komplizierter Ausdrucksweise bei den Empfängern ankommt. Dieses Problem wird durch Einfachheit, Gliederung – Ordnung, Kürze – Prägnanz und zusätzliche Stimulanz lösbar. Natürlich nützt es auch hier wenig, mit entsprechenden Appellen zu mehr Verständlichkeit gegen eingeschliffene Sprach- und Darstellungsgewohnheiten vorzugehen. Kommunikationsexperten empfehlen stattdessen systematische Übungsprogramme.

In der Kommunikation mit Fremdgruppen führen Unsachlichkeit und Unverständlichkeit leichter zu einem Begegnungsabbruch als in der Eigengruppe. Empfänger der Fremdgruppe haben es ohnehin schwer, die gesendeten Nachrichten richtig zu dekodieren, weil sie ja nicht mit den Denk- und Lebensgewohnheiten des Senders vertraut sind. Werden die Nachrichten aus der Sicht des Empfängers nun zu unsachlich und / oder zu unverständlich, wird er die Begegnung für sinnlos halten und abbrechen.

Selbstoffenbarung

Wir sind alle mehr oder weniger oft und stark von Selbstoffenbarungsangst geplagt und versuchen uns mit Imponier- und Fassadentechniken zu schützen. Wir trauen uns nicht, in unserer Kommunikation wir selbst zu sein bzw. zu bleiben. Die Selbstoffenbarungsangst entsteht in der Kindheit durch erfahrene Ablehnung und Bestrafung einiger unerwünschter Aspekte der eigenen kindlichen Persönlichkeit. „Wie kommuniziert jemand, der sich in einer Welt von Richtern und Rivalen fühlt?" (Schulz von Thun, 39). Ob man sich nun aufspielt, sich

---

● „Mir geht es nur um die Sache!" oder „Jetzt wirst du aber unsachlich!" – Über den Wert von Sachlichkeit in der zwischenmenschlichen Kommunikation besteht Einigkeit. ... Üblicherweise finden wir in Arbeitsgruppen den „Das-gehört-nicht-hierher!"-Standpunkt vor. ... Der bloße Appell zur Sachlichkeit führt aber nur dazu, daß Gefühle und Strebungen gleichsam in den Untergrund gehen und die Kommunikation aus dem Untergrund bestimmen. ... Das Ergebnis ist nicht Sachlichkeit, sondern Scheinsachlichkeit: eine unheilvolle Verflechtung der sach-logischen Ebene mit der gruppendynamischen Ebene. In vielen Arbeitsgruppen und Gremien ist diese Verflechtung zum Dauerzustand geworden.

● Schulz von Thun, 29f.

Das Kind merkt sehr bald: Nur einiges an meiner Person ist für Mutter, Vater oder andere Autoritäten akzeptabel. Wenn ich gut bin (und möglichst besser als andere), wenn ich brav und freundlich bin, dann finde ich Liebe und Anerkennung. Bin ich dagegen wütend, aggressiv, egoistisch oder unfähig, bestimmte Aufgaben und Situationen zu meistern, dann erlebe ich Herabsetzung, Demütigungen, werde bestraft oder ausgelacht. Mit der Zeit macht sich das Kind die Bewertungsmaßstäbe seiner Umwelt zueigen und wendet sie auch gegen sich selbst an (Schuld- und Minderwertigkeitsgefühle). Der Richter ist damit in uns, und unser Selbstwertgefühl ist in dauernder Gefahr, weil die „unansehnliche" Seite unserer Person zwar verheimlicht, aber kaum beseitigt werden kann. Je stärker das Minderwertigkeitsgefühl des Erwachsenen ausgeprägt ist, um so mehr phantasiert er seine Mitmenschen in die Rolle von strengen Richtern hinein ..., faßt er auch ganz harmlose Situationen (z.B. Gastgeber sein) leistungsthematisch (also als Prüfung) auf, oder sieht in dem anderen den Rivalen und fürchtet, als Unterlegener dazustehen.

Schulz v. Thun, 38f.

produziert, angibt, selbstbeweihräuchert, radschlägt wie ein Pfau, u.ä., also die Imponiertechnik benutzt, oder ob man negativ empfundene Anteile der eigenen Person zu verbergen oder zu tarnen sucht, indem man schweigt, keine Schwächen und Gefühle zeigt, professionelles Gehabe oder konfliktscheue Pseudo-Freundlichkeit produziert, feindselige Kritik oder affektarme wohlpräparierte Sachlichkeit auffährt, also Fassadentechniken anwendet, das alles dient der ‚Selbstverbergung'. Für die zwischenmenschliche Kommunikation hat Selbstverbergung aber negative Konsequenzen: der sachliche Ertrag leidet, es entstehen Barrieren für zwischenmenschliche Solidarität und Gefahren für die seelische Gesundheit (vgl. Schulz v. Thun, 42). „Was ist überhaupt die Alternative zu dem bisher geschilderten Fassaden-Verhalten?" Die verschiedenen Therapieformen sind sich einig in dem Ziel, „dem Klienten den verschütteten Zugang zu dem eigenen inneren Erleben wieder zu ermöglichen" und ihn zu ermutigen, dazu zu stehen. In der Gesprächspsychotherapie gibt es hierfür den Ausdruck der Kongruenz „(im Deutschen auch mit Echtheit übersetzt, Tausch, 1971). Damit ist die Übereinstimmung zwischen drei Bereichen der Persönlichkeit gemeint: inneres Erleben (= was ich fühle, was sich in mir regt), Bewußtsein (was ich davon bewußt mitkriege) und Kommunikation (was ich davon mitteile, nach außen hin sichtbar werden lasse)" (Schulz v. Thun, 43). Kongruenz bzw. Echtheit zu trainieren, ist ungleich schwerer als z.B. Verständlichkeit auf der Sachebene einzuüben, da die Art, wie wir uns selbst darstellen bzw. verbergen, durch möglicherweise jahrzehntelange Sozialisationserfahrungen eingeschliffen ist. Zudem setzt „fassadenfreie Kommunikation ein Mindestmaß an Selbstwertgefühl voraus" (Schulz von Thun, 45).

In der Kommunikation mit Fremdgruppen kann Selbstverbergung besonders schnell zum Abbruch der Begegnung führen, weil der Sender, der sich selbst verbirgt, für den Empfänger leicht illusionär wird. Ein Phantom, das an seiner Fassade putzt, wird schnell langweilig für sein Gegenüber oder irritiert sein Gegenüber so, daß dieses die Begegnung abbricht.

Beziehungsangebot

„Diese dritte Seite der Nachricht ist von außerordentlich großer Bedeutung in der zwischenmenschlichen Kommunikation. Ich kann nicht Sachinhalte vermitteln (erste Seite der Nachricht), ohne gleichzeitig den anderen als Menschen in irgendeiner Weise zu behandeln" (Schulz v. Thun, 47). Für die Beziehungsseite einer Nachricht kommt es auf das ‚Wie' an, auf die Art und Weise, wie formuliert wird, wie der Tonfall ist, was Mimik und Gestik sagen. Die Art und Weise der Behandlung des Empfängers durch den Sender läßt sich nach Schulz v. Thun in zwei Dimensionen einteilen: 1. Wertschätzung gegenüber Geringschätzung, 2. Bevormundung / Lenkung gegenüber Einräumen von Entscheidungsfreiheit. Man spricht bei Wertschätzung bzw. Geringschätzung auch von der emotionalen Dimension der Kommunikation, da sich bei beiden Gesprächspartnern hier vor allem gefühlsmäßige Vorgänge abspielen. Mit Lenkung / Bevormundung „ist ein Verhaltensstil gemeint, der darauf angelegt ist, den Empfänger in seinem Denken und Handeln weitgehend unter den eigenen Einfluß zu bringen, z.B. durch Anweisungen, Vorschriften, Fragen, Verbote usw." (Schulz v. Thun, 49).

Stellt man sich die Wertschätzungs- und die Lenkungsdimension als ein Koordinatensystem vor, so ergeben sich die vier Felder 1. Starke

Die Familie will zu einer Kindtaufe und ist dabei, 'sich fein zu machen'. Die 14-jährige Tochter sagt: „Mutti, ich zieh meine Jeans an, ja?" Darauf nun den vier Feldern entsprechende verschiedene Möglichkeiten der Reaktion von Eltern:

Sag mal, bei dir piept´s wohl! Den schwarzen Rock ziehst du an, und zwar dalli! (Feld 1)

Mach, was Du willst. Mit Vernunft ist bei dir ja doch nichts zu wollen! (Feld 2)

Mm, ich hab Angst, es sieht nicht feierlich genug aus. Aber Du fühlst Dich in Hosen wohler, nicht? (Feld 3)

Oh, mein Liebling, das paßt heute nicht so gut. Zieh schön Deinen schwarzen Rock an, ja? (Feld 4).

Schulz von Thun, 51f.

Jemand weint. Zunächst sind wir geneigt, dieses Weinen als Ausdruck von Traurigkeit zu nehmen. D.h. wir empfangen das Weinen auf der Selbstoffenbarungsseite. Möglicherweise haben wir damit aber nicht die ganze psychologische Bedeutung des Weinens verstanden. Was geschieht mit mir, wenn der andere anfängt zu weinen? Ich bin getroffen, mein Zorn von eben ist verraucht, ich habe Mitleid, ich gebe nach, „mein Herz schmilzt", ich wende mich dem Weinenden zu, um ihn zu beruhigen und zu trösten, höre auf, ihn mit meinen Ansprüchen und „Wahrheiten" zu quälen. Und wenn dies Sinn und Zweck des Weinens gewesen wäre? Der Weinende würde diese Unterstellung entrüstet von sich weisen: das Weinen

Lenkung, wenig Wertschätzung, 2. Wenig Lenkung, wenig Wertschätzung, 3. Hohe Wertschätzung, wenig Lenkung, 4. Hohe Wertschätzung, starke Lenkung.

Die Beziehungsseite der Nachricht ist gerade in der Begegnung mit Fremdgruppen Ursprung so mancher Kommunikationsstörung. Denn sobald der Sender durch Lenkungs- bzw. Geringschätzungsbotschaften Unterlegenheitsgefühle, Gefühle des Abgelehntseins oder des Bestraftwerdens im Empfänger auslöst, ist dieser nicht nur persönlich getroffen, sondern fühlt sich auch in seiner Gruppenidentität angegriffen und nimmt innerlich Kampfstellung ein.

„Das große Unglück besteht nun darin, daß die Störung vom Empfänger meist nicht dort angesprochen wird, wo sie entstanden ist, nämlich auf der Beziehungsseite. Vielmehr wird sich der Streit in den meisten Fällen auf der Seite des Sachinhalts austoben. ... Dies ist einer der Kardinalfehler in der zwischenmenschlichen Kommunikation: Beziehungsstreit auf der Seite des Sachinhalts austragen" (Schulz v. Thun, 52f.). Abhilfe schafft ein mehrseitiges Kommunizieren, etwa nach dem Motto ‚ich mag nicht so von dir behandelt werden.' Äußerungen dieser Art, man nennt sie auch Metakommunikation, helfen, die Auseinandersetzung an der richtigen Stelle zu führen.

Kommunikationsfähigkeit auf der Beziehungs-Seite der Nachricht beinhaltet mehrere Teilfähigkeiten: als Sender die Fähigkeit, „seinen Standpunkt so darzulegen, daß er den Empfänger dabei akzeptierend und vollwertig behandelt, ihn nicht unnötig dominiert und bevormundet. Ferner die Fähigkeit, Sach- und Beziehungsebene voneinander zu trennen, u.a. ‚Störfeuer von unten' rechtzeitig zu erkennen und metakommunikatorisch zu bearbeiten" (Schulz v. Thun, 58). Als Empfänger bedarf es der Fähigkeit, „den Beziehungsaspekt der Nachricht zwar feinfühlig zu registrieren, aber nicht überempfindlich darauf zu reagieren" (ebd., 58). Wie kann man nun solche Fähigkeiten lernen und trainieren? „In den Fällen, wo Repertoiremangel und Unsensibilität die Ursache für Kommunikationsfehler sind, führen Verhaltensübungen zu Aha-Erlebnissen und spürbaren Änderungen" (ebd., 58). Zudem bedarf es auch hier wieder eines Mindestmaßes an gesundem Selbstwertgefühl.

Appell an den Empfänger

Viele Menschen verschlüsseln ihre Wünsche bis zur Unkenntlichkeit, haben aber gleichzeitig die Hoffnung, daß man sie errät bzw. zwischen den Zeilen herausliest. Das ist nicht nur anstrengend, sondern beschädigt auch die Beziehungen. Statt expliziter Appelle wie z.B. Befehle, Anleitungen, Gebote, Verbote, die deutlich erkennbar sind und daher dem Empfänger Freiraum für oder gegen eine Befolgung lassen, senden wir häufig verschlüsselte oder heimliche Appelle, die schwer zu erkennen sind und daher oft zu Manipulation führen. Zwei Typen heimlicher Appelle seien hier beispielhaft betrachtet: 1. Heimliche Appelle, bei denen die Hauptbotschaft auf der Selbstoffenbarungsseite zu liegen scheint. Solche Appelle sind im täglichen zwischenmenschlichen Umgang an der Tagesordnung. Nehmen wir beispielsweise Weinen, Selbstmordversuche, Angstzustände. Sie können auf der Selbstoffenbarungsseite gesendet sein, haben aber oft eher Appellcharakter und fragen indirekt Mitleid, Zuwendung, Rücksicht, Hilfe, Sorge, Zusammensein, Rettung und dergleichen an. Statt das Spiel mitzuspielen, empfiehlt sich hier appellwidriges Reagieren und behutsames Ansprechen des vermutlich beabsichtigten Zieles, also Metakommunikation.

sei einfach über ihn gekommen, mitnichten handele es sich um eine von ihm benutzte Strategie, auf den anderen Einfluß zu nehmen. Der Weinende lügt nicht wider besseres Wissen. Ihm ist die Strategie, die er benutzt, nicht bewußt. Vermutlich hat ihm diese Strategie in der Kindheit genutzt. In bedrohlichen Situationen hat sie ihm das Schlimmste erspart.

Schulz v. Thun, 62.

2. Heimliche Appelle, bei denen die Hauptbotschaft auf der Sach-Seite der Botschaft zu liegen scheint. Diese Art ist in öffentlichen Diskussionen, in der Politik, in der Wissenschaft, in der Wirtschaft sehr verbreitet. Hier empfiehlt es sich, den Appell aufzuspüren, indem man sich die Interessenlage des Senders vor Augen führt. Ein ideologiekritischer Empfang der Nachricht: „Die unterschiedliche Intelligenz der Menschen ist weitgehend durch die Erbanlagen vorbestimmt", trägt „dem Umstand Rechnung, daß Sachinformationen (auch) als Schützenhilfe für die Durchsetzung von Interessen genutzt werden" (Schulz v. Thun, 66).

Gerade in der Begegnung mit Fremdgruppen ist der offene, deutliche Ausdruck von Wünschen und Appellen wichtig. Manche Menschen (Gruppen) leben unter der Dauerbremse der falschen Überzeugung, es stehe ihnen gar nicht zu, Wünsche zu äußern und zu vertreten; sie bedürfen eines ausdrücklichen Selbstsicherheitstrainings. Außerdem ist das indirekte und versteckte Wünschen eine (oft unbewußte) Strategie, um der Verantwortung zu entgehen. Kommunikationspsychologen empfehlen aber die „Formel: Es ist erlaubt und erwünscht, daß der Sender seine Wünsche deutlich anmeldet – und es ist erlaubt und erwünscht, daß der Empfänger dem Appell unter Umständen nicht nachkommt. Eine solche Umgangsform bedarf meistens der ausdrücklichen Vereinbarung, muß also metakommunikatorisch erarbeitet werden" (Schulz v. Thun, 90).

Spirituelle Dimension

Wenn ihr in ein Haus kommt, so sagt als erstes: Friede diesem Haus! Und wenn dort ein Mensch des Friedens wohnt, wird der Friede, den ihr ihm wünscht, auf ihm ruhen; andernfalls wird er zu euch zurückkehren.

Lk 10,5.

Hilfreich für jede Begegnung, insbesondere aber für die Begegnung mit Fremden, ist die gute Gesprächsatmosphäre und die positive Grundhaltung von Sender und Empfänger. Jesus empfahl seinen Jüngern darum, die Begegnung mit Fremden immer mit einem ernstgemeinten Friedensgruß zu beginnen: *Schalom!* Friede sei diesem Haus! Wenn dieser Segenswunsch wirklich aus dem Herzen kommt und nicht nur eine Floskel ist, kann er viel zum Gelingen der Begegnung beitragen. Denn einer, der diesen Segen ernst meint, wird seine Gesprächspartner nicht mit Unsachlichkeiten oder Unverständlichkeiten in die Irre führen, er wird aus innerem Frieden heraus zu fassadenfreier Kommunikation bereit sein, er wird seinen Gesprächspartnern ein Beziehungsangebot machen, das von Wertschätzung und Offenheit und nicht von Geringschätzung und Bevormundung geprägt ist, er appelliert offen an das tiefmenschliche Bedürfnis nach Frieden und Eintracht miteinander. So kann mit diesem Friedensgruß die Begegnung nicht nur einen guten Anfang nehmen, sie bleibt auch danach leichter in einem positiven Klima, wenn alle vier Seiten der Nachrichten immer wieder im *Schalom* auf einen positiven Nenner gebracht werden.

2.3.2 Leitung (Der gute Hirt)

Wir als Trainer leiten die Gruppe und zeigen damit Führungsverhalten. Dieses Führungsverhalten sollte Vorbild sein für den von uns als Trainingsziel angestrebten kooperativ-partizipatorischen Führungsstil. Das ist unser Anspruch, den wir

Leitung meint zunächst einmal Führung im Sinne von Chefsein, Voranstehen, Bestimmen, den Ton angeben, die Macht haben und Kontrolle ausüben. Leitung heißt aber auch, die Verantwortung für eine Gruppe, ein Projekt, tragen, Fürsorge für das/die Anvertraute/n übernehmen, als Ansprechpartner und/oder Vorbild dasein, Kenntnisse zur Verfügung stellen, Weitsicht einbringen, anleiten und begleiten.

auch den Teilnehmern mitteilen. Damit erhalten diese die
Möglichkeit, die Auswirkungen
dieses Führungsstils während
des Trainings selbst zu erleben,
kritisch zu prüfen und am Modell zu erlernen.
*Fittkau u. Fittkau-Garthe, 1980,
536.*

Leitung heißt also auch, sich für andere, für etwas einsetzen, zur Verfügung stehen, seine Fähigkeiten oder die ganze Person in den Dienst
von andern stellen, andere respektieren und akzeptieren, einem Ziel
dienen, (Wert-)Maßstäbe setzen.

Um die Führungsfunktion fruchtbar zu gestalten, sollte sie im allgemeinen „zeitbegrenzt, fluktuierend, rechenschaftspflichtig, transparent,
kontrollierbar, auf Mitbestimmung aufbauend, gewählt" (Fittkau und
Fittkau-Garthe, 1994, 329) sein.

Funktion von Leitung

Zwischen den Anforderungen
und Interessen der einzelnen
beteiligten Personen, der Gruppe als Arbeitsteam und des Ar-
beitszieles / Themas ist ein
Gleichgewicht   anzustreben.
Hauptaufgabe des Teamleiters
– aber auch aller Gruppenmitglieder – ist die Herstellung dieser optimalen Balance.
*Fittkau / Müller-Wolf /
Schulz von Thun, 373.*

Eine wichtige Funktion von Leitung besteht zunächst darin, dafür zu
sorgen, daß ein bestimmtes Vorhaben ordnungsgemäß durchgeführt
oder ein bestimmtes Ziel in optimaler Weise angegangen wird. Eine
weitere Funktion ergibt sich daraus: unterwegs auftretende Schwierigkeiten und Hindernisse müssen kompetent und zügig angegangen,
wenn möglich aus dem Weg geräumt und eventuelle Störungen, Blok-
kaden und Konflikte umsichtig gehandhabt werden. Deshalb wird von
der Leitung erwartet, daß sie eine bestimmte Struktur vorgibt, Vorgehensweisen festlegt, Prioritäten setzt, Prinzipien durchsetzt, Rahmen-
bedingungen vorgibt, den Verlauf überwacht und eventuelle Kurskor-
rekturen vornimmt oder anordnet, Entscheidungen über Teilnahme
oder Ausschluß trifft, also Macht ausübt. Um diese verschiedenen Aufgaben wahrzunehmen, bedient sich Leitung des einen oder anderen
Führungsstils; außerdem bedarf es natürlich der Sachkompetenz, des
Organisationstalents und der Beziehungsfähigkeit mit allen impliziten
Teilkompetenzen.

Von besonderem Interesse ist für uns hier die Funktion der Leitung auf
der Beziehungsebene, also der Führungsstil. Für das Gelingen oder
Scheitern der Leitung insgesamt sind meistens die Realitäten auf der
Beziehungsebene ausschlaggebend. „Ein effektiver Chef ist in der Lage,
seinen Führungsstil zu ändern, wenn es angemessen erscheint. Seine
Entscheidungen passen sich den Gegebenheiten an, und er klammert
sich nicht an eingefahrene, längst überholte Verhaltensmuster. Ein effi-
zienter Chef nimmt notwendige Veränderungen auf eine Weise vor, die
den betroffenen Mitarbeitern zeigt, daß ihm ihr persönliches Wohlbe-
finden am Herzen liegt" (James, 41). Kurz zusammengefaßt sind die
drei wichtigsten Kennzeichen eines guten Führungsstils Anerkennung,
Zuwendung und Schutz.

Verfehlen dieser Funktion

Empirische   Untersuchungen
zum Vorgesetzten- und Erzie-
her-Verhalten (s. z.B. Tausch u.
Tausch, 1973) legen nahe, daß
es vor allem zwei ‚Techniken'
gibt, den Empfänger auf der
Beziehungsseite zu mißhan-
deln: Herabsetzung und Bevormundung. Etwas ausführlicher gesagt: In der Art, ihre
unterstellten Mitarbeiter bzw.
Jugendliche zu behandeln, unterscheiden sich die Vorgesetzten / Erzieher vor allem in
zwei   Hauptmerkmalen: (1)
Wertschätzung gegenüber Geringschätzung und (2) Lenkung

Hier seien einige typische Leitungsfehler nach Bernd Fittkau und Heide Fittkau-Garthe genannt: „Die Führung reflektiert und vertritt zu
wenig die materiellen Interessen der Geführten, die Führung vernachlässigt die übergeordneten, langfristigen, gesamtgesellschaftlichen Interessen zugunsten kurzfristiger privater Profitinteressen, die Führung
berücksichtigt zu wenig die psychischen Interessen und Bedürfnisse
der Geführten, u.a. nach Angstfreiheit, innerer Sicherheit, Kommunikation, Wertschätzung, Selbstverwirklichung" (Fittkau und Fittkau-
Garthe, 1994, 327).

Die Mängel im Führungsstil haben offensichtlich alle mit Mängeln in
Bezug auf Wertschätzung zu tun. „Mit Wertschätzung ist gemeint: In
dem, was der Sender sagt, bringt er zum Ausdruck, daß er den Empfänger als achtenswerte, vollwertige, gleichberechtigte Person ansieht und

/ Bevormundung gegenüber Einräumen von Entscheidungsfreiheit.

Schulz von Thun, 48.

daß er ihm Zuneigung entgegenbringt. Dazu gehören Höflichkeit und Takt, freundliche Ermutigung und Reversibilität im Sprachverhalten. (Reversibilität = der Sender spricht zum Empfänger in einer Weise, wie der Empfänger auch umgekehrt zum Sender sprechen dürfte, ohne die Beziehung zu gefährden.) Dies ist besonders in hierarchischen Beziehungen von Bedeutung, so in der Beziehung Eltern – Kind, Lehrer – Schüler, Vorgesetzter – Untergebener" (Schulz von Thun, 48f.) Mit Geringschätzung hingegen ist gemeint: „Der Sender behandelt den Empfänger als eine Art minderwertige Person: abweisend, herabsetzend, demütigend, emotional kalt, von oben herab. Weiter gehören dazu: nicht ernst nehmen, lächerlich machen, beschämen, Abneigung zeigen. Dann auch Irreversibilität: Der Sender verhält sich dem (meist untergeordneten) Empfänger gegenüber in einer Weise, wie es sich dieser ihm gegenüber nicht erlauben dürfte" (Schulz von Thun, 49).

Der Kritiker: überkritischer Diktator (nicht O.K.) – kompetenter Kritiker (O.K.)
Der Coach: wohlwollender Despot (nicht O.K.) – unterstützender Mentor (O.K.)
Die graue Eminenz: Einzelgänger (nicht O.K.) – Liberaler (O.K.)
Der Analytiker: Computer (nicht O.K.) – Kommunikationsexperte (O.K.)
Der Friedensstifter: (Über-) Beflissener (nicht O.K.) – oder Vermittler (O.K.)
Der Kämpfer: Punk (nicht O.K.) – Partner (O.K.)
Der Findige: zerstreuter Professor (nicht O.K.) – kreativer Problemlöser (O.K.).

James, 15.

Muriel James bespricht in ihrem Buch „Mitarbeiter besser führen" (S. 15-35) Führungsstile aus transaktionsanalytischer Sicht und zeigt auf, daß die verschiedenen Führungsstile nicht in sich gut oder schlecht sind, sondern jeder Stil in O.K.-Haltung oder in Nicht-O.K.-Haltung ausgelebt werden kann und dann dementsprechend auch auf die Teilnehmer oder Mitarbeiter wirkt. Außerdem geht sie davon aus, daß jede Leitung lernen kann, die O.K.-Anteile mehrerer bis aller verfügbaren Führungsstile in sich zu aktivieren und situationsangemessen flexibel einzusetzen. „Beispielsweise kann sich ein Boss dem einen Mitarbeiter gegenüber ... als kompetenter Kritiker, zu bestimmten Zeiten als unterstützender Coach und zu anderen als fairer Vermittler präsentieren" (James, 39). In dieser Begrifflichkeit wäre also ein Verfehlen der Leitungsfunktion immer dann gegeben, wenn eine Leitungsperson in die Nicht-O.K.-Seite der verschiedenen Führungsstile abdriftet. Dies geschieht nach Auffassung der Transaktionsanalyse immer dann, wenn 1. sich die leitende Person selbst nicht O.K. fühlt (in bezug auf ihr ASS, womit auf die drei Grundbedürfnisse Anerkennung – Selbstwertgefühl – Sicherheit Bezug genommen wird), wenn 2. die leitende Person in einem der Ich-Zustände festgefahren ist, wenn 3. eine Trübung des Erwachsenen-Ichs bei der leitenden Person vorliegt oder wenn 4. sich die leitende Person in psychologische Spiele verwickelt.

Spirituelle Dimension

Die spirituelle Dimension der Führung möchten wir anhand des Symbols verdeutlichen, auf das Jesus selbst immer wieder zur Umschreibung eines guten Führungsstils zurückgegriffen hat.

Sorgt als Hirten für die euch anvertraute Herde Gottes, nicht aus Zwang, sondern freiwillig, wie Gott es will; auch nicht aus Gewinnsucht, sondern aus Neigung; seid nicht Beherrscher eurer Gemeinden, sondern Vorbilder für die Herde!

1 Petr 5,2.

Der gute Hirt
Ich bin der gute Hirt. Der gute Hirt gibt sein Leben hin für die Schafe. Der bezahlte Knecht aber, der nicht Hirt ist und dem die Schafe nicht gehören, läßt die Schafe im Stich und flieht, wenn er den Wolf kommen sieht; und der Wolf reißt sie und jagt sie auseinander. Er flieht, weil er nur ein bezahlter Knecht ist und ihm an den Schafen nichts liegt. Ich bin der gute Hirt; ich kenne die Meinen und die Meinen kennen mich (Joh 10,11-13).
Der integere Einsatz der eigenen Person trägt wesentlich zu guter Führung bei. Jesus hat seine Führungsrolle so verstanden, daß er für die ihm Anvertrauten sogar sein Leben einsetzen und preisgeben wollte.

Gerade in Krisensituationen scheiden sich also die Geister und wird die spirituelle Qualität der Führung ans Licht kommen. Setzt die Führung sich nur für die eigenen Interessen ein und läßt die ihr Anvertrauten im Stich, wenn es brenzlig wird? Will die Führung nur eine Anpassung der ihr Anvertrauten an äußere Zwangslagen erreichen? Oder geht es ihr wirklich um das Wohl aller? Wird die Führung selbst den Kampf aufnehmen gegen Angriffe von außen oder wird sie Mitglieder der Gruppe ‚opfern‘ bzw. zulassen, daß die Gruppe zerstreut wird?

Das vertrauensvolle Band des ‚guten Hirten‘ zu seinen ‚Schafen‘ wird geknüpft durch *Anerkennung, Zuwendung* und *Schutz* von seiten der Führung. Nur wenn das erfahrbare Realität ist, darf man sich vertrauensvoll an eine Führungspersönlichkeit binden und ist die Ausgangslage dafür, daß dieses Band auch in Krisensituationen standhält, als gut zu bezeichnen. Einer Führung, die herabsetzt und bevormundet, wird von Menschen mit gesundem Selbstwertgefühl wohl kaum Vertrauen entgegengebracht.

☞ Das Leben in meso-sozialen Beziehungen eröffnet kleinen überschaubaren Gemeinschaften gemeinsame geistliche Umformungs- und Reifeprozesse. Jeder einzelne ist immer wieder vor die Entscheidung gestellt, ob er sich in diese Prozesse einbringen will und kann oder nicht. Und jede Gemeinschaft ist immer wieder herausgefordert, einzelnen auch in ihren vielleicht ungewöhnlichen und abweichenden Überzeugungen und Verhaltensweisen einen Platz einzuräumen.

3. Das Gesicht in der Menge
Spiritualität in makro-sozialen Beziehungen

Makro-soziale Beziehungen

> Unter makro-sozialen Beziehungen verstehen wir hier Beziehungen innerhalb einer Menge oder zu einer Menge, wobei die Beziehungspartner sich oftmals nicht persönlich kennen. Über politische, gesellschaftliche, wirtschaftliche, kulturelle und religiöse Ämter und Aktivitäten partizipieren Menschen unmittelbar an überkuppelnden sozialen Einheiten. Eher indirekt tun sie das über die verschiedenen politischen, sozialen, wirtschaftlichen, kulturellen und kirchlichen Kanäle (Wahlen, Mitgliedschaften, Bürgerinitiativen, Interessensgruppen etc.), in denen gleiche Interessen oder Ideen gebündelt werden und Menschen in einem nationalen, internationalen, ideologischen, politischen, wirtschaftlichen oder religiösen Bündnis zusammengeführt werden. Aber auch so etwas Anonymes wie das Konsumverhalten oder das Kulturleben gehören zur makro-sozialen Kommunikation.
>
> Makro-soziale Beziehungen werden außer in direkten Kontakten und über Repräsentanten, Arbeitsgruppen, Kommissionen etc. auch über Verhaltenscodes, Statistiken und die Medien (Fernsehen, Rundfunk, Internet, Zeitung) gepflegt. Makro-soziale Beziehungen ermöglichen es uns, weltweit miteinander in Verbindung zu treten, unser (nationales und internationales) Zusammenleben zu organisieren und zu strukturieren und Anteil zu nehmen am Schicksal unserer Mitmenschen, auch wenn sie weit von uns entfernt leben, eine andere Sprache sprechen und von anderen politischen und ökonomischen Systemen bestimmt werden.

Wir besprechen hier exemplarisch solche makro-sozialen Beziehungen, die in zunehmendem Maß für Spiritualität wichtig werden: 1. Vermittlung der Vereinten Nationen, 2. Infra-nationale Aufarbeitung der Vergangenheit, 3. Eine-Welt-Beziehungen.

3.1. Zivilcourage

Eine Nichtregierungsorganisation (NGO) ist eine auf Freiwilligkeit basierende non-profit Organisation auf lokaler, nationaler oder internationaler Ebene. Aufgabenorientiert und geführt von Menschen, die am Gemeinwohl interessiert sind, bieten NGOs zahlreiche Dienste an und erfüllen humanitäre Aufträge, bringen Bürgerinteressen vor die Regierungen, beobachten die Politik und ermutigen zur politischen Einmischung. Sie geben Analysen und stellen Fachwissen zur Verfügung, dienen als Frühwarnsysteme und helfen bei der Beobachtung und Erfüllung in-

Interessant ist für uns hier die Frage, wie Menschen vom anonymen Mitschwimmen auf den makro-sozialen Kommunikationsströmen zum geisterfüllten Steuern und Gegensteuern solcher Ströme kommen können.

Dorothee Sölle nennt ‚Elemente von Mystik' als Ursache für einen wachen und hoffnungsvollen Kurs in makro-sozialen Beziehungen; sie schreibt: „Die Hoffnungsträger im gegenwärtigen Szenario der ‚global players' auf der einen und der isoliert-amüsierten Individuen auf der anderen Seite sind Gruppen, die auf Freiwilligkeit, Kritikfähigkeit und eigene Initiative setzen. Diese Nichtregierungsorganisationen (engl. non-governmental organisation), zu denen ich auch die lebendigen Teile der christlichen Kirchen rechne, sind politisch gesprochen die Trägerinnen von Widerstand. Spirituell gesprochen verkörpern sie ein anderes Subjekt als das im Gefängnis des Konsumismus eingeschlafene. Was trägt sie? Was hält sie wach? Warum geben sie nicht auf? Ich

ternationaler Übereinkünfte. Manche organisieren sich zu bestimmten Themen, z.B. Menschenrechte, Umwelt oder Gesundheit. Ihre Beziehungen zu den Vereinten Nationen ist unterschiedlich, je nach ihren Zielen, Versammlungsorten und Mandaten. Über 1.500 NGOs, die sich mit Themen befassen, die für die UN von Interesse sind, haben sich dem Department of Public Information (DPI) angeschlossen, das der UN weltweit wertvolle Verbindungsmöglichkeiten gibt.

The Titus Brandsma Bulletin, Vol. VIII, No.1, 1999, 2.

● Mit zivilem Mut schwimmt der einzelne gegen den Strom. Er hält mit der eigenen Meinung der mehrheitlichen stand. Das erfordert Kraft – aber das schafft auch Kraft. Der einzelne kann diese Kraft in jedem Lebensalter entwickeln, wenn er übt, mutiger zu werden. Er festigt in diesem Prozeß seine Persönlichkeit, stärkt innere Überzeugungen, schafft befriedigende Beziehungen zu Mitmenschen und fordert sich selbst und andere heraus, sich geistig auseinanderzusetzen. Zivilcourage ist die ‚Tapferkeit des Herzens' und Ausdruck persönlicher Freiheit. Es gibt keine zivile Gesellschaft, ohne zivilcouragierte Bürgerinnen und Bürger.

Singer, 48.

●

Ohne die Hilfe der Gnade sind die Menschen außerstande, ‚den schmalen Pfad zu erkennen zwischen der Feigheit, die dem Bösen weicht, und der Gewalt, die sich zwar einbildet, das Böse zu bekämpfen, es aber in Wirklichkeit verschlimmert' (CA 25).

Katechismus § 1889.

denke, es sind Elemente von Mystik, die sich nicht auslöschen lassen" (Sölle, 245).

Echte Mystik fördert das Interesse am Mitmenschen gegen mehrheitliche Gleichgültigkeit, die Aktivierung der Sympathie (= Mitgefühl) gegen eine apathische Gefühllosigkeit, die Kraft zur Eigeninitiative gegen allgemeine Tatenlosigkeit. Mit anderen Worten: die nie versiegende Kraftquelle für zivilcouragierte, menschenfreundliche Beziehungen, die auch den achtzig Prozent Armen, Verfolgten, Unterdrückten und Überflüssigen dieser Welt gelten, hat nicht zuletzt mit Gott zu tun. Gott hat sich mit jedem Menschen und gerade mit den Besitzlosen, den Rechtlosen, den Andersfarbigen usw. aufs innigste verbunden. Die mystische Vorstellung von der Einheit allen Lebens nimmt diesen Gott ernst und läßt sich von ihm in die weltumfassende Zusammengehörigkeit und Verbundenheit der ganzen Menschheitsfamilie hineinnehmen.

Das Bewußtsein, zu einem alle Völker und Rassen umfassenden Bund zusammengerufen zu werden, wächst heute vor allem auch in den lebendigen Teilen der Kirchen. Mittelpunkt und Einheit dieses Bundes ist Gott, der ausnahmslos jeden Menschen aus Liebe erschaffen hat. Was für Gott wertvoll und wichtig ist, kann seinen Kirchen nicht gleichgültig sein. Das heißt: Christen tauschen die Mentalität des Wegschauens oder Zuschauens ein gegen eine Mentalität der Einmischung und Mitgestaltung. Dadurch werden ihre Beziehungen ehrlicher und echter. Sie geben ihr Gesicht und ihren Namen für ihren Glauben, ihre Hoffnung und ihre Gottes- und Nächstenliebe. Sie lassen sich nicht von den jeweiligen gesellschaftlichen Verhältnissen vereinnahmen; sie schweigen nicht zu dem Unrecht, das geschieht; sie sind sich bewußt, daß wir auch heute zu unserer Zeit und an unserem Ort schuldig werden können durch Unterlassung.

Das heißt z.B. daß sie die heutigen Konsumgewohnheiten wie das Tragen von Textilien, die von rechtlosen, de facto versklavten Frauen und Kindern in den Nähfabriken der dritten Welt hergestellt werden, hinterfragen und zu alltäglichem Widerstand wie etwa Luxus- und Konsumverweigerung bereit sind. Das heißt darüber hinaus, daß sie sich mit dem Unrecht auch dann nicht abfinden, wenn es demokratisch legitimiert ist, und zu politischem Widerstand bereit sind, ohne auf die nächsten Wahlen zu warten. „Man soll nicht den Respekt vor dem Gesetz pflegen, sondern vor der Gerechtigkeit" (Thoreau, zitiert nach Sölle, 333).

Um in diesem Sinne zivilcouragiert handeln zu können, brauche ich zwar kein Draufgänger zu sein, doch brauche ich so etwas wie die ‚Tapferkeit des Herzens'. Gott selbst wird sie mir schenken, wenn ich seine Wege gehe, wie die Bibel bezeugt: „Da sein Herz den Wegen des Herrn folgte, erstarkte sein Mut" (2 Chr 17,6).

Die Tapferkeit des Herzens hilft mir, meine innere Wertewelt zu festigen, eventuell Gleichgesinnte zu suchen und kreativ verschiedene Möglichkeiten abzuwägen, die ich in meiner konkreten Situation hier und jetzt habe. So kann ich Gegenkräfte gegen Gleichgültigkeit, Tatenlosigkeit und Gefühllosigkeit aktivieren und gewinne Zuversicht, Selbstvertrauen und Durchhaltevermögen.

Untersuchungen über Rettungsaktionen für Nazi-Opfer ergaben, daß es im Grunde diese Tapferkeit des Herzens war, die Menschen zum

Solidarität ist die feste und beständige Entschlossenheit, sich für das ‚Gemeinwohl' einzusetzen, das heißt, für das Wohl aller und eines jeden, weil wir alle für alle in Verantwortung genommen sind.

Johannes Paul II., Enzyklika *Sollicitudo rei socialis* Nr. 38.

Unsere große geistliche Herausforderung scheint zu sein, die uns überschwemmende und erdrückende Flut der Leiden, der fernsten und der nächsten, die wir nicht verhindern können, in menschlichem und christlichem Mitleiden aufzufangen. Dazu muß nicht nur der einzelne leidensfähig werden, aktiv und kontemplativ, sondern das neue Volk Gottes muß die Leiden dieser Zeit in der Kraft des Kreuzes und der Auferstehung seines Herrn annehmen und verwandeln lernen.

Duesberg, 886.

Der unmittelbare Anlaß für die Gründung von *amnesty international* durch Benenson wird so geschildert: ‚Er, ein junger Londoner Anwalt, war damals dreißig Jahre alt, saß in der U-Bahn und las Zeitung. Ein Artikel über zwei portugiesische Studenten schockierte ihn: In einem Lissaboner Lokal hatten sie einen Trinkspruch auf die Freiheit ausgebracht und waren dafür ins Gefängnis gesperrt worden. Peter Benenson stieg aus der U-Bahn und machte sich schnurstracks auf den Weg zur portugiesischen Botschaft .... Auf halbem Weg wurde ihm klar, wie vergeblich sein Vorhaben sein mußte. Deprimiert suchte er Zuflucht in der Kirche St. Martins-in-the-Fields. Er betete und dachte nach – und war schließlich überzeugt: Hier konnte nur eine internationale Aktion helfen.

Am 28. Mai 1961 druckte die Tageszeitung *Observer* einen großen Artikel von Peter Benenson. In diesem stellte er

Engagement für die Opfer motivierte. Zwei Seiten dieser Tapferkeit wurden immer wieder genannt (vgl. Singer, 71ff.): die moralisch verpflichtende Seite und die emotional mitfühlende Seite.

1. Die Retter mit *moralischer Motivation*. Sie handelten aus einem starken religiösen Glauben heraus, sie empfanden es als ihre menschliche Pflicht, ‚ihres Bruders Hüter zu sein' (Gen 4,9). „Moralisch motivierte Retter halfen Verfolgten unabhängig davon, ob sie diese mochten oder nicht. Oft halfen sie Menschen, die sie überhaupt nicht kannten" (Singer, 72). Inmitten von Chaos und Zerstörung hielten sie an ihren moralischen Werten und an ihrem Glauben fest und waren darum in der Lage, auch damals Menschlichkeit zu praktizieren. Halt gab ihnen ihre innere Überzeugung, die es ihnen einerseits ermöglichte, auch unter diesen widrigen Umständen eine befriedigende Beziehung zu ihren Mitmenschen zu behalten, und die sie andererseits in die Lage versetzte, die damit verbundene Gefährdung geistig zu bewältigen.

2. Die durch *Mitgefühl motivierten* Retter. Sie versetzten sich in die Situation der Betroffenen, „fühlten sich in deren Not ein und waren bereit, deren Leid mit-leidend zu teilen" (Singer, 72). Weil sie sich mit den Menschen identifizierten und deren Probleme auf sich selbst übertrugen, konnten sie nicht unbeteiligt wegschauen oder zuschauen. Der hilfsbedürftige Mensch weckte in ihnen die Bereitschaft, sich zu kümmern und zu engagieren. So konnten sie inmitten einer geistlosen Gleichgültigkeit beherzt zupacken und viele Menschen vor Leid bewahren.

Die Tugenden, die Menschen hier entwickelten, werden in unserer modernen Konsumgesellschaft nicht gefördert, im Gegenteil: „Täglich wird den Zuschauern durch geistlose Fernsehsendungen vor allem nahegelegt, sich passiv unterhalten, sich überfüttern, sich zum Kaufen und Verbrauchen verführen zu lassen. Wer vor dem Fernseher lacht oder knabbert, döst oder schläft, wird nicht ungehorsam" (Singer, 73-74).

Die Frage an uns heute lautet daher: Wie können *wir* hier und jetzt unsere moralischen und emotionalen Ressourcen aktivieren? Wie können *wir* die kritische Kraft unserer Gottes- und Nächstenliebe in Taten umsetzen?

Studien, in denen zivilcouragierte Menschen nach ihren Motiven für ihren Bürgermut befragt wurden, belegen, daß es einen engen Zusammenhang gibt zwischen einer pessimistischen Zukunftseinschätzung und der Bereitschaft zu Kritik, Engagement und zum Widerstand. Das Bewußtsein, daß es bedrückende Probleme gibt und daß sich die Mißstände nicht von selbst beheben, veranlaßt Menschen dazu, aktiv zu werden und etwas zu unternehmen. Doch „der Zukunftspessimismus, der im vergangenen Jahrzehnt viele Jugendliche aktivierte, nimmt derzeit ab. Während zu Beginn der achtziger Jahre die düstere Zukunft politische Bewegtheit auslöste, haben heute die sozialen Bewegungen an antreibender Kraft verloren. In dem Maße, in dem der gesellschaftliche Optimismus zunahm – von 42 Prozent 1981 auf 71 Prozent 1991 – sank das Engagement" (Singer, 197).

Sind wir heute ‚desengagierte Optimisten' geworden? Ist unserer Meinung nach alles in Ordnung? Oder haben wir uns einfach moralisch und emotional abgeschottet? Herrscht bei uns heute ein Zustand ‚pluralistischer Ignoranz'?

Horst-Eberhard Richter schreibt: „Die Unbesorgten sind weder von sozialem Mitgefühl noch von Selbstzweifeln belastet. Sie kümmern sich

seine Idee von einer unparteiischen Organisation zur Befreiung politischer Gefangener vor. Der Artikel erschien auch in ausländischen Zeitungen, und die Reaktionen waren überwältigend. Acht Leute, darunter zwei Deutsche, gründeten wenig später in einem Café in Luxemburg *amnesty international*.'
Singer, 64-65.

Wenn Sie den ersten Schritt wagen, können Sie sich weitgehend darauf verlassen, daß andere Helfer ermutigt werden – vorausgesetzt allerdings, daß Sie deeskalierend und gewaltfrei vorgehen. Aus allen Studien wird jedenfalls deutlich, daß die Zeugen einer Notfallsituation grundsätzlich sehr häufig zur Hilfe bereit sind. Allerdings müssen sie gelernt haben, ihre Zivilcourage in kriminellen Bedrohungssituationen taktisch richtig einzusetzen.
Kautz, 58-59.

Dies sind die Gründe, weshalb ich glaube, daß wir dringend eine neue Art ‚Erste-Hilfe-Kurs' zur Gewaltprävention und zum Training des Hilfeverhaltens bei kriminellen Konflikten brauchen. Das von mir initiierte Anti-Gewalt-Training soll ein Anfang hierzu sein.
Kautz, 60.

Wer nicht hoffnungslos werden will, muß sich einen Aktivitätsbereich herausgreifen, den er mit seiner Person verknüpfen kann: In welcher Initiative möchte ich mitarbeiten? Welche Sachkenntnisse kann ich beitragen? Welche Aktionen könnte ich unterstützen? In welchem Bereich würde ich mich gern sachkundig machen? An welcher Unterschriftensammlung beteilige ich mich? In welcher Partei möchte ich

wenig um die Nöte anderer, noch lassen sie sich sonderlich durch die großen Menschheitsgefahren beschweren" (Richter, 297).

Liebende Menschen teilen diesen arroganten Optimismus nicht. Sie können nicht anders als sich ständig auch an diejenigen zu erinnern, die gerade jetzt in diesem Moment unschuldig in Gefängnissen sitzen, die Hunger leiden, die auf der Flucht sind, die brutal ausgenutzt werden usw.

In seinem Buch *Handeln statt Wegsehen* fordert Reinhard Kautz, Kriminalhauptkommissar und Begründer eines ‚Anti-Gewalt-Trainings' der Berliner Polizei eine neue Kultur des Helfens und Mitfühlens. Wenn wir erst einmal den Anfang gemacht haben, so belehren uns Untersuchungen, schließen sich uns leicht weitere Helfer an.

Diesen Mechanismus kannte auch schon das Buch Weisheit aus dem Alten Testament: „Ist die Tugend zugegen, ahmt man sie nach" (Weish 4,2). Dem sprichwörtlichen guten Beispiel darf man also durchaus eine positive Wirkung zutrauen. So können widerständige Gruppen entstehen, oft winzig, manchmal ratlos, meist unorganisiert, dennoch Hoffnungsträger für ein verantwortungsvolles, geschwisterliches Zusammenleben.

Gerade im Zusammenhang mit der Verbrechensbekämpfung und der Bekämpfung des Rechtsradikalismus ist das Thema ‚Zivilcourage' heute ständig in den Medien: einerseits wegen der weitverbreiteten Meinung, Opfern von Gewalttaten würde in der Öffentlichkeit nur selten Hilfe geleistet, andererseits wegen der großen Besorgnis um steigende Kriminalität und den Einfluß der rechtsradikalen Szene. Politiker aller Parteien suchen hier nach neuen Antworten; in verschiedenen Projekten werden präventive Lösungsmöglichkeiten aufgezeigt. Unter anderem wurde der vielversprechende Versuch gewagt, in sozialen Trainigsprogrammen rechtsradikale Jugendliche mit ausländischen Jugendlichen zusammenzubringen und Schritt für Schritt Toleranz und Verständnis einzuüben. Des weiteren gibt es beispielsweise das Angebot der Berliner Polizei, sich in einem ‚Anti-Gewalt-Training' auf ein couragiertes Handeln angesichts krimineller Konflikte vorzubereiten.

Die meisten Menschen sind äußerst selten Zeuge einer Straftat und fühlen sich daher überfordert, in einem solchen Moment adäquat zu handeln. Untersuchungen haben ergeben, daß Menschen, die sich bereits vorher mit der Problematik des Helfens auseinandergesetzt haben, zu 43 Prozent in Notfällen spontan Hilfe geleistet haben, wogegen es nur 25 Prozent waren bei denen, die sich vorher nie damit befaßt hatten. (Vgl. Kautz, 58).

Was für den kleinen überschaubaren Fall von Unrecht oder Menschenrechtsverletzung gilt, gilt erst recht für die großen unüberschaubaren Fälle weltweiten institutionalisierten Unrechts. Meistens fühlen wir uns unfähig und machtlos, adäquat einzugreifen und zu handeln. Die makro-sozialen Zusammenhänge erscheinen uns oft undurchsichtig und zu wenig beeinflußbar. Wer aber erst einmal damit begonnen hat, über Aktionsgruppen, Initiativen, alternative Handelsketten etc. Umdenken und gerechtes Handeln einzuüben, wird sich in dem neu entstehenden geschwisterlichen Beziehungsgeflecht aufgefangen fühlen und wird für sich und viele andere die Hoffnung lebendig erhalten, daß wir auch heute und auch hier etwas bewegen können und sollen. „Das vernetzte und sich verbindende Subjekt, das in den Widerstand hineinwächst, ist nicht zerstörbar" (Sölle, 245-246). Es ist Teil der Liebesbewegung

aktiv werden? Welche politische Veranstaltung könnte ich besuchen? Welchen Aufruf unterstützen?

Singer, 155.

Ringend um eine Lösung in der Kongokrise schrieb Hammarskjöld zwei Monate vor seinem Tod, am 6. Juli 1961, in sein Tagebuch:
Müde
und einsam.
Müde
bis der Verstand schmerzt.
Von den Klippen
rinnt Schmelzwasser.
Taub die Finger,
bebend die Knie.
Jetzt gilt es,
jetzt darfst du nicht loslassen.

Anderer Weg
hat Rastplätze
in der Sonne
sich zu begegnen.
Aber dieser Weg
ist der deine,
und es gilt jetzt,
jetzt darfst du nicht versagen.

Weine,
wenn du kannst,
weine,
doch klage nicht.
Dich wählte der Weg –
und du sollst danken.

Hammarskjöld, 111-112.

Ich weiß nicht, wer – oder was – die Frage stellte. Ich weiß nicht, wann sie gestellt wurde. Ich weiß nicht, ob ich antwortete. Aber einmal antwortete ich ja zu jemandem – oder zu etwas.

Hammarskjöld, 107.

Gottes, die unbeirrbar darauf ausgerichtet bleibt, die Menschen der Gemeinschaft untereinander und mit Gott fähig zu machen.

3.2. Internationale Konfliktbewältigung
Dag Hammarskjöld (Die Vereinten Nationen)

Am 17. September 1961 starb Dag Hammarskjöld, Generalsekretär der Vereinten Nationen, bei einer Friedensmission in Zentralafrika. Aus noch immer ungeklärter Ursache stürzte die Sondermaschine Hammarskjölds in der Landeschleife auf den Flugplatz von Ndola ab, etwa neun Kilometer von der Grenze Katangas entfernt, dessen Abspaltung vom Kongo den Konflikt in der Region verschärft hatte. Man fand das ausgebrannte Wrack erst am Tag darauf; die Leichen von Hammarskjölds Leibwache waren mit Kugeln gespickt.

Dag Hammarskjöld wurde am 29. Juli 1905 in Jönköping (Schweden) geboren. Er war der jüngste von vier Söhnen einer alten Adelsfamilie von Gutsbesitzern, Beamten und Offizieren. Er begann 1936 seine Laufbahn als Staatssekretär im Finanzministerium; 1946 trat er in das Außenministerium ein. Er wurde 1953 Generalsekretär der UN und im Jahre 1957 wiedergewählt.

Hammarskjöld, der sich als Anwalt der kleinen Länder verstand, die im Macht- und Interessenpoker der Großmächte nicht aufgerieben werden sollten, wurde seine neutrale, unabhängige Haltung in seinen Vermittlungsbemühungen nicht in Dank abgenommen. Seine Position als Generalsekretär war in den letzten beiden Jahren seines Lebens zunehmend unter Druck geraten; dennoch blieb er unbeugsam und unnachgiebig in der Pflichtausübung seines Amtes.

Hammarskjöld empfand seine Aufgabe als schmerzlich; bis an die Grenzen seiner Kraft, seiner Kreativität, seiner Intelligenz mußte er gehen, ohne daß sich zwischen den Konfliktpartnern etwas bewegte, ohne daß Erfolge sichtbar wurden. Wie ein zäher Bergwanderer, der alles gibt, um einen Gipfel zu bezwingen, ließ Hammarskjöld nicht locker. Er litt an den Mühen, an der Einsamkeit seiner Aufgabe, aber hielt fest am Ja zu diesem Weg.

Was läßt einen Menschen so weit gehen? Was läßt einen Menschen so zutiefst einstimmen in seine Aufgabe? Wie findet er Kraft zum Durchhalten?

Hammarskjöld spürte, daß ihn vom Jenseits (vgl. Hammarskjöld, 46) her eine Wirklichkeit berührte, leicht und stark wie die Berührung einer geliebten Hand (vgl. 63), die sein Ja zu diesem Amt und seine Hingabe darin möglich machte.

Er erkannte, daß sein Weg kein beliebiger Weg war. Es war vielmehr der eine Weg, der wirklich der seine war. In der Ausübung seines Amtes entdeckte er seinen ureigenen, unverwechselbaren Auftrag: sein Ja zum Leben, zu sich selbst und zu Gott (vgl. 54 und 86). Dieses Ja war das tiefste und wahrhaftigste Wort, das Hammarskjöld sprechen konnte.

Erst im Nachhinein und ganz allmählich wurde ihm bewußt, wie alles begonnen hatte.

Hammarskjöld war sich keiner auf Ort und Zeit festlegbaren Berufungserfahrung bewußt; ohne es selbst so richtig zu begreifen, war er aber über Jahre hinweg instinktiv einem Ruf gefolgt und in Kontakt gekommen zu einem Ja, das größer war als er selbst. Blindlings und unter der Haut begann dieses Ja zu strömen, anzuwachsen, unaufhaltsam und stark. Schließlich wurde es ebenso umfassend wie der Ruf, der an ihn erging, vor allem von den armen Ländern, die bei ihm ihr Recht einklagten. Diesen Ländern konnte Hammarskjöld offen ins Gesicht blicken, sein Ja zu seinem Amt bedeutete: ich habe Eure Schwierigkeiten gesehen, ich habe gesehen, wie die Mächtigen mit euch spielen und euch ausnutzen. Und indem er sich auf dieses Ja einließ, bekam er die Gewißheit, daß „das Dasein sinnvoll ist" und „das Leben ein Ziel hat." (Vgl. 107-108).

Jasagen befreit zum Leben. Verweigerung stellt ins Abseits. Diese Erkenntnis ließ Hammarskjöld sein Leben lang nicht los. In seinem Tagebuch beschreibt er verschiedene Aspekte seines Jawortes. Einige sollen hier genannt werden:

1. Das Jawort ist ein *Kontrastwort* gegen die Lustlosigkeit, den Stillstand, die Trägheit. Es ist ein Ja, das trotz der grauen Alltagswirklichkeit gewagt wird. Dieses Ja meint ein Loskommen von der negativen Spirale einer depressiven, pessimistischen Weltsicht und ein Hinfinden zu etwas oder jemandem, für das oder für den zu leben es sich lohnt. Ein solches Ja findet sich mit augenscheinlicher Sinnlosigkeit nicht ab; es wird da investiert, wo es grau und dunkel ist.

2. Ein echtes Ja ist ein *unumkehrbares Wort*. Das Jawort bringt uns an einen Punkt, an dem es kein Zurück mehr gibt. Beliebigkeit und Willkür enden. Das Ja zu einem anderen, zu einer Aufgabe, einer Berufung wird eindeutig, es entfaltet sich erst richtig, wird erst wirklich stark und erwachsen, wenn man nicht mehr mit dem Gedanken spielt, es zurückzunehmen. Das Ja zu einem Weg heißt immer auch: Nein zu anderen Wegen. Wer auf keine seiner Möglichkeiten verzichtet, der kann auch nicht die eine, zu der Gott ihn ruft, ganz ergreifen und realisieren.

3. Das Jawort ist ein *tragendes* Wort, das den, der es spricht, wie von außen trägt. Denn wenn der Mensch sich mit seinem ganzen Wesen auf ein Jawort einläßt, begibt er sich in ein seelisches Kraftfeld, das geschaffen wird von den vielen, die ständig in diesem heiligen Ja leben. Jedes mit dem Wesen gesprochene Ja verstärkt die Tragfähigkeit dieses geistigen Elementes. Innerlich macht der Mensch die Erfahrung von Verbundenheit über physische und zeitliche Grenzen hinweg.

4. Ein wahrhaftes Ja ist ein *annehmendes* Wort. Annehmen fällt leicht, wenn es um schöne, angenehme Dinge geht; echte Annahme meint aber die weniger schönen und unangenehmen Seiten im Menschen mit. Denn nur unter dem liebevollen Blick der Annahme kann hell werden und aufblühen, was zunächst dunkel und häßlich erschien. Nicht Abschaffung und Ausrottung der menschlichen Unzulänglichkeiten ist Ziel geistlichen Lebens, sondern ihre Wandlung in positive Kräfte.

5. Jedes wahrhafte Jawort muß ein *selbständiges* in sich-selbststehendes Wort sein, das sich nicht von der Zustimmung und dem Mittragen anderer abhängig macht. Die äußere Tragfähigkeit einer Entscheidung ist verglichen mit ihrer inneren Richtigkeit zweitrangig. Der Wert einer Entscheidung bemißt sich nicht daran, ob sie mehrheits-

---

Träge und grau –. Er [= Hammarskjöld] durchsucht jedes Licht. Aber die Menschen, die ziellos durch die grauen Gräben der Straßen strömen, gleichen ihm alle: Atome, deren Strahlung erlosch und deren Kraft die ewige Kreisbahn um das Nichts vollendet hat.
Im Licht verschwinden und zum Liede werden. Den Griff loslassen ... loslassen, um zu fallen, fallen – in blinder Hingabe vertrauend. Zu etwas anderem, einem anderen –
Zu wagen –
Hammarskjöld, 24.

Einen Punkt gibt es, wo alles einfach wird, wo keine Wahl bleibt, weil alles, worauf du gesetzt hast, verloren ist, wenn du dich umsiehst. Des Lebens eigener point of no return.
Hammarskjöld, 41.

... dieses Erlebnis von Licht, Wärme und Kraft. Von außen –. Ein tragendes Element wie die Luft für den Segelflieger, das Wasser für den Schwimmer ... Mich durchschwebt die Vision von einem seelischen Kraftfeld, geschaffen in einem ständigen Jetzt von den vielen, in Wort und Tat ständig Betenden, im heiligen Willen Lebenden.
Hammarskjöld, 51.

Ja sagen zum Leben heißt auch ja sagen zu sich selbst. Ja – auch zu der Eigenschaft, die sich am widerwilligsten umwandeln läßt von Versuchung zu Kraft.
Hammarskjöld, 54.

Er bahnte einen neuen Weg – darum, und nur darum hatte er den Mut, weiterzugehen und nicht zu fragen, ob andere folgten oder auch nur verstanden. Er hatte kein Bedürfnis nach dem Schutz gegen

Lächerlichkeit, den andere in geteilter Verantwortung suchen, – weil er einen Glauben besaß, der auf Bestätigung verzichtete.
Hammarskjöld, 62-63.

fähig ist, sondern daran, ob sie integer ist. Das Rückgrat jedes echten Jawortes ist daher die Verantwortung dessen, der es spricht oder tut, und nicht das Bemühen um die Teilbarkeit der Verantwortung mit anderen.

Der Einsatz sucht uns, nicht wir den Einsatz. Darum bist du ihm treu, wenn du wartest, bereit. Und handelst, wenn du vor der Forderung stehst.
Hammarskjöld, 67.

6. Das Jawort formuliert sich in *Aufmerksamkeit*. Ein gewisser Abstand zu den Dingen und zu sich selbst ist notwendig, damit der Anruf auch gehört und Spielraum zum Handeln geschaffen wird. Offenheit und Empfänglichkeit für die Nöte anderer sind wichtiger als fertige Programme und Konzepte. Nur wer sich die Mühe macht, hinzuschauen und hinzuhören, kann die Aufgabe wahrnehmen, die da auf ihn wartet.

Ja zu Gott: ja zum Schicksal und ja zu dir selbst. Wenn das Wirklichkeit wird, dann mag die Seele verwundet werden, aber sie hat die Kraft zu genesen.
Hammarskjöld, 86.

7. Ein wirkliches Ja hat *Kontinuität*; es überdauert Flauten und Krisen; es ist der rote Faden im Leben: das Amen, das das ganze Leben zusammenhält. Wer in dieses Amen einstimmt, erfährt sich selbst als Erwählten, denn kein anderer kann das Ja sprechen, das zu meinem Weg gehört; kein anderer kann dem Anruf Gottes folgen, der mir gilt. Das Jawort zum eigenen Schicksal macht den Menschen wehrhaft und schenkt seiner Seele die Kraft zu genesen, was immer geschehen mag.

Mit dem Himmelreich ist es wie mit einem Schatz, der in einem Acker vergraben war. Ein Mann entdeckte ihn, grub ihn aber wieder ein. Und in seiner Freude verkaufte er alles, was er besaß, und kaufte den Acker. Auch ist es mit dem Himmelreich wie mit einem Kaufmann, der schöne Perlen suchte. Als er eine besonders wertvolle Perle fand, verkaufte er alles, was er besaß, und kaufte sie.
Mt 13,44-45.

In Kirche und Politik brauchen wir Menschen wie Dag Hammarskjöld, die sich nicht zum Handlanger bestehender Machtstrukturen und Kapitalzwänge machen, sondern die sich als Anwalt der einen Menschheitsfamilie verstehen, der *societas humana*, in der jeder/m Gerechtigkeit widerfährt. Wenn solche Erwählungen, wie Dag Hammarskjöld sie im Innern seines Herzens verspürte, im kirchlichen Amt und auf den politischen Führungsebenen von konkreten Menschen angenommen und von ganzen Volksgruppen und Ländern mitgetragen und unterstützt werden, kann unsere Welt ein ganz neues Gesicht bekommen. Wichtig für die Hinorientierung auf größere Gerechtigkeit, mehr Frieden und Sicherheit für die ganze Menschheitsfamilie – das wichtigste Ziel an der Schwelle zum dritten Jahrtausend – ist die Erinnerung an Menschen wie Dag Hammarskjöld, die deutliche Schritte in diese Richtung gegangen sind.

3.3. *Nationale Integration*
Desmond Tutu (Wahrheitskommission)

Wie schmerzlich die Erfahrungen auch sind, so sind wir doch überzeugt, daß es keine Heilung gibt ohne Wahrheit. Mein Appell an die Südafrikaner, die diesen Bericht lesen, lautet: ihn nicht als Angriff gegen andere zu gebrauchen, sondern ihn zu ergänzen, zu korrigieren und schließlich an dem Prozeß teilzunehmen, der zu nationaler Einheit durch Wahrheit und Versöhnung führt.
Desmond Tutu, Abschlußbericht der Wahrheitskommission, Vorwort des Vorsitzenden, 16.

Desmond Mpilo Tutu wurde am 7. Oktober 1931 in Klerksdorp, Transvaal (Südafrika) geboren; 1960 wurde er zum Priester geweiht; 1976-78 war er Bischof von Lesotho; 1978 wurde er als erster Schwarzer zum Generalsekretär des South African Council of Churches gewählt; 1984 bekam er den Nobelpreis für Frieden und wurde der erste schwarze Bischof von Johannesburg; 1986 wurde er Erzbischof von Kapstadt. Tutu ist Ehrendoktor vieler Universitäten in den USA, England und Deutschland.
„Wir sind Verwundete des Konflikts in der Vergangenheit – ganz gleich auf welcher Seite wir standen", sagte Bischof Tutu, als die Wahrheitskommission am 16. Dezember 1995, dem nationalen Versöhnungstag Südafrikas, zum ersten Mal zusammentrat. Aufgabe der Wahrheitskommission (Truth and Reconciliation Commission – abgekürzt TRC) sollte es sein, in der Sache der Menschenrechtsverletzungen während des Apartheidsregimes von 1960-1994 zu ermitteln. „Versöhnung

bedeutet zusammenarbeiten, um die Erbschaft der vergangenen Ungerechtigkeit zu korrigieren", gab Nelson Mandela als erster frei gewählter Präsident von Südafrika der Kommission mit auf den Weg. Bis 1998 sollte die Wahrheitskommission den Weg bahnen für nationale Versöhnung in Südafrika. Wenngleich es unmöglich ist, in zweieinhalb Jahren (Beginn 1996 bis Oktober 1998) die Geschichte von vierunddreißig Jahren massiver Menschenrechtsverletzungen in ihrem ganzen Umfang zu erfassen und zu dokumentieren, so ist doch – so wird weltweit lobend anerkannt – mehr getan, als andere Staaten in ähnlichen Situationen zustande gebracht haben.

Südafrika hat trotz der enormen ethnischen Verbrechen in der Vergangenheit wieder eine Perspektive für die Zukunft. Die Inspiration und die Kraft für diesen Prozeß ist im Wesentlichen dem Friedensnobelpreisträger von 1984 und früheren Erzischof von Kapstadt und Bischof von Johannesburg, Desmond Tutu, zu verdanken, der es verstand, trotz Argwohn, Enttäuschungen und der Launen zahlreicher Eigeninteressen die Wahrheitskommission als nationales Heilungsinstrument einzusetzen.

Mit sechs weißen und elf schwarzen Kommissaren machte sich die Wahrheitskommission ab Beginn 1996 daran, die Verbrechen der *Apartheid* aufzuarbeiten. „Es waren Namen dabei, die mir nicht gefielen", sagte Nelson Mandela. „Aber um die Nation zusammenzubringen, mußte ich sie vortragen." (*On a wing and a prayer – how the staff survived*).

Südafrika brauchte ehrliche Versöhnung; ein Gerichtsverfahren nach dem Vorbild der Nürnberger Prozesse kam nicht in Frage, weil es nicht wie nach dem 2. Weltkrieg Sieger und Besiegte gab; eine billige, oberflächliche Amnestie für die Täter kam nicht in Frage, weil die Opfer noch einmal zu Opfern gemacht würden, wenn ihre Wunden nicht ernst genommen würden, und weil die Vergangenheit nicht zur Ruhe kommen könnte, wenn das südafrikanische Volk mit diesen Schreckenserfahrungen nicht ins Reine kam. Von Anfang an war klar, daß nur ein ehrliches Wahrnehmen des Leids der Opfer und die Reue und Vergebungsbitte der Täter eine gute Basis für die nationale Versöhnung sein können. Dieser schwierigen Aufgabe stellte Bischof Tutu sich als Vorsitzender der Kommission.

Zunächst war es wichtig, daß die Kommissare sich gut in ihre besondere Rolle hineinfanden. Sie sollten keine Inquisitoren sein, sondern Heiler der Nation. Das heißt, daß sie auch selbst im eigenen Innern Rachegelüste überwinden, Schuld zugeben, ihre Wunden wahrnehmen und sich eingestehen mußten. „Es gab Weiße und Schwarze, manche sympathisierten mit der National Party, manche waren gefoltert, und sehr, sehr oft steckten wir fest in den kleinsten Problemen ... es war ein Mikrokosmos von dem, was in Südafrika geschehen war." (*On a wing and a prayer – how the staff survived*).

Zweitens war es wichtig, die Opfer zu ermutigen, das Unrecht, das ihnen geschehen war, zu erzählen. Nicht verdrängen, sondern darüber sprechen, das Unrecht beim Namen nennen, die Demütigungen unbeschönigt offenlegen, den Schmerz zulassen – das konnte den Opfern helfen, die Geschehnisse zu verarbeiten und ihre Menschenwürde neu wiederzufinden. Und es mußten Menschen für sie da sein, die ihnen zuhören wollten, die sich für ihr Leid interessierten, die ihre Traumatisierung ernst nahmen.

Schließlich galt es, die Täter aufzufordern, sich dem Leid, das sie verursacht hatten, zu stellen. Den Tätern mußte (in Gerichtsverfahren)

Wenngleich manche Kommissare anfänglich unangenehm berührt und irritiert waren von der theologischen Schulung des Erzbischofs, seinem Vertrauen zum Gebet, so brachte er die Dinge doch voran durch die reine Kraft seiner Persönlichkeit.

„Man kann sich kaum vorstellen, daß die TRC ohne Tutu zustande gekommen wäre. Seine moralische Führung war sehr wichtig – seine Integrität, sein Engagement für den Prozeß. Es gab ganz und gar kein Eigeninteresse. Er hätte uns daran erinnert, was wir zu tun hätten – und es gab Zeiten, daß wir erinnert werden mußten.

On a wing and a prayer – how the staff survived.

Die Kommission hatte eine doppelte Verantwortung. Sie mußte den Opfern Raum geben, in dem sie die Geschichte ihrer Traumatisierung mit der Nation teilen konnten; und sie mußte sich der Bedeutung eines angemessenen Gerichtsverfahrens bewußt sein, das die Rechte der sogenannten Täter garantierte.

Desmond Tutu, Abschlußbericht der Wahrheitskommission, Vorwort des Vorsitzenden, 7.

Dies ist der Traum unserer Nation, ein Traum, der eine neue Gesellschaft vor Augen hat, mitleidig und sanftmütig, sorgsam und miteinander teilend, wo Menschen wichtiger sind als Dinge, wo sie als Personen von unendlichem Wert geachtet werden, weil sie als Gottes Bild geschaffen wurden. Es ist ein herrlicher Traum, ein edler Traum von einem Volk in Frieden mit sich selbst, das bereit ist, seine wunderbare Vielfalt an Kulturen, Sprachen, Rassen, Glaubensüberzeugungen, Weltanschauungen zu feiern, denn es ist Gottes Regenbogenvolk.

Tutu, Ansprache vor der TRC
am 20. Februar 1996.

bewußt werden, was ihr Anteil am Leid eines anderen Menschen war. Erst dann würde es den Tätern möglich sein, zu bereuen und sich zu entschuldigen. Ohne diesen schmerzlichen Prozeß der Schulderkenntnis und der Reue konnten die Täter auch selbst nicht zurecht kommen mit den schrecklichen Dingen, die sie angerichtet hatten. Es mußten also auch Menschen dasein, die bereit waren, abgründigen menschlichen Grausamkeiten ins Gesicht zu blicken, die Auseinandersetzung mit den Tätern auszuhalten, sie zur Einsicht und Umkehr zu motivieren.

Natürlich ging dies alles nicht ohne Rückschläge und Mißklänge. Die Kommissare fühlten sich teilweise überfordert: „Von uns wurde erwartet, daß wir gut miteinander auskamen. Es gab keinen Raum für Konflikte, Uneinigkeit, Ärger, Verletzung, Schmerz – was aber alles vorhanden war und manchmal in sehr destruktiver Weise hoch kam." (*On a wing and a prayer – how the staff survived*).

Tausende von Opfern bekamen keinen Zugang mehr zur TRC; andere wurden nicht als Opfer anerkannt oder bekamen die Wiedergutmachung erst zuerkannt, nachdem sie schon verstorben waren. Zudem sind der Kommission viele Täter entkommen, worunter sich auch einige von traurigem Ruhm befinden.

Trotzdem war die TRC ein starkes Instrument, um aus der südafrikanischen Vergangenheit – wie grauenvoll sie auch gewesen sein mag – für die Zukunft zu lernen und neue Hoffnung aufkeimen zu lassen. Stimmen, die lange geschwiegen hatten, wurden gehört; Leichname wurden gefunden und rechtmäßig begraben. Das weiße Südafrika kann nicht mehr sagen: wir haben nichts gewußt.

Natürlich ist es unmöglich, nach so kurzer Zeit das große Ziel der Versöhnung und Einheit bereits ganz zu erreichen. Viele Wunden sind noch offen. So kritisierte der ANC (African National Congress) beispielsweise am Abschlußbericht der TRC, daß die Menschenrechtsverletzungen der Befreiungskämpfer nicht auf eine Stufe gestellt werden dürften mit den Menschenrechtsverletzungen der weißen Unterdrücker. So bitter das für manch einen ehemaligen Befreiungskämpfer sein mag, hat sich die TRC trotzdem auf den Standpunkt gestellt, daß sie individuelle Schicksale anhören und dokumentieren will und keinerlei Menschenrechtsverletzungen – auch nicht die durch den Befreiungskampf motivierten – zu rechtfertigen bereit ist.

Ein langer Weg ist also noch zu gehen. Desmond Tutu ist überzeugt, daß er der richtige ist und daß er sich lohnt – für alle Südafrikaner. Aber auch den Regierungen und religiösen Führern anderer Nationen, die ähnliche Greuel in ihrer Geschichte aufzuarbeiten haben wie beispielsweise Bosnien, Kroatien, Serbien, Kosovo ... kann man nur wünschen, daß sie die Kunst der Versöhnung und des Friedenschließens verstehen. Desmond Tutu beschreibt diese Kunst folgendermaßen:

Mit dem Himmelreich ist es wie mit einem Mann, der guten Samen auf seinen Acker säte. Während nun die Leute schliefen, kam der Feind, säte Unkraut unter den Weizen und ging wieder weg. Als die Saat aufging und sich die Ähren bildeten, kam auch das Unkraut zum Vorschein. Da gingen die Knechte zu dem Gutsherrn und sagten: Herr, hast du nicht guten Samen auf deinen Acker gesät? Woher kommt dann das Unkraut? Er antwortete: Das hat ein Feind von mir getan. Da sagten die Knechte zu ihm: Sollen wir gehen und es ausreißen? Er entgegnete: Nein, sonst reißt ihr zusammen mit dem Unkraut auch den Weizen aus. Laßt beides wachsen bis zur Ernte. Wenn dann die Zeit der Ernte da ist, werde ich den

„Überall im Land stehen wir an der Schwelle einer neuen Erfahrung nationaler Einheit. Wir sind ein Volk, das aus vielen Rassen, Sprachen, vielen religiösen Traditionen, vielen politischen Parteien, vielen Kulturen komponiert ist. Wir sind arm und reich, Frauen und Männer, jung und alt. Wir sind aus einer Geschichte von Streit und Tod hervorgegangen und sehnen uns nach einer Zukunft von Leben und Heilung.

Wir erkennen die Gegenwart Christi unter uns, der die Welt versöhnt.

Wir kämpften gegeneinander: jetzt sind wir versöhnt, um füreinander zu kämpfen.

Wir meinten, es wäre richtig, einander zu widerstehen: jetzt sind wir versöhnt, um einander zu verstehen.

Arbeitern sagen: Sammelt zuerst das Unkraut und bindet es in Bündel, um es zu verbrennen; den Weizen aber bringt in meine Scheune.

Mt 13,24-30.

Und er erzählte ihnen noch ein Gleichnis: Mit dem Himmelreich ist es wie mit dem Sauerteig, den eine Frau unter einen großen Trog Mehl mischte, bis das Ganze durchsäuert war.

Mt 13,33.

Wir litten unter der Stärke der Gewalt: jetzt sind wir versöhnt zur Stärke der Toleranz.

Wir errichteten unversöhnliche Grenzen zwischen uns: jetzt sehnen wir uns danach, eine Gesellschaft der Versöhnung zu errichten.

Wir erlitten Trennung, die keine gute Wirkung hatte: jetzt sind wir versöhnt, damit die Zusammengehörigkeit Wirkung zeigt.

Wir glaubten, daß wir allein die Wahrheit besaßen: jetzt sind wir versöhnt in der Erkenntnis, daß die Wahrheit uns besitzt.

Wir kämpften, um das Land unser eigen zu nennen: jetzt wissen wir, daß Versöhnung heißt: die Erde gehört Gott und wir sind ihre Verwalter.

Wir ließen uns von der Habsucht kontrollieren: jetzt wissen wir, daß Versöhnung gemessen wird an der Förderung der Armen.

Wir haben nicht den Anspruch, daß wir bereits gesiegt haben oder schon vollkommen sind: jetzt sind wir versöhnt, um miteinander die Fülle durchzusetzen, die vor uns liegt.

So bringen wir unsere Rassen, Sprachen, Traditionen, unsere Politik und unsere Kulturen zusammen.

(Desmond Tutu, *Peacemakers in Training*).

3.4. Eine Welt
Chalcatongo (Eine Partnergemeinde in Südmexiko)

Bruder Joachim Wrede OFMCap (geboren am 9. September 1954 in Warstein, seit 1976 Kapuziner in der rheinisch-westfälischen Kapuzinerprovinz, von 1985-1999 tätig in der Mixteca Alta / Südmexiko. Kontaktadresse: Missionsprokur der Kapuziner, Kapuzinerstraße 27/29, 48149 Münster) war von 1985 bis 1999 als Seelsorger in Mexiko; im Mai 1999 hatten wir das folgende Gespräch:

Joachim, Du bist vierzehn Jahre im Süden von Mexiko als Seelsorger tätig gewesen; aus gesundheitlichen Gründen bist Du jetzt für ein Jahr zurückgekehrt nach Deutschland. Wie hast Du Deine Aufgabe in Chalcatongo und San Mateo Penasco gesehen, was war und ist Dir da wichtig?

Im Februar 1985 wurden wir, drei deutsche Kapuziner, in die Mixteca Alta, ein indianisches Gebiet Südmexikos ausgesandt. Unsere rheinisch-westfälische Ordensprovinz hatte sich trotz eigener personaler Engpässe auf dieses Neuland gewagt. Don Bartolomé, ein engagierter Bischof mit klarer Option für den Armen und Indio, sagte uns, als wir ihn fragten, was er nun von uns erwarte, „geht dorthin und lebt mit ihnen, Gott wird Euch zeigen, was Ihr zu tun habt!"

Miguel Chavez Hernández war uns in den ersten Jahren ein treuer Mitarbeiter und Katechist. In einem Gespräch sagte er: Religion und Kirche waren mir eigentlich immer sehr wichtig, schon von früher Jugend an. Überhaupt ist der Glaube an Gott die Grundlage unseres indianischen Lebens. Wir können uns nicht anders sehen als von Gott her. Gerade deshalb erschien es mir sonderbar, daß meine Landsleute mich nicht unterstützten, ja mich sogar davon abhalten wollten, mit dem

Als franziskanische Ordensleute hatten wir den Missionsauftrag des Hl. Franziskus in unserem Rucksackgepäck: Die Brüder sollen als Christen unter den Menschen durch ihr gelebtes Zeugnis predigen und dann erst, „wenn sie sehen, daß es dem Herrn gefällt, das Wort Gottes verkünden" (NbReg.16,7). So ist unser Bemühen stets darum gegangen, den Menschen ernst zu nehmen, ihn dort abzuholen, wo er steht. Wir hatten uns vorgenommen, die 44 Dörfer mit ihren mixtekischen Bewohnern auf ihrem religiösen, aber auch kulturellen und sozialen Weg zu begleiten.

Wir trafen ein Volk an, das man nicht verstehen kann, wenn man nicht seine indianische Identität sieht und die letzten 500 Jahre seiner Geschichte als Geschichte der Ausbeutung und Unterdrückung

damaligen Pfarrer als Katechist zusammenzuarbeiten. Heute, nachdem ich einiges gehört habe, was in unserer Geschichte geschehen ist, verstehe ich, warum das so ist. Wir Indios sind erobert worden von den Spaniern und sie haben uns ihre Religion aufgezwungen und das nicht nur, aber auch, aus taktischen Gründen. Nun gut, wir haben die christliche Religion akzeptiert, aber sie läuft doch irgendwie an unserem eigenen Denken vorbei. Was uns besonders bedrückt dabei, ist die Art und Weise, wie wir von den Kirchenvertretern behandelt wurden und noch heute behandelt werden. Ja, nach etlichen Jahren ‚Studiums‘ als Katechist ist mir einiges deutlich geworden.

Meine Landsleute kennen die Geschichte nicht bis in Einzelheiten, aber es ist doch so etwas wie eine starke Zurückhaltung der Kirche gegenüber geblieben. Heute weiß ich, woher diese Einstellung kommt.

Joachim Wrede, Kapuziner.

Solidarität hat eine Dimension des Zusammenseins mit dem anderen, unabhängig von Entfernung, Zeit und physischer Präsenz. *Monsignore Romero* († 1980) hatte die Gabe, die tiefe Sehnsucht des Volkes von El Salvador zu spüren; er starb, während er für dieses Volk eintrat, und er ist jetzt unter uns und wird es immer sein. In unserer Solidarität spiegelt sich das Bild eines Gottes, der für uns ein *Companero* ist.

Benavides, 139.

begreift. Als Europäer wurden wir von ihnen diesen Erfahrungen gemäß eingestuft und haben dies auch unsererseits bewußt anerkannt, was natürlich unsere Aufgabe nicht leichter macht.

Unser Leben unter ihnen und unsere pastoralen Tätigkeiten sind geprägt von der Haltung des Hinschauens und Zuhörens. Im Vertrauen darauf, daß sie selbst Akteure ihrer eigenen Geschichte sein sollen, helfen wir dort, wo wir meinen, daß es not tut, treten aber gern zurück, um sie selbst zum Zuge kommen zu lassen. In diesem Sinne ist es uns eine wesentliche Aufgabe, Katechisten heranzubilden. Katechistenkurse und -treffen nehmen seit Beginn einen wesentlichen Raum unserer Tätigkeiten ein. Dann gibt es natürlich die sakramentalen Feiern und deren gründliche Vorbereitung, die wir selbst gewährleisten oder mehr und mehr auch in Katechistenhände legen können. Messen, Taufen, Hochzeiten, Firmung, Vespern gehören dazu. Wir nehmen teil an ihren ‚Volksliturgien‘ wie Prozessionen, Novenen, Totengebeten. Selten, aber immer mehr, lassen sie uns auch teilnehmen an ihren eigenen indigenen Riten, die sie zumeist an besonderen ‚heiligen Orten‘ vollziehen. Dies zeugt von großem Vertrauen, denn sie mußten diese Riten über Jahrhunderte vor den Blicken einer Kirche mit inquisitorischem Gehabe verstecken. Einige Dörfer haben wir begeistern können, sich einem ökologischen Landbauprojekt anzuschließen, andere sind in ein Gesundheitsprojekt eingestiegen, dem es darum geht, die eigenen Heilpflanzen und -methoden kennenzulernen und zu nutzen. Angeschlossen an einen regionalen Tauschring versuchen andere Dörfer ihre Handarbeiten auszutauschen. Das Ausschalten von Zwischenhändlern und der Verzicht auf Geld gibt materielle Vorteile, hat darüber unter anderem den positiven Effekt, Solidarität zu schaffen unter Dörfern, die durch die äußere Drucksituation entzweit sind. Überhaupt trachten wir danach, daß Vernetzung geschieht unter den Dörfern in unserer Pfarrei und durch Zusammenarbeit mit Nachbarpfarreien und der Diözese.

Unsere Motivation ist vielleicht zunächst eine humane: Wir möchten helfen. Der Mensch ist von Grund auf darauf aus, das Gute, das er erfahren hat, auch anderen mitzuteilen, ihn so daran teilhaben zu lassen. Dann aber ist unsere Motivation eine genuin christliche. Jesus Christus beauftragt seine Jünger, seine Frohe Botschaft „bis an die Enden der Erde" (vgl. Mk 16,15 und Apg 1,8) zu verkünden. Kraft dazu schöpfen wir Kapuziner nicht zuletzt immer wieder aus unserem gemeinsamen Gebet, der Kontemplation und dem geistlichen Austausch.

Was bedeutet Dir die Beziehung zu den Indios? Und was bedeutet den Indios die Beziehung zu Euch Kapuzinern?
Als motivierte Christen, Ordensmänner und Priester glauben wir oft, den Menschen etwas geben zu müssen. Zumindest aber im Fall meines Einsatzes in der Mixteca Alta muß ich sagen, daß ich nur all zu oft bereichert worden bin. Ich habe geglaubt, Christus gleichsam dorthin tragen zu müssen, habe aber immer mehr entdeckt, daß er schon da ist und von den Menschen gelebt wird. Was nicht heißt, daß uns dies entbindet von der spannenden Aufgabe diesen Christus dort mit den Indios zusammen zu entdecken. Mehr und mehr taten sich mir ihre großen spirituellen Werte auf: Ihre Feinfühligkeit im Umgang mit dem Nächsten, ihre Solidarität untereinander, überhaupt ihre Sicht von Gemeinschaft, die sogar mystische Züge annimmt (Gemeinschaft ist Präsenz Gottes), ihre nicht materielle Sicht der Dinge, ihre Anspruchslosigkeit, ihre Gelassenheit gegenüber dem Zeitgeschehen, ihre kontemplative

Grundhaltung allem gegenüber, ihre tiefe Achtung vor der Schöpfung, ihre Menschenkenntnis, ihr Akzeptieren auch menschlicher Schwächen in ihnen selbst und im Mitmenschen, ihre Bereitschaft auch Vergänglichkeit und Tod anzunehmen, ihre Hochschätzung von Dienst und Opferbereitschaft für die Gemeinschaft, ihr Gefühl für Freiheit und menschliche Würde, ihre große Fähigkeit, Gott präsent zu sehen in allem, was geschieht in der Natur und in der Geschichte (ihre ,Gottfähigkeit' sagt man heute) – um nur einige Werte zu nennen. Sollte ich es auf einen Nenner bringen: Leben gelingt und ist wertvoll, wenn es ausgerichtet ist auf Harmonie und Gemeinschaft mit dem Kosmos, mit einem selbst, mit dem Mitmenschen und mit Gott.

Ja, ich bin aufrichtig dankbar für diese große Erfahrung und fühle mich menschlich und spirituell sehr bereichert. „Jeder Missionar, der zu den Indios geht, macht eine Gehirnwäsche seines eigenen versteckten Materialismus durch", weiß ein brasilianischer Missionar zu berichten. Dem kann ich nur beipflichten und ich hoffe, daß sie mir geholfen hat. Für meine Heimat Deutschland tut es mir sehr leid, daß wir uns so sehr leiten lassen von einer negativen Zeitströmung, und ich wünsche, daß schon bald geschieht, was ein polnischer Kardinal vor Jahren prophezeite: „Wenn die Menschen müde geworden sind in den Sackgassen des Lebens, werden sie zu Christus zurückkehren."

Die Mixtecos ihrerseits haben nach anfänglich großem Mißtrauen uns mehr und mehr schätzen gelernt. Ein Bürgermeister hat das einmal so ausgedrückt: „Wir schätzen Euch, denn ihr demütigt uns nicht!" Nebenbei bemerkt fragt man sich nach einer solchen Äußerung auch: „Was hat dieses Volk mitgemacht? Was erwarten sie eigentlich von den anderen, zumal von Kirchenleuten?" Im Zusammenhang mit der Auflösung unserer zweiten Station San Mateo Penasco wurde immer wieder beteuert: „Wir haben viel von Euch gelernt." Und wenn dann von vielen beim Abschiednehmen wie aus persönlicher Ohnmachtshaltung heraus gestammelt wurde: „Bleiben Sie doch!", dann schnitt es einem tief ins Herz. Ja, auch ohne Verkündigung, Meßfeiern, katechetische Unterweisung und soziales Engagement, bewirkt unser Mitleben und Aushalten in ihrer schwierigen Situation etwas. Es ist ein Zeichen, das ihnen sehr viel bedeutet.

Wie wichtig ist für Dich die (finanzielle) Unterstützung seitens Deiner Heimatgemeinde und des Ordens?

Ohne die finanzielle Unterstützung meiner Heimatgemeinde – nennen möchte ich da besonders die außerordentlich rührige und kreative KAB-Gruppe und die kfd-Gemeinschaft – wäre Vieles nicht möglich. Das ideelle und spirituelle Mitgehen unserer Ordensprovinz und auch des Gesamtordens tragen uns mit, auch in schwierigen Situationen. Wir brauchen also das Mitsorgen und auch die konkrete, finanzielle Anteilnahme meiner deutschen Heimatgemeinde. Dadurch haben wir Möglichkeiten, die die einheimischen Priester nicht haben. Vor allen Dingen können wir in das, was uns ein Anliegen ist, nämlich in die Katechistenarbeit investieren und dies sowohl in unserer Pfarrei als auch in anderen Projekten auf Dekanatsebene und auf Diözesanebene. Die Katechistenarbeit ist neu in unserer Region, wenigstens in der Weise, wie sie heute von vielen Priestern verstanden wird. Es sollen Verantwortliche herangebildet werden, die fähig sind, ihre Gemeinden im Sinne einer integralen Pastoral zu leiten. Fest steht für uns, daß dieses Amt eingebunden werden muß in die allgemeinen Aufgaben des Dorfes. Das Indiodorf sieht alle Dienste, die für die Gemeinschaft geleistet

---

Wie kann ein engagierter Mensch Alltag und Mystik auf einen Nenner bringen? Da müssen wir zunächst einmal unterscheiden. Es gibt nämlich engagierte und super-engagierte Leute. Mit letzteren meine ich solche, die auf Biegen und Brechen für die Revolution sind und die Welt partout auf den Kopf stellen wollen. Nur sich selbst, meinen sie, bräuchten sie nicht zu ändern. Nein: Der Mensch muß, hier und heute anfangen, das Neue, das Alternative erfahren, und zwar ausgehend von sich selbst. Es führt kein Weg daran vorbei, daß engagierte Männer und Frauen Zeit für sich selbst haben müssen.

Boff, 118-119.

Im Januar 1998 besuchten wir unsere Partnergemeinde *Nueva Esperanza* (Neue Hoffnung) in El Salvador. Trotz der großen Entfernung und der Seltenheit eines gegenseitigen Besuches wurden wir sehr herzlich in Empfang genommen. Daß der Schwerpunkt einer Partnerschaft nicht die finanzielle Unterstützung der durch Unterdrückung benachteiligten Menschen in Lateinamerika ist, sondern die geistige Verbundenheit und die Gemeinschaft im Glauben, ist mir bei diesem Besuch neben vielen anderen Dingen bewußt geworden und hat mich speziell an zwei Tagen ganz besonders berührt:
An einem Abend besuchten wir im Licht der untergehenden

Sonne das Grab einer Dorfbewohnerin, die 1997 bei einem Unfall getötet worden war. Im gleichen Jahr verstarb der leukämiekranke Sohn eines Mitreisenden. Nachdem wir brennende Kerzen auf das steinerne Grab gestellt hatten, sangen wir mit unseren Freunden aus El Salvador Spanische und Deutsche Lieder (Spanisch ist in El Salvador Hauptsprache). Mir wurde deutlich, daß die Last der Trauer geteilt wurde.

An einem anderen Abend beteten einige Dorfbewohner den Rosenkranz und sie luden uns ein, mit ihnen zu beten – es funktionierte, obwohl gleichzeitig Deutsch und Spanisch gebetet wurde und keiner der anderen Sprache mächtig war.

Joachim Heering, Maschinenbaumeister, Kleve.

werden, als Arbeit an, die nicht in direkter Form vergütet wird. Jeder muß dazu bereit sein, hin und wieder, auch für längere Zeit, einen Dienst zu übernehmen. Anfallende Kosten in diesen Aufgaben soll das Dorf aus der Gemeinschaftskasse vergüten. Da allerdings noch nicht überall ein Bewußtsein für diesen Dienst besteht, sind wir in der glücklichen Lage, finanziell unterstützen zu können. Diese Art von Hilfe sehen wir als die zukunftsträchtigste an, da sie zur Selbständigkeit hinführt. Daneben können wir auch in dem einen oder anderen Fall im Sinne assistentieller Hilfe unterstützen. Darüber hinaus sehen wir uns in der Lage, unsere pastoralen Tätigkeiten durch bescheidenes Entgelt zugänglich zu machen auch für die Ärmsten.

Die ursprüngliche indianische Ökonomie war nicht durch den Geldhandel, sondern durch Tauschgeschäfte geprägt. Noch heute gilt dies auf den Märkten in den kleinen Dörfern. Geld wird eher negativ gesehen, als etwas betrachtet, was abhängig machen kann von anderen und auch von eigenen Ambitionen. Nur allzu oft sieht sich der Indio manipuliert durch ‚Geschenke‘ von Seiten der Regierung. Leider zwingt ihn die ökonomische Notlage persönlich oder auch als Gemeinschaft immer wieder dazu, Geld auch direkt annehmen zu müssen. Hinter der Skepsis bezüglich Geld und Kapital steckt, so meine ich, ein tiefgreifendes Verständnis von Gerechtigkeit. Wenn ein Dorf intakt ist, hat keiner mehr als der andere, geteilt wird sofort, wenn Reichtum entsteht. Der zu Reichtum Gekommene richtet das Dorffest aus, steuert der allgemeinen Kasse zu oder übernimmt ein Amt (was mit Kosten verbunden ist, denn in der Zeit, die man einbringt, kann man seinen Lebensunterhalt nicht selbst erwirtschaften). So profitieren alle davon, besonders aber die Ärmsten, die nun nicht zur Kasse gebeten werden müssen, wenn finanzielle Beiträge für bestimmte Arbeiten im Dorf eingetrieben werden. Als franziskanischer Ordensmann habe ich häufig eine Seelenverwandtschaft festgestellt, wenn es um Geld geht.

Bei aller Skepsis, die der Indio fremder Hilfe gegenüber hat, hat das Vertrauen, das wir mittlerweile genießen, dazu beigetragen, daß man Hilfen von uns annehmen kann, denn diese Hilfen möchten weder abhängig machen noch manipulieren, das hat man erfahren.

Der spanische Geistliche *Padre* Angel, der unsere Partnergemeinde betreut, beginnt jeden Brief an uns mit folgender Anrede: An meine Freunde und Freundinnen und an die Geschwister, die mit den Verarmten dieser Erde solidarisch sind – das zeigt, wie er unsere Partnerschaft verstanden wissen will.

Joachim Heering, Maschinenbaumeister, Kleve.

Würde man das indianische Prinzip der Güterteilung ausweiten auf Weltebene, globalisieren sozusagen, hätte die Menschheit einen Schlüssel, um dem Übel der ungerechten Güterverteilung, Anlaß für viele Kriege, entgegenzutreten. Ein neues Verständnis könnte wachsen, so daß die Menschheit sich so sehen kann, wie sie eigentlich schon lange ist, nämlich als ‚großes Dorf‘. Wir kämen dem Willen Christi, das Reich Gottes wachsen zu sehen, ein wesentliches Stück näher.

Partnerschaft könnte entstehen zwischen Gemeinden der nördlichen Welt und der südlichen Welt wie sie heute Gang und Gäbe sind innerhalb Europas. Seit langem geht das Wort um ‚Mission ist keine Einbahnstraße‘ – ja, wir könnten sehr viel lernen, um aus unserer Sackgasse Materialismus und Erfahrung von Sinnlosigkeit herauszukommen.

Warst und bist Du ein Mittler zwischen zwei Welten? Ist es heute vor allem die Aufgabe der Kirche, Brücken zu bauen und die Welt als Eine Welt zusammenzubinden?

Als katholische Christen wahren wir ein Erbe, das es neu zu interpretieren gilt. Die Ankündigung des Erlösers an die Hirten von Betlehem gilt „allen Menschen, die guten Willens sind" (Lk 2,14). Katholisch heißt etymologisch ‚allgemein, weltweit‘. Christus ist der Erlöser aller Menschen, auch derer, die nicht in der gleichen Weise wie der Westen

Gott aber hat den Leib so zusammengefügt, daß er dem geringsten Glied mehr Ehre zukommen ließ, damit im Leib kein Zwiespalt entstehe, sondern alle Glieder einträchtig füreinander sorgen. Wenn darum ein Glied leidet, leiden alle Glieder mit; wenn ein Glied geehrt wird, freuen sich alle anderen mit ihm. Ihr aber seid der Leib Christi, und jeder einzelne ist ein Glied an ihm.

1 Kor 12,24-27.

Er sagte: Womit sollen wir das Reich Gottes vergleichen, mit welchem Gleichnis sollen wir es beschreiben? Es gleicht einem Senfkorn. Dieses ist das kleinste von allen Samenkörnern, die man in die Erde sät. Ist es aber gesät, dann geht es auf und wird größer als alle anderen Gewächse und treibt große Zweige, so daß in seinem Schatten die Vögel des Himmels nisten können.

Mk 4,30-32.

Rigoberta Menchu (Friedensnobelpreis-Trägerin 1992) will für Guatemala im Kampf für die Rechte der Ureinwohner u.a. folgendes erreichen: Zusammenarbeiten auf der Linie mit denjenigen gegenwärtigen und zukünftigen Bemühungen, die die Einheit und den Konsens unter den Mayas stärken.
Für eine Nationale Gipfelkonferenz der Ureinwohner kämpfen. Dies sollte eine Förderung der Dekade der Ureinwohner einschließen.
Jede Kraft, Organisation und jeden Kampf für die Verteidigung und Anerkennung der Rechte der Ureinwohner unterstützen und fördern.
Die Unterzeichnung und Ratifizierung der Übereinkünfte für die Rechte der Ureinwohner unterstützen und fördern; die örtlichen Rechtsinitiativen unterstützen, die die materielle und spirituelle Situation der Ureinwohner zu verbessern suchen.

Menchu, 87.

an ihn glauben, bis hin zu denen, die man heute als anonyme Christen bezeichnet. Eine Kirche, die im guten Sinn ‚weltoffen‘ wird, sich kleinlichen Denkens, Berührungsängsten und Machtansprüchen entledigt, kann dem Anliegen eines Zusammenwachsens der Menschheit in Solidarität auf hervorragende Weise dienen. Der Einheitsgedanke der Kirche könnte der Welt helfen, zur Einheit in Gerechtigkeit und Frieden zu finden. Eine wirklich dienende Kirche könnte hier eine wertvolle Aufgabe leisten.

Dabei werden wir in den aktuellen Herausforderungen unserer Zeit und denen der Zukunft, die wir heute nicht einmal in ihrer vollen Tragweite ermessen, nicht gut beraten sein, wenn wir das alte Haus ‚Welt‘ renovieren, sondern, wenn wir daran gehen, ein neues Haus zu bauen. Die globale Wahrnehmung des Leids macht diesen Schritt notwendig. Unserer Generation, so meine ich, ist es aufgegeben, Handwerkszeug und Material zusammenzustellen, damit bald die Fundamente dazu gelegt werden können. Hierin sehe ich eine fundamentale Aufgabe von Christentum und Kirche heute.

Eine Ordensfrau aus Lateinamerika machte auf einem Kongreß ihrer Kongregation in Europa eine weise Bemerkung: „Wir in Lateinamerika erkennen einen Sinn in unserem Leben, haben aber das Problem, daß wir unter struktureller Gewalt und Ungerechtigkeit leiden. Ihr Europäer beklagt, daß Ihr den Sinn, die Mitte des Lebens, verloren habt. Wie wäre es, wenn Ihr Euch einsetztet für gerechte Strukturen in der „Dritten Welt“. Ich denke, daß Ihr dadurch den Sinn des Lebens wieder entdecken könntet. So wäre uns beiden geholfen.“

Das Reich Gottes, um das wir Christen immer beten – ist Dir das näher gekommen in Deiner Beziehung zu den Menschen von Chalcatongo und San Mateo Penasco?

Mein Leben ist im Kontakt mit den Indios tiefer und weiter geworden. Schade, daß die Botschaft des Indios so wenig Widerhall findet, selbst in den Reihen der Bischöfe und der Priester in Lateinamerika. Ich erkläre es mir so: die mexikanische Gesellschaft, zum großen Teil Mischlingsbevölkerung, lebt aus einer langen Tradition des Rassismus, die in der *Conquista* (Eroberung) ihren Ursprung hat. Das eingepflanzte Klassensystem läßt den Spanier und heute den Weißen und Mischling als Mensch erster Klasse erscheinen auf Kosten des Indios. Selbst noch in letzter Zeit sind Versuche gescheitert, diesen tief eingefleischten Rassismus zu überwinden, so beispielsweise jener, ein Priesterseminar für Indios und indianische Spiritualität zu errichten. Dogmatismus und Zentralismus stehen diesem dringend notwendigen Anliegen im Weg. Es gilt leider noch, was ein Indio, Katechist in seiner Gemeinde, einem Bischof sagte, der meinte aufgeschlossen zu sein und dem Indio Stimme verleihen zu müssen: „Nein, Stimme haben wir, aber es ist niemand da, der uns hört!“

☞ Das Leben in makro-sozialen Beziehungen eröffnet der Menschheit insgesamt die Perspektive der Umformung zur einen geschwisterlichen Menschheitsfamilie. Politische, wirtschaftliche und kulturelle Beziehungen auf nationaler und internationaler Ebene können diesen Umformungsprozeß unterstützen oder ihn blockieren. Regierungen und Nicht-Regierungsorganisationen sind heute aufgefordert, einen heilvollen Kurs für die ganze Menschheit zu finden.

III. Leben in Dialog mit Gott
Spiritualität von Liturgie und Gebet

von
Paul Menting

0. Dialog mit Gott?

0.1 Worum es in diesem Teil geht

In diesem dritten Teil geht es um das ausdrückliche Gespräch zwischen Gott und Mensch, so wie es im bewußten Beten und in der aktiven Teilnahme an der Liturgie geführt wird. Ähnlich den persönlichen und institutionalisierten Umgangs- und Gesprächsformen im zwischenmenschlichen Bereich gibt es auch im Umgang mit Gott den sehr persönlichen Beziehungsstil und sehr persönlichen Ausdruck des einzelnen auf der einen sowie die gemeinschaftlichen, institutionalisierten Dialogformen auf der anderen Seite, in denen die Kirche insgesamt den Dialog mit Gott angehen kann. Unser Anliegen ist es hier, diese verschiedenen Formen des Dialogs mit Gott in ihren eigenen Möglichkeiten und Grenzen zu beschreiben. Darüber hinaus geht es um die Fragen: Wie kann der Dialog mit Gott gelingen, wann gerät er ins Stocken, wie kommt er wieder in Gang usw., und was geschieht dabei mit dem Menschen, wie verwandelt ihn der Dialog mit Gott.

Für den Dialog des einzelnen mit Gott setzen wir drei Schwerpunkte: wir denken über die Weise des Betens nach, wir fragen nach der Notwendigkeit der Einübung ins Gebet und wir teilen vorsichtig in Gebetsstufen und -rhythmen ein.

Für den Dialog der Kirche mit Gott setzen wir vier Schwerpunkte: Wir beginnen mit der leibnahen Kommunikation in der Liturgie der Sakramente, beschäftigen uns dann mit dem eher verbalen Austausch in Wortgottesdienst und Stundengebet und befragen schließlich die Segnungen auf den ihnen eigenen Dialogcharakter der positiven Zuwendung.

Nur wer mit Gott im Gespräch ist, wird allmählich entdecken, mit wem er es zu tun hat. Kontemplation oder Gottesschau ist diese sich allmählich auftuende Perspektive des Dialogs. Wir können nicht erwarten, daß wir Gott ‚schauen‘, wenn wir im Reden *über* Gott steckenbleiben, aber das Reden *mit* ihm offenbart ihn uns. Das Handeln im Alltag wird für den, der mit Gott spricht und umgeht, zur natürlichen Ausdrucksform seiner Gottesbeziehung. Nicht ein moralisches Müssen oder Sollen ist dann die Triebfeder seines Handelns, sondern die Liebe, die im Gespräch mit Gott geweckt und genährt wird und überfließt in allem, was der Mensch dann tut.

0.2 Dialog, Begegnung, Beziehung

Dann stehen sich nicht Subjekt und Objekt gegenüber, sondern Subjekt und Subjekt. Aufgabe des Gesprächs – zum Unterschied vom Disput – ist nicht Argumentieren, sondern Realisieren, das heißt, es geht um mich, um die Wirksamkeit des Gesagten in mir.
Goldbrunner, 225.

Dialog bahnt den Weg in die Begegnung. Mit Worten und Gebärden, im Zuhören und im Schweigen folgen zwei Subjekte gemeinsam der Spur und begegnen sich: Bewußtsein trifft auf Bewußtsein, Unbewußtes auf Unbewußtes, Wesen auf Wesen. Grundlage jedes echten Dialogs ist es, daß die Gesprächspartner sich als Subjekte (Ich und Du) gegenüberstehen und nicht als Subjekt gegenüber Objekt.

Dialoge werden verbal, non-verbal und im Augenblick der Begegnung in unmittelbaren Wesensberührungen geführt; nur das Wenigste davon können wir begrifflich erfassen und objektivieren. Dialoge sind also kein Austausch ‚über etwas‘, sondern Realisierungen der Beziehung im umfassenden Sinn, das heißt die Gesprächspartner tauschen *sich selbst* aus und empfangen sich gegenseitig, sie sind für einander *Präsent* (Geschenk) und können dadurch *präsent* (gegenwärtig) sein, also im Geheimnis der erfüllenden Gegenwart leben. „Gegenwart gibt es nur insofern, als es Gegenwärtigkeit, Begegnung, Beziehung gibt"

(Buber, 19), und Gegenwärtigkeit, Begegnung, Beziehung ist immer Geschenk, sie kann nicht erzwungen oder gemacht werden.

Wie der Mensch in der Sprache generell die Möglichkeit zum Transzendieren von Zeit und Raum, Situation und Erleben entwickelt hat, so transzendiert das Gebet den Bereich aller sonstigen Adressaten in Richtung auf den allmächtigen und barmherzigen Grund des Seins. Das kann im angstvollen Schrei geschehen, den einer in der Stunde der Gefahr ausstößt; das kann in der Klage um erlittenes Unrecht wie im Dank für empfangenes Glück geschehen; das kann frei oder mit vorformulierten Worten, zu bestimmten Zeiten oder ad hoc ablaufen; man kann sich dabei sachlicher Hilfsmittel wie einer Gebetsmühle oder des Rosenkranzes bedienen oder auch in personaler Konzentration sein Gebet verrichten. Der Pfarrer, der Christ, der sich aufs Beten einläßt, tut damit etwas, was zu den grundlegenden Möglichkeiten der menschlichen Sprache gehört.

Josuttis, 206.

Ein besonderer Grund für die menschliche Würde liegt in der Berufung des Menschen zur Gemeinschaft mit Gott. Zum Dialog mit Gott wird der Mensch schon von seinem Ursprung her eingeladen: er existiert nämlich nur, weil er, von Gott aus Liebe geschaffen, immer aus Liebe erhalten wird; und er lebt nicht voll gemäß der Wahrheit, wenn er diese Liebe nicht frei anerkennt und sich seinem Schöpfer anheimgibt.

GS 19,1.

Der Mensch empfängt, und er empfängt nicht einen ‚Inhalt‘, sondern eine Gegenwart, eine Gegenwart als Kraft. Diese Gegenwart und Kraft schließt dreierlei ein... Zum ersten die ganze Fülle der wirklichen Gegen-

Wo Ich und Du sich begegnen, offenbart sich lebendiger Geist: echte Begegnung, echter Dialog ist pneumatisch. „Geist ist nicht im Ich, sondern zwischen Ich und Du. Er ist nicht wie das Blut, das in dir kreist, sondern wie die Luft, in der du atmest. Der Mensch lebt im Geist, wenn er seinem Du zu antworten vermag" (Buber, 49). Darum wissen sich Juden wie Christen im Dialog und in der Begegnung nicht nur zu zweit, sondern immer zu dritt. Die Anwesenheit des Geistes Gottes bedeutet wirkliches, pulsierendes Leben. Der Geist befreit zur eigenen Identität und zur Offenheit für den anderen – mit anderen Worten: der Geist befreit zu wirklichem Leben, zum Leben in Fülle.

„Alles wirkliche Leben ist Begegnung" (Buber, 18). Das ist die Erkenntnis dessen, dem Begegnung widerfahren ist. Das ist aber auch die Erkenntnis dessen, der an seinem ungelebten Leben leidet: Warum lebe ich mit jemandem zusammen – und nehme ihn/sie doch nicht wahr? Warum höre ich ihn/sie nicht wirklich? Warum bin ich nicht wirklich mit ihm/ihr zusammen? Warum leben wir beide aneinander vorbei? Die Antwort lautet: Wirkliches Leben ist Begegnung, und es fehlt uns die echte Begegnung, es fehlt uns der echte Dialog.

Viele leiden stumm an ihrem Leben ohne Dialog und Begegnung. Daß wir etwas dagegen tun können, daß diese Misere nicht schicksalhaft hingenommen werden muß, soll im Laufe unserer Überlegungen sichtbar werden. Das Abstumpfen von Beziehungen und ihr Versanden im Alltag hat klare Ursachen. Sie zu erkennen hilft uns, in lebendige, geglückte Beziehungen zurückzufinden.

Ausgangspunkt unseres Nachdenkens soll die einfache Erkenntnis sein: „Im Anfang ist die Beziehung" (Buber, 25). Keiner hat sich schließlich selbst erschaffen, keiner steht für sich allein am Ursprung seines Lebens. Beziehungen zu anderen Menschen stehen am Anfang unseres Lebens, aber vor allem die Beziehung zu unserem ewigen Du.

„Das Verlangen nach Gott ist dem Menschen ins Herz geschrieben, denn der Mensch ist von Gott und für Gott erschaffen. Gott hört nie auf, ihn an sich zu ziehen. Nur in Gott wird der Mensch die Wahrheit und das Glück finden, wonach er unablässig sucht" (Katechismus § 27).

Am Anfang unseres Lebens steht die Beziehung zu Gott. Wie kann ich Gott wieder neu begegnen, wenn mir die Beziehung zu ihm verloren gegangen ist?

Die Lösung liegt im Dialog: indem ich mit Gott Zwiegespräche führe, indem ich mich selbst offen und ehrlich hinhalte und bereit bin, Gott bei mir zuzulassen so wie er ist, kehre ich immer neu zurück in meine Beziehung zu ihm, ich pflege die Beziehung zu ihm und halte sie offen für Wachstum und Entwicklung. Wir beide als Subjekt im Austausch unserer selbst – das ist das Ideal eines lebendigen Dialogs: nicht ein statischer Inhalt wird hier mitgeteilt, kein Fertigprodukt, sondern werdendes Leben in offener Entwicklung.

Gott ist ein Eigener, ein Anderer, ein wirkliches Du. Ich kann ihn daher nicht manipulieren, nicht als Prothese meiner Begrenztheit mißbrauchen, nicht auf die Projektion meiner Wünsche zurückführen. Darum ist mein Gespräch mit ihm auch ein echter Dialog, ein Zwiegespräch.

seitigkeit, des Aufgenommen-
werdens, des Verbunden-
seins... Und das zweite ist: die
unaussprechliche Bestätigung
des Sinns. Er ist verbürgt.
Nichts, nichts kann mehr sinnlos sein... Dies ist das dritte: es
ist nicht der Sinn eines ‚anderen Lebens‘, sondern dieses
unseres Lebens... Der Sinn
kann empfangen werden, aber
er kann nicht erfahren werden;
er kann nicht erfahren werden,
aber er kann getan werden; und
dies meint er mit uns.

Buber, 130.

Viele sogenannte Gebetsschwierigkeiten sind in Wirklichkeit Bezie-
hungsnöte. Die persönliche Lebensgeschichte kann so sehr mit unauf-
gearbeiteten Beziehungen belastet sein, daß es manchen Menschen
schwer fällt, sich überhaupt noch auf persönliche Beziehungen einzulassen, und das betrifft dann natürlich auch die Gottesbeziehung. Aus
der Psychologie ist bekannt, daß alle traumatischen Beziehungserfah-
rungen aus der Vergangenheit sich in den Beziehungen der Gegenwart
niederschlagen, solange wir nicht wirklich von den alten Wunden geheilt werden. So ist es nicht verwunderlich, daß eine angemessene psychologische Hilfe sich dann oft auch sehr wohltuend auf das Beten
auswirkt.

> Der Dialog mit Gott ist ein persönliches Begegnungsgeschehen, in
> dem kein ‚Inhalt‘ ausgetauscht wird, sondern Gott einem Men-
> schen seine Gegenwart mitteilt. Im Angesicht der Gegenwart Got-
> tes wird das konkrete Leben dieses Menschen mit Sinn erfüllt. Das
> ‚Ja‘ zu Gottes Gegenwart genügt, um in den Dialog mit Gott zu
> treten. Aus ihm entlassen wird der Mensch mit dem Auftrag, die
> Gegenwart, die er empfangen hat, zu bezeugen und zu ‚tun‘.

0.3 Gebet und Liturgie

Gebet und Liturgie sind ‚Orte‘ der Gegenwart Gottes, wo Menschen
sich an Gott wenden und Gott dem Menschen real begegnet. „Die großen Meister richten unsere Aufmerksamkeit stets auf das Bewußtsein
der Gegenwart Gottes. Das Bewußtsein der Gegenwart Gottes ist der
Schlüssel zum Gebet" (Pichler, 22).

Wir können Zugang finden zu
einem historisch feststellbaren
konkreten Menschen, von dem
wir aufgrund seines Weges,
seiner eigenen Worte und
Selbstdeutung, aufgrund seines
Lebens und trotz seines Sterbens bekennend sagen dürfen:
Sein Leben bzw. sein Menschsein ist geglückt, ist erfüllt, hat
seine Fülle gefunden. Wie Jesus sich verhalten und wie er
sich auf Gott, den er seinen
Vater nannte, berufen hat, läßt
uns vertrauen, daß in ihm Gott
für den Menschen Partei ergriffen hat, für den Menschen
eintritt, für den gesunden und
leidenden, den unschuldigen
und schuldig gewordenen Menschen, wo wir für uns nicht
mehr selber bürgen und eintreten können... Aus dem Verhalten und der Handlungsweise
Jesu, auch aus seiner Ge-
sprächshaltung heraus spricht
ein beispielhaftes Ernstnehmen
der Gleichheit, der Brüderlichkeit, der Geschwisterlichkeit
aller Menschen...
In Jesus ist Gott nicht apathisch
geblieben, sondern vielmehr
sym-pathisch: mitleidend in
‚Beziehung‘.

Karrer, 43-47.

Der Betende beweist diese Gegenwart nicht, er analysiert sie auch
nicht, sondern er begegnet ihr und lebt aus ihr. Die Gegenwart Gottes
ist ihm wirklicher als alle ‚Inhalte‘, die sich beweisen und analysieren
lassen. „Gott, der sich ‚Ich-bin‘ nennt, offenbart sich als der Gott, der
immer da ist, immer bei seinem Volk, um es zu retten" (Katechismus
§ 207). Und der Betende lebt im Angesicht des ‚Ich-bin-da‘ (Ex 3,14)
und ist sich gewiß, daß Gottes Zusicherung gilt: „Ich bin bei euch alle
Tage bis zum Ende der Welt" (Mt 28,20).

In Christus, dem ‚Immanuel‘, dem ‚Gott-mit-uns‘ (Jes 7,14 u. Mt 1,23)
ist Gottes Gegenwart Fleisch und Blut geworden. Christus ist das
sichtbar gewordene Antlitz Gottes, er hat uns Gott nahegebracht als
den Abba-Vater. „Die heilige Menschheit Jesu ist der Weg, durch den
der Heilige Geist uns zu Gott, unserem Vater, beten lehrt" (Katechismus § 2664).

Jesu Dialog mit seinem Vater ist Modell für unseren Dialog mit dem
Vater-Gott. Wir können so vertraut mit Gott umgehen, wie Jesus das
getan hat. „Wenn Jesus betet, lehrt er uns schon beten. Der gottgemäße
Weg unseres Betens ist Jesu Beten zu seinem Vater" (Katechismus
§ 2607).

Wir dürfen darauf vertrauen, daß Jesus uns als seine Schwestern und
Brüder in seinem Dialog mit dem Vater nicht vergißt. Er ergreift für
uns Partei und zeigt uns dadurch die Menschenfreundlichkeit Gottes.

Und wir erkennen, daß unser Beten mit ihm und in seinem Namen uns
nicht nur zu einem persönlichen Standort der Gegenwart Gottes werden läßt, sondern auch zu einem persönlichen Standort der Nächstenliebe. Denn wenn wir beten, wie Christus uns zu beten gelehrt hat,

wird Gott in uns und durch uns seine Gegenwart liebend zur Geltung bringen, so wie er es auch in Christus und durch ihn getan hat.

Für uns Christen gilt: Die Gegenwart unseres Gottes trägt das Antlitz des liebenden Gottes, der uns aus Liebe erschaffen hat, der uns aus Liebe erlöst hat und der uns aus Liebe vollenden will. „Das Spezifikum christlichen Glaubens liegt im Bekenntnis zum dreieinen Gott, dem Schöpfer, Erlöser und Vollender von Welt und Geschichte" (Mann, 20). Als solcher hat Gott sich den Christen offenbart und an ihn richten sie sich deshalb ausdrücklich; sie beten im Namen des Vaters, des Sohnes und des Heiligen Geistes. Wenn wir hier vom Dialog mit Gott sprechen, meinen wir also den Dialog mit diesem christlichen Gott.

> In der Begegnung wird der ferne Gott mir nahe. Er bleibt der Andere, der ‚ganz' Andere mir und allem gegenüber, er bleibt Gott, und ich bleibe Mensch. Aber er wird mein Du, mein Gott und mein alles, wie Augustin in aller Ehrfurcht vor dem erhabenen Gott doch zu dem vertrauten Gott beten konnte, der der Gott seines Herzens geworden. Gott ist der Andere, aber doch der Gegenwärtige, der mir näher ist, als ich mir selber bin. Er ist in all seiner Ferne mir der letzte und treueste Gefährte des Lebens, zu dem in aller Enttäuschung am Menschen ich immer als an mein eigentliches Du mich wenden kann.
>
> Steinbüchel, 79f.

Unser Gott hat viele Namen, die wir anrufen können und sollen: Vater, Schöpfer, Erlöser, Befreier, Christus, Heiland, Immanuel, Freund, Heiliger Geist, Liebe, Menschenfreundlichkeit usw. Seine Namen sind gleichsam Ankerpunkte für unser Gespräch mit ihm. Sein(e) Name(n) verbinden ihn mit uns und verbinden uns untereinander, denn „wo zwei oder drei in meinem Namen versammelt sind, da bin ich mitten unter ihnen" (Mt 18,20).

In seinem/n Namen können wir uns auf ihn beziehen. Das ist aber „wie jeder kommunikative Akt – vielen Gefahren ausgesetzt; sei es, daß der Betende nur einen formalen Akt erfüllt, sei es, daß er oder sie sich nicht die Zeit dazu nimmt, sich ernsthaft auf sein ‚Gegenüber' einzulassen und zu ‚hören', sei es, daß sie oder er sich in Hybris nur selbst bestätigen will oder sich durch falsche Demut seiner eigenen Verantwortung zu entledigen sucht. Wie jeder kommunikative Akt lebt das Gebet von der eigenen existentiellen Offenheit; es bedarf einer umfassenden Bereitschaft, Gottes reichgestaltige Gegenwart wahrzunehmen, auf ihn zu ‚hören' und sich mit dem Gott Jesu mit ganzem Herzen, ganzer Seele und allen Kräften (Dtn 6,4f) zu verbünden" (Mann, 117).

Ob unser Gespräch mit Gott gelingen kann, hängt also – was uns betrifft – von unserer Offenheit ab; „im Gebet öffnen wir unser Herz für Gott" (Rahner, 1949, 11); das ist alles, wessen es von seiten des Menschen bedarf. Christus versichert uns, daß die authentische Öffnung des Herzens den Dialog mit Gott gelingen läßt: „Bittet, dann wird euch gegeben; sucht, dann werdet ihr finden; klopft an, dann wird euch geöffnet. Denn wer bittet, der empfängt; wer sucht, der findet; und wer anklopft, dem wird geöffnet" (Lk 9,10).

0.4 Wie das Gespräch mit Gott gelingt

Das Öffnen des Herzens wird nicht dadurch erreicht, daß einer bestimmten Gedankengängen nachgeht oder bestimmte Gefühle in sich wahrnimmt – in beidem, in seinen Überlegungen und in seinen Gefühlen, bleibt er viel zu sehr in sich selbst, seinen Wünschen und Zielen gefangen.

Die Öffnung des Herzens geschieht vielmehr durch Liebe, das heißt: durch das einander in Freiheit geschenkte ‚Ja'. Und in dieser Liebe kommt Gott uns zuvor (1), in dieser Liebe ist er der Lehrmeister (2), in dieser Liebe sind wir sein Werkzeug (3).

1. Gott kommt uns zuvor

So nimmt sich auch der Geist unserer Schwachheit an. Denn wir wissen nicht, worum wir in rechter Weise beten sollen; der Geist selber tritt jedoch für uns ein mit Seufzen, das wir nicht in Worte fassen können. Und Gott, der die Herzen erforscht, weiß, was die Absicht des Geistes ist: Er tritt so, wie Gott es will, für die Heiligen ein.

Röm 8,26-27.

Der Heilige Geist erbarmt sich unserer Schwäche und kommt oft zu uns. Obwohl wir seiner nicht würdig sind, besucht er uns, während wir aus Liebe zur Wahrheit zu ihm beten, erfüllt er uns und hilft uns, all die Überlegungen und Gedanken loszuwerden, die uns gefangenhalten, und führt uns so zum geistlichen Gebet.

Evagrius Ponticus, 101-102.

Der Dialog zwischen Gott und Mensch wird von Gott eröffnet, indem er den Menschen ins Dasein ruft. Damit kommt Gott dem Menschen zuvor und schafft den Raum des Gespräches bereits, noch bevor der Mensch nach ihm rufen kann. „Mag auch der Mensch seinen Schöpfer vergessen oder sich vor dessen Antlitz verstecken, mag er auch seinen Götzen nachlaufen oder Gott vorwerfen, er habe ihn verlassen, so ruft doch der lebendige und wahre Gott unermüdlich jeden Menschen zur geheimnisvollen Begegnung im Gebet" (Katechismus § 2567). Doch Menschen vermögen den Ruf Gottes nicht aus sich heraus wahrzunehmen, sie vermögen nicht zu ‚hören‘, daß Gott ihnen das Leben, ja das Leben in Fülle zuspricht (Joh 10,10). Wie könnten Menschen den unbegreiflichen Gott auch nur ansatzweise verstehen? Aus sich heraus können sie darum auch nicht antworten und auf den Anruf Gottes eingehen. Vielmehr ist es der Geist Gottes, der Menschen zur antwortenden Hinwendung zu Gott bewegt; es ist der Geist Gottes, der den Menschen „Abba-Vater" rufen läßt (Röm 8,12-27 und Gal 4,6). Somit kommt Gott dem Menschen in doppelter Hinsicht zuvor: er ist nicht nur derjenige, der das Gespräch eröffnet, er ist auch derjenige, der zur Antwort bewegt, ja in seinem Sohn selbst für uns antwortet. „Wenn du beten willst, brauchst du nichts als Gott allein. Von ihm allein kommt auch das Gebet des Menschen, der betet" (Evagrius Ponticus, 100-101.). Das kann man ganz konkret erfahren, wenn man seiner eigenen Sehnsucht nach Gott nachspürt und ihr freien Lauf läßt: „Versuchen Sie, während der Exerzitien bei allem, was Sie tun, mit der Sehnsucht Ihres Herzens in Berührung zu kommen. Spüren Sie, daß Ihr Herz diese Welt übersteigt, daß es sich nach Gott sehnt, nach bedingungsloser Liebe, nach endgültigem Daheimsein, nach absoluter Geborgenheit. Dann beten Sie. Sie brauchen keine Worte zu machen. Das Seufzen Ihres Herzens ist das Seufzen des Heiligen Geistes. Der Geist selber betet in Ihnen. Sie müssen Ihm nur Raum gewähren" (Grün, 1997, 47-48).

2. Gott ist der Lehrmeister

Gebet kann sich nur an Gott wenden, an eine Instanz, von der man sich schlechthin abhängig weiß. Die Beziehung zwischen dem Betenden und dem Adressaten des Gebets ist also asymmetrisch. Gebet ist ein Akt der Unterwerfung und des Gehorsams gegenüber dem, der ‚alles in allem wirkt‘ (1 Kor 12,6), der in allem schlechthin mächtig ist, der besser weiß, was gut ist, und der dies auch herbeiführen kann.
Diese Unterordnung bringt jedoch keine Demütigung oder Entmündigung mit sich, weil Gott den Menschen in seiner Abhängigkeit nicht demütigt, sondern ihm zuspricht und zutraut, Trägerin und Träger des Gottesreiches zu werden... Menschen, die sich vor Gott,

Gott ist der Schöpfer, der Mensch ist das Geschöpf; Gott ist Erlöser, der Mensch ist der Erlöste; Gott ist Vollender, der Mensch derjenige, der vollendet wird. Obwohl Gott und Mensch also grundverschieden, ja sogar unvergleichlich sind, ist ihre Beziehung doch von Nähe und Intimität gekennzeichnet, weil Gott dies alles nicht in selbstherrlicher und herablassender Weise ist, sondern als einer, der wachsen läßt und Anteil gibt. Damit ist klar, daß Gott und Mensch aufeinander bezogen sind, jedoch nicht als ebenbürtige Partner, sondern antithetisch.
Für den Menschen ist die ungleiche Beziehung kein Nachteil, sondern gereicht ihm vielmehr zum Heil, denn sie weitet seinen menschlich-begrenzten Horizont und eröffnet ihm göttliche Perspektiven; im Umgang mit Gott lernt der Mensch zu lieben wie Gott liebt, zu hören wie Gott hört, zu sprechen wie Gott spricht usw. Die ursprüngliche Asymmetrie zwischen beiden bedeutet also nicht Ferne und Trennung, sondern wird für den Menschen im Gebet und in der Liturgie zur winkenden Perspektive seiner Vergöttlichung. Das erfuhr auch Mose, der „Auge in Auge" mit Gott sprach (Ex 33,11), wodurch die Haut seines Gesichtes in göttlichem Licht strahlte (Ex 34,35).

seiner Gerechtigkeit und seiner Freiheit (ver-)beugen, werden den Gehorsam gegenüber selbsternannten und selbstgemachten, endlichen Göttern und Götzen verweigern. Die Verneigung und Kniebeuge vor Gott stärkt Geist und Rückgrat. Mann, 82-83.

Solches wird möglich, weil Gott im Dialog mit dem Menschen seine Größe und Überlegenheit nicht für sich behält. Er ist einer, dem es gelingt, den Menschen ganz nah an sich heranzuführen, ja ihn mit sich zu vereinigen. Seine Methode dabei ist die der vereinigenden Liebe: Aus Liebe vermenschlicht Gott sich und dadurch wird der Mensch vergöttlicht. Beide werden eins in Liebe.

Maximos der Bekenner hat das so ausgedrückt: „Man sagt, daß Gott und Mensch für einander Muster sind. Gott ist um des Menschen willen in seiner Güte soweit Mensch geworden, als sich der Mensch um Gottes willen in Liebe vergöttlichen kann. Und der Mensch wird von Gott soweit zur geistlichen Erkenntnis fortgerissen, als er den von Natur aus unsichtbaren Gott durch die Tugenden offenbart" (in: Hense, Im Spiegel der Seele, 30).

3. Wir sind Werkzeug Gottes

Meine Augen, meine Hände, mein Mund sind dein. Diese so traurige Frau mir gegenüber: hier ist mein Mund, damit du ihr lächelst. Dieses vor lauter Bleichsein fast graue Kind: hier meine Augen, damit du es anschaust. Dieser so müde, so müde Mann: hier ist mein ganzer Leib, damit du ihm Platz gibst, und meine Stimme, damit du ihm leise sagst: ‚Setz dich.' Dieser so dumme, eingebildete, harte Bursche, hier ist mein Herz, damit du ihn damit liebst, stärker, als er je geliebt wurde.
Delbrêl, 1975, 55f.

Der Dialog mit Gott geschieht nicht nur durch Worte, sondern auch durch Taten. Beides, Worte und Taten, entspringen der gleichen Bewegung des Herzens, die den ganzen Menschen mit dem Feuer seiner Liebe Gott zuwendet und ihn für Gott öffnet. Sich für Gott öffnen heißt: sich Gott angleichen und wollen, was Gott will. Gott will das Heil für alle Menschen, so daß die Hinwendung zu Gott zugleich Hinwendung zu den Mitmenschen ist. Beten und Liturgie sind der sozialen Praxis nicht abträglich, sondern begründen und stärken sie sogar, denn „wo Menschen in der Gegenwart Gottes leben, werden sie zu Partnerinnen und Partnern Gottes, zu Botschafterinnen oder Botschaftern an Christi statt (2 Kor 5,20)" (Mann, 89). Beterinnen und Beter erfahren sich selbst dann als Werkzeug oder Organ Gottes. Sie werden bewahrt vor Resignation, weil sie Gott Gelegenheit geben, in ihnen und durch sie da zu sein und zu handeln.

In der Begegnung geschieht Verwandlung ins Eigentliche. Gerade in der Begegnung mit Gott kommt der Mensch in Berührung mit seinem wahren Wesen, mit seinem innersten Kern.
Grün, Gebet als Begegnung, 9.

Die Öffnung des Herzens geschieht durch Liebe und verwandelt zur Liebe. Ich werde in Liebe verwandelt: 1. Weil Gott mir zuvorkommt, weil er mich ins Schlepptau nimmt, weil er mich zu sich zieht und mich ankommen läßt, wo ich im tiefsten Zuhause bin. 2. Weil Gott mir als mein Lehrmeister eine neue Perspektive eröffnet, weil ich erkennen kann, wozu ich geschaffen wurde, weil ich immer mehr zu dem werden kann, der ich bin. 3. Weil ich als Werkzeug Gottes eine neue Identität bekomme, weil Gott dann durch mich wirkt.

Der Dialog mit Gott führt mein menschlich begrenztes Dasein immer tiefer in Gottes weite, erfüllende Gegenwart hinein: darin werde ich aufgefangen, da kann ich vergöttlicht werden und da kann Gott in mir zu Fleisch und Blut werden.

Zweifelsohne gelingt der Dialog mit Gott nicht einfach von selbst, sondern es gehört dazu „eine lebendige Gebetspraxis der schützenden Pflege und formenden Gestaltung" (Karrer, 115). Gebete und liturgische Feiern sind nicht nur Ausdruck der lebendigen Gottesbeziehung, sie sind immer auch zugleich Investitionen in die Beziehungspflege. Wenn eine Beziehung im Auf und Ab der Lebens- und Alltagseinflüsse standhalten soll, kann man sich nicht nur auf die Spontaneität der momentanen Verfassung und die Eigendynamik der Beziehung verlassen. Wie in zwischenmenschlichen Beziehungen gehört auch in der Gottesbeziehung zu einem tragfähigen Fundament: (A) ein passender Beziehungsstil und (B) dementsprechende Kontinuität.

A. Der Beziehungsstil

In der Bibel, dem Alten wie dem Neuen Testament, begegnen wir einem Nebeneinander von Gottesbildern, demjenigen des nahen und demjenigen des fernen Gottes, demjenigen eines immanenten und demjenigen eines transzendenten Gottes, demjenigen eines liebenden, sich erbarmenden Vaters und demjenigen eines Richters.

Cullmann, 163.

Wie ich mich einbringe und wie ich den anderen in der Beziehung zum Zuge kommen lasse, hat damit zu tun, in welchem Stil wir miteinander umgehen. Mit meinem Lebensgefährten z.B. entwickle ich einen anderen Beziehungsstil als mit einem Arbeitskollegen oder einer Nachbarin. Für manche ist Gott wie ein Liebespartner, und für sie gehört Zärtlichkeit, unverbrüchliches Vertrauen und gegenseitige Annahme ganz elementar zum Umgang mit Gott dazu. Für andere ist Gott eher wie ein Vater oder eine Mutter, und in ihre Gottesbeziehung gehört neben einem kindlichen Vertrauen die Erfahrung von Schutz und Geborgenheit. Für wieder andere ist Gott eher der Fremde, dem man mit Respekt vor seinem Anderssein und mit einer gewissen Zurückhaltung und Scheu begegnet.

Wichtig ist für jeden Beter und jede Beterin, den Beziehungsstil zu finden, der für sie passend ist. Gut und richtig ist er dann, wenn er der inneren Identität des Menschen entspricht und Gottes Wesen offen annimmt. Ich darf und soll ganz so sein, wie ich bin – ob ich nun Kind Gottes bin, seine stille Anbeterin oder der Arbeiter in seinem Weinberg – wichtig ist vor allem, daß ich echt bin. Ebenso wichtig ist aber auch, daß ich Gott ‚Gott' sein lasse, wie er für mich ‚Gott' sein will. Wenn ich ihn in meine Vorstellungen zwänge und in eine bestimmte Position abdränge oder in eine Rolle hineinmanipuliere, die ihm nicht entspricht, wird unsere Beziehung untergraben und kommt in Gefahr.

Eine gute Beziehung fußt auf dem Fundament der ehrlichen Selbstinvestition, der unvoreingenommenen Offenheit für den anderen und der ständigen Bereitschaft, sich auf neue Entwicklungen miteinander einzulassen. Eine harmonische Verbindung von Respekt vor dem anderen und Selbstrespekt, vertrauensvolles Seinlassen des anderen und Loslassen seiner selbst, aufmerksame Ausrichtung auf den anderen und gesundes Zu-sich-selbst-Stehen – das alles sind Elemente einer guten Beziehungskultur, die menschlicherseits dazu beitragen können, daß Gebete und liturgische Feiern gelingen können.

B. Die Kontinuität der Beziehung

Generelle Regeln für das Wann und Wie kann es heute – außer in festen Gemeinschaften – kaum mehr geben. Denn der Lebensrhythmus einzelner Menschen (Morgenmensch, Abendmensch...), einzelner Berufe (Schichtarbeitszeiten), einzelner Familien usw. divergieren so sehr, daß strikte Normen nicht nur insgesamt viel schwieriger geworden sind, sondern an die spirituelle ‚Selbstorganisation' bzw. an die Mündigkeit der einzelnen Christin oder des einzelnen Christen höhere Anforderungen stellen. Pflicht oder

Wer die Beziehung zu einem Mitmenschen vernachlässigt, braucht sich nicht zu wundern, wenn sie immer unwichtiger und schließlich ganz überflüssig wird. Dasselbe gilt für meine Gottesbeziehung (Lk 18,1f.; Röm 12,12; Eph 6,18; Phil 1,3-4; 4,6; Kol 1,3; 4,2; 1 Thess 2,13; 5,17; 2 Thess 1,11; 1 Tim 2,8; 5,5; 2 Tim 1,3): Ein Zuwenig an beharrlicher Ausrichtung auf Gott und an Treue zu ihm, unabhängig von meinen unberechenbaren Stimmungen und zufälligen religiösen Bedürfnissen, wird meine Beziehung zu Gott verwässern und schließlich ganz auflösen. Sicher ist heute für die meisten Menschen ein bis ins Detail geregelter Gebetsrhythmus, wie ihn etwa das kirchliche Stundengebet vorsieht, aus verschiedenen Gründen nicht mehr möglich, doch ein Minimum an kontinuierlichem Kontakt ist erforderlich, um meine Beziehung zu Gott inmitten vielerlei Aufgaben, Interessen, Zerstreuungen und Bedürfnissen nicht untergehen zu lassen. Ich brauche eine gewisse Verbindlichkeit in meiner Gottesbeziehung, eine tragende Struktur, damit ich meine Gottesbeziehung nicht im Wellengang des Alltagsgeschehens verliere.

Ob es nur der Sonntagsgottesdienst ist, oder darüber hinaus auch ein paar Minuten Stille am Abend, eine Einstimmung am Morgen, Stoßgebete über den Tag verteilt oder in welcher Form der einzelne seinen Dialog mit Gott auch verankern mag, wichtig ist vor allem, daß er durch einen Rhythmus oder eine Gewohnheit Kontinuität gewinnt.

Damit begegne ich nicht nur der Gefahr der Verflüchtigung meiner Gottesbeziehung, sondern auch der Gefahr, daß sie mich überfordert. Überfordert werde ich von einer Beziehung dann, wenn sie keine vertrauten und bewährten Umgangsformen hat. Weil ich dann ständig etwas Neues suche, von einer Form zur anderen springe und alles ausprobieren möchte, verausgabe ich mich in kreativer Überreizung. Wenn ich ständig neu nach geeigneten Umgangsformen suche und meine Beziehung zu Gott dauernd umpflüge, kann nichts wachsen. Eine Hyperaktivität in der Beziehung ist genauso schädlich wie ein Zuwenig an Disziplin und Ausdauer. Wer nämlich ständig das Wie und Wann des Zusammenseins umkrempelt, verschleißt seine Kräfte und stellt die Begegnung aus.

> Die Beziehung zu Gott, unserem ewigen Du, steht am Ursprung unseres Lebens. Im Austausch mit ihm, der uns immer und überall gegenwärtig bleibt, kann unser Leben sich voll entfalten. Gott selbst nimmt die Initiative zu diesem Austausch und läßt den Gesprächsfaden nie abreißen. Wenn wir uns für Gott öffnen, bringt uns der Dialog mit ihm auf den Weg zu intensivem, geglücktem Leben. Dieser Prozeß wird von Gott als unserem Lehrmeister begleitet und kann in Momenten völliger Übereinstimmung das Ziel bereits sichtbar machen: unsere Verwandlung in Liebe. Dazu bedarf es jedoch einer authentischen, ehrlichen Formgebung des Dialogs und ist vonnöten, daß er auf Stabilität und Dauer angelegt ist.

Aufgrund dieser Gedanken werden nun zwei weitere Fragen aufgeworfen: 1. Welche Sprache eignet sich für unseren Dialog mit Gott? und 2. Welches mystagogische Modell eignet sich für den Umgang mit ihm?

Wir wollen diese beide Fragen anhand der schlichten Dialogform des Betens und der komplexen Dialogform liturgischer Feiern beantworten.

Beten als Antistruktur zu herrschaftlich aneignendem Sprechen

„Um den Ort zu bezeichnen, aus dem das Gebet hervorgeht, spricht die Schrift zuweilen von der Seele oder dem Geist, am häufigsten aber – mehr als tausendmal – vom Herzen... Das Herz ist das Zuhause, in dem ich bin und in dem ich wohne (in semitischer oder biblischer Sprechweise: wo ich ‚absteige‘). Es ist unsere verborgene Mitte, die weder unsere Vernunft noch andere Menschen erfassen können. Einzig der Geist Gottes kann es ergründen und erkennen... Es ist der Ort der Begegnung, da wir nach dem Bilde Gottes in Beziehung leben. Das Herz ist der Ort des Bundes" (Katechismus § 2562-3). Mit anderen

---

Marginalien:

Disziplin meinen also in diesem ganzen Bereich nicht Selbstzweck, sondern Motivstütze, um auch in sogenannten lauen oder lauten Zeiten das Beten nicht dem Belieben oder situationsabhängiger Stimmung zu überlassen.
Karrer, 119.

Man suchet Gott nicht stets, man muß ihn ja auch finden; / Wer noch am Suchen ist, der läuft und wirket viel, / Wer ihn gefunden hat, genießet und ist still.
Tersteegen.

Das Gebet ist:
„Umgang mit Gott."
Clemens von Alexandrien, strom. VII, 39,6.
„Sprechen mit Gott."
Augustinus, In Ps. 85,7.
„Erhebung des Geistes zu Gott."
Johannes von Damaskus, fid. orth. III,24.

Keiner hat Gott je gesehen, niemand weiß seinen Namen. Er ist nicht zu benennen und nicht zu beschreiben. Aber als Gott den Menschen schuf, hat er ihm ein Brautgemach bereitet, daß der Mensch ihm darin begegnen und seine Stimme hören könne. Dieser geheime Ort ist das Herz. Jedesmal, wenn der Mensch da hineingeht, um Gott an seinem Wohnort zu verehren, heißt eine solche Begegnung Gebet.

Goettmann, 9.

Worten: Beten geht tiefer als das Oberflächenbewußtsein, Beten ist ein Abtauchen in den Wurzelbereich der Existenz, dahin, wo der Mensch eins ist mit sich selbst, dahin, wo er sich ganz einsammeln kann, dahin, wo er mit seinem ganzen Wesen ‚Du' sagen kann. Hier kann er sich selbst und Gott empfangen, aber nicht ergreifen oder besitzen.

Alphonse und Rachel Goettmann verstehen unter dem ‚Kämmerlein' in Mt 6,6 diesen Ort, das Herz des Menschen, und übersetzen deshalb so: „Du aber, wenn du betest, geh hinein in die Krypta deines Herzens." (Goettmann, 37). Ähnlich sagt es auch Starez Theophan der Einsiedler († 1894): „Wendet euch dem Herrn zu, indem ihr eure geistige Aufmerksamkeit tief ins Herz hinabzieht, und ruft ihn so an. Habt ihr den Verstand fest ins Herz hineingeschlossen, verharrt in Furcht, in Verehrung und Hingabe vor dem Herrn." (Theophan, 26).

Weil der Mensch in der Kammer seines Herzens die Trennung zwischen Bewußtem und Unbewußtem, zwischen der eigenen Existenz und der Existenz der Dinge nicht mehr vollziehen kann, weil er von hier aus nicht mehr ‚machen' und manipulieren kann, weil er Loslassen muß, um hier eintreten zu können, bedarf es zum Beten einer echten Schwellenüberschreitung: dem Freiwerden von Macht und Manipulation. Es gibt zahlreiche Hindernisse, die sich dabei in den Weg stellen, vor allem die zahlreichen Zerstreuungen, die uns deutlich machen, woran wir hängen und uns festhalten. Zwar werden sich immer wieder Gedanken und Erinnerungen, Wünsche und ungelöste Fragen einstellen und unsere Aufmerksamkeit auf sich ziehen, doch sollen wir sie, sobald sie uns bewußt werden, wieder loslassen und ruhig zur Gegenwart Gottes zurückkehren. Es bringt wenig, sich auf einen Kampf gegen diese Gedanken einzulassen oder sich darüber zu grämen, denn dann würden wir weiterhin unfruchtbar mit allem Möglichen beschäftigt sein und würden nicht frei für Gott. Nur was sich immer wieder meldet, was nicht einfach verschwindet, sollte vor Gott und mit ihm angeschaut werden, damit es verarbeitet werden kann und ich daran reife. Dafür gilt: alles darf zunächst dasein und soll in die Beziehung hineingenommen werden.

Im Gebet geht es um einen Zugang zur Wirklichkeit, der sich sein Gegenüber nicht herrschaftlich aneignen, besitzen oder (analytisch) zerlegen will, sondern ihm ehrfürchtig und achtsam begegnet und offen und frei ist für das, was es von sich her – etwa über die komplexen Zusammenhänge der Schöpfung – mitzuteilen hat. Grundbedingung für eine solche Haltung und eine solche (wahrhaft neue und erneuernde) Erkenntnis sind die Wahrnehmung der verborgenen Präsenz Gottes in allem Lebendigen sowie die umfassende Aufmerksamkeit eines ‚hörenden Herzens' (1 Kön 3,9; Ps 51,12f), die sich Neues sagen und neue Wege führen läßt.

Mann, 121.

Wenn unser Herz wachsam ist, wird es sich der Widerstände bewußt, die aus unserem egozentrischen Bewußtsein kommen und ebenso aus der Schwerfälligkeit unserer Psyche, die sich am Gewohnten orientieren will. Wegen solcher Schwierigkeiten beim Beten widmet der Katechismus der „demütigen Wachsamkeit des Herzens" eine eigene Abhandlung (§§ 2729-2733). Das wachsame Herz ist ein offenes und empfängliches Herz, es wartet geduldig, bis Gott selbst etwas von sich ‚hören' läßt, es kann immer und überall von Gottes verborgener Gegenwart berührt und empor gehoben werden.

Beten meint: das eigene Herz in der Berührung mit Gott klingen zu lassen, sei es nun, daß Menschen dies allein tun, indem sie die Tür hinter sich zumachen (Mt 6,6) oder daß sie es in Gemeinschaft tun wie schon in der jungen Kirche (Apg 1,14). Der Klang des Herzens ist weiter, schillernder, höher und tiefer als die Sprache des Ich-Bewußtseins. Nur diese ich-bewußte Sprache können wir kennen und beherrschen. Die Sprache des Herzens kennen und beherrschen wir nicht. Sie erklingt, wenn Gott uns in Liebe berührt. Beten ist daher eine Antistruktur zu allem herrschaftlich aneignenden Sprechen.

Liturgie als mystagogisches Umformungsmodell

Im Westen ist die Bezeichnung Liturgie für den offiziellen, gesamtkirchlich geordneten Gottesdienst der Kirche erst im 16. Jahrhundert gebräuchlich geworden. Das aus dem Griechischen kommende Wort *leiturgia* ist zusammengesetzt aus dem Substantiv *ergon* (= Werk) und dem Adjektiv *leitos* (= zum Volk gehörig), abgeleitet von *laós* (= Volk). Es bedeutet ursprünglich sowohl Werk des Volkes als auch Werk für das Volk, Dienst am Volk. Auf den Gottesdienst der Kirche bezogen: Subjekt der Liturgie ist Christus (minister principalis), der sein Priesteramt durch die Kirche ausübt. Sie ist Subjekt in dem Sinn, daß Liturgie nicht nur Werk (der in der Person Christi, des Hauptes, und im Namen der Gläubigen handelnden Amtsträger) für das Volk, sondern auch Werk des Volkes ist, der Glieder des Leibes Christi, die an seinem Priestertum teilhaben.

Maas-Ewerd, 799.

Kirche wird immer nur durch ‚Mystagogie'. Dem Sinn der zu Grunde liegenden griechischen Wörter entsprechend, ist Mystagogie das Einführen (agein) des Menschen in ein Geheimnis (mysterion). Gemeint ist dabei nicht so sehr das Mysterium Gottes in sich, sondern das Leben des Menschen, das am Geheimnis Gottes insofern teilhat, als jede Lebensgeschichte stets Gottes reuelose Liebesgeschichte mit diesem Menschen ist.

Zulehner, 165.

„Liturgie ist Dialog und Lebensaustausch zwischen Gott und Mensch" (Maas-Ewerd, 798) und zwar nicht privat, hinter verschlossenen Türen, sondern öffentlich, zugänglich für das ganze Volk Gottes. Das ist jedoch nur möglich, wenn der Mensch zum ‚gemeinen Menschen' (mittelhochdeutsch für zusammengehörig, gemeinschaftlich) wird, zum Glied des einen Leibes Christi.

Die Liturgie ist mystagogisches Umformungsmodell für dieses Geschehen, das heißt: Sie führt den Menschen ein in das Geheimnis des Dialogs der Glieder mit dem Haupt und der Glieder untereinander. Sie tut das nicht nur mit rationalen Mitteln über den Verstand und auch nicht nur mit emotionalen Mitteln über das Gefühl, auch tut sie das nicht so, als wäre der Mensch völlig ahnungslos und wüßte nicht, worum es geht. Die Liturgie öffnet vielmehr einen über die rationale und emotionale Begrenztheit hinausgehenden Kommunikationsraum, in dem der Geist und alle Sinne, die Seele und der Leib in Austausch treten mit Gott. Mystagogisch meint, „Menschen vor jenes Geheimnis zu führen, das ihr Leben im Grunde immer schon ist: Das Geheimnis der Geschichte Gottes mit jeder und jedem einzelnen" (Zulehner, 188). In der liturgischen Feier wird dieses Geheimnis aktualisiert, damit die Liebesgeschichte Gottes mit uns in der *communio* mit Gott und untereinander sichtbar wird. So wird der Mensch immer mehr zum ‚gemeinen' Menschen umgeformt, denn der Geist Gottes ist Geist der Gemeinschaft mit Gott und den Mitmenschen. „Die Frucht des Geistes in der Liturgie ist zugleich Gemeinschaft mit der heiligsten Dreifaltigkeit und brüderliche Gemeinschaft" (Katechismus § 1108).

In der Liturgie vereint der Heilige Geist die Gläubigen mit Christus, „damit sie seinen Leib bilden" (Katechismus § 1108). „Die liturgische Versammlung bildet eine Einheit kraft der ‚Gemeinschaft des Heiligen Geistes', der die Kinder Gottes im einzigen Leib Christi versammelt. Sie geht über die menschlichen, nationalen, kulturellen und gesellschaftlichen Bindungen hinaus" (Katechismus § 1097). Anders gesagt: Die Liturgie ist das Modell der Liebeseinheit aller Gläubigen in Christus. In ihr werden die vielen Glieder zu einem Leib zusammengefügt. In ihr wird der Dialog der vielen Gläubigen zum Dialog des einen Gottesvolkes gebündelt. Und das bedeutet: In der Liturgie steht das Heil aller Glieder des Leibes Christi im Mittelpunkt. (Vgl. LG 7 und SC 10).

Nicht in der Privatsphäre, sondern „in der Liturgie... vollzieht sich das Werk unserer Erlösung, und so trägt sie in höchstem Maße dazu bei, daß das Leben der Gläubigen Ausdruck und Offenbarung des Mysteriums Christi und des eigentlichen Wesens der wahren Kirche wird" (SC 2).

In der Liturgie verfügt weder Gott über den Menschen noch der Mensch über Gott, sondern beide fügen sich in einen ihr ganzes Leben umfassenden Austausch. Weil dies öffentlich geschieht, hat der ganze Leib Christi Anteil daran.

Liturgie ist entprivatisierter, öffentlicher Austausch des Gottesvolkes mit Gott. In bewährten Komplexen von Gebeten, Gesten, Symbolen, Texten aus Schrift und Überlieferung und rituellen Handlungen wird die Gottesbegegnung ‚gemein'. Liturgie ist in diesem Sinne Umformungsmodell für jeden Gläubigen, der an ihr teilnimmt: Ohne daß man Mystiker sein muß, wird man in den Dialog mit Gott hineingetragen, ja darf diesen Dialog auch selbst mittragen.

Das Beten des einzelnen kann für sich allein nicht am Leben bleiben. Es braucht das helfende Zeugnis der Brüder und Schwestern, der Gruppe, der Gemeinde. Hier weiß sich einer vom anderen getragen und zugleich für das Ganze verantwortlich. Im gemeinsamen Beten helfen die Glaubenden sich gegenseitig durch Texte, Musik, Stille, Gestus... Selbstverständlich bleibt das persönliche Beten des einzelnen unverzichtbar und auch entscheidend. Aber das persönliche Beten des einzelnen wäre sehr arm und angestrengt ohne die Kraft, die es immer wieder aus dem Glaubenszeugnis der Gemeinschaft bezieht.

Exeler, 847.

Beides ist wichtig: der persönliche, individuelle Dialog mit Gott, ohne den die Gottesbeziehung nicht authentisch sein kann und der Mensch sich nicht ganzheitlich investieren kann, und der gemeinschaftliche, ritualisierte Dialog mit Gott, ohne den die Gottesbeziehung nicht empfangen und in Sprache vermittelt werden kann. „Mein je eigenes persönliches Beten lebt von der Tradition und deren Lerngeschichte und Ausdrucksfülle, auch von Fehlern krankmachender Strömungen, von der Gebetsgeschichte und der Fülle der spirituellen Ausdrucksformen. Ohne diese Geschichte mit ihrem Reichtum an Ausdrucksformen ständen Christen heute ausdrucks-los und sprach-los da. Es hätte sich ihnen die Sprache nicht geschenkt, in der der Glaube seinen Ausdruck findet und das Beten mitteilbar wird. Auch hier gibt es für den einzelnen keinen Beginn am Nullpunkt, sondern das Eintreten in einen Strom von Gebetstraditionen, indem ich meinen eigenen Weg gehe und gerade darin aber auch Gebetssolidarität nicht nur empfange, sondern auch mittrage. Dann trägt man selber, wovon man getragen wird" (Karrer, 134-5).

☞   Im Dialog mit Gott bleiben Menschen nicht dieselben, die sie waren. Mit Gott finden Menschen ihren Weg, sie richten sich auf und werden gesund, sie entdecken ihre Würde, fühlen sich angenommen und können sich auch selbst annehmen. Im Dialog mit Gott werden Menschen auf befreiende Weise dazu umgeformt, sich selbst in Mitmenschlichkeit zu engagieren und ihren Besitz mit den Armen zu teilen.

Wir unterscheiden hier zwischen der persönlich-individuellen Form des Dialogs mit Gott (Kapitel 1) und der öffentlich-gemeinschaftlichen Form dieses Dialogs (Kapitel 2). Beide Formen werden dann gemeinsam in ihre Mitte geführt, nämlich dahin, wo christliches Handeln im Alltag geboren wird, und an ihren Horizont, das heißt dahin, wo sich die Perspektive der Kontemplation auftut (Kapitel 3).

Insgesamt wird der Dialog mit Gott auch *Gebet* genannt. Die öffentlich-gemeinschaftliche Form des Dialogs wird oftmals auch *Liturgie* genannt. Grundsätzlich sprechen wir hier aber von *Dialog*, weil dieser Ausdruck die Kommunikation zwischen Gott und Mensch von der Spiritualität her am einsichtigsten macht.

Das geistliche Leben deckt sich nicht schlechthin mit der Teilnahme an der heiligen Liturgie. Der Christ ist zwar berufen, in Gemeinschaft zu beten, doch muß er auch in sein Kämmerlein gehen und den Vater im Verborgenen anbeten (vgl. Mt 6,6), ja ohne Unterlaß beten, wie der Apostel mahnt (vgl. Thess 5,17).

SC 12.

Man darf nicht meinen, die hier genannten Formen wären unveränderlich durch die Tradition vorgegeben: alle Formen sind geschichtlich gewachsen und ständig gilt es, sie zeitgemäß weiterzuentwickeln. Auch das ist Ziel unseres Nachdenkens: Wir wollen sehen, welche Zugänge zum Dialog mit Gott uns heute offenstehen und wo sich uns vielleicht neue Türen auftun.

1. Der Dialog des Einzelnen

Das Leben des Menschen vollzieht sich in einem beständigen Gespräch. Durch alles, was ihm geschieht – ebenso auch durch die Regung seines eigenen Lebens, redet Gott zu ihm. Die gläubige Haltung kann man geradezu so ausdrücken, daß er lernt, dieses Gespräch zu führen. Daß er alles, was an ihn kommt, und was er tut, in dieses Gespräch hineinträgt; es von Gott her versteht und auf Gott hin verwirklicht.

Guardini, 1987, 153.

„Der Herr führt alle Menschen auf den Wegen und auf die Weise, die ihm gefallen. Jeder Gläubige antwortet ihm nach dem Entschluß seines Herzens und mit den persönlichen Ausdrucksformen seines Betens." (Katechismus § 2699). Unmißverständlich geht der Katechismus von den vielen verschiedenen Wegen aus, auf denen Gott die Menschen zu sich führen will, und von den vielen verschiedenen Formen, in denen Menschen darauf antworten. Jeder Mensch ist einzigartig und menschliches Leben soll nach Gottes Plan nicht stereotyp verlaufen. Darum hat es Gott gefallen, die Menschen auf vielen verschiedenen Weisen zu sich zu rufen, ja jeden auf ganz persönliche Weise anzusprechen. Das heißt aber auch, daß er von jedem Menschen eine persönliche Antwort erwartet, keine nachgeredete Antwort, die ich von anderen übernehmen könnte, sondern eine Antwort, die nur ich geben kann, mit meinem Leben und allem, was zu mir gehört.

Der persönliche Ruf

Christus macht „dem Menschen sein eigenes Wesen voll kund und erschließt ihm seine höchste Berufung" (GS 22,1).

Katechismus § 1710.

„Gott ruft jeden Menschen und den ganzen Menschen bis in die Tiefe seines ihm bewußtseinsmäßig nicht mehr zugänglichen Daseins an" (Karrer, 125). Jeder einzelne wird von Gott in seiner unverwechselbaren Einzigartigkeit ernst genommen und wertgeschätzt. Gott will ja, „daß alle Menschen gerettet werden und zur Erkenntnis der Wahrheit gelangen" (1 Tim 2,4). So ruft er jeden einzelnen in seiner Sprache, er ruft ihn in den Ereignissen seines konkreten Lebens durch die Menschen, mit denen er zu tun hat, er ruft ihn in seinen Krisen und seinen Erfolgen, durch seine persönlichen Talente ebenso wie durch seine persönlichen Fehler und Mängel. „Alle Menschen sind berufen, in das Reich einzutreten" (Katechismus § 543) und „Gott ist einer, der dem Menschen begegnet, der ihn auf einen Weg stellt oder bringt, der ihm einen Weg eröffnet oder erschließt, der nicht in Distanz zum Menschen und seinem Weg verharrt, sondern ihm dabei nahebleibt und den Weg mitzieht" (Schütz, *Weg*, 1415).

„Als ich noch ganz klein war, wurde ich ganz besonders von den Zigeunern angezogen. Ich rannte zu ihnen, während die anderen sie nicht beachteten... Diese Liebe wuchs mit zunehmendem Alter und in dem Maße, als ich begriff, mit welcher Ungerechtigkeit und Verachtung die Kleinen und Armen oft behandelt wurden... Ich sehe heute sehr deutlich, daß Gott mich seit frühester Kindheit vorbereitet hat. Er hat mich zu sich gerufen, seitdem ich anfing zu denken, indem er gleichzeitig die Liebe zu Afrika und die Liebe zu den Kleinsten und Ärmsten und Verlassensten in mich gelegt hatte..."
(Zwanzig Jahre lang mußte Magdeleine de Jésus, die Gründerin der Kleinen Schwestern Jesu, darauf warten, ihre Berufung in die Tat umzusetzen,) „... vier Jahre wegen des Krieges von 1914, bei dem wir einen großen Teil der Familie verloren haben... zehn Jahre wegen einer tuberkulösen Rippenfellentzündung, die mich

Der Ruf Gottes schöpft aus dem Vokabular des ganzen Lebens und formuliert sich in der Syntax des ganzen Lebens. Es braucht kein außergewöhnliches Berufungserlebnis zu sein, mit dem Gott einem Menschen seinen Weg weist. Meistens geschieht das eher verhalten, durch wenig spektakuläre Signale, manchmal aber auch wie bei Jona unmißverständlich durch Gottes unumgängliches Eingreifen. Eigentlich erklingt Gottes Ruf immer und in jeder Situation und nicht nur dann, wenn der Mensch etwas ‚hört'.

Gottes Ruf ergeht an jede(n) persönlich, auch wenn er oder sie zum Segen für die ganze Gemeinschaft gerufen wird. Immer und überall stellt Gott die Frage: „Wen soll ich senden?" (Jes 6,8). Und immer und überall hofft er auf ein offenes Herz: „Hier bin ich, sende mich!" (Jes 6,8).

Gottes Ruf überfordert niemanden, weil Gott mit jedem Menschen mitgeht und ihn auf seinem Weg stärkt und wachsen läßt: „Wohin ich dich auch sende, dahin sollst du gehen, und was ich dir auftrage, das sollst du verkünden. Fürchte dich nicht vor ihnen; denn ich bin mit dir, um dich zu retten." (Jer 1,7-8).

Keiner braucht besondere Leistungen zu erbringen oder komplizierte

sehr geschwächt zurückließ – sechs weitere Jahre wegen meiner alten Mutter, die allein geblieben war und die ich nach diesen schrecklichen Prüfungen nicht verlassen konnte, denn ich war ihr einziger Halt..."
Schließlich wird die Krankheit zum auslösenden Moment ihres Aufbruchs. Ihr Arzt rät, wegen einer Arthritis mit Kalkmangel und Muskelschwund in den Schultern, möglichst schnell in ein trockenes Klima zu wechseln, „in ein Land, in dem niemals auch nur ein einziger Tropfen Wasser fällt..., wie..." – „in der Sahara", unterbrach sie ihn heftig. Ihr geistlicher Begleiter sieht darin das lang erwartete Zeichen für ihre Berufung.

Daiker, 90-91.

Ich sage es nochmals: allein mit Gebet und Betrachtung könnt ihr euer Fundament nicht legen. Wenn ihr nicht nach Tugenden trachtet und euch nicht tätig darin übt, werdet ihr immer Zwerge bleiben. Ja, Gott gebe, daß dann das Wachsen nimmer stockt; denn ihr wißt doch: Wer nicht wächst, schrumpft ein. Ich halte es für unmöglich, daß die Liebe sich damit begnügt, ständig auf der Stelle zu treten.

Teresa von Avila, M 7,4.

Beten und christliches Leben lassen sich nicht trennen. Denn es handelt sich hier um dieselbe Liebe und denselben Verzicht, der aus der Liebe hervorgeht; um dieselbe kindliche und liebende Gleichförmigkeit mit dem liebenden Ratschluß des Vaters; um dieselbe verwandelnde Vereinigung im Heiligen Geist, die uns Christus Jesus immer mehr gleichgestaltet und um dieselbe Liebe zu allen Menschen, mit der Jesus uns geliebt hat. „Dann wird euch der Vater alles geben, um was ihr in meinem Namen bittet. Dies trage ich euch auf: Liebt einander" (Joh 15,16-17).

Katechismus § 2745.

Übungen zu verrichten, damit Gott ihn ruft. Gott stellt keine Bedingungen, er hilft uns, „ihn zu suchen, ihn zu erkennen und ihn mit allen Kräften zu lieben" (Katechismus § 1). Er ist „dem Menschen jederzeit und überall nahe" (Katechismus § 1).

Ein wachsames Herz genügt, um Gottes Ruf wahrzunehmen. Gespräche und Gebete können die Wachsamkeit des Herzens fördern: „Gottes Ruf findet, wer auf den Willen Gottes im Alltag achtet, mit seinem Wort lebt, die anderen und sich wahrnimmt, das Gespräch mit dem Herrn und mit Menschen sucht, die geistlich raten und begleiten können" (Hemmerle, 1069).

Die wichtigste Orientierungshilfe für das wachsame Herz ist der Blick auf Christus, das sichtbar gewordene Antlitz Gottes, sein hörbar gewordenes Wort. Durch ihn ruft Gott uns Menschen und um ihn sammelt er uns: „Christus ist die Mitte, um die die Menschen zur ‚Familie Gottes' gesammelt werden. Er ruft sie zu sich durch sein Wort, durch seine Zeichen, die das Reich Gottes bekunden, und durch die Sendung seiner Jünger" (Katechismus § 542).

Die persönliche Antwort

Der Mensch antwortet Gott mit seinem ganzen Leben, mit allem, was er tut, und allem, was er nicht tut. Das konkrete Leben ist die eigentliche und umfassende Antwort des Menschen auf den Ruf Gottes; darin kommt zum Ausdruck, was einer wirklich wichtig meint, welche Entscheidungen einer trifft, welche Haltung einer einnimmt.

Gebete als ausdrückliches, bewußtes Sprechen mit Gott müssen sich hieran messen lassen. „Vergiß nie, daß Gebet für sich allein nicht vollkommen ist, sondern gemeinsam mit allen Tugenden, welche gleichsam Organe der Seele sind, die unseren inneren Organismus ausmachen. Erst wenn sie bis zu einem gewissen Grade entwickelt sind, vermögen wir, im Geiste zu leben. In dem Maße, als du sie erwirbst, vervollkommnet sich auch dein Gebet" (Selawry, 111). Unsere Tugenden, das heißt unser gottgemäßes Handeln, ist das leibliche Sprachorgan, mit dem wir Gottes Ruf beantworten. „Rechtes Beten treibt uns nach dem Neuen Testament zum Handeln." (Cullmann, 159). Beten ist daher die Innenseite einer „umfassenden Lebenshaltung", oder des „Lebensdialog(s)" mit Gott (vgl. Plattig, 300) und im Grunde keine gesonderte Angelegenheit. Das „Gebet darf nicht als eine im innersten Kern zusätzliche und gesonderte Angelegenheit aufgefaßt werden, die wir ‚auch' neben vielen anderen zu tun haben. Es muß verstanden werden als Ausdruck und Vollzug des einen Ganzen unserer Existenz, auch wenn ausdrückliches Gebet nur einen kleinen Teil unserer Zeit in Anspruch nehmen kann" (Rahner, 1972, 95).

In diesem Kapitel geht es uns um ausdrückliches Gebet; es ist wichtig, dies zunächst gesondert zu betrachten, denn wir bedürfen der ausdrücklichen Gebetszeiten, in denen wir in unser Kämmerlein gehen und den Vater im Verborgenen anbeten (vgl. Mt 6,6), doch sollen sie nicht ‚neben' unserem Alltag stehen, unseren Alltag nicht nur unterbrechen, sondern uns helfen, unseren Alltag geistlich zu leben. Ausdrückliches Gebet, ganz gleich in welcher Form, soll unsere Offenheit im Alltag für Gott, unser unablässiges Beten, unseren Wandel in der Gegenwart Gottes, unterstützen. „Die Relation Gebet – Leben bezieht sich nicht nur auf das gegenwärtige und momentan gelebte Leben, sondern auch auf die Vergangenheit, auf das gelebte Leben, und auf die Zukunft, auf das entworfene und angezielte Leben. Dabei kommt dem Gebet auf die Vergangenheit bezogen integrierende und auf die Zukunft bezogen verändernde Kraft zu. Beten wird zum lebensbeeinflussenden und lebensverändernden Prozeß im Rahmen der im Gebet immer wieder erinnerten und gestalteten Gottesbeziehung" (Plattig, 304).

„Bei jeder Gelegenheit' (1 Thess 5,18) soll gebetet werden, schreibt der Apostel an die Thessalonicher, und die Philipper sollen ,in allen Dingen' (Phil 4,6) auch ihre Sorgen vor Gott bringen... Das Verharren im Gebet ist besonders nötig, wenn wir in große Not geraten" (Cullmann, 158). Der Dialog mit Gott bleibt nämlich auch dann noch lebensverändernd, wenn die äußeren Umstände ein konkretes Handeln unmöglich machen, denn das Gespräch mit Gott stärkt uns innerlich und macht uns Mut – auch in ausweglosen Situationen (vgl. Apg 27,21-25).

Nicht immer ist dem Menschen klar, wozu Gott ihn ruft, und selbst wenn er es zu wissen glaubt, fällt es doch oft schwer, mit dem konkreten Leben eine passende Antwort zu formulieren. Viele Menschen führen ihren Dialog mit Gott in einer Art sprachlichem Halbdunkel: ab und zu fällt ein deutliches Wort, doch oft bleibt das Gespräch unverständlich, manchmal scheinen Ruf und Antwort aneinander vorbei zu gehen, und zudem können viele nicht gut bei der Sache bleiben. Das ist schade, weil das Innere des Menschen dann unter einer Staubschicht zu ersticken droht. „Im Gebet als dem ungeschützten Dasein vor Gott wird diese Staubschicht wieder aufgewirbelt und das Eigentliche meines Herzens kommt zum Vorschein. Ich komme in Berührung mit dem Grund meiner Seele" (Grün, Gebet als Begegnung, 20). Und dann kann ich offen und frei mit Gott sprechen.

Unser Dialog mit Gott braucht nicht druckreif zu sein, bei ihm dürfen wir ins Unreine sprechen, wir dürfen vor Gott eine Denkpause einlegen, wir dürfen all unsere Gefühle, Gedanken, Einwände und Widerstände vortragen, wenn wir nur offen sind und nichts ausklammern. Das Wichtigste ist daher, den Gesprächsfaden immer wieder aufzunehmen und unsere Verbundenheit mit Gott bewußt wahrzunehmen.

Zahlreiche, ganz unterschiedliche Berufungsgeschichten in der Bibel bezeugen, wie vielfältig die Weisen des Dialogs mit Gott sein können (1), daß sie der Einübung bedürfen (2) und daß es in der Kommunikation zwischen Gott und Mensch verschiedene Stufen gibt (3). Im folgenden soll besprochen werden, was eine gute Weise der Gesprächsführung ist, wie sie im Laufe der Zeit eingeübt und schließlich vertieft werden kann.

1.1 Die Weise des Betens – Meister Eckhart

Nicht jeder Mensch kann auf gleiche Weise mit Gott im Gespräch sein. Es gibt Menschen, die mit Gott verhandeln wie Abraham, der entdeckte, daß Gott sich durch Fürsprache zermürben läßt (vgl. Gen 18,23-32); andere geben Gott ihr Fiat wie Maria, die Gott zutraute, daß er kleine und schwache Menschen aufrichtet und die Mächtigen von ihrem selbstherrlichen Thron stößt (vgl. Lk 1,46-55); wieder andere sprechen indirekt mit Gott, wie Tobit und seine Schwiegertochter Sara es über den Engel Raphael taten, der ihre Gebete vor Gott trug (vgl. Tob 12,12.15). Wieder andere erfahren Gottes Nähe in der Natur wie zum Beispiel Elija, der Gott im Säuseln des Windes wahrnahm (vgl.

Gewiß darf in Anspielung auf die Erzählung vom barmherzigen Samariter gesagt werden, daß Gott ,auf der Straße von Jerusalem nach Jericho' (Sölle, Atheistisch an Gott glauben, 112) zu finden sei. Aber es darf dabei nicht vergessen werden, daß er auch im Verborgenen, im ,Kämmerlein' gegenwärtig ist, wo er, der selbst ,im Verborgenen ist' (so Mt 6,6), den im Verborgenen Betenden sieht. Der inneren Beziehung zwischen dem verborgenen und dem in der Welt offenbaren Gott entspricht es, daß menschliches Beten im ,Kämmerlein' zum Handeln ,auf der Straße' führt.

Cullmann, 165.

Das persönliche Beten gehorcht bestimmten Gesetzen... Trotzdem ist das persönliche Beten in einem besonderen Sinne frei, und die Ordnung ist dafür da, diese Freiheit zu schützen. Je echter es ist, desto weniger kann man ihm vorschreiben, wie es sich zu verhalten habe; vielmehr gestaltet es sich nach dem inneren Zustande des Menschen, nach den Verhältnissen, in denen er

steht, und den Erfahrungen, die er macht. Daher braucht ein Gebet, das zu einer bestimmten Zeit gut ist, es zu einer anderen nicht zu sein – ebensowenig, wie das Gebet des Einen für den Anderen geeignet zu sein braucht. Wenn das Gebet seine Freiheit nicht findet, wird es unsicher, eintönig und unlebendig.
Guardini, 1986, 254.

1 Kön 19,12-13); wieder andere gehen mit Gott lange Wege wie Mose, der bis zu seinem Lebensende mit Gott unterwegs war (Dtn 34,1ff.); und wiederum andere fühlen sich durch die heilige Gegenwart Gottes zum Schweigen gebracht, wie der Prophet Habakuk es forderte (vgl. Hab 2,20) usw. Die eine Weise ist dabei nicht besser oder schlechter als die andere, und wenn sie für den betreffenden Menschen paßt und richtig ist, paßt sie auch für Gott und ist in seinen Augen richtig.

Wer aufzulisten versuchte, auf welche Weise Menschen mit Gott sprechen und umgehen, käme an kein Ende, denn ständig „erweckt der Geist neue Ausdrucksweisen" (Katechismus, § 2644) im Danken, Loben, Bitten und Segnen. Und nur so bleibt der Dialog mit Gott lebendig und authentisch. In einem Fernsehintervieuw, ausgestrahlt am 16. August 1998, erläuterte der Brasilianer Paulo Cuelho den Gedanken, daß Leben Bewegung bedeutet; er tat dies mit dem Bild vom Wasser. Wenn das Wasser strömt, wenn es verdampft, verweht und irgendwo wieder als Regen herunterkommt, schenkt es Leben, wenn es dagegen stillsteht, wird es ungenießbar. So ist es auch mit unserer Gottesbeziehung: will sie lebendig sein, darf sie nicht in einem Aggregatzustand erstarren, sondern muß immer neu zum Ausdruck gebracht werden.

Heute sind wir als überzeugte Pluralisten besonders offen für die vielen verschiedenen Weisen des Umgangs mit Gott. Es hat wohl nie zuvor ein so großes Angebot an Meditationswegen und Gebetsweisen gegeben wie heute. Kaum einer kann noch überschauen, was da alles zu haben ist an alten und neuen, östlichen und westlichen Methoden der Versenkung in Gott. Wir leben in einer Zeit, die in allem, was sie tut, nicht auf *eine* Weise festgelegt sein will, ja der die Festlegung auf *eine* Weise sogar verdächtig vorkommt.

So sucht man heute nicht nur in der eigenen Tradition und Kultur, sondern nebeneinander in allen Kulturen und Traditionen nach Zeugnissen mystischer Expertise, nach MeisterInnen des geistlichen Wegs, und oft traut man den exotisch-fremden Formen und Weisen, mit Gott in Kontakt zu treten, mehr zu als den heimisch überlieferten, die abgenutzt und langweilig erscheinen. Ein großes Arsenal persönlicher Gebetswege wird uns heute in Kursen und Veröffentlichungen präsentiert und jede(r) kann sich da etwas nach eigenem Geschmack heraussuchen.

So sehr der Markt der Möglichkeiten damit die einzelnen Formen und Weisen des Betens und Meditierens relativiert, keine mehr als allein seligmachend bevorzugt und so schnell auch keine als unzureichend ablehnt, so wenig trägt er allerdings dazu bei, daß der einzelne Mensch tatsächlich ‚seine' Weise findet. Mit anderen Worten: die Fülle der Formen und Wege überschwemmt uns mit vielen neuen Reizen und Weisheiten, ohne den einzelnen über *eine* Weise, die wirklich zu ihm paßt, in die Tiefe zu führen. Das heißt: wir genießen zwar den erfrischenden Tau, doch das Wasser bekommt keine Gelegenheit, in unser Erdreich zu dringen. Wir probieren aus, aber können bei keinem Weg bleiben – er erscheint uns bald wieder schal und Neues wirkt verlockender.

Nicht die Anzahl der Gebete ist wichtig, sondern ihre Qualität.
Evagrius Ponticus, 124.

Weil vielen Menschen der Weg in die Tiefe verschlossen bleibt, suchen sie Gott in der Breite. Sie haben den Eindruck, daß *eine* Weise für sich genommen unmöglich genügen kann, daß man ohne neue Weisen und Formen nicht zu Gott gelangen kann, ja, daß man für sein Seelenheil öfters mal was Neues oder auch mal was Anderes braucht, daß man sich mit einem Kurs, einem Buch, einer CD immer wieder neue spirituelle Impulse verschaffen muß. Diesem Bedürfnis entgegenkommend werden viele Gebetsformen und Meditationsweisen so präpariert, daß sie gut mit anderen Formen und Weisen kombinierbar sind. Propagiert wird eine individuelle Zusammenstellung verschiedener Praktiken und der häufige Wechsel der Methoden, damit man nichts versäumt und alles wirklich auch selbst einmal probiert hat. So baut sich jeder aus vielen Formen und Weisen ein ‚vieladriges Kommunikationskabel' zu Gott, wobei nebeneinander auf verschiedenen Strängen Kontakt zu Gott gesucht wird. Meistens funktioniert dies aber auch nicht besser als eine der überlieferten Gebetsweisen für sich genommen.

In der christlichen Tradition gibt es verschiedenste Gebetsformen, die jeweils der Einübung bedürfen, damit sie zur Dialogform für den Menschen werden können und vor allem auch in schwierigen Zeiten tragfähig bleiben. Hier gilt es einerseits seine je eigene Form zu finden, andererseits aber nicht ständig von einer Form zur anderen zu wechseln, wenn sie etwa nach einiger Zeit auch einmal schwierig und anstrengend wird. Dies zu unterscheiden und damit umzugehen, bedarf es der Sensibilität für das eigene Erleben und des Dialogs mit einem geistlichen Begleiter.
Plattig, in: Hense, Im Spiegel der Seele, 194.

Schon Meister Eckhart († 1328) warnte seine Zeitgenossen vor der Unverbindlichkeit einer solchen Praxis, die mit einem flüchtigen Ausprobieren alles zu erfassen meint und doch nichts wirklich tut. Wenn man alles möchte, muß man sich ganz für eins entscheiden und dabei bleiben, ist deshalb sein Rat. Durch viele Methoden und Gebetsweisen wird man nicht offener und freier für Gott sondern belastet sich eher unnötig: „Der Mensch muß jeweils nur eines tun, er kann nicht alles tun. Es muß je eines sein, und in diesem Einen muß man alle Dinge ergreifen. Denn, wenn der Mensch alles tun wollte, dies und jenes, und von seiner Weise lassen und eines anderen Weise annehmen, die ihm just gerade viel besser gefiele, fürwahr, das schüfe große Unbeständigkeit... Der Mensch ergreife eine gute Weise und bleibe immer dabei und bringe in sie alle guten Weisen ein und erachte sie als von Gott empfangen und beginne nicht heute eines und morgen ein anderes und sei ohne Sorge, daß er darin je irgend etwas versäume. Denn mit Gott kann man nichts versäumen" (Eckhart, Reden der Unterweisung 22).
Wichtig ist nicht, daß ich kein spirituelles Angebot auslasse, sondern daß ich *eine* gute und bewährte Weise auswähle und sie über längere Zeit hinweg durchhalte. Das bringt mehr an Tiefe und echter Gottesbeziehung als viele Formen und Weisen nebeneinander. Habe ich *eine* Weise gefunden, die zu mir paßt, dann soll ich dabei bleiben und die anderen fahren lassen.
Genau das fällt vielen Menschen heute jedoch schwer: Wie kann ich alles gewinnen, indem ich mich auf eines beschränke? Die Antwort ist überraschend einfach: *Eines ganz* gelebt ist volles, erfülltes Leben, *vieles stückweise* gelebt ist zerrissenes, zerstreutes Leben. Obgleich jede menschliche Sprache für sich genommen geeignet ist, umfangreiche Gespräche zu führen, komme ich doch nicht weit, wenn ich von jeder Sprache nur einen Satz kenne. So ist es auch mit den Weisen des Betens: Gott versteht sie alle, aber der Mensch muß sich in der Kunst einer Weise üben, um über das erste Stammeln hinauszukommen.
Daß mir das volle, erfüllte Leben gerade entgeht, wenn ich von einem zum anderen flattere, entdecke ich vor allem auch dann, wenn ich einmal wirklich verliebt bin. Wer liebt, kann um des anderen willen Durststrecken hinnehmen, und das bedeutet ihm keine Einschränkung des Lebens, sondern Erfüllung des Lebens mit Sinn. Meine *Weise*, das soll also meine mit *Liebe* erfüllte Weise sein, die alles loslassen kann um des anderen willen.

„Im Haus meines Vaters gibt es viele Wohnungen" (Joh 14,2), sagte Jesus zu seinen Jüngern, und das mag wohl heißen: jeder darf auf seine Weise bei Gott wohnen. Doch als Thomas ihm die Frage stellte: „Wie sollen wir den Weg (dahin) kennen?" (Joh 14,5), erhielt er die

Antwort: „Ich bin der Weg und die Wahrheit und das Leben." (Joh 14,6). Mit anderen Worten: Nicht ein bestimmtes äußeres Verhalten ist wichtig, nicht irgendwelche Manieren und Praktiken helfen weiter, sondern der Blick auf Christus. "Wenn ihr mich erkannt habt" (Joh 14,7), wenn ihr erkannt habt, daß ich Liebe bin, und wenn ihr selbst den Weg der Liebe geht, werdet ihr auf eure Weise bei Gott wohnen, so dürfen wir diese Passage im Johannesevangelium wohl deuten. In der Nachfolge Christi wird der Mensch von allen übergestülpten Weisen befreit und kann über den Weg der Liebe wirklich zu Gott gelangen.

„Die Seele ist für ein so großes und hohes Gut bestimmt, daß sie drum bei keiner Weise sich beruhigen kann, und sie ist allzeit elend, bis sie über alle Weisen hinaus zu dem ewigen Gute kommt, das Gott ist, für das sie geschaffen ist. Hierzu aber ist nicht zu kommen mit Stürmigkeit, wobei sich der Mensch in großer Hartnäckigkeit darauf versteift, dies oder jenes zu tun oder zu lassen, sondern nur mit Sanftmut... . Nicht also, daß der Mensch sich in den Kopf setze: Dies willst du durchaus tun, was es auch kostet! Das ist falsch, denn darin behauptet er sein Selbst" (Eckhart, Predigt 48). So verstanden soll meine eigene Weise zu beten kein subjektivistisches Pochen auf meine individuellen Manieren und Vorlieben sein, – *meine Weise* zu beten ist vielmehr *meine Liebe* für Gott, und das heißt: Befreiung meiner Person zu sich selbst und zu Gott. Zwar muß der Liebe immer eine Form oder eine Weise gegeben werden, in der sie sich mitteilen kann, doch ist es letztlich unwichtig, wie das konkret aussieht. Wichtig ist nur, daß die jeweilige Form den Menschen nicht in einer äußeren Praxis gefangen hält, sondern für Gott öffnet.

Eckhart meint, daß der Mensch, der alle äußerlichen, übergestülpten Weisen relativieren kann, weil er zu lieben begonnen hat, „ein Gott in allen Dingen suchender und ein Gott zu aller Zeit und an allen Stätten und bei allen Leuten in allen Weisen findender Mensch werden müßte" (Eckhart, Reden der Unterweisung 22).

Wer solches erlebt, hat es nicht mehr nötig, sich selbst und seine Weise für besser zu halten als die Weise anderer Menschen. Wir können folgenden Hinweis Eckharts deshalb gut zur kritischen Selbsteinschätzung verwenden: „Und daran sollten die Leute bei sich merken, daß sie unrecht tun: wenn sie gelegentlich einen guten Menschen sehen oder von ihm sprechen hören, und er folgt dann nicht ihrer Weise, daß dann (für sie) gleich alles verloren gilt. Gefällt ihnen deren Weise nicht, so achten sie gleich auch deren gute Weise und ihre gute Gesinnung nicht. Das ist nicht recht! Man soll bei der Leute Weise mehr darauf achten, daß sie eine gute Meinung haben, und niemandes Weise verachten. Nicht kann ein jeglicher nur eine Weise haben, und nicht können alle Menschen nur eine Weise haben, noch kann ein Mensch alle Weisen noch eines jeden Weise haben" (Eckhart, Reden der Unterweisung 17). Wer die eigene Weise verabsolutiert und anderen Weisen nichts zutraut, wer also nicht innerlich weit und mild geworden ist, der hat die Tür wieder zugeschlagen, durch die Gott zu ihm eintreten wollte.

Gott liebt die vielen verschiedenen Menschen in ihrer je eigenen Art. Für ihn bedeutet Pluralismus farbenfrohe Gleichberechtigung der verschiedenen Wege. Wer auf seine Art liebt, so wie er zur Liebe berufen ist, findet keinen besseren Weg. Das hat mehr Substanz als das Plattmachen der Unterschiede, indem jedem jeder Weg offen stehen muß und jeder jede Weise der Liebe ausprobieren muß.

Heißt Pluralismus in den Weisen des Betens aber auch, daß es gar keine falschen oder schlechten Weisen des Betens gibt? Trotz seiner positiven Einstellung zu den verschiedenen Wegen läßt Eckhart hier doch einen kritischen Ton hören: „Ein jeder behalte seine gute Weise und beziehe alle (anderen) Weisen darin ein und ergreife in seiner Weise alles Gute und alle Weisen. Wechsel der Weise macht Weise und Gemüt unstet. Was dir die eine Weise zu geben vermag, das kannst du auch in der anderen erreichen, dafern sie nur gut und löblich ist und Gott allein im Auge hat" (Eckhart, Reden der Unterweisung 17).

Wer jedoch schon selbst in seinem Leben erfahren hat, daß verschiedene Gebetsweisen jeweils verschiedene Phasen seines spirituellen Weges bestimmten und einander in einer gesunden Weise ablösten, der mag ahnen und spüren, daß es Phasen des geistlichen Prozesses gibt, für die sich bestimmte Gebetsweisen besser eignen als andere. Deshalb kommt es entscheidend darauf an, in der persönlichen Gebetsweise beweglich zu bleiben und immer neu auf den inneren Meister zu lauschen, der uns weiterführen will.

Johne, 20-21.

Der letzte Nebensatz ist wichtiges Kriterium dafür, ob eine Weise gut ist oder nicht. Was ist damit gemeint, daß eine gute Weise Gott allein im Auge haben soll? Offensichtlich gibt es auch falsche oder schlechte Weisen des Betens, bei denen der Mensch zu sehr in den Mittelpunkt rückt. Das ist zum Beispiel dann der Fall, wenn der Mensch sich selbst so gern reden hört, daß er gar nicht merkt, daß Gott keine Gelegenheit bekommt zu antworten. Ein Gleiches gilt, wenn mir eine bislang praktizierte Weise nicht mehr entspricht und sie mich auf mich selbst fixiert und nicht weiterkommen läßt. Oder wenn es einem in der Meditation mehr um neue aufregende leiblich-seelische Erfahrungen geht als um die Verbundenheit mit Gott. Oder wenn der Kick eines teuren exotischen Kurses in den Vordergrund rückt, und der Meditationsmeister oder geistliche Begleiter wichtiger wird als Gott. Das hat dann nichts mehr mit Liebe zu tun, sondern ist nur ein Kreisen um sich selbst. Eckhart wußte, wie leicht der Mensch sich durch äußeres frommes Gehabe hier selbst etwas vormacht: „Nun wähnen manche Leute, sie seien gar heilig und gar vollkommen, gehen mit großen Dingen und großen Worten um, und doch streben und begehren sie nach so vielem und wollen auch vieles besitzen, und sie schauen so viel auf sich und auf dies und das und meinen, sie strebten nach innerer Sammlung, können aber nicht ein Wort unerwidert hinnehmen. Des seid wahrlich gewiß, daß sie Gott fern und außerhalb jener Einung sind" (Eckhart, Predigt 46).

> Eine gute Weise erkennt man daran, daß Gott im Zentrum der Aufmerksamkeit bleibt, daß der Mensch für Gott geöffnet wird, so daß er wirklich mit ihm in Kontakt kommen kann.

Die vielfältigen, unterschiedlichen Weisen des Betens haben dieses gemeinsame Ziel: sie wollen alle zu Gott führen. Und deshalb müssen sie sich auch gegenseitig akzeptieren können und miteinander in Einklang zu bringen sein. Denn „ein Gutes ist nicht wider das andere" (Eckhart, Reden der Unterweisung 22), sondern sie fördern und unterstützen sich gegenseitig. „Erweist sich's aber, daß es sich nicht vertragen will, so daß eines das andere nicht zuläßt, so sei dir dies ein gewisses Zeichen, daß es nicht von Gott herrührt... Wenn ein Gutes ein anderes oder gar ein geringeres Gutes nicht zuläßt oder (gar) zerstört, daß es nicht von Gott herrührt. Es sollte (etwas) einbringen und nicht zerstören" (Eckhart, Reden der Unterweisung 22).

Was soll ich nun Gott sagen? Ich soll ihm alles sagen, was in mir auftaucht. Ich soll mein Leben zur Sprache bringen, so wie es konkret ist. Ich kann Gott

Mehr läßt sich an Gemeinsamem nicht sagen, denn je nach Kultur, persönlicher Situation, geschichtlich-politischen Umständen usw. gibt es zwischen den vielen guten Weisen des Betens so viele Unterschiede und Variationen, daß sie nicht aufzulisten wären. Festzuhalten gilt für

von Begegnungen mit Menschen erzählen, von dem, was mich gerade beschäftigt, von Ärger und Enttäuschung, von Freuden und schönen Erlebnissen, von Ängsten und Sorgen und von meiner Hoffnung. Das Gebet muß nicht fromm sein, es soll nur ehrlich sein, es soll wirklich mein Leben vor Gott ausbreiten. ... Das Gebet geht immer anders aus, als ich es mir erwartet habe. Es zwingt mich in die Wahrheit. Ich kann Gott nichts vormachen. Ich muß ihm sagen, wie es wirklich mit mir steht. Es genügt nicht, ihm alles Mögliche zu erzählen. Nur dann wird mich mein Gebet befreien. Denn die Wahrheit allein wird uns frei machen.

Grün, Gebet als Begegnung, 18-19.

die christliche Spiritualität, daß beim Beten Körperhaltung, Atem, Schweigen oder Sprechen nicht an feste Regeln gebunden sind. „Es ist nicht wichtig, ob der Beter kniet, sitzt oder steht, ob er sich bewegt oder regungslos in einer Haltung verharrt, es ist nicht ausschlaggebend, wie lange einer betet und wo er das tut, entscheidend ist allein die innere Qualität des Umgangs mit Gott" (Hense, 1996, 8). Diese wird eben nicht dadurch gewährleistet, daß formale Richtlinien eingehalten oder bestimmte ‚Dialogtexte' auswendig hergesagt werden können. Ausschlaggebend ist vielmehr die *Befreiung zur eigenen Weise*, das heißt zum offenen und freien Sich-Gott-Überlassen, zum authentischen Sich-Hinhalten vor Gott, ganz gleich wie einer das tut. „Nimm Worte, derer du dich nicht schämst, in denen du dich selbst wiedererkennst und die zu dir passen – und biete diese Worte dann Gott an mit allem Verstand, dessen du fähig bist. Du mußt auch so viel deines Herzens hineinlegen wie du nur kannst, in solch einen Akt der Anbetung, der Anerkennung Gottes, des Liebkosens, was doch das eigentliche Ziel der Liebe ist. Es muß ein Akt sein, der deinen ganzen Geist und dein ganzes Herz beansprucht, und der ganz zu dir paßt" (Bloom, 23).

Wie jede echte Begegnung und jeder echte Dialog lebt auch der Dialog mit Gott von der ehrlichen Selbstgabe: Hier bin ich für dich, ich brauche mich nicht hinter einer äußeren Fassade zu verbergen, ich brauche mich nicht intelligenter, interessanter, besser vorzutun als ich bin, hier bin ich mit meinen starken und schwachen Seiten, meinen Talenten und meinen Fehlern, und ich bin hier für dich, um dich zu lieben, um mit dir verbunden zu sein (vgl. das Gebet des Zöllners bei Lk 18,9-14).

Auch wenn ich mich selbst klein fühle und unvollkommen, mit vielen Fehlern behaftet, brauche ich mir nicht die Weise eines ‚vorbildlichen Beters' überzustülpen, damit ich zu Gott gelangen kann. Meine Mängel und Abgründe gehören zu mir und brauchen vor Gott nicht vertuscht zu werden: „Das Gebet ist der Ort, wo ich ungeschützt vor Gott bin, wo ich nichts zwischen ihn und mich halte, keine Worte, keine vorformulierten Gebete. Ich halte vielmehr mich selbst hin. ... Ich soll meine Abgründe offenlegen, damit Gottes Licht sie ausleuchten und so für mich bewohnbar machen kann. Nur wenn ich alles Gott hinhalte, wird das Gebet mich befreien. Ich brauche vor nichts in mir Angst zu haben. Es darf alles sein, aber es muß in die Beziehung zu Gott gebracht werden. Was ich von der Begegnung mit Gott ausschließe, das wird mir an meiner Lebendigkeit fehlen, das wird auch von meinem Leben ausgeschlossen. Es wird mich nur hinterrücks überfallen und mir schaden, anstatt meine Beziehung zu Gott zu intensivieren" (Grün, Gebet als Begegnung, 20-21).

Wer sich vor Gott so frei fühlt, daß er nichts mehr zu verstecken und zu beschönigen braucht, der kann Gott lieben. „Der Sinn der Freiheit ist die Liebe" (Laun, 404). Damit wird ganz schlicht und knapp das Fundament des persönlichen Dialogs mit Gott angedeutet. Nicht daß ich frei darüber verfüge, daß ich nach Lust und Laune willkürliche Worte spreche, daß ich irgend etwas daherschwatze oder auch tagelang und wochenlang gar nichts mehr sage, wenn mir nicht danach ist, kann Sinn meiner Freiheit im Dialog mit Gott sein. Beten gelingt mir nur dann, wenn ich verstehe, daß Freiheit im geistlichen Leben in die Liebe zu Gott führen will. „Nichts bringt dich Gott näher und macht dir Gott so zu eigen wie dieses süße Band der Liebe. Wer diesen Weg gefunden hat, der suche keinen anderen" (Eckhart, Predigt 59).

> Jede gute Weise des Betens führt die BeterInnen auf den Weg der Liebe. Dabei tritt das, was ‚Weise' ist, immer mehr zurück und offenbart sich das, was Liebe ist, immer umfassender ohne diese oder jene Weise. Über jede Weise hinaus, die man zunächst äußerlich oder innerlich als passend und hilfreich für den eigenen Weg erwählt hat, formt Gott selbst in seiner unmittelbaren Gegenwart den Menschen schließlich in die eine weiselose Liebe um, die er selbst ist.

1.2 Die Einübung – Russischer Pilger

Das Leben aus der Begegnung muß ganz konkret eingeübt werden. Es ist uns nicht in den Schoß gelegt. Die Mönche üben es, indem sie das Jesusgebet überall und jederzeit beten. Aber um es immer beten zu können, muß ich es erst einmal an bestimmten Punkten des Tages beten. Ich soll es an bestimmte Tätigkeiten knüpfen. Wenn ich z.B. morgens aufwache, soll ich bewußt das Jesusgebet sprechen. Wenn ich aus dem Haus gehe, wenn ich zur Arbeit fahre, wenn ich ein Haus betrete, wenn ich zu Menschen komme, beim Stundenschlag der Turmuhr, beim Klingeln des Telefons, überall könnte ich das Jesusgebet sprechen. Die äußeren Dinge wären für mich Erinnerungszeichen, die dann mit der Zeit von selbst das Jesusgebet in mir hervorlocken. Wenn mich so die äußeren Dinge an die Gegenwart Jesu Christi erinnern, der sich meiner erbarmt, dann wird mein Leben anders. Es wird nicht mehr geprägt von den äußeren Ereignissen, sondern in allem begegne ich Jesus Christus.
Grün, Gebet als Begegnung, 82-83.

Es gibt eine Fülle von Kursen und eine nahezu unüberschaubare Anzahl von Büchern und Kleinschriften, die eine methodische Einübung ins Gebet anbieten. Für Christen muß sich das, was hier in vielerlei Form und unterschiedlichen Settings dargeboten wird, daran messen lassen, wie Jesus Christus die Frage nach dem richtigen Beten in den Evangelien beantwortet hat.

Wenn wir die wichtigsten Stellen über das Beten aus allen vier Evangelien kurz zusammenfassen, läßt sich festhalten: das Gebet soll mehr mit dem Herzen als mit den Lippen gesprochen werden (Mt 6,7), es soll im Vertrauen auf Gott geschehen, der weiß, was wir brauchen (Mt 6,7; Mt 7,7-11; Lk 11,9-13, Mk 11,24; Joh 14,13), Beten soll inständig und zudringlich sein (Lk 11,5.8; Lk 18,1-8), es soll auf Grund unbeschönigter Selbsterkenntnis demütig sein vor Gott (Lk 18,10-14) und seine Integrität bewahren durch innere Einkehr (Mt 6,5-6). Das Gebet wird erhört, wenn es vom Glauben getragen wird (Mt 21,22), wenn es im Namen Jesu an den Vater gerichtet wird (Mt 18,19-20; Joh 14,13-14 und 15,7.16 und 16,23-27), wenn es um das bittet, was gut ist (Mt 7,11), um den Heiligen Geist (Lk 11,13), um Vergebung (Mk 11,25), für die Verfolger (Mt 5,44; Lk 23,34), um Bewahrung bei der (endzeitlichen) Prüfung (Mt 24,20 und 26,41; Lk 21,36 und 22,31-32), um die Verwirklichung des Willens Gottes (Mt 26,39). Dies alles ist auch Inhalt des Vaterunser, das Jesus seinen Jüngern als beispielhaftes Gebet gelehrt hat.

Einübung ins Beten bedeutet Einübung in all diese Aspekte des Betens, die hier genannt sind. Wie macht man das? Gibt es Methoden, nach denen man richtiges Beten lernen kann? Und wie sähe das konkret aus?

Diese Fragen beschäftigten auch einen russischen Pilger aus dem vorigen Jahrhundert (vgl. Jungclaussen, *Aufrichtige Erzählungen*), einen von jenen Vagabunden und Mystikern, die seit der Christianisierung Rußlands unterwegs waren und auch im heutigen Rußland noch zu finden sind. (Vgl. Evdokimov, M.). Dieser Pilger kam zur Liturgie in eine Kirche und wurde getroffen von dem Wort des Apostels Paulus aus dem ersten Brief an die Thessalonicher: Betet ohne Unterlaß (1 Thess 5,17). „Dieses Wort prägte sich mir besonders ein, und ich begann darüber nachzudenken, wie man wohl ohne Unterlaß beten könne, wenn doch ein jeder Mensch auch andere Dinge verrichten muß, um sein Leben zu erhalten... Ich dachte viel darüber nach, wußte aber nicht, wie das zu deuten sei" (Junclaussen, 1989, 23).

Das unablässige innerliche Jesusgebet ist das ununterbrochene, unaufhörliche Anrufen des göttlichen Namens Jesu Christi mit den Lippen, mit dem Geist und mit dem Herzen, wobei man sich seine ständige Anwesenheit vorstellt und ihn um sein Erbarmen bittet bei jeglichem Tun, allerorts, zu jeder Zeit, sogar im Schlaf. Es findet seinen Ausdruck in folgenden Worten: Herr Jesus Christus, erbarme dich meiner! Wenn sich nun einer an diese Anrufung gewöhnt, so wird er einen großen Trost erfahren und das Bedürfnis haben, immer dieses Gebet zu verrichten, derart, daß er ohne dieses Gebet gar nicht mehr leben kann, und es wird sich ganz von selber aus ihm lösen.

Junclaussen, 1989, 30.

Auch wenn der Pilger dieses Wort nicht verstand, so fühlte er sich doch angesprochen. Ein ganzes Jahr grübelte er auf seinen Wanderungen darüber nach, wie er sich selbst im unablässigen Gebet üben sollte. Schließlich begegnete er einem Starez, der ihm zeigte, wie man beginnen kann: „Setz dich still und einsam hin, neige den Kopf, schließe die Augen; atme recht leicht, blicke mit deiner Einbildung in dein Herz, führe den Geist, das heißt das Denken, aus dem Kopf ins Herz. Beim Atmen sprich, leise die Lippen bewegend oder nur mit dem Geiste: ‚Herr Jesus Christus, erbarme dich meiner‘. Gib dir Mühe, alle fremden Gedanken zu vertreiben. Sei nur still und habe Geduld und wiederhole diese Beschäftigung recht häufig" (Junclaussen, 1989, 31). Mit diesen konkreten Anweisungen machte der Pilger nun erste Erfahrungen. Anfangs, etwa eine Woche lang, gefiel ihm dies, doch schon bald stellten sich Schwierigkeiten ein: Trägheit, Langeweile, Schläfrigkeit, störende Gedanken. Als Hilfestellung gab der Starez ihm daraufhin genauere methodische Hinweise: ein festes Maß von 3000 Gebeten am Tag, die auch äußerlich mit den Lippen gesprochen werden sollten. Das Lippengebet kostete zwar einige Anstrengungen, Zunge und Wangen mußten trainiert werden, doch auf diese Weise fiel es dem Pilger leichter, sich zu konzentrieren. Das Maß von 3000 Gebeten war so gewählt, daß ein Ungeübter mit hoher Motivation und viel Zeit am Tag dieses Pensum gerade schaffen konnte. Der Pilger konnte sich also ganz in diese ‚Gebetsarbeit‘ investieren und gewann gleichzeitig mehr Sicherheit und Selbstvertrauen. Das Gelingen der Gebete wirkte sich so positiv auf den Pilger aus, daß sein Eifer und seine Freude am Beten noch wuchsen. Als es ihm nach wenigen Tagen gelang, diese Übung problemlos umzusetzen, erhöhte der Starez in den folgenden Wochen und Monaten schrittweise die Anzahl der Gebete und gleichzeitig verinnerlichte sich der Vers wie von selbst im Herzen des Pilgers, so daß seine Gedanken auch ohne die äußere Bewegung der Lippen aufs Beten ausgerichtet wurden. Dem Pilger gefiel das, er spürte eine große Leichtigkeit beim Beten und konnte nun mit dem Zählen aufhören. Aus einem äußerlich von der Tradition vorgegebenen Gebet, das der Pilger sich unter Anstrengungen und Mühen angeeignet hatte, war nun *sein* Gebet geworden, das wie von selbst von innen her in ihm aufwallte.

Auch wenn das Beispiel des russischen Pilgers so, wie es hier beschrieben ist, nicht so einfach in unsere Zeit und Kultur übertragen werden kann und für die meisten von uns nur in eingeschränkter Form in den Alltag zu integrieren ist, läßt sich an ihm doch gut ablesen, welchen Stellenwert die Methode hat und wie sie fruchtbar gemacht werden kann.

1. Gerade am Anfang brauchen wir fürs Beten eine konkrete Methode, je schwerer es uns fällt, um so wichtiger ist das festgesetzte Maß, die gewissenhafte Disziplin, die Unterstützung durch Haltung, Atmung, Lippengebet. Ganz entscheidend ist dabei, daß behutsam vorgegangen wird, daß man mit einer kurzen Zeitspanne beginnt, vielen Menschen genügen vielleicht zu Anfang schon fünf oder zehn Minuten.

2. Sobald wir auf dem Weg sind, gilt es, die Methode ständig anzupassen. Je nachdem wie wir uns entwickeln oder auch Rückschritte machen, brauchen wir noch mehr methodische Hilfestellung oder sollen uns allmählich davon lösen. Die Methode ist nicht dazu da,

> etwas erzwingen zu wollen, sondern will eine Bewegung auf Gott hin in Gang setzen, die sich allmählich durch die Gewöhnung wie von selbst fortsetzt und über den ganzen Tag ausbreitet.

Die Frömmigkeit von morgen ist dem Geist wahrer christlicher Frömmigkeit nur getreu und gehorsam, wenn sie den Mut zum Geplanten, Geübten, Geformten, zur ‚Übung', sagen wir kurz: zum Institutionellen hat und sich nicht in gestaltlose Gesinnung auflöst. Es gibt keinen Geist ohne Leib, es gibt kein ernsthaftes religiöses Leben, ohne daß der Mensch sich selbst eine Norm und Regel, Übung und Pflicht setzt.

Rahner, 1966, 16f.

Alle Gebetsmethoden, die in der christlichen Tradition erfolgreich in einen authentischen Dialog mit Gott eingeführt haben, hatten diesen doppelten Ansatz: Einerseits boten sie ganz konkrete Texte an, sie gaben ganz konkrete Themen, Zeitpläne, Schemata usw. vor, sie wollten durch Hinweise zur Körperhaltung und zum Ort der Gebetsübung ganz konkrete Einstiegshilfen bieten. Andererseits nagelten sie niemanden auf diese konkreten Vorschläge fest. Sie boten nicht nur Raum für individuelle Gestaltungsvariationen, etwa für ein Mehr oder ein Weniger, für dieses oder jenes Thema, diesen oder jenen Zeitpunkt und diese oder jene Haltung, alle guten Gebetsschulen relativierten sich selbst auch bis in ihre Methode hinein wegen des Ziels, das darin besteht, den Menschen in Kontakt zu bringen mit Gott. Das heißt, alle Gebetsmethoden, die richtiges Beten erfolgreich vermitteln, nehmen sich selbst letztendlich zurück, um Raum zu geben für das Geschenk der Gegenwart Gottes; das heißt auch, daß diese Methoden sich nur als wegweisend und vorbereitend verstehen, daß der lebendige Dialog mit Gott erst jenseits aller Methoden und Techniken beginnt.

Nachdem der russische Pilger durch tägliche Übung schließlich so weit gekommen war, daß er mit dem Herzen betete, stand nicht mehr seine äußere, aktive Übung im Vordergrund, sondern wurde das Beten, wie er es nannte, selbsttätig. Ohne daß er selbst etwas hinzu tat, betete es in ihm: „Ich hatte mich so sehr an das Herzensgebet gewöhnt, daß ich mich ununterbrochen darin übte; und endlich fühlte ich, daß das Gebet sich ganz von selbst ohne irgendeine Nötigung meinerseits in mir verrichtete und von Geist und Herz nicht nur im wachen Zustande verrichtet wurde, sondern daß es sogar im Schlaf genau ebenso wirkte und durch nichts unterbrochen wurde, nicht für den geringsten Augenblick, gleichviel, was ich tun mochte" (Junclaussen, 1989, 60).

Eine Gebetseinstellung, die nur die hehren Augenblicke (wenn einem ‚danach ist') mit dem Beten in Verbindung bringt, übersieht die wichtige Aufgabe der Gebetsarbeit für das alltägliche Leben des Christen und dessen Verbindung mit Gott. Die Augenblicke tiefer Gebetsgefühle als Gabe werden wohl ebenfalls seltener werden und auch magerer ohne diese Mühe an der Aufgabe des Betens.

Fuchs, O., 190f.

Aus einer äußeren Übung war eine innere Haltung geworden. Was anfangs mit Mühe und Disziplin einstudiert worden war, geriet jetzt von Innen her ins Schwingen. In solchen Momenten darf, ja muß die aktive, äußere Übung wieder losgelassen werden, damit wir den Geist Gottes, der dann in uns zu beten beginnt, nicht von außen übertönen.

Alle Übungen und Methoden im Beten – so hilfreich sie für den Anfänger auch sein mögen – reichen doch niemals bis ans Ziel, d.h. bis in die Gottesbegegnung hinein. Letztlich muß jede Gebetsschule die menschliche Einübung überhaupt relativieren, weil die Gottesbegegnung nicht durch die Anstrengung des menschlichen Geistes erreicht wird, sondern Gottes freie Gabe ist. „Die Erfahrung der liebevollen Nähe Gottes und das Erleben des seufzenden Geistes im eigenen Innern sind wesentlich gnadenhafte Einbruchstellen des Ziels mitten im Weg, geschenkt und nicht verdient" (Hense, 1996, 10). Gott läßt sich durch noch so intensive Übungen nicht in die Begegnung zwingen, aber er schenkt sich dem, der sich für ihn öffnet, auch wenn dieser erst ganz am Anfang steht und die höchsten Stufen des Betens noch längst nicht erklommen hat. Beten ist keine einseitige Bewegung des Menschen auf Gott hin. Gott kommt dem Menschen vielmehr immer schon entgegen, ganz unabhängig von allen menschlichen Übungen. Beten meint auch gerade die Offenheit des Menschen für das Entgegenkommen Gottes. Eine gute Methode der Einübung führt den Menschen daher letztlich zum Loslassen der Übung und der Methode, sobald der Mensch dazu bereit ist, die Gegenwart Gottes empfangen zu können. Natürlich will damit nicht gesagt sein, daß eigene Anstrengungen überflüssig sind, daß man viel besser die Hände in den Schoß legen kann und daß Gott einer ist, der geistige Faulheit belohnt. Freiheit in bezug auf das Einüben des Dialogs meint: Ich kann und darf selbst etwas tun, wenn es darum geht, positive Haltungen in mir zu festigen und Schwierigkeiten und Hindernisse zu überwinden. Das kann die gute Gewohnheit sein, täglich bewußt Zeit für ein Gespräch mit Gott zu nehmen, das kann die Überwindung der eigenen Trägheit oder Lustlosigkeit sein, das kann die Auseinandersetzung mit Widerständen und Unstimmigkeiten in der eigenen Person sein. Aber bei all meinen eigenen Anstrengungen muß ich mir bewußt sein, daß ich die Begegnung mit Gott nicht fabrizieren kann.

Aber an den entscheidenden Stellen kommt es so sehr darauf an, daß das richtige Wort gesprochen wird, daß die Sätze stimmen und der Inhalt in seiner sprachlichen Form für jedermann zugänglich ist, daß die Sprache eindrucksvoll bleibt, ohne sich zu sehr ins Momenthaft-Persönliche zu verlieren! Dann gilt eben, daß die festgefügte Form besser ist als der spontane Einfall.
Die besten Gebete, über die wir verfügen, stammen aus einer alten Tradition und werden nicht mehr verändert: das Vaterunser, die Psalmen, liturgische Gesänge...

Stachel, 45.

Von meiner Seite darf und soll ich alles investieren: meine Zeit, meine Aufmerksamkeit, meine Liebe, mein Vertrauen und meine Hoffnung... Ja, es ist wichtig, daß ich mich mit den zentralen Gebeten der christlichen Tradition vertraut mache, daß mir diese sozusagen in Fleisch und Blut übergehen, daß ich durch die Wiederholung und Verinnerlichung dieser Gebete die Sprache lerne, die man mit Gott sprechen kann. Dann merke ich plötzlich auch, wie ich wieder loskommen kann von vorgegebenen Texten, wie ich mit dem Vokabular zu spielen beginne, wie meine Beziehung zu Gott lebendiger wird und die Innigkeit und Zuneigung wächst: „Spontaneität beim Gebet muß erhalten bleiben oder wiedergewonnen werden. Das kann aber nur gelingen auf der Basis der Gebete, in denen eine Religion (ein Glaube) sich verbindlich so ausgedrückt hat, daß man den Inhalt von der Form nicht mehr trennen kann" (Stachel, 46).

Beten verliert den warmen Beziehungscharakter, wenn es zur formelhaften Übung erstarrt. Dann wird eine falsche Spur gelegt, die nicht in die lebendige Begegnung führt: „Wir, Angehörige der Katholischen Jungschar, Zöglinge des Klosters, Schülerinnen der Ober- und Unterstufe, beten täglich und gerne: das Morgengebet vor Tagesbeginn, das Schulgebet vor Schulbeginn, das Schlußgebet nach Unterrichtsschluß, das Tischgebet vor und nach Tisch, das Studiengebet vor und nach dem Studium, das Abendgebet am Abend; bei der hl. Messe, der wir mindestens zweimal pro Woche beiwohnen und die uns nicht nur Pflicht, sondern auch Bedürfnis ist,[...] am späten Nachmittag: den Engel des Herrn; den Jahreszeiten folgend: den Freudenreichen, den Schmerzhaften oder den Glorreichen Rosenkranz; ansonsten: Ablaßgebete, Gebete zur hl. Beichte, das Te Deum, die Lauretanische Litanei, das Veni Creator Spiritus, Gebete zum hl. Schutzengel und den Wettersegen. Wir beten, wie man uns zu beten gelehrt hat, erhobenen und gesenkten Blickes, mit aufrecht gefalteten Händen, stehend, kniend oder liegend, je nachdem zu welcher Zeit oder an welchem Ort, laut oder leise, mit oder ohne Gebetbuch als Vorlage, reinen Herzens, frommen Sinnes und mit der nötigen Andacht, damit wir – auf diese Weise die Regeln beachtend – Gott wohlgefällig und unsere Gebete von Nutzen seien" (Frischmuth, 7f.).
Ein solch durchreguliertes, formalisiertes Kommunizieren schlägt leicht jede Freude aneinander tot und verhindert unter Umständen die

lebendige Begegnung mehr als daß es sie fördert. Statt weiterzuhelfen kann die Übung dann auch zum Hindernis werden. Das passiert z.B. auch dann, wenn ich mit einem Meditationskurs oder einer Exerzitienwoche zu sehr in äußerer Einübung in Formen und Haltungen stekkenbleibe. Statt meinen Blick auf Gott zu richten, bin ich dann viel zu beschäftigt mit neuen Techniken und der ständigen Selbstprüfung, ob eine bestimmte Haltung schon gelingt, ob mein Atem strömt, wie er strömen sollte, ob sich schon spirituelle Erfahrungen einstellen usw. Von vornherein sollte klar sein, daß es im Dialog mit Gott nicht um die perfekte Übung einer Form geht. Wichtiger als äußere Formen ist die lebendige innere Begegnung von Herz zu Herz, die es vor allem zu wecken und zu fördern gilt. Es macht nichts, wenn ich dabei auch einmal ins Stottern komme oder nicht mehr weiß, was ich sagen soll, und nur ein paar unbeholfene Worte formulieren kann.

So darf die Einübung des Dialogs mit Gott im Grunde nie auf nur einem Bein stehen: Die Aneignung bestimmter Gebetstexte, Meditationsweisen, Haltungen usw. für sich genommen genügt nicht, sie kann nämlich immer nur das eine Bein sein und ist für sich allein entweder ziemlich wackelig oder ziemlich starr. Erst wenn das andere Bein hinzukommt, die Durchsäuerung des Alltags mit Gebeten, Meditationen, spirituellen Haltungen usw., gewinnt der Dialog mit Gott innere Festigkeit und Stabilität und bleibt zugleich dynamisch.

Wie dies gelingen kann, läßt sich gut am Beispiel des russischen Pilgers darstellen, für den die Einübung ins Beten gleichzeitig eine Einübung in die wohlwollende Offenheit gegenüber allen Menschen bedeutete: „Geschah es, daß ich irgend jemanden traf, so erschienen mir alle ohne Ausnahme so lieb und nah, als wären sie meine Verwandten" (Junclaussen, 1989, 36-37). Das Beten hatte dem Pilger die Augen für seine Mitmenschen geöffnet. „Das Jesus-Gebet hilft uns, Christus in allen Menschen zu erkennen und alle Menschen in Christus zu sehen. Deshalb hat das Jesus-Gebet mit Weltflucht oder Weltverneinung nichts zu tun. Im Gegenteil, es ist eine Form äußerster Lebensbejahung... Die richtig praktizierte Anrufung des Namens führt jeden tiefer an seine Arbeit heran; jeder wird tüchtiger in seinem Handeln und dabei nicht isoliert von den anderen, sondern mit ihnen verbunden. Er wird feinfühliger für ihre Ängste und Sorgen, so wie niemals zuvor. Das Jesus-Gebet macht jeden zu einem ‚Menschen für andere', zu einem lebendigen Werkzeug für den Frieden Gottes, zu einem schöpferischen Ort der Versöhnung" (Ware, 72-74).

Auch der Blick für die Natur und alle Kreaturen wird durch die Gebetsübung weiter und empfindsamer: „Wenn ich mit dem Herzen zu beten begann, so stellte sich mir die ganze Umgebung in entzückender Gestalt dar: die Bäume, die Gräser, die Vögel, die Erde, die Luft, das Licht, alles schien gleichsam zu mir zu sprechen, daß es für den Menschen da wäre, die Liebe Gottes zum Menschen bezeuge, und alles betete, alles war voller Lobpreisungen Gottes... Und ich sah den Weg, den man zu beschreiten hat, um mit Gottes Geschöpfen Zwiesprache zu führen" (Junclaussen, 1989, 50). Ein ganz neues Bewußtsein beginnt sich zu entwickeln, „denn je mehr sich das Gespür für die göttliche Gegenwart verinnerlicht, desto mehr schwinden unsere physischen und psychischen Spannungen, die Tore unserer inneren Wohnungen gehen auf. Das Gefühl ist wie eine Meereswoge, die äußerlich alle möglichen Gestalten annehmen kann. Ich kann unter meinen Füßen die feste Erde oder den Fels, den ebenen Boden oder die Unebenheit

---

Will man aber recht beten, so soll man sich von aller Kreatur abwenden und lauterlich mit dem Willen und Gemüte vor Gott treten. Es muß ein solcher Fürsatz (d.h. Konzentration und Hinwendung) und Ernst sein, wie mit dem armen Zöllner im Tempel und wie mit dem verlorenen Sohne, welche also zu Gott kommen...

Wer da recht will beten und mit seiner Begierde Gottes Kraft und Geist erreichen, der soll allen seinen Feinden vergeben und sie in sein Gebet mit einfassen und Gott bitten, daß er sie auch wolle bekehren und mit ihm in seiner Liebe versöhnen.

Böhme, 103.

Es wäre für mich sehr schwierig, um ausführlich Rechenschaft abzulegen von meinem Gebet und meinem inneren Zustand, denn was Gott mir gibt, ist so einfach und ist so frei von den Sinnen, daß ich in zwei oder drei Worten alles gesagt habe. Vorher konnte ich in meinem Gebet nichts anderes tun als in diesem inneren Grund wie in einem Atemholen zu sagen: Mein Gott, mein Gott, mein großer Gott, mein Leben, mein Alles, meine Liebe, meine Herrlichkeit. Jetzt sage ich dasselbe, oder besser atme dasselbe,

aber während meine Seele diese sehr einfachen Worte und
sehr intimen Atemzüge hervorbringt, erfährt sie ihre volle Bedeutung. Und was ich bei meinem Gebet tue, tue ich den
ganzen Tag, beim Schlafenge-
hen und Aufstehen und überall
sonst. Darum kann ich keine
methodische Übung machen,
während alles in mir geschieht
entsprechend der inneren Führung Gottes.
Marie de l'Incarnation, in: Hense, Im Spiegel der Seele, 140.

der Kieselsteine fühlen; meine Hände können bei der Berührung von
Dingen warm oder kalt fühlen, meine Augen und meine Ohren vielfältige Formen bestimmen... Aber wie die Woge mit der ganzen Tiefe des
Ozeans verbunden ist, so steht das Gefühl in Verbindung mit dem Unendlichen unseres inneren Bewußtseins, wenn ich an den Formen der
Oberfläche nicht hängenbleibe, während mein Fuß sich stellt oder
meine Hände berühren, meine Augen betrachten oder meine Ohren
hören... Das Geheimnis der göttlichen Gegenwart wird unaufhörlich
tiefer für den, der beim Fühlen aller Dinge in dieser Transparenz bleibt
und sich beständig darin übt, bis ihm dies zur zweiten Natur wird"
(Goettmann, 102-103).

Formelhaft einstudiertes Beten ist eine starre, steife und distanzierte Art des Umgangs mit Gott; gelegentliches spontanes Beten
aus dem Bauch heraus, nur wenn einem gerade danach ist, bleibt
eine sehr wackelige, unzuverlässige Art des Umgangs mit Gott. Eine gute Einübung ins Gebet schätzt die unterstützende Tragkraft
einer Methode, sucht die warme Innenseite einer herzlichen Beziehung und durchsäuert den Alltag. Das alles öffnet dem Menschen
dann immer mehr die Augen dafür, „daß in seinem Beten Gott
selbst immer schon in ihm betet" (Menting / Hense, 86).

1.3 Stufen und Rhythmen – Johannes vom Kreuz

Und niemals steht der Wanderer nach oben still, er empfängt
Beginn aus Beginn, und es
schließt sich nicht in sich selber
der Anfang des Immer-je-
Größeren... Denen, die schon
gekostet und selbst erfahren
haben, wie süß der Herr ist,
denen ist das Kosten selber
Aufforderung zur Teilnahme an
mehr. So fehlt es dem Steigenden nie am Antrieb, der immer
zu Größerem lockt...
Gregor von Nyssa, 70-71.

Seit der Väterzeit ist in der geistlichen Literatur die Rede von verschiedenen Gebetsstufen oder vom spirituellen Aufstieg. „Wenn auch heute
dem Aufstiegsschema nicht mehr die gleiche Bedeutung zugemessen
wird wie früher, so bleibt doch bestehen, daß es einen Weg vom Unvollkommenen zum Vollkommenen gibt" (Kammermeier, 87).

Wer mit Gott ins Gespräch kommen möchte, muß diesen Weg gehen.
Gemäß dem Vers „Ihr sollt vollkommen sein, wie es auch euer himmlischer Vater ist" (Mt 5,48) sucht christliches Beten die Angleichung an
den Vater. Nach der Kirchenkonstitution des Zweiten Vatikanischen
Konzils sind alle Christen „jeglichen Standes oder Ranges zur Fülle des
christlichen Lebens und zur vollkommenen Liebe berufen... Zur Erreichung dieser Vollkommenheit sollen die Gläubigen... dem Willen des
Vaters in allem folgsam, sich mit ganzem Herzen der Ehre Gottes und
dem Dienst des Nächsten" hingeben (LG 40). Mit anderen Worten:
Christen erfahren sich selbst als entwicklungsbedürftige und entwick-
lungsfähige Wesen und leben in der Perspektive geistlichen Wachstums
bis hin zur Vollendung. Sowohl christliches Beten als auch christliches
Handeln ist nicht von Anfang an perfekt, sondern bedarf der Entfaltung und Ausgestaltung.

Gebetssprache ist nicht die
Sprache frommer Untertanen
oder die Sprache, die vernebelt
und den Verdacht erhärtet, Religion sei Opium für das Volk.
Sie ist die Sprache ohne
Sprachverbote, eine Sprache,
die keinen Namen hätte, wenn
man nicht ‚Gebet' zu ihr sagen
würde.
Dienberg, 90.

Es ist damit wie z.B. mit dem Sprechenlernen. Keiner wird geboren
und führt sogleich ganze Gespräche. Vielmehr dauert es viele Monate,
bis man die ersten Worte lernt und Jahre, bis man seine Muttersprache
beherrscht, und wie langwierig es ist, eine Fremdsprache zu erlernen,
wissen die meisten noch aus ihrer Schulzeit. Um so enttäuschender ist
dann die Erfahrung, daß ich meine Sprachkenntnisse sehr leicht wieder verlieren kann, wenn ich eine Sprache über einen längeren Zeitraum hinweg nicht mehr spreche; und daß das nicht nur mit einer

Fremdsprache so geht, sondern auch mit der Muttersprache, wissen all jene, die umständehalber nur ein einziges Jahr nicht mehr in der Lage waren, ihre Muttersprache zu sprechen. Sprache wird über Monate und Jahre eingeübt und entwickelt und muß ständig gepflegt werden, um nicht zu verkümmern und zu schrumpfen. Dies gilt nicht nur für das Vokabular und die richtige Grammatik, dies gilt auch für Gesprächsstile und ganz besonders für die Form des Dialogs. Warum? Dialog ist, wie wir sagten, Realisierung der Beziehung im umfassenden Sinn, also gegenseitige Selbstgabe der Gesprächspartner. Dazu reinigt der Dialog die Sprache von allen abgegriffenen Worten, er durchblutet sie mit dem Wohlwollen der Gesprächspartner füreinander und findet lebendig, neu und aktuell jene Worte, mit denen ich und du sich echt berühren und austauschen können. Der Dialog wird damit zur Quelle von lebendigen, wahrhaftigen Worten. Er findet den Weg zu jenem vollkommenen Wort, das im Anfang bei Gott war, das Leben ist und durch das alles geworden ist (Joh 1,1-4).

Vielen Menschen fällt es heute schwer, Worte des Lebens zu hören und zu sprechen. Ihre Sprache findet keinen Zugang zu wirklichem Leben, sie ist eingekapselt und abgeschottet. Diagnostizieren läßt sich eine solche in sich selbst begrabene Sprache untrüglich am ich-orientierten Sprechen und Handeln, das heißt daran, daß Menschen im Grunde nur mit sich selbst und mit den eigenen Bedürfnissen und Vorlieben beschäftigt sind, sie monologisieren also, und ihr Reden und Tun bleibt im eigenen Ich hängen. Wenn sie beten, dann tragen sie ihre Bitte vor Gott, ohne sich gleichzeitig für seinen Willen zu öffnen. Johannes vom Kreuz († 1591) charakterisiert solche Menschen als „Anfänger auf dem Weg zu Gott, (deren Verhaltensweise) noch sehr von Unzulänglichkeiten, Eigenliebe und Wohlgeschmack durchsetzt (ist). Gott will sie aber weiterführen und aus dieser unzulänglichen Liebe zu einer höheren Stufe der Gottesliebe heraufholen" (Johannes vom Kreuz, N I,8,3). Diese höhere Stufe ist das du-orientierte Sprechen und Handeln: der Mensch vermag sich selbst dann um eines anderen willen zurückzunehmen. Solche Menschen beten ebenfalls um ihre Anliegen, doch geben sie alles in Gottes Hände und überlassen es ihm, ob und wie er Erfüllung gibt. Der Wille des Menschen gibt sich dann dem Willen Gottes hin. Johannes formulierte dies markant in folgendem Merksatz: „... du kommst in der Vollkommenheit nicht voran, wenn du nicht lernst, deinen Willen zurückzunehmen und dich zu beugen, indem du das Kreisen um dich und das Deine aufgibst" (Johannes vom Kreuz, Worte von Licht und Liebe, 120).

Das Problem für viele Menschen heute besteht nun darin, daß sie die Perspektive ihrer Vervollkommnung nicht im du-orientierten Sprechen entdecken, sondern meinen, ihren ich-orientierten Stil weiter verfeinern und zur Geltung bringen zu müssen. Die Folge ist ein krampfhaftes Profilieren ihrer selbst. Solche ‚Selbstvervollkommnung' ist nichts anderes als Aufgeblasenheit und Wichtigtuerei.

> Im Dialog mit Gott führt der Weg vom Unvollkommenen zum Vollkommenen, das heißt weg vom ich-orientierten Sprechen hin zum du-orientierten Sprechen. Du-orientiertes Sprechen wird möglich in der Dynamik zwischen mir und dir, wenn sich zwei Subjekte gegenüberstehen und nicht länger *ich*, sondern *du* sagen. Dann wird die Statik des Egozentrismus durchbrochen: ich kann

mich zurücknehmen und dir Raum geben, und so wird unser Gespräch vollkommen. Was die Entwicklung im Beten bremst, ist der eingeschränkte Blick auf das eigene Ich. Denn solange ich nur mich selbst im Blick habe, bleibt alles beim Alten, wieviel ich auch beten mag. Habe ich jedoch Gott im Blick, so entlockt die Dynamik unserer Beziehung mir lebendige Worte, die mit unserer Beziehung mitwachsen.

Johannes vom Kreuz unterscheidet drei Reifestufen im Dialog mit Gott: die Anfänger, die Fortschreitenden und die Vollkommenen.

1. Die Anfänger

Wenn sich ein Mensch entschlossen dem Dienste Gottes zuwendet, zieht ihn Gott für gewöhnlich allmählich im Geist auf und verwöhnt ihn, wie es eine liebevolle Mutter mit einem zarten Kind macht. Sie wärmt es an ihrer warmen Brust, zieht es mit köstlicher Milch und leichten, süßen Speisen auf, trägt es auf dem Arm und verwöhnt es. In dem Maße aber, wie es größer wird, hört die Mutter nach und nach auf, es zu verwöhnen, verbirgt ihre zarte Liebe und bestreicht ihre süße Brust mit bitterem Aloesaft. Sie läßt es von ihren Armen herab und stellt es auf die eigenen Füßen. Es soll die Eigenheiten eines Kindes verlieren und sich größeren, wesentlicheren Dingen hingeben. Die Gnade Gottes, diese liebevolle Mutter, tut das gleiche mit dem Menschen, wenn sie ihn durch neue Wärme und neues Feuer für den Dienst Gottes wiedergebiert. Sie läßt ihn in allen Dingen, die mit Gott zu tun haben, ohne jegliche eigene Anstrengung süße und köstliche geistliche Milch finden und großen Geschmack an geistlichen Übungen. Hier gibt ihm nämlich Gott die Brust seiner zarten Liebe, ganz so wie einem zarten Kind (1 Petr 2,2-3).
Johannes vom Kreuz, N I,1,2.

Wie einer, der aus einem engen Kerker entkommen ist, bewegt er sich dann in allem, was mit Gott zu tun hat, mit viel mehr Weite und seelischer Befriedigung und mit mehr überströmender innerlicher Wonne als am Anfang... Da seine Vorstellungskraft und seine Seelenvermögen nun nicht mehr vom

Anfänger nennt Johannes vom Kreuz diejenigen, die auf Grund einer ersten Erfahrung oder Ahnung der Liebe Gottes bereits ernsthaft nach einer Liebesbeziehung mit Gott streben, aber noch sehr selbstbezogen sind. Charakteristisch für ihr Verhalten ist die Betonung der eigenen Leistung sowohl im Dialog mit Gott als im Bemühen um die Nachfolge Christi im Alltag; ferner die noch starke Beeinflußbarkeit durch die Lust und den Geschmack, den sie an geistlichen Übungen haben – und mit geistlichen Übungen sind hier alle Anstrengungen im Dienst der Liebe gemeint.

Die Etappe der Anfänger ist gekennzeichnet von Dürftigkeit, Unvollkommenheit und Vorläufigkeit. Die Anfänger haben viele Fehlhaltungen, besitzen keine innere Stabilität und führen ein eher oberflächliches Leben. Um einer folgenden Etappe gewachsen zu sein, gilt es, alle Grundhaltungen und Grundeinstellungen loszulassen, die einen auf unfruchtbare Weise an sich selbst binden und an der Vereinigung mit Gott hindern. Festhalten soll man sich hingegen an den Tugenden, die einem das Herz für den Mitmenschen und für Gott öffnen.

Bild für den Anfänger ist das Kind. Wie die Mutter ihr Kind liebkost, ihm leichte Speisen gibt und es ihm behaglich macht, so sorgt Gott für den Menschen, der in geistlicher Hinsicht noch ein Kind ist. Und wie eine Mutter ihr Kind zu gegebener Zeit entwöhnt, damit es heranwachsen kann, so führt die mütterliche Liebe Gottes den Menschen zu gegebener Zeit in eine Phase geistlicher Entwöhnung, damit er innerlich wachsen und gedeihen kann.

2. Die Fortschreitenden

Die Fortschreitenden suchen den Dialog mit Gott bereits nicht mehr so stark durch das eigene Machen, die eigene Leistung und den eigenen Geschmack. Die Fortschreitenden besitzen dadurch eine größere Toleranz gegenüber äußeren und inneren Spannungen und lernen Geduld und Milde im Umgang mit sich selbst und anderen.

In der Verfassung der Fortschreitenden erreicht die Meditation ihr natürliches Ende. Meditation ist für Johannes vom Kreuz die diskursive Betrachtung der Glaubenswahrheiten und der Schrift, wobei der Hauptakzent auf dem nachdenkenden, einfühlenden, von Phantasie und Verstandeskräften gelenktem Tun des Menschen liegt. Die Fortschreitenden möchten alles loslassen, um Gott so mehr Gelegenheit zu geben, von seiner Seite aus das Wort zu ergreifen. Damit sind sie offen geworden für die Selbstmitteilung Gottes, die dem Menschen ohne sein

Nachdenken und von geistlichen Anstrengungen abhängig sind wie früher, findet er in seinem Geist leicht und schnell zu ganz ungetrübter und verliebter Kontemplation und geistigem Verkosten, ohne sich mit seinen Gedanken abzumühen.

Johannes vom Kreuz, N II,1,1.

eigenes Zutun geschenkt wird. Johannes vom Kreuz nennt dies auch ‚mystische Theologie' oder Kontemplation.

Im Bild gesprochen ist der fortschreitende oder fortgeschrittene Gottsucher wie einer, der aus einem Kerker hinausgetreten ist und sich nun in einer ganz neuen Freiheit bewegen kann. Obwohl er bereits von vielem losgekommen ist, was den Menschen an der Gottesbegegnung hindert, so gibt es in dieser Phase jedoch niemanden, der nicht noch zahllose egozentrische Neigungen und unvollkommene Angewohnheiten hätte.

3. Die Vollkommenen

Auf drei Arten kann Gott im Menschen gegenwärtig sein:
Die erste ist dem Wesen nach, und auf diese Weise ist er nicht nur in den besten und heiligsten Menschen, sondern auch in den schlechten und sündigen und in allen übrigen Geschöpfen. Denn durch diese Gegenwart gibt er ihnen das Leben und das Sein, und wenn ihnen diese wesenhafte Gegenwart fehlte, würden sie alle zunichte und aufhören zu sein. Und diese Gegenwart fehlt dem Menschen niemals.
Die zweite Gegenwart ist durch Gnade, wodurch Gott behaglich und zufrieden im Menschen wohnt. Und diese Gegenwart besitzen nicht alle, denn wer in Todsünde verfällt, verliert sie...
Die dritte ist durch geistliche Zuneigung, denn in vielen frommen Menschen pflegt Gott seine geistige Gegenwart auf vielerlei Weise kund zu tun, womit er sie neu macht, ihnen Wonne schenkt und sie erfreut.

Johannes vom Kreuz,
C (Fassung B) 11,3.

Die Vollkommenen sind diejenigen, die das Ziel des geistlichen Weges, die Vereinigung mit Gott, bereits in diesem Leben erreicht haben. Sie besitzen den höchsten Grad der Liebe, der für uns Menschen möglich ist. Diese Menschen führen den Dialog mit Gott in Liebe: selbstvergessen, uneigennützig, mild, freundlich, verwegen, furchtlos, Reichtümer verschenkend.

In solchen Menschen kann Gott seine Gegenwart besonders eindringlich enthüllen (vgl. C (Fassung B) 11,3). In ihnen ist er nicht nur seinem ‚Wesen nach' gegenwärtig, wie er es ja in seiner gesamten Schöpfung notwendig sein muß, um durch diese ‚wesentliche' Gegenwart allem, was ist, Leben und Sein zu geben.

Er ist auch nicht nur ‚durch Gnade' in ihnen gegenwärtig, und diese gnadenhafte Anwesenheit bezeichnet bereits eine verdichtete Form der göttlichen Gegenwart, die möglich wird, wenn Gott im Menschen wohnen kann, weil dieser sich voller Hingabe und Enthusiasmus der Logik der Liebe fügt.

In den Vollkommenen ist Gott über alles hinaus durch ‚geistliche Zuneigung' gegenwärtig. Die Gegenwart durch geistliche Zuneigung erfährt der Mensch als eine neue Geburt oder eine neue Schöpfung in seinem Innersten. Seine menschliche Liebesfähigkeit verbindet sich dann bedingungslos mit der uneigennützigen Liebe Gottes und gerät in eine Verfassung totaler und schöpferischer Zuneigung. Die göttliche Liebe nimmt dann sozusagen vollständig Besitz von diesem Menschen, der immer umfassender befähigt wird, Gottes Liebe mit seinem ganzen Menschsein in sich resonieren zu lassen.

In der christlichen Spiritualität ist der Weg des liebenden Menschen sehr treffend als eine Spirale beschrieben worden, die sich in der Höhe oder der Tiefe auf ihr Zentrum zubewegt, das Gott ist. Manchmal wird dieses Zentrum berührt, ohne daß der Mensch begreifen kann, wie dies möglich ist. Dann bricht mitten auf dem Weg das Ziel bereits bruchstückweise durch. Die Erfahrung purer Liebe, d.h. einer Liebe die nicht mehr mit eigennützigen Motiven vermischt ist, ist in solch seltenen Augenblicken bereits möglich, auch wenn der Mensch unterwegs bleibt, solange er lebt. Nicht mit Willenskraft und auf Grund eigener

Vollkommenheit im Dialog mit Gott meint also keine moralische Unfehlbarkeit, sondern Entwicklung und Wachstum in der Dynamik gegenseitiger Selbstgabe.

Wie es in der biologischen Entwicklung ein Wachsen und Sich-Entfalten oder aber ein Verkümmern und Zurückfallen gibt, so gibt es das auch im geistlichen Bereich. „Viele geistliche Lehrer entwerfen Modelle oder geben Hinweise, an denen die BeterInnen sich in den einzelnen Etappen ihres geistigen Reifeprozesses orientieren können. Doch immer wieder warnen sie davor, sich das Beten als einen linearen, kontinuierlichen Prozeß vorzustellen, wo es keine Sprünge nach vorn und hinten, keine Bruchstellen oder Umwege gäbe" (Hense, 1996, 9). Stärker noch als im biologischen Bereich gibt es in der geistlichen Entwicklung unvorhersehbare Schübe und Knicke, und oft weiß der oder die Betreffende erst im Nachhinein, ob bestimmte Entwicklungen nun Fortschritt oder Rückschritt bedeuteten.

Leistungen wird das Ziel erreicht, sondern es ist eigentlich umgekehrt: das Ziel erreicht den Menschen, wenn dieser sich ganz von der göttlichen Liebesbewegung einholen läßt. Wann und wie das genau geschieht, kann der Mensch mit den Mitteln seiner Logik weder begreifen noch planen, *denn unergründlich sind seine Entscheidungen* und *unerforschlich sind seine Wege* (Röm 11,33).
Hense, Im Spiegel der Seele, 150.

Die christliche Vollkommenheit hat nur eine Grenze: die, keine Grenze zu haben.
Gregor von Nyssa, *de vita Moysis*, zitiert im Katechismus § 2028.

Ich halte es also für gefährlich, die Jahre zu zählen, die man in der Übung des innerlichen Gebetes zugebracht hat; denn geschähe es auch in Demut, so könnte doch meines Erachtens so etwas von Einbildung sich einschleichen, als hätten uns unsere Dienste gewisse Rechte bei Gott erworben. Ich sage nicht, daß man sich keine Verdienste erwerbe, denn alles wird gut belohnt werden; aber nach meiner Überzeugung wird eine dem geistlichen Leben ergebene Person, die meint, sie habe dadurch, daß sie viele Jahre lang das innerliche Gebet geübt, geistliche Tröstungen wohl verdient, niemals zur Vollkommenheit des Lebens gelangen. Ist es denn nicht genug, wenn sie verdient hat, daß Gott sie an seiner Hand hält, damit sie die Sünden meide, womit sie ihn, ehe sie das Gebet übte, beleidigte?
Teresa von Avila, V 39,15.

Gewöhnlich geschieht die Genesung des Leibes wie der Seele nur allmählich, Schritt für Schritt, von Stufe zu Stufe, mit großem Aufwand an Mühe und Zeit. Die Engel auf der Jakobsleiter haben Flügel, sie fliegen aber nicht, sondern steigen die Stufen auf und ab, eine nach der anderen. Eine Seele, die von der Sünde zur Frömmigkeit emporsteigt, wird mit der Morgenröte verglichen (Spr 4,18),

---

Es bedarf langjähriger Gebetserfahrungen, um seinen Dialog mit Gott und den anderer Menschen verstehen und fördern zu lernen. Jeder Beter, jede Beterin kennt Phasen, in denen er spürbar weiterkommt, und Durststrecken, wo alles verloren zu sein scheint. Eine standardisierte Aufstiegskurve (wie für die biologische Entwicklung etwa die Wachstumskurven im Säugling- und Kleinkindalter) läßt sich nicht anfertigen und ist wohl auch überflüssig: Es ist ja nicht wichtig, wann einer wieweit gekommen ist, wichtig ist nur, daß die Richtung stimmt, daß er immer wieder Aufbrüche erlebt, daß er für seine Verhältnisse weiterkommt, und sei es auch nur in kleinen Schritten. Das passiert weniger durch Aktionismus und ehrgeiziges Vergleichen und Bemessen von vermeintlichen Fortschritten als vielmehr durch ein gelassenes Gedeihen und Wachsen im mir eigenen Rhythmus, so wie Gott mich weiterführen will.

Manchmal scheint die Entwicklung zu stocken, man nimmt kein einziges Anzeichen für ein Weiterkommen mehr wahr, und dann stellt sich die Frage, ob es noch Sinn hat durchzuhalten. Geistliche Lehrer raten dazu, gerade in solchen Momenten nicht aufzugeben. „Und wenn einer beim Beten gar nichts erreicht, wenn sein Herz nicht warm wird, sein Gewissen nicht klarer sieht, keine Tugend in ihm gestärkt wird, so soll der Geist sich darüber doch nicht sorgen, sondern in Gelassenheit und Freiheit Gott zuwenden, so viel es ihm möglich ist" (Hense, 1996, 11). Denn ich bin es ja nicht selbst, der sich von Stufe zu Stufe emporarbeiten muß, der sich vervollkommnen, heil und ganz machen muß, sondern Gott zieht und trägt mich, er macht mich vollkommen, er macht mich zum heilen und reifen Menschen. „Das Gebet ist kein therapeutisches Mittel, über das der Mönch wie über eine Technik verfügen könnte. Christus ist der eigentliche Arzt, der jede Wunde zu heilen versteht. Im Gebet überlassen wir uns mit unseren Wunden Gott, um an ihm als dem am Kreuze selbst verwundeten Arzt zu gesunden. Im Gebet erfahren wir Gottes uns erforschende und zugleich heilende Gegenwart. Weil das Gebet uns in Gottes Gegenwart stellt und uns mit Gottes Geist erfüllt, kann es heilen" (Grün, 1984, 47).
In der Gegenwart Gottes und im Gespräch mit ihm relativiert sich jedes Aufstiegsschema zu Gott. Ohne daß der Mensch weiß, wie das geschehen kann, findet er sich in solchen Momenten von Gott ans Ziel gebracht: nicht daß seine Entwicklung damit definitiv zu Ende wäre, aber bruchstückhaft erfährt er schon jetzt Vollkommenheit im Dialog. Eigentlich ist der Mensch bei jedem Schritt, den er auf seinem Lebensweg zu Gott hin macht, zugleich Anfänger, Fortschreitender und Vollkommener: Immer wieder beginnt er mit einem neuen Schritt, immer wieder vertieft sich sein Dialog mit Gott, immer wieder vollendet er einen seiner Schritte. Nach Johannes vom Kreuz ist Gott dabei der Handelnde, der Mensch ist nicht selbst der Motor seiner geistlichen Entwicklung. In Zärtlichkeit und Anpassung an den jeweiligen konkreten Menschen bestimmt Gott die Reihenfolge der einzelnen Entwicklungsschritte des Menschen. Dabei zeigt sich, daß diese Schritte eine Richtung haben: sie beginnen außen und richten sich nach innen oder sie beginnen beim Niedrigen und richten sich auf das Hohe. Im Aufstieg zum Berg Karmel formuliert Johannes das so:
„Um den Menschen zu bewegen und von seiner äußersten Grenze in den Niederungen bis zur anderen äußersten Grenze in der Höhe seiner Einung mit Gott zu erheben, pflegt Gott auf geordnete Weise und

die nicht plötzlich, sondern nur allmählich die Finsternis vertreibt. Eine Heilung die nur langsam vor sich geht, bezeichnet der Volksmund als die sicherste. Die Krankheiten der Seele wie des Leibes kommen wie zu Pferd im Galopp, ziehen aber zu Fuß und im Schritt ab. Bei diesem Beginnen mußt du also Mut und Geduld haben. ... Das Bemühen um die Reinigung unserer Seele kann und soll nur mit unserem Leben ein Ende finden. Regen wir uns also nicht auf über unsere Unvollkommenheiten: unsere Vollkommenheit besteht eben darin, daß wir die Unvollkommenheiten bekämpfen. Wir können sie aber nicht bekämpfen, wenn wir sie nicht sehen; wir können sie nicht überwinden, wenn wir ihnen nicht begegnen. Unser Sieg besteht nicht darin, daß wir sie nicht wahrnehmen, sondern darin, daß wir uns ihnen nicht beugen. Der aber beugt sich ihnen nicht, der sie unangenehm empfindet. ... Eines ist also notwendig: den Mut nicht verlieren! „Befreie mich, Herr, von Feigheit und Mutlosigkeit" (Ps 55,17), betete David. Es ist ein Glück für uns, daß wir in diesem Krieg immer Sieger sind, solange wir nur kämpfen wollen.

Franz von Sales, in: Hense, Im Spiegel der Seele, 215.

zärtlich vorzugehen und so wie es dem Menschen entspricht. Da er nun einmal will, daß der Mensch entsprechend einer Ordnung erkennt, die sich der Formen und Bilder der geschaffenen Dinge bedient, und daß die Weise seines Erkennens und Wissens über die Sinne erfolgt, muß er auch hier ansetzen: Um den Menschen zur höchsten Erkenntnis zu erheben, muß Gott deshalb auf zärtliche Weise damit beginnen, ihn an der niedrigsten und äußersten Grenze seiner Sinne zu berühren, um ihn so seiner Weise entsprechend bis zur Grenze seiner geistigen Weisheit zu erheben, die nicht in den Bereich der Sinne fällt... So geht Gott vor und führt den Menschen zur Vollkommenheit entsprechend der Weise des Menschen, vom Niedrigsten und der Außenseite her bis zum Höchsten und Innersten... So erhebt Gott die Seele von Stufe zu Stufe bis zum Innersten; nicht weil es immer notwendig wäre, diese Ordnung des einen Schrittes nach dem anderen so genau zu wahren, denn manchmal macht Gott das eine ohne das andere, oder durch das Innigere das weniger Innige oder alles gleichzeitig... Der normale Weg ist jedoch der beschriebene" (Johannes vom Kreuz, S II,17,3-4).

Der Eintritt in den Dialog ist mit einem Aufhören der eigenen aktiven, sich des anderen bemächtigender Worte verbunden. Es kommt zu einer Sprachlosigkeit in den Fähigkeiten und Kräften des Menschen, die der Mensch anfangs nicht gut einordnen kann. Erst wenn er sie zuläßt, kann er auf ‚zarte Weise‘, wie Johannes vom Kreuz sagt, die innere Befreiung verspüren, die damit verbunden ist. Diese ist so zart, „daß, wer Lust danach verspürt und darum besorgt darauf aus ist, sie nur ja zu spüren, sie für gewöhnlich nicht spürt. Denn sie wirkt, wie ich sage, im Moment der größten Untätigkeit und Sorglosigkeit des Menschen. Es ist wie mit der Luft, die entweicht, wenn man sie mit der Hand umschließen will" (Johannes vom Kreuz, N I, 9,6).

Die Erfahrung, daß ich den Dialog nicht mehr ‚machen‘ muß, daß ich meine Hand nur noch öffnen kann, um das Leben der Liebe zu empfangen, kann mich manchmal so treffen, daß mein Atem stockt und ich überwältigt spüre, wie der Hauch Gottes auf mich zukommt und in mir zu atmen beginnt.

Das ist so etwas wie eine Atemwende: der göttliche Hauch der Liebe atmet in mir, Gottes Wort haucht in mir den Atem der Liebe. Das heißt nicht, daß ich als Mensch mit meinen begrenzten Möglichkeiten disqualifiziert werde, sondern ganz im Gegenteil werde ich sozusagen auf den Gipfel meines Menschseins hinaufgetragen und erfahre eine Vervollkommnung, die alle bisherigen Erfahrungen weit übertrifft.

☞ Wer betet, wird von Gott auf sehr persönliche und individuelle Weise in einen tiefgreifenden Umformungs- und Entwicklungsprozeß hineingeführt: neue Horizonte eröffnen sich, neue Kräfte werden geweckt, eine neue Lebensqualität wird gewonnen.

2. Der Dialog der Kirche

Der Vergleich der Kirche mit dem Leib wirft Licht auf die innige Verbindung zwischen der Kirche und Christus. Die Kirche ist nicht nur *um ihn* versammelt, sondern *in ihm*, in seinem Leib geeint. Drei Aspekte der Kirche als des Leibes Christi sind besonders hervorzuheben: die Einheit aller Glieder untereinander durch ihre Vereinigung mit Christus; Christus als das Haupt des Leibes; die Kirche als die Braut Christi.

Katechismus § 789.

Wie eine Braut den Bräutigam lieb hat, so hat uns Christus auch lieb und wir wiederum, wenn wir glauben und die rechte Braut sind. Die Braut läßt sich an keinem Ding genügen, ist unersättlich, will allein den Bräutigam selbst haben. So ist auch wiederum Christus gegenüber mir; er will mich allein haben und sonst nichts mehr. Will haben, daß ich aus Grund des Herzens sage: Ich bin dein.

Martin Luther.

Die Einheit zwischen Christus und der Kirche, dem Haupt und den Gliedern des Leibes, besagt auch, daß die beiden zwar voneinander verschieden sind, aber in einer persönlichen Beziehung stehen. Dieser Aspekt wird oft durch das Bild von Bräutigam und Braut zum Ausdruck gebracht.

Katechismus § 796.

Darum wird der Mann Vater und Mutter verlassen und sich an seine Frau binden, und die zwei werden ein Fleisch sein. Dies ist ein tiefes Geheimnis; ich beziehe es auf Christus und die Kirche.

Eph 5,31-32.

Die Heilige Schrift beginnt mit der Erschaffung des Mannes und der Frau nach dem Bilde

Der Dialog der Kirche mit Gott ist ein ritualisierter Dialog. „Die Ritualisierung gehört zur Grundausstattung des Lebens, auch beim Menschen, wie die Sprache. Die Eigenart der religiösen Rituale ließe sich so bestimmen, daß der Mensch in diesem Bereich die Erfahrung von Heil durch die Beziehung zum Heiligen zu gewinnen trachtet" (Josuttis, 207). Für den ritualisierten Dialog mit Gott gibt es eine klare Rollenverteilung und festgeschriebene Modelle. Besondere Anlässe, spontane Stimmungen und aktuelle Ereignisse ändern oder variieren zwar den Wortlaut des Textes und färben den Klang, doch die Rollen und Dialogmodelle behalten immer ihre festen Formen.

Die Rollen: Im Dialog der Kirche mit Gott lassen sich zwei Grundmuster für die Rollenverteilung unterscheiden:
1. Die Kirche ist der Leib und Christus ist das Haupt. In ihrer Rolle als Leib erlebt die Kirche sich als lebendiger Organismus, der aus vielen Gliedern zusammengesetzt ist. Das Haupt steht Garant für das richtige Gleichgewicht zwischen der Pluriformität der Glieder und der Einheit des Leibes.
2. Die Kirche ist Braut und Christus ist Bräutigam. In ihrer Rolle als Braut erlebt die Kirche sich als ‚Hälfte', die sich nach einem liebenden Partner sehnt. Der Bräutigam steht Garant dafür, daß die Sehnsucht der Braut erfüllt wird.

Die Modelle: Entsprechend diesen beiden Grundmustern in der Rollenverteilung gibt es auch zwei vorgegebene Dialogmodelle:
1. Es geht um den Aufbau des Leibes in all seinen Gliedern und seinem Haupt. Aus vielen Individuen konstituiert sich ein Leib, der sich seiner selbst in der Dynamik seines Werdeprozesses immer wieder neu bewußt werden muß. Dieses Dialogmodell zielt im Grunde auf die Sensibilisierung für den ganzen Leib in einer aktuellen ‚Leiberfahrung'.
2. Es geht um die Begegnung von Braut und Bräutigam. Liebe ist die stärkste Kraft, die Menschen bewegt. Darum kann nur sie Basis für eine tragfähige Beziehung sein. Dieses Dialogmodell zielt auf die Pflege der Liebesbeziehung zwischen Gott und Mensch in einer aktuellen ‚Liebeserfahrung'.
Beide Rollenmuster und beide Dialogmodelle greifen in den liturgischen Feiern der Kirche ineinander und ergänzen sich gegenseitig, so daß Leib- und Brautsymbolik meistens mit einander verwoben sind. Dies liegt natürlich auch auf der Hand, denn nicht abstrakt, sondern leiblich konkret begegnen sich Liebespartner.
Wenn die Kirche ihren Dialog mit Gott an diesen beiden Modellen ausrichtet, wenn sie sich selbst als Leib Christi und Braut Christi ernst nimmt, wenn sie sich von Gott lieben läßt und darauf einläßt, daß er sie zu einem Leib aufbaut, wird sie Gott gegenüber nicht aus der Rolle fallen. Schlimm ist aber, wenn die Kirche ihre Rolle zwar kennt, aber nur scheinheilig und äußerlich spielt, also in Wirklichkeit ihren Leib verdrängt und in peinlicher Verkrampfung jeder echten Liebesbegegnung ausweicht.

Daß Rollen und Modelle festliegen, daß der Dialog der Kirche also ritualisiert ist, hat diesen Grund: jeder, der mag, soll teilnehmen können, auch wer noch entwicklungsbedürftig ist und wem die Worte noch

Gottes und schließt mit der Vision der „Hochzeit des Lammes" (Offb 19,7.9). Von ihren ersten bis zu den letzten Seiten spricht die Schrift von der Ehe und ihrem *Mysterium*, von ihrer Einsetzung und dem Sinn, den Gott ihr gegeben hat, ... von ihrer Erneuerung „im Herrn" (1 Kor 7,39) im Neuen Bund Christi und der Kirche.

Katechismus § 1602.

Kyrie eleison: das heißt: Herr, erbarme Dich! *Kyrie eleison* ist griechisch. Jede Übertragung in eine andere Sprache verliert etwas an Kraft. Das Wort *Kyrie eleison* kann ich mit mir tragen und es in meinem Herzen immer wieder sprechen. Es wird seine Wirkung nicht verfehlen. Erbarmende Nähe Gottes wird mir geschenkt. Und die Frucht daraus wird sein, daß ich mit diesem grundsätzlichen Erbarmen allen Menschen begegnen kann: keine Ablehnung im Herzen, auch nicht bei negativ mitschwingenden Gefühlen, ein grundsätzliches Wohlwollen mit dem Empfinden ‚meine Sonne ist auch deine Sonne!'

Das *Kyrie eleison* ist eines der tiefsten christlichen Mantras. Ein Mantra ist ein Wort, das ständig wiederholt werden kann, bis es selber zu uns spricht und es sich selber in uns spricht. Achten wir dabei auch auf die Folge der Vokale: Y-i-e-e-i-o. Das ‚y' ist in der Tiefe verwurzelt und nach oben geöffnet. Das ‚i' ist die Vertikale, die sich im Punkt über dem ‚i' übersteigt. Dann folgen drei ‚e', die die Öffnung im Schulterbereich, Kopf und Kehlkopf aufzeigen. Über das folgende ‚i' folgt zuletzt das ‚o', das die Abrundung in der Tiefe, im Bauchbeckenraum aufzeigt. Spüren wir einfach dieser Abfolge nach. Achten wir dann auch auf die Konsonanten: k-r-l-s-n. Nach zwei harten oder bestimmten Werten folgen drei weiche Werte. Spüren wir beim Sprechen oder singen auch in

fehlen, darf sich in der Liturgie in den Dialog mit Gott ‚hineinspielen'. Gerade weil jeder zählt und jeder eingeladen ist, braucht die Kirche bewährte Riten, die sie durch die Jahrhunderte hindurch dialogfähig machen für Gott, unabhängig von den persönlichen Stärken und Schwächen des einzelnen und der mehr oder weniger inspirierenden konkreten Situation. Riten unterstützen einen guten Umgangsstil zwischen den Dialogpartnern, wenn die Rollen lebendig gespielt werden. Lebendig gespielt werden die Rollen nur, wenn sie ernst genommen werden, und zwar über den Moment der gottesdienstlichen Feier hinaus. Nur wenn der einzelne sich berufen fühlt, das Glied des Leibes zu sein, das eben nur er sein kann und kein anderer, wird er begreifen, wie wichtig seine Teilnahme ist. Nur wenn die Gemeinde auch im Alltag aufs Ganze geht, sich lieben läßt und ihrerseits liebt, geschieht im Dialog der Kirche mit Gott wirklich so etwas wie eine Liebesberührung. „Wir spielen uns hinein in das Geheimnis des erlösten, des reifen, des gesunden, des freien, des liebenden Menschen. Spiel ist Weg zu einer neuen Selbsterfahrung. Im Spiel vergesse ich mich selbst, ich identifiziere mich mit dem, was ich spiele, was ich darstelle, und erfahre mich so in einer ganz neuen Weise" (Grün, Eucharistie und Selbstwerdung, 65).

Um das Spiel der Liturgie zu erlernen, kann der einzelne sich entweder an konkrete Personen seiner Gemeinde vor Ort ‚anhängen', er kann sich auch in Personen oder Gemeinschaften aus der Geschichte der Kirche ‚hineinversetzen' oder aber in die zahlreichen Textangebote dieses Spiels ‚einleben'. „Die Liturgie weiht stufenweise mit einer vollendeten Kunst ein, sie erweckt die Aufmerksamkeit, sie schärft alle Fähigkeiten des menschlichen Geistes und läßt ihn an der Schwelle der Geheimnisse erzittern" (Evdokimov, P., 94) Die Drehbücher dieses Spiels bzw. die Strukturen der verschiedenen Feiern sehen viele Textvariationen vor, die je nach Anlaß und (Teil-)gemeinde auszuwählen und zu arrangieren sind. Dabei ist zu bedenken, daß bestimmte Texte der Wiederholung bedürfen, um die Feiernden tiefer in den Dialog mit Gott hineinzuführen.

Der ritualisierte Dialog der Kirche mit Gott fördert also im Mitspielen und Nachspielen die Leib- und Liebesentwicklung des einzelnen und der ganzen Gemeinschaft, und das bedeutet auch, daß der Dialog selbst weiterentwickelt werden kann und muß. Die Rollen und Modelle geben diesen Spielraum, ja laden geradezu zu einer fortwährenden Grenzverschiebung ein.

Das Spiel hat eine aktive und eine passive Seite: aktiv ist es, insofern der Mensch sich selbst wirklich ganz einbringen muß, passiv ist es, insofern dem Menschen Rolle und Dialogmodell angereicht werden.

Wird der Dialog der Kirche zu aktiv oder zu passiv geführt, besteht die Gefahr, daß das Gespräch blockiert wird. Zu aktiv ist der Dialog, wenn der Mensch mit seiner Rolle so beschäftigt ist, daß er nicht mehr aufnahmefähig ist für seinen Gesprächspartner und für die Entwicklung des Gesprächs. Ein zu aktiver Dialog degradiert zum Monolog. Zu passiv ist der Dialog, wenn der Mensch unbeteiligt und äußerlich Worte aufsagt und Riten abspult, so daß sein Gesprächsbeitrag lau wird und beim andern nicht mehr ankommen kann. Ein zu passiver Dialog degradiert zu leeren Phrasen.

Damit der Mensch sich einerseits wirklich in den Dialog der Kirche einbringen kann und andererseits nicht von ihm abweicht, ist es notwendig, nicht nur seinen Text zu kennen, sondern auch mit neuen

diese Abfolge hinein. Es kann uns dabei vieles aufgehen.
Schallberger, 64-65.

Während ich mich (auf Grund meiner Gefangenschaft) nun in tiefer Verzagtheit und Verlassenheit befand, so daß ich nicht einmal die Kraft zu haben meinte, Gott um meine Errettung anzurufen, starrte ich hinaus und gewahrte einen jungen Priester... betend... Bei diesem Anblick durchfuhr mich plötzlich ein Gedanke großen Trostes. „Ich weiß nicht, was für ein Gebet er spricht", sagte ich mir. „Aber hindert mich denn das, in sein Gebet einzustimmen? Ich brauche nur mein Herz gänzlich mit seinem Herzen und mit seiner Zunge zu vereinigen, und Gott wird alles, was er spricht, als von mir gesprochen annehmen. Vielleicht bittet er um die Befreiung der Gefangenen...“
Danach kam mir ein ganz neuer Einfall. Nämlich ich dachte, ob ich nicht versuchen sollte, mich mit dem Apostel Petrus zu vereinigen... der sich im Kerker zu Jerusalem befand, mit Ketten gefesselt war und eine vierfache Wache um sich hatte.
Es steht in der Apostelgeschichte zu lesen, daß damals die ganze Kirche von Jerusalem ohne Unterlaß für ihn betete, und gewiß wird sie auch für seine Erlösung aus dem Gefängnis gebetet haben. Mit diesen Gebeten trachtete ich mich zu vereinigen und desgleichen mit den Gebeten, die der Apostel selbst gesprochen hat, und unter denen werden ja ebenfalls Gebete um Befreiung aus dem Kerker gewesen sein...
Ich sagte mir: „es kann doch kein Hindernis sein, daß der Apostel seine Gebete schon vor fast zwei Jahrtausenden gesprochen hat. Denn das ist wohl nur in der äußeren Welt so, daß ein Jahr auf das andere folgt...“
Ich hatte die Erfahrung zu machen, daß die Vereinigung, die ich jetzt zu verwirklichen suchte, schwieriger war als die zuvor geübte. Das lag daran, daß mir jetzt nicht mehr ein mit den Sinnen erfaßbarer Mensch, wie das der Priester gewesen war, zur Vereinigung gegenüberstand. Ja, ich muß sagen, daß

Tönen neu aufhorchen zu lernen und Veränderungen und Entwicklungen ausdrücken zu können.

Gerade dies letzte wird oft viel zu ängstlich vermieden. So kommt es, daß viele Frauen heute das Gefühl haben, sich nicht genügend in die Liturgie einbringen zu können, und daß viele junge Menschen das Gefühl haben, eine zu verstaubte Sprache reden zu müssen. Solange gerade die Kirchenleitung den Leib der Kirche in verschiedenen Gliedern kränkt und mißachtet, braucht man sich nicht zu wundern, wenn Kirche sich selbst in der Liturgie als krank und schwach wahrnehmen muß. Hier und da liegt sie sogar auf dem Totenbett. Christus, das Haupt der Kirche, liebt alle Glieder seines Leibes und zeigt den Weg aus dieser Entwicklungsblockade: nur die Wertschätzung aller in ihren Talenten und Fähigkeiten kann die Kirche heil und gesund machen.

Ein anderer Schwachpunkt liegt heute sicherlich auch in den losen, unverbindlichen Beziehungen, die viele Kirchenmitglieder zur Gemeinde haben. Wenn das die Realität ist, kann Liturgie – wenn überhaupt – nur ein vages und verschwommenes Leibgefühl vermitteln und ist Spiegelbild einer verschmähten Liebe (Beziehung, die als eher unwichtig eingestuft wird).

Die Liturgische Bewegung des zwanzigsten Jahrhunderts hat sich bemüht, den Dialog der Kirche mit Gott zu dynamisieren; dadurch sollte zum lebendigen Aufbau des Leibes beigetragen werden und der Liebesbund mit Christus stärker zum Ausdruck kommen. Ein wichtiges Stichwort in diesem Zusammenhang ist die *participatio actuosa*, die aktive Teilnahme der ganzen Gemeinde an der Liturgie. Man versuchte dieses Ziel u.a. durch die Einführung der Landessprachen, die häufigen Akklamationen in den Gottesdiensten, das Mitsingen der Lieder (auch zahlreicher neuer Lieder) zu erreichen, doch zeigt sich jetzt, daß damit das Ziel weit verfehlt wurde, weil diese Dinge für den heutigen Menschen ganz und gar nicht genügen, sich auf eine aktive Teilnahme an der Liturgie einzulassen und damit in den Leib der Kirche einzubinden. Das Problem sitzt viel tiefer.

Warum lassen sich heute viele nicht mehr auf feste Bindungen ein? In unserer Gesellschaft ist die Psyche vieler Menschen immun geworden gegen eine zu schnelle Festlegung. Das hat damit zu tun, daß man sich jederzeit einer Flutwelle von Reklame, politischen Parolen, Konsumangeboten, Informationen usw. ausgesetzt sieht und gelernt hat, sich das herauszupicken, was im Moment gefällt. Weil alles nebeneinander zu haben ist, scheint es nicht opportun, sich auf eine Sache festzulegen. Die individuelle Freiheit wird oft gerade darin erfahren, daß ich unverbindlich bleiben kann, daß ich also in jedem Moment schauen kann, was mir materiell, aber auch sozial, politisch und religiös geboten wird. Daß diese Freiheit jedoch trügerisch ist, fällt vielen nicht auf, da man immer sofort etwas anderes findet, sobald das erste fade wird. Dieser Hintergrund hat mancherorts zu aufwendigen Gottesdienst-,aufführungen' verleitet, weil man in Konkurrenz zu zahllosen Unterhaltungs- und Verkaufsveranstaltungen den heutigen Menschen ein attraktives Angebot machen wollte. Letztlich führt das aber zu nichts, weil auf dieser Schiene nur das kurzzeitige Mittun aktiviert wird, weiter nichts.

Nur wenn Menschen erfahren, daß eine Beziehung oder eine Gemeinschaft mehr zu bieten hat, als auf dem breiten Markt der Angebote hier wie dort zu haben ist, werden sie sich vielleicht zu einer Bindung

ich mehr als einmal an der Möglichkeit der Vereinigung zu zweifeln begann... Aber ich ließ nicht nach und hielt mir vor Augen, daß mir ja die Vereinigung mit dem Priester gelungen war; und dann hatte ich plötzlich aufgehört, immer wieder nach Veränderung meiner Körperhaltung zu streben, und mit einer Seligkeitsempfindung, die ich nicht zu beschreiben weiß, fühlte ich, daß meine Petrusgebete ihrer Erhörung nahe zu kommen schienen. Und danach, in einem bestimmten Augenblick, spürte ich deutlich, daß nun die Vereinigung sich begeben hatte... Daß die Vereinigung sich vollzogen hatte, das war gegen Abend gewesen. In der Nacht wurde die Stadt durch Luftgeschwader angegriffen... Vieles stürzte ein, und überall standen die Flammen... Ich aber ging ungefährdet hinaus, als würde ich von einem Engel geführt gleich dem Apostel Petrus, und ich ging durch manche Verwüstung, aber wohlbehalten.
Werner Bergengrün, 28ff.

entschließen können. Noch nie stellten Menschen nämlich so hohe Anforderungen an ihre Beziehungen und damit natürlich auch an ihre Kirchen. Abhilfe ist also nur in einem echten Gemeinschaftsaufbau zu finden, das heißt darin, daß Menschen wirklich miteinander zu tun haben wollen, wirklich miteinander unterwegs sind und ihr Leben ein Stück weit miteinander teilen wollen. Das beginnt vielleicht mit einem gemeinsamen Kaffeetrinken nach dem Gottesdienst, das hat zu tun mit einem gemeinsamen Engagement für Kinder und Jugendliche, für Kranke, Bedürftige, Menschen in Schwierigkeiten usw.; das hat aber auch zu tun mit einer gemeinsamen Gestaltung der Gottesdienste, einer gemeinsamen Verantwortung für die Glaubensvermittlung usw. Nur wenn Gemeinschaft lebt, wenn Menschen einander wirklich wichtig sind, kann die Gemeinschaft sich in der Liturgie als gesunder Leib und lebendig in allen Gliedern wahrnehmen. Die Leiberfahrung, die Kirche heute in der Liturgie macht, ist daher nicht nur frustrierend, sondern zeigt uns allen auch, wo wir noch entwicklungsbedürftig sind und wie wir unsere Heilung unterstützen können.

> Anknüpfend an die Leib- und Brautsymbolik im Dialog der Kirche mit Gott, lassen sich die spezifischen Typen gottesdienstlicher Feiern folgendermaßen verstehen: die Sakramente sind gleichsam die ‚Körpersprache‘ der Kirche, das Stundengebet ist Ausdruck des ‚Zusammenlebens‘, die Wortfeiern sind der ‚Gesprächsfaden‘, der in einer Partnerschaft nie abreißen darf, und die Segnungen sind Ausdruck des ‚Zueinanderstehens‘.

2.1 Liturgie der Sakramente

Sakramente sind realsymbolische Zeichenhandlungen (Meyer, 447), das heißt sie haben die äußere Erscheinungsform tastbarer Symbole, die eingebettet sind in eine bedeutungsvolle rituelle Handlung.
Wie alle Symbole haben auch die Symbole der Sakramente eine für die Sinne faßbare Gestalt, z.B. Wasser, Öl, Brot, Feuer, Worte, Gebärden. Durch ihre eindringliche Wirkung auf Gefühl und Geist öffnen sie Blicke in eine Tiefe, die sachlich beschreibenden oder analytisch erforschenden Ansätzen unerreichbar bleibt. Eine tiefere Wirklichkeit als die Alltagswirklichkeit wird sichtbar: Das Symbol des Ringes meint Liebe und Treue; ein Händedruck ist Zeichen der Freundschaft.
Realsymbolische Zeichenhandlungen wollen nicht nur auf eine tiefere Wirklichkeit verweisen, sondern machen diese tiefere Wirklichkeit auch gegenwärtig: Der Händedruck *realisiert* die Freundschaft auch, das Tragen des Ringes *ist* lebendige Liebe und Treue.

Die Sakramente sind groß und heilig: doch nichts ist der Mensch, der die Liebe nicht hat. Die Liebe also ist die Kraft des Sakraments.
Augustinus, *Sermones*, Cl. 0284, sermo 229U, ed. RB 79.

Die Tiefendimension der Sakramente ist Gott selbst, der allerdings unaussprechlich und unbegreifbar bleibt. Sakramente können den Blick auf diese Tiefendimension freigeben. Sie sind Mittel und Hilfe, um mit Gott in Kontakt zu kommen, gerade weil sie die Fähigkeit haben, transparent zu werden, und darum nicht hinderlich zwischen Gott und Mensch stehen. Eigentlich sind Sakramente ritualisierte Begegnungsmomente mit Gott: Die Symbole sind wie eine Tür, durch die Gott und Mensch zueinander finden. Gottes abgrundtiefe Wirklichkeit berührt im Symbol menschliche Wirklichkeit, die immer in Gefahr ist, flach und oberflächlich zu bleiben. Weil Gott und Mensch sich tatsächlich

Glaube schafft keine Sakramente, sondern läßt im Menschen eine Perspektive entstehen, in der er in den Dingen oder in der Geschichte die Gegenwart Gottes wahrzunehmen vermag. Gott ist immer in allem präsent. Freilich gibt sich der Mensch nicht in jedem Fall Rechenschaft von dieser Tatsache. Der Glaube ermöglicht es ihm, in der Welt Gott zu erahnen. Dann trans-figuriert sich die Welt mit ihren Dingen und Fakten: Sie wird zu mehr als nur Welt, sie wird zum Sakrament Gottes. Deshalb können auch nur die Menschen, die sich zum christlichen Glauben bekennen, christliche Sakramente verstehen.

Boff, 115.

begegnen, und dies nicht nur ein ‚Reden-über-etwas‘ ist, kann die Wirklichkeit des Menschen nicht bleiben, wie sie war, sondern wird durch die Berührung mit dem Göttlichen in einen Verwandlungs- oder Umformungsprozeß hineingenommen, der den Menschen in die Tiefe Gottes trägt. Daher bewirken Sakramente, was sie bezeichnen: sie weisen einen Weg, sie setzen in Gang, helfen über etwas hinweg, fangen auf, sie stärken und inspirieren.

Wenn gesagt wird, daß Sakramente aus sich selbst heilswirksam sind (*ex opere operato*), so heißt das nicht, daß sie magisch wirken oder automatisch und ohne innere Anteilnahme von Spender und Empfänger Tiefe schenken, als könnte der Mensch eine Formel sprechen, dazu eine symbolische Handlung vollziehen und damit ein spirituelles Resultat erreichen. Gemeint ist vielmehr, daß Sakramente göttliche Wirklichkeit bedingungslos vermitteln, das heißt unabhängig von Leistungen und Erfolgen im seelisch-geistigen Leben des Spenders und Empfängers. Wenn der Mensch darauf vertrauen kann, daß Gott ihm mit Liebe begegnet und ihn begleitet, ist die wichtigste Voraussetzung erfüllt, damit das Sakrament seine Wirkung entfalten kann. Wie die gläubig-engagierte Teilnahme (SC 14) dessen, der etwas mit sich geschehen lassen will „und dazu Herz und Hände öffnet" (Schilson, 1081) – das heißt kein Hindernis in den Weg legt (*non ponentibus obicem* vgl. DH 1606) – das Sakrament fruchtbar werden läßt, so wird eine funktionalistische, dinghaft-unpersönliche Haltung das Sakrament eher blockieren.

Daß die Begegnung zwischen Gott und Mensch ritualisiert ist, hat diesen Vorteil: Man braucht kein Mystiker zu sein, um Gott begegnen zu können. Sakramente demokratisieren die Gottesbegegnung und den geistlichen Weg zu Gott. In den Ritualen werden die bewährten Riten angereicht; der Gläubige braucht sie nicht jedesmal neu zu entwickeln, er braucht nicht jedesmal neu nach passenden Symbolen, Handlungen und Worten zu suchen. Freilich ist dabei darauf zu achten, daß das konkrete Leben der Teilnehmer und ihre Glaubenserfahrung als ‚Ort‘ der Gottesbegegnung und Umformung ernst genommen werden. Würde im Sakrament das konkrete Leben des teilnehmenden Menschen beiseite geschoben, bliebe nichts als verstaubte Worte, unwirkliche, sinnlose Handlungen, ja bestenfalls ein wenig Glimmer für den grauen Alltag.

Sakramente geben einen doppelten Impuls, einmal vom Menschen zu Gott: sie bringen den ganzen Menschen mit Leib und Geist in Kontakt mit Gott; zum anderen von Gott zum Menschen: sie inkarnieren Gott in menschliche Wirklichkeiten, das heißt Gott bleibt keine abstrakte, nur gedachte Größe, sondern wird Fleisch und Blut in menschlichem Fleisch und Blut. Dies geschieht nicht individualistisch zwischen der einzelnen Seele und Christus, sondern in konkreter gegenseitiger Sorge der Gläubigen füreinander und ganz besonders in der Sorge derjenigen für ihre Gemeinden, die ein Hirtenamt übernommen haben. So werden die Gläubigen untereinander und die Bischöfe und Priester in ihren Gemeinden zum Symbol des anwesenden Christus, man könnte auch sagen zur Gestalt des Ursakraments, das Christus selbst ist (Nocke, 79-81). „Wißt ihr nicht, daß euer Leib Tempel des Heiligen Geistes ist und der Geist Gottes in euch wohnt?" (1 Kor 3,16).

Es gibt viele Sakramente, sie alle zu erforschen reicht die Zeit nicht. Sicher sind einige von

Im Sakrament wird die Kirche als lebendiger Leib Christi sichtbar (LG 7), sie ist nicht mehr nur eine soziologische Gruppe oder Institution.

euch auch zu schwach, um so viel zugleich zu begreifen... Ein Sakrament, so wird gesagt, ist ein heiliges Zeichen oder ein heiliges Geheimnis.

Bernhard v. Clairvaux, Sermo in cena Domini, par. 2, vol.5, pag. 68.

Angesichts der Wiederentdeckung des Symbols und Mysteriums im zwanzigsten Jahrhundert und der Suche aller Konfessionen nach einem ausgewogenen Miteinander von Wort und Symbol sollte die Christenheit in ehrlicher Toleranz und Einheit zum eindrücklichsten Kernsakrament unserer Tage werden, das alle weiteren Sakramente in sich enthält. Eine rigorose Begrenzung der Gottesbegegnung auf die sieben katholischen Sakramente hätte sich dann ebenso überlebt wie eine überzogene protestantische Betonung von Wort und Verkündigung. Hilfreich ist daher heute nicht so sehr eine auf Abgrenzung zielende Definition der Sakramente sondern eher eine Formulierung ihres Wesens und ihrer Mitte:

> Sakramente sind die Körpersprache der Kirche im Dialog mit Gott. In den Sakramenten kommuniziert die Kirche ganz direkt und leiblich mit Gott: die Begegnung zwischen beiden wird umspielt mit konkreten Zeichen, Worten und Gebärden. Sakramente sind leibliche Berührungen Christi, die eine Art Liebesspiel in Gang setzen: Die Liebe des Menschen wird geweckt und gestärkt, befreit von egoistischen Motiven, eindeutig ausgerichtet auf den anderen, getragen und tragfähig gemacht, ja hineingenommen und umgeformt in göttliche Liebe. Sakramente initiieren, fördern, begleiten und korrigieren diesen Prozeß. Sie tun dies nicht individualistisch in begrenzter Zweisamkeit der einzelnen Seele mit Gott, sondern immer im Kontext der ganzen Kirche und des unbegrenzten Liebesangebots Gottes. Die Weite der göttlichen Liebe kommt zum Ausdruck in der mitfeiernden Gemeinschaft und dem geweihten Amtsträger.

Gemeinschaft mit Christus und damit Gemeinschaft der Christen untereinander werden durch Wort und Sakrament im Heiligen Geist vermittelt. Wo Christen und Kirchen volle Gemeinschaft miteinander haben wollen, müssen deshalb das gemeinsame Verständnis der apostolischen Glaubensverkündigung und die gemeinsame Bezeugung des christlichen Glaubens sich mit einem gemeinsamen sakramentalen Leben verbinden. Dankbar kann festgestellt werden, daß in dieser Hinsicht in letzter Zeit Wichtiges geschehen ist. In unseren Kirchen gibt es ein intensiviertes sakramentales Leben. Im Blick auf Verständnis und Vollzug der Sakramente zeichnet sich eine wachsende Übereinstimmung ab.

Einheit vor uns, 44.

Im engeren Sinn unterscheiden die katholische und die orthodoxen Kirchen sieben Sakramente: Taufe, Eucharistie, Firmung, Versöhnung, Krankensalbung, Ehe, Priesterweihe. Diese Sakramente sind grundgelegt in den biblisch bezeugten Zeichenhandlungen Jesu (Nocke, 81-82), wenngleich nicht festlegbar auf genau diese sieben Vollzüge. Dennoch ist verständlich, daß die Kirche im Laufe ihrer Geschichte diese Akzente gesetzt hat, denn für den geistlichen Weg und die geistliche Entfaltung des einzelnen ist es wichtig und sinnvoll, die Initiation zu markieren (Taufe, Firmung, Eucharistie), den Kurs zu halten und über Durststrecken hinwegzuhelfen (Versöhnung, Krankensalbung und Eucharistie), die Berufung zur Liebe und Sorge für andere besonders zu stärken (Ehe, Priesterweihe und Eucharistie). Weil die Eucharistie das Sakrament ist, das all diese genannten Aspekte in sich enthält und vom ersten Tag an die Lebensmitte der Kirche war, soll sie hier nun ausführlicher betrachtet werden.

2.1.1. Eucharistie

Indem Christus sich in der Eucharistie selbst schenkt, verwandelt und erhöht er die Zeichenfunktion von Brot und Wein. Sie sind nicht mehr nur körperliche Nahrung, sie sind auch nicht mehr nur ein Zeichen der Gemeinschaft unter Menschen, die sich in einem

Aus biblischer Sicht gilt die Eucharistie als unerläßlich für das Heil: „Wenn ihr das Fleisch des Menschensohnes nicht eßt und sein Blut nicht trinkt, habt ihr das Leben nicht in euch" (Joh 6,53). Lebendig ist der Mensch nicht in einem statischen Sinn, es genügt nicht, daß er irgendwann einmal geboren wurde. Menschliches Leben bedarf der fortwährenden Speisung, um nicht zu sterben. Der Mensch muß essen und trinken, verzehren und verdauen, mit anderen Worten: er braucht

Mahl realisiert, sondern in all dem und darüber hinaus werden sie durch den Geist Jesu zu realisierenden Zeichen seiner Gegenwart für uns, seiner Hingabe für uns, seines Opfers, das uns zur Einheit mit ihm erlöst.

Gerken, 179.

Nun gibt es keinen stofflichen Vorgang, der dem Menschen so nahe und so innerlich ist wie Essen und Trinken, das durch den Mund des Menschen eingeht. Weil Christus sich ganz nahe und innerlich mit uns vereinen wollte, hat er dieses wunderbare Verfahren gewählt, sich uns mitzuteilen.
Nun wollen wir von leiblicher Speise reden; das klingt zwar etwas gewöhnlich, aber es hilft unserem Verständnis. Sankt Bernhard sagt: ‚Wenn wir diese Speise essen, werden wir gegessen.‘ Die leibliche Speise, die wir mit dem Mund aufnehmen, kauen wir zuerst; dann gelangt sie allmählich durch den Schlund in den Magen und wird da durch die Hitze der Leber verbrannt. Der Magen verdaut die Speise und trennt die groben und schlechten Teile von den guten. Nimmt jemand ein Pfund Speise zu sich, so verbleibt für den Organismus nur ein sehr geringer Teil davon. Alles übrige scheidet die Verdauung auf verschiedene Weise aus. Wenn die Speise in den Magen gelangt ist, muß sie noch drei Stufen überwinden, bis sie dem Organismus zugute kommt. Nachdem der Magen sie mit seiner natürlichen Wärme gekocht und verdaut hat, greift eine höhere Kraft der Seele ein, die Gott hierzu bestellt hat, und verteilt die Nahrung ringsum, an das Haupt, das Herz und an jedes Glied. So wird sie zu Fleisch und Blut, das durch die Adern fließt. Ebenso verhält es sich mit dem Leib unseres Herrn: Wie die leibliche Speise in uns verwandelt wird, so wird jeder, der die göttliche Speise würdig in sich aufnimmt, in sie verwandelt.

Tauler, Erste Predigt zum Fronleichnamsfest.

‚Lebensmittel‘, die sein Leben erhalten. Dies gilt für den Leib, aber ebenso für Geist und Seele. Wer nicht ißt und trinkt, verkümmert und vertrocknet. Damit der Mensch dies nicht vergißt, gehören Appetit und Hunger wesentlich zu seiner Existenzweise. Der Hungrige erfährt die Erfrischung eines Mahls, nicht der Satte. Der Durstige kann die Erquickung des Wassers genießen, nicht der Überdrüssige. „Es gibt eine hohe Kunst des Essens und Trinkens, die der perfekten Beherrschung aller Regeln unserer Tischsitten überlegen ist, und diese Kunst ist für jeden erlernbar." (Boulad, 23). Gemeint ist damit das Hinschmecken zum Geschenk des Lebens im hungrigen und durstigen Leib.

Was ist gut für mich? Diese Frage sollte den Menschen nicht nur beschäftigen, wenn es um den Speiseplan für sein leibliches Wohl geht, sondern auch wenn es um seine geistige Nahrung geht. Das Angebot ist groß, aber nicht alles tut gut. Was macht mich wirklich lebendig? Wovon kann ich wirklich leben? (vgl. 1 Kor 10,23). Diese Fragen können den Menschen inmitten einer erstickenden Überproduktion an Konsumierbarem in gesundem Sinn wählerisch machen.

„Ich bin das Brot des Lebens; wer zu mir kommt, wird nie mehr hungern, und wer an mich glaubt, wird nie mehr Durst haben" (Joh 6,35). Obwohl der Mensch ein Leben lang bedürftig bleibt und Nahrung aufnehmen muß, obwohl er Hunger und Durst zulassen muß, um das Leben neu zu schmecken und zu verkosten, kann er im Essen und Trinken des wirklich Guten doch eine existentielle Sättigung erfahren. Der Bibelvers gibt einen Hinweis darauf, wie man das Brot des Lebens erkennt, das Brot, das lebendig macht: es füllt den Magen nicht nur für kurze Zeit, sondern schenkt tiefe Befriedigung, die nach ewigem Leben schmeckt. Das lebendige Brot ist nämlich nichts weniger als Gott selbst und die Gemeinschaft mit ihm.

Gott wollte nicht, daß dieses ‚Brot‘ nur geistig und innerlich erfahren wird; im Symbol des konkreten Mahls kann es auch leiblich genossen werden. „Wenn Gott sich real in dieser Welt inkarniert hat, wenn er unsere Welt im Innersten bewohnt und sie von dorther behaucht und belebt, dann müßten wir ihn auch bei Tisch existentiell erfahren, kosten und schmecken können!" (Boulad, 21-22) Dies ist Grundlage des Sakraments der Eucharistie, die den Gläubigen das Mysterium der Inkarnation bis in seinen Bauch hinein spüren läßt. „Kostet und seht, wie gut der Herr ist" (Ps 34,9). Dieser Psalmvers darf also durchaus auch wörtlich genommen werden. Auch der Geschmackssinn ist ein Weg zu Gott, denn Verkosten meint ja gerade das Vordringen bis zum Kern einer Substanz. Es ist ein leiblich-spirituelles Verkosten, womit die Güte des Herrn geschmeckt wird, auch in einer schlichten Speise. Das Fleisch Christi essen und sein Blut trinken meint Gott inkarniert in die Materie bis in die eigene Leiblichkeit hinein aufzunehmen.
Das ist der nötige Proviant für erfülltes Menschsein. „Es gibt keine tiefere Sehnsucht im Herzen des Menschen als die Sehnsucht, eins zu werden: eins mit sich selber in all unseren Gegensätzen, mit der Erde, in der wir wurzeln, mit dem Himmel, in den wir hineinwachsen, mit den Menschen an unserer Seite, mit dem Partner, mit der Liebe und dem Licht mitten in allen Dunkelheiten des Lebens, mit Christus, der uns zur Liebe und zum Licht erlöst." (Schallberger, 205). Daß erfülltes Menschsein wesentlich Verbundenheit, Gemeinschaft und Einheit bedeutet, hat auch unsere westliche Luxusgesellschaft nie verdrängen

können. Schon für Paulus (1 Kor 10,16-17) und die Väter ist die Eucharistie *mysterium unitatis* (Geheimnis der Einswerdung), sie ist *sacramentum coniunctionis, federationis, adunationis* (Sakrament der Verbundenheit, des Treuebundes, der Vereinigung). Sie ist uns geschenkt ad *unitatem naturae nostrae* (zur Einswerdung unserer Natur) (de Lubac, 29). Jeder Gläubige, der mit dem Leib Christi kommuniziert, erhält gleichzeitig auch Kommunion mit der Kirche (de Lubac, 35), die als ganzes der mystische Leib des Herrn ist. Die Eucharistie ist das Sakrament, das immer wieder neu in die Gemeinschaft und Einheit hineinführt.

In der Kommunion, im gegenseitigen Einssein geht es um gegenseitige Freiheit. Miteinander eins, und doch ist Christus sich selber und wir sind und bleiben uns selber, auch wenn wir in Christus verwandelt werden. Kommunion ist nicht ein gegenseitiges Verwachsensein, eine Symbiose, verwischt oder vermischt mit allem und allen, wo ich als einzelner Mensch in meinen klaren Konturen nicht mehr existiere, sondern ein gemeinsames Ineinander, wo jeder sich selber bleibt: wir in Christus und er in uns – Kommunion. Dieses Grundmuster christlichen Lebens schenkt uns im zwischenmenschlichen Bereich gegenseitige Freiheit ohne Angst, durch den anderen Menschen beherrscht oder vereinnahmt zu werden. Es ist so wichtig, Kommunion als Grundmuster christlichen Lebens tiefer zu bedenken. Es gilt, einen langen Weg zu gehen, bis wir in diese Mitte hineinfinden, mit uns selber als einzelne eins werden und zugleich mit den anderen Menschen und mit Gott in uns allen.
Schallberger, 217-218.

Ist der Kelch des Segens, über den wir den Segen sprechen, nicht Teilhabe am Blut Christi? Ist das Brot, das wir brechen, nicht Teilhabe am Leib Christi? Ein Brot ist es. Darum sind wir alle ein Leib; denn wir alle haben teil an dem einen Brot.
1 Kor 10,16-17.

Im Denken des gesamten christlichen Altertums sind Eucharistie und Kirche verbunden (de Lubac, 25). Daran erinnert z.B. der alte Name ‚Kollekte' (= Sammlung des Volkes) für das erste Meßgebet (vgl. de Lubac, 29). Insgesamt lebt die Symbolik der Eucharistiefeier von der konkreten Gemeinschaft der anwesenden Gläubigen. Ihr Ritus zielt auf Vertiefung der Gemeinschaft untereinander durch eine Vertiefung der Gemeinschaft mit Christus (vgl. Menting, *Communio*, 86). „Wer die Eucharistie empfängt, wird enger mit Christus vereint. Dadurch vereint ihn Christus auch mit allen Gläubigen zu einem einzigen Leib: zur Kirche." (Katechismus, § 1396). Im Laufe des zwanzigsten Jahrhunderts ist dies wieder neu entdeckt worden und in die Liturgiereform des Zweiten Vatikanischen Konzils eingeflossen. Unser heutiger Meßritus ist daher wieder viel deutlicher Dialog zwischen Gott und seinem Volk, wobei jeder einzelne eingeladen ist, sich aktiv einzumischen. Der Ritus bringt Gott und Mensch an einen Tisch, im Wortgottesdienst an den Tisch des Wortes, da haben Gott und Mensch Gelegenheit zu Wort zu kommen: Der Mensch z.B. im Ausdruck seiner Wertschätzung für Gott (Lobpreis), in der Anerkennung und Bestätigung Gottes herrlichen Wesens (Glaubensbekenntnis), in der Bitte um Erbarmen und Hilfe (Kyrie und Fürbitten). Und Gott kommt zu Wort u.a. in den Schrifttexten (Lesung und Evangelium), im Friedensgruß, im Segen für die Gemeinschaft. Höhepunkt des Dialogs ist dann der Tisch des Mahles: von Gott aus geschieht hier die Erneuerung des Bundes im Zeichen von Brot und Wein und vom Menschen die Annahme des Bundes im Essen und Trinken von Brot und Wein.

> Eucharistie schenkt die authentische *communio* (Gemeinschaft) mit dem lebendigen Gott im leiblich-spirituellen Genuß einer Speise; sie schenkt wirkliche existentielle Sättigung. Jeder, der die Eucharistie empfängt, wird bis in sein Fleisch und Blut in die göttliche *unio* (Einheit) wahrhafter Liebe hineingenommen. Die Leib- und Brautsymbolik des Dialogs der Kirche mit Gott erreichen in der *communio* und *unio* der Eucharistie ihren intensivsten Ausdruck. Die Eucharistie ist das Sakrament des liebenden Ineinanders und Miteinanders.

Der Empfang der Eucharistie in der Kommunion bringt als Hauptfrucht die innige Vereinigung mit Christus Jesus.
Kachechismus § 1391.

Besonders eindringlich wird dies in der Kommunion unter beiden Gestalten erfahrbar, ein Brauch, der in den Ostkirchen in jeder Meßfeier praktiziert wird und auch im lutherischen Abendmahl üblich ist (Das Herrenmahl, 108). Die katholische Kirche könnte von den Schwesterkonfessionen wieder neu die vollständige Gestalt des Sakraments feiern lernen. Ihrerseits könnten die Ostkirchen und die Lutheraner sich von der katholischen Kirche zu einem häufigeren Kommunion-

Mit Nachdruck wird jene vollkommenere Teilnahme an der Messe empfohlen, bei der die Gläubigen nach der Kommunion des Priesters aus derselben Opferfeier den Herrenleib entgegennehmen.

SC 55.

Die eucharistische Gegenwart Christi beginnt im Zeitpunkt der Konsekration und dauert so lange, wie die eucharistischen Gestalten bestehen.

Katechismus § 1377.

Verwandlung braucht Zeit. Wenn ich etwas schon haben will, bevor es mit der Zeit wird, schneide ich mir den Entfaltungsweg ab, ich lasse mir keine Zeit zum Werden. Verwandlung heißt nicht: Ich verändere mich, sondern: Ich werde anders. Anderswerden braucht Zeit.
Aber was heißt anders werden, verwandelt werden? Werde ich in ewiges Leben verwandelt, dann werde ich der Struktur und meinen Wesenselementen nach der Mensch bleiben, der ich jetzt bin. Aber was in mir unentfaltet geblieben und bis jetzt nur möglich gewesen ist, wird Leben. Was nicht über den Keim und den unentfalteten Kern hinausgekommen ist, kann ‚eingeholt' werden, wenn ich in den Punkt Null zurückfinde. Der Punkt Null ist nicht dort, wo nichts mehr ist, sondern dort, wo alles möglich ist, auch das, an was ich nicht mehr oder noch nicht geglaubt habe, um was nur meine Sehnsucht weiß: was durch Erlösung geheilt, versöhnt und zu Gott heimgeholt werden möchte.

Schallberger, 150-151.

Die Trans-parenz der Welt für Gott ist die Kategorie, die es uns ermöglicht, sakramentale

empfangs inspirieren lassen (vgl. Das Herrenmahl, 109ff.) im Bewußtsein, daß wir täglich unser Brot aus Gottes Hand empfangen dürfen.

Seit den Anfängen der Kirche war es Brauch, denen, die nicht an der Eucharistiefeier teilnehmen konnten, die Kommunion nach Hause zu bringen (Meyer, 551). Auch die Krankenkommunion und das *viaticum* (Wegzehrung für Sterbende) datieren aus dieser Zeit. Sogar den Büßern, die zeitweilig die *communio* mit der Kirche verloren hatten, durfte das *viaticum* nicht vorenthalten werden (vgl. Konzil von Nizea, DH 129, und Papst Innozenz I, DH 212). Diese ursprüngliche Intention für die Aufbewahrung der eucharistischen Gaben stößt heute im Ökumenischen Gespräch auch seitens der Lutheraner auf Verständnis und vorsichtige Zustimmung (vgl. Das Herrenmahl, 34). Die Eucharistie ist das Sakrament, das in besonders leidvollen Situationen stärkt und schuldig gewordenen Menschen Versöhnung schenkt. Damit ist es auch das Sakrament, das eines Tages alle christlichen Konfessionen der reichen wie der armen Länder zu einem geschwisterlichen Leib verbinden wird.

Seit dem Mittelalter hat sich auf Grund der realen Gegenwart Christi in Brot und Wein die Praxis einer besonderen Anbetung der konsekrierten Hostie entwickelt. Vielen Menschen fällt das Beten leichter, wenn sie ein sichtbares Zeichen der Gegenwart Gottes vor Augen haben. Sie wissen sich dann deutlicher vor Gottes Angesicht. So gesehen kann die Hostie eine Hilfe für Gebet und Meditation sein. Es bleibt aber anzumerken, daß der Sinn des eucharistischen Sakraments in der *communio* und *unio* liegt. Christus hat dieses Sakrament eingesetzt, damit es empfangen wird (Denzinger 1643), deshalb sollten die Katholiken darauf achten, daß ihre Praxis der eucharistischen Anbetung nicht dem Mahl-Charakter der Eucharistie widerspricht (Das Herrenmahl, 34).

Angesichts des Priestermangels werden vielerorts am Sonntag Wortgottesdienste mit anschließender Kommunionspendung gefeiert. (SC 35,4 und CIC 1248 § 2). Weil in unserem Jahrhundert das Bedürfnis gewachsen ist, häufig zur Kommunion zu gehen, befriedigt es viele nicht, ‚nur' einen Wortgottesdienst zu feiern. Viele brauchen gerade auch heute angesichts der Individualisierung unserer Gesellschaft das Zeichen lebendiger Begegnung und lebendiger Gemeinschaft. Bischof Kamphaus schreibt: „Wir haben zu wenig Priester. Die Feier der Eucharistie darf nicht der Entscheidung über die Zugangswege zum Priesteramt geopfert werden." (gd 32(1998)5, 34). Im Klartext heißt das: Wir brauchen Mut, um über neue Wege zur Zulassung zum Priesteramt nachzudenken, denn Wortgottesdienst mit oder ohne Kommunionausteilung am Sonntag sind keine gute Alternative zur Eucharistiefeier: Der kahle Wortgottesdienst nicht, weil die gänzliche Streichung der Körpersprache dem Dialog der Kirche mit Gott nicht gut bekommen wird, Wortgottesdienste mit Kommunionspendung nicht, weil wir den Kommunionempfang nicht aus der eucharistischen Feier und damit aus der komplexen Symbolik eines Wandlungs- und Vereinigungsprozesses herauszulösen und auf den Moment des Empfangens reduzieren sollten (vgl. auch Meyer, 559).

2.1.2. ‚Sakramente des Alltags'

In einem weiten Sinn ist alles Sakrament, was Zeichen und Symbol des lebendigen, gegenwärtigen Christus sein kann: die Welt, die Menschen

Strukturen und sakramentales Denken zu verstehen. Diese Feststellung besagt, daß man Gott niemals direkt und in sich selbst erreichen kann, sondern stets in Verbindung mit der Welt und den Dingen der Welt, die ihrerseits durch-sichtig und trans-parent für ihn sind. Deshalb ist Gotteserfahrung immer eine sakramentale Erfahrung. In den Dingen widerfährt uns Gott. Das Sakrament ist Teil der Welt (Im-manenz), die aber in sich eine andere Welt trägt (Trans-zendenz): Gott. Insofern das Sakrament also Gott gegenwärtig sein läßt, hat es auch teil an dieser anderen Welt.

Der Gebirgszug ist wie Gott: Er trägt alles, erleidet alles; alles nimmt er an. Gott verhält sich wie er. Deshalb ist der Gebirgszug ein Sakrament Gottes: offenbart, bringt in Erinnerung, liefert Hinweise und verweist auf andere Horizonte.

Boff, 47 und 5.

Ein Walberger Kollege war im Spätherbst 1965 in Polen. In der Weihnachtsfeier der Studenten berichtete er, in Polen sei es Sitte, befreundeten und bekannten Familien zu Weihnachten ein kleines Stück Brot zu schicken, das am Heiligen Abend zum Zeichen der Gemeinschaft gegessen werde. Erzählte es und – packte Brotstücke aus, die ihm polnische Freunde für uns mitgegeben hatten, brach und verteilte sie. Wir aßen unter atemberaubendem Schweigen. Die Brotstücke hatten die Form von Hostien. Nie habe ich dichter erlebt, was Transsignifikation (Bedeutungswandel) und Transfinalisation (Bestimmungswandel) ist. Nie habe ich eindeutiger erfahren, was – man verzeihe! – Realpräsenz ist, wirkliche, gemeinschaftsstiftende Gegenwart entfernter und sogar unbekannter Menschen.

Pesch, 112.

und ihre Geschichte und alle Dinge können transparent werden für die göttliche Wirklichkeit. Eine Kerze im Advent kann an Christus als das Licht erinnern, das in der Nacht menschlicher Hilflosigkeit leuchtet und wärmt. Eine klare Wasserquelle in den Bergen ist für den Gläubigen ein Bild des lebendigen Wassers, das Christus für alle durstigen Menschen ist. Eine Fensterscheibe, die in ihrer Durchsichtigkeit vom Licht der Sonne erleuchtet wird, zeigt, wie Gott den Menschen mit der Sonne seiner Liebe erleuchten möchte. Ein Stück Kohle oder Holz, das in Feuer verwandelt wird, erinnert den Gläubigen daran, wie er selbst in Gott brennen soll.

Voraussetzung dafür, daß etwas in diesem weiten Sinn Sakrament werden kann, ist vom Menschen aus gesprochen *erstens der Blickwinkel des Glaubens*. Für den Glaubenden kann alles, was ihm widerfährt, jeder Mensch, der ihm begegnet, und jedes Ding, das es gibt, Berührung mit Gott bedeuten, der alles geschaffen hat, in allem gegenwärtig ist und in vielen Spuren entdeckt werden will. Wenn der Mensch Gottes Spur (*vestigium Dei*) folgt und sich in die Begegnung mit ihm hineinführen läßt, sprechen wir vom Sakrament: das informierende Zeichen, die Spur, wird zum realisierenden Zeichen, zum Vollzug der Begegnung (vgl. Nocke, 69).

Damit dies geschehen kann, bedarf es *zweitens* eines *innigen Vertrautseins* mit dem Ursakrament, das Christus ist, dem Kernsakrament, das die Kirche ist, und den sieben Sakramenten, die die existentiellen Knotenpunkte (Boff, 78) des menschlichen Lebens begleiten. Denn in den ‚Alltagssakramenten‘ setzt sich fort und wirkt weiter, was in den ‚Festtagssakramenten‘ besonders gefeiert wurde.

Drittens ist die *Bereitschaft zur Umkehr oder Umformung* erforderlich. Ein Ding, ein Mensch, die Natur oder ein Kunstwerk können nur dann eine sakramentale Wirkung bekommen, wenn der Mensch in der Berührung damit, sich Gott erneut zuwendet und sich erneut seiner formenden Gegenwart aussetzt.

Von Gott aus gesprochen ist die Voraussetzung dafür, daß etwas zum Sakrament werden kann, immer gegeben. Er sehnt sich überall, in allem und durch alles nach Begegnung mit Menschen und Entfaltung ihrer persönlichen Lebenswege zu großen Liebesgeschichten mit ihm.

Es gibt auch viele Zeichen und Symbole, die keine Sakramente sind. Zum Beispiel solche, die uns an Menschen erinnern und uns (vielleicht auch über ihren Tod hinaus) mit ihnen verbinden; wir nennen sie hier Symbole der Verbundenheit und Gemeinschaft (ein Aluminiumbecher im Haushalt einer Großfamilie, aus dem die Familienmitglieder seit Jahr und Tag Wasser trinken) oder Lebenszeichen (ein Brief, ein Photo) oder Reliquien (der letzte Zigarrenstummel des verstorbenen Vaters). Im Unterschied zu Sakramenten erfüllen sie die hier genannten Kriterien nicht. Sie werden ebenso von Gläubigen wie von Ungläubigen verstanden, sie werden nicht eingebettet in den Kontext des Unterwegsseins mit Christus und der Kirche, sie zielen nicht auf eine Umkehr oder Umformung, sondern bewahren in erster Linie das Andenken und den Zusammenhang mit Menschen, Dingen, Erfahrungen, Geschichten. So wichtig und bereichernd solche Symbole für den einzelnen, für Freundschaften und Familien auch sein mögen, ist es doch eher verwirrend als hilfreich, sie in den Begriff der ‚Alltagssakramente‘ einzubeziehen, denn solche Zeichen sind eher ein Beweis für die grundsätzliche Symbolfähigkeit und Symbolbedürftigkeit eines jeden Menschen, der sich in Beziehung erlebt, als daß sie Kristallisationspunkte seiner Gottesbeziehung im Alltag wären. Gerade auch aus Respekt vor Andersgläubigen oder Atheisten, die sich sicherlich zu Recht vereinnahmt fühlten, soll der Sakramentsbegriff hier die christliche Gottesbeziehung betreffen. ‚Alltagssakramente‘ sind somit wesentlich nichts anderes als die Alltagsgestalt der Christusbegegnung in allen Dingen.

2.2 Liturgie des Wortes

Wenn wegen Fehlens eines geistlichen Amtsträgers oder aus einem anderen schwerwiegenden Grund die Teilnahme an einer Eucharistiefeier unmöglich ist, wird sehr empfohlen, daß die Gläubigen an einem Wortgottesdienst teilnehmen, wenn ein solcher in der Pfarrkirche oder an einem anderen heiligen Ort gemäß den Vorschriften des Diözesanbischofs gefeiert wird, oder daß sie sich eine entsprechende Zeit lang dem persönlichen Gebet oder dem Gebet in der Familie oder gegebenenfalls in Familienkreisen widmen.

CIC, can. 1248, § 2.

„Der Mensch gilt als das mit Wort (*Logos*) und Antwort (Dialog) begabte Wesen" (Schütz, 1439). Jede Beziehung, die der Mensch eingehen kann – die Beziehung zu sich selbst, die Beziehung zu Mitmenschen, die Beziehung zu Gott – lebt vom Wechselspiel zwischen Wort und Antwort. Wenn einer Beziehung die Worte fehlen, wenn man nicht mehr miteinander spricht, stirbt die Beziehung. Eine Beziehung ist um so lebendiger, je mehr Lebensbereiche thematisiert und sprachlich miteinander geteilt werden. Am tiefsten geht die Beziehung, in der über alles geredet werden kann.

Gott und Mensch sprechen über alles; in ihrer Beziehung gibt es keine Tabus. Weil Gottes Wort als liebendes, Leben schaffendes, bejahendes und segnendes Wort die ganze Schöpfung trägt (Gen 1,1 - 2,4a; Joh 1,1 und 1 Joh 1,1-2), kann der Mensch alles aufgreifen und in sein Gespräch mit Gott einbringen. Lebendiges Menschsein entsteht durch das göttliche Wort und entfaltet sich in der menschlichen Antwort. Dies ist kein einmaliger Vorgang, sondern ein dynamischer Prozeß, der ein Leben lang weitergeht: „Der Mensch lebt nicht vom Brot allein, sondern von jedem Wort, das aus Gottes Mund kommt" (Dtn 8,3; Mt 4,4; vgl. Joh 6,63).

Nicht der tote Buchstabe, sondern das lebendige Wort, das in die persönliche Situation hineingesprochen wird, hat diese Leben schenkende Kraft. Nur solange der Mensch persönlich angesprochen wird und persönlich antworten kann, nur solange er ganz konkret mit Gott und seinen Mitmenschen im Gespräch bleibt, kann er sein Leben entfalten, vertiefen und genießen.

Zwar sprach der Würzburger Synodentext von einem Wort- und Kommuniongottesdienst (Gemeinsame Synode der Bistümer in der Bundesrepublik Deutschland. Beschlüsse der Vollversammlung. Offizielle Gesamtausgabe I. Freiburg – Basel – Wien 1989, 204.), doch stellte sich bald die Frage nach der theologischen Angemessenheit. Denn solche Wortgottesdienste mit Kommunionfeiern wurden als ‚Meßfeiern ohne Hochgebet‘ mißverstanden. Jedenfalls erwies und erweist sich eine Kommunionfeier als wenig hilfreich und sinnvoll. Dennoch werden diese in nicht wenigen Gemeinden beibehalten. Hinzu kommt die Feststellung, daß in den Gemeinden, in welchen aus theologischer Einsicht ein reiner Wortgottesdienst gefeiert wurde, ein Defizit spürbar geworden ist. Denn es entsprach nicht den sinnenhaften Vorstellungen katholischer Gemeinden, ‚nur‘ Wortgottesdienst zu feiern. Ihnen fehlte das besondere Erleben der Kommunion. Damit soll keineswegs der evangelische Gottesdienst kritisiert werden, der immer noch

Die Antwort des Menschen auf Gottes Wort ist sein Glaube und diesen Glauben hat keiner aus sich selbst, sondern er wird ihm von der Gemeinschaft der Gläubigen vermittelt. Darum können Menschen ihren Glauben auch am besten in der Gemeinschaft feiern und erleben (vgl. Katechismus § 176 und 185). Die Gemeinschaft der Gläubigen ist sich dessen bewußt, daß sie nicht über das Wort Gottes verfügen kann, sondern sich jedesmal neu von Gott ernähren lassen muß. Gemeinsam öffnen Gläubige in der Liturgie des Wortes ihr Herz für die ritualisierte Offenbarung Gottes im Hier und Jetzt der Gemeinde. Das Wort Gottes wird zu Gehör gebracht, es wird von den Gläubigen aufgenommen und im *Credo* bekräftigt. Gemeinsam unterstützen sich die Gläubigen im Hören auf Gottes Wort, gemeinsam werden sie neu von Gottes Wort bewegt und können sich gegenseitig in ihrer gläubigen Antwort unterstützen.

Weil das so ist, bedarf es einer Liturgie des Wortes, die jede Gemeinde intensiv pflegen und kultivieren muß, um im Gespräch mit Gott den Faden nicht zu verlieren. Vor allem geschieht das im Wortgottesdienst, der zu jeder Eucharistiefeier dazugehört, vielerorts geschieht das darüber hinaus im Stundengebet, in Andachten, Meditationsfeiern usw.

als reiner Wortgottesdienst gefeiert wird. Hier soll lediglich die katholische Mentalität berücksichtigt werden. Auf Grund dieser Defiziterfahrungen und der theologischen Fragwürdigkeit von Kommunionfeiern bei Wortgottesdiensten schien es angebracht, nach neuen Wegen zu suchen. Dabei kann auf positive Erfahrungen mit Symbolgottesdiensten zurückgegriffen werden. So entstand die Idee, im Sonntagsgottesdienst ohne Priester eine Zeichen- und Bewegungsliturgie in eine ausgewogene Beziehung zum Wortgottesdienst zu stellen. In einem ersten Teil wird das Wort Gottes gehört, angenommen und für das heutige Leben bedacht. In einem zweiten Teil wird schließlich die Feier des Wortes Gottes in einer Zeichen- und Bewegungsliturgie vertieft und somit der Zuspruch Gottes intensiver erlebt und der Glaube sinnenreich ausgedrückt. Dies entspricht dem Bedürfnis vieler katholischer Christen und Christinnen nach Ausdruck und Bewegung im Gottesdienst.

Bauernfeind, 7-8.

Ich, Jahrgang 1949, bin noch vorkonziliar erzogen worden, und einfühlsame Seelsorger haben in mir eine große Liebe zur Eucharistie geweckt. Bis vor etwa 15 Jahren war mir die tägliche Meßfeier Quelle und Nahrung für mein geistliches Leben. Bedingt durch Priestermangel ging die Möglichkeit zu werktäglichen Eucharistiefeiern ständig zurück. Heute ist es mir fast nur noch am Sonntag möglich, an einer Eucharistiefeier teilzunehmen. In den Urlaubszeiten des Pfarrers gibt es ‚nur‘ noch Wortgottesdienste mit Kommunionspendung. Nach den beiden Artikeln *Unser Sonntagsgottesdienst* (gd 32(1998)5, 33-35) und *Trotz allem: Zuversicht* (gd 32(1998)9, 70) sollte nun auch noch diese Möglichkeit, die Kommunion empfangen zu können, entfallen.

Das Anliegen, die Gegenwart Christi in seinem Wort ernster zu nehmen, kann ich gut nachvollziehen. Dennoch protestiere ich entschieden. Ich bin nicht gewillt, auch an Sonntagen auf die eucharistische Begegnung mit dem Auferstandenen verzichten zu müssen.

Diese Formen des Wortgottesdienstes werden an anderer Stelle eigens besprochen; im folgenden soll der Akzent auf die sonntäglichen Wort-Gottes-Feiern ohne Priester liegen, die heute angesichts des Priestermangels in zunehmendem Maß wichtig werden.

Denn auch solche Gemeinden, die keinen Priester mehr besitzen, können und sollen in sonntäglichen Wort-Gottes-Feiern den Dialog mit Gott aufrecht erhalten. Vielerorts sind damit bereits Erfahrungen gesammelt und diese in Publikationen zugänglich gemacht worden. Auch wenn der Sonntagsgottesdienst ohne Priester, wie unablässig beschworen wird, immer eine Notlösung ist, so steht doch außer Zweifel, daß die Liturgie des Wortes einen hohen Eigenwert besitzt, weil auch sie die Gemeinde sammelt und konstituiert (vgl. *Ordo Missae* Nr. 3-4) und das Wort Gottes zu Gehör gebracht wird (vgl. Katechismus § 1100-1102).

„In der Form kann sich diese von einer Gruppe aus der Gemeinde geleitete Feier an den Wortgottesdienst der Sonntagsmesse, an eine Tagzeit (Stundengebet) oder eine Andacht anlehnen" (Kleines liturgisches Lexikon, 118). Weil eine solche Feier im Vergleich zur Eucharistie oft als dürftig erfahren wird, führte diese Praxis vielerorts zu einer Neubesinnung auf den herkömmlichen Wortgottesdienst. Denn der katholischen Mentalität genügt es nicht, am Sonntag ‚nur‘ Wortgottesdienst zu feiern. In der Eucharistiefeier verdichtet sich der Dialog mit Christus in sinnenhaft erlebbaren Symbolen und erreicht einen Höhepunkt, der Worten unzugänglich bleibt. Wenn dieses, den Wortgottesdienst dynamisierende und intensivierende Element fehlt, suchen Katholiken spontan nach einem entsprechenden Ersatz.

Am einfachsten läßt sich ein solcher Ersatz in einer an den Wortgottesdienst angehängten Kommunionfeier finden. Vielen ist diese Praxis lieb und teuer geworden. Wenn ihnen schon die Eucharistie vorenthalten wird, weil die Kirche an den überkommenen Ordinationsbedingungen festhalten will, möchten sie doch wenigstens noch kommunizieren können. Daß Theologen und Bischöfe eine Loskoppelung von Eucharistie und Kommunion jedoch nicht befürworten können, hat die Kommunionfeiern fragwürdig werden lassen. Die Kirchenleitung plädiert inzwischen dafür, in der Wort-Gottes-Feier möglichst auf die Kommunionspendung zu verzichten. Bischof Kamphaus verteidigt diese Haltung so: „Ich halte es für besser, notfalls nur den einen der beiden Tische zu decken, den des Gotteswortes, so reich wie nur eben möglich. Ich weiß, das ist für viele ein herber Verzicht. Wir dürfen uns auf keinen Fall damit anfreunden, daß der Tisch des Herrenmahles leer bleibt. Diese Leerstelle am Sonntag ist ein mahnendes Zeichen! Aber – ist es nicht besser, eine Leere auszuhalten, als sich mit unbefriedigenden Lösungen zu arrangieren?" (Bischof Kamphaus, 94).

Weil man fürchtet, daß sich „die Kommunionfeier vom Notfall zum Normalfall entwickelt" (ebd.), plädiert man für den völligen Verzicht auf den Leib des Herrn. Hat man aber bedacht, daß sich auch die Wort-Gottes-Feier ohne Kommunionspendung vom Notfall zum Normalfall entwickeln kann? Wie lange wird die Leerstelle als solche wahrgenommen? Muß man nicht befürchten, daß das Herrenmahl auf Dauer eingeebnet und unwichtig wird? Warum sollten sich Katholiken nicht an das gewöhnen können, woran sich Protestanten schon lange gewöhnt haben? Oder sollen auf diese Weise durch das abwesende Amt, die abwesende Eucharistiefeier und sogar noch die abwesende

Es ist nicht meine Schuld, wenn eine sonntägliche Eucharistiefeier nicht stattfinden kann. Wenn der Kirche weiterhin das Festhalten an den Ordinationsbedingungen wichtiger ist als der Anspruch der Gemeinden auf ihre sonntägliche Eucharistiefeier und das spirituelle Leben ihrer Gläubigen, muß sie die Konsequenzen tragen. Gerade die katholische Eucharistielehre und meine damit verbundene intensive Praxis waren für mich der letzte Grund, in der katholischen Kirche zu bleiben. Wortgottesdienste, in denen Christus in seinem Wort zugegen ist und mir Nahrung, Heil und Richtung gibt, finde ich auch – und manchmal besser – in der evangelischen Kirche. Und dort bräuchte ich mich als Frau nicht so diskriminiert zu fühlen wie in meiner eigenen. Meine Liebe zur Eucharistie ist es, die für mich bisher den Ausschlag gab, nicht zu konvertieren. Wenn ich diese Eucharistie aber nicht einmal mehr sonntags empfangen kann, warum dann noch bleiben?

Jansen, 94.

Kommunionfeier katholische Stolpersteine im ökumenischen Gespräch aus dem Weg geräumt werden?

Was passiert schließlich, wenn die Gemeinde ganz im Einvernehmen mit der Kirchenleitung und den Theologen eine angehängte Kommunionfeier ablehnt, weil sie diese im Vergleich zur Eucharistie als Abschwächung erfährt, und wenn sie gesteigerte Ausdruckskraft lieber in anderen Zeichen, Symbolen und Bewegungshandlungen sucht? Zahlreiche Veröffentlichungen beschäftigen sich mit Möglichkeiten und Initiativen dieser Art. Ein neuer und zugleich sehr alter Weg ist auch die Verbindung der Wort-Feier mit einer Agape-Feier. Einem so gestalteten Wortgottesdienst darf man nicht zu wenig zutrauen. Was geschieht aber dann, wenn Laien auf diesem Weg zu der Auffassung kämen, daß sie ganz gut (oder sogar besser) ohne Amtsträger auskommen? Was passiert, wenn eine Gemeinde sich in solchen Feiern lebendiger erlebt als wenn sie sich von einem Aushilfepriester eucharistisch versorgen ließe? Zu welchem Normalfall würden sich solche Tendenzen schließlich entwickeln?

Bei allen aufgeworfenen Fragen ist man sich jedoch in beiden Lagern – bei den Befürwortern und Gegnern der Wort-Gottes-Feier mit Kommunionfeier – einig darin, daß es einer guten Ausbildung und Vorbereitung der Gottesdienstleiter bedarf, um in der konkreten Situation einer Gemeinde die gegebenen Möglichkeiten optimal auszuschöpfen. Leider versäumen viele Amtsträger, ihre Gemeinden darauf vorzubereiten, nach ihrer Pensionierung oder Versetzung ohne sie weiterzumachen. Man ist unschlüssig und zögerlich und tut von offizieller Seite schließlich weder das eine noch das andere: man sorgt weder für geeignete Nachfolger noch für eine entsprechende Qualifizierung der Gemeinden selbst, damit sie in der Lage sind, ohne Priester zu überleben.

---

die Wort-Gottes-Feier hat vielerorts durch das wachsende Bewußtsein „Wir sind Kirche" einen dynamisierenden Schub erhalten, der ganze Gemeinden intensiv in den Dialog mit Gott einbindet. Spirituell gesehen dient das Amt dazu, diese Entwicklung zu unterstützen, denn: „Die ganze Kirche ist ein priesterliches Volk. Dank der Taufe nehmen alle Gläubigen am Priestertum Christi teil. Diese Teilhabe nennt man ‚gemeinsames Priestertum der Gläubigen'. Auf seiner Grundlage und zu seinem Dienst besteht eine weitere Teilhabe an der Sendung Christi: die des Dienstes, der durch das Weihesakrament übertragen wird und zur Aufgabe hat, im Namen und in der Person Christi, des Hauptes, inmitten der Gemeinde zu dienen" (Katechismus, § 1591).

2.3 Liturgie des Stundengebetes

Hört nicht auf, zu beten und zu flehen! Betet jederzeit im Geist; seid wachsam, harrt aus und bittet für alle Heiligen.

Eph 8,16.

Die Heiligung des Menschen und die Verherrlichung Gottes vollziehen sich im Stundenge-

Grundanliegen des Stundengebets ist das unablässige In-Beziehung-Treten zu Gott (AES 10) gemäß dem Auftrag Christi an seine Jünger, „daß sie allzeit beten und darin nicht nachlassen sollten" (Lk 18,1). Beziehung lebt von einem steten Bezogensein auf einander. Wo dies fehlt, wird Beziehung vage oder sie versandet sogar. Wenn eine Beziehung einseitig abkühlt, so muß sie von der anderen Seite um so lebendiger gesucht werden, will sie nicht ganz vergehen. Christus empfiehlt seinen Jüngern, die Beziehung zu Gott mit soviel innerem Feuer und

bet gleichsam als Austausch oder Zwiegespräch zwischen Gott und den Menschen: Gott spricht zu seinem Volk... und das Volk antwortet mit Gesang und Gebet.

AES 14.

Es empfiehlt sich, daß auch die Familie gleichsam als Hauskirche nicht nur gemeinsam betet, sondern im Rahmen ihrer Möglichkeiten auch Teile des Stundengebets verrichtet und sich damit inniger der Kirche eingliedert.

AES 27.

Ich hatte mich so sehr an das Herzensgebet gewöhnt, daß ich mich ununterbrochen darin übte; und endlich fühlte ich, daß das Gebet sich ganz von selbst ohne irgendeine Nötigung meinerseits in mir verrichtete und von Geist und Herz nicht nur im wachen Zustande verrichtet wurde, sondern daß es sogar im Schlaf genau ebenso wirkte und durch nichts unterbrochen wurde, nicht für den geringsten Augenblick, gleichviel, was ich tun mochte. Meine Seele dankte Gott, und mein Herz zerschmolz in unablässiger Wonne.

Junclaussen, 1989, 60.

Ich aber, zu Gott will ich rufen, der Herr wird mir helfen. Am Abend, am Morgen, am Mittag seufze ich und stöhne; er hört mein Klagen.

Ps 55,17-18.

Gebet und Arbeit sind für die monastische Tradition nicht zwei unverbundene Schienen, auf denen der Tag dahingleitet. Sie greifen ineinander, sollen sich gegenseitig durchdringen.

Benediktusregel, Einleitung, 44.

Elan zu suchen, als wäre Gott uninteressiert an ihnen. Gott ist das zwar nicht – sondern ganz im Gegenteil will er unverzüglich für seine Auserwählten da sein – doch das soll die Jünger nicht dazu verleiten, die Hände in den Schoß zu legen und die Pflege der Beziehung Gott zu überlassen. Von ihrer Seite aus sollen sie alles geben und in ihre Beziehung zu Gott investieren, denn nur so wird ihre Beziehung zu Gott auf Dauer lebendig bleiben können. Auch Paulus weiß um diesen inneren Mechanismus und rät seinen Gemeinden: „Betet ohne Unterlaß" (1 Thess 5,17). So ist seit den Anfängen des Christentums nach geeigneten Methoden gesucht worden, den ganzen Tag und die ganze Nacht in Beziehung mit Gott zu verbringen. Im wesentlichen lassen sich hierbei zwei große Strömungen unterscheiden:

1. Die Ruminatio

Ein kurzer Text wird ständig wiederholt und bindet dabei den Menschen in immer tieferer Sammlung an Gott. Diese Methode ist vor allem aus der Ostkirche bekannt. „Abbas Isaak bietet als elementare Anfangsübung ein Mantra aus den Psalmen an: ‚O Gott, komm mir zu Hilfe. Herr, eile, mir zu helfen' (Ps 70,2). Das ist die erste Stufe des Gebets. Durch seinen geringen Umfang kann dieser Vers uns zu allen Orten des Gebets mitnehmen. Durch die Wiederholung erhält er Tiefe. Durch seine Einfachheit vertreibt er die Zerstreuung. Selbstredend muß ein solcher Vers alle Gefühle, die in der menschlichen Natur entstehen können, ausdrücken und für jede Situation passend sein. Der gewählte Vers muß ständig gebetet werden" (Waaijman, 1997, 80). Das hierfür meist verwendete Gebet in der Ostkirche lautet: ‚Herr Jesus Christus, Sohn Gottes, erbarme dich meiner' oder gekürzt ‚Herr Jesus Christus, erbarme dich meiner' oder ‚Herr Jesus' oder sogar nur ‚Jesus'. Diese Formel kann man erweitern, indem man hinzufügt: ‚...über mich Sünder'. „Man braucht keine spezielle Kenntnis oder Einübung, um mit dem Jesus-Gebet zu beginnen" (Ware, 20). „Fang einfach an! Um gehen zu lernen, muß man einen ersten Schritt machen. Um schwimmen zu lernen, muß man sich ins Wasser stürzen. Mit der Anrufung des Namens ist es das gleiche" (Jungclaussen, 1980, 22).

2. Die christlichen Tagzeiten

Die markanten Zeitpunkte des Tages wie Abend, Morgen und Mittag dienen in steter Wiederkehr der Ausrichtung auf Gott und damit wird der ganze Tag zum ‚Christus-Tag' gemacht. Die Gebetszeiten sind gleichsam der Sauerteig, der alle Zeit als Zeit-mit-Gott aufgehen läßt. Der Sauerteig kann seine Wirkung entfalten, wenn nach dem Einkneten eine Zeit der Gärung folgt, wobei der Sauerteig in Ruhe gelassen wird. Darum ist das Tagzeitengebet rhythmisches Beten: jeder Gebetszeit folgt eine Phase, die der Wirkung des Gebets überlassen wird. „Es ist kein Zufall, daß gerade die Tagzeiten von Laudes und Vesper ihrer Entstehung und ihrem Wesen nach von Anfang an Gemeindefeiern waren, Liturgie des Volkes Gottes. Gerade darin lag und liegt die Hilfe rhythmischen Betens, daß der einzelne einschwingen kann in den großen Atem der Kirche." (Ringseisen, 75) Was der einzelne also nicht immer und nicht unter allen Umständen fertig bringt, wird vom großen Atem der Kirche aufgefangen. Es genügt, wenn jeder sich nach seinen

Möglichkeiten einbringt und ab und zu die Staffel übernimmt, die meistens andere für ihn weitertragen.

> Beiden Methoden geht es nicht um eine unablässige Abfolge von Gebetstexten, sondern um das beständige innere Ausschauhalten nach Gott als eigentliches Beten und eigentliches Bei-Gott-Sein. Die vielen Wiederholungen eines Verses oder die vielen Worte, die in den Psalmen gesungen werden, erreichen ihr Ziel, wenn wir uns bewußt sind, „daß beim Beten des Offiziums unsere Stimme in Christus und die seine in uns erklingt" (AK 8). Unsere Stimme ist die Stimme unserer Sehnsucht, die in ihm als Stimme „seiner Braut" (AK 8) erklingt. Und seine Stimme ist die Stimme seiner Menschenfreundlichkeit, die in uns als „seinem Leib" (AK 8) erklingt.

Während die *Ruminatio* eher die persönliche Form dieses Bemühens darstellt, ist das Stundengebet eher die gemeinschaftliche Form. Beide Formen, die persönliche, stille *Ruminatio* während der Arbeit und aller anderen Beschäftigung und das gemeinsame, gesprochene oder gesungene Chorgebet im Wechsel zur Arbeit, sind gleich wichtig und gleich wirksam. Immer wieder bedarf das persönliche Beten des Impulses aus der Gemeinschaft und immer wieder wird das gemeinsame Beten von der Intimität des persönlichen Betens genährt. Wenn beide miteinander verbunden werden, verstärken und beleben sie sich gegenseitig. „Mit dem gleichen Vers, mit dem die Mönche das unablässige Gebet üben, beginnen sie auch ihre gemeinsamen Gebetszeiten. Das innere Gebet jedes einzelnen fließt zusammen im mündlichen Gebet der ganzen Gemeinschaft. Es geht immer um das Gleiche, um das ständige Geöffnetsein für Gott, um die Erfahrung der Einheit mit Gott auf dem Grund der Seele. Im Chorgebet tritt das, was den ganzen Tag unter der Oberfläche äußerer Tätigkeiten innerlich geübt worden ist, nach außen. Da wird das innere Gebet hörbar." (Grün, 1989, 21)

Beide Methoden für das unablässige Beten zielen auf eine Übersteigung des mündlichen oder wörtlichen Betens in liebendem Bei-Gott-Sein, das nicht mehr an Worte gebunden ist. Dies wird auch inneres Beten genannt, das heißt wortloses Aufmerksamsein für Gott, selbstvergessenes Verschlungensein in seine Liebe. Die Erfahrung lehrt, daß beim Beten immer beides zusammen gehört, formulierte Worte und unaussprechliche Liebe, Lippengebet und Herzensgebet: „Ohne inneres Gebet kommt das mündliche Gebet nicht zum Schwingen. Aber zugleich kann das mündliche Gebet zu einem inneren Beten werden, wenn wir uns der Gegenwart Gottes bewußt sind und wenn wir beim Sprechen ganz auf den ausgerichtet sind, zu dem wir sprechen" (Grün, 1989, 22).

Damit wir durch die vielen Worte in das wortlose Geheimnis Gottes geführt werden können, müssen zwei Voraussetzungen erfüllt werden.

1. Unser Verstand darf nicht blockieren

„Viele klagen, daß beim Psalmenbeten Worte zu schnell vorbeirauschen, so daß sie nicht mit dem Betrachten nachkommen. Aber es geht

auch einen Wert in sich hat. Wenn Gott in ganz besonderer Weise gegenwärtig ist, dann ist er gegenwärtig für uns, damit wir unsererseits für ihn gegenwärtig sind. Dieses gegenseitige Für-einander-Dasein schließt der Gebetscharakter des Stundengebets ein. Die wesentliche Struktur der monastischen wie übrigens auch der kirchlichen Gebetszeiten ist es, „Dialog zwischen Gott und dem Menschen" (AES 33) zu sein. Wenn das *Opus Dei* (Werk von und für Gott) einen wirklich geistigen Sinn erhalten soll, ist es notwendig, daß jeder der Mitfeiernden mit ganzem Herzen versucht, zum Dialog mit dem ihm gegenwärtigen Gott zu gelangen und bis in die Tiefen des Gebetes vorzudringen.

Lebendiges Stundengebet, 200.

gar nicht darum, die Worte zu betrachten. Die Psalmen wollen uns gerade vom Nachdenken befreien" (Grün, 1989, 36). Das wird von vielen nicht verstanden. Viele meinen, zu einem guten Gebet sei es notwendig, den Inhalt der Verse zu ergründen und zu erfassen. Aus diesem Grund werden dann manchmal historische und exegetische Hintergrundinformationen und Interpretationen in das Gebet hineingenommen, so daß der Verstand etwas bekommt, womit er sich beschäftigen kann. Sich auf diese Weise in *einen* Psalm zu vertiefen und seinen Sinn ausfindig zu machen, scheint auf den ersten Blick befriedigender zu sein als viele Psalmen hintereinander herzubeten. Doch beim Psalmensprechen kommt es eigentlich darauf an, dem Verstand keine Gelegenheit zu geben, sich an den Worten und Bildern festzuhalten und darin festzubeißen. Die verstandesmäßige Durchdringung der Texte hat sicherlich ihren Sinn; aber sie geschieht nicht in der Liturgie, sondern in der *lectio divina* und in Psalmkursen. Da ist Gelegenheit zum Studium der Psalmen, zur geistigen Durchdringung und Aneignung der Texte. Wenn der Psalm dann in der Liturgie erklingt, soll die Hauptaufmerksamkeit nicht dem Inhalt der vielen Verse gelten, denn eine solche inhaltliche Auseinandersetzung lenkt von der Gegenwart Gottes ab und blockiert beim Beten. In der Liturgie soll der Psalm einfach nur wachrufen, was uns im Studium aufgegangen ist. „Es ist aber keine Erinnerung an theologische Zusammenhänge, sondern die Wirklichkeit selbst leuchtet in den Worten auf... Das Wort öffnet einen Raum, in dem das wortlose Geheimnis Gottes erspürt und gekostet wird" (Grün, 1989, 38). Das heißt also: Ein Wort kann uns ins Herz fallen und nachklingen. Andere Worte bleiben eher im Hintergrund und bilden ‚nur' die Kulisse der Gegenwart Gottes. Beten ist keine intellektuelle Beschäftigung, sondern in erster Linie Offenheit für Gott.

2. Unser Gefühl darf nicht blockieren

Wer im Stundengebet die Psalmen betet, tut das nicht so sehr im eigenen Namen, sondern im Namen des ganzen Leibes Christi, ja in der Person Christi selbst.

AES 108.

Den Laudes und der Vesper gebührt hohe Wertschätzung als Gebet der christlichen Gemeinde. Ihre öffentliche und gemeinsame Feier soll daher besonders von denen gepflegt werden, die ein gemeinsames Leben führen. Doch auch den einzelnen Gläubigen, die an einer gemeinsamen Feier nicht teilnehmen können, wird das Beten dieser Horen empfohlen.

AES 40.

In den Psalmen werden sämtliche Gefühle ausgedrückt, die ein Mensch empfinden kann: „Freude, Ärger, Traurigkeit, Hoffnung, Verzweiflung, Liebe, Sehnsucht, Haß und Wut, Enttäuschung und Resignation" (Grün, 1989, 42). Diese Emotionen stimmen meistens nicht mit der aktuellen Gefühlslage des Beters überein, und deshalb taucht dann die Frage auf: Kann ich das überhaupt beten, wenn mir selbst jetzt gar nicht so ist? Was vielen noch mehr Probleme bereitet: manche dieser Gefühle wie Haß und das Verlangen nach Vergeltung für die Frevler und Zerstörung der Feinde gehören für uns in die Tabusphäre. Darum werden emotional bedenkliche Passagen oftmals weggelassen, und man bemüht sich, solche Psalmen auszuwählen, die eine eher neutrale oder ausgeglichene Stimmung wiedergeben. Doch beim Psalmensprechen kommt es gar nicht darauf an, uns mit unseren momentanen persönlichen Gefühlen zu beschäftigen, uns über sie klar zu werden oder sie zu überdenken. Wir brauchen auch nicht zu zensieren, welche Gefühle wir selbst berechtigt finden und welche nicht. Das alles geschieht vielmehr in der persönlichen Gewissenserforschung (z.B. im Rahmen der Komplet oder der geistlichen Begleitung), die viele Stimmungen und viele Empfindungen kennt und manchmal auch emotionale Konflikte zur Sprache bringt. Wenn der Psalm in der Liturgie erklingt, kann er wachrufen, was im Menschenherzen so alles umgeht. Ohne schlechtes Gewissen und ohne Risiko darf das alles im heiligen Raum zur Sprache gebracht werden. Weil wir nichts unter Kontrolle zu halten brauchen, lösen sich Tabus und angestaute Gefühle in uns auf (vgl. Grün, 1989, 44). „Wer psalliert, öffnet sein Herz den Impulsen, die von den Psalmen ausgehen" (AES 106). Wer psalliert, läßt die eindringliche, erregende Sprache der Psalmen zu und ihre gefühlvollen Bilder; er läßt sich in ein lebendiges Rollenspiel verwickeln und löst seine inneren und äußeren Hemmungen. Während die Beschäftigung mit den eigenen Gefühlen Begegnung und Austausch blockiert, will das Gebet ja gerade in die Begegnung mit Gott hineinführen.

Ein gesunder Rhythmus innerhalb eines Psalmverses entsteht, wenn die singende Gruppe das Asteriscuszeichen (*) als natürliches Atemzeichen versteht. Zwischen dem ersten und zweiten Halbvers liegt die Zeit eines ruhigen Atemzuges: ... gerade so lange, um das soeben Gesungene und Verklingende vom Ohr auch ins Herz sickern zu lassen und das so Verinnerlichte durch das Echo des zweiten Halbverses zu vertiefen und zu bekräftigen.
Beim Wechsel von einem Psalmvers zum anderen soll dagegen keine Pause entstehen. Den möglichst nahtlosen Wechsel von einer Seite zur anderen kann man sich mit dem Vergleich von ballspielenden Kindern klarmachen: In der gegenchörigen Psalmodie spielen wir uns den bunten Spielball der Großtaten Gottes gegenseitig zu, von einem Chor zum anderen oder von Vorsänger(n)/Schola zur Gemeinde. Worauf es dabei ankommt, ist, daß der Ball nicht zu Boden fällt, sondern ohne Unterbrechung, aber auch ohne Hetze zurückgespielt wird. Je selbstverständlicher dieses Hin und Her gelingt, desto schöner wird das Spiel.
Ringseisen, 185.

> Wenn Verstand und Gefühl in diesem Sinne von sich selbst befreit werden und daher loslassen können und zu Gott finden, ist das Ziel des Stundengebets erreicht. Der Verstand schwingt hinüber in den weiten Raum der Bilder und Symbole eines Lebens mit Gott, und das Gefühl taucht ein in die Höhen und Tiefen, die dieses Leben bereithält. Ganz gleich, wo der Beter sich in diesem Moment persönlich befindet, schließt er sich auf diese Weise dem großen, ununterbrochenen Gebetsstrom der Kirche an, der alle Menschen mit all ihren Bedürfnissen und Sehnsüchten einsammelt und zu Gott zieht. Das unablässige Stundengebet der Kirche zieht sich im festen Rhythmus der Tageszeiten durch die gesamte Geschichte des christlichen Betens und umkreist dabei jeden Tag einmal die ganze Erde, die es somit gleichsam betend umfängt.

„Ob nun diese Liturgie in Gemeinschaft oder vom einzelnen vollzogen wird, ihre wesentliche Struktur bleibt bestehen; denn sie ist Dialog zwischen Gott und dem Menschen. Allerdings kommt der ekklesiale Charakter des Stundengebets beim Gebet in Gemeinschaft deutlicher zum Ausdruck" (AES 33). Sinnfällig drückt sich der Dialog zwischen Gott und dem Menschen in der heute für das Stundengebet in der katholischen Kirche typischen Form des wechselchörigen Singens oder Betens aus. Das Hin- und Herwogen der Psalmverse (oder des Psalms und Responsoriums) versetzt den Beter ins Gespräch mit Gott, das gleichsam leiblich widerhallt in den beiden Chorhälften aus Menschenstimmen. Wer sich auf dem Rhythmus des Atems singend (sprechend) und lauschend von Vers zu Vers schwingen läßt, dem wird weit ums Herz, der bekommt wieder Luft, der fühlt, wie sein eigener Leib und der Leib der Kirche von Gottes Atem getragen wird.

2.3.1. Frühschicht und Spätschicht

In Anlehnung an das Tagzeitengebet gibt es in manchen Gemeinden die sogenannte Frühschicht und Spätschicht, besonders in der Fasten- und Adventszeit. Zwar ist bei diesen (Jugend-)Gottesdiensten der Bezug zu einer Tagzeit gegeben, doch unterscheiden sie sich in ihrer freieren Struktur und in ihren wechselnden Elementen deutlich von der kirchlichen Stundenliturgie. „Man hört ein Wort für den Tag, bedenkt es und trägt die Erwartungen des Tages im Gebet vor Gott. Beim anschließenden Frühstück wird das Gespräch fortgesetzt. Ähnlich steht am späten Abend die Spätschicht als Reflexion über den abgelaufenen Tag im Licht des Bibelwortes, das über den Tag gesetzt wurde" (Kleines liturgisches Lexikon, 46). „Es geht also wesentlich um Gemeinschaft, um Gebet und um Anleitung zu einem christlichen Handeln im Alltag" (Nagel, in: Lebendiges Stundengebet, 507).

‚Frühschicht', das ist ein Begriff aus der Arbeitswelt, die Schicht nach der Nacht, Vorbereitung und Einarbeitung in die Tagschicht. Das ist eine wichtige (Arbeits-)Zeit, und jeder, der daran teilnimmt, muß sich ganz dort einfinden, auch wenn er manchmal noch ein bißchen müde ist. Das gilt auch für die ‚Frühschicht' im Gebet... Wer sich zur ‚Frühschicht' aufmacht, der ist bereit, der ist offen, sich mit anderen zum Beten zu finden, um sich selbst vor dem

Tag und für den Tag – vor Gott – zu finden.

Werkbuch für die Ministranten-arbeit, in: *Lebendige Seelsorge* 39 (1988), 217.

Die Treffen in dieser Fastenzeit haben neue Leute zusammen-geführt. Andere, die sich schon kannten, lernten sich besser und von anderer Seite kennen. Gruppenbildung und Personen-kenntnis wurden vertieft; Mitarbeiter wurden auf dem Feld der Glaubensvermittlung selbständig tätig. Der für alle gemeinsame typische Impuls am Morgen und die unterschiedliche, bunte Lebenserfahrung im Gespräch am Abend gaben neuen Auftrieb für das Gemeindeleben.

Sonntag, in: *Lebendige Seelsorge* 35 (1984), 81.

Der Mensch ist segensbedürftig. Er verlangt nach Heil, Schutz, Glück und Erfüllung seines Lebens. Darum sprechen sich Menschen gegenseitig Segen zu: Sie wünschen sich Gutes. Vor allem erhoffen und erbitten sie Segen von Gott.

PE 1.

Auf Grund des allgemeinen oder besonderen Priestertums oder eines besonderen Auftrages kann jeder Getaufte und Gefirmte segnen. Je mehr aber eine Segnung auf die Kirche als

Die wichtigsten Elemente der Früh- und Spätschicht sind: Gebet, Gespräch, Meditation, Stille, Bewegung, Symbole. Im Aufbau unterliegen diese Gottesdienste keinem festen Schema.

Während die kirchliche Stundenliturgie in ihrer komplexen Struktur und ihren anspruchsvollen Texten hohe Anforderungen an die Teilnehmer stellt und selbst bei einer Vertrautheit mit Kirche und Gemeinde ein gewisses Hineinwachsen erforderlich ist, holen Frühschicht und Spätschicht die Teilnehmer im Alltag ab und bleiben sehr stark in der Erfahrungswelt der Teilnehmer, so daß auch Randkirchliche und Glaubensneulinge angesprochen werden. Es wird versucht, der Situation der Teilnehmer gerecht zu werden, die häufig erst noch zum Beten hingeführt werden müssen: „Austausch von Erfahrungen, Gespräch und Zeugnis, Meditation und Einübung als Vorstufen des Betens beanspruchen mitunter mehr Zeitaufwand als die eigentliche Gebetsphase" (Nagel, in: Lebendiges Stundengebet, 517).

Weil das Gebet der Früh- und Spätschicht leichter zugänglich ist als das der kirchlichen Stundenliturgie, bieten diese neuen Formen mehr Gläubigen die Chance, in das Gebet der Kirche einzusteigen. Doch stoßen ‚Fortgeschrittene' auch auf Grenzen: nach einer gewissen Zeit ist ein breiteres Spektrum an Themen und Texten erforderlich, und man beginnt die Kraft der Psalmen zu spüren (vgl. Lebendiges Stundengebet, 503-504).

Im Anliegen der Verkündigung und des Hörens des Wortes Gottes (AES 14) sowie der Heiligung der Tageszeit (vgl. AES 1.10-11) und der Heiligung des Menschen (AES 14-15) verbinden sich Stundengebet und diese neuen Gottesdienstformen.

2.4 Liturgie der Segnungen

Auch Segnungen sind „dialogisches Geschehen zwischen Gott und Mensch" (Heute segnen, 15). In den Segnungen behält der Mensch den Segen Gottes nicht für sich, sondern gibt ihn Gott im Lobpreis zurück. Das Wohlwollen und die Zuneigung Gottes kommen bei ihm an und veranlassen ihn seinerseits dazu, sich Gott mit Wohlwollen und Zuneigung zuzuwenden. „Segen im biblischen Sinn drückt Begegnung, ja sogar eine Lebensgemeinschaft von Gott und Mensch aus." (Heute segnen, 16). Für den Menschen sind die Segnungen auf Grund ihres dialogischen Charakters in doppelter Hinsicht positiv, wie der Psalmenkommentar des Augustinus († 430) gut zum Ausdruck bringt: „Wir wachsen, wenn Gott uns segnet, und wir wachsen, wenn wir Gott segnen. Beides ist gut für uns. Jener nimmt nicht zu durch unseren Segen und nicht ab durch unseren Fluch. Wer dem Herrn flucht, nimmt selbst ab, wer den Herrn segnet, nimmt selbst zu. Das erste ist, daß Gott uns segnet und darum können wir ihn segnen. Das eine ist der Regen, das andere ist die Frucht" (Augustinus, Enarr. in Ps., Cl 0283, SL 39, ps 66, par. 1) (vgl. PE 4).

> Die umformende Kraft des Segens besteht also zum einen darin, daß der Gesegnete im Licht der wohlwollenden Zuwendung Gottes selbst zum Segnenden wird.

solche und auf ihre sakramentale Mitte bezogen ist, desto
mehr ist sie den Trägern eines
Dienstamtes (Bischof, Priester,
Diakon) zugeordnet. So werden
etwa die Segnungen öffentlicher Einrichtungen durch einen
Amtsträger vollzogen, der die
Kirche in diesem Bereich vertritt. Daher sind dem Bischof
Segnungen vorbehalten, in denen eine besondere Beziehung
zur Diözese sichtbar wird; Priester, Diakon oder beauftragte
Laien segnen im Leben der
Pfarrgemeinde oder im örtlichen öffentlichen Leben; Eltern
segnen in der Familie.

                Benediktionale, 16.

„Wenn man Segen als Sprechen Gottes zu uns Menschen versteht, so
erfordert dies eine entsprechende Antwort. Sie besteht in der Anerkennung Gottes als Quelle des Segens durch den Menschen. ‚Gott segnen' heißt in diesem Zusammenhang: anerkennen, daß wir immer
schon von Gott gesegnet sind, bevor wir ihn um seinen Segen bitten
können" (Heute segnen, 17). Die Liturgie der Segnungen geht davon
aus, daß von Gottes Seite her der Dialog immer schon eröffnet ist. Der
Mensch braucht nichts anderes zu tun, als sich dem göttlichen Segen
auszusetzen und sich von ihm verwandeln zu lassen. „Wer in den
Dialog des Segens eintritt, erklärt sich und seine Welt als von Gott abhängig, zugleich aber auch als von ihm angenommen. Damit erfährt
sich der Gesegnete neu, er wird ein anderer, und zugleich wird seine
Umwelt eine andere, da er sie ebenfalls als von Gott gesegnet erfährt.
Segen ist in diesem Sinn ‚Transsignification', Wandlung der Bedeutungs- und Sinnzusammenhänge der Wirklichkeitserfahrung" (Heute
segnen, 18).

Die umformende Kraft des Segens besteht also zum anderen darin,
daß alles gläubig in Gottes Hand gegeben wird und damit alles zum
Heil gewendet wird.

Der Herr segne dich und behüte dich.
Der Herr lasse sein Angesicht
über dich leuchten und sei dir
gnädig.
Der Herr wende sein Angesicht
dir zu und schenke dir Heil.

                    Num 6,24-26.

Jesus von Nazareth lebte aus dieser Spiritualität und machte sie nachhaltig zum Gegenstand seiner Verkündigung (vgl. Praktisches Lexikon
der Spiritualität, 1121), einmal indem er Jünger und Apostel um sich
sammelte, die zu Segnenden wurden, weil er sie segnete, zum anderen,
indem er in den zahlreichen Heilungsgeschichten durch die Kraft des
Segens Unheil zum Heil wendete.

Segnungen sind Zeichenhandlungen (Benediktionale, Art. 8), die das
Leben der einzelnen und der menschlichen Gemeinschaft in seinen
verschiedenen Phasen und Bereichen begleiten und vertiefen. Durch
die Segnungen werden „in einer gewissen Nachahmung der Sakramente Wirkungen, besonders geistlicher Art, bezeichnet und kraft der
Fürbitte der Kirche erlangt" (SC 60). Die Segnungen können alles betreffen, was zum Menschen gehört: ihn selbst, die Frucht seiner Arbeit,
seinen Lebensraum und alles, was sein Leben ausmacht, vor allem
auch die Gaben der Natur.

Bei dem, der sich liebend auf
Gott einläßt, ändert sich
scheinbar zunächst nichts, und
doch tritt er in einen neuen Bereich ein, der ihn verändert. Er
sieht die Dinge mit einem anderen Blick. Alles bekommt einen
anderen Stellenwert, selbst die
rein physischen Dinge wie Luft,
Wasser, Nahrung, Erde, Pflanzen; sie erlangen eine neue
Bezugs-Qualität. Für die Praxis
der Segnungen ist dies von
großer Bedeutung.

                 Baumgartner, 105.

Grundlage für die Segnungen ist die Überzeugung, daß die Schöpfung
und alles Leben in ihr gott-gewollt und daher in einem ursprünglichen
Sinn des Wortes *gesegnet* ist (Gen 1,4.10.18.21f.25.28.31; 1 Tim 4,4).
Gesegnet sein bedeutet sich zum Guten entwickeln und entfalten können, heil und glücklich werden sollen. Diese positive Haltung Gottes
zu seiner Schöpfung greift der gläubige Mensch auf, indem er zum einen Gott segnet, das heißt ihn lobpreist und benedeit, und zum andern
sich Gottes segnende Haltung zu eigen macht, das heißt, wie Gott sich
selbst, seine Mitmenschen, die Natur und alles um sich herum segnet.
Segnen meint: das Leben in Fülle gönnen, das Leben zur Entfaltung
kommen lassen, das Leben mehren (vgl. PE 2). Mit den Aposteln wird
die Kirche zur Trägerin der Gnade und des Segens Christi. Sie vermittelt diesen Segen ‚im Namen' oder ‚unter Anrufung des Namens' Jesu.
Die Gläubigen haben auf vielfältige Weise Anteil an diesem Segen und
sind dazu berufen, Gott zu preisen und zu segnen. (PE 7) So wie alle
liturgischen Handlungen sind Segensfeiern nicht privater Natur, sondern Feiern der Kirche, die das ‚Sakrament der Einheit' ist, das heilige
Volk. (SC 26) Segnend weiß der Christ, daß Gott unverbrüchliche

Gott spricht zu Abraham: „Ich werde dich zu einem großen Volk machen, dich segnen und deinen Namen groß machen. Ein Segen sollst du sein... Durch dich sollen alle Geschlechter der Erde Segen erlangen" (Gen 12,2-3). Der Segen besteht darin, daß Gott die Geschichte Abrahams und durch ihn die Geschichte der ganzen Menschheit in Heilsgeschichte verwandelt. Die Zeit des Menschen und der Menschheit wird gesegnet. Der Segen betrifft nicht nur Abraham als unmittelbaren Adressaten, sondern alle zukünftigen Generationen, die durch Abraham Segen erlangen (vgl. Joh 8; Röm 4; Hebr 11). Abraham selbst erfährt den Segen im Zeichen, also in einem sinnlich wahrnehmbaren Gleichnis: „Er führte ihn hinaus und sprach: Sieh doch zum Himmel hinauf, und zähl die Sterne, wenn du sie zählen kannst. Und er sprach zu ihm: So zahlreich werden deine Nachkommen sein" (Gen 15,5).

Heute segnen, 20.

Treue zu seiner Schöpfung und zum Leben bewahrt (vgl. Praktisches Lexikon der Spiritualität, 1121).

Heutzutage bildet die Spiritualität der Segnungen ein kritisches Korrektiv zu den vielen natur- und kulturpessimistischen Strömungen der Gegenwart. Dies wird aber noch viel zu wenig wahrgenommen und könnte den Segensfeiern heute viel mehr Brisanz geben. Wenn die Segnungen von äußerer Frömmelei befreit werden, nicht auf Devotionalien (Rosenkranz, Kreuz, Gesangbuch etc.) beschränkt bleiben, sondern gerade auch die Alltagswirklichkeit des heutigen Menschen betreffen, können sie den Lebensmut vieler Menschen stärken und zu einer positiven Lebenseinstellung verhelfen. Gerade weil viele Zeitgenossen ihre persönliche Situation sowie die politische, wirtschaftliche und ökologische Entwicklung der Welt als heil-los erfahren, brauchen wir heute eine neue Segensspiritualität, die nichts verdrängt von all dem, was den Menschen bedroht und sein Leben mindert, die aber im Vertrauen auf den Zuspruch des göttlichen Segens überall nach Umkehr und neuen Wegen sucht. Während ein Hinhalten schmerzlicher wie freudiger Erfahrungen unter den Segen Gottes Kräfte fließen läßt, blockiert ein Wegziehen und Verstecken den Segensfluß eher. Segen wird um so stärker, je weniger Lebensbereiche ausgeklammert werden, und um so schwächer, je mehr Einschränkungen es gibt, z.B. auf Devotionalien, besondere Festtage, einzelne Gegenstände des Alltagsleben (Auto, Haus etc.). Eine magische Wirkung der Segnungen wird grundsätzlich ausgeschlossen (PE 10). Darum ist es auch nicht angebracht, bestimmte Gegenstände zur Segnung abzugeben, um sie später als ‚gesegnet' wieder abzuholen, ohne selbst an der Feier der Segnung beteiligt zu sein.

Die Segnungen sind Zeichen des Heils; sie machen Mut, wecken schöpferische Kräfte und helfen, Ängste zu überwinden. Es scheint, daß heute die herkömmlichen Rituale des Benediktionale dem Bedürfnis nach einer Feierkultur für alle lebensgeschichtlich wichtigen Situationen nicht mehr genügen. Gefragt ist ein Segensspektrum, das so breit ist wie das Leben, das heißt einerseits, daß die Kirche alle hausgemachten Tabus etwa in bezug auf Trennung / Scheidung, Homosexualität, Zusammenleben ohne Trauschein usw. aufarbeiten muß, weil Menschen eben unter allen Umständen des Segens bedürfen, und das heißt andererseits, daß Kirche das Vakuum an Sinn und Segen, das in unserer säkularisierten Gesellschaft entstanden ist, kreativ auffangen sollte, indem sie entsprechende klare Angebote macht, denn auf Grund ihres Christus-Glaubens ist Kirche dazu beauftragt und befähigt, universales Heil und universalen Segen zuzusprechen.

☞ Wer Liturgie feiert, wird von Gott gemeinsam mit anderen Feiernden in einen tiefgreifenden Umformungs- und Entwicklungsprozeß hineingeführt: gemeinsam erfahren die Feiernden die geheimnisvolle Mitte ihres Lebens, gemeinsam tragen sie füreinander Sorge und vermitteln für einander die verborgene Gegenwart Gottes.

3. Leben im Dialog mit Gott

Es gibt keinen Widerspruch zwischen Aktion und Kontemplation, wenn christliches apostolisches Handeln bis auf die Ebene der reinen Liebe aufgestiegen ist. Auf dieser Ebene verschmelzen Aktion und Kontemplation zu einer Einheit durch die Liebe zu Gott und zu unserem Bruder in Christus. Aber das Problem ist, daß christliche Aktion niemals diese hohe Ebene erreichen kann, wenn Gebet nicht zutiefst, kraftvoll und rein es selbst ist und immer vom Geist der Kontemplation erfüllt ist.

Merton, 1971, 115.

Einleitend haben wir überlegt, daß unser Dialog mit Gott ein persönliches *Begegnungsgeschehen* ist, in dem wir fortwährend *verwandelt oder umgeformt* werden (0). Anschließend haben wir in zwei Schritten darüber nachgedacht, wie der *Dialog des einzelnen* mit Gott (1) und *der Dialog der Kirche* mit Gott (2) lebendig bleibt, wann die Umformung des Menschen im Dialog mit Gott *blockiert wird*, und was notwendig ist, um solche *Blockaden aufzulösen*. Zum Schluß möchten wir den Dialog mit Gott nun an seinen Horizont führen, dahin nämlich, wo sich die Perspektive der *Kontemplation* auftut (3.1), und in seine Mitte, dahin, wo christliches *Handeln im Alltag* (3.2) geboren wird.

Obwohl die Kontemplation und das Handeln im Alltag letztlich in der einen Liebe zu Gott und dem Nächsten verschmelzen, wollen wir hier beides gesondert behandeln. Nur so können wir verstehen, was Kontemplation ist und was christliches Handeln im Alltag ist und wie beides unzertrennlich miteinander verbunden ist. Man kann dies vergleichen mit einem Rosenkranz, der aus vielen Perlen besteht und einem Faden, der alles zusammenhält. Die Perlen sind die Momente des Dialogs mit Gott, während der Faden das Handeln im Alltag ist, das die Momente des Dialogs mit Gott miteinander verbindet. Der Faden geht durch die Mitte der Perlen und die Perlen machen die schmale Spur des Fadens weit.

3.1 Die Perspektive des Dialogs: Kontemplation

„*Kontemplation* kommt aus dem Lateinischen. *Contemplari* heißt *schauen*. Ziel ist das Schauen ins eigene Selbst, Schauen des Göttlichen in uns und in der Schöpfung in der Form des Innewerdens oder Erfahrens jenseits unserer intellektuellen Fähigkeiten. Kontemplation ist auf ihrem Höhepunkt mehr ein Zustand des Erleidens als des aktiven Tuns. Dieser Zustand kann im Grunde nicht gelehrt, sondern nur erweckt werden. Die Anlage dazu ist allen Menschen angeboren", so definiert Willigis Jäger (9), dem es vorrangig um die Praxis der Kontemplation geht, diesen Begriff.

Alle Kirchenväter in Ost und West haben die Methode der *lectio divina* geübt und die Gläubigen angehalten, sie auch daheim zu pflegen; sie gaben ihnen dazu jene herrlichen Schriftkommentare an die Hand, die wesentlich die Frucht der *lectio* waren.
Origenes († 254), Hieronymus († 419), Cassian († 435), Bernhard († 1153) und viele andere haben die Begriffe der *lectio divina* festgelegt und die Gläubigen ermuntert, jene goldene Straße zu durcheilen, den Dialog und das unsagbare Gespräch mit Gott.
Bis zum 13. Jahrhundert hat diese Methode den Glauben

Während das Christentum bis ins 14. Jahrhundert die Praxis der Kontemplation mit der Theologie verband, kam es im 15. Jahrhundert unter dem Einfluß der Spätscholastik immer mehr zu einem Bruch zwischen der kontemplativen Glaubenserfahrung und der theologischen Deutung und Darstellung des Glaubens, den Axters (11) als „das große Schisma des 15. Jahrhundert" bezeichnet. „Was im 15. Jahrhundert zerbrach, entwickelte sich im 16. Jahrhundert zu einem Antagonismus. Unter dem Einfluß der Reformation und den politisch-religiösen Konsequenzen einer zerrissenen Christenheit – der das Schisma des 15. Jahrhunderts zwischen der Theologie und der Mystik zu Grunde lag – wurde die Theologie vor allem in den katholischen Ländern zur Hüterin der Orthodoxie sowohl gegenüber der subjektiven Glaubenserfahrung der Protestanten und Pietisten als auch gegenüber den spirituellen und mystischen Menschen aus dem eigenen Kreis" (Steggink / Waaijman, 42). Es dauerte lange, bis man sich bemühte, diesen unseligen

von ganzen Generationen genährt, und noch Franz von Assisi († 1226) hat sie beharrlich geübt. Aber im Spätmittelalter wurde die *lectio divina* durch Einführung von *quaestiones* und *disputationes* verbogen. Es folgten Zeiten, in denen dieses Gebet verschwand und der *devotio moderna* und der ‚Ignatianischen Methode‘ Platz machte, ichbezogenen und psychologisierenden Gebetsformen. Nur in den monastischen Klöstern und im Servitenorden wurde die alte Methode rein bewahrt, bis sie nach dem II. Vatikanum in der Konzilskonstituion Dei Verbum Nr. 25 wieder auflebte: ‚Alle müssen sich in beständiger heiliger Lesung und gründlichem Studium mit der Schrift befassen... und daran denken, daß Gebet die Lesung begleiten muß...‘.

Bianchi, 87-88.

Bruch allmählich wieder zu überwinden und Theologie und Spiritualität miteinander zu versöhnen. Die neue Aufmerksamkeit für die *lectio divina* leistet dazu einen herausragenden Beitrag. „In einer Zeit, in der vom ‚Bankrott der historisch-kritischen Exegese‘ und einer ‚postkritischen‘ Bibelauslegung gesprochen wird, erinnert Enzo Bianchi an einen Aufbruch, der zu den Ursprüngen christlichen Glaubenslebens zurückführt; und angesichts der heutigen Flut an meditativer Literatur weist er dem Leser einen Weg, der unmittelbar in die Begegnung mit dem Wort Gottes führt und dazu anleitet, selber ein glaubwürdiges Leben der Nachfolge zu führen, um ein ‚Brief Christi‘ (vgl. 2 Kor 3,1-3) zu sein, eine ‚Bibel‘, die von anderen gelesen wird“ (Schneider, in: Bianchi, 13).

Enzo Bianchi (geb. 1943) hat die Schrift *epistola de vita contemplativa* von Guigo II, dem Karthäuser, der um 1150 seine klassisch gewordene Hinführung zur *lectio divina* verfaßte, wieder neu entdeckt und für unser Jahrhundert zugänglich gemacht. Die *lectio divina* war es, die sowohl das Gebetsleben als auch die Theologie in den ersten fünfzehn Jahrhunderten der Kirche prägte. Sie kann heute einen ganz entscheidenden Beitrag zur Überwindung des unheilvollen Schismas zwischen Glaubenserfahrung und Glaubenslehre leisten.

Die *lectio divina* wird meistens in vier Schritten dargestellt, so auch bei Guigo II: *lectio*, *meditatio*, *oratio* und *contemplatio*. Bei den Wüstenvätern und –müttern sowie im frühen Mönchtum war immer nur die Rede von drei Schritten: *lectio*, *meditatio*, *oratio*. Bereits bei Bernhard von Clairvaux († 1153) finden wir als vierten Schritt die *contemplatio*, bei Hugo von St. Victor († 1141) als vierten Schritt die *operatio* und als fünften Schritt die *contemplatio*.
Michael Schneider faßt die vier Stufen der *lectio divina* nach Guigo II. folgendermaßen zusammen:

„1. LECTIO: *Die Lesung erforscht.*
Der Text wird aufmerksam und ehrfürchtig gelesen und in seiner sprachlichen Ausdrucksgestalt erfaßt. Indem der Leser sich mit dem Herzen öffnet und ohne Distanz den Text immer wieder liest, kommen die Grundaussagen des Textes zum Sprechen: Der Leser muß gleichsam in den Text hineinkriechen! Doch das Lesen der Schrift ist ein ganz spezifisches: Es impliziert eine Praxis, denn die Wahrheit des Gotteswortes versteht nur, wer sie vollzieht und sein Leben auf sie abstimmt. Der Text der Schrift ist eine Lebensform und kann nur als Lebensform begriffen und erschlossen werden. Somit besteht die Objektivität des Schrifttextes darin, daß sie die ungebrochene Kontinuität zwischen dem Lebenszusammenhang des Verfassers wie auch des Lesers einfordert.

Der verlangenden Seele wird gleichsam eine Traube gereicht. Sie schaut sie genau an und sagt sich: Dieses Wort kann mir gut tun... Die Seele möchte nun all das besser verstehen und greift deshalb nach der geheimnisvollen Traube, zerkleinert und zerkaut sie und preßt sie sozusagen in der Kelter.

Guigo II, in: Bianchi, 105-106.

So beginnt also die Meditation. Sie bleibt nicht beim Äußeren stehen und hält sich nicht an der Oberfläche auf. Sie dringt in die Tiefe ein, geht auf den Grund und erwägt alle Einzelheiten... Sieh, welch überströmender Wein aus der unscheinbaren Traube quillt, welch ein Feuer aus dem Funken auflodert!

Guigo II, in: Bianchi, 106.

2. MEDITATIO: *Die Meditation findet.*
Das Lesen der Schrift ist ein Dialog, der sich nicht hastig vollzieht. Der Leser muß sich in den gelesenen Text vertiefen und nach der inneren Erkenntnis der im Text verborgenen Wahrheit suchen, indem er darauf achtet, was sie in ihm auslöst und hochkommen läßt: *Im Wort Gottes suche das Herz Gottes*. Im Hören auf Gottes Wort dringt der Leser zugleich in sich selber ein, und indem er tiefer in sich eindringt, erschließt sich ihm der Text. Ein solches Lesen bedeutet ein Neu-Lesen, nicht die Wiederholung eines toten Buchstabens, und ein Neu-

Schaffen, denn der Leser war vor der Lektüre noch nicht das, wozu er im Lesen geworden ist. In der Begegnung mit dem Wort Gottes erhält der Glaubende eine neue Identität, er lernt im Betrachten der Geschichte Gottes mit dem Menschen die Geschichte des eigenen Lebens neu zu sehen und zu verstehen.

3. ORATIO: *Das Gebet erbittet.*

Lesung und Verinnerlichung in der Meditation führen in das Gespräch mit Gott. Der Leser erbittet, daß Gott selber ihm den Text erschließt und die wahre Erkenntnis des Wortes schenkt. Dieses Gebet weist die Lesung als eine ‚geistliche‘ aus: Das Studium der Heiligen Schrift, *vacare lectioni* [frei und offen sein für die Lesung], öffnet den Leser für Gottes Anruf, *vacare Deo* [frei und offen sein für Gott]:

4. CONTEMPLATIO: *Die Kontemplation schmeckt.*

In der Kontemplation hebt Gott den Menschen über sich selbst hinaus und gibt ihm den wahren Geschmack am Text und eine bisher nicht gekannte innere geistliche Freude. Nun wird der Leser mit dem Gelesenen innerlich eins, denn er ist hineingenommen in die Begegnung mit dem lebendigen Gott" (Bianchi, 12).

Im Kontext der *lectio divina* versteht sich die Kontemplation also nicht als merkwürdiges, esoterisches Phänomen, sondern als eine Gabe Gottes, die jedem ernsthaften Gottsucher zuteil werden kann. Enzo Bianchi faßt seine Sicht der Kontemplation folgendermaßen zusammen: „Wir können die Kontemplation nicht durch persönliche Anstrengung erreichen. Sie kommt nicht von außen auf uns zu, ist vielmehr die natürliche Frucht, die aus dem Keim unserer betenden Lesung hervorgeht... Jede Seite des Evangeliums enthüllt uns Christus, er erscheint aufs neue in der *lectio divina*. Wir spüren seine Ankunft in seligem Erstaunen. Bewunderung, Überraschung: das, einzig das ist Kontemplation. Sie ist weder Ekstase noch außergewöhnliche Erfahrung, sondern ganz einfach: ihn betrachten..." (Bianchi, 80).

Und so wollte auch Thomas Merton († 1968) die Kontemplation wieder verstanden wissen, wenn er in seinem Buch *Spiritual Direction and Meditation and What is Contemplation* fragte: „Warum halten wir die Gabe der Kontemplation, der eingegossenen Kontemplation, des mystischen Betens für etwas seinem Wesen nach Merkwürdiges und Esoterisches, das für eine kleine Klasse von nahezu unnatürlichen Lebewesen reserviert und für alle anderen verschlossen ist? Vielleicht deshalb, weil wir vergessen haben, daß Kontemplation das Werk des Heiligen Geistes ist, der mit besonderer Intensität in unseren Seelen durch die Gabe der Weisheit und des Verstehens wirkt, um unsere Liebe zu ihm wachsen zu lassen und zu vervollkommnen. Diese Gaben sind Teil der normalen Ausrüstung christlicher Heiligkeit. Sie sind jedem Getauften gegeben, und wenn sie gegeben sind, dann wahrscheinlich aus dem Grund, weil Gott will, daß sie entfaltet werden" (Merton, 1975, 89).

Über die (drei,) vier Stufen der *lectio divina* haben Christen immer schon in Dialog mit Gott und seinem Wort gemeinsam mit ihren Glaubensgenossen ihre Begabung zum geistlichen Leben entfalten können. Das war immer ein solider und sicherer Weg geistlicher Reifung, weil die Gläubigen sich dabei gegenseitig korrigierten und sich zudem dem

---

Die Seele begreift also, daß sie den ersehnten Genuß der Erkenntnis und der Erfahrung nicht aus eigener Kraft erlangen kann. Je höher sie sich erhebt, um so ferner erscheint ihr der Herr... Gib mir, Herr, das Unterpfand des verheißenen Erbes, gib mir wenigstens einen Tropfen des himmlischen Taus, um meinen Durst zu stillen, denn ich brenne vor Liebe.
Guigo II. in: Bianchi, 109-110.

Der Herr aber, dessen ‚Augen auf die Gerechten blicken und dessen Ohren ihr Schreien hören‘ (Ps 34,16), wartet nicht einmal, bis sie ihre Bitten ausgesprochen haben. Er unterbricht ihr Gebet und eilt der Seele, die ihn ersehnt, plötzlich entgegen. Er ist vom Tau himmlischer Süßigkeit benetzt und mit köstlichem Öl gesalbt. So erquickt er sie, stillt ihren Hunger und Durst und läßt sie das Irdische vergessen.
Guigo II. in: Bianchi, 110-111.

Eingegossene Kontemplation ist zutiefst verbunden mit reiner und vollkommener Gottesliebe, welche Gottes größtes Geschenk für die Seele ist. Sie ist tiefe und intime Gotteserkenntnis durch eine Vereinigung in Liebe – eine Vereinigung, in der wir Dinge über ihn erfahren, die diejenigen, die solch ein Geschenk nicht bekommen, nicht eher entdecken werden, als bis sie im Himmel sind.
Merton, 1975, 90.

Kontemplation ist das lebendige Bewußtsein dessen, daß das Leben und Sein in uns aus einer unsichtbaren, transzendenten und unendlich überströmenden Quelle hervorgeht. Kontemplation ist vor allem Aufmerksamkeit für die Wirklichkeit dieser Quelle.
Merton, 1962, 1.

Eines Nachts erhob sich der heilige Benedikt († 550) schon vor der Zeit des nächtlichen Chorgebetes. Am Fenster stehend und zum allmächtigen Gott betend, sah er plötzlich vom Himmel her ein Licht herabfluten, das alle Finsternis der Nacht verscheuchte und so strahlend glänzte, daß es noch heller leuchtete als das Tageslicht. Dann aber folgte bei dieser Schau etwas höchst Staunenswertes: Es wurde dem Heiligen, wie er selbst später erzählt hat, die gesamte Welt wie in einem einzigen Sonnenstrahl zusammengepreßt vor Augen geführt. Du fragst: In welcher Weise kann es denn geschehen, daß das ganze Universum von einem einzigen Menschen gesehen werden kann? Was ich auf diese Frage erwidere, halte fest im Gedächtnis: Einer Seele, die den Schöpfer sieht, schrumpft die ganze Schöpfung zusammen. Wenn die Seele auch nur ein wenig vom Licht des Schöpfers erblickt, wird ihr alles Geschaffene winzig. Denn durch das Licht der tief innerlichen Schau wächst der Fassungsraum des Geistes und wird so sehr in Gott geweitet, daß er über die Welt erhaben ist. Die Seele des Schauenden gelangt sogar über sich selbst hinaus. Und sooft sie im Licht Gottes über sich hinaus fortgerissen wird, wird sie in ihrem Innern geweitet. Und während sie in diesem Zustand ihr eigenes Ich unter sich erblickt, begreift sie, wie klein dasjenige ist, was sie in ihrem Tiefstand nicht zu erfassen imstande war.

Was Wunder also, wenn Benedikt die Welt vor sich zusammengepreßt sah, da er doch, im Licht des Geistes erhoben, außerhalb der Welt war? Wenn es aber heißt, die Welt sei vor seinen Augen zusammengepreßt worden, so wurden nicht Himmel und Erde ineinandergezwängt, sondern die Seele des Schauenden wurde geweitet. In Gott emporgerissen konnte sie mühelos alles sehen, was unter Gott ist. Mit jenem Licht also, das den äußeren Augen aufstrahlte, war ein inneres Geisteslicht verbunden, das die Seele des Schauenden nach droben emporriß und ihm dabei zeigte, wie hienieden alles so winzig eng ist.

Gregor der Große, Dial. 2. B. 35. Kap.

kritischen Anspruch der *ganzen* Bibel stellten und nicht nur weniger ausgewählter Lieblingstexte. Subjektivismus und Rationalismus haben in den vergangenen Jahrhunderten dafür gesorgt, daß die normale Begabung zur christlichen Heiligkeit an den Rand gedrängt, verdächtigt und beargwöhnt wurde. Heute scheint es an der Zeit zu sein, nachzuholen, was die Generationen vor uns versäumt haben. Vielen ist wieder bewußt geworden, was schon Augustin Guillerand († 1945) in seinen *Écrits spirituels* feststellte: „In den Tiefen unserer Seele gibt es weite Räume, wo man nicht mehr denkt und redet, sondern erfährt, schaut und liebt. Dort ist das Reich des Friedens. Dort ist die Wohnung des ‚Gottes des Friedens‘ (1 Kor 14,33). Dort ist das Brautgemach unserer Vereinigung mit Gott" (Guillerand, in: Di Lorenzi, 76). Denken und Reden werden damit nicht diffamiert, auch sollen die wichtigen theologischen Studien der vergangenen Jahrhunderte nicht für überflüssig erklärt werden, aber das Bewußtsein hat wieder an Boden gewonnen, daß Denken und Reden vorläufig und begrenzt sind, daß sie schweigen müssen, wenn Gott den Raum erfüllt mit seiner Gegenwart und seinem Wort. Denken und Reden tun wir *über* Gott. Erst wenn wir erfahren, schauen und lieben sprechen wir *mit* ihm.

Angemerkt sei hier aber, daß die drei (vier) Schritte der *lectio divina* nicht der einzige Weg in die Kontemplation sind. Es gibt zahlreiche Beispiele dafür, daß Menschen ohne die Vorstufen der *lectio, meditatio* und *oratio* ganz unmittelbar von Gottes Gegenwart nach innen gezogen werden. Auch das ist solide und nicht selten. Hilfreich ist in einem solchen Fall das Gespräch mit einem geistlichen Begleiter, weil sich diese Erfahrung erst voll entfalten kann, wenn der Betreffende sie verstehen und einordnen kann.

> Die Kontemplation ist im Grunde die Vollendung des Dialogs mit Gott, hier gibt es keine Blockaden mehr und keine Mißverständnisse, hier wird der Blick vom endlosem Kreisen um sich selbst befreit, hier vergißt sich das Ich im Angesicht des Du, hier wird der Wahrnehmungsraum des Göttlichen betreten.

„Im Begriff *contemplatio* ist vor allem das innere Auge angesprochen. Hier muß man von der Grundvorstellung *templum* ausgehen. *templum* ist nicht nur der ‚geweihte Bezirk‘, der ‚heilige Raum‘, ‚Tempel‘ im uns vertrauten Sinn, sondern – nach Wörterbuch – auch der ‚Beobachtungskreis‘ bei der priesterlichen Vogelschau des Altertums, darum weiterhin ‚Schaugebiet‘ – ein Schaugebiet also, das mit verborgenen Geheimnissen (etwa der Zukunft) zu tun hat, und wo darum Offenbarung oder Erleuchtung seitens der Götter ins Spiel kommt; man muß nur hoch genug zu stehen kommen, weshalb *templum* auch ‚Anhöhe‘ bedeutet, dann wird man das ‚Weltall‘ in den Blick bekommen. Und tatsächlich schließt das Wort *templum* auch noch die Bedeutung ‚Weltall‘ ein, wobei natürlich nicht das Universum im physikalischen Sinn gemeint ist, sondern das ‚Weltall‘ aus der Perspektive der Götter – bzw. des einen allumfassenden Göttlichen. *Contemplatio* verbindet mit dem Element des zu Schauenden das Element des ‚zusammen‘. *Contemplatio* ist also eine Zusammenschau des mit dem Wort *templum* Angedeuteten: Über-Blick über das Ganze, dem das Viele und Vielerlei zu Einem wird: eben ‚zusammengeschaut‘. So hat der Heilige Benedikt, zu den Höhen der Kontemplation emporgerissen, die ganze Welt wie unter einem einzigen Sonnenstrahl zusammengefaßt erblickt. Von Gott her geschaut! Oder auch: in Gott geschaut!" (Sartory, 37).

> In der Kontemplation erreicht das geistliche Leben sein Ziel, und weil das so ist, braucht sich der Mensch in solchen Momenten nicht mehr mit der Frage nach der Weise des Betens oder nach der Einübung und seinem persönlichen Fortschritt zu beschäftigen.

In dem Glauben, der ‚Gottes Vereinigung mit der Seele' ist, bist du eins mit Gott und Gott ganz in dir, gleichwie er ganz für dich ist in allem, was dir begegnet. In diesem Glauben steigst du im Gebet hinab in dich selbst, um den anderen zu treffen, im Gehorsam und Licht der Vereinigung.

Hammarskjöld, 1965, 89.

„Nachdem die Meditation uns in die Kontemplation geführt hat, wird Denken und Suchen überflüssig. Es ist töricht, über Gott nachzudenken, wenn er gegenwärtig ist! Die Väter warnen uns oft davor, die Begegnung mit Gott mit Gedanken über Gott zu verwechseln" (Bloom, in: Bianchi, 82). Wer in der Begegnung mit Gott steht und mit Gott spricht, wer ihn schaut und ihm lauscht, soll still werden, alles lassen und in liebender Aufmerksamkeit schauen und lauschen, wie Gott sich ihm offenbaren will. Dazu rät uns auch Johannes vom Kreuz in seinem Buch *Die Dunkle Nacht*: „Das einzige, was diese Menschen hier zu tun haben, ist, ihre Seele von allen Erkenntnissen und Gedanken frei und ledig und geruhsam zu lassen, ohne sich Sorgen zu machen, worüber sie nachdenken und meditieren sollten. Sie sollen sich einzig mit einem liebevollen und ruhigen Aufmerken auf Gott zufriedengeben und unbesorgt und ohne Leistungsdruck sein und ohne ihn verspüren oder verschmecken zu wollen, denn all diese Ansprüche beunruhigen die Seele und lenken sie von dieser ruhigen Stille und dem sanften Untätigsein der Kontemplation ab, die ihr jetzt geschenkt wird" (Johannes vom Kreuz, N I,10,4). Johannes zufolge ist die Kontemplation vor allem Selbstmitteilung Gottes, die dem im geistlichen Leben Fortgeschrittenen ohne sein eigenes Zutun auf immer umfassendere und unmittelbarere Weise zuteil wird.

> Was für den Dialog des einzelnen gilt, gilt auch für den Dialog der Kirche. Die Kirche strebt in der Liturgie danach, auf kultische Weise mit Gott in Kontakt zu kommen, in Dialog zu treten und Gemeinschaft (*communio*) mit ihm zu haben. Wenn Gott unserem Streben entgegenkommt und die liturgische Feier mit seiner Gegenwart erfüllt, kann es geschehen, daß unsere Glaubenserfahrung die rituellen Handlungen ‚hinter dem Horizont' zurückläßt: die Gemeinschaft zwischen Gott und seinem Volk ist dann das einzige, was noch zählt. Auch das ist Kontemplation. Damit will aber nicht gesagt sein, daß derjenige, der dies erfährt, aufhört, rituell zu handeln und Liturgie zu feiern. Die liturgische Feier bleibt das Gespräch, in dem die Begegnung stattfindet.

3.2 Die Mitte des Dialogs: Handeln im Alltag

Nirgendwo als in unserem Leben strömt von morgens bis abends zwischen den Ufern unserer Häuser, Straßen, Begegnungen das Wort, in dem Gott gegenwärtig sein will. Nirgendwo als in unserem Geist, der uns durch unserer Arbeit, Mühsal, Freude, Liebe hindurch

„Wenn Menschen nach ihren Alltagserfahrungen gefragt werden, kommen meist negativ gefärbte Antworten: Alltagstrott, Alltagshetze, Alltagslast, grauer Alltag mit Pflicht und Arbeit, mit Gewohnheit und Routine" (Mattes, 22).
Auch Madeleine Delbrêl († 1964), die viele Jahre in einem kommunistischen Industrievorort von Paris ein Leben nach dem Evangelium führte, kannte diese Erfahrungen, aber sie verstand unseren nervösen,

auferbaut, will Gottes Wort wohnen. Jener Satz des Herrn, den wir während einer Frühmesse oder einer Fahrt in der Untergrundbahn dem Evangelium entrissen haben..., wird befruchten, verwandeln, erneuern: den Händedruck, den wir heute zu geben haben, unsere Arbeitsleistung, die Art, wie wir den uns begegnenden Menschen anblicken.

Delbrêl, 1975, 61.

Du hast uns heute Nacht in dieses Café ‚Le Clair Lune‘ geführt. Du wolltest dort du selbst sein, in uns, für ein paar Stunden der Nacht. Durch unsere armselige Erscheinung, durch unsere kurzsichtigen Augen, durch unsere liebeleeren Herzen wolltest du all diesen Leuten begegnen, die gekommen sind, die Zeit totzuschlagen. Und weil deine Augen in den unsren erwachen, weil dein Herz sich öffnet in unserem Herzen, fühlen wir, wie unsere schwächliche Liebe aufblüht, sich weitet wie eine Rose, zu einer Stätte der Zuflucht, zärtlich und ohne Grenzen für all diese Menschen, die hier um uns sind. Das Café ist nun kein profaner Ort mehr, dieses Stückchen Erde, das dir den Rücken zu kehren schien. Wir wissen, daß wir durch dich ein Scharnier aus Fleisch geworden sind, ein Scharnier der Gnade, die diesen Fleck Erde dazu bringt, sich mitten in der Nacht fast wider Willen dem Vater allen Lebens zuzuwenden. In uns vollzieht sich das Sakrament deiner Liebe. Wir binden uns an dich mit der ganzen Kraft unseres dunklen Glaubens, wir binden uns an sie mit der Kraft eines Herzens, das für dich schlägt, wir lieben dich, wir lieben sie, damit ein Einziges mit uns allen geschehe.

Delbrêl, 1981, 83ff.

Weil wir die Liebe für eine hinreichende Beschäftigung halten, haben wir uns die Mühe gespart, unsere Taten nach Gebet und Aktion zu klassifizieren.
Wir finden, Gebet sei Aktion und Aktion sei Gebet, uns will

umtriebigen und hektischem Alltag trotzdem als Chance und Gelegenheit, Gott zu begegnen. Sie schrieb: „Warum sollte Lerchengesang im Kornfeld, Knistern nachts der Insekten, Summen der Bienen im Thymian unser Schweigen nähren und nicht auch der Schritt der Massen auf der Straße, die Stimmen der Frauen auf dem Markt, die Schreie der Männer bei der Arbeit, das Lachen der Kinder im Park, die Lieder, die aus der Bar dringen? All das ist Geräusch von Geschöpfen, die auf ihr Schicksal zuschreiten, alles geordnetes oder ungeordnetes Echo des Hauses Gottes, alles Signal jenes Lebens, das auf unser Leben zukommt" (Delbrêl, 1975, 65).

> Madeleine weigerte sich, den Alltagstrubel von der mit Gott verbrachten Zeit zu trennen. Sie erfuhr den Alltag als Nährboden für ihre Beziehung mit Gott und als lebendigen Gesprächsrahmen, in dem der Ruf Gottes an den Menschen widerhallt und der Mensch Gott begegnen kann.

Der Wunsch nach einer ungestörten, von fremden Sorgen und lästigen Ansprüchen freien Idylle mit Gott kam ihr verdächtig vor. „Nichts von Flucht in fromme Sonderwelten innerlicher oder jenseitiger Art, nichts von religiöser Bigotterie oder kirchlichem Festungsdenken, nichts auch von jener die Säkularität bejammernden *Larmoyanz*. Ihre Grundüberzeugung, über Jahrzehnte hin bewährt, lautet, daß ‚diese atheistischen Umwelten die von Gott uns zugewiesenen Stätten sind, günstige Umstände, unter denen der Glaube kräftig in uns wachsen und den anderen verkündigt werden kann'" (Fuchs, G., 17-18). Wenn überhaupt, dann kann der Dialog mit Gott nur im Zusammenhang mit dem Alltag gelingen, doch muß er heute anders aussehen als vor hundert Jahren, meinte sie. Gebete müßten heute sein wie *Bohrtürme*, „man bohrt in die Tiefe, taucht zu Gott hinab in konzentrierten Akten des Glaubens, der Hoffnung und der Liebe – beharrlich, immer wieder" (Feldmann, in: Popp, 200). „Egal, was wir zu tun haben: ob wir einen Besen oder eine Füllfeder halten. Reden oder stumm sind, etwas flicken oder einen Vortrag halten, einen Kranken pflegen oder auf einer Schreibmaschine hämmern. All das ist nur die Rinde einer herrlichen Realität, der Begegnung der Seele mit Gott in jeder erneuten Minute..." (Delbrêl, 1975, 53).

> Nicht isoliert von einem negativ belasteten grauen Alltag mit seinen Zwängen und seiner Routine und abgeschieden von der täglichen Mühe und Arbeit entfaltet sich der Dialog mit Gott, sondern gerade mitten darin. Es kann nicht angehen, die Alltagsseite unseres Lebens zu verwerfen zugunsten einer heilen-Welt-Idylle in abgehobener Innerlichkeit. Christliche Spiritualität bleibt ihrer evangelischen Sendung nur treu, wenn sie sich zu jeder Zeit und an jedem Ort die Mühe macht, den Alltag zu salzen und zu durchsäuern.

Das forderte auch Leonardo Boff für überzeugendes Christsein heute: „Die Synthese, die wir dringend brauchen und die in Lateinamerika im Entstehen ist, lautet Gebet *in* der Arbeit, *bei* der Arbeit und *durch* die Arbeit. Es geht also nicht mehr darum, hier zu beten und dort aktiv zu werden. Auch wäre es falsch, an ein Gebet zu denken, das vom konkreten Einsatz für die Befreiung der Unterdrückten losgelöst wäre. Die

scheinen, ein wahrhaft liebendes Tun sei ganz von Licht erfüllt.

Wir denken, daß, bevor es zur Tat kommt, die Seele wie eine Nacht ist, die aufmerksam dem kommenden Licht entgegenharrt. Und ist es da, ist der Wille Gottes klar verstanden, so lebt sie ihn sanft, gemächlich zusehend, wir ihr Gott sich in ihr regt und zu wirken anfängt. Uns scheint, Handeln sei ebenfalls ein Flehgebet. Wir haben nicht das Gefühl, die Tat nagle uns fest auf unserem Feld der Arbeit, des Apostolats oder Alltags.

Ganz im Gegenteil scheint die richtig vollbrachte Tat dort, wo sie von uns verlangt ist, uns der ganzen Kirche einzupfropfen, in ihren ganzen Organismus auszugießen, uns in ihr verfügbar zu machen.

Unsere Füße schreiten auf einer Straße, aber unser Herz schlägt in der ganzen Welt. Darum einen auch unsere kleinen Taten, in denen wir nicht zwischen Gebet und Aktion unterscheiden können, die Liebe zu Gott und die zu den Brüdern vollkommen.

                    Delbrêl, 1975, 49-53.

Lösung kann nur sein: Gebet *im* Prozeß der Befreiung, Begegnung mit Gott *in* der Begegnung mit den Brüdern und Schwestern" (Boff in: Hense, Im Spiegel der Seele, 146).

Wenn der Dialog mit Gott in den Alltag hineingenommen wird, bekommt der sonst öde, oberflächliche und leere Alltag eine Perspektive: *menschliches Schauen mit Gottes Augen* – und eine Mitte: *Gottes Handeln mit menschlichen Händen*. Gleichzeitig ist Beten und Liturgie dann nicht mehr blutleer und langweilig, sauber abgetrennt von unserem täglichen Tun und Lassen, sondern lebendige Begegnung mit einem lebendigen Antlitz und lebendigen Händen. „Wo sich einer Gemeinde diese Dimension eröffnet, entsteht eine neue Haltung. Der Gottesdienst gewinnt eine ganz andere Lebendigkeit. Er erhält Ereignischarakter, wird zur personalen Begegnung der Gemeinde mit ihrem Herrn. So könnte die Erfahrung gewonnen werden, aus der Eucharistiefeier herauszugehen mit dem Eindruck, bei einem großen Ereignis dabeigewesen zu sein, das noch in den Tag und die Woche hinein nachklingt" (Kahlefeld, 175).

Wer wirklich mit Gott ins Gespräch gekommen ist, unterscheidet schließlich nicht mehr zwischen sakraler Wirklichkeit und Alltagswirklichkeit. Alles, was geschieht und getan wird, gehört in den Dialog mit Gott. Das christliche Handeln im Alltag ist Zeichen der guten Kommunikation zwischen Gott und Mensch; es vollendet den Dialog, der dann nicht in Worten hängenbleibt, sondern in Taten weiterwirkt.

„Die göttliche Wirklichkeit bleibt nicht mehr im Sakralen, in Kirchen, Klöstern und Gottesdiensten eingeschlossen, und die Alltagswirklichkeit ist nicht mehr nur profan zu beschreiben. Beide durchdringen und umspielen sich gegenseitig, und so entsteht geistliches Leben" (Hense, Im Spiegel der Seele, 234).

Der Heiland soll uns aus den Augen heraus funkeln, daß man sehe, daß er in uns lebt.
    Nikolaus Ludwig Graf von Zinzendorf.

Nicht sakrale Wirklichkeit und Alltagswirklichkeit sind die eigentlichen Gegensätze für denjenigen, der mit Gott im Gespräch ist, sondern ein Leben im Beten und Handeln aus der Intimität mit Gott steht gegenüber einem äußerlichen Leben, das an der Oberfläche von vielerlei Reizen und Interessen umgetrieben wird, ohne irgendwo in die Tiefe zu bohren. Henri Nouwen († 1996) formulierte diesen Gedanken in seinem Buch *Wohin willst du mich führen* 1983 folgendermaßen: „Wenn wir Gott erst einmal in der stillen Intimität des Gebets begegnet sind, werden wir ihm auch auf dem campo begegnen, dem Markt, den Plätzen der Stadt. Wenn wir ihn aber nicht tief in uns selbst gefunden haben, können wir nicht erwarten, ihn in der Hektik des täglichen Lebens zu finden" (Nouwen, in: Beumer, 58-59).

Madeleine wollte aber nicht nur mit Gott im Gespräch sein, sie wollte selbst zu einem lebendigen Wort Gottes umgestaltet werden. Sie wollte in ihren Worten und mit ihren Taten Gott sprechen lassen. Ihr Sprechen und Handeln sollte nicht nur menschliche Antwort sein auf einen göttlichen Ruf, sondern sie wollte sich Gott mit Mund und Hand zur Verfügung stellen, damit er selbst in ihr sprechen und handeln könnte.

Der Benediktinermönch John Main († 1982), Gründer der *World Community of Christian Meditation*, schreibt: „Wenn unser Leben in Christus verwurzelt ist, in seiner Liebe und dem Bewußtsein seiner Liebe, brauchen wir uns keine Sorgen zu machen über unsere Aktionen. Unsere Aktionen werden immer aus dieser Liebe entspringen und von dieser Liebe eingegeben und geformt sein. Ja, je aktiver wir sind, desto wichtiger ist es, daß unsere Aktionen der Kontemplation entspringen und in ihr gründen. Und Kontemplation meint Tiefe, Stille, Gemeinschaft; Wissen, wer wir sind. Wissen, wer wir sind, indem wir sind, wer wir sind. Daß wir in Christus verwurzelt und gegründet sind, der Auferstehung Gottes, ist christliches Selbstbewußtsein."

John Main, *The Way of Unknowing*, in: Harris, 87.

Damit dies gelingen konnte, wollte sie „ganz dem Wort Gottes untertan, ganz geschmeidig und beweglich unter dem Antrieb seines Geistes" (Delbrêl, 1993, 90) sein. Der Ort hierfür war für sie die Straße oder die Welt: „Wir anderen, wir Leute von der Straße, glauben aus aller Kraft, daß diese Straße, daß diese Welt, auf die Gott uns gesetzt hat, für uns der Ort unserer Heiligkeit ist. Wir glauben, daß uns hier nichts Nötiges fehlt, denn wenn das Nötige fehlte, hätte Gott es uns schon gegeben" (Delbrêl, 1975, 49). Heiligkeit im Sinne einer Umformung in Gottes lebendiges Wort bedeutete für Madeleine: mitten auf der Straße und mitten in der Welt darauf vertrauen, daß Gott es nicht unterlassen wird, sich uns einzufleischen, wenn wir dazu bereit sind, ihn in uns und durch uns wirken zu lassen. Die Einfleischung Gottes ist das Nötige, dessen wir bedürfen. Dieses Nötige wird uns nirgends verwehrt.

Was das ganz konkret im wenig spektakulären Alltag einer Mutter von fünf Kindern bedeuten kann, beschreibt Harris in seinem Buch *Christian Meditation, Contemplative Prayer for a New Generation*: „Eine Mutter von fünf Kindern in New York City erzählt folgendes. Als sie den Entschluß faßte, zu meditieren, war ihr klar, daß sie dazu die Unterstützung ihres Mannes brauchte. Ihr Mann stand dem Verlangen seiner Frau, zweimal eine halbe Stunde pro Tag für die Meditation ‚wegzulaufen' und ‚sich zu verstecken', allerdings ziemlich abweisend gegenüber. Er dachte, es wäre so eine merkwürdige Laune seiner Frau. Sie verstand sofort und sagte zu ihm: ‚hör mal zu, ich werde auf die Kinder achten, wenn du sonntags die Spiele der NFL (National Football League) guckst, wenn du zweimal am Tag für mich auf die Kinder achtest, wenn ich meditiere'. Auf diese Weise einigten sie sich.

Nachdem sie ein Jahr lang meditiert hatte, kam ihr Mann eines Morgens zum Frühstück und sagte plötzlich zu ihr: ‚Ich will auch meditieren'. Als die Frau dies erzählte, meinte sie: ‚ich war völlig geplättet und sagte zu ihm: ‚was ist in dich gefahren, du hattest doch nie Interesse an der Meditation'. Er antwortete: ‚seit du meditierst, hast du dich verändert. Mir ist aufgefallen, daß du freundlicher und geduldiger den Kindern gegenüber und mir gegenüber geworden bist. Ich habe auch gemerkt, daß du dich mehr für andere einsetzt'. Sie hatte sich ehrenamtlich einem telephonischen Hilfsdienst für Selbstmordprävention angeschlossen. Dann machte er die vielsagendste Bemerkung: ‚Ich möchte nicht, daß du dich noch weiter ohne mich veränderst'" (Harris, 91-92).

Dieses Ehepaar entdeckte ganz konkret, daß der Dialog mit Gott dazu führt, daß Gott sich in den menschlichen Alltag inkarniert. Viele Menschen, die meinen, ihren Alltag ohne Gott bewältigen zu müssen, leiden angesichts ihrer vielen Alltagspflichten unter dem Gefühl, ausgebrannt und ausgepowert zu sein, oder sie verfallen in Depressionen angesichts des täglichen Einerlei und der langweiligen Routine. Daß dies nicht so bleiben muß, können wir selbst entdecken, wenn wir nicht im Denken und Reden über Gott hängenbleiben, sondern uns im Alltag von ihm finden lassen.

☞ Der Dialog mit Gott verwandelt den menschlichen Alltag. Der graue, langweilige, lästige und hektische Alltag wird zu immer neuen lebendigen Begegnungen mit dem verborgenen Gott umgeformt. Überall und zu jeder Zeit will Gott von Menschen gefunden werden; nichts ist ihm zu banal oder zu profan.

IV. Begleitet vom Geist Gottes
Geistliche Begleitung und Unterscheidung der Geister

von
Michael Plattig

0. Seelenführung

0.1. Worum es in diesem Teil geht

Christen sind zur Heiligkeit und zur Vollkommenheit berufen (vgl. unter anderem 1 Thess 4,1-12 und Mt 5,48), sie sind bereits Erlöste und Heilige, deshalb gilt es, dies immer mehr zu verinnerlichen bzw. es immer mehr in gelebtes Leben umzusetzen.

Dieser Weg bedarf der Begleitung. Immer wieder ist Unterscheidung im Dialog mit einem Gegenüber wichtig, damit der Weg nicht zum Ziel wird, damit die Askese nicht zur Selbstknechtung verkommt, damit die Wiederholung nicht in Routine erstarrt, damit die Sensibilität nicht erlahmt, damit die Dunkelheit bestanden werden kann usw. Die Geistliche Begleitung dient dem Reifungsprozeß des Menschen und soll ihn auf dem Weg halten, immer im Bewußtsein, daß Gott bzw. sein Geist der eigentliche Begleiter und Führer des Menschen ist. Deshalb läßt sich Geistliche Begleitung auch als ständiges Bemühen um das Öffnen der Perspektive auf Gott hin beschreiben. Vieles droht den Blick des Menschen einzuschränken, zu verdunkeln, oft ist er in sich selber und seine Lieblingsideen verstrickt, gerade auch auf dem Gebiet des geistlichen Lebens. Hier ist Begleitung wichtig, um im Dialog mit dem geistlichen Begleiter, der Begleiterin immer wieder den Durchblick zu ermöglichen und die Blindheiten aufzudecken.

Diese Form der Individualseelsorge zieht sich durch die gesamte Geschichte des Christentums. Die zunehmende Individualisierung der Seelsorge heute führt zu einer gesteigerten Nachfrage nach geistlicher Begleitung. Dem versucht man in der Pastoral Rechnung zu tragen.

Dabei fällt auf, daß die gegenwärtige Praxis, die zur Zeit auffindbare theologische Literatur zu diesem Thema und die meisten Ausbildungsgänge zum geistlichen Begleiter vielfach geprägt sind vom ignatianischen Hintergrund, von seinen Exerzitien als einer Intensivform geistlicher Begleitung. Dies hat historische und systemische Gründe. Nach dem Trienter Konzil übernahmen Jesuiten die geistliche Begleitung für den heranwachsenden Klerus in den Kollegien und Priesterseminaren. Dies führte zu einer Konzentration auf die ignatianische Form geistlicher Begleitung. Daneben zeigt sich bis heute, daß der systematisch durchgearbeitete und erprobte Ansatz der ignatianischen Exerzitien eine gute Grundlage für geistliche Begleitung bietet.

Die christliche Tradition geistlicher Begleitung ist jedoch wesentlich breiter, sie birgt unterschiedliche und unterscheidbare Konzeptionen. Von daher kann man nicht von der geistlichen Begleitung schlechthin, sondern nur von geistlicher Begleitung in einer bestimmten Schule oder in einer Mischung unterschiedlicher Ansätze sprechen. Im Folgenden sollen einige wichtige Traditionen exemplarisch dargestellt werden.

Wesentliches Thema geistlicher Begleitung ist die Unterscheidung der Geister, d.h. die Frage, welche inneren und äußeren Antriebe eher zu Gott hin- oder eher von Gott wegführen. Dies wird im zweiten Teil Gegenstand der Betrachtung sein.

Geistliches Leben braucht eine Gestalt. Eckpunkte geistlichen Lebens und Hilfen zur Gestaltung werden im dritten Teil vorgestellt.

Christsein beschreibt immer eine Christwerdung, eine Verwirklichung des bereits erhaltenen Geschenks der Erlösung. Christsein heißt deshalb immer auf dem Weg, unterwegs sein der Heimat, Gott entgegen, denn alles Streben hat in Gott sein Ziel und deshalb ist alles Irdische wertvoll, aber vorläufig und vergänglich, alles kann nur Gott sein. Christwerden ist immer ein Unterwegssein auf Gott zu, der Vollendung entgegen. Manchmal bedarf dieser spirituelle Weg der Begleitung, oft der Unterscheidung und immer der Gestaltung.

0.2. Geschichtliche Hinführung

Für das Verständnis der heutigen pastoralen Situation im Hinblick auf das Themenfeld geistliche Begleitung, Unterscheidung der Geister und Exerzitien ist ein Überblick über die historische Entwicklung des Bußsakramentes hilfreich. Die Beichte oder besser die Buße ist ein Sakrament, daß im Lauf der Geschichte große Wandlungen durchlaufen hat. Bis ins Mittelalter war in der Westkirche die sakramentale Buße von der Seelenführung unterschieden. Letztere knüpfte an den altkirchlichen Brauch der Gewissenseröffnung an. Nicht die amtliche Bestellung, sondern die Erfahrung machte den Abt oder Mönch zum geistlichen Vater. In der Ostkirche hatte der geistliche Vater aufgrund seiner persönlichen Qualitäten, lange Zeit auch die Vollmacht der Sündenvergebung.

Nachdem die Einmaligkeit der Bußmöglichkeit beseitigt war und sich die kirchliche Bußpraxis zur wiederholbaren, privaten Ohrenbeichte mit sofortiger Absolution entwickelt hatte, trat bald die Forderung auf, oft zu beichten, und zwar jedes Mal dann, wenn das Bewußtsein einer schweren Verfehlung vorhanden war; dazu kam die Möglichkeit, jederzeit auch alltägliche Sünden zu beichten. Schon im 8. Jahrhundert hielten sich reiche Personen eigene Beichtväter. Immer deutlicher versuchte man, den Empfang der Eucharistie ohne vorhergehende Beichte begangener schwerer Sünden zu verhindern. In Bekenntnisformularen wird der Empfang der Eucharistie ohne Beichte als Sünde aufgeführt. Damit ist eine Verbindung von Buße und Eucharistie greifbar, die im Lauf der Bußgeschichte verschiedentlich gelockert und wieder gefestigt wurde; im Mittelalter blieb es dabei, daß die Kommunionhäufigkeit bei Laien ihre Beichthäufigkeit bestimmte.

Eine Weiterentwicklung markiert das IV. Laterankonzil 1215, hinsichtlich der Beichthäufigkeit und -pflicht setze Kapitel 21 fest: „Jeder Gläubige beiderlei Geschlechts soll, nachdem er in die Jahre der Unterscheidung gelangt ist, wenigstens einmal im Jahr all seine Sünden allein dem eigenen Priester getreu beichten, die ihm auferlegte Buße nach Kräften zu erfüllen suchen und zumindest an Ostern ehrfürchtig das Sakrament der Eucharistie empfangen, sofern er nicht etwa auf Anraten des eigenen Priesters aus irgendeinem vernünftigen Grunde meint, auf eine bestimmte Zeit von seinem Empfang absehen zu sollen: andernfalls soll er sowohl lebend am Betreten der Kirche gehindert werden als auch sterbend des christlichen Begräbnisses entbehren" (DH 812). Kapitel 21 hebt weiter den medizinellen Charakter des Bußsakraments hervor: Der Priester wird als Arzt verstanden, der den Verwundeten gesund pflegen soll. Damit er entsprechenden Rat erteilen kann, muß er auch die Umstände der Sünden erforschen. Letzteres führt in der weiteren Entwicklung dazu, daß die Beichte oft die Gestalt eines Verhörs annimmt. Obwohl das IV. Laterankonzil noch den „therapeutischen" Charakter der Beichte betont, spricht das Konzil im Zusammenhang mit der Schweigepflicht des Priesters auch von Beichtgericht (vgl. DH 814).

Bereits die Mönche der keltischen Kirche hatten im 7. und 8. Jahrhundert den Brauch der Andachtsbeichte auch unter den Laien auf dem Festland verbreitet, wobei die Bußbücher die Grenzen zwischen Klosterdisziplin und Laienbußordnung vielfach verwischten. Durch die mit dem 9. Jahrhundert einsetzende kirchliche Vorschrift einer periodisch regelmäßigen Beichte wurde die Praxis des Bekenntnisses läßlicher Sünden wahrscheinlich gefördert. Daß das Bekenntnis läßlicher Sünden freiwillig ist, war theologisch immer klar.

Zusammen mit der Klerikalisierung der Orden und der Betonung der Sakramentalität seit Mitte des 12. Jahrhunderts führte diese Entwicklung im Lauf der Geschichte dazu, daß Seelenführung und Beichte immer häufiger in der sogenannten Devotionsbeichte oder Andachtsbeichte zusammenfielen.

Übereinstimmend lehrten die Theologen in der Zeit vor dem Konzil von Trient (1545-1563), daß läßliche Sünden gebeichtet werden können, und sie empfahlen diese Beichte eindringlich als Mittel zur Erlangung einer größeren Vollkommenheit und zur Minderung der zeitlichen Sündenstrafen. In Reaktion auf Luthers Abwertung der Beichte läßlicher Sünden erklärte das Trienter Konzil, daß es erlaubt sei, die läßlichen Sünden zu beichten (vgl. DH 1707).

Ebenfalls gegen reformatorische Thesen erklärte das Konzil von Trient, daß die sakramentale Lossprechung durch den Priester ein richterlicher Akt sei und nicht bloß ein Dienst der Verkündigung und daß das Bekenntnis für die Lossprechung notwendig sei (vgl. DH 1709). Die Kontroverstheologen hatten bereits vor dem Konzil den richterlichen Charakter in völlig juristischer Terminologie verteidigt.

Erst das II. Vatikanische Konzil (1962-1965) geht wieder von dieser einseitig juristischen und auf den Priester konzentrierten Auffassung ab und betont den gemeinschaftlichen Aspekt der Sünde als „Verwundung" der Kirche und damit die Notwendigkeit der Versöhnung mit ihr, neben der Verzeihung durch die Barmherzigkeit Gottes. Den Gerichtscharakter der Buße erwähnt das II. Vatikanische Konzil an keiner Stelle. Die nach dem Konzil entstandene neue Bußordnung (2.12.1973) verweist darauf, daß Buße weit umfassender zu verstehen ist. Sündenvergebung geschieht im Bußakt der Messe, durch die Verkündigung des Evangeliums, in Werken der Barmherzigkeit, im Leiden, im Gebet, im Bußgottesdienst und in der gegenseitigen Vergebung und Versöhnung.

Eine weitere Akzentverschiebung ist, daß der therapeutische Charakter der Buße wieder hervorgehoben wird und jede Andeutung von Beichte als Gericht zurücktreten läßt. Stand bisher die Vollständigkeit des Bekenntnisses im Vordergrund, was den Beichtvater dazu anhielt, konkrete Nachfragen zu stellen, so ist diese jetzt nicht mehr substantiell zur Buße gehörig, d.h. Nachfragen können entfallen. Eine Begriffsänderung scheint uns ebenfalls erwähnenswert. Statt Bekenntnis verwendet der Text Versöhnung: nicht Bekenntnis und Lossprechung stehen im Vordergrund, sondern die Versöhnung. Damit wird deutlich, daß Buße ein Beziehungsgeschehen ist und bleiben muß.

Die Intensivierung der Beichthäufigkeit wurde vor allem durch die aus den ignatianischen Exerzitien entwickelten Volksmissionen des 19. Jahrhunderts und durch die Kommuniondekrete Pius' X. bewirkt. Diese hatten zwar betont, daß die Freiheit von „verzeihlichen Sünden, wenigstens den wohl überlegten, und der Neigung zu ihnen" wünschenswert sei, notwendig sei aber nur, „daß sie von Todsünden frei sind" (DH 3381). Der bis dahin aber eingeschärfte Zusammenhang von Beichte und Kommunion führte dazu, daß mit der Kommunionhäufigkeit, die ja das Dekret Pius' X. ausdrücklich fördern wollte, auch die Beichthäufigkeit weiter stieg.

Pius XII. rät in der Enzyklika *Mystici corporis* von 1943 ausdrücklich zur häufigen Beichte: „um auf dem Weg der Tugend täglich eifriger fortzuschreiten, wollen wir am meisten jenen von der Kirche nicht oh-

> Mir war, Jesus selbst wolle sich mir schenken, denn ich war nur ganz kurz im Beichtstuhl, nie sagte ich ein Wort von meinen inneren Empfindungen, der Weg, den ich wandelte, war so gerade, so lichtvoll, daß ich keinen anderen Führer brauchte als Jesus... Ich verglich die Seelenführer mit getreuen Spiegeln, die das Bild Jesu in die Seelen widerstrahlen, und ich sagte mir, der Liebe Gott wolle sich bei mir keines Mittlers bedienen, sondern unmittelbar wirken!
>
> Therese von Lisieux, 104.

ne Veranlassung des Heiligen Geistes eingeführten frommen Brauch der häufigen Beichte empfohlen wissen, durch den die rechte Selbsterkenntnis vermehrt wird, die christliche Demut wächst, die sittliche Verfehltheit mit der Wurzel ausgerissen, der geistlichen Nachlässigkeit und Erschlaffung Widerstand entgegengesetzt, das Gewissen gereinigt, der Wille gestärkt, für heilsame Seelenführung gesorgt und die Gnade kraft des Sakramentes selbst vermehrt wird." (DH 3818).

Hier wird auch in einem offiziellen kirchlichen Dokument die häufige Beichte mit einer heilsamen Seelenführung verknüpft.

Mit dieser Verknüpfung von Seelenführung und Beichte, die dann ein sakramentales Geschehen ist und nur durch Priester gespendet werden konnte, verschwamm mehr und mehr das Bewußtsein für die Differenzen dieser beiden Formen. Aufgrund der Einbindung in die sakramentale Beichte tendierte geistliche Führung oft, vor allem in den letzten zwei Jahrhunderten, zu moralischer Ermahnung. Demgegenüber hielt der christliche Osten immer am Unterschied zwischen Seelenführung und Sündenvergebung fest. Dieser Unterschied ist inhaltlich und formal zu beschreiben. Bei der sakramentalen Beichte geht es um Nachlaß von Sünden, bei der Begleitung um Glaubens- und Lebenshilfe; für die sakramentale Lossprechung ist Weihe und Beauftragung erforderlich, für die Begleitung bedarf es personaler Qualitäten. Die Verquickung beider Formen führte dazu, daß die Themen der Seelenführung unter dem Aspekt der Sünde gesehen und dargestellt wurden. In dieser Devotionsbeichte wurden oft mangels präsenter Sünden alle möglichen Unvollkommenheiten zu Sünden hochstilisiert, oder längst vergebene Sünden nochmals gebeichtet.

In der sakramentalen Beichte werden durch die Wirkung des Sakramentes Sünden wirklich getilgt, daher suchte man nun auch Hilfe für die in der Seelenführung vorgetragenen Nöte und Gebrechen aus der sakramentalen Gnade. Man unterstrich den hohen Wert der Sakramentsgnade beim Bemühen um geistlichen Fortschritt und pädagogisierte zugleich das Sakrament der Versöhnung im Blick auf die sittlich-moralische Anstrengung. Durch die genannte Pädagogisierung und Moralisierung des Sakramentes der Versöhnung wurde das Moment der heilenden Christusbegegnung im Glauben verstellt oder überdeckt. So führte nicht selten eine falsch eingeschätzte oder praktizierte ‚Seelenführung' und Beichte zu Abhängigkeit, Unselbständigkeit und Bevormundung.

Obwohl durch das Bußverständnis des II. Vatikanischen Konzils, ausgeführt in der neuen Bußordnung, wieder stärker der therapeutische Charakter der Beichte hervorgehoben wurde und sie sich damit wieder dem ursprünglichen Verständnis von Seelenführung angenähert hat, wurde doch zunehmend zwischen Begleitung und Buße/Beichte differenziert. Die Akzeptanz dieses Verständnisses läßt sich inzwischen auch empirisch belegen. 1977 antworteten in einer Umfrage auf die Frage nach den wichtigsten Aufgaben des Beichtvaters 64,7 % aller Befragten sehr signifikant mit „Zuhören/Verstehen/Annehmen, Hilfe in Lebens- und Glaubensfragen, guten Zuspruch geben" und nur 17,5 % mit „Lossprechen/Sünden vergeben" (vgl. Baumgartner, 252). Dies war sicher auch begründet im neuen Verständnis des Konzils von der Aufgabenverteilung innerhalb der Kirche. Dies führte zur Wiederentdeckung der unterschiedlichen Charismen der Laien, zu denen ganz im altkirchlichen Verständnis auch die Fähigkeit zu geistlicher Begleitung ohne Weihe und Jurisdiktion zählte. So sind historisch und aktuell drei Formen und entsprechende Inhalte zu unterscheiden:

A. Die Seelenführung (Gewissenseröffnung)

Hier steht die Überwindung der Versuchbarkeiten durch geistliche Begleitung hin zu einem echteren Leben der Nachfolge im Vordergrund. Dabei geht es weniger um die Vergangenheit als um die Zukunft, für die mit Hilfe des geistlichen Begleiters(in) Impulse für eine ganzheitliche Entwicklung des geistlichen Lebens vom Ratsuchenden entdeckt werden sollen. Für diese Form ist keine Priesterweihe erforderlich, da hier nicht die Jurisdiktion, sondern die geistliche Erfahrung, die Verwirklichung von Haltungen (Sanftmut, Demut, Liebe) und das eigene geistliche Leben des Begleiters/der Begleiterin entscheidend sind.

B. Die Rekonziliationsbeichte (‚Wiedereingliederungsbeichte‚)

Hier wird der Beichtende von seinen schweren Sünden, die ihn von Gott und der Gemeinschaft der Kirche trennen, freigesprochen und diese Gemeinschaft wiederhergestellt. Hierfür ist ein geweihter Priester mit Beichtjurisdiktion erforderlich.

C. Devotionsbeichte (Andachtsbeichte)

Diese Form bietet die Möglichkeit der häufigen und regelmäßigen Beichte. Hier können auch vergangene und sich wiederholende Fehler und Sünden immer wieder bekannt und absolviert werden. Sie bietet dem Gläubigen Hilfe für ein bewußteres Leben in der Nachfolge. Auch hierfür ist Weihe und Jurisdiktion erforderlich.

Diese neue Situation führte zu einer Rückbesinnung auf unterschiedliche Traditionen Geistlicher Begleitung, die oft mit den großen Ordensspiritualitäten verbunden waren. Der Großteil der Veröffentlichungen orientierte sich am ignatianischen Modell, einige gingen auf die Suche in anderen Religionen. Eine systematische und umfassende Darstellung der Traditionen Geistlicher Begleitung in ihrer historischen Entwicklung und in ihrer Bedeutung für die Gegenwart fehlt bislang noch im deutschsprachigen Raum.

Ab den späten 70er Jahren wurde der enge Zusammenhang von geistlicher Begleitung oder Seelenführung und Psychologie langsam erkannt. Heute ist es schon selbstverständlich, wenn nicht sogar unerläßlich geworden, Erkenntnisse und Methoden der Psychologie für die geistliche Begleitung zu nutzen.

Wesentliches Merkmal geistlichen Lebens in jüdisch-christlicher Tradition ist, daß es eine geschichtliche bzw. biographische Entwicklung beschreibt. Entwicklung, Wachstum, Reifung, Unterwegssein, Fortschreiten, Pilgerschaft, Aufstieg, Dynamik etc. sind Begriffe, die christliche Spiritualität charakterisieren. Entwicklung, Reifung usw. gehören zum innersten Wesen geistlichen Lebens, will es sich als Nachfolge Christi verstehen.

Im Lauf der Geschichte finden sich unterschiedliche Bilder und Vergleiche, verschiedene Systematisierungen, um diesen christlichen Reifungsprozeß zu beschreiben.

Allen diesen Schematisierungsversuchen und Darstellungen gemeinsam ist die Beschreibung einer positiven Entwicklung im Sinne einer persönlichen Vervollkommnung, bzw. im Sinne einer Intensivierung der Begegnung mit Gott. Dabei geht es nicht, wie die

---

Wenn ihr nicht nach Tugenden trachtet und euch nicht tätig darin übt, werdet ihr immer Zwerge bleiben. Ja, Gott gebe, daß das Wachstum nimmer stockt; denn ihr wißt doch: Wer nicht wächst, schrumpft ein. Ich halte es für unmöglich, daß die Liebe sich damit begnügt, ständig auf der Stelle zu treten.

Teresa von Avila, M VII,4.

Sowohl Geburtsvorgang wie reifendes Wachstum brauchen die Begleitung und Seelenführung von schon Erfahreneren, die entsprechenden Hebammendienst leisten... Alles Wachstum im Glauben ist Beziehung, und jeder Wachstumsschritt vertieft, ja ‚dramatisiert‘ die Begegnung mit ‚meinem‘ Gott und ‚meinem‘ Leben ganz in Analogie zu den Reifungsphasen zwischenmenschlicher Liebe. Diese unendliche Geschichte zwischen der ‚Seele und Gott‘ hat ihre durchaus narzißtischen Phasen, das Maß ihrer Reifung und Voll-Endung aber zeigt sich in schöpferischer Selbstlosigkeit zu Gott hin und mit ihm zu Mitmensch und Welt. Alles entscheidend dabei ist die Beachtung der ‚inneren Wachstumsraten‘. Eine geistliche Kultur der Achtsamkeit auf die je persönlichen Wachstumsrhythmen ist der Mutterboden des Christlichen (und von hierher wäre über Größe und Elend der faktischen Kirche, der real existierenden Gemeinden nachzudenken. Deren kommuniale Kraft zeigt sich gerade darin, ob und wie sie ein Raum der Gnade für die eigene Biographie so sind, daß Beziehung und Gemeinschaft allererst vertieft entstehen). In Analogie zu den entwicklungspsychologischen Lebensstufen lassen sich auch für den Weg der Christwerdung spezifische Phasen unterscheiden und kultivieren: Moratorien des Wachstums und Inkubationszeiten ebenso wie ‚Quantensprünge‘ des Glaubensbewußtseins.

Fuchs, G., 1991, 253.

Schematisierung nahe legen könnte, um glatte, stets aufsteigende Biographien, im Gegenteil, zum christlichen Wachstumsverständnis gehören notwendigerweise Brüche, Sprünge, Umwege, Krisen, ja oft sind diese erst Auslöser eines nächsten Reifungsschrittes.

Im geistlichen Wachstum kann nichts erzwungen werden. Mit Wachstumsschüben ist ebenso zu rechnen wie mit schöpferischen Pausen – einschließlich rückwärtsgewandter Wachstumsverweigerung und progressiven Überhastungen (vgl. Fuchs, G., 245).

Der Führer auf dem geistlichen Stufen-Weg, die Antriebskraft der Entwicklung, auch das ist allen Entwürfen christlicher Spiritualität gemeinsam, ist Gott selbst bzw. ist der Hl. Geist (vgl. Mt 28,20; Gal 4,6; 5,18-25; Röm 8,15f. u.a.). Daraus ergibt sich allerdings die Frage nach der Unterscheidung der Geister: „Liebe Brüder, traut nicht jedem Geist, sondern prüft die Geister, ob sie aus Gott sind; denn viele falsche Propheten sind in die Welt hinausgezogen" (1 Joh 4,1). Daher mahnt Paulus: „Prüft alles, und behaltet das Gute!" (1 Thess 5,21) und zählt die Gabe der Unterscheidung der Geister zu den Charismen (vgl. 1 Kor 12,10).

Wachstum ist so näher zu qualifizieren als Wachstum, geleitet vom guten Geist Gottes.

☞ Geistliches Leben beschreibt immer einen Prozeß des ganzheitlichen Wachsens und Reifens, den man auch als Prozeß zunehmender Befreiung, fortschreitenden Erwachsenwerdens und wachsender Autonomie beschreiben kann, dessen Kriterium für Fortschritt die wachsende Freiheit des Menschen darstellt.

1. Grundlinien verschiedener Konzepte von Geistlicher Begleitung

1.1. Altes Mönchtum

Der Zeitraum des alten oder frühen Mönchtums erstreckt sich von den ersten Jahrhunderten des beginnenden Mönchtums in Ägypten, Palästina und Kleinasien bis zu Benedikt von Nursia im 6. Jahrhundert.

Dabei wandelt sich die Form des Mönchlebens und damit auch die Form der geistlichen Führung immer mehr vom Einsiedler- oder Anachoretentum hin zum Leben in einer Mönchsgemeinschaft, den Coenobiten. Zu Beginn sind es einzelne geistliche Väter und Mütter, Einsiedler in der Wüste, die von Schülern und Schülerinnen aufgesucht werden mit der Bitte um einen Rat für ihr geistliches Leben oder auch um bei dem Vater/der Mutter längere Zeit zu bleiben. In der sich allmählich entwickelnden Form gemeinschaftlichen Lebens wird die geistliche Begleitung zunehmend institutionalisiert und vor allem dem Abbas übertragen. Die Benediktsregel bildet den Höhepunkt dieser Entwicklung. In diesem Kapitel geht es um die Charakterisierung der geistlichen Führung in der Zeit der Anachoreten, um ihr Menschenbild, das Ziel und seine Verwirklichung und um die Rolle des geistlichen Begleiters.

1.1.1. Menschenbild

Origenes sieht den Menschen als Abbild Gottes, dieses Bild Gottes in der Seele ist unauslöschlich:
Der Maler dieses Bildes ist der Sohn Gottes. Ein Maler von solcher Qualität und solcher Kraft garantiert, daß sein Bild zwar durch Nachlässigkeit dunkel werden kann, aber niemals zerstört durch die Bosheit. Das Bild Gottes bleibt immer in dir, auch wenn du Bilder des Irdischen (des Teufels) darüberlegst... Wenn du in dir alle jene Farben zerstört hast, die mit der Tinte der Bosheit gemalt waren, wird wiederum das Bild in dir aufleuchten, das Gott geschaffen hat.
Origenes, Hom. Gen. XIII, 4.

Deshalb wird keiner, der mehr dem Teufel als Gott gleicht, die Möglichkeit verlieren, die Form des Bildes Gottes in ihm wiederzufinden, denn der Erlöser ist nicht gekommen, die Gerechten zur Buße zu rufen, sondern die Sünder.
Origenes, Hom. Gen. I,13.

Ein Bruder kam zum Altvater Poimen und sagte: Vater, ich habe vielerlei Gedanken und komme durch sie in Gefahr. Der Altvater führte ihn ins Freie und sagte zu ihm: Breite dein Ober-

Die alten Mönche haben eine sehr pragmatische Sicht des Menschen. Der Mensch wird weder idealisiert noch verteufelt, der Einzelne in seiner konkreten Situation und Verfaßtheit wird ernst genommen, ohne Wertung und Urteil. Jeder Mensch ist nach Meinung der Väter zur Selbstwerdung berufen und dazu, so zu werden, wie Gott ihn gewollt hat, das gilt es herauszufinden und die Entwicklung dahin zu fördern.

Das menschliche Leben ist geprägt von einem Kampf, der Mensch muß sich auseinandersetzen mit seinen Gedanken (logismoi), mit den Dämonen und seinen Lastern, um zu reifen und das Ziel zu erreichen. Dabei wird immer wieder deutlich, daß die eigentlichen Probleme des Menschen nicht intellektueller Natur sind, sondern vielmehr aus der tiefen Bedürftigkeit des Menschen im Umgang mit dem eigenen Leben stammen. Hier das eigene Verlangen ernst zu nehmen, kann zu einem wichtigen Schritt auf dem Weg zu Gott werden.

Die Gedanken, gegen die der Mensch zu kämpfen hat, sind Vorstellungen und Begriffe rationalen Inhalts, aber auch viel umfassender: bestimmte Absichten, Pläne, Intentionen, Wünsche, Einfälle, Gefühle, Motive, Stimmungen. Dabei geht es nicht unbedingt um ein Bekämpfen dieser Gedanken, sondern um ein Unterscheiden und um die Befreiung aus der Abhängigkeit von ihnen. Zunächst wird keine Bewertung vorgenommen, alle Gefühle und Bedürfnisse, alle Sehnsüchte und Stimmungen des Menschen sind akzeptiert und haben ein Recht zu sein, sie haben einen Sinn. Wichtig ist dabei, allem auf den Grund zu gehen und die Botschaft, den Hinweis für mich darin zu finden.

Hinter den schlechten, versucherischen Gedanken und Lastern vermuten die Mönche Dämonen, die zuweilen auch Gestalt annehmen können, jedoch bleibt festzuhalten, daß sie im Inneren des Menschen wirken und keine äußerliche Macht darstellen. „Die Rede von den Dämonen ist keine Aussage über irgendwelche okkulte Phänomene

gewand aus und halte den Wind auf! Er antwortet: Das kann ich nicht! Da sagte der Greis: Wenn du das nicht kannst, dann kannst du auch deine Gedanken nicht hindern, zu dir zu kommen. Aber es ist deine Aufgabe, ihnen zu widerstehen.

Poimen 28.

Nicht brauchen wir die Feinde von außen zu fürchten. In uns selbst ist der Feind eingeschlossen. Ein innerer Krieg wird täglich in uns geführt. Ist dieser ausgekämpft, so wird alles, was sich außerhalb findet, schwach und dem Streiter Christi vollständig unterworfen sein.

Johannes Cassian, Inst. 5,21.

Ich bin in die Sünde des Ehebruchs gefallen und habe, um mein Ziel zu erreichen, gemordet. Der Alte erwiderte ihm: Habe Vertrauen, es gibt eine Reue.

Lot 2.

Der Altvater Pambo fragte den Altvater Antonios: Was soll ich tun? Der Alte entgegnete: Baue nicht auf deine Gerechtigkeit und laß dich nicht ein Ding gereuen, das vorbei ist, und übe Enthaltsamkeit von der Zunge und vom Bauch.

Antonios 6.

Jetzt gibt es kein Wort mehr. Als die Brüder früher die Altväter fragten und taten, was diese ihnen sagten, gab Gott ihnen ein, wie sie reden sollten. Heutzutage aber, da man zwar fragt, aber nicht tut, was man hört, hat Gott den Altvätern die Gnade des Wortes entzogen, und sie finden nicht, was sie sagen sollen, weil niemand ist, der es ausführt!

Philikas [= Felix].

Altvater Poimen fragte einmal den Altvater Joseph: ,Was soll ich tun, wenn die Leidenschaf-

und auch keine über rein psychische und psychologische Wirklichkeiten im Innersten des Menschen. Vielmehr beinhaltet das Wort vom Kampf mit den Dämonen eine theologische Aussage – und zwar über das Heil des Menschen. Der Mönch nimmt bewußt den Kampf mit den Dämonen auf sich, weil er erfahren hat, daß sein Leben wie das eines jeden Christen im Streit von Mächten und Gewalten steht. Indem der Mönch in der Welt und im Widerstreit der diabolischen Kräfte sich für das Gute entscheidet und den guten Kampf vollendet (vgl. 2 Tim 4,7), kämpft er an der Seite Christi und wirkt mit ihm für das Heil der Welt und für das Kommen des Gottesreiches. Damit bekommt das Tun des Mönches eine apostolische und missionarische Dimension" (Schneider, 1989, 55).

> Die alten Mönche gehen davon aus, daß jeder im Hl. Geist und durch Gottes Barmherzigkeit den geistlichen Weg gehen kann und geraten auch nicht in Panik, wenn zu ihnen ein in Sünde gefallener Mönch kommt. Sie vertrauen darauf, daß Gott auch durch die Sünde hindurch den Menschen für sich aufbrechen kann. Ja, oft scheint die Sünde die Voraussetzung zu sein, daß einer versteht, daß er nicht aus eigener Kraft, sondern nur aus Gnade und Barmherzigkeit Gottes bestehen kann. Die Väter rechnen auch mit Umwegen und Irrwegen des Menschen und sind bereit, Ratsuchende auf ihren Irrwegen zu begleiten und sie nach ihren Umwegen weiter voll Vertrauen Gottes Wege zu lehren. Dabei meint Sünde in dieser Zeit meist schwerwiegende Vergehen und kann nicht mit einem heutigen Beichtspiegel verglichen werden.

Die Altväter geben nie eine Weisung ungefragt, die Frage als Akt der Schaffung von Beziehung muß vom Ratsuchenden ausgehen. Oft wird dies eingeleitet durch Redewendungen wie: „Sag mir ein Wort!" oder: „Sag mir ein Wort, damit ich gerettet werde!" Der Ratsuchende öffnet sich in der Frage vertrauend dem Altvater, muß dann aber auch bereit sein den Spruch, die ergangene Weisung zu akzeptieren.

1.1.2. Ziel und Verwirklichung

Das Ziel geistlicher Begleitung im alten Mönchtum ist die Hinführung zur Kontemplation, zur Begegnung mit Gott, zur Schau Gottes, zum Einssein mit Gott. A. Grün betont: „Es ist ein mystischer Weg, auf dem die Väter ihre Schüler begleiten. Es geht ihnen nicht zuerst um den moralisch richtigen Weg, nicht zuerst um die Erkenntnis und die Verwirklichung des Willens Gottes und um die richtigen Entscheidungen, sondern um das Einswerden mit Gott" (Grün, 1991, 96). Auf dem Weg dahin geht es sehr wohl auch um Menschwerdung und Selbstwerdung, geht es um die Bewältigung des Lebens in der Auseinandersetzung mit den Emotionen und Bedürfnissen, um den rechten Umgang mit ihnen, doch steht alles unter dem Anspruch: Weg zur Gottesschau zu sein. Von daher ergeben sich die Fragen: Welche Auswirkungen hat dies für meine Beziehung zu Gott? Was will Gott mir darin sagen? Welcher Hinweis Gottes verbirgt sich hinter meinem Erleben? Was ist der Grund und das Ziel meines Lebens?

Eine Methode geistlicher Begleitung als theoretisches Konzept wird man in den Zeugnissen des frühen Mönchtums vergeblich suchen. Was

ten an mich herankommen? Soll ich ihnen widerstehen oder sie eintreten lassen?' Der Greis sagte zu ihm: ‚Laß sie eintreten und kämpfe mit ihnen!' In die Sketis zurückgekehrt, setzte er sich hin. Und es kam einer von den Thebäern in die Sketis und sagte zu den Brüdern: ‚Ich fragte den Abbas Joseph: ‚Wenn die Leidenschaften mir nahekommen, soll ich widerstehen oder sie einlassen?' Und er sagte mir: ‚Laß sie ganz und gar nicht hereinkommen, sondern haue sie auf der Stelle aus!' Der Altvater Poimen hörte, daß der Abbas Joseph so zum Thebäer gesprochen hatte. Er machte sich auf und ging zu ihm nach Panepho und sagte zu ihm: ‚Vater, ich habe dir meine Gedanken anvertraut und siehe, du hast zu mir so gesprochen, aber anders zu dem Thebäer.' Der Greis gab zur Antwort: ‚Weißt du nicht, daß ich dich liebe?' Er sagte: ‚Ja!' Der Alte: ‚Sagtest du nicht zu mir: Wie zu dir selber, so sprich zu mir?' Er antwortete: ‚So ist es!' Da sprach der Greis: ‚Wenn die Leidenschaften eintreten, und du ihnen gibst und von ihnen nimmst, so werden sie dich bewährter machen. Ich habe aber zu dir gesprochen, wie zu mir selbst! Es gibt aber andere, denen es nicht frommt, daß die Leidenschaften an sie herankommen. Sie haben es nötig, sie auf der Stelle abzuschneiden.'

Joseph in Panepho 3.

Wenn ein Mensch sündigt und es leugnet, indem er spricht: Ich habe nicht gesündigt, so verurteile ihn nicht. Andernfalls nimmst du ihm den Mut. Wenn du aber sagst: sei nicht mutlos, Bruder, aber hüte dich in Zukunft, dann erweckst du seine Seele zur Reue.

Poimen 23.

Ein Bruder fragt den Altvater Sisoes: Was soll ich tun, Vater, weil ich gefallen bin? Der Altvater sagte ihm: Steh wieder auf! Der Bruder sagte darauf: Ich bin aufgestanden, aber wieder gefallen. Und der Altvater sagte darauf: Dann steh wieder und wieder auf! Der Bruder fragte: Wie lange? Der Greis antwortete: Bis du aufgenommen bist, entweder im Guten oder im Falle.

Sisoes 38.

berichtet wird, sind Beispiele geistlicher Begleitung, Episoden, Begegnungen von Vätern/Müttern und Schülern. Aus Struktur und Inhalt dieser Beispiele lassen sich einige Gesetzmäßigkeiten geistlicher Begleitung im frühen Mönchtum formulieren, was hier in kurzen Stichworten versucht werden soll.

Konkrete Weisung

Viele Vätersprüche sind Antworten auf konkrete Fragen „Was soll ich tun?" Die Antworten sind von daher sehr unterschiedlich, sie sind situations- und personenbezogen. So kommt es vor, daß der gleiche Altvater auf die gleiche Frage unterschiedlicher Personen gegensätzliche Antworten gibt, da er sich an der Lage des Fragenden orientiert. Die Antworten sind meist kurz und knapp, oft nur ein Satz. Gibt der Altvater eine Übung auf, so ist dies gewöhnlich kein großartiges Werk, kein großes Opfer, sondern häufig eine kleine Übung, eine bescheidene Korrektur der Perspektive, die aber Situation und Person trifft. Nicht die Großartigkeit der Übung ist entscheidend, sondern ihr beständiger und treuer Vollzug. Die Väter vertrauen darauf, daß sich gleichsam um diesen kleinen und einzelnen Punkt in der Praxis oder Haltung des Mönches alles andere gruppiert und diese Übung so sein ganzes Leben ergreift und ihn auf Gott ausrichtet.

Trösten und ermutigen

Die wichtigste Regel geistlicher Väter ist: nicht verurteilen und nicht in Trauer stürzen, sondern aufrichten und trösten.
Das bedeutet, daß der geistliche Vater spüren muß, was für den anderen angemessen ist, er darf ihn nicht überfordern oder mit Idealen und Absolutheiten erschlagen, so daß er traurig und mutlos wird. Abbas Poimen etwa ermutigt dazu, dem anderen zu helfen, selbst wenn wir dabei auch an uns und unseren guten Ruf denken, den anderen zu lieben, auch wenn wir dabei Liebe erwarten. Er weiß, absolute Lauterkeit und Selbstlosigkeit überfordern den Menschen, stürzen ihn in Traurigkeit oder verleiten ihn dazu Bedürfnisse zu verdrängen. Sobald die Nebenabsichten bewußt sind, sind sie nicht mehr gefährlich. Viel gefährlicher sind verdrängte Wünsche und Bedürfnisse, die vom Unbewußten her destruktiv wirken. Zu hohe Ideale begünstigen diese Verdrängung.

Behutsam zur Wahrheit führen und keine Entscheidung abnehmen

Dem eben Beschriebenen entspricht der behutsame Umgang mit dem Fragenden. Er selbst soll die Antwort finden. Oft lassen die Väter dem Ratsuchenden viel Raum und Zeit seine Lage darzustellen und bringen ihn durch Nachfragen dazu, von selbst die Antwort auf die geschilderte Situation zu finden, oder der Altvater wiederholt die Worte des Ratsuchenden und führt ihn so weiter und zur Erkenntnis.
Zu dieser Behutsamkeit gehört auch, die Antwort durch Symbolhandlungen zu geben, etwa wie oben beschrieben mit dem Versuch den Wind einzufangen.
Die Väter weigern sich strikt für die Ratsuchenden Entscheidungen zu treffen und ihnen damit die Verantwortung abzunehmen, führen aber mit ihren Ratschlägen den anderen in eine Erfahrung, die ihm hilft, eine Entscheidung zu treffen oder Kriterien dafür zu finden.

Ein Bruder sprach: ,Abbas, ich möchte einen Altvater finden, der ganz nach meinem Sinn ist und bei dem will ich bleiben.' Der Greis sagte darauf: ,Du hast recht, mein Herr!' Jener aber bestand darauf, was der Greis ihm gesagt hatte. Als der Greis sah, daß er glaubte, recht zu haben, sagte er zu ihm: ,Also, wenn du einen Greis findest nach deinem Willen, dann willst du bei ihm bleiben?' Jener antwortete: ,Ja, das ist ganz mein Wunsch, vorausgesetzt, daß ich einen nach meinem Sinn finde.' Da sagte der Altvater zu ihm: ,Du willst also nicht dem Willen dieses Greises folgen, sondern du verlangst, daß jener deinem Willen folge, dann wärest du also zufrieden?' Nun fühlte der Bruder, was der Greis meinte, er erhob sich, warf sich zur Erde nieder zur Buße und sagte: ,Verzeihe mir, Vater, daß ich so ehrsüchtig war und glaubte, recht zu reden, obwohl ich nichts Gutes im Sinn hatte.'

V, 10,112.

Ein Bruder, der mit anderen Brüdern zusammenlebte, fragte den Altvater Besarion: ,Was soll ich tun?' Der Greis antwortete ihm: ,Schweige und miß dich nicht [mit anderen]!'

Besarion 10.

Evagrius Pontikus ermuntert die Mönche dazu, sich mit den Gedanken vertraut zu machen, sie bewußt zu erleben:
Achten sollte er auf ihre Intensität, auch darauf, wann sie nachlassen, wann sie entstehen und wieder vergehen. Er sollte die Vielfalt seiner Gedanken beobachten, die Regelmäßigkeit, mit der sie immer wieder auftauchen, die Dämonen, die dafür verantwortlich sind, welcher die jeweils vorausgegangenen ablöst und welcher nicht. Dann sollte er Christus bitten, ihm das alles zu erklären, was er beobachtet hat.
Evagrius Pontikus, Praktikos, 54.

Es ist für uns sehr wichtig, daß wir die verschiedenen Dämonen auch zu unterscheiden lernen, und daß wir die Begleitumstände ihres Kommens fest-

Verweigerung des Wortes

Manchmal geben die Väter gar keine Antwort und lassen nur ihr Schweigen sprechen. Das Schweigen zwingt den Ratsuchenden von der theoretischen Ebene auf die Ebene der Erfahrung überzuwechseln. Die Väter sind skeptisch gegenüber theologischen Diskussionen, die oft nur von der Erfahrung und von der eigenen Situation ablenken. Geistliche Begleitung ist kein interessantes theologisches Gespräch, sondern ein Gespräch über die Regungen der Seele, um von dort aus und darin Gott zu erkennen und zu lieben.

Gefühle und Bedürfnisse zulassen

Die Mönchsväter ermutigen dazu, die Bedürfnisse wirklich anzuschauen, auszuagieren, damit sie verwandelt werden können. Evagrius Pontikus rät dazu, sich mit den Leidenschaften vertraut zu machen, sie bewußt zu erleben und sie zu Ende zu denken, dann wird der Mönch erkennen, was sie ihm sagen wollen. Der Zorn z.B. weist oft darauf hin, daß wir andern zuviel Macht über uns gegeben haben. Dann sollten wir die Kraft, die in dieser Leidenschaft des Zorns steckt, nützen, um uns von der Macht des andern zu befreien. Versuchungen dürfen sein, ja der Mönch hat damit zu rechnen. Er soll sich deswegen nicht verurteilen, sondern auf Gott vertrauen, damit so durch die Versuchung seine Intimität und Vertrautheit mit ihm gestärkt werden. Auch Versagen und Schuld fallen darunter. Denn hier geht es nicht darum, sich selbst zu verurteilen, sondern im Vertrauen auf Gottes Gnade wieder aufzustehen, immer und immer wieder.

> In allen Bewegungen des Menschen und allen Vorgängen stecken positive Kräfte, die es zu entdecken gilt. Wenn einer aus Angst vor der Versuchung die Leidenschaften abschneidet, dann fehlt ihm auch die Kraft, die darin steckt. Dann wird auch sein geistliches Leben kraftlos sein. Aus der Verwandlung der Leidenschaften entsteht nach Evagrius Sehnsucht nach dem unendlichen Gott und fast unerschöpfliche Energie (Evagrius Pontikus, Praktikos 57).

A. Grün beschreibt dieses Anliegen mit interessanten Begriffen. „Die monastische Askese ist eine Askese der Verwandlung und nicht der Veränderung. Verändern ist etwas Gewaltsames. Ich will mich ändern, weil ich so wie ich bin, nicht gut bin. Ich will mich anders machen, einen anderen aus mir machen. Verwandlung ist sanfter. Alles darf sein, alle Gedanken und Gefühle, alle Bedürfnisse und Leidenschaften. Sie müssen nur verwandelt werden. Verwandlung meint, daß ich mich in die Bedürfnisse und Leidenschaften hineinspüre und sie zu Ende denke, zu Ende fühle. Dann entdecke ich, was eigentlich damit gemeint ist" (Grün, 1991, 61).

1.1.3. Die Rolle des geistlichen Begleiters im frühen Mönchtum

Die Schriften der Mönchsväter fordern vom geistlichen Vater, daß er *pneumatikos* ist, vom Heiligen Geist erfüllt. Geistlich ist nach Irenäus von Lyon ein Mensch, bei dem der Hl. Geist Leib und Seele miteinander verbunden und durchdrungen hat. Modern gesprochen: der ganz

stellen können... Weiterhin sollten wir darauf achten, welche der Dämonen seltener angreifen und welche die lästigeren sind, welche schneller wieder das Feld räumen und welche stärkeren Widerstand leisten. Schließlich sollten wir auch die kennen, die unvermittelt angreifen und den Menschen zur Gotteslästerung verleiten. Es ist ganz wesentlich, darüber Bescheid zu wissen, damit, wenn die verschiedenen schlechten Gedanken auf die ihnen entsprechende Art und Weise ans Werk gehen, wir ihnen wirksame Worte entgegenhalten können, das heißt solche Worte, die den, der am Werke ist, auch richtig bezeichnen.
Evagrius Pontikus, Praktikos, 51.

Lehre nicht vor der Zeit, sonst wirst du dein ganzes Leben lang nicht verständig.
V,15,81.

Der selige Antonios pflegte zu sagen: Die Altväter der Vorzeit begaben sich in die Wüste und machten nicht nur sich selber gesund, sondern wurden auch noch Ärzte für andere. Wenn aber von uns einer in die Wüste geht, dann will er andere früher heilen als sich selbst. Und unsere Schwäche kehrt zu uns zurück und unsere letzten Dinge werden ärger als die ersten, und daher heißt es für uns: Arzt heile dich vorher selbst.
VII,35,2.

Den Nächsten zu belehren ist Sache eines gesunden und leidenschaftslosen Menschen. Denn welch einen Sinn hätte es, das Haus des anderen zu bauen und das eigene niederzureißen?
Poimen 127.

Ahme den Zöllner nach, damit du nicht zugleich mit dem Pharisäer verurteilt wirst (Lk 18, 10). Und des Moses Sanftmut erwähle dir, damit du dein Felsenherz zu Wasserquellen umwandelst. (Ps 113,8)
Synkletika 11.

geworden ist, der jegliche Spaltung in sich und mit sich selbst im Geist überwunden hat.

Der geistliche Vater muß bewandert sein in den Geheimnissen Gottes und er muß das menschliche Herz erforscht haben. *Kardiognosie* nennen die Griechen die Gabe der Herzenserkenntnis. Das gilt zunächst für den Vater selbst und dann auch für die, die zu ihm kommen. Untrennbar damit verbunden ist die Gabe der Unterscheidung der Geister, die *diakrisis*. Wer die Unterscheidungsgabe hat, kommt im Gespräch schnell auf den Punkt, er erkennt hinter den Worten die eigentliche Aussageabsicht, er hat ein Gespür für den einzelnen, was für diesen Menschen jetzt angemessen ist, jetzt dran ist und welches das rechte Maß ist. Die Gabe der Unterscheidung ist nicht eine Fähigkeit, die man sich erwerben kann, sondern eine Gabe des Hl. Geistes, um die es immer wieder zu beten gilt. Es braucht die eigene Erfahrung im Umgang mit den Gedanken und Gefühlen, aber es braucht auch das Hören auf den Geist, damit der Vater für den jeweiligen Augenblick erkennt, was für den anderen gut ist.

Bis jemand so ein geistlicher Vater wird, vergehen meist Jahre der Zurückgezogenheit und des eigenen Kampfes in der Wüste, um die Reinheit des Herzens zu erlangen. Wichtig ist, daß ursprünglich niemand sich selbst zum geistlichen Vater erklären kann, sondern es verbreitet sich der Ruf eines Vaters durch seine Schüler, die ihre Erfahrungen, die sie mit ihm gemacht haben, weitererzählen, in den Kreisen der Anachoreten oder der Laien. Das Urteil darüber, ob jemand den Geist der Begleitung, sprich die Gabe der *Kardiognosie* und der *diakrisis* hat und damit geistlicher Begleiter bzw. Begleiterin sein kann, liegt bei den Suchenden und Fragenden, die zu ihm kommen und mit ihm Erfahrungen machen.

Dies ändert sich mit zunehmender Institutionalisierung des Mönchtums und Veramtlichung dieser Aufgabe. Erste Entwicklungen dahin finden sich schon in den Apophthegmata Patrum.

Wesentliche Haltungen des geistlichen Vaters sind *Apatheia* (oft nicht ganz glücklich mit ‚Leidenschaftslosigkeit' übersetzt) und Sanftmut.

Apatheia beschreibt den Zustand dessen, der den Kampf mit den Lastern erfolgreich geführt hat und den Leidenschaften gegenüber frei ist. *Apatheia* meint aber nun gerade nicht Gefühllosigkeit oder Leidenschaftslosigkeit, sie meint den freien Umgang mit Gefühlen und Leidenschaften, die den Altvater zu einer Liebe befähigen, die sanftmütig und barmherzig sich selbst und den Bruder anschaut und so erst hilfreich sein kann.

Sanftmut ist keine moralische Tugend, sondern eine Glaubenshaltung. Der Altvater ist sanftmütig geworden, weil er seinem Schatten und seiner Ohnmacht begegnet ist und darin Gottes Barmherzigkeit und Sanftmut erfahren hat. Sanftmut ist daher Ausdruck der Glaubenserfahrung, daß Gott den Menschen auch in seiner Schuld noch liebt, daß der sanfte Geist Gottes ihn immer wieder aufrichtet, wenn er gefallen ist, und daß er sanft in all seinen Umwegen wirken kann. Die Sanftmut glaubt an den Menschen und seine unantastbare Würde, sie glaubt daran, daß der Mensch von Gott dazu geschaffen ist, immer mehr seine eigene Persönlichkeit und Individualität zu entdecken und zu verwirklichen und so das Bild zu entfalten, das Gott sich von ihm gemacht hat.

Einmal kam ein Bruder zum Altvater Poimen und sagte: ‚Was soll ich tun, Vater, denn ich werde zur Unkeuschheit versucht? Und siehe, ich ging zu Abbas Ibistion, und er sagte zu mir: Du darfst sie nicht lange in dir verweilen lassen.‘ Abbas Poimen sprach zu ihm: ‚Abbas Ibistion und seine Taten sind bei den Engeln droben. Es ist ihm verborgen, daß du und ich noch in der Unkeuschheit sind.‘

Poimen 62.

Einmal kam der Altvater Isaak von Theben ins *Koinobion* (Kloster) und sah einen Bruder, der zu Fall gekommen war, und verurteilte ihn. Als er aber in die Wüste hinausgegangen war, kam ein Engel des Herrn und stellte sich vor die Tür seines *Kellions* und sagte: ‚Ich lasse dich nicht eintreten.‘ Er aber wandte ein: ‚Warum?‘ Der Engel gab ihm zur Antwort: ‚Der Herr hat mich mit dem Auftrag gesandt: ‚Sage ihm: was soll ich mit dem gestrauchelten Bruder, den du gerichtet hast, anfangen?‘‘ Auf der Stelle bereute er und sagte: ‚Ich habe gefehlt, verzeihe mir!‘ Und der Engel sprach: ‚Steh auf, Gott hat dir verziehen. Aber sei in Zukunft auf der Hut, und verurteile niemand, ehe der Herr ihn gerichtet hat.‘

Isaak der Thebäer 1.

Die Begegnung zwischen Vater und Ratsuchendem bleibt nicht auf das Gespräch beschränkt. Wichtiger Teil geistlicher Begleitung ist auch das fürbittende Gebet des Altvaters für den Ratsuchenden, in dem er sich mit ihm vor Gott solidarisiert und in dem er Gottes Beistand erbittet. Dieses Gebet birgt in sich die Chance, die Situation im Raum Gottes zu betrachten, Projektionen des Gespräches zu erkennen und zu überwinden und für das eigentliche Problem oder Bedürfnis des Ratsuchenden offen zu werden. Der geistliche Vater ist nicht unbeteiligter Ratgeber, sondern er läßt sich so sehr auf seinen Schüler ein, daß er sich für ihn verantwortlich weiß, daß er mit ihm leidet und in Gebet und Askese vor Gott für ihn ringt.

> Der geistliche Vater / die geistliche Mutter ist nicht in erster Linie Psychologe oder Arzt, Helfer zur Bewältigung des Lebens, sondern er / sie ist Mystagoge/-in, Führer/-in zur Kontemplation, zur Begegnung, zum Einswerden mit Gott. Er / sie soll die Erkenntnis Gottes, die er / sie erlangt hat, weitergeben.

Bedenkt man die an den geistlichen Vater / die geistliche Mutter gestellten Ansprüche und die Beschreibungen des Wirkens der berühmten Väter und Mütter, drängt sich der Eindruck auf, daß sie in der Darstellung idealisiert wurden.
An manchen Stellen der Apophtegmata wird deutlich, daß die geistlichen Väter und Mütter sich selbst nicht so vollkommen und fertig erlebt haben, wie ihre Schüler sie beschrieben haben.
Sie begreifen sich als Menschen, die selbst noch unterwegs sind und befaßt mit dem eigenen Ringen und machen das auch durchsichtig für die, die zu ihnen kommen und um Rat fragen.
An manchen Stellen berichten die Apophthegmata auch von Fehlern der Altväter und -mütter im Umgang mit ihren Schülern und wie sie daraus lernten.

> Wenn man das Ziel geistlicher Begleitung im frühen Mönchtum kurz zusammenfassen sollte, könnte man sagen, es geht um das Offenhalten jeder Situation menschlichen Lebens und jeder Entwicklungsmöglichkeit desselben für Gott bzw. auf ihn hin. Emotionaler formuliert: es geht um das Nähren der Sehnsucht nach Gott im Menschen. In allen Situationen, durch alle Leidenschaften, Gefühle, Laster, Versuchungen, Bedürfnisse und Wünsche, in aller Schuld, ist der geistliche Begleiter / die geistliche Begleiterin bemüht, die Sehnsucht nach Gott zu stärken bzw. überhaupt die Perspektive auf Gott hin zu öffnen, die gerade durch Negativbewertungen innerer Vorgänge und äußerer Handlungen des Menschen getrübt oder verstellt sein kann.

1.2. Johannes vom Kreuz (1542-1591)

1.2.1. Gott ist der eigentliche Geistliche Begleiter

Seelenführer mögen sich bewußt sein, daß der eigentliche Beweger der Seelen nicht sie sind, sondern der unablässig

Alle Schulen geistlicher Begleitung in der Tradition, praktisch alle Autorinnen und Autoren, die sich zur geistlichen Begleitung geäußert haben und äußern, betonen immer wieder, daß der eigentliche Führer

um sie bemühte Heilige Geist;
daß sie nur Wegweiser sind für
den Aufstieg zur Vollkommenheit kraft des Glaubens und des
göttlichen Gesetzes, zu einer
Vollkommenheit gemäß dem
Geiste, den Gott in jede Seele
besonders eingießt. Und so sei
denn sein ganzes Bestreben,
sie nicht eigensinnig seiner eigenen Weise anzugleichen,
sondern sich zu prüfen, ob er
den Weg erkennt, den Gott sie
führt; und wenn er ihn nicht erkennt, soll er jene Gott überlassen, statt sie zu verstören. In
Übereinstimmung mit dem von
Gott bestimmten Weg und
Geist sei ihr Bemühen, sie zu
immer größerer Einsamkeit und
Stille und Freiheit des Geistes
hinzulenken.

Johannes vom Kreuz, L III, 31.

im Prozeß geistlicher Begleitung Gott selber sei. „Begleiter schaffen nicht eine Beziehung zwischen Gott und den Begleiteten; vielmehr suchen sie sie zu fördern" (Barry / Conolly, 38). J. Sudbrack schärft im Unterschied zur Rolle des Guru in den östlichen Religionen für die christliche Tradition ein: „Nur einer ist euer Meister!" (Mt 23,8) Er schließt seine Betrachtungen mit der Bemerkung: „Geistliche Führung kann deshalb von Menschen unternommen werden, weil wir auf Gottes Geist vertrauen dürfen, der das vollendet, was unserem Mühen fehlt" (Sudbrack, 125).

Besonders deutlich und z.T. radikal formuliert Johannes vom Kreuz diesen Grundsatz Geistlicher Begleitung in kritischer und fast polemischer Auseinandersetzung mit den geistlichen Begleitern seiner Zeit und ihrer Praxis.

1.2.2. Anthropologische und Theologische Voraussetzungen

Aus dem eben Erläuterten ergeben sich implizite, u.U. stillschweigend akzeptierte, anthropologische und theologische Voraussetzungen.

Der Mensch, so ließe sich die anthropologische Voraussetzung formulieren, ist grundsätzlich fähig, die Anregungen Gottes bzw. des Hl. Geistes zu empfangen, er hat eine Antenne für die Transzendenz. Er kann prinzipiell den richtigen Weg, den guten Weg für seine positive Entwicklung selbst erkennen; nichts anderes meint, die Anregungen des Geistes zu empfangen.

Meister Eckhart fordert: daß der
Mensch ein Gott in allen Dingen
suchender und ein Gott zu aller
Zeit und an allen Stätten und
bei allen Leuten in allen Weisen
findender Mensch werden
müßte. Darin kann man allzeit
ohne Unterlaß zunehmen und
wachsen und nimmer an ein
Ende kommen des Zunehmens.
Meister Eckhart, Reden der
Unterweisung 22.

Die grundsätzliche Erkenntnisfähigkeit des Menschen kann nun durch verschiedene Umstände verdeckt, behindert, vernebelt sein. Daher bedarf es der geistlichen Begleitung, um mit Hilfe eines Partners / einer Partnerin wieder zu dieser Erkenntnisfähigkeit durchzustoßen. Karl Rahner beschreibt dies als Grunderfahrung, als Erfahrung des Geistes, der Freiheit und der Gnade, die jeder Mensch macht. Der Mensch muß diese Erfahrung „vorlassen, gleichsam ausgraben unter dem Schutt des Alltagsbetriebs, darf ihr, wo sie leise deutlich werden will, nicht davonlaufen, darf sich nicht von ihr ärgerlich abwenden, als ob sie nur eine Versicherung und Störung der Selbstverständlichkeit seines Alltags und seiner wissenschaftlichen Klarheit sei" (Rahner, K., Erfahrung des Heiligen Geistes, 241).

Diese Haltung läßt sich ohne
Furcht einnehmen, denn darüber besteht für Eckhart kein
Zweifel: daß der getreue Gott
einen jeglichen Menschen in
seinem Allerbesten nimmt. Das
ist sicherlich wahr, und nimmer
nimmt er einen Menschen liegend, den er ebenso hätte stehend finden können; denn die
Gutheit Gottes hat es für alle
Dinge auf das Allerbeste abgesehen.
Meister Eckhart, Reden der
Unterweisung 22.

Eine theologische Voraussetzung ist, daß Gott sich grundsätzlich mitteilt, auch dem einzelnen Menschen. Dazu gibt es genügend Belege in der Schrift und in theologischen Reflexionen der Tradition. Dies sei hier nur der Vollständigkeit wegen benannt (vgl. z.B. II. Vaticanum, Dei Verbum, Nr. 2 und 6).

Sowohl anthropologisch, als auch theologisch bedeutsam ist die ‚Einwohnung Gottes‘ im Menschen bzw. seine Berufung und Befähigung zu einem Leben in der Gemeinschaft mit Gott: „Ein besonderer Wesenszug der Würde des Menschen liegt in seiner Berufung zur Gemeinschaft mit Gott" (II. Vaticanum, GS 19). Auch dies ist breit bezeugt in Schrift und Tradition und wird vor allem sakramental gefeiert in Taufe und Firmung. „In der Taufe geschieht die Eingliederung in die Kirche zur Übereignung an Jesus Christus und zum Leben in der Gemeinschaft des dreifaltigen Gottes" (Nocke, Taufe, 251). „Die Firmung ist die Besiegelung, Ratifizierung, Vollendung der Taufe" (Nocke, Firmung, 265).

In der Taufe wird die Grundberufung und -befähigung zur Gemeinschaft mit dem dreifaltigen Gott gefeiert, die in der Firmung noch einmal besiegelt und unterstrichen wird. Fraglich bleibt allerdings, ob das, was feierlich zugesprochen, ratifiziert etc. wird, auch in seinen praktischen Konsequenzen, d.h. ekklesiologisch und pastoral ernst genommen wird.

Für die geistliche Begleitung, nur die soll hier näher betrachtet werden, bedeutet dies auf der Seite des geistlichen Begleiters / der geistlichen Begleiterin ein Bewußtsein dieser Würde und Dignität jedes / jeder Ratsuchenden und damit eine Haltung der Ehrfurcht vor dieser göttlichen Berufung und vor dem göttlichen Wirken in jedem Menschen.

Im Grunde gilt für geistliche Begleitung etwas ähnliches wie für den Gottesdienst, das Geschehen bewegt sich in einer „paradoxen Handlungsstruktur", wie dies M. Josuttis für den Kult formuliert: „Man muß etwas tun in jenem Bereich des Lebens, in dem per definitionem kein Mensch etwas tun kann, in dem Gott handelt" (Josuttis, 104).
Wer geistlich begleitet, muß handeln in einem Beziehungsgeschehen, in dem Gott der Handelnde ist. Aus dieser Spannung gibt es zwei einseitige Auswege. Der eine betont die Wirksamkeit Gottes und macht sich keine Gedanken über Qualifikation oder Befähigung zur geistlichen Begleitung, da ja ohnehin Gott wirkt. Manche Kleriker sind offensichtlich der Ansicht, daß mit der Weihe auch die Befähigung zur geistlichen Begleitung verbunden sei.
Der andere Weg aus der Spannung besteht darin, daß der geistliche Begleiter / die geistliche Begleiterin meint, er / sie müsse den Weg finden, Ratschläge geben und ähnliches mehr. In gewisser Weise gehen auch ‚Ausbildungsgänge' zum geistlichen Begleiter / zur geistlichen Begleiterin in diese Richtung. Sie vermitteln den Eindruck, als könne man Geistliche Begleitung lernen. Man muß nur ein paar Kurse machen und schon ist man geistlicher Begleiter / geistliche Begleiterin. Diese Absicht soll hier den Anbietern solcher Kurse nicht unterstellt werden, doch muß die Gefahr eines grundsätzlichen Mißverständnisses ernst genommen werden und Diskussionsgegenstand in der ‚Ausbildung' sein.

Die aufgezeigte Spannung nicht aufzulösen und trotzdem darin zu agieren ist die Kunst geistlicher Begleitung, sie setzt sich zusammen aus ‚handwerklichem Können', einer soliden psychologischen und theologischen Ausbildung, aus der jeweiligen Begabung und dem Wirken des Geistes, der Herzenserkenntnis und Fähigkeit zur Unterscheidung der Geister.
Die Kunst geistlicher Begleitung ist prinzipiell nicht machbar. Sie besteht darin, nichts zu verhindern, den Augenblick nicht zu verpassen, soviel wache innere und äußere Wahrnehmung aufzubringen, damit sich Gottes Führung ereignen kann. Das ‚handwerkliche Können' ist dafür die Voraussetzung.

1.2.3. Der Geistliche Begleiter nach Johannes vom Kreuz

Auf solche Weise fügen viele geistliche Meister den Seelen großen Schaden zu. Sie be-

Johannes vom Kreuz hat mit beispielloser Deutlichkeit eine falsche geistliche Begleitung beschrieben und angeprangert. In seinem Werk

greifen nicht die Eigenwege des Geistes. Und so lassen sie die Seelen jene zarte Salbung verlieren, womit der Heilige Geist sie für sich selber vorbereitet, und lehren sie mit selbstgebrauchten oder irgendwie angelesenen Weisen auf der Erde zu kriechen, wie es vielleicht für Anfänger taugen mag. Mehr wissen sie nicht – und wollte Gott, daß sie dieses hinreichend wüßten!

Johannes vom Kreuz, L III, 31.

Lebendige Liebesflamme, das für Fortgeschrittene auf dem geistlichen Weg geschrieben wurde, warnt er seine Leserinnen und Leser vor blinden Blindenführern: „Dies muß der Seele gegenwärtig bleiben: Gott ist hierbei der eigentlich Handelnde, der Führer dieser Blinden, der sie durch das Unbekannte an der Hand geleitet, hin zu dem Übernatürlichen, das weder Verstand, noch ihr Wille, noch ihr Gedächtnis nach seiner Wesenheit ergründen können. So muß es ihre Hauptsorge sein, dem göttlichen Führer kein Hindernis zu bereiten auf diesem von ihm bestimmten Wege der Vervollkommnung in seinem Gesetz und Glauben. Und solches Hindernis erhebt sich, wenn sie sich von einem anderen Blinden mitnehmen und führen läßt. Die Blinden, von denen sie auf Abwege gebracht werden könnte, sind drei: der Seelenführer, der Dämon und sie selber. Und damit die Seele begreife, wie solches zugeht, werde ich von jedem dieser Blinden handeln" (Johannes vom Kreuz, L III, 29).

Nach dieser Einleitung warnt Johannes vom Kreuz seitenweise vor geistlichen Begleitern (er hatte nur Kleriker vor Augen), die ihr Konzept, ihr Bild dem zu Begleitenden überstülpen, das heißt, „mit dem Hammer auf ein Meisterwerk einschlagen, hier zerstörend, ohne dort zu fördern" (Johannes vom Kreuz, L III, 45).

Für Fortgeschrittene gilt: „Gott allein ist nun der Beweger, er ist es, der im Verborgenen zur einsamen, zur schweigenden Seele spricht. Und wenn die vergeistigte Seele immer noch mit den Sinnen vorgehen soll, dann bringt ihr solches Rückschritt und Abschweifung. Einen, der das Ziel schon erreicht hat, nochmals zu diesem Ziel aufbrechen zu lassen, ist nicht nur lächerlich, es bedeutet auch erzwungenes Abgleiten vom Ziel. Ist demnach der Vergeistigte durch Betätigung seiner Seelenvermögen bis zu seinem Ziel, bis zur stillen Sammlung in Beschwichtigung seiner Vermögen vorgedrungen, dann wäre es töricht, durch Akte dieser Kräfte solche Sammlung erneut zu suchen, und mehr noch, es wäre schädlich, die schon gewonnene Sammlung für rastloses Suchen preiszugeben.

Da nun diese Seelenführer nicht begreifen, was Sammlung, was geistige Abgeschiedenheit ist und wie Gott bei solcher Abgeschiedenheit die Seele mit erhabener Salbung weiht, so überlagern oder verwischen sie diese mit andern Salben, sie treiben die Seele zu niedrigeren geistlichen Betätigungen an; solche Rührigkeit aber ist von dem, was die Seele darüber verlor, so weit entfernt wie das Natürliche vom Übernatürlichen, das Menschliche vom Göttlichen..." (Johannes vom Kreuz, L III, 44f.).

Wer seine eigenen Fähigkeiten für das entscheidende Moment geistlicher Begleitung hält, muß sich mit anderen vergleichen, es entsteht ‚geistliche Konkurrenz':

„Gesetzt, du genügtest für irgendeine Seele, vielleicht für eine solche, die zu höherem Fluge nicht befähigt ist. Aber unmöglich kannst du für all die Seelen genügen, die du nicht aus deinen Händen freigibst. Gott führt eine jede von ihnen auf anderem Wege; denn es findet sich kaum ein Geist, der in seiner Weise auch nur zur Hälfte mit der eines anderen übereinstimmt. Wer kann wie Paulus von sich sagen, daß er allen alles sein könne, um alle zu gewinnen (1 Kor 9,22)? Du aber vergewaltigst die Seelen auf diese Art, du nimmst ihnen die Freiheit und maßest dir selber die ganze Weite der evangelischen Lehre an, so sehr, daß du sie nicht nur bei dir festhalten willst, nein, schlimmer, du eiferst dich, wenn sie bei einem anderen irgendwelche Klärung gesucht haben. Eine Seele kann eine Angelegenheit mit einem andern bespre-

Bei keiner Kunst maßt man sich an, sie zu lehren, bevor man sie gewissenhaft erlernt hat. Wie groß ist demnach der Leichtsinn, wenn Unerfahrene das Lehramt übernehmen, denn die Kunst aller Künste ist die Seelenleitung. Wer wüßte nicht, daß die Seelenwunden tiefer liegen als die Wunden im Innern des menschlichen Körpers? Und doch scheut man sich oft nicht, obwohl man die Gesetze des geistlichen Lebens nicht kennt, sich als Seelenarzt auszugeben, während jeder sich schämen würde, als leiblicher Arzt zu gelten, wenn er die Kraft der Salben nicht kennt. Da aber jetzt durch Gottes Fügung alles, was in der Welt hoch steht, in Ehrfurcht der christlichen Religion sich zuneigt, so gibt es viele, die in der heiligen Kirche unter dem Vorwande, das Hirtenamt zu erstreben, nur nach Ehre und Ruhm haschen, als Lehrer angesehen sein möchten, über andere erhaben sein wollen und, wie es die ewige Wahrheit sagt, die ersten Begrüßungen auf der Straße, die ersten Sitze bei Gastmählern, die ersten Plätze bei Zusammenkünften für sich in Anspruch nehmen. Solche vermögen um so weniger das übernommene Hirtenamt würdig zu verwalten, je mehr sie der Stolz allein zum Lehramt der Demut geführt hat.

Gregor der Große, Buch der Pastoralregel I,1.

chen, weil es vielleicht mißlich wäre, sie mit dir zu beraten oder weil Gott selber ihr solches eingibt, da jener sie das lehren kann, was du sie nicht lehren konntest. Du aber – ich sage es nicht ohne Scham – du machtest ihr Aufritte der Eifersucht, wie sie zwischen Eheleuten vorkommen. Das ist kein Eifern für Gottes Ehre oder für das Heil jener Seele – denn du wirst nicht so vermessen sein zu behaupten, die Seele, die dich in dieser Sache verletzte, habe Gott verletzt. Eifern deiner Anmaßung ist das, und deines Hochmutes oder einer anderen unvollkommenen Regung" (Johannes vom Kreuz, L III, 59). Die Seelenführer müssen „den Seelen Freiheit lassen; sie sind verpflichtet, ihnen eine gute Miene zu zeigen, wenn diese bessere Unterweisung suchen" (Johannes vom Kreuz, L III, 61).

„Und da kommen jene mit menschlichen Rücksichten und Vernünfteleien, die Christi Lehre und seinem demütigen weltabgewandten Leben zuwiderlaufen; sie fußen auf ihrem eigenen Nutzen und Geschmack oder lassen sich von Furcht bewegen, wo doch nichts zu fürchten ist" (Johannes vom Kreuz, L III, 62).
Geistliche Führer erschweren und verzögern das Werk Gottes dadurch, daß sie die Menschen nach ihrem eigenen Geschmack und Interesse führen und sie durch Vernunftgründe oder menschliche Rücksichten am Fortschritt hindern. Ursache dafür ist die Furcht. Für Johannes vom Kreuz sind diese Seelenführer Dilettanten und Stümper, die aus Angst und Überheblichkeit – welch häufig vorkommende fatale Mischung – den Menschen und dem Geist Gottes zuwenig trauen, die sich selbst und ihr geistliches Leben zum Maßstab des Geistes machen. Es fehlen bei ihnen Ehrfurcht und Feingefühl.
„Vielleicht irren sie aus gutem Eifer, da ihr Verständnis nicht so hoch reicht. Allein das nimmt ihnen nicht die Verantwortung für die Ratschläge, die sie voreilig erteilen, ohne sich zuvor über den geistigen Weg zu vergewissern, den die Seele geführt wird. Verständnislos fahren sie mit ihrer rohen Hand dazwischen und überlassen sie nicht dem, der sie versteht; und das ist kein geringfügiges Vergehen, eine Seele mit ihren dreisten Ratschlägen dahin zu bringen, unschätzbare Heilsgüter einzubüßen oder gar zerrüttet zu verbleiben. Wer demnach aus Anmaßung irrt, während er – wie ein jeder in seinem Beruf – zur Einsichtigkeit verpflichtet ist, der wird nach dem Maße der von ihm verschuldeten Schädigung seine Strafe empfangen. Denn die Sache Gottes kann nur mit offenen Augen und viel Feingefühl angefaßt werden, zumal wenn es sich um so Erhabenes und Bedeutsames handelt wie die Förderung dieser Seelen, um ein Wagnis, das beim Gelingen unendlichen Gewinn bringt und beim Mißlingen unendlichen Verlust" (Johannes vom Kreuz, L III, 56).
Die Seelenführer „sind dazu berufen und verpflichtet, sich über die Tragweite ihrer Handlungen Klarheit zu verschaffen" (Johannes vom Kreuz, L III, 62).
Johannes vom Kreuz beklagt den „Mangel an Klugheit, den ich, so weit ich es verstehe, bei einigen Geisteslehrern gefunden habe" (Johannes vom Kreuz, S II,18,2).

Herr meiner Seele, als ihr auf der Erde weiltet, habt ihr die Frauen nicht zurückgewiesen, vielmehr habt Ihr sie mit großer Hingabe bevorzugt und bei ihnen so viel Liebe gefunden und mehr Glaube als bei Männern, denn Eure heiligste Mutter war dabei... Reicht es noch nicht, Herr, daß uns [Frauen] die Welt einpfercht..., so daß wir in der Öffentlichkeit nichts tun, was

Über die Gründe, die Johannes vom Kreuz zu diesen scharfen Worten gegen die Seelenführer seiner Zeit bewegten, kann man nur spekulieren. Sicher spielen eigene Erfahrungen bei der Begleitung der unbeschuhten Karmelitinnen eine Rolle, die immer wieder wie schon Teresa von Avila († 1582) mit dem Vorurteil zu kämpfen hatten, daß Frauen zu

etwas gilt, noch wagen, von einigen Wahrheiten zu sprechen, die wir im Verborgenen beweinen, als daß Ihr eine so gerechte Bitte nicht erhören müßtet? Nein, Herr, das glaube ich nicht, bei Eurer Güte und Gerechtigkeit, denn Ihr seid ein gerechter Richter und nicht wie die Richter dieser Welt, die Söhne Adams und zudem alle Männer sind, und die auch nicht eine Tugend einer Frau für nicht verdächtig halten. Ich spreche nicht für mich, denn die Welt kennt meine Schlechtigkeit bereits, und ich freue mich, daß sie bekannt ist, sondern ich sage das, weil ich die Zeiten so sehe, daß es nicht recht ist, nach Tugend strebende und starke Gemüter zu verachten, nur weil es Frauen sind.

Teresa von Avila, C 4,1.

wahrer Kontemplation nicht fähig seien. Johannes ändert in diesen Passagen der *Lebendigen Liebesflamme* auffallend seinen sonst eher ruhigen Ton. Ärger und Frustration über Engstirnigkeit und Ignoranz, über Mangel an Klugheit und Verantwortungsbewußtsein bei den Klerikern kommen zum Ausdruck.

Johannes vom Kreuz prangert letztendlich, und daher kommt sicher auch ein Teil seines Ärgers, den mangelnden Glauben der Seelenführer an, das mangelnde Vertrauen auf die eigentliche, die göttliche Führung. Sie werden ihrer Berufung und Verantwortung nicht gerecht, weil sie die Folgen und die Tragweite ihrer Handlungen nicht bedenken, ja aus Dummheit nicht einmal dazu fähig sind. Die Kombination von mangelndem Glauben, mangelnder Klugheit und Ängstlichkeit führt zu einer Überheblichkeit dieser Seelenführer, die auch noch eifersüchtig werden, wenn die begleitete Person sich einen anderen Führer sucht, und sie nicht aus ihren Fängen lassen. Diese Seelenführer suchen nicht den Fortschritt der Seelen, sondern ihre Selbstbestätigung und richten großen Schaden an, für den der sonst eher ruhige Johannes vom Kreuz, harte Strafen heraufbeschwört: „Groß ist Gottes Zorn gegen solche. Durch Ezechiel droht er ihnen Strafe an: ‚Mit der Milch meiner Herde habt ihr euch genährt und mit ihrer Wolle habt ihr euch bedeckt. Dennoch habt ihr meine Herde nicht geweidet. Aus euern Händen werde ich meine Herde zurückfordern' (Ez 34,8)" (Johannes vom Kreuz, L III, 60).

1.2.4. Konsequenzen für geistliche Begleitung heute

> Geistliche Begleitung heißt dem Geist Gottes im Menschen nachzuspüren, ihn entdecken und die je individuellen Wege finden helfen. Unweigerlich führt dieser Weg in Spannungen, denn der geistliche Begleiter / die geistliche Begleiterin weiß eben wirklich nicht einfach, wie der Weg des anderen aussieht. Selbst wenn es ihm / ihr noch so einleuchtend erscheint, ein Rat von außen steht immer in der Gefahr, etwas in den anderen hineinzuprojizieren. Die Leere aushalten und nicht vorschnell füllen mit eigenen Weisheiten, der Versuchung widerstehen, einen einfachen Ratschlag zu geben, der ja auch nachgefragt wird, konsequent den Geist im anderen suchen, das ist Aufgabe und Anforderung geistlicher Begleitung wie sie Johannes vom Kreuz verstand.

Geistliche Begleitung ereignet sich in der Spannung zwischen dem Glauben an das Wirken Gottes im Menschen und der Professionalität oder – mit den Worten des Johannes vom Kreuz – der Klugheit des Begleiters / der Begleiterin. Diese Spannung läßt sich nicht einfach auflösen, sich nicht in ein Konzept aufheben, denn wer immer schon im voraus zu wissen glaubt, wie geistliche Begleitung geht, wer zu wissen glaubt, wie geistliches Leben grundsätzlich auszusehen hat, der dokumentiert damit, daß er von geistlicher Begleitung nichts versteht.

Wirklich an das Wirken des Hl. Geistes zu glauben bedeutet einerseits Entlastung. Der geistliche Begleiter / die geistliche Begleiterin kann es nicht machen, ist letztlich nicht verantwortlich für das Gelingen oder Mißlingen eines geistlichen Weges. Andererseits ist damit das demütige Anerkennen gefordert, daß geistliche Begleitung nicht machbar ist und daß es nicht in der Macht des geistlichen Begleiters / der geistlichen Begleiterin steht, ob sein / ihr Tun hilfreich ist.

Einerseits bedeutet dieser Glaube, daß der geistliche Begleiter / die geistliche Begleiterin die Lösung nicht wissen, nicht produzieren muß, daß sie im Anderen zu finden ist, im ‚Dazwischen' sich ereignet, geschenkt wird. Andererseits bedeutet dies aber eine doppelte Unterscheidungsarbeit: zunächst muß der geistliche Begleiter / die geistliche Begleiterin unterscheiden zwischen eigenen Gedanken und Ideen und denen, die sich ereignen und er / sie muß unterscheiden zwischen den Gedanken und Ideen des Ratsuchenden und denen, die der Geist eingibt.

Für diese Unterscheidung gibt es Erfahrungen der Tradition und psychologische Hilfen, die es zu nutzen gilt. Hier liegt die von Johannes vom Kreuz betonte Verantwortung des Begleiters / der Begleiterin für sein / ihr Tun. Das Handwerk muß beherrscht werden, dann kann Sensibilität und Aufmerksamkeit wachsen für die Kunst geistlicher Begleitung.

> Wann soll dieses Abbild [die Seele] vollendet werden? Wann willst du das Werk der Bildnerhand Gottes überlassen? Ist es möglich, daß du all diese Aufgaben bewältigst, und hältst du dich für so unvergleichlich, daß die Seele nur deiner bedarf und keines andern?
>
> Johannes vom Kreuz, L III, 58.

Eine gute Nagelprobe für geistliche Begleiter / Begleiterinnen hinsichtlich der Offenheit ihrer Beziehungen in der Geistlichen Begleitung ist die Frage, ob der Begleiter / die Begleiterin einen Ratsuchenden in die Begleitung eines anderen entlassen könnte, wenn dieser es möchte oder wenn die eigenen Grenzen erreicht sind. Das bedeutet nicht, daß so eine Trennung nicht auch schmerzlich sein kann, denn zur Begleitung gehören selbstverständlich auch Nähe, Zugewandtheit und Empathie, doch es heißt, daß der Begleiter / die Begleiterin nicht festhalten, nicht klammern müssen, weil sie sich selbst für die Besten halten und jede Trennung eine Kränkung wäre, sondern daß sie „den Seelen Freiheit lassen" (Johannes vom Kreuz, L III, 61), daß sie Gottes Geist Freiheit lassen, sich vernehmbar zu machen.

1.3. Ignatius von Loyola (1491-1556)
Sein Leben ordnen

1.3.1. Biographische Vorbemerkungen

> Außer den sieben Stunden Gebet gab er sich damit ab, einigen Seelen, die ihn aufsuchten, in Fragen des geistlichen Lebens Hilfe zu leisten.
>
> Ignatius, BP 26.

> Damals hatten sie bereits darüber beraten, was sie unternehmen wollten, nämlich nach Venedig und dann nach Jerusalem zu gehen und ihr ganzes Leben dem Heil der Seelen zu widmen.
>
> Ignatius, BP 85.

Ignatius von Loyola hatte selbst keinen geistlichen Begleiter, wie etwa auch Benedikt von Nursia († 550), Bernhard von Clairvaux († 1153), Franziskus († 1226), Therese von Lisieux († 1897) u.a.m., Grundlage seiner geistlichen Lehre sind seine eigenen Erfahrungen, die er vor allem während der Zeit seiner Verwundung in Loyola (1521/22) und anschließend in Manresa (1522/23) gemacht hat. In Manresa reift in ihm der Entschluß, den Seelen zu helfen, d.h. schon sehr früh, bereits ein Jahr nach seiner Bekehrung beginnt er mit der Seelenführung. Nach seiner Pilgerfahrt ins Hl. Land 1523 entschließt sich Ignatius zu studieren und Priester zu werden „um den Seelen besser helfen zu können" (Bericht des Pilgers 50). Die gleiche Ausrichtung bestimmt den Kreis seiner ersten Gefährten. Der größere Dienst für Gott unseren Herrn und der Nutzen für die Seelen werden zu den Grundinhalten seiner Spiritualität, so daß zum Dienst an Gott untrennbar die Hilfe für die Seelen gehört.

Diese Ausrichtung des Ignatius und der Jesuiten, zusammen mit dem

kirchlichen und politischen Einfluß des Ordens vor allem in den Bereichen der Katechese und der Ausbildung führt dazu, daß bis heute im
Rahmen geistlicher Begleitung das ignatianische Konzept dominiert
und Jesuiten als Autoren und geistliche Begleiter tonangebend sind.

1.3.2. Die Geistlichen Übungen des Ignatius von Loyola

A. Ziel der Geistlichen Übungen

> Der Mensch ist geschaffen da-
> zu hin, Gott Unseren Herrn zu
> loben, Ihm Ehrfurcht zu erwei-
> sen und zu dienen, und damit
> seine Seele zu retten. Die an-
> deren Dinge auf der Oberfläche
> der Erde sind zum Menschen
> hin geschaffen, und zwar damit
> sie ihm bei der Verfolgung des
> Zieles helfen, zu dem hin er ge-
> schaffen ist. Hieraus folgt, daß
> der Mensch dieselben so weit
> zu gebrauchen hat, als sie ihm
> auf sein Ziel hin helfen, und sie
> so weit lassen muß, als sie ihn
> daran hindern. Darum ist es
> notwendig, uns allen geschaf-
> fenen Dingen gegenüber
> gleichmütig (*indiferentes*) zu
> verhalten in allem, was der
> Freiheit unseres freien Willens
> überlassen und nicht verboten
> ist. Auf diese Weise sollen wir
> von unserer Seite Gesundheit
> nicht mehr verlangen als
> Krankheit, Reichtum nicht mehr
> als Armut, Ehre nicht mehr als
> Schmach, langes Leben nicht
> mehr als kurzes, und folgerich-
> tig so in allen übrigen Dingen.
> Einzig das sollen wir ersehnen
> und erwählen, was uns mehr
> zum Ziele hinführt, auf das hin
> wir geschaffen sind.
> Ignatius, GÜ 23.

> Unter dem Namen geistliche
> Übungen versteht man jede Art,
> das Gewissen zu erforschen,
> sich zu besinnen (*meditar*), zu
> betrachten (*contemplar*), münd-
> lich und rein geistig (*mental*) zu
> beten und andere geistliche
> Tätigkeiten, wie später noch er-
> klärt wird. Denn so wie Spazie-
> rengehen, Marschieren und
> Laufen körperliche Übungen
> sind, gleicherweise nennt man
> geistliche Übungen jede Art, die
> Seele vorzubereiten und dazu
> bereit zu machen (*disponer*),
> alle ungeordneten Neigungen
> (*affecciones*) von sich zu ent-
> fernen, und nachdem sie ab-
> gelegt sind, den göttlichen Wil-
> len zu suchen und zu finden in
> der Ordnung (*disposición*) des
> eigenen Lebens zum Heil der
> Seele.
> Ignatius, GÜ 1.

Die geistlichen Übungen des Ignatius sind eine strukturierte Intensiv-
zeit geistlicher Begleitung. Das ist im Lauf der Entwicklung der Exerzitien hin zu den Vortragsexerzitien für Gruppen verlorengegangen.
Ursprünglich waren es immer Einzelexerzitien, was heute wieder zunehmend entdeckt wird. Von daher ist in den geistlichen Übungen das
grundlegend ignatianische Konzept geistlicher Begleitung zu finden.
Aufschlußreich dafür sind vor allem die 20 Anmerkungen, die Ignatius
den Exerzitien voranstellt. Im „Prinzip und Fundament" (GÜ 23) beschreibt Ignatius das Ziel der geistlichen Übungen.
In der Einleitung zu den Anweisungen schreibt Ignatius: „Anweisungen, um einige Einsichten in die folgenden geistlichen Übungen zu erlangen und um sowohl dem zu helfen, der sie zu geben, wie dem, der
sie aufzunehmen (*rescibir*) hat."
Zwei Begriffe fallen in dieser Einleitung auf, die sich konsequent durch
das Buch ziehen: es ist nirgendwo vom Exerzitienleiter oder gar vom
Exerzitienmeister die Rede, auch nicht vom geistlichen Begleiter oder
geistlichen Führer und andererseits nicht vom Schüler oder Ratsuchenden, sondern es heißt immer ganz neutral: „der, welcher die Exerzitien gibt" und „der, welcher die Exerzitien (auf-)nimmt".

Dieser Sprachgebrauch macht deutlich: Der Exerzitienmeister ist
nicht der, der die Exerzitien gibt, sondern Gott selbst, der in der
Gestalt Jesu Christi die Exerzitien inhaltlich prägt und durch seinen
Geist aktuell führt. Die Exerzitien sind eine Begegnung zwischen
dem, der sie gibt und dem, der sie empfängt, wobei dies keine hierarchische Struktur beschreiben will, wie sie etwa im Begriff des
Meisters und Schülers gegeben wäre, sondern eine Begegnung, in
der der eine etwas gibt und der andere etwas nimmt, beide aber im
Hören aufeinander bezogen sind und bleiben. Auch der, der gibt,
das machen die Anweisungen deutlich, muß auf den hören, der sie
empfängt, damit er ihm die Exerzitien so gibt, in der Form gibt, mit
den Inhalten gibt, die dem, der sie empfängt angemessen, für ihn
zuträglich ist. Diese Begegnung steht immer im Raum der Gottesbeziehung ist also nicht nur dialogisch sondern trialogisch (vgl.
Schaupp, 15-25).

Eine Überschrift lautet: „Geistliche Übungen, um über sich selbst zu
siegen und sein Leben zu ordnen, ohne sich durch irgendeine ungeordnete Neigung bestimmen zu lassen" (GÜ 21).
Es geht also um Übungen. Damit wird der Trainingscharakter des Weges unterstrichen, der auch durch die gewählten Vergleiche deutlich
wird. Eine Übung verlangt Ausdauer und Anstrengung, Übung macht
den Meister. Neben der Gewissenserforschung und verschiedenen Arten des Betens geht es vor allem um die Disposition der Seele alle

Wenn derjenige, der die Exerzitien gibt, spürt, daß beim Übenden keinerlei geistliche Bewegungen, wie z.B. Tröstungen oder Trostlosigkeiten, in seiner Seele eintreten noch daß er von verschiedenen Geistern in Bewegung versetzt wird, dann muß er ihn eindringlich (*mucho*) über die Übungen befragen, ob er sie zu den festgesetzten Zeiten mache und auf welche Weise; ebenso über die Zusätze (*addiciones*), ob er sie mit Sorgfalt (*diligencia*) beachte; über alle diese Dinge soll er im einzelnen Rechenschaft verlangen.

Ignatius, GÜ 6.

Die vorliegenden Übungen haben sich den eigentümlichen Voraussetzungen (*disposición*) derer anzupassen, die sich ihnen unterziehen wollen, nämlich ihrem Alter, ihrer Bildung oder ihrer geistigen Fassungskraft, damit nicht einem, der ungebildet und ganz unkompliziert ist, Dinge vorgelegt werden, die er nicht ohne Ermüdung aufnehmen und aus denen er keinen Nutzen zu ziehen vermag. Ebenso soll einem jeden, je nach dem Grad seiner Bereitschaft (*disponer*), das vorgelegt werden, was ihm mehr Hilfe und Fortschritt geben kann.

Ignatius, GÜ 18.

Für die folgenden Übungen werden vier Wochen angesetzt, die den vier Teilen entsprechen, in welche die Übungen eingeteilt werden, nämlich im ersten Teil die Erwägung (*consideración*) und Betrachtung (*contemplación*) der Sünden, im zweiten das Leben Christi unseres Herrn bis zum Palmsonntag einschließlich, im dritten die Passion Christi unseres Herrn, im vierten die Auferstehung und Himmelfahrt, wobei die drei Gebetsweisen hinzugefügt werden; dies ist jedoch nicht so zu verstehen, daß jede Woche notwendigerweise sieben oder acht Tage umfassen muß.

Ignatius, GÜ 4.

ungeordneten Affekte zu entfernen und dann den Willen Gottes zu suchen und zu finden in der Ordnung (*disposición*) des Lebens und das wiederum zum Heil der Seele (vgl. GÜ 1).

Die Exerzitien sind zielgerichtet (Heil der Seele), biographisch ausgerichtet (Gewissenserforschung, ungeordnete Neigungen entfernen und Leben ordnen) und erhalten ihre Richtung und Orientierung von Gott (Gebet, Wille Gottes suchen und finden).

In diesen Formulierungen zeigt sich bereits eine Grundtendenz ignatianischer Exerzitien und ignatianischer geistlicher Begleitung. Es ist alles gut durchstrukturiert, es gibt verschiedene Übungen, die es zu trainieren gilt, es gibt klare Schritte, was zuerst kommt und folgt etc. und es gibt Kontrollen für die Entwicklung (siehe Unterscheidung der Geister, GÜ 316ff. und 73ff.).

Wenn sich nichts ereignet, muß gefragt werden, ob der, der die Exerzitien empfängt, die Übungen richtig und nach Vorschrift macht (GÜ 6). Ein gewisses Gegengewicht dazu bilden die Anweisungen GÜ 18-20, die betonen, daß der, der die Exerzitien gibt, immer wieder daran erinnert wird, daß er auf den konkreten Menschen eingehen und sich ihm anpassen muß.

Dennoch bleibt eine gewisse Spannung zwischen vorgegebener Übung mit abzulesenden Leistungsschritten und der Aufgabe, diese der Person anzupassen. Je mehr sich nun Exerzitien von Einzelexerzitien wegentwickeln und je weniger der, der die Exerzitien gibt, bereit und sensibel genug ist auf den, der die Exerzitien empfängt, einzugehen und sich ihm anzupassen, desto mehr bekommen Exerzitien Leistungs- und manchmal Zwangscharakter. Das gilt im übertragenen Sinne auch für ignatianisch orientierte geistliche Begleitung. A. Görres hat diese Spannung klassisch beschrieben. „Ob der einzelne besser fährt nach der Weise des Ignatius oder nach der des Franz von Sales, was für sein Wesen, seinen Charakter, seine Situation das Bekömmlichere ist, kann kein allgemeiner Satz entscheiden. Das ist bestimmt durch die Anregungen und Anmutungen, die den einzelnen fassen lassen, was er fassen kann, *secundum mensuram donationis et gratiae* (nach dem Maß der Gabe und der Gnade). Dieses Maß ‚experimentell' zu bestimmen, dazu bedarf es der Diskretion in der ‚Unterscheidung der Geister', deren Kriterien Ignatius klassisch beschrieben hat. Ohne sie freilich sind die geistlichen Übungen des Ignatius von Loyola schieres Gift, mit ihnen sind sie ein Buch der Weltreform und des Neuen Lebens" (Görres, 517).

B. Struktur und Methode der geistlichen Übungen

Die erste Woche ist der Betrachtung der Sünde gewidmet. Hier überwiegt der biographische Aspekt, allerdings unter negativem Vorzeichen, nämlich der Frage nach der Sünde. Folgerichtig steht am Ende der ersten Woche die Generalbeichte (GÜ 44). Im klassischen Drei-Wege-Schema entspräche dies der Phase der *Purificatio*, der Reinigung, gefordert ist die *Metanoia*, die Umkehr.

Prägend und charakteristisch für ignatianische Begleitung ist die Christozentrik, bereits bei der Betrachtung der Sünde steht die Christusbeziehung im Vordergrund.

Auf dem Hintergrund eines gewaltigen Heil-Unheil-Szenarios, das in der ersten Woche entworfen wird, soll der Exerzitant dankbar erkennen, wie wunderbar und barmherzig Gott bereits an ihm gehandelt hat.

Es geht also nicht um Umkehr aus Furcht, sondern der Mensch kehrt um aufgrund der Erkenntnis der Liebe Gottes. Dies ist allerdings angesichts der Betrachtungen, etwa zur Hölle (GÜ 65-72), die in ihrer Plastizität sehr an zeitgenössische Gemälde erinnert, schwierig und steht auf der Kippe, doch Angst zu machen, um so den Umkehrprozeß zu beschleunigen, zumindest gibt es die Versuchung dazu, der, wir wissen es aus der Geschichte, nicht wenige erlegen sind. Es bleibt daher eine Gratwanderung.

Ein weiteres Grundprinzip ignatianischer geistlicher Führung ist die Ausrichtung auf das Tun. Was soll ich für Christus tun?, ist die Frage am Ende der ersten Woche. Für Ignatius, so M. Schneider, beinhaltet jede Begegnung mit Gott nicht nur ein „Gott will mich", sondern auch ein „Gott will meinen Dienst". „Auf dem Weg des Glaubens verbindet sich die Gabe mit der Aufgabe, und jede Indienstnahme durch Gott schließt einen Auftrag mit ein" (Schneider, 1990, 185).

Die zweite Woche dient der Betrachtung des Lebens Christi. Es geht um die Begegnung mit dem biblischen Christus und dabei um die Selbstwerdung des Menschen in Kontakt mit Christus. Damit dies geschehen kann ist jedoch u.U. eine Korrektur des Christusbildes anhand der Bibel notwendig und ein immer intensiveres Erfahren und Meditieren der Schrift. Dabei geht es um eine ganzheitliche Betrachtungsmethode, die Imagination, unter Berücksichtigung der fünf inneren Sinne. J. v. Deenen nennt diese Woche oder Stufe mit der alten Tradition *Illumination*, das Hellwerden. Diesen Begriff aufgreifend könnte man von einer Betrachtung des eigenen Lebens, der eigenen Person im Licht Jesu Christi sprechen, um so Anregungen dafür zu erhalten, was zu tun ist im Sinne einer Selbstwerdung nach dem Vorbild Jesu. Der biblische Christus, nicht der idealisierte und legendarische, ist Maßstab der Selbstwerdung, weil in ihm die „vollkommene Daseinsgestalt des Menschen" (Eisenstein, 27) begegnet.

Nach der zweiten Woche steht die Wahl an, nach reiflicher Überlegung (GÜ 169-189) sind die Entscheidungen zu treffen, die anstehen.

Die dritte Woche dient der Betrachtung des Leidens und Sterbens Christi. Von daher ergibt sich das Thema des Leidens, der Krise, der Erfahrung der dunklen Nacht. Die anfänglichen Erleuchtungen haben sich zu bewähren angesichts des Leidens, der Mensch ist an seinen Grenzen herausgefordert. Im Betrachten des Leidens Jesu wird das eigene Leiden und die eigene Erfahrung der Gottverlassenheit wiederum in Beziehung gesetzt zum Weg der Erlösung in Christi Leiden und Tod. J. v. Deenen gibt dieser Phase den Namen *Metakardia* – das neue Herz – und will damit das Existentielle des Prozesses unterstreichen. Der klassische Weg spricht weiter von der *Illuminatio*, denn zu ihr gehört auch der Gang durch die ‚dunkle Nacht', die, so Dionysius (ca. 500), nur das menschlich als Dunkelheit erlebte, überhelle Licht Gottes ist.

Die vierte Woche enthält Betrachtungen zu Auferstehung und Himmelfahrt Jesu. Dem Exerzitanten wird sein Ziel vor Augen geführt, woraus er Trost, d.h. Gelassenheit und Frieden schöpfen soll (vgl. GÜ 229). Es ist die Phase der *Unio*, der Vereinigung, mit dem auferstandenen Christus.

C. Die Rolle dessen, der die geistlichen Übungen gibt

Die bereits zitierten Anweisungen 2 und 6 (GÜ 2 und 6) weisen den, der die Exerzitien gibt, an, kurz und knapp den Stoff darzulegen und dem Exerzitanten die Chance zu geben, das zu entdecken, was für ihn wichtig ist und ihn nicht durch zuviel Stoff in eine gewisse Richtung zu drängen oder zu manipulieren und in Nr. 6 den geistlichen Fortschritt zu prüfen und geeignete Maßnahmen zu seiner Förderung zu treffen.

Die Anweisungen 7 und 14 (GÜ 7 und 14) raten dem, der die Exerzitien gibt, im Umgang mit dem Exerzitanten darauf zu achten das jeweilige Gegenteil der inneren Bewegung ins Spiel zu bringen, um einerseits Depression und andererseits Euphorie zu verhindern. Vor Übereifer wird eindringlich gewarnt.

Die 15. Anweisung (GÜ 15) unterstreicht die Neutralität des Begleiters und drückt dies plastisch mit dem Bild der Waage aus. Es geht letztlich um die Begegnung mit Gott und nicht um die Begegnung mit dem Begleiter.

GÜ 16 betont wieder stärker die Verantwortung des Begleiters.

GÜ 17 mahnt den Begleiter zur Zurückhaltung. Er muß allerdings über die inneren Bewegungen informiert sein, um angemessen reagieren zu können.

Diese Rollenbeschreibung dessen, der die Exerzitien gibt, steht wiederum in einer Spannung. Einerseits soll der Begleiter zu nichts raten und dem Austausch mit Gott selbst nicht im Weg stehen bzw. diesen fördern. Andererseits muß er um dieses Austausches willen da und dort doch bestimmend und korrigierend eingreifen.

Ignatius unterstreicht letzteres noch in seinen Briefen: „Die Weisung des Begleiters soll nicht nur klar und gut überlegt sein, sondern auch fest und sicher: „Wer unsicher führt, versteht wenig und hilft noch weniger" (zitiert nach: Schneider, 1990, 187). „Es ist in geistlichen Dingen eine schwere Gefahr, ohne Zügel klugen Rates und weiser Unterscheidung voranzulaufen" (zitiert nach: Schneider, 1990, 187). M. Schneider kommentiert: „Neben der Korrektur bedarf der Ratsuchende zugleich der Inspiration: Der geistliche Begleiter soll den einzelnen in seinem Leben auf den Willen Gottes aufmerksam machen" (Schneider, 1990, 187).

Hier stellt sich die Frage, ob das nicht eine Überforderung des geistlichen Begleiters ist bzw. eine zu starke Betonung seines Parts, denn es ginge doch wohl darum, den Willen Gottes zu entdecken im gemeinsamen Prozeß geistlicher Begleitung, also mit dem und nicht für den, der begleitet wird.

D. Menschenbild der geistlichen Übungen

Prinzip und Fundament der Exerzitien (GÜ 23) versuchen eine Beschreibung der Bestimmung des Menschen. Der Mensch wird grundsätzlich in der Beziehung zu Gott gesehen und es ist seine Aufgabe, ihn zu loben, ihm Ehrfurcht zu erweisen und zu dienen. Alle anderen Beziehungen des Menschen sind von daher zu bewerten, ob sie dem Ziel dienen oder nicht. Gleichmut (*Indiferencia*) ist das Ziel des Menschen den geschaffenen Dingen gegenüber.

Dabei wird der Mensch vor allem in der ersten Woche der Exerzitien sehr stark unter dem Aspekt der Sünde gesehen. Es gibt – sicher auch zeitbedingt – eine gewisse Neigung, den Menschen zunächst und grundsätzlich als defizitär zu betrachten, als einer, der noch etwas bekommen muß, noch etwas leisten muß, noch etwas üben muß, noch Sünden und Fehler überwinden muß. Dies wird zwar in den folgenden Wochen korrigiert und ergänzt, es bleibt jedoch eine latent defizitäre Sicht des Menschen vorherrschend.

Auf diese Weise soll derjenige, der die Übungen vorlegt, weder zu der einen noch zu der anderen Seite sich wenden und hinneigen, sondern mehr wie eine Waage in der Mitte stehen, unmittelbar den Schöpfer mit seinem Geschöpf und das Geschöpf mit seinem Schöpfer und Herrn wirken lassen.

Ignatius, GÜ 15.

Es bringt großen Nutzen, wenn der, welcher die Übungen gibt, ohne zu versuchen, die persönlichen Gedanken und Sünden dessen, der die Übungen macht, auszuforschen und kennenzulernen, doch getreu unterrichtet ist über die verschiedenen Regungen und Gedanken, welche die verschiedenen Geister diesem einflößen; denn so kann er ihm entsprechend seinem größeren oder geringeren Fortschritt einige geistliche Übungen vorlegen, die dem Bedürfnis einer derartig bewegten Seele angepaßt und angeglichen sind.

Ignatius, GÜ 17.

1.3.3. Kritische Würdigung

Im Vergleich mit den alten Mönchsvätern und Johannes vom Kreuz ergeben sich einige charakteristische Unterschiede. Bei Ignatius ist der geistliche Prozeß geprägt von der Frage nach dem Willen Gottes, von der Berufung des Menschen im Hinblick auf diese Welt, die immer eine Berufung zur Tat ist.

Die alten Mönche reden wenig vom Willen Gottes und wenig von ihrer Verantwortung für die Welt. Ihnen geht es darum, wie sie ihr Heil finden, wie sie Mensch werden, so wie Gott es gedacht hat, wie Selbstwerdung gelingen kann (vgl. Grün, 1991, 7). Johannes vom Kreuz geht es um die Entwicklung, um das ,Erwachsenwerden' im Glauben, das zur Begegnung mit Gott befähigt, also eher eine ganzheitliche Entwicklung, die natürlich Taten impliziert.

Von daher ergibt sich auch, daß die Sicht des Menschen bei den Mönchsvätern und bei Johannes vom Kreuz freundlicher und offener ist, daß die Mönchsväter etwa auch die Sünde als Chance begreifen, etwas zu erkennen, als oft notwendigen Umweg auf dem Weg zu Gott. Von daher reden sie mehr von den Möglichkeiten des Menschen als von seinen Defiziten.

A. Grün sieht im Vergleich des Ignatius mit den Wüstenvätern einen weiteren Unterschied: „Bei Ignatius war die mystische Dimension der geistlichen Begleitung das Fundament, auf dem er dann nach dem konkreten Willen Gottes und nach unserer Antwort in der Verantwortung für diese Welt fragt. Die Mönchsväter weisen uns auf die mystische Grundlage jeder geistlichen Begleitung hin, um uns von einem voluntaristischen und moralisierenden Mißverständnis zu befreien" (Grün, 1991, 96).

M. Schneider beendet seinen Jubiläumsartikel zur ignatianischen geistlichen Begleitung mit Bemerkungen, die die eben aufgezeigte Spannung noch unterstreichen: „In einer Gesellschaft, die großen Wert auf Entwicklung, Fortschritt und Leistung legt, muß der hier vorgelegte Weg geistlicher Begleitung eher gegenläufig bleiben, da es im geistlichen Leben kein Ziel und letzthin auch keine ,Erfolge' gibt. Das Entscheidende auf dem Weg zu Gott ist allein die Richtung, in die der Mensch geht, nämlich daß er immer offener und hellhöriger für den Anruf Gottes wird und nicht stehenbleibt... Die angeführten Grundaspekte der ignatianischen Seelenführung haben ihren gemeinsamen Inhalt darin, daß es ihnen nicht allein um die Praxis geistlicher Übungen oder um das Erreichen bestimmter Erfolge geht, sondern um die zunehmende „seinsmäßige, gnadenhafte Angleichung an den gestorbenen und auferstandenen Herrn der Glorie" (Schneider, 1990, 188; Zitat von H. Rahner). Diese zusammenfassenden Worte, die Schneider von H. Rahner übernommen hat, machen noch einmal den Unterschied zwischen Mönchtum bzw. Johannes vom Kreuz und Ignatius deutlich.

Bei Ignatius geht es eher um Angleichung im Sinne des Ähnlichwerdens und der Frage nach dem Willen Gottes. Dem Mönchtum und Johannes vom Kreuz geht es mehr um Begegnung und Einswerden. Das sind keine sich ausschließenden Unterschiede, es kommt da und dort auch zu Überschneidungen, aber es sind doch Tendenzen, die es zu bedenken gilt, wenn man sich etwa auf eine bestimmte Form geistlicher Begleitung einläßt.

☞ Gott hat sich offenbart im Alten und Neuen Bund als einer, der mitgeht, der sein Volk, der jeden einzelnen begleitet (z.B. Jahwe = „Ich bin, der ich bin da" Ex 3,14; oder „Seid gewiß: Ich bin bei euch alle Tage bis zum Ende der Welt." Mt 28,20). Diese Begleitung durch Gott bzw. Gottes Geist ist nicht immer spürbar oder bewußt, sie ist verschüttet unter dem Alltagsschutt oder getrübt durch blinde Flecken in unserer Wahrnehmung. Deshalb bedarf es eines geistlichen Begleiters, einer geistlichen Begleiterin, die helfen, Gottes Begleitung wieder zu entdecken, die ihre Perspektive einbringen und so die Wahrnehmung erweitern. Spirituelles Leben bedarf deshalb von Zeit zu Zeit geistlicher Begleitung.

2. Unterscheidung der Geister

2.1. Einleitung

2.1.1. Vier Texte zum Thema

Der Mensch ist geschaffen dazu hin, Gott Unseren Herrn zu loben, Ihm Ehrfurcht zu erweisen und zu dienen, und damit seine Seele zu retten. Die anderen Dinge auf der Oberfläche der Erde sind zum Menschen hin geschaffen, und zwar damit sie ihm bei der Verfolgung des Zieles helfen, zu dem hin er geschaffen ist. Hieraus folgt, daß der Mensch dieselben so weit zu gebrauchen hat, als sie ihm auf sein Ziel hin helfen, und sie so weit lassen muß, als sie ihn daran hindern. Darum ist es notwendig, uns allen geschaffenen Dingen gegenüber gleichmütig (*indiferentes*) zu verhalten in allem, was der Freiheit unseres freien Willens überlassen und nicht verboten ist. Auf diese Weise sollen wir von unserer Seite Gesundheit nicht mehr verlangen als Krankheit, Reichtum nicht mehr als Armut, Ehre nicht mehr als Schmach, langes Leben nicht mehr als kurzes, und folgerichtig so in allen übrigen Dingen. Einzig das sollen wir ersehnen und erwählen, was uns mehr zum Ziele hinführt, auf das hin wir geschaffen sind.

Ignatius, GÜ 23.

„Gott kennt noch eine weitere Art, die Seelen zu wecken. Obwohl diese in gewisser Weise als eine größere Gnade denn die vorher genannten erscheint, kann sie doch gefährlicher sein, und deshalb will ich mich etwas länger dabei aufhalten. Es handelt sich um gewisse Anreden, welche die Seelen auf vielerlei Art vernehmen. Manche solcher Anreden scheinen von außen zu kommen, andere aus dem tiefsten Inneren der Seele, wieder andere aus deren oberer Zone, und manche widerfahren einem so äußerlich, daß man es mit den Ohren hört, weil sie als klare und deutliche Stimme wirken. Manchmal, ja oft kann es eine Täuschung sein, besonders bei Leuten mit kranker Phantasie oder bei Melancholikern (ich meine: bei solchen, die an besonders starker Schwermut leiden). Bei Menschen, die zu diesen beiden Gruppen gehören, darf man es meiner Meinung nach nicht ernst nehmen, auch wenn sie sagen, daß sie es sehen und hören und verstehen. Man sollte sie aber nicht dadurch beunruhigen, daß man sagt, es sei der Satan; sondern sie anhören, wie man Kranke anhört. Und die Priorin oder der Beichtvater, an die sie sich wenden, sollten ihnen sagen, daß sie dem keine Beachtung schenken müßten, daß sie dies nicht brauchten, um Gott dienen zu können, und daß der Satan schon viele damit betrogen habe, obgleich dies bei ihnen vielleicht nicht der Fall sei (um sie nicht noch bekümmerter zu machen, als sie es bei ihrer Gemütsart ohnehin schon sind; denn sagte man ihnen, daß dies von der Melancholie kommt, so würden sie in einem fort beschwören, daß sie es sehen und hören, weil es ihnen eben so vorkommt)...

Bei den Kranken wie bei den Gesunden muß man angesichts solcher Dinge stets auf der Hut sein, bis man erkennt, wes Geistes diese Stimme ist. Und ich meine, daß es zunächst immer das Beste ist, nichts darauf zu geben; denn wenn es von Gott kommt, trägt dies um so mehr dazu bei, daß man vorwärts gelangt, und es nimmt eher zu, wenn es auf die Probe gestellt worden ist. Dies ist gewiß; aber man darf die Seele dabei nicht zu sehr bedrängen und sie nicht beunruhigen, denn sie kann wirklich nicht anders.

Kehren wir jedoch zu dem zurück, was ich von den Anreden an die Seele gesagt habe: Von welcher der genannten Arten sie auch sein mögen – sie können immer sowohl von Gott kommen wie auch vom Satan und von der eigenen Einbildung" (Teresa von Avila, M, VI,3).

Das geistliche Vermächtnis seiner [K. Rahners] Theologie ist heute sehr wichtig. Denn heutiges Leben ruft nach der Unterscheidung der Geister: Nicht alles Fromme ist wirklich fromm, nicht alles Unfromme wirklich unfromm. Es gibt Liebe zur Kirche bei den Menschen, die sie ablehnen, und echte Religion bei Menschen, die keine Religion haben. Mißverstandene Liebe, kriminalisierte Spiritualität, verdrängter Glaube, Religion im Abseits sind wichtig. Sie wollen ernst genommen

Zitat aus Joannis Bonae, Unterscheidung der Geister, Cölln 1713: Vorbericht *An den Leser.*

„Diesen Tractat in das Teutsche zu bringen hat mich (nebst dereolbeksanten Frömmigkeit und Gelehrsamkeit des von allen Religions-Parthen beliebten und belobten Authoris) insonderheit die Wichtigkeit und hohe Notwendigkeit einer recht gründlichen Votstellung von der darinn behandelten raren Materie bewogen; welche zu diesen unsern Zeiten so viel nöthiger ist, so viel mehrere Geister und Geistereien sich von Tag zu Tag hervor thun, ohne deren wohlgegründete Prüfung und Unterscheidung man leichtlich in die grösseste Gefahr und Verwirrung gerathen sollte. Solche aber zu verhüten, kann nebst dem innwendigen Prüff-Stein und Zeugnuß des H. Geistes, auch dieser äussere gar wohl

sein. Sie sind auf den Seitenstraßen und Irrwegen des Lebens ein unentdeckter Schatz. Karl Rahner hat sich um sie bemüht.

Klinger, 6.

dienen; Von welchem der werthe Author in seiner Zuschrift an den S. Bernhardum getrost bezeuget: Daß er sich nichts darinn zu setzen erkühnet habe, was nicht durch das unwidersprechliche Zeugnuß der H. Schrift; Die beständige Authorität der H. Väter: und die gewisse und tägliche Erfahrung bestärcket werde könnte oder sollte. Welches sich auch (von der Hauptsache zu verstehen) in der That und Wahrheit also findet; Zugeschweigen, daß es hin und wieder sich anlässet, als ob er diesen Tractat gleichsam Prophetischer Weise auf die gegenwärtige Zeiten und Läufften geschrieben habe, als welche er nicht weniger als die vorigen gantz eigentlich darinnen abmahlet und ausdrucket: Der Herr wolle dann auch zu diesem Werck, und zu gründlicher Prüffung und Unterscheidung der Geister seinen H. Geist und himmlischen Erleuchtungs-Segen mildiglich verleihen, Amen!"

Diese vier Texte aus ganz unterschiedlichen historischen Situationen und Befindlichkeiten heraus verfaßt beschreiben ein wenig die Bandbreite des Themas.

Das sogenannte Prinzip und Fundament der Exerzitien hat auf den ersten Blick nichts mit der Unterscheidung der Geister zu tun, doch formuliert es eine Grundsituation, die der Unterscheidung bedarf. Die Frage, die auch in den Exerzitien zu stellen ist, ist nämlich, was mir zum Ziel hin hilft und was mich daran hindert, also die Frage der Entscheidung im Sinne von richtig oder falsch bzw. die Frage der richtigen Wahl zwischen zwei grundsätzlich zu bejahenden Gütern oder Wegen (z.B. Ehelosigkeit oder Ehe).
In dieser Entscheidungssituation gilt es die Geister zu unterscheiden, herauszufinden, welche Antriebe in welche Richtung führen. Ignatius hat dies getan in seinen klassischen Regeln zur Unterscheidung der Geister, im Exerzitienbuch Nr. 313-336. Die Überschrift dieser Kapitel formuliert noch einmal, um was es geht: „Regeln, um auf irgendeine Weise die verschiedenen Bewegungen zu verspüren und zu erkennen, die in der Seele verursacht werden: die guten, um sie aufzunehmen, die schlechten, um sie zu verwerfen" (GÜ 313).

Der Text aus Teresas Seelenburg beschreibt eine uns vielleicht schwieriger zugängliche Art und Weise der Gotteserfahrung in Form von Anreden oder auch Visionen. Diese sind zu unterscheiden, denn sie können von Gott, vom Teufel oder aus eigener Einbildung kommen. Teresa geht weiter auf die Unterscheidung ein, was an entsprechender Stelle zu referieren sein wird. Hier ist zunächst nur wichtig, das Feld zu benennen. Daß solche Phänomene nicht nur Vergangenheit sind oder einfach der Psychiatrie zugewiesen werden können, wird deutlich, wenn man bedenkt, daß es inzwischen einen Lehrstuhl für Parapsychologie (Freiburg) gibt, daß eine Klinik in Oberfranken sich mit spirituellen Krisen beschäftigt, die oft mit außergewöhnlichen Phänomenen verbunden sind. Ganz zu schweigen von der Esoterik-Szene, in der die bewußte Herbeiführung solcher Zustände in vielen Gruppen das Ziel von Übungen und Seminaren ist bis hin zu den Modedrogen wie Ecstasy und anderen.

Der dritte Text eines unbekannten Übersetzers Anfang des 18.Jh. beschreibt die Grundform der Unterscheidung der Geister oder besser die Form, die dem Begriff am nächsten liegt.
Es gibt „mehrere Geister und Geistereien" und diese sind zu prüfen

Überall dort, wo ein letzter radikaler Selbstvollzug des Menschen in Geist und Freiheit geschieht und so der Mensch in
Endgültigkeit über sich verfügt,
darf angenommen werden, daß
ein solcher Selbstvollzug, der
auch, wenn auch nicht allein, in
einer mystischen Transzendenzerfahrung   geschehen
kann, faktisch auch immer
durch das getragen wird und
radikalisiert ist, was man in
christlicher Theologie Heiliger
Geist, übernatürliche Gnade,
Selbstmitteilung Gottes nennt,
auch wenn diese Gnadengetra-
genheit als solche selbst in diesem Vorgang nicht reflektiert
und thematisiert wird.
Rahner K., Transzendenzerfahrung, 216.

Wenn einer es heute fertig
bringt, mit diesem unbegreiflichen, schweigenden Gott zu
leben, den Mut immer neu findet, ihn anzureden, in seine
Finsternis glaubend, vertrauend
und gelassen hineinzureden,
obwohl scheinbar keine Antwort
kommt als das hohle Echo der
eigenen Stimme, wenn einer
immer den Ausgang seines Daseins freiräumt in die Unbegreiflichkeit Gottes hinein, obwohl er immer wieder zuge-
schüttet zu werden scheint
durch die unmittelbar erfahrene
Wirklichkeit der Welt, ihrer aktiv
von uns selbst zu meisternden
Aufgabe und Not und von ihrer
immer noch sich weitenden
Schönheit und Herrlichkeit,
wenn er es fertig bringt ohne
die Stütze der ‚öffentlichen
Meinung' und Sitte, wenn er
diese Aufgabe als Verantwortung seines Lebens in immer
erneuter Tat annimmt und nicht
nur als gelegentliche religiöse
Anwandlung, dann ist er heute
ein Frommer, ein Christ.
Rahner K., Frömmigkeit früher
und heute, 21.

und zu unterscheiden, damit man nicht in Gefahr und/oder Verwirrung gerät. Aus den verschiedenen Geistern ist der Hl. Geist gleichsam
‚herauszufiltern', um seinen Anregungen folgen zu können.

Dahinter steht die altkirchliche Tradition des Dämonenkampfes in der
Wüste. Die Unterscheidung der Geister, selber eine Geistesgabe, muß
vor allem der Begleiter beherrschen. Dieser Begleiter, den der Autor in
Kardinal Bona († 1674) sozusagen schriftlich vorlegt, kann sich auf die
Schrift und die Väter, soweit klassisch, aber auch und das ist hier interessant, auf „die gewisse und tägliche Erfahrung", die eigene Erfahrung ist wohl gemeint, berufen. Auch die eigene Erfahrung also ist
wichtig für die Unterscheidung.

Wenn wir heute glauben, in einer pluralistischen Gesellschaft ver-
schiedenster Geister zu leben und das wohl durchaus zutrifft, so ging
es offensichtlich aber dem unbekannten Übersetzer aus dem 18.Jh.,
zumindest seinem Empfinden nach, genauso und er erlebt die Weisungen des Kardinals als prophetisches Wort, das genau für das beginnen-
de 18. Jh. zuträfe.

Prophetisch ist nun ein weiteres Stichwort für die Unterscheidung der
Geister, das hier nur am Rande fällt, jedoch einen wichtigen Strang
dieser Tradition verdeutlicht. Im AT, im NT und der Urkirche war die
Unterscheidung zwischen echten und falschen Propheten, echten und
falschen Predigern und Lehrern das entscheidende Thema der Unterscheidung der Geister. Verschiedene Kriteriologien werden entwickelt
und überliefert. Indirekt hat dies natürlich mit dem vorherigen Thema
zu tun, denn auch hier geht es um die Prüfung des Geistes, der aus und
durch den Propheten, Lehrer, Wanderprediger etc. spricht, und doch
erhält das Thema noch eine andere Färbung, denn es geht ja jetzt nicht
um die Unterscheidungen der wirkenden Geister in mir bzw. meinem
Leben, sondern um deren Unterscheidung im anderen und im Hinblick
auf die Gemeinde bzw. die Kirche.

Der vierte Text von E. Klinger trifft sich in der Einschätzung der Zeit
mit dem Text des 18. Jh., daß nämlich die gegenwärtige Zeit als der
Unterscheidung der Geister bedürftig angesehen wird. Wobei Klinger
naturgemäß den Akzent anders setzt. Durch die Erklärung des II. Vati-
canums über das Verhältnis der Kirche zu den nichtchristlichen Religionen *Nostra aetate*, in der die Kirche mehrmals betont, daß der
Geist Gottes auch außerhalb der Kirche bzw. des Christentums am
Werk ist, hat sich die Situation der Unterscheidung der Geister ver-
kompliziert. Ging es Anfang des 18.Jh. um ein rein binnenkirchliches
Problem, da ja klar war, daß es außerhalb der Kirche kein Heil und
keinen Geist gab, man sich also mit den Geistern in der Kirche zu beschäftigen hatte, so wird jetzt auch der Raum außerhalb der Kirche
zum Raum für die Unterscheidung der Geister.

In der Folge von K. Rahners Theologie des anonymen Christen und in
Würdigung der Alltagsbezogenheit seiner sogenannten anthropologi-
schen Wende betont Klinger darüber hinaus, daß zum bisherigen Re-
pertoire der Unterscheidung der Geister, nämlich der negativen Feststellung, daß nicht alles Fromme wirklich fromm ist, noch eine positive
Beobachtung tritt, daß nämlich das äußerlich Mißverstandene, das
Kriminalisierte, die Ablehnung der Kirche oder der Religion, durchaus
etwas mit dem Geist zu tun haben könnten, unbewußt fast anthropologisch bedingt auch haben, da der Transzendenzbezug des Menschen
zu seinem Wesen gehört.

Rahner beschreibt Grunderfahrungen: die Erfahrung des Geistes, der Freiheit und der Gnade, die jeder Mensch macht. „Nur muß er sie vorlassen, gleichsam ausgraben unter dem Schutt des Alltagsbetriebs, darf ihr, wo sie leise deutlich werden will, nicht davonlaufen, darf sich nicht von ihr ärgerlich abwenden, als ob sie nur eine Versicherung und Störung der Selbstverständlichkeit seines Alltags und seiner wissenschaftlichen Klarheit sei" (Rahner, K., Erfahrung des Heiligen Geistes, 241).

Es ist gerade heute von „größerer Bedeutung als jemals zuvor", daß eine Unmittelbarkeit zwischen Gott und dem Menschen erfahren wird, eine letzte radikale, nackte, alle Vermittlungen noch einmal übersteigende Unmittelbarkeit zu Gott. Denn in einer säkularisierten und pluralistischen Gesellschaft, in der alle gesellschaftlichen Stützen der Religiosität zunehmend wegfallen, kann sich christliche Frömmigkeit nur lebendig und stark erhalten nicht durch „Hilfen von außen, auch nicht durch Hilfen kirchlicher Art, nicht einmal durch Hilfen – unmittelbar und für sich allein genommen – sakramentaler Art, sondern nur durch eine letzte unmittelbare Begegnung des Menschen mit Gott" (Rahner, K., Unmittelbare Gotteserfahrung, 27).

2.1.2. Wann bedarf es der Unterscheidung der Geister?

Unterscheidung der Geister ist notwendig in Entscheidungssituationen zur Entwicklung von Entscheidungsstrategien und in Wahlsituationen zum Treffen der richtigen Wahl.
Sie dient der Unterscheidung innerer Antriebe und äußerer Einflüsse, der Unterscheidung von ‚echt' und ‚falsch' bei Propheten und Botschaften und der Entdeckung des Wirkens des Geistes innerhalb und außerhalb der Kirche.
Die Unterscheidung der Geister liefert eine Kriteriologie für eine gesunde, wachstumsfördernde Spiritualität und Gestaltung von persönlicher Frömmigkeit.

2.1.3. Wo ist die Unterscheidung der Geister heute gefragt?

Alle eben benannten Gelegenheiten kommen auch heute vor und sind höchst aktuell. Dies sollen folgende Konkretionen unterstreichen:
- Entscheidungs- und Wahlsituationen gibt es in jedem menschlichen Leben, das reflektiert gelebt wird. Diese Situationen nehmen zahlenmäßig zu, je vielschichtiger und komplizierter das Leben der Menschen wird, je mehr Informationen und Wege angeboten werden und geprüft werden müssen.
- Die Unterscheidung von echt und falsch ist auch heute wichtig etwa bei behaupteten Erscheinungen, sogenannten Privatoffenbarungen oder außergewöhnlichen Phänomenen.
- Die Prüfung der Geister ist innerhalb der Kirche angesagt bei allen sog. neuen religiösen Bewegungen, seien sie charismatisch oder konservativ bis fundamentalistisch.
- Die Entdeckung des Geistes außerhalb der Kirche ist wichtig im Dialog mit dem Phänomen neuer Religiosität, die nicht einfach pauschal als falsch oder esoterisch abgetan werden kann, sondern der gegenüber ein differenziertes Urteil notwendig ist, eines, das

etwa die darin sich äußernde Grundsehnsucht nach Transzendenz ernst nimmt.

- Ähnliches gilt für den Dialog mit den Religionen. Ohne standpunktlos eine mystische Einheitsreligion zu propagieren, geht es darum, das Wirken des Geistes zu entdecken und zu unterscheiden, um so einen fruchtbaren Dialog in gegenseitiger Achtung und Wertschätzung führen zu können.
- Eine Kriteriologie für die Gestaltung einer gesunden Frömmigkeit ist notwendig. Das beginnt nicht erst bei Extremformen oder religiösen Spinnern, sondern etwa auch schon bei der Frage nach der Gottesdienstgestaltung. Was fördert eine gesunde Spiritualität, was ist einseitig, ‚einlullend‘, nur ablenkend und führt damit zu einem schädlichen Gottes- und Weltverhältnis?

2.2. Kriterien der Unterscheidung der Geister

In diesem Kapitel sollen verschiedene Konzepte der Tradition zur Unterscheidung der Geister vorgestellt werden, wobei bei jedem Beispiel ein bestimmter Akzent hervorgehoben wird, so daß am Ende wie bei einem Puzzle ein Gesamtbild entstehen kann.

2.2.1. Didache – Praxis und Motivation

Jeder Apostel, der zu euch kommt, soll wie der Herr aufgenommen werden. 5. Er soll aber nicht länger als einen Tag bleiben; wenn es jedoch nötig ist, auch noch einen zweiten; wenn er aber drei (Tage) bleibt, ist er ein Pseudoprophet. 6. Bei der Abreise soll der Apostel nichts annehmen außer Brot, bis er übernachtet. Wenn er Geld fordert, ist er ein Pseudoprophet. 7. Keinen Propheten, der im Geist redet, dürft ihr auf die Probe stellen oder beurteilen. Denn jede Sünde wird vergeben werden, diese Sünde aber wird nicht vergeben werden. 8. Doch nicht jeder, der im Geist redet, ist ein Prophet, vielmehr (nur), wenn er die Lebensweise des Herrn hat. Denn an der Lebensweise erkennt man den Pseudopropheten und den Propheten. 9. Und kein Prophet, der im Geiste eine Mahlzeit bestellt, ißt von ihr; wenn aber doch, ist er ein Pseudoprophet. 10. Jeder Prophet, der die Wahrheit lehrt, ist ein Pseudoprophet, wenn er nicht tut, was er lehrt. ... 12. Wer aber im Geist sagt: „Gib mir Geld!", oder etwas anderes, auf den hört nicht; wenn er aber sagt, es solle für andere Bedürftige gegeben werden, soll ihn niemand richten.

Didache, 11,4-12.

Der Gattung nach ist die Didache eine frühe Gemeindeordnung, die verschiedene Traditionsstücke aufnimmt. Ein unbekannter Verfasser hat die Stücke angeordnet, Verschiedenes eingefügt und eigene Erfahrungen beigetragen. Die Überschrift, deren es zwei gibt: *Lehre der zwölf Apostel* und *Lehre des Herrn durch die zwölf Apostel für die Heiden*, dürfte sekundär sein.

Die Didache selbst nimmt nirgends Bezug auf apostolische Autorität und 11,3-6 zeigt, daß der Apostelbegriff der Didache sehr weit und nicht auf die Zwölferzahl begrenzt ist. Aus dem Text ergeben sich verschiedene Hinweise auf das Milieu der Gemeinde(n) der Didache. Die Versorgung des Apostels mit Brot nur bis zum Abend (11,6) läßt schließen, daß es sich um ein relativ dicht besiedeltes ländliches Gebiet handeln muß. Im 12. und 13. Kapitel wird eine handwerklich, bäuerlich, kleinbürgerliche Struktur vorausgesetzt.

Die Gemeinde selber versteht sich als Solidargemeinschaft, die zunächst jeden aufnimmt (Kap. 11 und 12), gleichzeitig aber vorsichtig geworden ist und prüft, da es offensichtlich Schmarotzer und Scharlatane gab.

Zur Zeit der Didache existieren verschiedene Ämter nebeneinander (vgl. Kap. 11-15): Wanderapostel und -propheten, Lehrer, Bischöfe und Diakone. Wandercharismatiker sind noch geachtet, werden aber schon selten, einige werden seßhaft, an ihre Stelle treten von der Gemeinde gewählte Bischöfe und Diakone, die die Funktion von Lehre und Unterweisung übernehmen. Anders gesagt, es ist hier der Prozeß der sukzessiven Eingliederung der eschatologisch motivierten Wanderaskese in den sich ebenso sukzessive stabilisierenden Verband der ‚seßhaften‘ Christen, der ‚Gemeinden am Ort‘ zu beobachten.

Als Abfassungsort ist daher Syrien wahrscheinlich und als Abfassungszeit der Beginn des 2. Jahrhunderts. Didache 11,4-6 handelt von den Wanderaposteln, 11,7-12 von den Wanderpropheten.

Jeder, der im Namen des Herrn kommt, soll aufgenommen werden; dann aber sollt ihr ihn prüfen und euch Kenntnis über ihn verschaffen; denn ihr werdet schon wissen, was rechts und links ist. 2. Wenn der Ankömmling auf der Durchreise ist, helft ihm, soviel ihr könnt. Er soll aber nur zwei oder, wenn es nötig ist, drei Tage bei euch bleiben. 3. Wenn er sich aber bei euch niederlassen will und ein Handwerker ist, soll er arbeiten und sich (so) ernähren. 4. Wenn er aber kein Handwerk hat, sollt ihr eurer Einsicht entsprechend Vorsorge treffen, daß ein Christ nicht müßig bei euch lebt. 5. Wenn er sich aber nicht danach richten will, ist er einer, der mit Christus Geschäfte macht. Hütet euch vor solchen!

Didache, 12,1-5.

Beiden gemeinsam ist Wandern und Lehren. Für Apostel sind die Vorschriften rigoroser, für sie sind Heimatlosigkeit und Besitzverzicht konstitutiv, an eine Niederlassung auf Dauer ist nicht zu denken. Die Anweisung, daß sie höchstens zwei Tage bleiben dürfen, Proviant nur für einen Tag erhalten sollen und kein Geld nehmen dürfen, zwingt die Apostel förmlich zu dieser Existenzweise. Ihre Funktion wird nicht weiter beschrieben, es dürfte sich aber um eschatologische Verkündigung gehandelt haben, die gerade durch die asketische Lebensweise unterstrichen werden sollte und folglich bei Übertretung der Grenzen und damit Aufgeben dieser Lebensweise ad absurdum geführt worden wäre. Die Formulierungen erinnern an Mt 10,10 und Lk 10,4a, sind aber nun nicht Anweisungen für Wandermissionare, sondern Kriterien der Unterscheidung für die skeptisch gewordenen Gemeinden.

Offensichtlich gab es Apostel, Propheten und Christen (vgl. 12,5), die mit diesen ‚Titeln' Geschäfte machten, was die Gemeinde zu Vorsichtsmaßregeln zwang. Wer gegen diese Regeln verstößt, ist als Lügenprophet entlarvt (11,6.9.10) bzw. im Falle des Christen ist er einer, der „mit Christus Schacher treibt."

11,7-12 handelt von den Wanderpropheten, die in die Gemeinde kommen, im Geist reden und deshalb dem Urteil der Gemeinde entzogen sind. Die Begründung liegt in der Sünde wider den Heiligen Geist (Mk 3,28 f.; Mt 12,31). Vers 8 schränkt aber sofort wieder ein und widerspricht auf den ersten Blick dem Prüfungsverbot von Vers 7, denn nicht jeder, der im Geist redet, ist ein Prophet, das Phänomen inspirierter oder ekstatischer Rede reicht nicht aus. Kriterium für die Echtheit ist die Lebensweise des Propheten, sie muß der Lebensweise des Herrn entsprechen (11,8). Das Prüfungsverbot gilt also nur für die Propheten, die sich durch ihre Lebensweise als echt erwiesen haben. Kurz gesagt: Das rechte Handeln bzw. die Lebensweise nach dem Vorbild Jesu (die Orthopraxie) ist ausschlaggebend für den Erweis der rechten Lehre, der Orthodoxie, die dann nicht mehr geprüft werden darf.

Die Verse 9-12 behandeln verschiedene Fälle und falten die Kriterien aus. Offenbar gab es sehr raffinierte Propheten, die im Geist den Tisch richten ließen (11,9) oder im Geist Geld forderten (11,12), sozusagen eine von Gott eingegebene und offenbarte Botschaft verkündeten. Die wahren Interessen also, Verpflegung und Profit, werden spiritualisiert, mit göttlicher Autorität versehen, damit sie sich besser durchsetzen lassen. Die Reaktion der Didache ist eindeutig, wenn er ißt oder Geld fordert, ist er ein Falschprophet, kein Zweifel.

Vers 10 unterstreicht die unterscheidende Bedeutung der Orthopraxie: Selbst wenn der Prophet das Rechte lehrt, aber nicht danach lebt, entwertet er die Botschaft, ja verkehrt sie ins Gegenteil und wird zum Falschpropheten.

Ähnliche Kriterien formuliert Didache 12,1-5 für Christen auf der Durchreise.

Es geht also sowohl gegenüber Wanderapostel und -propheten, als auch gegenüber fremden Christen um die Verhinderung des Geschäftemachens mit der Botschaft und dem Glauben; oder von der anderen Seite betrachtet, es geht um die Verhinderung des Mißbrauchs und der Ausbeutung christlicher Gastfreundschaft.

Die Didache formuliert sehr rigorose Kriterien, die leider und mit zum Teil verheerenden Folgen in Vergessenheit geraten sind. Ein Grund mehr, heute wieder darüber nachzudenken.

Die Fragen, die die Didache stellt, um die Interessen der Verkünder herauszubekommen, gleichen auffallend den Fragen, die C. Boff auf dem Hintergrund seiner Theorie-Praxis Überlegungen stellt: „Für welche Interessen betreibt man Theologie? Im Dienst von was oder von wem steht Theologie? Für welche Sache kämpft man im eigentlichen Element der Theologie? Wir sehen also, daß es hier um den telos der theologischen Theorie geht, d.h. um ihre Zielsetzung, ihre Finalität" (Boff, 294).

Natürlich geht es in der Didache nicht um die ‚theologische Theorie‘, es geht um die Verkündigung, damit aber eben auch um die Lehre im Sinne der Theorie als Reflexion. In dieser Frühzeit lassen sich die Rollen und Aufgaben nicht sauber trennen und gerade die Wanderasketen dürften an der Theoriebildung sehr großen Anteil gehabt haben.

> Die Didache fragt eindeutig nach den leitenden Interessen, inhaltlich als Mehrung der „Gerechtigkeit und Erkenntnis des Herrn" (11,2) und das soziale Umfeld betreffend als Frage nach der Lebensweise formuliert. Damit unterstellt die Didache indirekt, daß das Ziel und das Interesse Auswirkungen auf den Inhalt haben, d.h. bei falschen Zielen und Profitinteressen diesen verfälschen. Das geht sogar soweit, daß das Interesse zum einzigen Kriterium für die Wahrheit des Inhalts wird, denn sobald der Apostel länger als zwei Tage bleibt, sobald der Prophet Geld verlangt, entlarven sie sich als Lügner und der Inhalt ihrer Verkündigung wird unglaubwürdig.

Die Frage nach der Echtheit, der Glaubwürdigkeit des Verkünders und damit verbunden die Frage nach der Wahrheit ist in der Theologiegeschichte immer mehr zu einer Frage nach Übereinstimmung mit der Lehre der Kirche geworden, also fast ausschließlich inhaltsorientiert. Die Frage nach dem Interesse, nach dem sozio-ökonomischen Ort von Verkünder und Verkündigung wurde weitgehend verdrängt. Am Rande, in der sogenannten mystischen oder spirituellen Theologie taucht diese Frage noch manchmal auf.

Erst im Zuge der Aufarbeitung soziologischer Erkenntnisse und Forschungen in der Theologie und der damit verbundenen kritischen Rezeption des Marxismus, gerade im Rahmen der Theorie-Praxis Diskussion um die Theologie der Befreiung ist die Frage nach dem sozialen Bezug und den damit verbundenen Interessen von Theologie und Theologen neu aufgebrochen.

> Die Tatsache eines Zusammenhangs zwischen Inhalt und sozialer Lebensform der Verkünder ist in der Didache kritisch aufgezeigt und bereits hinterfragt. Doch damit nicht genug, die Didache deckt auch die Interessen auf, die mit dem Geist kaschiert werden (vgl. 11,9.12). Dies ist im Blick auf die Kirchengeschichte ein besonders heikler Punkt. Wieviel persönliche, machtpolitische und wirtschaftliche Interessen wurden nicht mit Phrasen wie ‚Gott gewollt‘, ‚vom Geist inspiriert‘, ‚im Namen Gottes‘ usw. durchgesetzt und wie viel Menschen wurden aufgrund solcher kaschierter Interessen gequält, gefoltert und umgebracht? Allein die Behauptung im Geist zu reden, ist nach der Didache kein Beweis für die Echtheit, auch wenn der Inhalt noch so kunstvoll aufbereitet, noch so überzeugend oder verzückt dargelegt wird, ja nicht einmal wenn der Inhalt

als Wahrheit erwiesen ist (vgl. 11,10). Entscheidend ist immer die Lebensweise des Apostels oder Propheten, die Orthopraxie also.

Die „höchste Instanz der Gemeinde ist die Gemeinde selbst"; mit diesen Worten umreißt K. Wengst die Gemeindeverfassung der Didache (vgl. Wengst, 36). Die Didache hat dabei durchaus verschiedene Funktionsträger, der Übergang von Charismatikern zu Gemeindeämtern ist schon in Ansätzen zu erkennen, es ist davon auszugehen, daß sich die beiden Gruppen Wandercharismatiker und Christen am Ort gegenüberstehen, wobei eindeutig den Christen am Ort zugeschrieben wird, die Charismatiker zu prüfen und zu beurteilen.

Die Gemeinde ist nach der Didache die durch die Taufe befähigte Instanz zur Beurteilung und u.U. Verurteilung der Wandercharismatiker. Das II. Vatikanische Konzil hat die Kompetenzen des Gottesvolkes aufgrund von Taufe und Firmung wieder herausgestellt. In LG 12 heißt es „Das heilige Gottesvolk nimmt auch teil an dem prophetischen Amt Christi, in der Verbreitung seines lebendigen Zeugnisses vor allem durch ein Leben in Glauben und Liebe, in der Darbietung des Lobesopfers an Gott als Frucht der Lippen, die seinen Namen bekennen (vgl. Hebr 13,15). Die Gesamtheit der Gläubigen, welche die Salbung von dem Heiligen haben (vgl. 1 Joh 2,20 u. 27), kann im Glauben nicht irren."

A. Grillmeier betont in seinem Kommentar zu LG 12, daß die Unfehlbarkeit „nicht passiv sondern aktiv verstanden werden muß, als tätiges Bewahren, als lebendiges Bezeugen, als immer tieferes Eindringen in den Glauben und als aktive Lebensgestaltung" (Grillmaier, 189). Diese Sicht nimmt ernst, daß sich Glaube nicht nur in dogmatischen Formeln zu äußern vermag, sondern sich auch anderer verbaler und nonverbaler Formen bedient.

Im Sinne der Didache wäre festzuhalten: Weil die Gemeinde Erfahrungen hat mit dem gelebten Glauben, mit seiner alltäglichen Übersetzung ins Leben, mit seiner Gestalt als lebensorientierender Sinn und nicht mit seiner Gestalt als Dogma, deshalb ist die Gemeinde kompetent in Fragen der Unterscheidung der Geister auf dem Gebiet der Orthopraxie, entwickelt sie einen ‚diagnostischen Blick‘ auf diesem Gebiet, der die Krankheit erkennt.

2.2.2. Benedikt von Nursia (ca. 480-550) – Vom rechten Maß

Das aber sollst du wissen, daß der Gottesmann [Benedikt von Nursia] außer durch die vielen Wunder, die ihn in der Welt bekannt machten, auch durch das Wort seiner Lehre tiefen Eindruck hinterließ. Er verfaßte nämlich eine Regel für Mönche, die sich durch ihre Weisheit auszeichnet und glänzend geschrieben ist. Wenn einer seine Lebensart genauer kennenlernen will, kann er in den Anweisungen der Regel alles finden, was der Meister selbst übte. Denn der heilige Mann konnte nicht anders lehren, als er lebte.

Gregor der Große, Dialoge II, XXXVI.

Das 64. Kapitel der Regel des Hl. Benedikt *Die Einsetzung des Abtes* beschreibt eindrucksvoll das Grundprinzip benediktinischer Unterscheidung der Geister. „Bei der Einsetzung des Abtes gelte immer der Grundsatz, daß der bestellt wird, den sich die ganze Klostergemeinde einmütig, in der Furcht Gottes, oder ein auch noch so kleiner Teil der Klostergemeinde nach besserer Einsicht wählt. Man soll aber den wählen und einsetzen, der verdienstvolles Leben und Lehrweisheit verbindet, wenn er auch in der Rangordnung der Klostergemeinde der Letzte wäre... Der eingesetzte Abt bedenke immer, welche Last er übernommen hat und wem er über seine Verwaltung Rechenschaft ablegen muß. Er soll wissen, daß er mehr zum Helfen als zum Befehlen da ist.

Er muß sich also im göttlichen Gesetz auskennen, damit er das nötige Wissen hat, um daraus Neues und Altes hervorzuholen. Er muß keusch, nüchtern, barmherzig sein. Und immer soll er lieber Erbarmen walten lassen als strenges Gericht, damit ihm selbst das gleiche zuteil werde.

Er hasse das Böse und liebe die Brüder. Muß er zurechtweisen, handle er klug und gehe nie zu weit, damit das Gefäß nicht zerbricht, wenn er es allzu sauber vom Rost reinigen will. Er schaue immer mit Mißtrauen auf seine eigene Gebrechlichkeit und denke daran, daß man das geknickte Rohr nicht vollends zerbrechen darf. Damit wollen wir nicht sagen, er dürfe Fehler wuchern lassen. Im Gegenteil: Er rotte sie, wie wir schon sagten, klug und liebevoll aus, wie er es für jeden zuträglich hält. Und er suche mehr geliebt als gefürchtet zu werden.

Er sei nicht aufgeregt und überängstlich, nicht maßlos und eigensinnig; nicht eifersüchtig und nicht argwöhnisch, sonst kommt er ja nie zur Ruhe. Bei seinen Befehlen sei er umsichtig und überlegt; und mag der Auftrag, den er gibt, Göttliches oder Weltliches betreffen: Immer wisse er zu unterscheiden und Maß zu halten, eingedenk der weisen Mäßigung des heiligen Jakob, der sagte: Wenn ich meine Herden auf dem Marsch überanstrenge, gehen sie alle an einem einzigen Tag zugrunde.

Er achte auf diese und andere Schriftworte von der weisen Mäßigung, der Mutter der Tugenden, und ordne alles so maßvoll an, daß die Starken angezogen und die Schwachen nicht abgeschreckt werden.

Vor allem muß er diese vorliegende Regel in allen Punkten beobachten, damit er nach guter Verwaltung aus dem Mund des Herrn das Wort hört, das zum guten Knecht gesagt wurde, der seinen Mitknechten den Weizen zur rechten Zeit zugeteilt hat: ‚Amen, ich sage euch, heißt es, er wird ihn zum Verwalter seines ganzen Vermögens machen' (Mt 24,47)" (Die Benediktsregel 64).

Immer geht es um die Frage nach dem rechten Maß, dem angemessenen Tun. „Immer wisse er zu unterscheiden und Maß zu halten...". Es macht keinen Sinn, die ‚Herde' zu überfordern, Mäßigung ist die Mutter der Tugenden.

Die Gemeinschaft hat dem einzelnen zu dienen, alle Übungen und Weisungen sind Instrumente zur Bildung des einzelnen, des Mönches (griech.: *monachos* = allein). Es geht nicht um Gleichmacherei, sondern darum, daß jeder den ihm gemäßen Platz im organischen Aufbau der Gemeinschaft findet, um zur Reinheit des Herzens und zur Gottesliebe zu gelangen. Alles ist daraufhin maßvoll zu ordnen.

„Er [der Abt] soll wissen, wie schwer und mühevoll die Aufgabe ist, die er übernommen hat: Seelen zu leiten und der Eigenart vieler zu dienen; bei dem einen soll er es mit liebenswürdiger Güte, bei dem anderen mit Tadel, beim dritten mit eindringlichem Zureden versuchen. Je nach Veranlagung und Fassungskraft eines jeden soll er sich an alle so anpassen und anschmiegen, daß er an der ihm anvertrauten Herde keinen Verlust zu beklagen hat, sondern im Gegenteil sich am Gedeihen der guten Herde freuen kann" (Die Benediktsregel 2,31f.).

Fasten, Essen, Trinken, Kleidung – bei allem sind Zeit, Ort, Umstände zu beachten. In der Regel kommen häufig Worte vor wie: „berücksichtigen; überlegen; außer wenn; es sei denn; solange; jedoch; falls, begründet; maßvoll; klug und gerecht" usw., alles Wörter aus dem Wörterbuch der maßvollen Unterscheidung.

„Doch muß der Abt immer den Satz der Apostelgeschichte bedenken: Jedem wurde zugeteilt, was er nötig hatte (Apg 4,35). So muß also auch der Abt auf die Schwächen der Bedürftigen Rücksicht nehmen, nicht auf die Mißgunst der Neider" (Die Benediktsregel 55,20f.).

Bereits lange vor uns hat Gregor von Nazianz [† 390], verehrungswürdigen Gedenkens, deutlich gemacht, daß nicht für alle die gleiche Art der erbaulichen Belehrung zuträglich ist, da nicht alle die gleichen sittlichen Werte binden. Was die einen verschlossen macht, löst oft die anderen. Auch bei Pflanzen ist es öfter so, daß einige bestimmten Tieren zur Nahrung dienen, während sie auf andere tödlich wirken; ein leichter Zischton beruhigt Pferde, reizt jedoch junge Hunde. Die gleiche Arznei mildert die Heftigkeit der einen Krankheit, bei einer anderen steigert sie deren Triebkräfte. Und das Brot, das den Starken Kraft gibt, wirkt tödlich bei ganz kleinen Kindern. So muß auch der Prediger seine Ansprache so formen und ausrichten, daß sie einerseits den Bedürfnissen der einzelnen entgegenkommt, daß ihr andererseits jedoch die Kunst, alle zu erbauen, nicht abgeht. Was sind denn die gespannt lauschenden Herzen der Zuhörer anderes als, wenn ich es so ausdrücken darf, die aufgespannten Saiten einer Zither? Um nicht Spiel und Melodie miteinander in Mißklang zu bringen, schlägt der Künstler in verschiedener Weise an. Die Saiten geben deshalb einen harmonischen Ton wieder, weil sie zwar mit dem gleichen Plektron, nicht aber mit einem Impuls angeschlagen werden. So wird auch ein gewandter Redner, der alle Zuhörer zur gleichen Tugend der Liebe anleiten will, zwar allen die gleiche Lehre vortragen, jedoch nicht mit der gleichen Art der Rede das Herz eines jeden bewegen wollen.

Gregor der Große, Pastoralregel III, Einleitung.

Die Regel sieht Ausnahmen vor und berücksichtigt sie (vgl. Die Benediktsregel 36; 37; 48 u.a.).

> Der Mann aber, der die Seele und den Garant der Unterscheidung im Kloster darstellt, ist der Abt. Man hat bei Lesung der Benediktsregel auf weite Strecken hin den Eindruck, daß sie vorwiegend gewissermaßen eine ‚Regel für den Abt' ist. Fast die ganze Verantwortung um Wohl oder Wehe der Klostergemeinschaft legt Benedikt auf den Abt. Kap. 64 redet von der Bestellung eines neuen Abtes. Es heißt da, es soll der gewählt werden, der „verdienstvolles Leben und Lehrweisheit verbindet"; d.h. genau die intellektuellen und moralischen Voraussetzungen, die zur Unterscheidung der Geister notwendig sind. Die Kunst der Unterscheidung ist die Kunst der rechten Führung und Behandlung der Menschen. Die klare Umsicht, die rechte Anordnung ist die wesentliche Aufgabe; eine blinde Handhabung der Befehlsgewalt taugt nicht, zerstört nur, spaltet. Der Abt „muß der Eigenart vieler dienen", er „soll also allen die gleiche Liebe erweisen" und doch jeden in seiner Eigenart ernst nehmen und entsprechend behandeln (vgl. Die Benediktsregel 2). In schwierigen, diffizilen Angelegenheiten, wenn er zurechtweisen muß „handle er klug und gehe nie zu weit, damit das Gefäß nicht zerbricht, wenn er es allzu sauber vom Roste reinigen will" (Die Benediktsregel 64,12). So bedarf der Abt wahrhaftig der Kunst, das Richtige zu treffen, seine Maßnahmen klug und weise abzuwägen.

2.2.3. Caterina von Siena (1347-1380) – Gott, nicht das Gefühl

Wenn du Mich nun fragst: woran läßt sich erkennen, daß eine solche Heimsuchung eher vom Teufel stammt als von Dir? – so antworte Ich dir: Kommt sie vom Teufel, der sich, wie geschildert, in Form einer Lichtgestalt dem Geiste vorstellt, so empfindet die Seele unmittelbar bei seinem Erscheinen Freude, je länger er aber verweilt, desto mehr schwindet die Freude und es bleiben Überdruß, Finsternis und Aufruhr, die ihren Geist verdunkeln. Wenn sie aber von Mir, der ewigen Wahrheit heimgesucht wird, dann wird die Seele vom ersten Augenblick an mit heiliger Furcht erfüllt, und zugleich mit dieser Furcht empfängt sie Freude und Sicherheit mit sanfter Klugheit, die sich befragend nicht zweifelt, sondern in Selbsterkenntnis sich unwürdig erachtet und spricht: Ich bin nicht wert, Deine Heimsuchung zu empfangen, und da ich ihrer unwürdig bin, wie kann dies geschehen? Alsdann wendet sie sich zur Fülle Meiner Liebe und erkennt und sieht, daß es wohl in Meiner Macht steht zu geben, nicht im

Wenn auch in den klassischen Traktaten die Unterscheidung der ‚Gedanken' mittels innerer Kriterien, vor allem auf Grund der Erfahrung von Trost und Trostlosigkeit, nicht völlig fehlte, so waren es doch vornehmlich die Mystiker, welche diese alte authentische Tradition lebendig erhielten.

Die hl. Caterina von Siena fragt im Kapitel 106 ihres *Dialogo della Divina Providenza* nach den Zeichen der Gegenwart Gottes in der Seele und Gott, ihr Dialogpartner, gibt ihr zur Antwort, daß eine Anregung von Ihm kommt, wenn auch nachher Freude in der Seele bleibt und wenn in ihr der sehnliche Wunsch nach Fortschritt in den Tugenden, besonders in der Demut, entsteht. Zwar kann auch der Teufel zunächst ein Gefühl des Trostes und der Freude hervorrufen, aber hinterher erfolgen Trauer und Gewissensbisse: „Nun will Ich dir auf deine Frage hin das Zeichen erklären, das Ich der Seele gewähre, um die Heimsuchungen zu beurteilen, die sie in Visionen oder anderen Tröstungen zu empfangen meint. Ich nannte dir das Zeichen, woran sie wahrnehmen kann, ob sie von Mir stammen oder nicht. Es ist das Zeichen der Freude, die nach der Heimsuchung in der Seele verbleibt und das Verlangen nach der Tugend, das gesalbt ist in der Kraft wahrer Demut und brennt im Feuer der göttlichen Liebe. Da du Mich aber fragst, ob diese Freude nicht auch eine Täuschung enthalten könnte, will Ich dir die Täuschung nennen, in die man fallen kann, und dazu das Erkennungszeichen, ob die Freude echt ist oder nicht.

Täuschung kann so erfolgen – Geistwesen empfinden über das, was sie haben oder zu besitzen wünschen, Freude, sobald sie es erhalten. Und

Hinblick auf ihre Unwürdigkeit, sondern auf Meine eigene Würde, die sie würdigt, Mich zu empfangen, in der Gnade wie auch im Erleben, denn Ich verachte die Sehnsucht nicht, mit der sie Mich ruft. Und deshalb empfängt sie demütig und sagt: Sieh hier Deine Magd: Dein Wille soll in mir geschehen (Lk 1,38). Und so tritt sie voll Freude und beglückten Geistes aus ihrem Gebet und Meiner Heimsuchung hervor; in Demut hält sie sich für unwürdig und erkennt in Liebe, daß ihre Freude von Mir stammt.

Caterina von Siena, 88f.

Manche Leute wollen Gott mit den Augen ansehen, mit denen sie eine Kuh ansehen und wollen Gott lieben, wie sie eine Kuh lieben. Die liebst du wegen der Milch und des Käses und deines eigenen Nutzens. So halten's alle jene Leute, die Gott um äußeren Reichtums oder inneren Trostes willen lieben; die aber lieben Gott nicht recht, sondern sie lieben ihren Eigennutz. Ja, ich sage bei der Wahrheit: Alles, worauf du dein Streben richtest, was nicht Gott in sich selbst ist, das kann niemals so gut sein, daß es dir nicht ein Hindernis für die Höchste Wahrheit ist.

Meister Eckhart, Predigt 16.

Wisse, wenn immer du irgendwie das Deine suchst, so findest du Gott nimmer, weil du nicht Gott ausschließlich suchst. Du suchst etwas mit Gott und tust gerade so, wie wenn du aus Gott eine Kerze machtest, auf daß man etwas damit suche; und wenn man die Dinge findet, die man sucht, so wirft man die Kerze hinweg.

Meister Eckhart, Predigt 4.

Ich sage es nochmals: allein mit Gebet und Beschauung könnt ihr euer Fundament nicht legen. Wenn ihr nicht nach Tugenden trachtet und euch nicht tätig darin übt, werdet ihr immer Zwerge bleiben.

Teresa von Avila, M 7,4.

je mehr einer sich über den Besitz einer Sache freut und sie liebt, um so weniger beachtet und untersucht er mit Vorsicht, woher sie ihm kommt; die Freude ist daran schuld, die er bei der Befriedigung fühlt. So ist ein Mensch, der sich an geistlichen Tröstungen sehr ergötzt und sie liebt, auf Visionen erpicht, und sein Begehren richtet sich eigentlich mehr auf die Freude am Trost als auf Mich selber.

Hier nun können solche Menschen getäuscht werden, und zwar in ihrer Freude, ganz abgesehen von den übrigen Täuschungen, die Ich dir anderswo ausführlich geschildert habe. Haben sie einmal eine Vorliebe für Tröstungen gefaßt, dann empfinden sie Freude bei jeder Tröstung oder Vision, wie immer sie auch beschaffen sei, denn sie sehen ja, was sie lieben und zu haben wünschen. Gelegentlich könnte dies auch vom Teufel stammen, und sie würden trotzdem Freude empfinden; von dieser Freude sagte Ich dir schon, daß sie, sofern sie vom Teufel stammt, die geistliche Heimsuchung begleitet, nachher jedoch Verdruß und Gewissensbisse und ein völliges Fehlen an Tugendstreben zurückläßt.

Hier liegt der wahre Hinweis, der dich zwischen Wahrheit und Täuschung unterscheiden lehrt, nämlich zwischen der Freude, die du in Wahrheit von Mir empfängst, und jener anderen, die deiner geistlichen Selbstsucht entstammt, der Anhänglichkeit an den eigenen Trost. Der Trost, der von Mir stammt, ist mit Freude und Tugendstreben verbunden, der aber vom Teufel kommt, bringt nichts als bloße Freude, und wenn man näher zusieht, ist nachher nicht mehr Tugend vorhanden als zuvor.

Wisse auch dies: nicht jedermann kann durch die Freude getäuscht werden, bloß die Unvollkommenen, die nach Freude und Trost gieren und mehr auf die Gabe als auf Mich, den Geber blicken. Jene aber, die lauteren Gemüts und ohne jede Rücksicht auf sich im glühenden Eifer einzig auf die Liebe zu Mir, dem Geber, und nicht auf die Gabe bedacht sind, die Gabe aber um Meinetwillen, der Ich sie gewähre, und nicht des eigenen Trostes wegen lieben, die können in der Freude nicht getäuscht werden.

Meine Liebe hat das so gefügt; sie hat vorgesorgt für euch, die Vollkommenen und Unvollkommenen, welchen Standes ihr auch seid, denn ihr könnt in keinerlei Täuschung fallen, sofern ihr euch an das Licht der geistigen Einsicht haltet, das Ich euch mitsamt dem Augstern des heiligsten Glaubens gab, und es euch nicht vom Teufel verdunkeln noch von eurer Selbstsucht verschleiern laßt. Denn wenn ihr es euch selbst nicht raubt, so wird es euch auch kein anderer rauben können" (Caterina von Siena, 134-136).

Immer wieder in der Geschichte machten geistliche Autorinnen und Autoren auf das Problem aufmerksam, daß Menschen Ursache und Wirkung verwechseln können, daß sie letztlich nicht Gott suchen, sondern das Gefühl, die religiöse Stimmung, die Ekstase, das außergewöhnliche Phänomen. In der christlichen Mystik gibt es ein tiefes Mißtrauen gegenüber all diesen Begleiterscheinungen und echte Mystik zeichnet sich dadurch aus, daß sie diese Erscheinungen nicht sonderlich ernst nimmt, sie nicht für wesentlich erachtet, sie nicht sucht und eher darunter leidet.

G. Fuchs macht deutlich, daß es im christlichen Kontext um die Lebenspraxis und nicht um ‚Erlebenei' gehe, „Mystik wird christlich weder gemacht noch auch nur intendiert: so dringend not-wendig auch immer, wird sie doch als reines Geschenk bezeugt und realisiert. Der, der darin Gott heißt, ist weder zu machen noch zu haben – und ‚Gotteserfahrung‘ ist deshalb christlich ein höchst ambivalentes Wort. Wer es nämlich wirklich, gar auf mystisch besondere Weise, mit dem Gott Jesu Christi und der Kraft seines Geistes zu tun (zu tun!) bekommt, weiß nicht, ob er sich (gar genüßlerisch) freuen oder ob er lieber sich fürchten oder gar fliehen soll. Denn die Eigenart dieser Gottesbegegnung zeigt sich nicht zuletzt in ihrem beunruhigenden, aufscheuchenden, zu (einsamer) Verantwortung rufenden Charakter. Man braucht nur an Jesus selbst zu denken, um das Ärgerliche und Törichte dieser Art Gottes-Verantwortung ins Fleisch geschrieben zu bekommen. Die ‚Mystik‘ der Gottes-, Nächsten- und Feindesliebe führt auf höchst unbequeme Weise mitten hinein in die schmerzhafte Geschichte dieser Welt, die Umkehr im Zeichen des Kreuzes, Wandlung und Veränderung der Verhältnisse bedeutet. Nicht also selbstgenießende Meditation, nicht (vermeintlich platonische) folgenlose Theoria, sondern bestimmte Praxis sind Ursprung, Konsequenz und Gestalt christlicher Mystik: ‚Seelenarbeit‘, Askese, Verhaltensänderung sind ihre Gütesiegel" (Fuchs, G., 1988, 348).

2.2.4. Franz von Sales (1567-1622) – Güte, nicht Empörung

Mit Franz von Sales machen wir einen Sprung in die Neuzeit und begegnen in ihm einem Vertreter der sogenannten französischen Schule. Die im 16. Jh. bereits vorfindliche Tendenz zur Individualisierung der Frömmigkeit setzt sich im 17. Jh. fort und wird noch wesentlich verstärkt. Eine gewisse Vorliebe für Methoden und Systematisierungen kommt vor allem in Frankreich auf. Asketische Übungen, frommes Tun wird oft bis in kleinste Einzelheiten hinein bedacht und geregelt. Frömmigkeitsformen werden den Ständen und Berufsgruppen angepaßt, im Idealfall dem Einzelbedürfnis angepaßt. Dies hat den Vorteil einer wirklich am Subjekt ausgerichteten Behandlung dieser Themen, ein Ernstnehmen der jeweils einmaligen Berufung des Individuums. Der Nachteil ist aber eine zunehmende Verliebtheit ins Detail, die oft den Überblick verliert. Als sich dazu noch ein gewisser Hang zur Verrechtlichung gesellt, wird Frömmigkeit zu einem Zwangssystem, geistliches Leben zunehmend zu einer zu überprüfenden Übung von Gläubigen, die neben der moralischen Integrität, die an erster Stelle steht, auch noch zu leisten ist.

Bei Franz von Sales begegnen uns die Anfänge dieser Entwicklung, doch zeigen sich auch schon bei ihm gewisse Tendenzen der späteren Fehlformen.

Ein weiterer typisch neuzeitlicher Zug ist eine deutlichere Praxisorientierung der Unterscheidung der Geister, ein pastoraler Zug. So widmet Franz von Sales als Bischof von Genf in seinen Weisungen für die Beichtväter ein ganzes Kapitel der Unterscheidung der Geister. Einige Auszüge seien hier zitiert:

„Meine Brüder, wenn Gott euch zur Führung von Seelen bestimmt hat, müßt ihr ihn ständig um seine Erleuchtung bitten, um die echten Wirkungen seines Geistes recht zu erkennen. Wenn ihr daher die Leitung bestimmter Menschen habt, die mit seinen außergewöhnlichen und erhabenen Gaben begnadet sind, dann achtet darauf:...

4. Es ist auch ein Kennzeichen des Geistes Gottes, gütig und voll Mitleid mit seinem Nächsten zu sein, selbst wenn er näher daran ist, der

---

Du wirst nun sagen: Es gibt also fühlbare geistliche Freuden, die gut sind und von Gott kommen, aber auch solche, die unnütz, gefährlich und sogar schädlich sind und von unserer Natur oder vom bösen Feind kommen. Wie kann ich sie voneinander unterscheiden?

‚An ihren Früchten könnt ihr sie erkennen‘ (Mt 7,16). Das ist ein allgemeiner Grundsatz, der auch für unsere Affekte und Leidenschaften gilt. Vergleichen wir unser Herz mit einem Baum, dann sind die Affekte und Leidenschaften seine Äste, die Werke und Handlungen seine Früchte. Das Herz ist gut, wenn es gute Affekte hervorbringt, und die Affekte und Leidenschaften sind gut, wenn sie in uns gute Wirkungen und heilige Taten sprießen lassen. Machen uns diese zärtlichen Liebesgefühle und geistlichen Freuden demütiger, geduldiger, verträglicher, liebevoller und barmherziger mit unseren Mitmenschen, machen sie uns eifriger, unsere Begierlichkeiten und schlechten Neigungen zu überwinden, werden wir durch sie in unseren Übungen noch ausdauernder, lenksamer und williger gegen unsere Vorgesetzten und einfacher in unserem Leben, dann sind diese geistlichen Freuden von Gott. Behalten wir dagegen diese Süße der geistlichen Freuden für uns, machen sie uns den anderen gegenüber sonderlich, bitter, pedantisch, ungeduldig, bockbeinig, stolz, anmaßend und hartherzig, halten wir uns ihretwegen schon für kleine Heilige, so daß wir uns nicht mehr führen und bessern lassen wollen, dann sind diese inneren Tröstungen ohne Zweifel falsch und verderblich. ‚Ein guter Baum bringt gute Früchte hervor' (Mt 7,17).

Franz von Sales, Philothea IV,13,3.

Strenge seiner Gerechtigkeit zu verfallen, aus Furcht ihn unter seinen Ruinen zu begraben. Es ist auch ein Zeichen eines Geistes, der in seinen frommen Übungen oder in seinem Verhalten vom Teufel getäuscht wird, wenn er unter dem Namen eines bestimmten Eifers über alles streng urteilt und alles bestrafen will, ohne Erbarmen und die geringste Milde walten zu lassen.

5. Die Übung der Tugenden nicht aufzugeben wegen der Schwierigkeiten, die dabei begegnen, das ist ebenfalls das Zeichen einer Seele, deren Opfer Gott wohlgefällig ist. Denn diese grenzenlose Güte zückt keine flammenden Schwerter, um jenen den Eintritt in sein Paradies zu verwehren (Gen 3,24), die es aufrichtig suchen, und obwohl er zuläßt, daß seine Erwählten sich in Unbilden, in Leiden und Kreuzen befinden, erfüllt er sie so sehr mit Gnade, mit Kraft und Milde, daß sie sich für sehr glücklich und bevorzugt halten, aus Liebe zu ihm zu leiden. Der Teufel dagegen läßt sie in Gott eine furchtbare Rachsucht sehen, um ihre geringsten Fehler zu bestrafen. Er gaukelt ihnen einen Zorn und äußerste Strenge vor in Dem, der nicht das Geringste seiner Geschöpfe schreien hören kann, ohne ihm Beistand zu gewähren (vgl. Jes 30,19), und der sich von der ersten Träne rühren läßt, die aus einem wahrhaft zerknirschten Herzen entspringt (vgl. Ps 1,19; 55,9; Is 38,5). Aber seid auf der Hut vor der List unseres Feindes: Bevor er sie zur Sünde verführt hat, stellt er ihnen Gott ohne Hände und ohne Blitze vor, und wenn er sie zu Boden gestreckt hat, läßt er ihn in ihrer Vorstellung erscheinen, umgeben von flammenden Blitzen und ganz von Feuer erfüllt, um sie in Asche zu verwandeln...

7. Und was die getäuschten Menschen betrifft, so dient ihnen Gott selbst als Gewähr und Sicherheit, wenn ihr ihnen darin Glauben schenkt. Doch beobachtet ihre geistlichen Reden und seid bezüglich dieser außergewöhnlichen Ausdrücke sehr auf der Hut. Wenn sie z. B. sagen: Ich bin dessen sicher, was Gott von mir will; er tut Ihnen durch meinen Mund kund, was zu Ihrem Heil und zu Ihrer Führung notwendig ist; tun Sie das auf mein Geheiß, ich verantworte es vor Gott, und ähnliche Reden, die eine große Erleuchtung über innere Dinge andeuten und eine Vertrautheit mit dem Himmel (Phil 3,20). Prüft mit Klugheit, ob ihre Taten mit diesen hohen Erleuchtungen übereinstimmen.

8. Seht auch, ob der Bericht, den man diesen Menschen über die Schwachheit des Nächsten gibt, in ihnen mehr eine Regung der Entrüstung und des Entsetzens weckt als des Mitleids und Erbarmens mit seinem Elend. Es ist nämlich ein falscher Eifer, gegen die Untugend seines Bruders zu wettern, ohne Notwendigkeit und gegen die Liebe dessen Fehler aufzudecken. Solche Menschen glauben zu erreichen, daß man ihre Tugend bewundert, wenn sie die Fehler des Nächsten bekannt machen.

9. Wenn man von Gott spricht, dann prüft außerdem, ob diese Menschen sich in affektierten Ausdrücken verlieren, weil sie zeigen wollen, daß ihr Feuer nicht unter der Asche verborgen bleiben kann und daß man durch diesen Funken die Gluten entdecken könne, die in ihrem Innern sind.

10. Wenn ihr zuverlässig beurteilen wollt, ob diese Seelen die rechte Auffassung von Gott haben und ob die Gnaden echt sind, die sie von seiner Güte zu empfangen behaupten, dann seht, ob sie nicht an ihrem eigenen Urteil und an ihrem eigenen Willen hängen sowie an diesen Gnaden selbst. Oder ob sie ihnen im Gegenteil mißtrauen und sie unentschieden lassen, bis sie durch das Urteil ihres Seelenführers und mehrerer frommer, gelehrter und erfahrener Personen in ihrem

Glauben darüber bestärkt werden, was sie von all dem halten müssen...
11. Um diese ganze Darstellung abzuschließen, seht schließlich, ob diese Menschen in ihren Worten und Taten einfach und aufrichtig sind; ob sie ihre Gnaden nicht herausstellen wollen, ohne daß es notwendig ist; ob sie suchen, was nach außen auffällt" (Franz von Sales, Weisungen für die Beichtväter, 88-91).

Neben den bereits bekannten Unterscheidungskriterien tritt hier eine interessante Betonung des Verhaltens dem Nächsten gegenüber auf. In den Abschnitten 4,5 und 8 betont Franz von Sales immer wieder, daß ein Echtheitskriterium der barmherzige und milde Umgang mit dem Nächsten, gerade auch mit dem Sünder ist. Der Ruf nach Strenge, die fromme Entrüstung, die moralische Empörung, das vernichtende Urteil, das flammende Schwert liegen nicht auf der Linie christlicher Frömmigkeit, denn Gott, so betont er mit einem gewissen antijüdischen Ton, hat sich den Aposteln freundlich genähert und erwiesen, er braucht im NT nicht mehr Blitz und Donner.

In Abschnitt 8 und 10 unterstreicht Franz von Sales, daß zur Echtheit auch eine gewisse Unsicherheit, ein gesundes Mißtrauen sich selbst gegenüber, gehört.

> Gerade diese Kriterien eignen sich zur Charakterisierung von Fundamentalismen in gewissen Gruppierungen der Kirche bzw. von bewußt fundamentalistischen Vereinigungen innerhalb und außerhalb der Kirche. Auf dieser Ebene wird mit Diffamierungen und Unterstellungen gearbeitet, abweichende Meinungen werden verteufelt. Es herrscht eine militante Sprache. In den Veröffentlichungen dieser Gruppen besteht darüber hinaus die Tendenz, nebensächliche Details wie die Zulassung von Mädchen zum Ministrantendienst, die Handkommunion oder die Sprache in der Liturgie zum Zentral-Problem zu machen. Ähnliches geschieht mit Phänomenen wie Stigmatisationen, Visionen, Marienerscheinungen, Heilungen, Prophezeiungen künftiger Dinge, die in den Mittelpunkt des religiösen Lebens gestellt werden. (Vgl. dazu Ebertz, 241-250).

Die Abschnitte 9 und 11 schließlich unterstreichen, daß Einfachheit und Zurückhaltung in der Darstellung des inneren Erlebens, im Erzählen davon wichtige Kriterien für die Echtheit sind. Geistliche Erfahrung ist nicht marktschreierisch und meidet öffentliche Ehrung.

2.2.5. Kriterien für eine gesunde Spiritualität

Anselm Grün und Meinrad Dufner, beide Benediktiner der Abtei Münsterschwarzach, führten in einer Münsterschwarzacher Kleinschrift (Nr. 57) 1989 einen Begriff in die Kriteriologie ein, der zwar indirekt in den Unterscheidungsregeln immer auch eine Rolle spielte, jedoch selten ausdrücklich benannt wurde, den Begriff einer „gesunden Spiritualität".

Ähnlich wie bereits unter Kapitel 2.2.1. ausgeführt machen Grün und Dufner darauf aufmerksam, daß man eine Spiritualität oder Frömmigkeitsform oft nicht anhand der gewählten Worte, am formulierten Inhalt qualifizieren kann, sondern daß „die Wirkung auf die Psyche des einzelnen, auf das Miteinander und auf die Arbeit und den Einsatz für

Der größte Fehler der letzten zwei christlichen Jahrhunderte war die Gleichsetzung von Glaube und Moral.
Grün / Dufner, 78.

die Welt" (Grün / Dufner, 77) die Qualität einer Spiritualität anzeigt. Bei ihrer Kriteriologie beziehen sich die Autoren ausdrücklich auf die monastische Tradition, in der sie selber stehen.

mystagogisch und nicht moralisierend

Mystagogisch ist eine Spiritualität, wenn sie in das Geheimnis Gottes und in das Geheimnis des Menschen einweist.

Das Mönchtum beschrieb das Ziel des spirituellen Weges nie als moralische Vollkommenheit, sondern in psychologischen Begriffen wie Reinheit des Herzens, Leidenschaftslosigkeit, Unerschrockenheit. Die Laster sind psychologische Fehlhaltungen, die uns an der Menschwerdung und an der uneingeschränkten Begegnung mit Gott hindern.

Einer moralisierenden Spiritualität dagegen geht es vor allem um die Vermeidung von Fehlern und Sünden. Sie geht von einem moralischen Vollkommenheitsideal aus und flößt dem Menschen ständig ein schlechtes Gewissen ein.

befreiend und nicht überfordernd

Die Spiritualität, die sich auf den Geist Jesu beruft, wird den Menschen zur Freiheit der Kinder Gottes führen.

Man kann darüber streiten, ob eine ungesunde Spiritualität neurotisch macht oder ob sich ein Neurotiker eine bestimmte Spiritualität sucht, die seine Neurose bestätigt und in der er sie unter dem Deckmantel der Frömmigkeit ausleben kann. Entscheidend ist, wie man eine neurotische Spiritualität erkennt: „Der Neurotiker verwechselt das vollkommene Ideal mit der Fehlerlosigkeit: statt einem Ideal, das außerhalb von ihm, über dem Ich steht, das zur Vereinheitlichung der Persönlichkeit führt, das dem Menschen das Gefühl für seine Fehlbarkeit und Schwäche bewahrt und gleichzeitig als Stimulans und Mutspender wirkt, liebt der Neurotiker nur das idealisierte Ich und bildet sich ein, er liebe das eigentliche Ideal, aber er findet weder Frieden noch Gleichgewicht. Er kennt nur eine Religion der Angst, er erreicht nicht die Liebe, die die Furcht vertreibt, und darum ist er hart und unnachgiebig den anderen gegenüber, denen er das Ideal aufdrängen will, ohne selbst imstande zu sein, es vorzustellen...

Der Neurotiker empfindet Schuldgefühle unabhängig von wirklich begangenen Fehlern, und so ängstigt er sich wegen bedeutungslosem Vergehen und ist manchmal nachsichtig bei wirklich groben Fehlern, er gibt sich leicht der Traurigkeit hin; er fühlt sich oft unwürdig und unzulänglich und denkt kaum daran, daß in jedem von uns ein Maß an Gutem steckt, und daß es die Gnade gibt, ‚die allein uns genügt'... Manchmal tut er Buße, aber mehr des Übels wegen, das er flieht, als um des Guten willen, das er erreichen sollte: Das Böse verfolgt ihn und das Gute zieht ihn nicht an, so verfällt er häufig in die schlechte Pose des Opferlamms. Der Neurotiker kennt nicht die Geduld, die Retterin unserer Seelen, er versteht es nicht zu warten, das langsame Wachstum zu akzeptieren, sich der Vorsehung zu überlassen, er wird leicht schwermütig, und seine Schwermut schmeichelt im Grunde seiner Eigenliebe: ‚Wie gut bin ich doch, wenn es mich so betrübt, nicht gut zu sein.'... Er kennt keine Großzügigkeit, keine Kühnheit, keine Hingabe, die sich selbst vergisst.

Die Neurotiker verwechseln Schüchternheit mit Demut, Frigidität mit Keuschheit, Sentimentalität mit Andacht, Angst mit Klugheit, dümmliche Gutmütigkeit mit Güte, Nachgiebigkeit mit Verständnis, Bequemlichkeit mit Friedfertigkeit, Untätigkeit mit Milde, Mittelmäßigkeit mit Mäßigung, Scheu vor dem Großen mit Liebe zu den kleinen Dingen, Herrschsucht mit Eifer, das Zurückschrecken vor dem Heroismus mit Liebe zum Alltag, Aberglauben mit Glauben, Lust mit Sünde usw..." (Torello, 33-35).

verbindend und nicht spaltend

> Wenn eine Spiritualität die Menschen einteilt in Glaubende und Nichtglaubende, in Rechtgläubige und Ketzer, in Fromme und Unfromme, in Gute und Böse, dann ist das ein Zeichen einer krankmachenden Spiritualität.
>
> Grün / Dufner, 86.

Jesus hat nicht klassifiziert, sondern Klassifizierungen durchbrochen und gerade auch in Sündern und Zöllnern den guten Kern und ihre Sehnsucht gesehen und angesprochen.
Eine gesunde Spiritualität macht beziehungsfähig und lässt uns in echter Freundschaft offen werden für den menschlichen Gott, der uns in Jesus Christus nahegekommen ist.

weltbezogen und nicht weltentzogen

> Die wahre und lebendige Frömmigkeit setzt die Gottesliebe voraus; ja sie ist nichts anderes als wahre Gottesliebe. Freilich nicht irgendeine Liebe zu Gott; denn die Gottesliebe heißt Gnade, insofern sie unserer Seele Schönheit verleiht und uns der göttlichen Majestät wohlgefällig macht; sie heißt Liebe, insofern sie uns Kraft zu gutem Handeln gibt; wenn sie aber jene Stufe der Vollkommenheit erreicht, daß wir das Gute nicht nur tun, sondern es sorgfältig, häufig und rasch tun, dann heißt sie Frömmigkeit.
>
> Franz von Sales, Philothea I,1.

Der geistliche Weg, die aktive Gestaltung des Christseins hat die Intensivierung der Gottesbeziehung zum Ziel. Mit dieser Intensivierung sind ‚Wirkungen' verbunden, die in der Tradition christlicher Spiritualität immer wieder beschrieben und erörtert wurden.
Das Grundprinzip wird in einem Wort Jesu über die Identifizierung falscher Propheten beschrieben: „An ihren Früchten werdet ihr sie erkennen. Erntet man etwa von Dornen Trauben oder von Disteln Feigen? Jeder gute Baum bringt gute Früchte hervor, ein schlechter Baum aber schlechte. Ein guter Baum kann keine schlechten Früchte hervorbringen und ein schlechter Baum keine guten." (Mt 7,16-18)
Grundsätzlich geht die christliche Tradition davon aus, daß geistliches Leben einen ‚Nutzen' hat, nicht folgenlos bleiben kann, wenn es echt und authentisch gelebt wird. Teresa von Avila formuliert dies so: „Hierfür ist das Gebet da, meine Töchter, das ist die Bestimmung dieser geistlichen Ehe, nämlich daß ihr immerfort Werke entsprießen, Werke" (M VII,4). Der Weltenrichter nach Mt 25,31-46 macht deutlich, daß sich am positiven Verhalten dem geringsten Menschen gegenüber das ewige Schicksal des Menschen entscheidet. Interessant dabei ist, daß ausschließlich Werke der Nächstenliebe genannt werden und nicht etwa auch Gebet und Feier des Gottesdienstes. Geistliches Leben ist eine Bewegung, die in die ‚Ekstase der Tat' mündet und so konkret Welt im Sinne Gottes verändert und heilt.

Gott suchen und nicht das Gefühl

> Ich möchte sagen, daß dort, wo der Mensch wirklich sich selber losläßt und den Nächsten in einer absoluten Selbstlosigkeit liebt, er schon wirklich an das schweigende, unsagbare Geheimnis Gottes geraten ist, und daß ein solcher Akt schon getragen ist von jener göttlichen Selbstmitteilung, die wir Gnade nennen und die dem Akt, den sie trägt, ihre Heilsbedeutung und Ewigkeitsbedeutung verleiht.
>
> Rahner K., Der neue Auftrag, 89.

Es gibt eine Frage, die einerseits den Unterschied zwischen der Suche nach Gott und der Suche nach dem religiösen Gefühl verdeutlicht, andererseits aber auch deutlich macht, daß es sich bei dieser Unterscheidung oft um eine Gradwanderung handelt, die nur bestanden werden kann, wenn der Mensch sich selbst offen und kritisch begegnet: Die Frage ist, ob ich den Gott des Trostes oder den Trost Gottes suche.
Natürlich ist der Trost Gottes auch mit der Beziehung zum Gott des Trostes verbunden. Die Frage nach dem Ziel meiner geistlichen Bewegung bleibt aber brisant. Wer oder was im Vordergrund steht, zeigt sich oft erst in Krisen und Dunkelheiten, wenn der Trost Gottes scheinbar ausbleibt. Diese Krisen, Trockenheiten, dunklen Nächte sind nach Auskunft der geistlichen Lehrerinnen und Lehrer oft für das Wachstum

notwendig, weil manchmal erst die Krise die innersten, verborgensten
Beweggründe und Motivationen aufdeckt. Die Krise ist daher nicht der
‚Betriebsunfall‘ des geistlichen Lebens, sondern entscheidendes
Wachstumssignal, Aufforderung, den nächsten Schritt zu gehen.

Auch unsere Triebe werden Gott loben, auch das Wilde und Ungebändigte in uns. Wir brauchen keine Angst mehr zu haben vor irgendwelchen Schakalen in uns, die uns von hinten anfallen. In einer moralisierenden Spiritualität lebt man ständig in Angst vor diesen wilden Tieren, die uns heimlich überfallen könnten. Wer alles vor Gott hält, wird in sich eine große Freiheit und Lebendigkeit, Weite und Gelassenheit erfahren, er wird etwas spüren von dem Leben in Fülle, das Christus uns schenkt.
Grün / Dufner, 94.

Nicht die gefühlsmäßige Erfahrung Gottes, nicht das wonnige Gefühl
des selig-satten Säuglings an der Mutterbrust Gottes ist Kriterium für
eine echte Spiritualität, sondern der Weg der Gottesliebe in den Alltäglichkeiten des Lebens, dann wenn scheinbar nichts geschieht, sich
nichts ereignet. Andererseits garantiert die bewußte Gestaltung des
Alltags vor und mit Gott, daß der Mensch immer wieder aufschauen
kann, sich seiner Berufung und Würde bewußt wird und nicht versinkt
in der Lethargie sich ständig wiederholender Vorgänge. Es sind die
‚Unterbrechungen‘ des Gebetes im Alltag und des Glaubens im Leben,
die innehalten lassen, die den Blick schärfen für Fehlentwicklungen
und Gefahren der Routine und die trotzdem immer mehr zur Verganz-
heitlichung des christlichen Lebens führen, nicht in irgendeiner Vereinigung abgehoben von jeglicher Realität und jenseits von Welt und Geschichte in einem keimfreien Raum, sondern im konkreten Alltag, in
der Lebenswelt des konkreten Menschen, in seiner Geschichte.

ganzheitlich und nicht einseitig

Wenn wir von einem Kurs zum andern müssen, um vor der grauen Realität davonzulaufen, dann stimmt das geistliche Leben nicht. Denn es soll uns gerade dazu befähigen, ja zu sagen zu den Aufgaben, die Gott uns im Alltag stellt.
Grün / Dufner, 88f.

Schuld bedeutet vom Wortsinn her Spaltung. Der Mensch will etwas vor Gott verstecken, weil er es selbst nicht anschauen will. Und so spaltet sich ein Teil von ihm ab. Der Mensch lebt gespalten, er ist nicht mehr heil und ganz. Und das Abgespaltene verfolgt ihn und blockiert ihn. Der Schuldige traut Gott nicht zu, daß er auch den abgespaltenen Teil erlösen und verwandeln kann.
Grün / Dufner, 96.

Wenn einseitig der Verstand oder der Wille oder das Gefühl angesprochen werden, ist es für den Menschen nie gut. Die Frömmigkeit muß
sich auch mit dem Verstand konfrontieren, darf nicht dumm oder naiv
sein. Alle Kräfte der Seele müssen integriert werden.
Jeder ist berufen und befähigt zum geistlichen Leben gemäß seinen Fähigkeiten und mitten im Alltag. Es ist ein Prozeß der Heilung von schi-
zoiden Strukturen im Christentum und jeglicher spirituellen Gespal-
tenheit, z.B. dem Auseinanderfallen von Liturgie und Leben, von Gottesdienst und Weltdienst, von Gebet und Arbeit, von Lebenswelt und
Arbeitswelt, von Mystik und Politik. Es ist die zutiefst biblische Dimension eines ganzheitlichen Lebens, das die Erfahrungen der säkula-
ren Welt mitsamt ihren Brüchen, Widersprüchlichkeiten und Grenzen
nicht wegschiebt, sondern austrägt. O. Fuchs betont: „Die Begegnung
mit Gott zeigt dem Menschen seine Grenzen, aber nicht nur um ihn zu
begrenzen, sondern um ihn von dieser Transzendenz her die Entgren-
zungen zu ermöglichen, die ihm möglich sind. In Gott kommen Vernunft und Tatkraft des Menschen an ihr Ende, aber eben auch und gerade darin an ihre tiefsten Quellen und an ihren Ermöglichungsgrund.
An der Grenze des Menschen wartet schon immer die Gnade Gottes,
auch und gerade im Tod"(Fuchs, O., 146).

demütig und nicht stolz

Zu den Begriffen der frühen christlichen Mission gehört neben barmherzig auch das althochdeutsche: dio-muoti, was dienstwillig bedeutet
und zu dem das Substantiv Diomuoti, dienende Gesinnung, gehört.
Demut läßt sich also auflösen in De für dienen und Mut, also Demut
heißt: Mut zum Dienen. Diese Worterklärung macht deutlich, daß
Demut nichts mit Naivität oder Engstirnigkeit zu tun hat, sondern Mut,
vor allem den Mut zu absolut ehrlicher Selbsterkenntnis erfordert. Das
wird unterstrichen durch das lateinische Wort für Demut humilitas,
was von humus, der Erd-Boden kommt. Demut bedeutet von daher,

seine Erdhaftigkeit und Begrenztheit vor allem Gott gegenüber erkennen und anerkennen.

Wahre Spiritualität, so meinen die Mönche, führt zu einer demütigen Haltung der Offenheit und Gelassenheit, des Friedens und der Barmherzigkeit, die den anderen sanfter und zugleich dauerhafter für Gott gewinnt als lautes Tönen von großen Gotteserfahrungen.

Zusammenfassend erklären A. Grün und M. Dufner am Ende ihrer Kriteriologie: „Die Kriterien für eine echte und gesunde Spiritualität hat schon Paulus im Galaterbrief aufgezählt: ‚Die Frucht des Geistes aber ist Liebe, Freude, Friede, Langmut, Freundlichkeit, Güte, Treue, Sanftmut und Selbstbeherrschung.‘ (Gal 5,22) Dem ist nichts zuzufügen. Wo diese Früchte sind, da ist Gottes Geist am Werk. Wo aber Enge und Angst, Härte und Verurteilen sind, da ist auch Gottes Geist nicht am Werk, sondern unser eigener Geist, ein Ungeist, der sich gerne auf Gottes Geist berufen möchte. Leider gibt es heute Frömmigkeitsrichtungen, die den Menschen krankmachen, die ihn heillos überfordern, die ihn mit einem ständig schlechten Gewissen herumlaufen lassen und ihn so in eine permanente innere Zerrissenheit hineinführen. In einer gesunden Spiritualität gehen wir gut und sanft mit uns um und werden durch die Begegnung mit Gott heil und ganz, gesund und froh, gelassen und zugleich lebendig.

Eine Spiritualität, die sich auf den Geist Jesu berufen will, wird den Menschen an Seele und Leib gesund machen. Dabei ist jedoch nicht an einen äußerlichen Begriff von Gesundheit gedacht. Die Echtheit unserer Spiritualität zeigt sich nicht im Grad unserer körperlichen Gesundheit. Wir dürfen uns nicht unter einen neuen spirituellen Leistungsdruck stellen, als ob jede Krankheit auf einen Mangel an Spiritualität hinweist. Wir wissen, daß uns ein geistliches Leben körperlich und seelisch gesund machen kann und uns gesund hält. Aber Gott kann uns auch die Krankheit schicken, um uns auf unsere Grenze hinzuweisen, und als Chance, wirklich ihn zu suchen und nicht nur unsere Gesundheit. Die Krankheit gehört wesentlich zu uns. Es wäre fatal, wenn wir meinten, ein gesundes geistliches Leben würde uns von jeder Krankheit entheben. Das wäre Stolz. Die Demut erkennt an, daß wir Menschen sind, die Grenzen haben und sie auch haben dürfen, die immer wieder krank werden, um in unserer Krankheit dem eigenen Schatten zu begegnen. Die Krankheit kann ein Ort echter und tiefer Gottesbegegnung werden. Wenn wir in unserer Krankheit auf Gott hören und uns ihm übergeben, dann sind wir mitten in unserer Krankheit heil, dann wird die Krankheit zur Quelle des Segens für uns und für andere. Obwohl krank spüren wir Frieden in uns und eine stille Freude und Dankbarkeit über den Gott, der uns gerade auch in der Wunde der Krankheit berühren möchte. Die eigene Gesundheit ist eine geistliche Aufgabe. Es genügt nicht, sich mit Medikamenten gesund zu halten" (Grün / Dufner, 100f.).

2.3. Neue Religiosität und die Unterscheidung

Gegenwärtig kann man in den westlichen Gesellschaften ein Phänomen beobachten, das man mit dem Stichwort ‚Neue Religiosität‘

bezeichnet. Diese ist vornehmlich außerhalb, aber durchaus auch innerhalb der Kirche zu beobachten. J.B. Metz hat sie mit der Formel: „Religion, Ja – Gott, Nein" als „religionsfreundliche Gottlosigkeit" charakterisiert und betont: „Religion als kompensatorischer Freizeitmythos hat Konjunktur... Religion, gibt sie sich nur dionysisch, als Glücksgewinnung durch Leid- und Trauervermeidung und als Beruhigung vagabundierender Ängste, Religion als mythische Seelenverzauberung, als psychologisch-ästhetische Unschuldsvermutung für den Menschen, die alle eschatologische Unruhe im Traum von der Wiederkehr des Gleichen oder auch, religionsnäher noch, in neu aufkeimenden Seelenwanderungs- und Reinkarnationsphantasien stillgestellt hat: Religion in diesem Sinne ist höchst willkommen. Aber Gott? Aber der Gott Abrahams, Isaaks und Jakobs, der auch der Gott Jesu ist?" (Metz, 23f.).

Diese Einschätzung mag zum Teil durchaus zutreffen und richtig sein, nur sie macht einen Fehler, von einem theologischen Ideal ausgehend ein Zeitphänomen von vornherein als defizitär und diesem Ideal nicht genügend zu beschreiben und zu verurteilen. Diese Vorgehensweise macht dialogunfähig und drängt diese verurteilte Religiosität an den Rand der Kirche oder aus ihr hinaus. Damit ist vielleicht ein theologisches Ideal gerettet, die Menschen aber geraten aus dem Blick.

An dieser Stelle sei an den Text von Elmar Klinger aus der Einleitung erinnert. Dies ist ein angemessenerer Umgang mit Religiosität heute, der unter dem Stichwort des Bemühens steht, nicht des Urteilens. Es ginge darum, erst einmal hinzuhören und verstehen zu wollen, was sich in der gegenwärtigen Religiosität innerhalb und außerhalb der Kirche vernehmbar macht, was wirklich passiert und diese nicht ohne genaue Betrachtung zu disqualifizieren.

Es könnte ja sein, daß in diesen Formen Neuer Religiosität berechtigte Sehnsüchte von Menschen zum Ausdruck kommen. Vielleicht sind sie ja Reaktionen auf eine einseitige Verkündigung. Vielleicht zeugen sie von Verletzungen von Menschen, die in der Kirche mit ihren Anliegen keinen Ort finden. Vielleicht ist die Neue Religiosität ja auch eine Reaktion auf die Buchhalter- und Verwaltungsmentalität einer Großkirche. Könnte sie also nicht auch auf Defizite hinweisen, Ausdruck von legitimem Schmerz und ursprünglich-existenzieller Sehnsucht sein, die beide keinen Ort mehr in der Kirche und in der Theologie finden und deshalb auswandern?

Gleichzeitig, und das unterstreicht ja auch Klinger in seinem Beitrag, bedarf es natürlich der Unterscheidung der Geister, d.h. der kritischen Betrachtung dieser Phänomene, aber eben nicht als Moment, das von außen rational, theologisch überhöht herabstürzt, sondern das in der Innenperspektive entdeckt wird.

Denn die Argumente der Unterscheidung der Geister, wie sie hier exemplarisch dargestellt wurden, setzen bei dieser Innenperspektive an. Die Frage nach der Orthopraxie [der richtigen Praxis], nach dem Interesse, die Frage nach dem Befreiungspotential der religiösen Erfahrung, nach dem Reifungspotential religiöser Gruppierungen ist nicht auf der Ebene der Orthodoxie, d.h. des rechten Glaubens oder der Übereinstimmung mit der Lehre der Kirche zu klären, sondern nur auf der Ebene des gelebten Glaubens.

Es geht darum, verstehen zu wollen und darin dialogfähig zu werden, ohne seine rationalen und erfahrungsgemäßen Kriterien der Unterscheidung der Geister zu vergessen, sondern im Gegenteil, diese gerade dann in den Dialog einbringen zu können.

Die gleiche Forderung und die gleichen Kriterien gelten für die Beschäftigung mit der eigenen Frömmigkeit. Auch hier geht es um ein dialogisch angelegtes, organisches Wachstum, um die Einbeziehung von Vernunft und Glaube in die kreative Ausgestaltung des Lebens, in den persönlichen Reifungsprozeß hin zu mehr Selbststand, Beziehungsfähigkeit und Freiheit im Glauben und im Leben.

☞ „Traut nicht jedem Geist, sondern prüft die Geister, ob sie aus Gott sind;..." (1 Joh 4,1) Diese Mahnung der Schrift gilt auch heute noch. Spirituelles Leben bedarf der Unterscheidung, damit gute Entscheidungen getroffen werden können. Die Unterscheidung der Geister braucht Kriterien, die sowohl den Verstand als auch die Gefühle betreffen, damit ein ganzheitlicher Unterscheidungs- und Entscheidungsprozeß in Gang kommen kann.

3. Der eigene geistliche Weg

Die Umgangsform der Anfänger auf dem Weg zu Gott ist noch sehr von Unzulänglichkeit, Eigenliebe und Wohlgeschmack durchsetzt. Gott aber will sie weiterführen und aus dieser unzulänglichen Liebe zu einer höheren Stufe der Gottesliebe heraufholen und sie von der unzulänglichen Übungsweise im Sinnenbereich und den Gedankengängen befreien, womit sie so berechnend und unangebracht Gott suchten, wie wir sagten. Er möchte sie in die Übung des Geistes stellen, wo sie sich ausgiebiger und schon mehr befreit von Unvollkommenheiten mit Gott austauschen können. ... Da Gott spürt, daß sie bereits ein klein bißchen gewachsen sind, nimmt er sie von der süßen Brust weg, damit sie nun erstarken und aus den Windeln herauskommen, läßt sie von seinen Armen herab und gewöhnt sie daran, auf eigenen Füßen zu gehen. Dabei verspüren sie etwas ganz Neues, denn für sie hat sich alles auf den Kopf gestellt.

Johannes vom Kreuz, N I,8,3.

Wer die Wahrheit sucht, sucht Gott. Ob es ihm klar ist oder nicht.

Stein, Werke Bd. IX, 102.

Das Anfängerstadium des geistlichen Weges ist oft gekennzeichnet durch ein Leiden am bestehenden falschen Leben, die gegenwärtige Not-, Mangel- und Abhängigkeitssituation wird angesichts der Sehnsucht nach dem Leben in Fülle (vgl. Joh 10,10) nicht länger verdrängt.

Manchmal steht am Anfang eines solchen Weges ein ‚Bekehrungserlebnis'. Dabei geht es oft nicht um eine grundsätzliche Bekehrung etwa zum Christentum, sondern um das Ernstnehmen desselben, weil man sich plötzlich angesprochen, persönlich gemeint erfährt.

In der Geschichte der Spiritualität werden unterschiedliche Erlebnisse dieser Art erzählt. Bei Antonius, dem Wüstenvater, war es das Persönlich-Angerührt-Sein von einem Wort der Schrift, das seine Situation traf, seine Sehnsucht angesprochen hat und gleichzeitig einen Weg für ihn zeigte. Bei Franz von Assisi war es Kerkerhaft und verschiedenste Verunsicherungen, die sein Leben erschütterten, etwa die Begegnung mit einem Aussätzigen, mit dem er plötzlich anders umgehen konnte, ihn umarmte, bis sich schließlich die Botschaft in ihm Gehör verschafft: „Bau meine Kirche wieder auf." Ignatius wurde durch eine Verwundung und das damit verbundene Krankenlager auf die Ungereimtheiten seines Lebens aufmerksam und fand durch den fast experimentellen Umgang mit seinen inneren Gefühlen und Regungen heraus, was ihm in seinem Leben Trost schenkte, nämlich mit Gott in Beziehung zu stehen, und er erkannte es als seinen Weg mit Hilfe der Exerzitien auch andere Menschen zu dieser Erfahrung und Erkenntnis zu führen.

Edith Stein († 1942) schreibt: „Ich griff hinein aufs Geratewohl und holte ein umfangreiches Buch hervor. Es trug den Titel *Leben der Heiligen Theresia von Avila, von ihr selbst geschrieben*. Ich begann zu lesen, war sofort gefangen und hörte nicht mehr auf bis zum Ende. Als ich das Buch schloß, sagte ich mir: das ist die Wahrheit!" (Renata de Spiritu Sancto, 68).

Diese biographisch festzumachenden Ereignisse fallen natürlich nicht einfach vom Himmel, sondern sind der Umschlagspunkt einer oft Jahre dauernden Entwicklung, so wie der berühmte Tropfen, der ein Faß zum Überlaufen bringt.

Durch dieses Erleben verändert sich die Motivation der Sehnsucht, sie bekommt ein Ziel und wendet sich über die Wirklichkeit hinausgehend Gott zu. Damit steht diese Sehnsuchtserfahrung in dem neuen Kontext der personalen Begegnung. Der Mensch macht sich auf den Weg, er bricht auf, seine Sehnsucht weist ihm den Weg.

Einige Aspekte dieses Weges sollen hier kurz aufgezeigt werden: die Sensibilisierung für das Fühlen nach außen und innen, die Einübung als Aufgabe des geistlichen Weges, die Bedeutung geistlicher Begleitung und die Unterscheidung, konkretisiert in der Form der Exerzitien.

3.1. Sensibilisierung

Empfehlungen des Ignatius von Loyola für die Betrachtung der Geburt Jesu:
Der erste Punkt: schauen die Personen mit dem Blick der Einbildungskraft, ihre Umwelt im einzelnen überlegen und

Voraussetzung für den Weg der Nachfolge ist die Sensibilisierung für das eigene Fühlen und Erleben nach außen und innen. Wessen Wahrnehmungsfähigkeit behindert oder gestört ist, der kann weder die Signale des eigenen Körpers noch die Signale des Geistes noch die Zeichen der Zeit erkennen und damit auch nicht deuten. Die Schulung

betrachten und aus der Schau einigen Nutzen ziehen.

Der zweite: hören mit dem inneren Gehör, was sie reden oder reden können, und dann sich auf sich selbst zurückbesinnen, und daraus einigen Nutzen ziehen.

Der dritte: riechen und schmekken mit dem inneren Geruchs- und Geschmackssinn den unendlich milden Duft und die unendliche Süßigkeit der Gottheit, der Seele und ihrer Tugenden und des Ganzen, so wie es der Person entspricht, die man gerade betrachtet; dann sich auf sich selbst besinnen, um Nutzen daraus zu ziehen.

Der vierte: berühren mit dem inneren Tastsinn, wie etwa umfangen und küssen der Orte, welche jene Personen betreten und wo sie sich niederlassen, immer darauf bedacht, Nutzen daraus zu ziehen.

Ignatius, GÜ 122-125.

Ich halte es also für gefährlich, die Jahre zu zählen, die man in der Übung des innerlichen Gebetes zugebracht hat; denn geschähe es auch in Demut, so könnte doch meines Erachtens so etwas von Einbildung sich einschleichen, als hätten uns unsere Dienste gewisse Rechte bei Gott erworben. Ich sage nicht, daß man sich keine Verdienste erwerbe, denn alles wird gut belohnt werden; aber nach meiner Überzeugung wird eine dem geistlichen Leben ergebene Person, die meint, sie habe dadurch, daß sie viele Jahre lang das innerliche Gebet geübt, geistliche Tröstungen wohl verdient, niemals zur Vollkommenheit des Lebens gelangen. Ist es denn nicht genug, wenn sie verdient hat, daß Gott sie an seiner Hand hält, damit sie die Sünden meide, womit sie ihn, ehe sie das Gebet übte, beleidigte?

Teresa von Avila, V 39,15.

Als Resultat ihrer Erfahrung lehren die Väter: Man wird nie von Fleischessünden rein, wenn man glaubt, man könne sich das asketisch erkämpfen. Nur dann hat man Erfolg, wenn man ihn von Gott erwartet.

Johannes Cassian, Inst. XII,13.

der Wahrnehmungsfähigkeit ist deshalb die Voraussetzung für jeglichen geistlichen Prozeß. Angesichts der Informationsflut in der heutigen Gesellschaft und der zunehmenden Abstumpfung durch Reizüberflutung scheint dies heute ein wichtiges Anliegen zu sein.

Oft geht es dabei zunächst um eine Reduzierung der Außenreize, etwa durch Schweigen und/oder Rückzug in eine reizarme Umgebung, damit eine neue Sensibilisierung für die „inneren Bewegungen" (Ignatius von Loyola, GÜ 316) erreicht werden kann. Traditionell wird diese Sensibilisierung unter dem Begriff der ‚geistlichen Sinne' gefaßt. Der Mensch hat, nach Meinung dieser Autoren, nicht nur fünf Sinne nach außen, sondern ebenso fünf Sinne nach innen, mit denen er genauso schmecken, tasten, hören, riechen, sehen kann, diese gilt es zu entdekken, „denn nicht das Vielwissen sättigt und befriedigt die Seele, sondern das Verspüren (sentir) und Verkosten (gustar) der Dinge von innen her (internamente)" (GÜ 2). Damit wird deutlich, daß es nicht um eine rein intellektuelle Beschäftigung mit seinen Regungen geht, sondern um ein ‚sinnliches' Wahrnehmen derselben, was auch für die christliche Form der Betrachtung bzw. der Meditation gilt.

3.2. Einübung

In der christlichen Tradition gibt es verschiedenste Gebetsformen, die jeweils der Übung bedürfen, damit sie zur Dialogform für den Menschen werden können und vor allem auch in schwierigen Zeiten tragfähig bleiben. Hier gilt es einerseits seine je eigene Form zu finden, andererseits aber nicht ständig von einer Form zur anderen zu wechseln, wenn sie etwa nach einiger Zeit auch einmal schwierig und anstrengend wird. Dies zu unterscheiden und damit umzugehen, bedarf der Sensibilität für das eigene Erleben und des Dialogs mit einem geistlichen Begleiter.

Alle Christen sind zur Heiligkeit und zur Vollkommenheit berufen (vgl. 1 Thess 4,1-12 und Mt 5,48), sie sind bereits Erlöste und Heilige (vgl. Röm 1,7; 1 Kor 1,2; 2 Kor 1,1; u.a.). Dies gilt es immer mehr zu verinnerlichen bzw. es immer mehr in gelebtes Leben umzusetzen. So beschreibt Christsein immer eine Christwerdung, eine Verwirklichung des bereits erhaltenen Geschenkes der Erlösung. Christsein heißt deshalb immer auf dem Weg, unterwegs sein der Heimat, Gott entgegen, denn alles Streben hat in Gott sein Ziel und deshalb ist alles Irdische wertvoll aber vorläufig und vergänglich, alles in allem kann nur Gott selbst sein. Aus dieser Spannung ergibt sich ein weiteres Motiv christlichen Weges, es ist immer ein Unterwegssein auf Gott zu, der Vollendung entgegen.

Diese grundsätzliche geschichtlich-lineare Ausrichtung christlicher Nachfolge kennt aber durchaus die Notwendigkeit der immer wieder vollzogenen Übung um der Vertiefung und damit um des Fortschreitens willen. Die Wiederholung spielt für die Lebensgestaltung eine große Rolle und dient der Reifung. Sie birgt in sich die Gefahr der schlechten, weil starr machenden Routine und die Chance der Verlebendigung durch Vertiefung, deshalb ist klar zwischen Weg und Ziel zu unterscheiden. Eine sich wiederholende Methode, eine Ordnung kann immer nur Hilfsmittel, Vehikel auf dem Weg zum Ziel sein, sie darf nie selbst zum Ziel werden. Der Weg ist im Christentum nicht das Ziel, sondern das Ziel ist die Gemeinschaft mit Gott, zu der es einen Weg zu gehen gilt.

3.3. Begleitung und Unterscheidung

Die bisherige Beschreibung machte bereits deutlich, daß der Weg der Nachfolge der Begleitung bedarf. Immer wieder ist Unterscheidung wichtig, damit der Weg nicht zum Ziel wird, damit die Askese nicht zur Selbstknechtung verkommt, damit die Wiederholung nicht in Routine erstarrt, damit die Sensibilität nicht erlahmt, damit die Dunkelheit bestanden werden kann usw. Die geistliche Begleitung dient dem Reifungsprozeß des Menschen und soll ihn auf dem Weg halten, immer im Bewußtsein, daß Gott bzw. der Hl. Geist der eigentliche Begleiter und Führer des Menschen ist. Deshalb läßt sich geistliche Begleitung auch als ständiges Bemühen um das Öffnen der Perspektive auf Gott hin beschreiben. Vieles droht den Blick des Menschen einzuschränken, zu verdunkeln, oft ist er in sich selber und seine Lieblingsideen verstrickt, gerade auch auf dem Gebiet des geistlichen Lebens. Hier ist Begleitung wichtig, um immer wieder den Durchblick zu ermöglichen und die Blindheiten aufzudecken.

> Geistliche Begleitung sollte der Garant dafür sein, daß Einübung und Askese ihre positive Ausrichtung behalten, wenn dies auch durchaus schwierige Phasen, Verzicht und Anstrengung bedeutet und nicht zur leib- und lustfeindlichen Praxis verkommt.

3.4. Exerzitien, eine Intensivform geistlichen Lebens
(Thomas Dienberg / Michael Plattig)

In den verschiedenen Exerzitienformen geht es immer um Vertiefung und Verinnerlichung des Glaubens. Letztlich sind sie Vertiefung vor allem der Taufentscheidung. Jeder Exerzitienkurs ist ein Geschehen, das der einzelne vorbereiten, jedoch nicht machen kann. Dieses Geschehen, nämlich die Begegnung mit Gott, benötigt gewisse Formen; es braucht Zeit und einen Rahmen. Exerzitien sind Formen, die Begegnungen mit Christus zu reflektieren, zu initiieren und zu begleiten. Sie leben aus der Kraft des Gebetes, des Schweigens, der Schriftlesung und der Erinnerung an Gottes Heilstaten in der Geschichte seines Volkes und in der persönlichen Lebensgeschichte des einzelnen.

3.4.1. Exerzitien – Begriff und Geschichte

Der lateinische Begriff *exercitium* ist aus dem profanen in den kirchlichen Raum übertragen worden. *Exercere* hat verschiedene Bedeutungen, die alle ein beredtes Licht auf das Verständnis der Exerzitien heute werfen: aus der Ruhe (Burg) bringen, verfolgen; Arbeit, Kunst ausüben; sich üben in.

Der Weg des Glaubens führt zu mehr Leben in Fülle und zur größeren Freiheit vor Gott und den Menschen, denn mit jedem Ruf Gottes sind positive Lebensmöglichkeiten verbunden. ... Für den Dienst der geistlichen Begleitung bedeutet dies, daß er sich als Befreiung zum Leben versteht.
Schneider, 1990, 187.

Als der Altvater Antonios einmal in verdrießlicher Stimmung und mit düsteren Gedanken in der Wüste saß, sprach er zu Gott: ‚Herr, ich will gerettet werden, aber meine Gedanken lassen es nicht zu. Was soll ich in dieser meiner Bedrängnis tun? Wie kann ich das Heil erlangen?' Bald darauf erhob er sich, ging ins Freie und sah einen, der ihm glich. Er saß da und arbeitete, stand dann von der Arbeit auf und betete, setzte sich wieder und flocht an einem Seil, erhob sich dann abermals zum Beten; und siehe, es war ein Engel des Herrn, der gesandt war, Antonios Belehrung und Sicherheit zu geben. Und er hörte den Engel sprechen: ‚Mach es so und du wirst das Heil erlangen.' Als er das hörte, wurde er von großer Freude und mit Mut erfüllt und durch solches Tun fand er Rettung.
Antonios 1.

Wiederum sagte Abbas Antonios: ‚Wer in der Wüste sitzt und die Herzensruhe pflegt, wird drei Kämpfen entrissen: dem Hören, dem Reden, dem Sehen. Er hat nur noch einen Kampf zu führen: den gegen die Unreinheit.'

Antonios 11.

Einem Bruder, der in der Wüste der Thebais wohnte, kam der Gedanke: ‚Was sitzt du hier so unfruchtbar da? Auf, geh ins *Koinobion* (Kloster), und dort wirst du Frucht bringen.' Er stand also auf, kam zum Altvater Paphnutios und teilte ihm seinen Gedanken mit. Der Greis sagte zu ihm: ‚Geh fort und setze dich in dein *Kellion* (Mönchszelle). Verrichte ein Gebet am Morgen, eines am Abend und eines in der Nacht. Wenn du Hunger hast, dann iss, wenn du Durst hast, dann trinke, und wenn du Schlaf hast, dann schlafe. Bleibe in der Wüste und lass dich nicht auf den Gedanken ein.' Er kam auch zum Abbas Johannes und teilte ihm die Weisungen des Abbas Paphnutios mit. Und Abbas Johannes sagte ihm: ‚Bete überhaupt nicht, nur bleibe in dem *Kellion*.' Und er stand auf, kam zum Abbas Paphnutios und teilte ihm alles mit. Der Greis sprach zu ihm: ‚Halte fest, was die Väter dir gesagt haben, ich habe dir nicht mehr zu sagen.' Völlig zufriedengestellt ging er von dannen.

Paphnutios 5.

Wir wollen also eine Schule für den Dienst des Herrn gründen. Bei dieser Gründung ist es unsere Absicht, nichts Hartes, nichts Schweres anzuordnen. Sollten jedoch Vernunft und Billigkeit zur Besserung von Fehlern und zur Bewahrung der Liebe da und dort etwas strengere Anforderungen stellen, so verlaß nicht gleich voll Angst und Schrecken den Weg des Heils, der am Anfang nun einmal eng sein muß. Sobald man aber im klösterlichen Leben und im Glauben Fortschritte macht, weitet sich das Herz, und man geht den Weg der Gebote Gottes in unsagbarer Freude der Liebe. Wir wollen uns also nie der Leitung dieses Meisters entziehen, sondern im Kloster bis zum Tod an seiner Lehre festhalten und in Geduld am Leiden Christi teilnehmen, damit wir auch verdienen, Anteil

Versucht man der Frage nach den Exerzitien in der Geschichte nachzugehen, dann stößt man in erster Linie immer wieder auf Ignatius und seine Form der Exerzitien, die bis heute im Bereich der Exerzitien prägend sind. Sie gelten für viele als die klassische Form der Exerzitien: „Die in der Geschichte des geistlichen Lebens klassische Form der Exerzitien sind die des Ignatius von Loyola, denen auch die Kirche vor anderen den Vorzug gibt" (Rahner, H., LThK², Bd. 3, 1297). Doch ist die ignatianische Form bei weitem nicht die einzige Weise der Exerzitien, so daß an dieser Stelle verschiedene Stränge und Formen aufgewiesen werden sollen.

Exerzitien und Wüste – Wüstentag

Für die Wüstenväter ist die Wüste der Ort ihrer *exercitia*. Die Wüste als bevorzugter Ort der Dämonen ist für sie der Ort, dem Widersacher an seinem letzten Zufluchtsort zu begegnen und ihn zu besiegen. Die Väter folgen Jesus in die Wüste (vgl. Mt 4,1-11). Exerzitien sind für die Väter alle Formen der Askese, um sich für diesen Kampf zu wappnen. Gestaltungselemente der Exercitia sind für die Wüstenväter und frühen Mönche u.a. die Disziplin in der Lebensgestaltung, der Wechsel von Gebet und Handarbeit, Besitzlosigkeit, die Einsamkeit bzw. der Gehorsam, die Enthaltsamkeit, das Fasten, der Kampf gegen die Laster und Leidenschaften, die Tränen, die Demut.

Die Wüste ist demnach ein geistliches Prinzip, nach welchem sich der Mönch als *miles christi* (Soldat/Streiter Christi) versteht. Des weiteren ist die Wüste ein heilsgeschichtlicher Ort, der Ort der Erwählung des Volkes durch Gott, der Ort der ersten Liebe Gottes. Schließlich ist in den ersten Jahrhunderten das hellenistische Ideal, die Wüste sei der Ort der Ruhe fernab vom Lärm der Städte, für viele ein nicht unerheblicher Grund, sich für eine gewisse Zeit in die Wüste zu begeben.

Dieses Ideal läßt sich bei so manchen Wüstentagen und ihrer Praxis heute noch finden. Man sucht sich einen Tag, an welchem der Betreffende allein ist, sich womöglich etwas zum Lesen mitnimmt oder die Schrift studiert, betet und inmitten seiner Arbeit einen ruhigen Tag hat. Doch ist das ein Wüstentag in der Tradition der Väter? Ist das der wirkliche Sinn eines Wüstentages in Verbindung mit *Exercitium*? Um es drastisch zu formulieren: Allzu oft verflacht der Wüstentag heute zu einem schönen Wandertag. Doch tiefste Intention ist in erster Linie die Auseinandersetzung mit den eigenen Dämonen und die Begegnung mit Christus. Wüstentag meint nicht einen ruhigen und besinnlichen Lesetag; er meint das Einlassen auf sich und Gott, und das führt stets zu einer ‚ruhigen Ruhelosigkeit'. Der Wüstentag ist eine Weise der Einübung in christliches Leben und Glaubensexistenz.

Geschichtliche Entwicklungen

Seit den ersten Jahrhunderten wird unter *Exercitium* die Anstrengung in Aktion (Askese) und Kontemplation (Mystik) verstanden; doch schon bald findet eine Verschiebung statt: der Ausdruck gilt auch für die Übung einzelner Tugenden, für die Tageseinteilung, für Arbeits- und Gebetsweisen. Mehr und mehr werden *exercitia* mit *spiritualia* ergänzt und infolgedessen auf Gebetsübungen eingeschränkt. Waren Exerzitien für die Wüstenväter noch sehr stark mit Handarbeit gemeinsam eine geistliche Übung, sahen die Mönche von Cluny in den Exerzitien eine lediglich geistliche Übung. Es sind im monastischen Kontext

zu haben an der Herrlichkeit seines Reiches. Amen.
 Die Benediktsregel, Prolog.

Da die Glückseligkeit in nichts anderem besteht, als des höchsten Gutes zu genießen, und das höchste Gut über uns droben ist, so kann keiner glückselig werden, er gehe denn über sich selber hinauf... Es kann uns aber über uns selbst nur eine über uns erhabene Wirkkraft hinausheben... Göttlicher Beistand aber begleitet die, welche von Herzen demütig und fromm darum angehen; und das heißt nach ihm seufzen in diesem Tränental; es geschieht in glühendem Gebet. Das Gebet also ist Vater und Zeuger der Hochtat.
 Bonaventura, Itinerarium I,I.

Wenn du aus diesen Meditationen Gewinn ziehen willst, dann setze alle Sorgen und Kümmernisse still beiseite. Mache dir mit dem Gemüte des Herzens liebend und besinnlich alles, was der Herr Jesus gesagt und getan hat, so gegenwärtig, als wenn du es mit eigenen Ohren hörtest und mit deinen Augen schautest. Dann wird das alles süß, weil du es mit Sehnsucht bedenkst und noch vielmehr kostest. Und wenn es auch in der Form der Vergangenheit erzählt wird, so betrachte du alles wie heute gegenwärtig... Geh ins Heilige Land, küsse mit brennendem Geist die Erde, auf der der gute Jesus stand. Mache dir gegenwärtig, wie er sprach und umging mit seinen Jüngern, mit den Sündern; wie er spricht und predigt, wie er geht und ruht, schläft und wacht, ißt und Wunder wirkt. Umschreibe dir in deinem Herzen sein Verhalten und sein Tun.
 Ludolf von Sachsen, Vita Jesu Christi.

stark individuell ausgeprägte Übungen, die der Mönch neben seinen in der Regel vorgeschriebenen Übungen verrichten soll.

Die Regula Benedicti ist dagegen noch geprägt von Lebenserfahrungen und der Weisheit des Maßes (*discretio*). Sie will nicht nur gelesen und meditiert, sondern gelebt werden. Es geht um die Praxis, um die Exercitia. Abgesehen von spezifischen monastischen Lebensformen geht es in der Regula Benedicti im Prinzip um die christliche, gelebte Spiritualität. Neben dem Prolog ist vor allem das 49. Kapitel der Regula Benedicti bedeutsam, wo die Rede von den Quadragesima-Exerzitien ist. Im 6. Jahrhundert waren diese Exerzitien in Gallien eine allgemeine Praxis gemäß dem Vorbild Jesu, der 40 Tage in der Wüste verbrachte.

Auf den Kartäuser Guigo II. († 1188) geht eine Zuordnung des Begriffs *exercitium spirituale* als Stufung der von ihm beschriebenen Schritte der *lectio* (Lesung), *meditatio* (Betrachtung), *oratio* (Gebet) und *contemplatio* (Kontemplation) zurück. Erste Versuche systematischer Zusammenfassungen von Gebetsübungen im Sinne der *exercitia spirituale* werden in der Folgezeit versucht.

Keine ausdrücklichen Exerzitien, jedoch Anregung und Anleitung das geistliche Leben zu gestalten, lassen sich auch in der franziskanischen Tradition finden, so vor allem bei Bonaventura († 1274). Sein *Itinerarium mentis in Deum* (Wanderbuch zu Gott), das 1259 auf dem Berg La Vernia entstanden ist, führt alles Geschaffene auf Gott hin zurück und entwickelt sechs Stufen des Aufstiegs mittels der Spiegelung Gottes in seinen Geschöpfen. Durch fünf Tore, die fünf Sinne, tritt der Kosmos in die Seele des Menschen. Diese Anleitungen sollen den Menschen sensibel machen für die Schöpfung, darin soll er Gott erkennen, gleichzeitig die Aufgabe der Wissenschaft begreifen (*exercere* bedeutet für Bonaventura den Übergang vom Wissen zur Weisheit), sich auf den Weg zu Gott machen, an Jesus Christus glauben und lieben lernen.

Von besonderer Bedeutung für die Entwicklung der Exerzitien ist Ludolf von Sachsen, ein Kartäuser († 1378). Er schreibt in Mainz *Das Leben Jesu*, das meistgelesene Werk und Erbauungsbuch des Spätmittelalters. In seinem Vorwort mahnt Ludolf, täglich das Leben Jesu zu betrachten, sich die evangelischen Szenen zu vergegenwärtigen, um so immer mehr mit Christus gleichförmig zu werden. Mit diesen Aufzeichnungen kann Ludolf als der Wegbereiter der ignatianischen Exerzitien gelten.

3.4.2. Ignatius von Loyola und sein Exerzitienbuch

An den Exerzitien des Ignatius zeigt sich sehr schnell das Problem, das sich im Prinzip mit allen Formen der Einübung geistlichen Lebens ergibt. Man muß sie üben und praktizieren, sie sind nicht zu lesen oder zu studieren. Was sie sind und wie sie wirken ergibt sich erst im Tun. Die Bedeutung der Exerzitien liegt im lebendigen Vollzug dieser Übungen. Nur wer die geistlichen Übungen macht, weiß, was Exerzitien sind. Gleichzeitig ist sowohl der geschichtliche Kontext als auch die Biographie des Ignatius hinzuzuziehen, um die Exerzitien einordnen und wirklich verstehen zu können. An dieser Stelle sollen nur einige Grundzüge aufgezeigt werden.

Einführung und Hintergrund

Ignatius hat aus der Tradition eine neue Synthese gemacht mit dem klaren Ziel, ausgedrückt in GÜ 1: „alle ungeordneten Neigungen von sich zu entfernen, und nachdem sie abgelegt sind, den göttlichen Willen zu suchen und zu finden in der Ordnung des eigenen Lebens zum Heil der Seele." Nach Ignatius sind Exerzitien etwas Neues, ohne das Alte auszulöschen.

Sie entstanden zwischen 1522 und 1535 aus der mystischen Erfahrung des Ignatius vor allem während der Zeit seiner Verwundung in Loyola (1521/22) und anschließend in Manresa (1522/23), aus seinem Studium in Paris, aus der kirchlichen Situation seiner Zeit (Humanismus und Reformation) und seinen Erfahrungen als ‚Exerzitienmeister'.

Bereits in Manresa reift in ihm der Entschluss, „den Seelen zu helfen": „Außer den sieben Stunden Gebet gab er sich damit ab, einigen Seelen, die ihn aufsuchten, in Fragen des geistlichen Lebens Hilfe zu leisten" (PB 26). D.h. schon sehr früh, bereits ein Jahr nach seiner Bekehrung beginnt er mit der Seelenführung. Ignatius wird Priester, „um den Seelen besser helfen zu können" (PB 50).

Die gleiche Ausrichtung bestimmt den Kreis seiner ersten Gefährten: „Damals hatten sie bereits darüber beraten, was sie unternehmen wollten, nämlich nach Venedig und dann nach Jerusalem zu gehen und ihr ganzes Leben dem Heil der Seelen zu widmen" (PB 85).

Der größere Dienst für Gott unseren Herrn und der Nutzen für die Seelen werden zu den Grundinhalten seiner Spiritualität, so daß zum Dienst an Gott untrennbar die Hilfe für die Seelen gehört.

Für Ignatius, und darin wird er sicherlich heute oftmals verkannt, sind seine Formen der Exerzitien eine ganz spezielle Form der Einübung. Exerzitien sehen bei jedem Menschen anders aus. Er schlägt den von ihm eingeschlagenen Weg als einen Weg vor, den man nachgehen kann, der aber der je eigene Weg des einzelnen ist.

Sklavische Buchstabentreue ist sicherlich nicht im Sinne von Ignatius. Nicht Buchstabentreue aber Treue sich selbst, den Betrachtungen und dem Christusereignis gegenüber ist der Weg, der eingeschlagen werden sollte. Das Grundanliegen der ignatianischen Exerzitien liegt in der Bekehrung und Verwirklichung der je eigenen Berufung. Ziel ist also ein tiefgreifender Veränderungsprozeß, der den Menschen befähigt, die entschiedene Entscheidung für Gott zu treffen.

Der Prozeß der Exerzitien hat im wesentlichen vier entscheidende Faktoren: das Exerzitienbuch selbst als Grundlage, der Exerzitienleiter, der Exerzitand mit seinen Übungen und die Umsetzung in Gebet und Leben, d.h., es ist ein notwendiges Mittelmaß von freier Gestaltung und bestimmter vorgegebener Formen von seiten des Ignatius zu finden.

Seinen geistlichen Übungen stellt Ignatius einige Anweisungen voraus, 20 an der Zahl, die in erster Linie dem gelten, der die Exerzitien gibt, aber auch generell sehr viel und Entscheidendes über die Exerzitien aussagen.

Sie umfassen eine Art Kommentar oder Ausführungsanweisung oder mehr noch eine Pädagogik der Exerzitien. Dabei wird in der Vorbemerkung des Ignatius bereits deutlich, daß es in den Exerzitien keinen menschlichen Exerzitienmeister oder Exerzitienleiter gibt. In seinen Exerzitien spricht Ignatius immer von dem, „der die Exerzitien (oder Übungen) gibt" und von dem, „der die Exerzitien (oder Übungen)

Der Glaube, der die Dinge auf Gott hin transparent werden läßt, muß von Gott gegeben werden. Die reine Absicht meint jenes lautere Herz, das nur Gott schaffen kann. Und erst recht ist die Kraft zur Liebe die größte aller Gnaden.

Stierli, 204.

macht". Der eigentliche Meister ist Gott in Jesus Christus. Die Mitte der Exerzitien ist Jesus Christus, so daß die Exerzitien nichts anderes als eine Einübung in die Nachfolge Christi sind.

> Das Ziel ist es, den göttlichen Willen zu suchen und zu finden; dem hat alles andere sich unterzuordnen und zu dienen. So sind auch die Exerzitien keine streng einzuhaltende Methode als vielmehr Hilfestellung im Dienst am anderen.

Verstand und Wille sind für Ignatius die stärksten Kräfte, nicht Phantasie und Gefühl. Darum sollen in den Exerzitien Lebens- und Ordensziele erkannt und zum Besitz werden. Die Exerzitien wollen zur höchsten Leistungsfähigkeit der Gottes- und Menschenliebe anspornen. Sie rufen zu einer Mystik der Tat auf. Die Exerzitien werden gemacht, doch die Gnade behält den Primat, denn Erkennen und Erfüllen des Willens Gottes sind in erster Linie der Gnade Gottes entsprungen.

Unterscheidung der Geister in den Exerzitien

Der Jesuit F. Meures gibt auf ignatianischem Hintergrund eine prägnante Definition: „Unterscheidung der Geister ist ein Klärungsprozeß, in dem ein Mensch aus einer persönlichen Vertrautheit mit Christus heraus die von ihm erlebten inneren und äußeren Bewegungen und Antriebe daraufhin überprüft, ob sie mehr zu Gott führen oder eher von ihm weg, um so zu Entscheidungen fähig zu werden, welchen Weg er vor Gott gehen soll." (Meures, 278).

> Der Exerzitienprozeß ist darauf angelegt, daß der, der die Exerzitien nimmt, immer sensibler wird für seine inneren Regungen bei der Betrachtung bzw. Imagination oder bei der Frage der Wahl, d.h. wie es ihm im Inneren geht, wenn er sich etwa die Alternativen vor Augen führt.

Diese inneren Bewegungen teilt Ignatius nun ein in Trost und Trostlosigkeit und gibt in GÜ 313-336: „Regeln, um auf irgendeine Weise die verschiedenen Bewegungen zu verspüren und zu erkennen, die in der Seele verursacht werden: die guten, um sie aufzunehmen, die schlechten, um sie zu verwerfen" (GÜ 313). Die Regeln zur Unterscheidung der Geister hat Ignatius den eigentlichen Übungen als Anhang beigegeben; die dort beschriebenen Wirkungen des guten und des bösen Geistes hat H. Rahner so zusammengefaßt:

Der gute Geist
innerer Friede / geistliche Freude / Glaube, Hoffnung, Liebe / Tränen / Erhebung des Geistes.

Der böse Geist
Bekämpfung des Friedens / Traurigkeit / Verlangen nach Niedrigem / Trockenheit / Schweifen des Geistes in niedrigen Dingen. (Vgl. Rahner H., Werdet kundige Geldwechsler, 317).

Für Ignatius ist die Dauer der Exerzitien eine Periode von etwa dreißig Tagen, die er in vier Abschnitte aufteilt, ‚Wochen' genannt, ohne daß

Ich nenne es Trost, wenn in der Seele eine innere Bewegung verursacht wird, durch welche die Seele in Liebe zu Ihrem Schöpfer und Herrn zu entbrennen beginnt, und wenn sie infolgedessen kein geschaffenes Ding auf dem Antlitz der Erde mehr in sich zu lieben vermag, es sei denn im Schöpfer ihrer aller. Desgleichen, wenn einer Tränen vergießt, die ihn zur Liebe Seines Herrn bewegen, sei es aus Schmerz über seine Sünden oder über das Leiden Christi unseres Herrn oder über andere unmittelbar auf Seinen Dienst und Lobpreis hingeordnete Dinge. Schließlich nenne ich Trost jeglichen Zuwachs an Hoffnung, Glaube und Liebe und jede innere Freude, die zu den himmlischen Dingen und zum eigenen Seelenheil aufruft und hinzieht, indem sie der Seele Ruhe und Frieden in ihrem Schöpfer und Herrn spendet.

Ignatius, GÜ 316.

3. Der eigene geistliche Weg

Ich nenne Trostlosigkeit alles, was zur dritten Regel in Gegensatz steht, wie Verfinsterung der Seele, Verwirrung in ihr, Hinneigung zu niedrigen und erdhaften Dingen, Unruhe durch verschiedene Umtriebe und Versuchungen, die zum Unglauben, ohne Hoffnung, ohne Liebe hintreiben, wobei sich die Seele ganz träge, lau, traurig findet und wie getrennt von ihrem Schöpfer und Herrn. Denn wie der Trost das Gegenteil der Trostlosigkeit ist, so sind auch die Gedanken, die aus dem Trost entspringen, den Gedanken entgegengesetzt, die aus der Trostlosigkeit entstehen.

Ignatius, GÜ 317.

jede Woche strikt sieben Tage zu dauern hat; sie können kürzer oder länger sein je nach den Gegebenheiten.

Das Kernstück ist die zweite Woche. In der zweiten Woche erwartet Ignatius die entscheidenden inneren Vorgänge. Hier soll die sogenannte Wahl stattfinden, wo sich der Exerzitand die Frage stellt: Was muß ich tun? Wie soll er, durch die Betrachtung der Geheimnisse des Lebens Jesu, Christus nachfolgen? In welchem Stand, in welcher Form und Lebensgestaltung?

Die erste Woche schafft die Vorbedingungen der Erfahrungen der kommenden Tage: Grund- und Krisenerfahrung. Die dritte und vierte Woche sind Überleitungen in das normale Leben, denn es geht um Überleitung ins normale Leben, nicht um eine Einübung einer spirituellen Praxis für den Alltag: „Sie wollen wach machen für das, was sonst im Leben verborgen geblieben war, um dann dieses Leben später mit größerer Bewußtheit zu führen" (Platzbecker,228). Ursprünglich waren die Exerzitien im Sinne des heiligen Ignatius darauf angelegt, daß sie ein oder zweimal im Leben des einzelnen absolviert werden sollten. Im Grunde genommen wollen sie die Entscheidung für Christus vertiefen oder eine Bekehrung hervorrufen. Prinzipiell hat Ignatius zunächst nur an den einzelnen gedacht, nicht an Gruppenexerzitien.

3.4.3. Zur Praxis der Exerzitien heute

Für Karin Johne sind Exerzitien vor allem und in erster Linie Formen, mit Christus in Kontakt zu kommen und die Welt, den Alltag und das Leben aus dieser intensiven Begegnung heraus zu gestalten. Alles tun, damit wir zum geistigen Tempel Gottes erbaut werden können, in welchem der dreieinige Gott in uns und durch uns Wirklichkeit werden kann in dieser Welt.

Johne, 13.

Die Vielfalt der Exerzitienmöglichkeiten hat sich in heutigen Tagen von den ehemals fast allein geltenden ignatianischen Exerzitien stark erweitert. Neben den ignatianischen Exerzitien in 40 Tagen oder auch in der Kurzform der 10 Tage gibt es Vortrags- und Radio-Exerzitien. Es gibt Wanderexerzitien, Meditationsexerzitien, Einzelexerzitien, oftmals stark ignatianisch geprägt, Exerzitien in Form von Bibliodrama, Fastenexerzitien, Exerzitien im Alltag und kontemplative Exerzitien.

Bei all den verschiedenen Formen sind die Ansprüche an den Leiter oder Begleiter und an den Exerzitanden gleich. Es ist ein Geschehen, das der ernsthaften Vorbereitung und der gewissenhaften Durchführung bedarf.

Auf Seiten des Begleiters ist mehr Erfahrung als Wissen notwendig, mehr pädagogischer Sinn als wissenschaftliches Arbeiten, mehr Einfühlungs- als Rednergabe. Wichtig ist die Geduld, den Geist Gottes walten zu lassen. Der Exerzitienleiter hat die Aufgabe der Begleitung. Nicht er ruft die Begegnung des einzelnen mit sich und Gott hervor. Es ist sozusagen eine Art Vermittlerrolle in einem Du-Geschehen. Der eigentliche Meister ist der Heilige Geist. Der alte Begriff des Meisters ist heute kaum mehr zu hören. Zumeist wird er Exerzitienleiter oder Exerzitienbegleiter genannt. Dennoch sind sozusagen meisterliche Fähigkeiten notwendig, den anderen zu führen, zu begleiten und sich selbst zurückzunehmen.

Exerzitien zu leiten bedeutet, einen Menschen eine Wegstrecke zu führen. Das geschieht im Rahmen der Verkündigung. Der Exerzitienmeister wendet keine Technik an. Er zeigt einen Weg, den er selber gegangen ist und selber lebt. Das persönliche Zeugnis spielt eine bedeutende Rolle.

Jalics, 17.

Auf Seiten des Exerzitanden ist eine gewisse Offenheit notwendig sowie die Fähigkeit über die eigenen Erfahrungen zu reflektieren. Voraussetzung ist die Bereitschaft, sich auf sich selbst und auf Gott einzulassen, der Wille, einen Weg zu gehen, dessen Ziel der Betreffende noch nicht vor Augen hat.

Erste Quelle des Exerzitienprozesses ist immer die Bibel! Exerzitien sind ein aktives Hören wie bei Maria. Sie dienen der Umkehr im weitesten Sinne sowie der Aktualisierung der Taufe. Die Person steht vor dem Programm und dem Thema. Es geht um Hingabe.

Exerzitien und ihr Prozeß sind von zwei Richtungen bestimmt: von der Erinnerung an die Gottesbegegnungen in der Tradition und in der heiligen Schrift sowie von der Wegweisung und Sendung, von dem Auftrag und der Zukunft. Sie sind geistliche Übungen, die Erinnerung und Erzählung aktualisieren und einen Umformungsprozeß initiieren wollen.

Der Ort der Exerzitien ist die Kirche, denn immer steht die Suche nach dem Auferstandenen im Mittelpunkt. Diese Suche und Begegnung schließt die Teilnahme an seiner Sendung mit ein. Der Exerzitand ist eingeladen, in der Begegnung mit Christus sein Leben zu ordnen, um gegenüber sich selbst, Gott und dem Nächsten frei zu sein.

Einkehrtage und auch Besinnungstage dienen ebenso der Gottesbegegnung im Wort und im Gottesdienst, im Schweigen und im Miteinander. Sie sind jedoch keine Exerzitien, da sie keinen Prozeß im Sinne der Exerzitien hervorrufen können. Es sind Tage des Innehaltens, der Wahrnehmungsschulung und der Wachsamkeit.

Sie dienen dazu, die Sehnsucht nach Gott wieder zu entfachen oder wachzuhalten und diese gemeinsam mit anderen zu teilen.

In den Rahmen der Exerzitien gehört auch die *revision de vie*. Es ist eine geistliche Übung, sein Leben vor Gott und der Gemeinschaft der Glaubenden zur Sprache zu bringen. Es geht darum, die Geschehnisse, Erlebnisse, Tatsachen und Fragen des eigenen Lebens zu reflektieren und mit Gott in Beziehung zu bringen. Das Ziel ist es, die Spuren Gottes im eigenen Leben zu erkennen und dadurch Kraft für den Alltag zu gewinnen. Im Verbinden der Lebensereignisse mit Gott entsteht so etwas wie ein roter Faden, der zur Bewältigung des Alltags beitragen kann. Entstanden ist die *revision de vie* durch die Arbeiterbewegung in Belgien mit ihrem Motto: Sehen – Urteilen – Handeln.

Die *revision de vie* ist so etwas wie ein Exerzitienprozeß im Alltag, den der Betreffende allein oder mit anderen regelmäßig führen kann.

Einübung – Exerzitien im Alltag

Der Weg unseres Lebens kann nur mitten durch den Alltag, seine Not und seine Pflicht hindurchgehen, darum kann der Alltag nicht durch Flucht, sondern nur durch Standhalten und durch eine Verwandlung überwunden werden. Also muß in der Welt Gott gesucht und gefunden werden, also muß der Alltag selbst gebetet werden.
Rahner K., Von der Not und dem Segen des Gebetes, 89f.

Neben den ignatianischen Exerzitien erfreuen sich vor allem die Exerzitien im Alltag zunehmender Beliebtheit. In dieser Form von Exerzitien wird deutlich, daß geistliches Leben vor allem auch alltägliches Leben ist. Es trägt den Lebensumständen vieler Rechnung, die aufgrund beruflicher und/oder familiärer Verpflichtungen sich nicht für eine Woche oder eine noch längere Zeit ganz freimachen können. So werden in unterschiedlichsten Modellen zu bestimmten Jahreszeiten oder unabhängig von ihnen Exerzitien angeboten, die sich in die Tagesstruktur der Menschen von heute einbinden lassen.

Die unterschiedlichsten Momente dieser Exerzitienform verfolgen vor allem das Ziel, den Menschen in seinen Alltagserfahrungen zu bestärken und diese im Licht des Glaubens zu sehen und zu erleben. Es ist der Versuch, keine geistlichen Höhenmomente außerhalb des normalen Alltags zu schaffen und zu bewirken, als vielmehr die Botschaft Jesu mit dem Alltag zu verbinden und in Form von Rahmenhandlungen wie gemeinsamen Gesprächen und Impulsen, in Form von Einzelbesinnungen und gemeinsamen Gebet eine Form der Einübung zu finden, die die Lebensumstände des Menschen ernst nimmt und dabei deutlich macht, daß geistliches Leben alltägliches Leben bedeutet. Exerzitien im Alltag sind ein Versuch, inmitten des Berufslebens und des sonstigen Alltags Exerzitien zu vollziehen; dabei ist die Situation des Alltags ein wesentlicher Bestandteil des Einübens. Der Alltag ist der Ort der exemplarischen Gotteserfahrung.

Die Trennung von Glaubens- und Alltagsleben soll überwunden werden, so daß sich am Ende von Exerzitien nicht wie so oft die Frage stellt: Was bleibt? Und wie kann es nun im Alltag unter völlig anderen Vorzeichen weitergehen? Die Diskrepanz von geistlichen Erfahrungen außerhalb der alltäglichen Erfahrungswelt und dem ‚normalen' Leben soll überbrückt werden.

Die Methodik der Exerzitien im Alltag ist nicht völlig selbständig oder von sich aus entstanden. Sie orientiert sich an Elementen aus der Tradition in Verbindung mit modernen Gebets- und Meditationsformen. Oftmals sind sie dabei sehr ignatianisch geprägt.

Im Berufs- und Arbeitsleben lernt der Gläubige, sich mit sich selbst auseinander zusetzen und sich Gott zu stellen. Dabei werden ihm Übungen an die Hand gegeben, die diese Betrachtungen erleichtern sollen: angefangen vom ‚hörenden Schweigen' (einfach einmal still sein und horchen lernen, aufmerksam sein als Grundbedingung des Betens), über Hinführungen zu diversen Meditationsformen (wobei die Einfachheit gegeben sein sollte, die Voraussetzung ist, daß Methoden auch ihren Platz im Alltag finden können), über die Entdeckung leiblicher Dimension geistlichen Lebens, Abendrückblick, Gebetshaltungen und Betrachtungsweisen bis hin zu Schriftgesprächen und Fragen für den Alltag. Wichtig ist, daß in irgendeiner Form regelmäßig ein Austausch stattfindet, entweder in der Gruppe oder/und mit dem Begleiter der Exerzitien. Letzterer muß gut ausgebildet sein und die Situation der Teilnehmer im Blick behalten.

Die Teilnehmer werden angehalten, nicht nur innerlich sich zu bereiten, sondern auch eine Ecke im Haus zu finden, oder die Kirche zu benutzen, wo sie sich zurückziehen, die entsprechend gestaltet ist und wo sie für sich sein können, wo sie sich von ½ Stunde bis zu einer Stunde sich selbst gönnen. Es werden dabei ganz konkrete Tips gegeben, sich wirklich diese Zeit zu gönnen: den Fernseher ausschalten, das Telephon abstellen, Anleitungen zum richtigen Sitzen und Atmen etc.

> Angesichts der vielfältigen Einbindungen der Menschen heute, angesichts der Verpflichtungen und auch der Hemmschwellen, ein kirchliches Bildungs- oder Exerzitienhaus zu besuchen, auch angesichts der Kosten vieler Kurse sind die Exerzitien im Alltag eine sicherlich äußerst begrüßenswerte Form, geistliches Leben einzuüben und sich auf die Suche nach den Spuren Gottes im eigenen Leben zu machen.

Wenn man diese Transzendenzerfahrung, in der der Mensch mitten im Alltag immer schon über sich selbst und über das Einzelne, mit dem er umgeht, hinaus ist, ‚Mystik' nennen wollte, dann könnte man sagen, daß Mystik immer schon mitten im Alltag sich ereignet, verborgen und unbenannt, und die Bedingung der Möglichkeit für die nüchternste und profanste Alltagserfahrung ist.
Rahner K., Erfahrung des Heiligen Geistes, 235.

Nur dort, wo die äußere Botschaft des Christentums sich nicht für sich allein mächtig versteht, sondern der innersten Erfahrung des Menschen, also der mystischen Komponente des Christentums entgegenkommt, sie gleichsam aktualisiert, sie lebendiger macht, sie unter dem Schutt des Alltagsbewusstseins ausgräbt, nur dort kann heute ein lebendiges Christentum noch bestehen, auch in einer atheistischen Gesellschaft.
Rahner K., Mystische und politische Nachfolge Jesu, 37f.

☞ Spirituelles Leben bedarf der Einübung von Formen und Regelmäßigkeiten in der Gestaltung der Beziehung zu Gott, im Sich-zu-öffnen für die Gnade, den Geist Gottes. Spirituell leben bedeutet bei seinen Entscheidungen nach dem Willen Gottes zu fragen.

Für diesen Prozeß sind Intensivzeiten wie Exerzitien hilfreich, jedoch geht es um eine Veralltäglichung spirituellen Lebens, eine Durchdringung des Alltags mit bzw. durch Gott.

V. Nicht von der Welt, aber in die Welt gesandt
Christliche Existenz in der Welt

0. Eine Gute Botschaft
von Gotthard Fuchs

0.1 Worum es in diesem Teil geht

In diesem fünften und letzten Teil geht es um einen spirituellen Umgang mit den brennenden gesellschaftlichen, politischen, wirtschaftlichen und ökologischen Fragen unserer Zeit, die uns nicht nur hier in Westeuropa beschäftigen, sondern weltweit heftige politische und religiöse Diskussionen ausgelöst haben. In allen Ländern dieser Erde erwacht das Bewußtsein, daß wir uns gemeinsam um die Lösung der Probleme mühen müssen, die uns alle betreffen, und daß wir uns dabei auf ein Minimum an humanen Werten, Grundhaltungen und Maßstäben zu besinnen haben, damit unsere Welt zukunftsfähig ist.

Viele zweifeln allerdings daran, daß es gelingen kann, international und interkulturell gemeinsame Normen abzusprechen und durchzusetzen, weil ja nicht nur einzelne Diktatoren immer wieder intolerant und egoistisch ihre eigenen Interessen über jedes Recht und jede Ordnung stellen, sondern nicht einmal die Religionen die Gebote und Maßstäbe einhalten, die sie selbst verkünden. Überall auf dieser Welt sind religiöse Überzeugungen Ursache von Krieg und Fanatismus; überall führen wirtschaftliche Interessen zu gewaltvollen Auseinandersetzungen; überall wird um persönlicher Vorteile willen die Umwelt zerstört und Lebensraum vernichtet.

Dennoch versuchen überall auf der Welt religiös engagierte Menschen ihre geistigen Kräfte zu bündeln, um das Antlitz der Erde zum Guten zu verwandeln. Sichtbares Zeichen dafür war u.a. die *Erklärung zum Weltethos*, verabschiedet am 4. September 1993 in Chicago (vgl. Küng, 1996). Gerade das Christentum spürt heute die Herausforderung, sich am Gespräch über die Zukunft dieser Welt zu beteiligen – nicht um mit Gewalt und Unterdrückung die eigene Position durchzusetzen (wie es ehedem oftmals im Zuge der Missionierung neu entdeckter Völker der Fall war), sondern um in Respekt vor dem Glauben anderer und in Anerkennung ihrer Würde und Freiheit einen Beitrag zu leisten zur Lösung der uns heute bedrängenden Probleme.

Auch dieser Kurs möchte sich in dieses Gespräch einhängen. Exemplarisch soll es hier um die Themen gehen, die besonders viel Staub aufgewirbelt haben: 1. um die Frage nach menschenwürdiger Arbeit für alle, 2. um die Frage nach der Bewahrung der Umwelt und 3. um die Frage nach einem fruchtbaren Dialog zwischen den Religionen.

0.2 Bekenntnisbedarf? Auf der Suche nach dem verlorenen Evangelium

> Das postmoderne Lebensgefühl ist aus zwei Komponenten gefügt: Erstens, der Erfahrung, daß es keinen Sinn (mehr) gibt für das Ganze, und zweitens, der Entschlossenheit, daß dies noch lange kein Grund sein braucht, Trübsal zu blasen.
> Guggenberger, 28.

Das Warenhaus Gesellschaft hat unterschiedlichste Sinn- und Werteinstellungen im Angebot – zu Zeiten gar mit herabgesetzten Preisen je nach Abteilung und Kundendienst, aber auch bewußt anspruchsvoll und teuer, vom Supermarkt bis zum Delikatessenladen. Reizvoll die Vielfalt der Angebote, die individuelle Färbung, die besondere Präsentation – aber auch verwirrend bis zur Qual der Wahl. Freiheitsbewußtsein und ‚Zwang zur Häresie‘, die Tugend der Orientierungslosigkeit und die Einengung durch Sachzwänge – zwei Seiten derselben Medaille in der Erlebnisgesellschaft mit ihrer alten neuen Unübersichtlichkeit. Die Kinder der Freiheit schwanken zwischen Lust und Angst vor den Möglichkeiten des Lebens.

Fundamentalismus und Libertinage ergänzen sich: Entscheidungs- und Bekenntnisbedarf also? Neue Unverbindlichkeit oder größere Bindung, gar aus Freiheit? Freiheitsliebe oder Freiheitsangst oder beides?

Lust an der Pluralität, Wende zum Anderssein oder Getto-Fixierung auf Mono-Strukturen?

Einerseits also geht der Blick unbekümmert auf postmoderne Lebenswelt hierzulande, wie sie ist – multikulturell, interreligiös, vielfarbig und transversal, also gespalten um den Preis vieler Antagonismen zwischen Selbstverwirklichung und Selbstverfehlung, zwischen Arm und Reich. Und das Christentum hierzulande, die Kirchen, die Gemeinden, die Gläubigen? Die volkskirchlichen Milieus zerbröseln, nachchristentümliche Religiosität expandiert – und inmitten dieses religionsfreundlichen Atheismus, dieser nachchristentümlichen Religiosität entsteht neu die Frage: was das denn sei, das Evangelium. Bekenntnisbedarf? Die Herausforderung heißt: Wählen müssen auf dem Markt der Möglichkeiten, Entschiedenheit und Unterscheidung entwickeln, Positionierung eigener Überzeugungen, durch Zustimmungs- und Widerstandskraft? Natürlich nicht fundamentalistischer Rigorismus, Bekenntnis vielmehr als Angebot, transparent und argumentativ vermittelt mit der Fähigkeit zur Selbstkritik und Lernbereitschaft. Gesucht und gefragt also sind, konfessiorische Identität, Selbst- und Sendungsbewußtsein zwischen den Klippen des Fundamentalismus und der Libertinage – und dies um der christlichen Glaubwürdigkeit willen nach innen und außen.

> Wir verteidigen Gott wie unser Eigentum, wir verkünden ihn nicht wie das Leben alles Lebens, wie den unmittelbaren Nächsten all dessen, was lebt. Wir sind keine Erklärer der ewigen Neuheit Gottes, sondern Polemiker, die eine Lebensanschauung verteidigen, welche überdauern soll.
> Delbrêl, 238.

„Wir verkünden keine gute Nachricht, weil das Evangelium keine Neuigkeit mehr für uns ist, wir sind daran gewöhnt, es ist für uns eine alte Neuigkeit geworden. Der lebendige Gott ist kein ungeheures, umwerfendes Glück mehr; er ist ein Gesolltes, die Grundierung unseres Daseins" (Delbrêl, 238). So notierte die katholische Sozialarbeiterin Madeleine Delbrêl selbstkritisch im Blick auf die allseits vorherrschenden kirchlichen Lebenszusammenhänge. Das ‚Evangelium' – Kurzformel christlicher Hoffnungsperspektiven und Inbegriff des biblischen Gründungsdokuments – sei irgendwie abhanden gekommen, verbraucht durch religiöse Routine, moralisierende Engführung und geistliche Faulheit.

Hellsichtig hatte Madeleine Delbrêl ein Grundproblem kirchlich verfaßten Christentums unter den Voraussetzungen der Moderne diagnostiziert. Wo ‚das' Evangelium nurmehr kirchlicher Privatbesitz, religiöse Bedürfnisstruktur oder gesellschaftliche Kontingenzbewältigungspraxis ist, sei es ohne unterscheidende Kraft, ohne überraschende Erneuerungsperspektive, ohne kritisch die Regelläufe unterbrechende Potenz. Nicht also vermeintlich religiöses Gejammer über die gottlosen Zeitläufte führte Madeleine Delbrêl die Feder – und auch darin ist sie beispielhaft –, vielmehr die selbstkritische Aufarbeitung der wohltuenden Differenz zwischen Evangelium und Kirche. Was unter Christinnen und Christen faktisch aus dem Evangelium geworden sei, habe kaum mehr etwas mit seiner befreienden Ursprungsdynamik zu tun: Aus der gelebten Gottes- und Nächstenliebe sei moralische, ja moralisierende Routine geworden; aus der lebendigen Beziehung zu Gott dessen Funktionalisierung unter der Leitung religiöser Eigeninteressen, aus alternativem Leben bloß abstrakte Lehre. Neu also gilt es, sich auf die Suche nach dem verlorenen Evangelium zu begeben (bzw. vom Evangelium suchen und finden zu lassen).

Gewiß haben sich die kirchlichen Verhältnisse seit den Ausführungen Madeleine Delbrêls vielfältig verändert, besonders durch das Zweite

Vatikanische Konzil. Verschärft aber hat sich dadurch noch die Rechenschaftspflicht derer, die sich Christen und Christinnen nennen – sowohl vor dem Forum der eigenen Vernunft wie im Blick auf die gesellschaftliche Realität. Die Frage, was denn das Besondere des christlichen Glaubens sei und worin sein humanisierender Mehrwert besteht, ist dringlicher denn je – und insofern kann die programmatische Bemühung um Neu- oder Wieder-Evangelisierung als durchaus begründete Reaktion auf diese Herausforderung verstanden werden. Der innerchristlich und innerkirchlich gebotenen Suche nach dem verlorenen Evangelium korrespondiert in dialektischer Verschränkung gesellschaftlicher Orientierungsbedarf: Zwar ist, wie schon Nietzsche voraussah, „der religiöse Instinkt mächtig am Wachsen" und ein neues Interesse an Religion zu konstatieren, aber die Frage, was das Evangelium sei und worin die besondere Attraktivität und Resonanz des Christlichen bestehe, steht auch hier zur Debatte. Zwar gibt es noch erstaunlich viele, die – z. B. in den Medien – aktiv oder eher reaktiv glauben mitreden zu können, wenn es um Christsein und Kirche geht, in Wahrheit aber versickert selbst ein rudimentäres Basiswissen von dem, was Christsein ist und sein könnte. Es gilt also, wie Joseph Ratzinger jüngst bemerkte, „die Abenteuerstruktur des Glaubens" wieder zu entdecken und den Neuigkeitswert des Evangeliums zur Geltung zu bringen. Eine Christin wie Madeleine Delbrêl war aufgrund ureigenster Erfahrung im militant-marxistischen Umfeld ihres Wirkungsbereiches doch der Meinung, daß just diese agnostisch-atheistische Gesamtstimmung ein günstiges, ja ideales Feld sei, um allererst wieder zu entdekken, was das Christsein ist und wofür es steht. Freilich: Dazu müßte man selbst klar haben, was einem fehlt, wenn einem das Evangelium fehlt.

> Wir können den Ungläubigen unseren Glauben nicht als eine Befreiung von der Sinnlosigkeit einer Welt ohne Gott verkünden, weil wir diese Sinnlosigkeit gar nicht wahrnehmen.
> Delbrêl, 238.

Wo aus der kritisch-kreativen Kraft des Evangeliums eine bloß zivilreligiöse Untermalung des Bestehenden wird, wo die biblische Rede von Gottes Weltherrschaft nicht konkret wirklich vermißt wird, ist mit einer überzeugenden Wirkung nach innen wie nach außen nicht zu rechnen. Entsprechend fehle es an christlich authentischem Selbst- und Sendungsbewußtsein, wenn ihm das Evangelium fehlte, aus der Überzeugung heraus, im Evangelium jenen Schatz gefunden zu haben, für den es auf dieser Welt absolut keine bessere Alternative gibt. Nur wer in diesem Sinne weiß, was ihm fehlt oder fehlen würde, kann seinerseits überzeugend Rechenschaft ablegen über die Bedeutung des Christlichen. Nur so wird jemand willens und fähig werden zum christlichen Glaubensbekenntnis.

0.2 Die Rettung des Humanum

> So glaube ich nicht, daß wir als Europäer Begriffe wie Moralität und Sittlichkeit, Person und Individualität, Freiheit und Emanzipation – die uns vielleicht noch näher am Herzen liegen als der um die kathartische Anschauung von Ideen kreisende Begriffsschatz des platonischen Ordnungsdenkens – ernstlich verstehen können, ohne uns die Substanz des heilsgeschichtlichen Denkens jüdisch-christlicher Herkunft anzueignen. Andere finden von ande-

Die Suche nach dem verlorenen Evangelium könnte zu einer binnenreligiösen oder innerkirchlichen Angelegenheit erklärt werden, ginge es dabei nicht auch um die Sicherung von Grundwerten für die Gesamtgesellschaft, für das Zusammenleben aller Menschen. Wenn das normative Niveau gelingenden Lebens für alle Menschen wesentlich mit Geschichte und Gegenwart des Christlichen zusammenhängt, dann kann es für die Zukunft aller Menschen nicht gleichgültig sein, wie es um das Christentum steht. Es könnte ja sein, daß die gegenwärtigen Standards an Individualität und Sozialität, an Menschenrechten und Menschenpflichten noch von den Restbeständen bisherigen Christen-

ren Traditionen aus den Weg zur Plethora der vollen Bedeutung solcher, unser Selbstverständnis strukturierende Begriffe. Aber ohne eine sozialisatorische Vermittlung und ohne eine philosophische Transformation irgendeiner der großen Weltreligionen könnte eines Tages dieses semantische Potential unzugänglich werden; dieses muß sich jede Generation von neuem erschließen, wenn nicht noch der Rest des intersubjektiv geteilten Selbstverständnisses, welches einen humanen Umgang miteinander ermöglicht, zerfallen soll. Jeder muß in allem, was Menschenantlitz trägt, sich wiedererkennen können. Diesen Sinn von Humanität wachzuhalten und zu klären – nicht zwar in direktem Zugriff, aber durch unaufhaltsame, umwegige theoretische Anstrengungen – ist gewiß eine Aufgabe, von der sich Philosophen nicht ganz dispensiert fühlen dürfen, auch nicht auf die Gefahr hin, sich die zweifelhafte Rolle eines 'Sinnvermittlers' zuschreiben lassen zu müssen.

Habermas, 1988, 23.

Es ist in der Tat die westliche Welt, hervorgegangen aus dem biblischen Wort, die das wissenschaftliche, moderne und säkularisierte All hervorgebracht hat. Und deshalb ist die Krise dieser Welt eine solche des Glaubens. Der westliche Atheist ist ein geprüfter Gläubiger (es besteht ein großer Unterschied zwischen einem westlichen Atheisten und den Atheisten des vorchristlichen Altertums oder der verschiedenen Atheismen asiatischer Völker, Buddhisten u. a., denn die kulturelle Umwelt ist eine ganz andere). Die Krise unseres Jahrhunderts ist, soweit sie vom Triumph des Westens lebt, eine Kollektivkrise des Christentums selbst. Ich bin ernstlich der Meinung, daß die westliche Krise, die wie eine Krankheit die ganze Welt ergriffen hat – keine übrigens einfachhin schlechte Krise – von uns

tums leben, daß also die Gesellschaft insgesamt sozusagen noch auf fremde Kreide zecht – daß aber die Ressourcen an Sinn, an transzendenter Sicherung ‚des Humanum' abnehmen. In diesem Sinn hatte einst Heinrich Böll formuliert: „Selbst die allerschlechteste christliche Welt würde ich der besten heidnischen vorziehen, weil es in einer christlichen Welt Raum gibt für die, denen keine heidnische Welt je Raum gab. Für Krüppel und Kranke, Alte und Schwache; und mehr noch als Raum gab es für sie: Liebe, für die, die der heidnischen wie der gottlosen Welt nutzlos erschienen und erscheinen." In der Frage nach dem Evangelium geht es also durchaus auch um die Zukunft der Menschheit und um das Gelingen menschlichen Lebens überhaupt.

Und was für Philosophen in dieser Sache gilt, gilt für Theologen erst recht! „Dabei geht es" – um nochmals Jürgen Habermas zu Wort kommen zu lassen – „um die Erfahrung von nicht-nivellierender Gleichheit und individuierender Gemeinsamkeit, um die Erfahrung einer Nähe über die Distanz zu einem in seiner Differenz anerkannten Anderen hinweg, um die Erfahrung einer Verschränkung von Autonomie und Hingabe, einer Versöhnung, die die Differenzen nicht auslöscht, einer zukunftsorientierten Gerechtigkeit, die solidarisch ist mit dem ungesühnten Leid vergangener Generationen, um die Erfahrung der Reziprozität freigebender Anerkennung, eines Verhältnisses, in der ein Subjekt dem anderen assoziiert ist, ohne der entwürdigenden Gewalt des Tausches zu unterliegen." (Habermas, 1991, 135f).

Die Sorge um den jüdisch-christlichen Überlieferungszusammenhang, die Suche nach dem verlorenen Evangelium des Alten und Neuen Testamentes ist demnach keineswegs eine bloß binnenchristliche oder innerkirchliche Angelegenheit in einem religiösen Getto sozusagen; es stehen hier vielmehr zentrale Fragen nach Erschließung und Begründung gesamtgesellschaftlicher Grundwerte und Letztorientierungen zur Debatte.

So unterschiedliche Autoren wie Böll, Habermas und Lustiger stimmen also darin überein – eine auf den ersten Blick fast banale Einsicht –, daß der jetzige Weltzustand ohne den biblischen Gottesglauben nicht zu verstehen ist – weder genetisch-rekonstruktiv noch in normierender Perspektive. Es ist z. B. dem Evangelium des Alten und Neuen Testamentes zu verdanken, daß die Geschichte der Menschheit und jedes Menschen als Freiheitsgeschichte konzipiert und realisiert werden konnte. Die Entdeckung, ja die Offenbarung der Personalität jedes Menschen ist das Geschenk des Christentums an die Menschheit. Daß die Wirklichkeit im Ganzen freigebende, aus Liebe entspringende und auf Liebe gepolte Beziehung sei, gehört ebenfalls zu den unersetzlichen Schätzen des Evangeliums. Mit dem Glauben an die freigebende Freiheit Gottes, der das Andere seiner selbst will und deshalb die Welt schafft, ist freilich auch jenes Risiko der Freiheit und jener Schwindel der Angst gegeben, den zuerst Kierkegaard hellsichtig analysierte. Insofern ist die Krise der Gegenwart in der Tat grundgelegt in dem Spannungsbogen biblischen Gottesglaubens und daraus entspringender Hoffnung auf universale Vollendung in Freiheit, Gleichheit, Gerechtigkeit und Geschwisterlichkeit für alle und jede(n).

Christen allein gelöst werden kann. Ich sage nicht: ‚Wir die Abendländer‘, sondern einzig Glaubende können helfen, die Krise zu bewältigen, weil nur sie verstehen, wo der Ursprung und der Schlüssel liegen. Das heißt nicht, wir hätten die persönliche Fähigkeit dazu, wohl aber, daß wir die Frage korrekt stellen können.

Lustiger, 125f.

> Warum also noch Christ/Christin werden, warum Christ/Christin bleiben (wollen)? Warum das verlorene Evangelium mit Leidenschaft suchen und sich entschieden dazu bekennen? Darauf läßt sich präzise antworten, und ohne solche Rechenschaftsablage wird weder die binnenchristliche Identitäts- und Relevanzkrise wie die Glaubwürdigkeitskrise nach außen zu meistern sein.

0.3 Warum noch Christ/Christin werden oder bleiben wollen?

Über die biographischen Einzelumstände und den jeweiligen gesellschaftlichen Status quo hinaus ist es grundsätzlich von größter Bedeutung, sich und anderen klarmachen zu können, warum man Christ bzw. Christin ist und sein will. Ohne ein solch entschiedenes Selbst- und Sendungsbewußtsein hinsichtlich der eigenen christlichen Identität – wird die dringend geforderte Verständigung über gesellschaftlich unhintergehbare Letztwerte inmitten der Pluralität der Weltanschauungen und Sinnoptionen fruchtbar nicht geführt werden können. Mindestens im Modus der Sehnsucht – mit jenem „zahnwehartigen Schmerz, daß Gott fehlt“, wie Martin Walser in seiner Büchner-Preisrede formulierte – muß gesagt und argumentativ vermittelt werden können, was denn das Besondere am Christentum sei – nicht um andere Optionen abzuwerten oder sich triumphalistisch über diese zu erheben, wohl aber um inmitten frei flutierender ziviler Religiosität klar Flagge zu zeigen und sich zu bekennen.

Frage und Antwort darauf, warum man Christ werden und bleiben wolle, sind eigentümlich gespannt in der Gewißheit, den Schatz im Acker alternativlos wirklich schon gefunden zu haben und ihn doch schmerzlich noch zu vermissen. Eine Theologie, die den Fund des Evangeliums gleich intensiv wie seinen Verlust bedenkt, entspricht dem christlichen Zentralbekenntnis, daß Gott in Jesus Christus definitiv zur Welt gekommen ist (und durch nichts mehr aus der Welt geschafft werden kann), daß wir seine Wiederkunft aber dringend erbeten und erwarten.

Vor diesem Hintergrund insgesamt lassen sich vier grundsätzliche Punkte eigens benennen, in denen sich das Geschenk des biblischen Gottesglaubens an die Menschheit konkretisiert und die zum Kernbestand christlichen Bekennens gehören.

1. Zum einen ist es die *Entdeckung des Menschen als Person, mit unhintergehbarer Würde* – unabhängig und vorgängig zu seinen Leistungen und Fehlleistungen, zu seinen Taten und Untaten. Daß jeder Mensch unverwechselbar zur Gnade einer eigenen Biographie berufen sei, daß er von Gottes Schöpfergnaden eine einmalige und förmlich absolute Würde (nicht Wert!) hat, wurde und wird in der vor- und außerchristlichen Welt weder gedacht noch begründet. Daß dieses Wissen um die Subjektivität, Inter-Personalität und Freiheit des Menschen faktisch auch gegen die real existierenden Kirchen durchgesetzt werden mußte (Stichwort: Menschenrechte), ist bekannt und gehört zur Ambivalenz der Kirchengeschichte. Daß aber nirgends – weder in der griechischen Antike noch in der asiatischen Welt – Personsein, Beziehung als Essential so gedacht und ent-deckt wurden wie im Christentum, sollte nicht verschwiegen werden.

2. Das Zweite ist der *Gedanke der Weltwirklichkeit als Schöpfung aus Gottes Freiheit und Wohlwollen, ‚aus Nichts'*: Welt und Menschsein nicht als schicksalhafte Notwendigkeit, nicht als Emanation eines absolut überfließend Absoluten, nicht als Betriebsunfall, nicht als sich selbst organisierendes Chaos, sondern eben als Ausdruck einer absolut wohlwollenden, transzendenten Wirklichkeit, die das Andere ihrer selbst will und Lust am Unterschied hat – das ist ein genuin biblischer und christlicher Gedanke. Weder das buddhistische Nirwana noch der unbewegte Beweger eines Aristoteles haben derlei ‚Gelüste' aufs Anderssein, auf Partnerschaft, auf Beziehung.

3. In keiner Religion der Welt bisher steht so wie im Judentum und Christentum (die ja geschwisterlich untrennbar sind) *das Opfer mitmenschlicher Gewalt im Mittelpunkt*. Christentum also ist Gewaltanschauung von Gottes Gnaden, ist Unterbrechung der allseits vorherrschenden Verdrängungs- und Verblendungszusammenhänge, in denen der faktische Mensch vor den Folgen seines Tuns fliehen muß. (Seit Kain sind alle unterwegs im Lande Lot, im Land der Flüchtigkeit). Erst im Raum zuvorkommender göttlicher Liebe, erst im Lebensraum von Gottes vergebender, richtender und rettender Feindesliebe werden wir Menschen fähig, uns dem zu stellen, was wir sind; erst hier werden wir bekenntniswillig und -fähig und können das anschauen, was wir sind: Gutes unterlassen und Böses getan, Gutes wollend und nicht tuend (Röm 7), Opfer produzierend und dieses schönredend. Im Kreuz Jesu Christi wird eben beides offenbar: Gottes gewaltige Gewaltlosigkeit und Mit-Leidenschaft (Herrlichkeit, kabod) sowie des Menschen abgründige Gewalttätigkeit, Egozentrik, Haben- und Versicherungsmentalität. Die Kraft des christlichen Glaubens ist es, dies beides offenbar zu machen und eine Alternativ-Geschichte der Zivilisation der (Feindes-)Liebe zu eröffnen, eine Kultur des vergebend ersten Schritts, der schöpferischen Innovation, der konfliktfähigen Gewaltlosigkeit.

4. Schließlich ist damit die Überzeugung verbunden, daß alles, *was Welt ist und Mensch, aus sich heraus ein Verfallsdatum und einen Verheißungsvermerk trägt*. Das, was (bloß) der Fall ist, ist das ganze Wahre und das wahre Ganze noch nicht. Die daraus resultierende geistliche Unruhe und Gottesleidenschaft, daß endlich Gott allein und seine Weltherrschaft alles in allem seien, führt in die Spannung typisch christlicher Existenz: Dankbar für das, was endgültig schon (freilich vorläufig erst) geglückt ist und Gottseidank nicht mehr aus der Welt zu schaffen, was aber mit brennender Sehnsucht und revolutionärer Geduld zu erwarten, zu erbitten, zu tun und zu erleiden noch ist.
Die vier Kernpunkte gilt es, kurz noch zu entfalten.

0.4 Konkretionen

Daß der christliche Glaube vom ‚hören' kommt (vgl. Röm 10,17), also schöpferische Antwort ist, darf theologisch als selbstverständlich gelten: Wie es ohne gehörte Musik keinen Tanz gibt, so ohne spezifische ‚Anrede' keinen Glauben. Ohne Erfahrung und Verständnis solch dialogischer Passivität, solchen Angesprochenseins, kein Zugang zur Mitte des Christlichen! ‚Wenn Gott einfällt', ändert sich alles – das Verhältnis zu mir selbst und zum andern, zur Weltwirklichkeit insgesamt. Denn alles gerät in das Licht des einseitig entgegenkommenden

Anderen, des ganz Anderen. Stand zuvor, bis zum Monologischen, das menschliche Ich (bzw. Wir) selbstreferentiell im Mittelpunkt, so ist nun Gott, der wohltuend ganz Andere, zum alles bestimmenden Bezugspunkt für Selbst- und Weltverständnis geworden. Im Glauben leuchtet Gott als der ein, der nicht etwas von sich (bzw. der Welt) mitteilt, sondern sich selbst – dem angesprochenen Menschen zugute. Dieser darf sich – jeweils vermittelt durch andere Menschen von Jesus Christus her – gesagt sein lassen, daß er, vorgängig und unabhängig zu all seinen Leistungen und Unterlassungen, erwünscht ist und für Zeit und Ewigkeit anerkannt bleibt.

Was theologisch als selbstverständlich gelten darf, ist es aber faktisch weithin nicht. Bis in christliche und kirchliche Kreise hinein wird nämlich wie selbstverständlich ein fertiges Wissen darüber schon vorausgesetzt, was der Mensch sei und was menschlich ist, während Gott als die große Unbekannte gilt. Immer ist dabei der Mensch derjenige, der nach (einem) Gott fragt, diesen vor den Richterstuhl seiner Vernunft zitiert und dem Test seiner theoretischen und praktischen Erwartungen unterzieht. (Wie selbstverständlich wird Gottes-Frage als Genitivus objektivus assoziiert!) Zweierlei Vorstellung wird vor allem – sei es bestreitend, zustimmend oder agnostisch, latent oder manifest – mit dem Wort Gott verbunden: Entweder eine befehlende und fordernde Instanz, mit Fremdbestimmung und Gefährdung des autonomen Menschen, oder eine Größe, die Sinn gibt, Kontingenz bewältigen hilft, überhaupt Lebenshilfe bedeutet.

So oder so ist aber dann Gott nicht derjenige, der den Menschen anspricht und fragt (Gottes-Frage als Genitivus subjektivus). Er wird vielmehr funktional auf den Erwartungshorizont des Menschen bezogen, der z. B. prüft, ob und was er von diesem Gott hat.

Menschen bleiben dann, auch angesichts Gottes, prinzipiell in einer egoistischen Haben-Mentalität, und Gott gilt nur als erwünscht im zuvor festgelegten Erwartungs- und Verstehenshorizont. Daß er seinerseits der überraschend Fragende, der verfremdend Ankommende, der schöpferisch Unterbrechende sein könnte, kommt nicht in den Blick. Just dies aber behauptet das Christentum: ist der Glaube lebendig und reif geworden – auf dem Weg zum Mannesalter Jesu Christi (vgl. Eph 4,13) –, dann tritt Gott aus dem narzißtischen und konsumistischen Erwartungszusammenhang heraus. Im Unterschied zu den Göttern dieser Welt (und des eigenen Ich) zeigt er sich dann nicht mehr als primär fremdbestimmend-fordernd oder infantilisierend bloß sinngebend, sondern seinerseits mit Erwartungen, mit Bitten, mit Bedürftigkeit – in der Haltung also eines von ihm her eröffneten wirklichen Miteinanders in realer Gegenseitigkeit. Erst wenn christlicher Glaube, seinem eigenen Ursprung gemäß, als solch beziehungsreiches Freiheitsgeschehen in Wechselseitigkeit ausgelegt wird, kann er auf die Bedürfnisse der Gegenwart schöpferisch einwirken und sich als unüberbietbar bessere Alternative empfehlen. Nur so, vom Besonderen des Christlichen her, ist (Re-)Evangelisierung das, was sie ist – nämlich nicht die Verdoppelung der Fragen und Antworten, die die nichtglaubende Welt sich selbst geben kann und gibt.

Rekonstruiert man, durchaus mit Gründen, die Geschichte der neuzeitlichen (abendländischen?) Vernunft als Wille zur Macht, mit der unterströmigen Angst vor dem Nichts im Gefolge, dann ergibt sich für eine zeit- und sachgemäße Bestimmung des (Re-)Evangelisierungsprozesses eine folgenreiche Weichenstellung: Soll auch Gott, gleichsam

---

Aber manche Leute wollen Gott mit den Augen ansehen, mit denen sie eine Kuh ansehen, und wollen Gott lieben, wie sie eine Kuh lieben. Die liebst du wegen der Milch und des Käses und deines eigenen Nutzens. So halten's alle jene Leute, die Gott um äußeren Reichtums oder inneren Trostes (!) willen lieben; die aber lieben Gott nicht recht, sondern sie lieben ihren Eigennutz.

Meister Eckehart, 227.

in Menschenpotenz, als der große Macher gedacht werden, der absolut (losgelöst von allem, was ist) tut oder läßt, was er will? Bestünde dann eine fatale Koalition zwischen Mensch und Gott darin, daß sie als omnipotent, als allmächtig, alles könnend und alles machend, vorgestellt werden? Ergäbe dies, in Konsequenz, ein symbiotisches Zusammenspiel zwischen dem Apathiesyndrom Gottes und dem Gotteskomplex des (modernen) Menschen – so oder so in der Logik des Willens zur All-Macht? Daß das Bekenntnis zum allmächtigen Gott faktisch im Horizont des Machbarkeitswahns projektiv ausgelegt wurde, darf als begründbar gelten. (Und die Brisanz der Theodizeefrage in der Neuzeit hängt unmittelbar mit der Vorstellung von einem Alles-Könner-Gott zusammen, der dann um so heftiger angeklagt werden muß, wenn er nicht tut, was zu können ihm unterstellt wird!) Hier aber scheiden sich die Geister!

> Christlich nämlich ist die Rede von Gott (und zu ihm!) auszulegen nicht im Horizont des Machtwillens, sondern im Kontext wirklich partnerschaftlicher, bundeshaltiger Beziehung, also als Liebe und Freiheit. Gott offenbarte sich als der Allmächtige dann gerade in der Freiheit seiner völligen Selbstbeschränkung, in der Kraft seiner Selbstzurücknahme, in der Treue seines Mitleidens – nicht aus Schwäche, sondern aus Stärke.

Die Pointe christlichen Glaubens und einer ihm allein entsprechenden (Re-)Evangelisierung käme also in dem Maße zum Leuchten, als hier von einer schöpferischen Gewaltlosigkeit, einer Allmacht ohnmächtiger Liebe, eines Starkmutes zur beziehungsstiftenden Schwäche zu handeln wäre – im Zeichen also des gekreuzigten Auferstanden. „Wenn ich schwach bin, bin ich stark" (2 Kor 12,10). Nochmals die Weichenstellung: Werden Schöpfung, Erlösung und Vollendung im Horizont des aktiven Tuns, des Machens ausgelegt, zudem in egoistischer und single-hafter Akzentuierung, oder im Kontext passiven Tuns, produktiver Freigabe an das andere seiner selbst, kommunial also, vom letzten Platz her zugunsten des anderen?

A. Der hilfesuchende Gott

Lesen wir also die biblischen Schriften und geistlichen Traditionen nicht zuerst als Ensemble von Antworten auf menschliche Sinnfragen, sondern – wesentlich auch! – als Infragestellungen menschlicher Fragen und Antworten, als Ausdruck der Suche und Bitte des aus Liebe Ohnmächtigen, des sich zurücknehmenden Gottes, so verändert sich die Perspektive total. Welt-raum, Lebens-raum, Frei-raum entstehen dann dadurch, daß Gott sich zurücknimmt und das andere seiner selbst will. Erlösung geschieht dadurch, daß er sich bis zum äußersten, schließlich als Opfer der Gewalt im Verzicht auf Gegengewalt, offenbart, und so ist er der Hilflose, Fragende und Bittende par excellence: „Adam und Eva, wo bist du?"

Glauben hieße dementsprechend, die Bitten dieses Gottes, seine Fragen und Erwartungen zu erhören. Sprechen wir also nicht länger von Gottes Geboten, von Gottes Willen (sofern hier wie selbstverständlich Fremdbestimmung assoziiert wird), sprechen wir von seinen Erwartungen, von seiner Bedürftigkeit. Erst wenn solche personal-dialogische

Kategorien eingesetzt werden, um Ernst zu machen mit einer wirklich partnerschaftlichen Definition des Gott-Mensch-Verhältnisses, kommt das Niveau christlichen Glaubens in seiner Reife und Fülle in den Blick. Gottes Erwartungen: Das bedeutet nicht Erwartungsdruck und, hinter vorgehaltener Hand, wiederum eine do-ut-des-Mentalität, sondern eine Haltung wirklicher Freigabe – vergleichbar etwa dem Mut von Eltern, ihre Kinder in ihr anderes, teilweise befremdlich anderes, Leben hinein aktiv zu entlassen, mit entsprechender Enttäuschungstoleranz, mit daraus resultierender nichtmasochistischer Leidensbereitschaft, in äußerster Treue bis zum letzten.

Ist es, mit Kierkegaards bekanntem Wort, die Größe des Menschen, Gottes zu bedürfen, so ist es umgekehrt die Göttlichkeit dieses Gottes, daß er des Menschen bedürfen will und sich von ihm abhängig gemacht hat. Glauben hieße dann, „Gottes quitt werden um Gottes willen" und sich seiner Sache, ja seiner selbst in der Welt so annehmen, „als gäbe es ihn nicht". Das Geheimnis Gottes, der uns Menschen als Mitliebende will, zeigte sich dann in der Ohnmacht seiner Liebe, in der Bereitschaft, sich dem Menschen so zuzumuten und damit dem Menschen zuzutrauen, daß dieser sich der Wirklichkeit Gottes in der Welt glaubend annähme. Nicht länger wäre zuerst die Frage bestimmend, mit der der Mensch nach Gott verlangt, sondern umgekehrt jene, in der Gott nach dem Menschen fragt und ihn bittet: „Laßt euch mit Gott versöhnen" (2 Kor 5,19ff). Christsein wäre dementsprechend nicht länger Fremdbestimmung vor Gott und durch ihn, sondern Mitbestimmung dank seiner Vorgabe und Anteilhabe an seiner schöpferischen Selbstbeschränkung. Nicht länger wäre Angst vor Gott im Spiel, sondern Angst um Gott und seine nicht erhörte Gegenwart in der Welt. Gott würde so glaubhaft als der, der seinerseits am meisten mit der stöhnenden Schöpfung und dem von Menschen geknechteten Menschen leidet – und Glauben wäre nichts anderes, als im ganzen Verhalten dem mitleidenden Gott zu entsprechen und seine Bitten zu erhören. „Gott erwartet uns in allen Dingen."

B. Trinitarischer Gott und kommuniale Menschenwelt

Ist es also, christlich, die Größe des Menschen, Gottes zu bedürfen, so ist es umgekehrt die Göttlichkeit Gottes, des Menschen und der Welt bedürfen zu wollen. Sagt Johannes der Täufer, daß Christus, der Kommende, zunehmen, er aber, der Vorläufer, abnehmen müsse (vgl. Joh 3,30), so gilt in der abgründigen Logik göttlicher Liebe auch umgekehrt, daß Gott selbst abnehmen wolle, damit der Mensch wachse in sein sterbliches Menschsein hinein und „Anteil habe an der göttlichen Natur" (2 Petr 1,4). Gottes Kraft zur Selbstbeschränkung, Gottes innere Weiträumigkeit und Aufgeschlossenheit, sein innerster Beziehungsreichtum sind dann zugleich, aus sich heraustretend und das andere seiner selbst wollend, die Ermöglichung einer Menschenwelt, in der wirklich Communio gelingt, ja die Communio ist: Maximale Einheit in maximaler Unterschiedenheit und umgekehrt. In Jesus Christus wird ein für alle Mal das gültige Gott-Mensch-Verhältnis grundgelegt und eröffnet: „Unvermischt und ungetrennt" gehen sie eine innigste Gemeinschaft ein, weder in symbiotisch-ozeanischer Verschmelzung noch in dualistischer Ausgrenzung. Gottes Heiliger Geist ist, dementsprechend, das Geheimnis seiner Gegenwart, dank dessen Menschen untereinander so in Gemeinschaft treten können, daß sie den Beziehungsreichtum Gottes realgeschichtlich ‚abbilden' und wirklich präsent machen. In solch geistgewirkter und geistgemäßer Gemeinschaft und dank ihrer wird der einzelne nicht weniger, sondern mehr und wahrer Mensch, Mitmensch Jesu Christi.

Das Gütezeichen des dadurch gewonnenen Selbstbewußtseins ist des Christenmenschen Selbstlosigkeit, seine Bindung an den dreieinigen Gott dank, in und auch trotz dieser Gemeinschaft. (Anders gesagt: Kirchenbindung und Kirchenkritik sind, in der Logik gläubiger Praxis, gleich ursprünglich: Je tiefer an die Kirche gebunden und sich im Glauben ihrer Vermittlung verdankend, gilt es um so mehr, den Unterschied zwischen Gott und Kirche „unter dem Worte Gottes" auszuarbeiten und auszuleiden!) Im Wirkzentrum dieses Geistes, der Communio stiftet und ist, tritt beides in die Menschengeschichte ein: die Wirklichkeit Gottes, dessen ‚maßlose' Menschenliebe ihr Maß einzig an ihm selbst hat, also weltlich gesehen unvergleichlich ist, und damit jener Raum, in dem und dank dessen der Mensch allererst Mitmensch werden kann. (Re-)Evangelisierung wäre dann im Kern nichts anderes als die geistgewirkte Einübung des wohltuenden Unterschiedes zwischen Gott und Mensch, und dies in kommunialem Zusammenhang. Je mehr dieser Gott als der einzig wahre anerkannt wird, desto mehr können der Mensch menschlich und die Welt weltlich werden – und dies in wechselseitiger Beziehung. Menschlich werden im Sinne Jesu Christi aber hieße, Gottes und der Menschen Not erhören und ihren Bitten zu entsprechen.

C. Eschatologischer Vorbehalt

Alle Gnosis kann, religionstypologisch bis zu den heutigen neognostischen Religiösitäten, beschrieben werden als menschliche Hoffnungsgestalt, die auf die erlösende Überwindung der Entfremdung, die Aufhebung des Risses in der Schöpfung prinzipiell schon hier und jetzt hofft – sei es durch den Weg der Erkenntnis und Bewußtwerdung, sei es durch Formen konsequenter Läuterung und Wandlung. Gehofft wird, im Sinne einer völlig präsentischen Eschatologie, auf die Wiedervereinigung des Göttlichen und Menschlichen noch in dieser Lebens- und Weltgeschichte, im Augenblick der blendenden Erleuchtung und der vollends geglückten Einweihung. Christlicher Glaube dagegen besteht bekanntlich gerade auf der Spannung zwischen dem in Jesus Christus geglückten ‚Punkt' vollendeter Gott-Mensch-Einheit und dem innergeschichtlich universal nicht realisierbaren Ziel der vollendeten Einheit aller Menschen mit Gott und untereinander.

Führte ein dualistisches Modell der Gott-Mensch-Beziehung zur Festschreibung der Gottlosigkeit der Welt und der Weltlosigkeit Gottes, so produzierte, christlich betrachtet, die gnostische Selbst- und Weltdeutung die Illusion einer Entrückung ins Himmlische schon hier auf Erden. Beide Male würde der Raum der Schöpfung, der Welt-raum menschlicher Lebenswelten, der Freiheits-raum der Geschichte faktisch entwertet: Menschengeschichte wäre bestenfalls eine Art Resonanzboden und Durchlauferhitzer für die Selbstvollendung Gottes (wie z. B. Hegel meinte), Gott hätte die Gestalt eines Molochs, der seine Schöpfung frißt, oder die eines Sadisten, der sich an der Endlichkeit und Gebrochenheit des faktischen Menschen freut. Demgegenüber aber betont christlicher Glaube zweierlei: Im Namen des schöpferischen und erlösenden Gottes, der diese Welt und den Menschen in ihr wirklich bleibend als sein Gegenüber und seinen Partner will, ist er die Entspannung aller gnostischen Heftigkeit; er befreit zum weltlichen Dasein und wird konkret als Treue zur Erde und zum Menschen, zur Kreatur in jeder Gestalt.

Andererseits aber ist gerade dieser Glaube förmlich in Hochspannung auf den hin, der in Jesus Christus gekommen ist und in der Öffentlichkeit der ganzen Welt kommen wird. Weder Pessimismus noch Optimismus, weder Aktivismus noch Quietismus sind deshalb die Folge, sondern die unterschiedene Einheit von Gottesliebe und Weltverantwortung, von Weltschmerz und Weltfreude im Zeichen seiner Ankunft. (Re-)Evan-gelisierung hätte sich also zwischen gottloser Weltverfallenheit (wie fromm sich gebärdend auch immer) und Vergöttlichung des Weltlichen auszuspannen. Und alles hätte dann, gemäß Kohelet 3, Seine Zeit, nämlich Gottes Zeit als des Menschen Zeit. Anders gesagt: Zwischen (strukturell dualistischem) Atheismus und (strukturell gnostischem) Pantheismus legte christlicher Glaube allen Wert auf jenen geistgewirkten Panentheismus, demzufolge die Immanenz des transzendenten Gottes so tief verstanden werden darf, daß Gott sich in allen Dingen finden läßt und als der Bittende zu Gehör bringt, in der aber alle Weltwirklichkeit zugleich wirklich, immer weltlicher werdend, doch ganz in Gott ist und bleiben wird.

D. Feindesliebe

Wird Gott geglaubt als das Geheimnis jener Macht, die sich aus Liebe bis zum äußersten schöpferisch zurücknimmt und dadurch das andere seiner selbst sein und gelten läßt, so werden jene, die dank Jesus Christus an diesem Gottwirken teilhaben, ihrerseits Wille und Fähigkeit gewinnen, sich bis zum äußersten zurückzunehmen zugunsten des anderen, des ganz anderen ihrer selbst.

Da sie sich vom ‚Einfall Gottes‘ ganz bestimmen lassen und daraus ihr bleibendes Ansehen gewinnen, können sie nun ihrerseits nicht nur den Nächsten, sondern auch den feindlichen Nächsten lieben wollen. Alle christliche Ethik lebt in dieser Doppelbewegung: je mehr der Mensch im Gegenüber zu diesem Gott ein schier unglaubliches Selbstbewußtsein gewinnt, weil er vorgängig zu all dem, was er tut oder läßt, schon anerkannt ist, kann er die Angst um sich selbst und vor dem Nichts, das er aus sich heraus ist, verlieren und alle bisher egoistisch gebundene Hoffnungsenergie verwandeln lassen in leidenschaftliche Selbstlosigkeit, in den Willen und die Fähigkeit zu schöpferischer Solidarität und Freiheit zum anderen hin, ja von ihm her.

Alle christliche Ethik trüge die Sig-natur von Gottes Selbstbeschränkung als ihrer ureigensten Wahrheit. Deshalb kann dann z. B. auch aller Wille zur Macht und zum Machen umgeschmolzen werden in die Haltung der Diakonie. Macht müßte nicht länger verteufelt und verdächtigt werden, weil sie faktisch sich immer zur Omnipotenz (und zu entsprechenden Impotenzen) aufbläht; sie könnte statt dessen vielmehr schöpferisch wahrgenommen werden zugunsten der anderen – in jener Freiheit, die als Selbstbindung „für euch und für alle" konkret wird, als Solidarität und Stellvertretung also.

☞   In der Sorge für die Welt lassen sich Menschen auf eine andere Art zu leben und zu handeln ein. Sie lassen sich von Gott zu lebendigen Evangelien umformen, in denen die Welt auch heute noch die befreiende Botschaft Christi ‚lesen‘ kann.

Hunderte Millionen von Menschen auf unserem Planeten leiden zunehmend unter Arbeitslosigkeit, Armut, Hunger und Zerstörung der Familien. Die Hoffnung auf dauerhaften Frieden unter den Völkern schwindet wieder. Spannungen zwischen den Geschlechtern und Generationen haben ein beängstigendes Ausmaß erreicht. Kinder sterben, töten und werden getötet. Immer mehr Staaten werden durch Korruptionsaffären in Politik und Wirtschaft erschüttert. Das friedliche Zusammenleben in unseren Städten wird immer schwieriger durch soziale, rassische und ethnische Konflikte, durch Drogenmißbrauch, organisiertes Verbrechen, ja Anarchie. Selbst Nachbarn leben oft in Angst. Unser Planet wird nach wie vor rücksichtslos ausgeplündert.

Küng, 1996, 24.

Nach wie vor gibt es zahlreiche bedrückende und bedrängende Nöte, Konflikte, Gefahren und Ängste für den Großteil der heute lebenden Menschen. Genannt seien hier nur: Diktaturen, wirtschaftliche Ausbeutung und Herrschsucht, sexistische, rassistische, ethnische, religiöse und soziale Unterdrückung, ökologische Zerstörungen, Verletzungen der fundamentalen Menschenrechte, verantwortungsloses Umgehen mit neuen Technologien usw.

Wir können hier nicht alle Nöte und Probleme im einzelnen behandeln, wollen aber exemplarisch drei Konfliktbereiche herausgreifen und vom Bekenntnis zum Evangelium her Stellung beziehen, Auswege suchen, solidarische Lösungen aufzeigen, gewaltlose Vorgehensweisen anbieten, gleichberechtigte und tolerante Ordnungen entwickeln. Dies alles kann hier nicht als fertiges Patentrezept bereits vorliegen, sondern bedarf der gemeinsamen Diskussion und der Umsetzung in die Praxis in vielen, kleinen, ausdauernden Schritten. Es gilt heute dringender denn je, unsere Verantwortung für die eine gemeinsame Welt auf uns zu nehmen und unseren Beitrag zu einem menschenwürdigen Leben für die Zukunft zu leisten.

Im folgenden werden wir uns 1. mit der Frage nach menschenwürdiger Arbeit für alle befassen, 2. mit der Frage nach der Bewahrung der Umwelt für unsere Kinder und Kindeskinder beschäftigen und 3. die Frage nach einem fruchtbaren interreligiösen Dialog stellen.

1. Spiritualität und Arbeit
von Reinhard Isenberg

1.1. Die gegenwärtige Lage

Arbeit ist ein Grundelement des menschlichen Lebens. Für die meisten Menschen steht die von ihnen zu leistende Arbeit unter dem Druck ökonomischer und technischer Rationalität. In den Betrieben der modernen Arbeitswelt ist die soziale Organisation weitgehend als Ordnungssystem mit klarer Befehlskompetenz auf seiten des Arbeitgebers und Ausführungsverpflichtung auf seiten des Arbeitnehmers strukturiert. Die sozialen und technologischen Strukturen sind so aufeinander hin konzipiert, daß der größte Nutzen für die Wirtschaftlichkeit der Produktion gesichert ist. War bis ins 19. Jahrhundert die Arbeit vornehmlich in den Bereichen Landwirtschaft, Bergbau, Energie- und Rohstoffgewinnung (primärer Sektor) anzusiedeln, so gewinnt im 20. Jahrhundert in der sich rasch entfaltenden Industriegesellschaft die technisch immer komplexer und komplizierter werdende Warenproduktion (sekundärer Sektor) eine immer größere Bedeutung. Heute ist der Anteil der Arbeit im Dienstleistungsgewerbe, in Handel und Verkehr, in Banken, Kommunikation, Medien, Schule, Bildung und Interessenorganisationen (tertiärer Sektor) an der Gesamterwerbstätigkeit wesentlich höher als im primären und sekundären Sektor. Dadurch wird einerseits die Belastung des arbeitenden Menschen durch schwere körperliche Arbeit geringer, während andererseits durch neue Belastungen und Anforderungen die Arbeitssituation erschwert wird.

Die Tarifbewegungen der letzten Jahre haben im Blick auf ständig steigende Produktivität und anhaltende Arbeitslosigkeit das Arbeitspensum begrenzt und Arbeitszeiten festgelegt – jetzt ist es an der Zeit, sich der Ausgestaltung der Arbeit auf ihre personale Würde hin zu widmen. Dazu gehören z.B.: mehr Mitspracherecht; mehr Mitbestimmung in Arbeitsabläufen, Arbeitsgestaltung und -bedingungen, die nicht nur der Produktionssteigerung, sondern dem arbeitenden Menschen förderlich sind; größere Entscheidungsspielräume; Arbeitsvollzüge, die auch die Verantwortlichkeit und Kreativität des Einzelnen berücksichtigen; neue Unternehmensformen, in denen der einzelne Arbeitnehmer nicht nur Vertragspartner, sondern ein ‚namentliches‘ Mitglied des Betriebes ist.

Sowohl die personale Würde des einzelnen Arbeitnehmers als auch das Wohl der Gesellschaft sind die beiden Eckdaten, zu deren Verwirklichung das Christentum viele konstruktive Gedanken und Impulse beisteuern kann.

1.2. Biblische Aspekte zum Thema Arbeit

1.2.1. Das Erste Testament (AT)

Eines steht für die Glaubenden fest: das persönliche und gemeinsame menschliche Schaffen, dieses gewaltige Bemühen der Menschen im Laufe der Jahrhunderte ihre Lebensbedingungen stets zu verbessern,

Das persönliche und gemeinsame Arbeiten, das Bemühen des Menschen, die Lebensbedingungen stets zu verbessern, entspricht den Absichten Gottes, der die Erde den Menschen als Lebensraum übergeben hat. In Genesis 1,26-27 heißt es: „Dann sprach Gott: Laßt uns Menschen machen als unser Abbild, uns ähnlich. Sie sollen herrschen über die Fische des Meeres, über die Vögel des Himmels, über das Vieh,

entspricht als solches der Absicht Gottes. Der nach Gottes Bild geschaffene Mensch hat ja den Auftrag erhalten, sich die Erde mit allem, was zu ihr gehört, zu unterwerfen, die Welt in Heiligkeit und Gerechtigkeit zu regieren und durch die Anerkennung Gottes als des Schöpfers aller Dinge sich selbst und die Gesamtheit der Wirklichkeit auf Gott hinzuordnen, so daß alles dem Menschen unterworfen und Gottes Name wunderbar sei auf der ganzen Erde. Das gilt auch für das gewöhnliche alltägliche Tun, denn Männer und Frauen, die, etwa beim Erwerb des Lebensunterhalts für sich und ihre Familie, ihre Tätigkeit so ausüben, daß sie ein entsprechender Dienst für die Gemeinschaft ist, dürfen überzeugt sein, daß sie durch ihre Arbeit das Werk des Schöpfers weiterentwickeln, daß sie für die Wohlfahrt ihrer Brüder sorgen und durch ihre persönliche Bemühung zur geschichtlichen Erfüllung des göttlichen Plans beitragen.

GS, Nr. 34.

Alle Menschen tragen in jedem sinnvollen Tun zur Gestaltung der Schöpfung bei und dienen dem Wohl ihrer Mitmenschen. Der Christ erfährt in all seinem Tun, daß dies oft geprägt ist von der leidvollen Spannung zwischen der Größe seines Weltauftrages und der Schwere und Last der Arbeit. Er erfährt sein Lebenswerk als begrenzt, von Untergang, Katastrophen oder Unfällen bedroht und vielfach vergeblich. Die Grenze seiner Arbeitskraft und Leistungsfähigkeit kann durch persönliche schicksalhafte Gegebenheiten wie physische oder geistige Behinderung sowie durch gesellschaftliche Umbrüche wie Kriege, Ausbeutung der

über die ganze Erde und über alle Kriechtiere auf dem Land". Gott ist folglich der ‚erste Arbeiter', der den Menschen schafft als sein Abbild und ihm dann die Welt, die er ins Dasein ruft, als Lebensraum zuweist. In treuhänderischer Verantwortung übernimmt der Mensch die Aufgabe, die Schöpfung zu bewahren und so zu gestalten, daß er in ihr, mit ihr und von ihr leben kann. Zu diesem Zweck nutzt er in verantwortlicher Freiheit ihre Kräfte und Stoffe und ‚beheimatet' sich so in dieser Welt. „Der Prozeß dieser Indienstnahme der Natur mit den in ihr liegenden technischen und anderen gestalterischen Möglichkeiten ist – Arbeit. Arbeit qualifiziert sich somit als tätige Teilnahme an einem grundsätzlich abgeschlossenen Prozeß der Lebensbewältigung. Arbeit setzt als Aktion in Permanenz in ein offenes Weltverhältnis. ‚Welt' als menschliche Welt wird immer die zu leistende sein. Sie zu gewinnen wird dauernde Aufgabe" (Brakelmann, 105).

Im Ersten Testament wird an keiner Stelle versucht, eine Wesensbestimmung von Arbeit vorzunehmen, wohl aber werden, abgesehen von den mehr programmatischen Stellen in Gen 1 und 2, mehrfach, Streiflichtern ähnlich, Aussagen zum Thema gemacht: so arbeitet man vom Morgen bis zum Abend (Ps 104,23), man ermuntert sich gegenseitig zur Arbeit (Ps 128,2), ohne den Beistand Jahwes ist alle Mühe vergebens (Ps 127,1f.).

Da auch handwerkliche Fähigkeiten auf den Geist Gottes zurückgeführt werden (vgl. Ex 31,2-6), ist dem Ersten Testament eine Abwertung körperlicher Arbeit im Gegensatz zur geistigen Arbeit unbekannt. Aufgrund eigener Erfahrungen in Ägypten (vgl. Ex 1,14) wird Zwangsarbeit abgelehnt. Für verrichtete Arbeit soll der Lohn ausbezahlt werden, und es darf keine soziale Unterdrückung geben (vgl. Dtn 24,14 f.; Jer 22,13).

Gott mutet seinem Geschöpf die volle Verantwortung für den angemessenen Umgang mit den Mitmenschen und den Dingen der Welt zu und hat ihm das Vermögen eingestiftet, durch Hinhören auf Gottes Schöpferwillen und Beobachtung der Geschichte wie auch Deutung der eigenen Lebenserfahrung zu unterscheiden, was gut und böse, dem Leben dienlich bzw. hinderlich ist, und entsprechend seiner Erkenntnis zu handeln.

1.2.2. Das Zweite Testament (NT)

Jesus gilt als Sohn eines Handwerkers, eines Zimmermanns und ist vermutlich ebenfalls in diesem Handwerk tätig gewesen (vgl. Mt 13,55). Aufmerksam betrachtet er das Umfeld seiner Mitmenschen, denn viele seiner Aussprüche und Reden stehen im Zusammenhang mit den Berufen, die sie ausüben, er spricht zum Beispiel vom Hausvater, Hirten, Winzer, Kaufmann, Zöllner etc. In einigen Gleichnissen fordert er Einsatz und Treue in der Arbeit, z.B. Mt 20,1-16 (Arbeiter im Weinberg), Mt 24,45-51 (treuer und untreuer Knecht), Lk 19,12-27 (Gleichnis vom anvertrauten Geld). Das Bestreben, durch Arbeit das Leben zu sichern, darf sich nicht zum ‚Mammondienst' entwickeln (Mt 6,24f.), man kann sich durch Arbeit nicht total absichern (vgl. hierzu Lk 12,16-21). Jesus postuliert die Haltung eines kindlichen Gottvertrauens und warnt vor einer übertriebenen Sorge um den Lebensunterhalt, die nicht mit Gott rechnet, vielmehr nur auf sich selbst vertraut (vgl. Mt 6,25 ff.). In Mk 2,27 verdeutlicht Jesus, daß der Sabbat für den Menschen geschaffen ist und nicht der Mensch für den Sabbat; somit

Arbeitsleistung und vieles mehr eingeengt werden.
    Deutsche Bischofskonferenz, 403.

Wer nicht arbeiten will, soll auch nicht essen. Wir hören aber, daß einige von euch ein unordentliches Leben führen und alles mögliche treiben, nur nicht arbeiten. Wir ermahnen sie und gebieten ihnen im Namen Jesu Christi, des Herrn, in Ruhe ihrer Arbeit nachzugehen und ihr selbstverdientes Brot zu essen.
    2 Thess 3,7b-12.

ist nicht endlose Arbeit Ziel des Menschen, sondern Ruhe und Frieden, eben der Sabbat, der in Hebr 3,7 - 4,11 einen eschatologischen Sinngehalt bekommt. Und bei aller Arbeit darf das Hören auf Gottes Wort nicht vergessen werden (Lk 10,38-42), es gilt, das jeweils aktuell Notwendige zu erkennen und zu tun.

Paulus verdient sich durch Ausübung seines erlernten Handwerks seinen Lebensunterhalt (Apg 18,3) und kann so auf seinen ihm an sich zustehenden ‚Missionarslohn' verzichten (1 Kor 9,18). Er verlangt von den Mitgliedern der Christengemeinden, daß sie still und treu arbeiten, um in einer christenfeindlichen Umgebung keinen Anstoß zu erregen; auch erlangen sie dadurch ein gewisses Maß an persönlicher Unabhängigkeit und Freiheit (1 Thess 4,11 f.). Alltägliche Arbeit wird zu einem Dienst für Gott und somit zu seiner Ehre (Kol 3,23 f.) und als Dienst für die Mitmenschen getan (Mt 25,40). Da in den ersten Christengemeinden der Glaube an die nah bevorstehende Wiederkunft Christi lebendig ist, verfallen einige Christen dem Müßiggang. In 2 Thess 3,7 ff. werden sie aufgefordert, zu arbeiten und ihr selbstverdientes Brot zu essen. In der Arbeit wird auch ein Mittel gesehen, anderen Menschen zu helfen (Eph 4,28).

Im NT erfährt der Begriff Arbeit eine Ausweitung, denn mit dem griechischen Wort für Arbeit *kopos* werden sowohl körperliche Arbeit als auch der Dienst der Jünger, also die missionarische Tätigkeit, bezeichnet. Arbeit und Mühe geschehen für Christus, den Herrn der Gemeinde (Röm 16,6), und werden ,im Herrn' (Röm 16,12) getan, können, so gesehen, auch nicht vergeblich sein (1 Kor 15,58).

Arbeit und Arbeitsalltag haben in der modernen Industriegesellschaft eine Bedeutung erlangt, von der die Schriftsteller der Bibel noch nichts ahnen konnten. Doch leisten sie mit ihren Aussagen zum Thema ,Arbeit', wenngleich sie auch in verschiedenen Zusammenhängen überliefert sind, einen bedeutenden Beitrag zum Ethos der Arbeit.
„Jesus hat, wie gesagt, keine unmittelbaren sozialen Reformen, keine neue Wirtschaftsstruktur, keine Umwälzung der Sozialordnung ins Auge gefaßt. Aber er hat mit seiner Option für die Armen im Namen Gottes unübersehbare Zeichen gesetzt. Eine von Christen in der himmelschreienden Unrechtssituation unserer Zeit angestrebte strukturelle Neuordnung der wirtschaftlichen und sozialen Verhältnisse kann sich zweifellos auf die Intention Jesu berufen, wenn zugleich sein Wille zur Gewaltlosigkeit gewahrt bleibt. Klassenkampf und blutige Revolution widersprechen seiner Botschaft, aber nicht der Wille, das Los der Armen, der Entrechteten und Unterdrückten zu wenden" (Schnackenburg, 143).

1.3. Das Verständnis von Arbeit bei den frühen Mönchsvätern / -müttern

Vielleicht ist es zu häufig die Gefahr von Exerzitien und Einkehrtagen, daß der einzelne – ausgeruht und im Vollbesitz seiner Kräfte – alle möglichen Vorsätze faßt und sich in Gedanken und Gefühlen seines Gottes erfreut, doch bei der

Nach Ansicht der geistlichen Tradition sind ‚Zeithaben' und ‚Nichtstun' gefährlich für das geistliche Leben und die Väter / Mütter der Wüste gelten sogar als ‚personifizierte Arbeit', denn Gebet und Arbeit sind die Eckpfeiler des geistlichen Weges der Mönche. So heißt es in den Apophthegmata Patrum vom Abbas Antonius: „Als der Altvater Antonius einmal in verdrießlicher Stimmung und mit düsteren Gedanken in der Wüste saß, sprach er zu Gott: ‚Herr, ich will gerettet werden, aber meine Gedanken lassen es nicht zu. Was soll ich in dieser meiner Bedrängnis tun? Wie kann ich das Heil erlangen?' Bald darauf erhob er sich, ging ins Freie und sah einen, der ihm glich. Er saß da und arbeitete, stand dann von der Arbeit auf und betete, setzte sich wieder und flocht an einem Seil, erhob sich dann abermals zum Beten, und siehe, es war ein Engel des Herrn, der gesandt war, Antonius Belehrung und Sicherheit zu geben. Und er hörte den Engel sprechen: ‚Mach es so und du wirst das Heil erlangen.' Als er das hörte, wurde er von großer Freude und mit Mut erfüllt und durch solches Tun fand er Rettung" (Miller, 15).

Für die frühen Mönche ist die Handarbeit nicht etwas, was sie von Gott trennt, sondern vielmehr ein Mittel, das sie mit Gott verbindet, sie für Gott öffnet. Gerade der Anstrengung in der Arbeit messen sie besondere Bedeutung bei, denn da spüren sie, daß Gott sie total beansprucht, was auch die körperliche Dimension mit einbezieht, und so der ganze Mensch für Gott aufnahmebereit wird.

Die Arbeit der Mönche steht nicht immer unter dem Vorzeichen der Zweckmäßigkeit, wenngleich sie auch oft dem Lebensunterhalt und der ‚Caritas' dient, oft geschieht sie, damit der Mönch den Körper in Dienst nimmt, trainiert und sensibilisiert.

„Die Arbeit kann einen innerlich wachsam machen. Die Mönche haben in diesem Zusammenhang eine Übung entwickelt, die sogenannte *nepsis*, eine Wachsamkeit, in der sie alle Gedanken, die bei der Arbeit aufsteigen, wahrnehmen, beobachten und ihnen auf den Grund gehen. Wenn ich in dieser inneren Wachsamkeit arbeite, dann wird die Arbeit für mich zu einer Chance tiefer Selbsterkenntnis. Denn bei der Arbeit tauchen ja viele Gedanken und Gefühle auf, die Wesentliches über mein Inneres aussagen. Ohne Arbeit würde ich auf viele Regungen des Herzens gar nicht stoßen. Die Arbeit mit ihren Erfolgen und Mißerfolgen, mit ihren Anforderungen und Härten löst in mir ständig Reaktionen aus. Wenn ich in der *nepsis* diese Reaktionen wahrnehme, dann lerne ich mich selbst immer besser kennen" (Grün / Ruppert, 1981, 17).

Arbeit und Gebet in ausgewogenem Maß dienen dem einen großen Anliegen der Mönche: in der Beziehung zu Gott zu verharren. Auf dieses Ziel hin ist alles ausgerichtet.

In den Schriften des Ersten Testamentes erscheint Gott selbst als der ‚erste Arbeiter', der Himmel und Erde, also den Lebensraum für den Menschen schafft. Und der Mensch ist das ‚Werk seiner Hände', dem der Lebensraum ‚Welt' zur Gestaltung überantwortet wird. In verantwortlicher Freiheit beheimatet sich nun der Mensch in der Welt und klinkt sich durch sein Tun / seine Arbeit in die Sorge / Arbeit Gottes um und für die Menschen ein.

Im Zweiten Testament wird an der Person Jesu deutlich, wie Gott sich um die Menschen müht – der Begriff Arbeit bezeichnet nicht nur körperliche Arbeit, sondern meint auch das missionarische Tun der Jünger. Alle Tätigkeiten des Menschen, ob körperliche oder geistige Anstrengungen, sollen in, mit und für Christus getan werden und sind somit integraler Bestandteil der Beziehung zu Gott.

> Das leben in eindrucksvoller Weise besonders die frühen Mönchs-
> väter / -mütter vor, die durch ihre Handarbeit den Lebensunterhalt
> für sich selbst und für die Gemeinschaft bestreiten und die Arbeit
> als Mittel der Vereinigung mit Gott ansehen.

1.4. Zwei Beispiele einer christlichen Sichtweise

1.4.1. Simone Weil

Simone Weil wird 1909 als Tochter jüdischer Eltern in Paris geboren.
Sie studiert an der École Normale Supérieur und wird Lehrerin. Aktiv
unterstützt sie die Forderung der Arbeiter und arbeitet selber eine Zeit
lang als Akkordarbeiterin, Fräserin und Landarbeiterin. Im spanischen
Bürgerkrieg stellt sie sich in Barcelona den Republikanern zur Verfügung. Nach der Besetzung von Paris (1940) geht sie nach Südfrank-
reich, dann nach Amerika, 1942 nach England, wo sie am 24.8.1943 in
Ashfort / Kent an den Folgen ihrer Entbehrungen stirbt.

1. Simone Weil – mit Gott verbunden –
‚außerhalb‘ der sichtbaren Kirche
Simone Weil paßt in keine Schublade; keine politische Gruppe und
keine weltanschauliche Richtung können sie für sich vereinnahmen. S.
Weil ist und bleibt eine schwer greifbare Gestalt, die aber, obwohl sie
schon mit 34 Jahren stirbt, eine faszinierende Gedankenwelt hinter-
läßt, die in ihrer Aktualität immer mehr geschätzt wird.
Ihre Art zu denken und zu leben ist extrem – sie, eine geborene Jüdin,
fühlt sich zwar immer von der Kirche angezogen, worunter sie aber die
Kirche der Märtyrer, die Kirche der mystischen Tradition versteht, und
ihr Verständnis vom Christentum ist so weit gefaßt, daß alles Gute und
Wahre der Menschheitsgeschichte darin Platz haben muß. Eine Kirche,
die ausgrenzt und sich ängstlich absichert, entspricht ihrer Meinung
nach nicht dem Geist Jesu Christi, und so vollzieht S. Weil nicht den
Übertritt in die katholische Kirche. Sie selbst betrachtet sich als ‚von
Gott berührt‘ aufgrund einiger ‚mystischer Erfahrungen‘, die ihr geschenkt werden.
Der Schlüsselbegriff ihrer Spiritualität ist ‚Aufmerksamkeit‘. Darunter
versteht sie das bewußte Aushalten der Nicht-Stillbarkeit des menschlichen Verlangens, was die einzige Voraussetzung darstellt, der ‚Über-
wirklichkeit‘ zu begegnen. So ist das Gebet für sie die „von jeder Bei-
mischung ganz und gar gereinigte Aufmerksamkeit".
Ihre Erfahrungen machen sie zu einer wachen Beobachterin ihrer
Umwelt, sie führen sie zu unkonventionellen und engagierten Einsät-
zen für die Menschen. Geradezu rücksichtslos und mit einer für ihre
Mitmenschen schockierenden Intensität setzt sie sich mit Fragen unseres modernen Lebens auseinander und stellt sich konsequent auf die
Seite der ungerecht behandelten Menschen. „Sie wird immer ihr volles
Gewicht der leichteren Waagschale beisteuern, um mit ihrer zerbrech-
lichen Person die Ungerechtigkeit der Welt aufzuwiegen. Wo auch immer wird die *Vierge rouge* der Gewalt die Stirn bieten, und wenn sich
herausstellen sollte, daß Gott irgendwann tatsächlich bei den stärkeren
Bataillonen wäre, dann würde sie – *toujours Antigone* – auch noch gegen diesen Gott zum Widerstand aufrufen, und zwar mit der Begründung, daß dieser Gott nicht der wahre sein könnte, sondern allenfalls
ein Götze" (Krogmann, 92).

Simone suchte sich ihnen [=
den Arbeitern] anzuschließen.
Es war nicht leicht. Sie ver-
kehrte mit ihnen. Sie setzte sich
zu ihnen an den Tisch in einer
Kneipe, um mit ihnen zu essen
oder Karten zu spielen, sie ging
mit ihnen ins Kino, auf Volksfe-
ste und bat, sie in ihren Wohnungen besuchen zu dürfen,
ohne daß vorher die Ehefrauen
verständigt würden. Sie waren
ein wenig überrascht von dem
Verhalten dieses überaus ge-
bildeten jungen Mädchens, das
sich einfacher als ihre Frauen
kleidete und dessen Interessen
ihnen ungewöhnlich schienen.
Hetmann, 22.

Für mich persönlich bedeutete die Fabrikarbeit, daß alle äußeren Gründe (vorher hatte ich sie als innere angesehen), auf denen das Gefühl meiner Würde, die Achtung meiner selbst beruhten, in zwei oder drei Wochen radikal zerbrachen unter der Gewalt eines täglichen brutalen Zwanges. Und ich glaube nicht, daß dies in mir Revoltegefühle hervorrief, nein, ganz im Gegenteil, was ich am allerwenigsten von mir erwartet hätte – Fügsamkeit. Die Fügsamkeit eines ergebenen Lasttieres. Es schien mir, ich wäre geboren, um auf Befehle zu warten, sie zu empfangen und auszuführen – ich hätte nie etwas anderes getan und würde immer nur dies tun. Ich bin gewiß nicht stolz, dies einzugestehen. Über diese Art Leiden spricht kein Arbeiter: allein daran zu denken ist überaus schmerzlich.

Weil, 1987, 30.

2. Solidarität mit den Arbeitern/Innen

Simone Weil beobachtet aufmerksam ihr Umfeld und fühlt sich immer mehr solidarisch mit den Arbeitern; sie versucht deren Leben zu teilen, was ihr nicht immer leicht fällt. Da sie das praktizierte System der Arbeitsentlohnung als absurd ansieht, betrachtet sie ihren Lohn nicht als Privateigentum, vielmehr legt sie ihn auf den Kamin, wo sich ein jeder daran bereichern kann, wie er mag.

Um die Welt des Arbeiters in den Fabriken kennen und ihre Probleme und Sorgen teilen zu lernen, geht sie selber als Arbeiterin in eine Fabrik. Sie erfährt dort, daß der Lohn der Arbeiter vor allem durch zwei Faktoren bestimmt wird, durch *Geschwindigkeit* und durch *Befehle*. In ihren Augen ist das moderne Sklaverei – die Maschine diktiert die Geschwindigkeit bestimmter Bewegungen, und die Befehle, die vom Betätigen der Stechuhr beim Betreten der Fabrik bis zum Verlassen des Arbeitsplatzes befolgt werden müssen, bestimmen das Leben des Arbeiters / der Arbeiterin derart, daß die Menschen Lasttieren oder Sklaven gleichen. Die Tragik liegt u.a. darin, daß sich Menschen diese Situation, die gekennzeichnet ist durch harte Arbeit, Hunger aufgrund zu geringer Entlohnung, Furcht, dem Arbeitsanspruch oder den Befehlen der Vorgesetzten nicht zu entsprechen oder durch Rationalisierungsmaßnahmen den Arbeitsplatz zu verlieren, als ‚Schicksal‘ hinnehmen und abgestumpft, nicht mehr ‚denkend zu leben‘ bemüht sind.

3. Spiritualität der Arbeit – Berührung mit der Wirklichkeit

S. Weil spricht deutlich die Entfremdung des Menschen in bezug auf die Arbeit an. In der Analyse der Situation, d.h. in der Frage nach der Natur des Übels, stimmt sie in einigen grundlegenden Punkten mit der Sichtweise Karl Marx' überein – im Unterschied zu ihm jedoch sieht sie den einzigen möglichen Weg aus der Misere in einer, wie sie sagt, „von einer Spiritualität der Arbeit begründeten Kultur" (Weil, 1956, 128).

Die körperliche Arbeit stellt eine besondere Berührung mit der Schönheit der Welt dar und in den besten Augenblicken sogar eine Berührung von solcher Fülle, daß sich nirgends etwas Gleichwertiges dafür finden läßt. [...] Der Mensch, dessen Glieder wie zerschlagen sind von der Mühsal eines Arbeitstages, das heißt eines Tages, an dem er der Materie unterworfen war, trägt die Wirklichkeit des Universums in seinem Fleisch wie einen Dorn. Das Schwierige für ihn ist: zu schauen und zu lieben; gelingt es ihm, dann liebt er das Wirkliche. Dies ist das ungeheure Vorrecht, das Gott seinen Armen vorbehalten hat. Aber sie wissen es fast niemals ...

Weil, 1953, 176 f.

Diese ‚Spiritualität der Arbeit‘ nimmt die nüchterne Tatsache ernst, daß die Arbeit einen Einsatz erfordert und immer erfordern wird, um das Überleben in dieser Welt zu gewährleisten; selbst die Verbesserung der Arbeitsbedingungen oder die Arbeitszeitverkürzung werden nichts daran ändern, daß man für den Erwerb des Lebensunterhaltes ein Stück Leben hergeben muß. „Daß man im schlimmen Sinne einen Teil seiner Zeit verliert, einen Teil seiner vitalen Substanz, daß man sich Werktag für Werktag in eine ‚Art kleinen Todes‘ fügt. Selbst die Errichtung einer idealen Wirtschaftsordnung, die echter Kreativität und *Konvivialität* (Illich) in der Produktion einen gesicherten Platz einräumte, würde hieran nichts ändern. Selbstverständlich wäre eine solche Ordnung unendlich wünschenswert: Der Anteil der Unterwerfung soll auf ein Minimum reduziert werden, danach müssen wir mit allen Kräften streben, aber man wird nie ganz das ausräumen können, was die Arbeit an völlig undankbarer Anstrengung enthält" (Weil, 1985, 280). Und genau an diesem Punkt wird die Hochachtung S. Weils vor der manuellen Arbeit deutlich: In ihr können wir mit der Wirklichkeit unserer menschlichen Natur in Kontakt kommen, wenn wir das, was wir ‚erleiden‘, selbst gestalten und darin unsere Größe erkennen. Wir arbeiten mit den Bedingungen der Arbeitswelt und gestalten die Arbeitsmöglichkeiten, die das Überleben sichern und der individuellen Entwicklung des Einzelnen Rechnung tragen wie auch der Humanisierung der Arbeitswelt förderlich sind – und damit sind wir im Zentrum der Weil'schen Spiritualität der Arbeit angelangt. Sie meint nicht eine speziell religiöse Ausrichtung, sondern vielmehr die Achtung vor dem, was S. Weil den ‚ursprünglichen Pakt des Geistes mit dem Universum' nennt. In diesem Zusammenhang ist der manuellen Tätigkeit vor allen anderen Arbeiten ein deutlicher Vorrang zuzuerkennen, da allein sie den direkten Zugriff auf die Wirklichkeit ermöglicht. Wo immer diese ‚Berührung mit der Wirklichkeit' behindert oder blockiert wird, wirkt sich das zum Nachteil des Menschen aus. Das Weil'sche Prinzip ist klar. „Es wirft ein heilsam scharfes Licht auf die skandalöse Absurdität einer Wirtschaftsordnung, die die Arbeitslosigkeit hervorbringt, und auch auf das, was die schlichtweg obszöne Situation desjenigen ausmacht, der zu einem – wenn auch relativ privilegierten – Rad in einem System wird, das in seiner Gesamtheit unsere menschlichen Beziehungen verflachen läßt, unseren Planeten besudelt und es selbst fertigbringt, unsere Brüder in den Hunger zu treiben, um oft höchst überflüssige Waren zu produzieren (vgl. Weil, 1985, 282).

> Der Mensch investiert immer ein ‚Stück Leben', wenn er durch seinen Arbeitseinsatz das Überleben gewährleistet und den Lebensraum gestaltet – hier ist er konkret mit der Wirklichkeit seiner menschlichen Natur in Kontakt, das ist Realität menschlichen Lebens. Wirtschaftlicher und technischer Fortschritt sind daraufhin zu prüfen, inwieweit sie diesem Grundaxiom menschlichen Daseins entsprechen. Die Arbeitsbedingungen sind so zu gestalten, daß sie dem Menschen dienen und den Sinn der zu leistenden Arbeit erkennen lassen.

1.4.2. Matthew Fox

M. Fox, amerikanischer Dominikaner und Direktor des Institute in Culture and Creation Spirituality in Oakland / Kaliformen, zählt zu den bekanntesten Wegbereitern einer ökologischen und kosmologischen Spiritualität. Eine Neubesinnung auf Wert und Sinn der Arbeit ist ein wesentlicher Aspekt dieser Spiritualität.

Einerseits ist ein Anstieg der Arbeitslosenzahl festzustellen, andererseits klagen viele ArbeitnehmerInnen, daß sie nicht arbeiten können, vielmehr ‚gearbeitet werden', also einem System unterliegen, das sie zu einem mechanischen Tun zwingt und sowohl Kreativität als auch Selbstbestimmung weitgehend unterbindet. Den Sinn menschlicher Arbeit im Zusammenhang mit dem Wohl der ganzen Schöpfung neu zu entdecken und praktische Wege der Umsetzung zu suchen, ist ein wesentliches Anliegen von M. Fox.

1. Eine neue Sicht von Arbeit
Der heutige Mensch hat die lebendige Beziehung zu der Welt, auf der und von der er lebt, weitgehend verloren. Vor der Agrarrevolution besteht die Arbeit des Menschen im Jagen und Sammeln; durch das Seßhaftwerden und den Landbau ist der Anbau von Getreide und die Tierhaltung und -aufzucht bedingt. In der industriellen Revolution verlagert sich die Arbeit des Menschen noch einmal: statt Nahrung anzubauen und Kleidung herzustellen, werden Nahrung und Kleidung als Fertigprodukte gekauft. Aus Produzenten werden Konsumenten.

Zu sein, zu leben und unser wahres Glück wieder zu entdecken – ist es nicht das, was ein erneuertes Bewußtsein uns schenkt? Ist nicht dies die Quelle aller guten Arbeit: unser Dasein, unsere Sehnsucht und Liebe in unser tägliches Tun, in unseren Lebensunterhalt zu integrieren? Die Freude, die uns durch einen völligen Neubeginn all unserer Arbeit verheißen wird, wird auch die Kraft geben, diese große Aufgabe zu meistern. Das Universum fordert von uns heute eine Revolution der Arbeit. Neue Berufungen, neue Berufe und Rollen wollen überall realisiert werden. Neue Arbeit wartet auf uns. – Hören wir darauf? Sind wir bereit?

Fox, 1996, Covertext.

Schumacher weist auf drei Ziele der menschlichen Arbeit als Leitlinien für ‚gute Arbeit' hin: Erstens muß die Gesellschaft mit notwendigen und nützlichen Gütern und Dienstleistungen versorgt werden. Zweitens muß jeder von uns in den Stand versetzt werden, seine Gaben als guter Haushalter zu nutzen und zu vervollkommnen, und zwar drittens im Dienst am Mitmenschen und gemeinsam mit anderen, so daß wir uns von unserer angeborenen Selbstbezogenheit befreien. Diese dreifache Aufgabe weist der Arbeit einen so zentralen Platz im Leben des Menschen zu, daß es wahrhaft unmöglich ist, sich menschliches Leben ohne sie vorzustellen.

Schumacher, 161.

Wenn es auf Grund unseres Credo stimmt, daß die Seelen so innig in Christus und in Gott eingehen – wenn es auf Grund der allgemeinsten Feststellungen der psychologischen Analyse stimmt, daß das Wahrnehmbare so vital in die geistigen Bereiche unserer Seele eingeht – so sind wir gezwungen anzuerkennen, daß in dem Prozeß, der von oben nach unten die Elemente des Universums bewegt und lenkt, *alles nur eins ist.* [...] Wir glaubten vielleicht, die Schöpfung sei seit langem beendet. Irrtum, sie geht mit vollem Schwung weiter, und zwar in den höchsten Bereichen der Welt. [...] Und im Dienste ihrer Vollendung stehen wir, selbst durch die demütigste Arbeit unserer Hände. Das ist letzten Endes der Sinn und der Wert unseres Tuns.

Teilhard de Chardin, 44–45.

Die Natur kommuniziert ständig mit sich selbst. Und Kommunion heißt Essen und sich zum Gegessenwerden hingeben. Das Essen ist die Kommunion des Lebens. Und Essen ist eine prosaische Sache. Der Schöpfer wollte, daß wir uns, um zu leben, von anderen Lebewesen ernähren sollten. So sollten alle Lebewesen in ständiger Verbindung miteinander stehen. Wir sollten nicht unabhängig voneinander sein und uns selbst genügen, sondern ständig andere Lebewesen in uns assimilieren und durch diese

„Es gibt im wesentlichen zwei Arten des Wirkens, zwei Arten der Arbeit: *die innere* und *die äußere.* Die innere Arbeit erstreckt sich auf die große Welt unserer Seele oder unseres Selbst, mit der äußeren bringen wir etwas hervor oder treten in Wechselbeziehung mit dem, was außerhalb von uns ist. Die industrielle Revolution war hauptsächlich eine äußere. Ihre Maschinen und Motoren waren kalte und leblose äußere Objekte. Die Philosophie jener Epoche, die sich aus den Arbeiten von Descartes († 1650) und Kant († 1804) entwickelte, welche wiederum von Newton († 1727) inspiriert waren, lehrt uns eine Beziehung zu den Dingen wie zu Maschinen: objektiv. Durch diese neue, objektive Beziehung wurde viel gewonnen. Die Arbeit wurde effektiver, und eine Maschine konnte viel mehr Arbeit verrichten als ein vom Pferd gezogener Pflug mit einem Menschen dahinter. Aber es ging auch viel verloren. Vor der industriellen Revolution hatte die Arbeit mehr mit Beziehung zu tun. Um erfolgreich zu sein, mußte ein Bauer Beziehung zu seinen Tieren haben; Menschen und Tiere waren voneinander abhängig" (Fox, 38).

Die wesentliche Arbeit, die getan werden muß, ist die Arbeit am Menschen selbst, die innere Arbeit, die den Menschen wieder in Beziehung bringt mit sich selbst, mit der ihn tragenden Mitwelt und so mit Gott, dem Urgrund des Seins. Wenn der Mensch auf diese Weise wieder den Sinn seiner Arbeit erfährt und sein Innenleben ‚füllt', muß er die bis dahin verspürte innere Leere nicht mehr durch Alkohol oder andere Drogen betäuben bzw. füllen. Indem er die innere und äußere Arbeit zusammenbringt, reiht er sich ein als Mitarbeiter am großen Werk der Schöpfung. Wenn er so seine geistige Mitte gefunden hat, erlebt er keine Arbeit als entfremdend, sondern versteht sie als Beitrag zur kosmischen Gemeinschaftsgeschichte. Die kosmologische Perspektive der Arbeit hat durch die industrielle Revolution im Bewußtsein der Menschen leider an Bedeutung verloren, vor allem durch das Faktum der Spezialisierung von Arbeitsbereichen, die zwar ihren Sinn und ihre Berechtigung hat, die aber auch zu Isolation und Entfremdung führen kann. Durch eine neue Kosmologie, ein Gefühl für das Ganze, ein Wissen um die wechselseitige Abhängigkeit wird die Basis einer neuen Weltsicht gelegt, die anregt, Arbeit ‚neu' zu erfinden, für gute Arbeit zu sorgen und so der Arbeitslosigkeit entgegenzuwirken. Letztlich wird dadurch deutlich, daß es in der Welt nur eine Arbeit gibt, das große Werk der Schöpfung, der sich entfaltenden Schöpfung, in die wir involviert sind und in der wir voneinander abhängig und somit auch füreinander verantwortlich sind.

Der englische Biologe Rupert Sheldrake beschäftigt sich intensiv mit dem Paradigmenwechsel der heutigen Wissenschaft, wodurch das Mysterium des Universums, in dem wir leben, und unsere Beziehung dazu neu gesehen werden. Das hat Konsequenzen für die Sicht von Arbeit, die im Folgenden in sieben Punkten kurz zusammengefaßt werden:

1) Wenn die Welt ein Organismus ist, muß auch die Arbeit organisch sein, wodurch der Mensch mit der ‚Arbeit des Universums' verbunden wird.

2) Wenn das Universum durch die existentielle Beziehung der es ausfüllenden Einzelnen konstituiert wird und somit Verlangen, Sehnsucht und letzte Ziele Triebfedern des Seins darstellen, muß auch die menschliche Arbeit durch solche Triebfedern motiviert sein.

3) Da sich die Materie, bzw. die einzelnen Atome, bewegen, ja ,tanzen' und Aktivitätsstrukturen in Kraftfeldern sind, muß auch Arbeit immer wieder ,Neues' anordnen oder erfinden – sie ist voller Überraschungen.

4) Die neue Weltsicht betrachtet die Erde als lebendigen Organismus, und entsprechend dieser Sicht muß unsere Arbeit in Achtung vor dem Lebendigen geschehen.

5) In der Natur ist das Faktum der Spontaneität und Freiheit zu beobachten, und ebenso muß auch menschliche Arbeit Raum für Freiheit und spontanes Handeln lassen. Wo das durch Präzisionsarbeit nicht möglich ist, müssen dem Menschen andere Wege gewiesen werden, auf denen er ,Spontaneität' leben kann.

6) Da sich der Kosmos am deutlichsten durch die Beziehung der Einzelnen untereinander als Basis erklärt, muß auch menschliches Tun primär dem Knüpfen oder Heilen von Beziehungen dienen.

7) Die neue Weltsicht versteht die Entwicklungen im Universum als ,Gewohnheiten', sich entwickelnde Verhaltensmuster, die aus Versuch, Irrtum und Wiederholung bestehen. In analoger Weise sollte sich auch menschliche Arbeit aus Versuch, Irrtum und Erinnerung nähren.

„Es ist deutlich geworden, daß die Option für einen organischen Kosmos einen Wandel unserer Weltsicht verlangt, in welcher Anziehung, Verlangen und letzte Ziele als Magneten im Kraftfeld dienen, in welchem Atome Aktivitätsstrukturen sind (und deshalb arbeiten, wie auch das ganze Universum), wo die Erde (griechisch: *Gaia*), ein lebendiger Organismus ist, wo Chaos, Freiheit und Spontaneität ihren Ort haben, wo Teilhabe und Kreativität zum wesentlichen Wirken des Universums gehören, wo Gewohnheiten statt ewiger Gesetze das gesamte Dasein bestimmen" (Fox, 102f.). In einer solchen Sicht des Universums, in der alles mit allem verbunden ist, nimmt der Mensch durch seine Arbeit teil an der Schöpfung Gottes, er staunt vor Gott und seiner Schöpfung und erahnt Gott als Liebenden und Gütigen, der Leben will, bewahrt und fördert. In diesem Sinn kann er dankbar seine Arbeit verstehen lernen als Mit-arbeit am großen Werk der Schöpfung und ist spontan und kreativ genug, um im großen Schöpfungszusammenhang ,neue' Arbeit zu erfinden, die diesem Ziele dient und deswegen von Mit-gefühl, d.h. der Ausrichtung auf die Schöpfung, geprägt ist. Solche Arbeit bereitet Freude und ist menschlich, d.h. dem Menschen gemäß, wenn sie von der Suche nach dem täglichen Sinn ebenso handelt, wie von der Suche nach dem täglichen Brot, nach Anerkennung ebenso wie nach Geld, um zu leben, nach Staunen ebenso wie nach Entspannung, wenn es eben eine Suche nach einer erfüllenden Lebensform ist und nicht nur nach einer Weise, von Montag bis Freitag zu sterben.

2. Im Ritual verbindet sich die Arbeit des Menschen mit dem Werk des Schöpfers

Es ist offensichtlich ein Charakteristikum des Menschen, daß er seine Erfahrungen, seine Geschichte in Form von Ritualen an die jüngere Generation weitergibt; besonders die Schöpfungsgeschichte(n) ist hier zu erwähnen, durch welche ein Horizont eröffnet wird, in dem der Mensch seine eigene Existenz verstehen und deuten lernt. Im Ritual bedankt sich der Mensch für das Geschenk des Lebens. Thomas v. Aquin († 1274) ist der Meinung, daß Gott nicht des Kultes bedarf, wohl aber der Mensch. Im Kult dankt der Mensch für das, was er empfängt.

Leben der Menschen und dem Dasein selbst Bedeutung gegeben. Und diese Geschichte ist in entwickelten Ritualen gefeiert worden. Sie hat die Menschen geleitet und ihnen beim Steuern des Kurses Energie gegeben. Sie ist der grundlegende Bezugspunkt für alle Verhaltensformen im persönlichen Bereich und in der Gemeinschaft gewesen.

Swimme / Berry, 1.

Alle Sakramente sind letztlich Wege der Verwandlung. In der Taufe werden wir wiedergeboren aus Wasser und Geist, da bekommen wir eine neue Identität, da wird unser irdisches Leben in das Leben Christi eingetaucht und von ihm verwandelt. Im Bußsakrament feiern wir unsere Umkehr, unser Umdenken. Umkehr meint die innere Wandlung, die wir selbst tätigen müssen. In der Beichte erfahren wir aber auch die Vergebung unserer Sünden, die Verwandlung unserer Schuld in die Erfahrung von Gottes barmherziger Liebe. Firmung ist ein Initiationssakrament, das Unmündige zu reifen selbständigen Christen wandelt. Die Krankensalbung verwandelt unsere Wunden zu Orten der Gottesbegegnung, unsere Krankheit zu einer Teilhabe an Christus und unser Sterben zur Auferstehung mit Christus. Das Sakrament der Ehe feiert die Hochzeit als Ursymbol für die Einheit aller Gegensätze. [...] Das Sakrament der Priesterweihe zeigt uns, daß jeder Christ ein Wandler und Verwandler ist, daß jeder die Priesterwürde hat, daß er Irdisches in Himmlisches verwandle. Unser ganzes Leben ist eine beständige Wandlung von Geist in Welt und Welt in Geist, von Gott in Mensch und Mensch in Gott.

Grün, 1994, 75 f.

Mensch –
du bist nicht gemacht
für Industrie und Produktion
für Konto und Konsum,
du bist gemacht,
um Mensch zu sein,
du bist geschaffen –
für das Licht,
für die Freude,

Es wird Gemeinschaft begründet und gefeiert mit den Vorfahren, den jetzt lebenden und zukünftigen Menschen. Der Paradigmenwechsel bedingt, daß die Menschen krankmachende Lebens- und Verhaltensweisen ablegen und ihr Leben und Arbeiten mit dem großen Werk des Universums verbinden. „Erneuertes Ritual wird das Werk des Volkes sein, wenn wir die neue Kosmologie wirklich in uns aufnehmen und sie uns zu eigen machen, wobei Begabungen zum Vorschein kommen und Heilung geschieht, das Loslassen und Zulassen möglich wird, und wo Schönheit anerkannt wird. Wir hoffen, daß alle Arbeitenden ihre Seelen in der Oase erneuerter ritueller Arbeit erfrischt finden werden. Ein erneuertes Ritual wird Millionen von Menschen neue Arbeit bieten und ihnen gleichzeitig neue Energie für die andere Art von Arbeit geben, die wir tun müssen: für neue Wege der Erziehung und Ausbildung, für die Einbeziehung der Jugend, für das Lernen der Sexualität, für das Erwecken der Kunst und die Aufnahme der künstlerisch Tätigen in Sachen Spiritualität, bei der Umordnung der Wirtschaft und der Ökonomie, der Politik und der Wissenschaft ..." (Fox, 323f.). In diesem Sinne verstanden gewinnt die Arbeit einen sakramentalen Charakter, ja M. Fox spricht von der Arbeit als Sakrament. „Klassisch wird ein Sakrament definiert als ein Symbol, das das hervorbringt, was es bedeutet. Wenn wir auf der tiefsten Herzensebene mit unserer Arbeit verbunden sind, dann ist Arbeit wahrhaft Sakrament: Sie leistet, was sie bedeutet. Arbeitende sind Begnadende, sie rufen die Gnade hervor und schenken sie der Gemeinschaft. Die Gemeinschaft wird durch unsere Arbeit mit Gnade reich gemacht: Das Sakrament entsteht. [...] Nur solche Arbeit kann wahrhaft sakramental sein, die von Herz zu Herz fließt, die aus einem inneren Ort entsteht, die zugleich aus Licht und Dunkelheit, aus Begeisterung und Leid fließt. Sakramentale Arbeit dient dem großen Werk des Universums, einem Werk der wechselseitigen Abhängigkeit und des Mitgefühls" (Fox, 367).

Durch Arbeit nimmt der Mensch am großen Werk des Universums teil. Durch die ‚innere Arbeit‘, in der der Mensch in eine positive Beziehung zu sich selbst, zu Gott und der Mitwelt tritt, qualifiziert er die ‚äußere Arbeit‘. Die kosmologische Perspektive der Arbeit, wodurch er ein Gefühl für das Ganze, die innere Einheit des Universums, und ein Wissen um die wechselseitige Abhängigkeit alles Geschöpflichen gewinnt, regt ihn an, Arbeit neu zu ‚erfinden‘ und für gute Arbeit zu sorgen, die den einzelnen Menschen erfüllt und dem Wohl der Schöpfung dient. So gesehen bekommt Arbeit einen sakramentalen Charakter.

1.5. Aspekte einer christlichen Praxis

1.5.1. Der Mensch: Mit-arbeiter Gottes

Der Schöpfer hat die Erde dem Menschen als ‚Lebenshaus alles Lebendigen‘ anvertraut und ihn beauftragt, sie zu bebauen und zu behüten (vgl. Gen 2,15). Auf ihr, mit ihr und von ihr soll er leben. „Aber", so sagt Papst Johannes Paul II. 1991 in seiner Enzyklika *Centesimus annus*, „die Erde schenkt ihre Früchte nicht ohne eine bewußte Antwort des Menschen auf die Gabe Gottes, das heißt ohne Arbeit" (CA Nr. 31). In der Arbeit des Menschen drückt sich die Sorge Gottes um

um zu lachen und zu singen,
um zu leben in Liebe
und um dazusein
für das Glück der Menschen –
um dich herum,
und du bist geschaffen
nach dem Bilde Gottes,
der Liebe ist,
mit Händen, um zu geben,
mit einem Herzen,
um zu lieben,
und mit zwei Armen –
die sind gerade so lang,
einen anderen zu umarmen.

CAJ Münster, in: Hauptabteilung Gemeindearbeit. Bischöfliches Generalvikariat Aachen,
33.

Im Idealfall gelingt es dem
Chef, jeden Arbeiter am geistigen Abenteuer des ganzen
Werkes teilhaben zu lassen und
damit aus ihm einen schöpferischen Menschen zu machen. –
Man fragte zwei Steinmetzen,
was sie tun. Der eine sagte:
„Ich behaue diesen Stein", der
zweite aber erklärte: „Wir bauen
eine Kathedrale."

Bovet, 82.

den Menschen aus. In der Pastoralkonstitution *Gaudium et spes* des Vatikanum II heißt es: „Richtschnur für das menschliche Schaffen ist daher, daß es gemäß dem Plan und Willen Gottes mit dem echten Wohl der Menschheit übereinstimme und dem Menschen als Einzelwesen und als Glied der Gesellschaft gestatte, seiner ganzen Berufung nachzukommen und sie zu erfüllen" (GS Nr. 35). Diese fundamentale Berufung des Menschen gründet in seiner Würde, Ebenbild Gottes zu sein. „Die Personenwürde ist Fundament der Gleichheit aller Menschen und auch Fundament der Teilnahme und der Solidarität der Menschen untereinander. Der Dialog und die Gemeinschaft sind zutiefst verwurzelt in dem, was die Menschen ‚sind'. Diese Verwurzelung im Sein ist tiefer und ursprünglicher als eine Verankerung in dem, was die Menschen ‚haben'," konkretisiert Johannes Paul II. in seinem apostolischen Schreiben *Christifideles Laici* (CL Nr. 37) vom Jahre 1988.

1.5.2. Bedeutung und Aufgabe menschlichen Schaffens

1. Als Partner Gottes gestaltet der Mensch in verantwortlicher Freiheit durch seine Arbeit die Welt – im Rahmen seiner Möglichkeiten lebt er so einen wesentlichen Aspekt seines Menschseins. K. Barth versteht unter Arbeit die tätige Bejahung des Menschen als Geschöpf, also einen Ort persönlicher Entfaltung. Dieser subjektive Aspekt von Arbeit beinhaltet das ‚Sich Einbringen' des Menschen mit all seinen Qualitäten und Fähigkeiten, welches wiederum formend auf die Existenz und das Selbstbewußtsein rückwirkt, wodurch die personale Reifung positiv beeinflußt wird. Allerdings gilt es, darauf zu achten, daß Arbeit und Menschsein nicht als zwei gleichwertige Größen angesehen werden; das Menschsein des Menschen ist grundgelegt im Schöpfungsakt Gottes und durch das Angesprochenwerden durch denselben Gott. Diese göttliche Tat steht vor aller Selbstaktualisierung des Menschen in der Arbeit. „Das Arbeiten, das mit Härte und Mühsal verbunden ist, wird das Privileg des Menschen. Die Gabe des Schöpfers wird zur schöpferischen Aufgabe des Geschöpfes. Arbeit wird die umfassendste Weise, Menschsein zu aktualisieren. So sehr Arbeit immer mit Belastungen verbunden sein wird, ist sie doch die Äußerungsweise des Menschen, in der er sich am nächsten zu sich selbst verhält. Arbeit ist nicht das ihm Fremde, sondern das ihm fundamental Eigene. Sein Privileg ist sein *Proprium*. Menschsein und Arbeiten sind so aufeinander bezogen, daß das eine nicht ohne das andere sein kann. Arbeiten ist die Voraussetzung, irdisch-reale Existenz zu gewinnen. Arbeit wird die Bedingung, daß der Mensch Geschichte, die Geschichte seiner Erhaltung und Gestaltung der ihm überantworteten Welt, bekommt. Arbeit ist das *fundamentum hominis et historiae*, das entscheidende anthropologische Grunddatum. Deshalb gibt es kein Verständnis des Menschseins, ohne dieses Faktum mitzureflektieren" (Krause / Müller, 661). Wenn Arbeit einen prägenden und formenden Einfluß auf den Menschen hat, so muß umgekehrt dem Arbeiter die Möglichkeit gegeben werden, seine Fähigkeiten und Begabungen zu entdecken, zu entwickeln **und** zu fördern, um sie dann auch entsprechend einzusetzen und so **diesen** wesentlichen Aspekt seines Menschseins zu leben. Er ist dann im Wirtschaftsprozeß nicht lediglich ein Objekt, das bestimmte Tätigkeiten ausüben muß, sondern er erfährt sich vielmehr als Subjekt, mit persönlicher Verantwortung und, in gewissem Umfang, mit Selbstbestimmung ausgestattet, den Arbeitsprozeß aktiv mitbestimmend.

2. Die Arbeit dient dazu, den eigenen Lebensunterhalt zu sichern und, im Idealfall, die Fähigkeiten und Charismen des Einzelnen zur Entfaltung zu bringen. So gewinnt Arbeit auch eine soziale Dimension, die sich primär auf die eigene Familie bezieht, denn sie ist die „durch Arbeit ermöglichte Gemeinschaft und die erste häusliche Schule der Arbeit für jeden Menschen" (LE 10). Des weiteren trägt die Arbeit zur Förderung des Gemeinwohls der Gesellschaft bei, zu der der Einzelne aufgrund historischer, kultureller oder durch den Wohnsitz bedingter Gegebenheiten gehört, und macht so die Verantwortung der Menschen füreinander deutlich. Das Faktum ‚Arbeit' verbindet die Menschen zur alle umfassenden Menschengemeinschaft, die gemäß dem Auftrag Gottes (vgl. Gen 1) auf, mit und – aufgrund von Arbeit – von der Erde lebt. Arbeit ist die Voraussetzung für alles, was der Mensch bzw. die Menschheit erreichen will, und insofern kann Arbeit als Konstitutivum der menschlichen Gesellschaft bezeichnet werden.

Wenn die Welt das Evangelium wirklich verstanden hätte, dann wären heute keine sozialen Veränderungen notwendig. Allein wenige Sätze des Evangeliums würden genügen, um viele soziale Probleme zu lösen. Natürlich ist es gut, soziale und wirtschaftliche Systeme gründlich zu studieren. Aber hat jemals einer den Mut gehabt, ein solches System auf die Worte Gottes aufzubauen? Wenn es uns gelingt, das Leben Gottes in uns Fleisch werden zu lassen und es auszubreiten, indem wir dem zu essen geben, der Hunger hat, dem zu trinken geben, der Durst hat, oder Bekleidung oder ein Haus, wenn wir also das Evangelium verwirklichen, so wie es ist, dann werden wir daraus die mächtigste soziale Revolution entstehen lassen, die es je gegeben hat.

Lubich, 39.

3. Daraus ergibt sich wie selbstverständlich die sittliche Forderung, daß die Arbeitsbedingungen sowohl dem einzelnen Menschen wie auch der Gesellschaft insgesamt gerecht werden sollen, indem sie die Würde des Arbeiters wahren und dem Gemeinwohl dienen. Denn „wo die Arbeiter nur noch als Arbeitskraft angesehen sind und entsprechend verrechnet, d.h. belohnt werden, kommt die personale Qualität fast nicht mehr in Betracht" (Reisinger, 55). Durch soziale Ungerechtigkeit und die Verelendung der Arbeiterschaft, die in ihrem Wert und ihrer Würde stark verletzt war, entsteht im 19. Jahrhundert die ‚soziale Frage', die sich um die Verbesserung der Arbeitsbedingungen bemüht. In seiner Sozialenzyklika *Rerum novarum* (RN) sagt Papst Leo XIII: „... daß es eine unumstößliche Wahrheit ist, nicht anderswoher als aus der Arbeit der Werktätigen entsteht Wohlhabenheit im Staate. Es ist also eine Forderung der Billigkeit, daß man sich seitens der öffentlichen Gewalt des Arbeiters annehme, damit er von dem, was er zum allgemeinen Nutzen beiträgt, etwas empfängt, so daß er in Sicherheit hinsichtlich Wohnung, Kleidung und Nahrung ein weniger schweres Leben führen kann. Daraus folgt, daß alles zu fördern ist, was irgendwie der Lage der Arbeiterschaft nützen kann" (RN Nr. 27). Immer deutlicher wird der Zusammenhang von der Menschenwürde des Arbeiters und dem allen zugute kommenden Nutzen der Arbeit gesehen und in kirchlichen Verlautbarungen betont. So hebt die Enzyklika *Quadragesimo anno* (QA) aus dem Jahre 1931 hervor, daß die Wirtschaft nicht einzig auf Gewinnmaximierung bedacht sein darf, „ohne Rücksicht auf die Menschenwürde des Arbeiters, ohne Rücksicht auf Gemeinwohl und Gemeinwohlgerechtigkeit." (QA Nr. 101). Die katholische Soziallehre entwickelt aus den beiden Zentralbegriffen ‚Eigentum' und ‚Arbeit' die Grundlage ihrer Wirtschaftsordnung, wobei der Arbeit die Aufgabe zugedacht wird, den Lebensunterhalt zu erwerben. Das Recht auf Arbeit wird als ‚von Natur aus dem Menschen zustehend' betrachtet, woraus folgt, „daß Pflicht und Recht zur Ordnung des arbeitenden Volkes zunächst bei den unmittelbar Beteiligten liegen: bei den Arbeitgebern und den Arbeitnehmern. Insofern sie ihre Aufgabe nicht zu erfüllen vermögen, ist es Aufgabe des Staates einzugreifen, in den Einsatz wie in die Verteilung der Arbeit, auf die Art und in dem Maße, wie es die Wahrung des wohlverstandenen Gemeinwohls verlangt", wie Pius XII in seiner Pfingstbotschaft 1941 erklärt. In der Folgezeit wird immer deutlicher der Vorrang der Arbeit vor dem Eigentum gesehen und so sagt Vatikanum II in der Pastoralkonstitution *Gaudium et spes*: „Die in der

Gütererzeugung, der Güterverteilung und in den Dienstleistungsge-
werben geleistete menschliche Arbeit hat den Vorrang vor allen anderen Faktoren des wirtschaftlichen Lebens, denn diese sind nur werk-
zeuglicher Art. Die Arbeit nämlich, gleichviel ob selbständig ausgeübt
oder im Lohnarbeitsverhältnis stehend, ist unmittelbarer Ausfluß der
Person, die den stofflichen Dingen ihren Stempel aufprägt und sie ihrem Willen dienstbar macht" (GS Nr. 67). Arbeit ist somit nicht lediglich ein technisches, handhabbares Mittel, sondern ein menschlicher
Wert, der sowohl den Arbeiter als auch die menschliche Gesellschaft
fördern, ja ‚vervollkommnen‘, menschliche Existenz humanisieren soll.

1.5.3. Ansätze zur Humanisierung der Arbeitswelt

1. Mit der einsetzenden Industrialisierung wird die Arbeit immer mehr
zur Dienstleistung, die in die Wechselbeziehung von Angebot und
Nachfrage eingebettet ist. Der Arbeitgeber, der über die Produktionsmittel, wie Fabrik, Kapital und Arbeitsgerät verfügt, bezahlt die Ar-
beits- bzw. Dienstleistung des Arbeitnehmers, der dadurch zum reinen
Produktionsfaktor ‚in seiner Hand‘ wird. Unter dem Stichwort ‚Humanisierung der Arbeitswelt‘ sind all die vielen Anstrengungen zu verstehen, die versuchen, die Arbeit als soziales Geschehen zu betrachten,
das sowohl dem einzelnen Arbeiter als auch der Gesellschaft dient.
Auch die Kirche bringt sich in diesem Problemfeld immer wieder ein,
denn sie hat von ihrem Stifter her das Mandat, sich um humane Exi-
stenzbedingungen zu bemühen und ihre Stimme zu erheben, wenn diese verletzt werden. Denn sie ist nicht Kirche um ihrer selbst willen,
sondern ‚Kirche für andere‘, um so der Proexistenz Jesu *heute* einen
konkreten Ausdruck zu verleihen.

Folgende, dem kath. Erwachsenenkatechismus (Bd. 2, 409) entnom-
menen Optionen versuchen, Weichen zu stellen für eine Humanisierung der Arbeitswelt:

-   Im Arbeitsvollzug ist einer möglichst freien Gestaltung der Persön-
    lichkeit des arbeitenden Menschen Rechnung zu tragen.
-   In der Betriebsstruktur (Arbeiter, Angestellte, Führungskräfte, Un-
    ternehmer) ist auszuschließen, daß über Arbeitnehmer einseitig
    verfügt wird.
-   In der Arbeitstechnik ist dafür zu sorgen, daß den Arbeitnehmern
    kein vermeidbares gesundheitliches Risiko zugemutet wird.
-   Im Verhältnis von Arbeitgeber und Arbeitnehmer darf die funkti-
    onsbedingte Unterordnung des Arbeitnehmers nicht zur persona-
    len Unterordnung führen.
-   Im Unternehmen muß bei Anerkennung unterschiedlicher Ver-
    antwortungsgrade und unterschiedlicher Anordnungs- und Kon-
    trollbefugnisse ein partnerschaftliches Verhältnis zwischen Arbeit-
    nehmern, Führungskräften und Unternehmern gewahrt bleiben.
-   Bei betrieblichen Entscheidungen sind die Mitarbeiterinteressen,
    die betrieblichen Interessen und die gesamtgesellschaftlichen Be-
    lange (zum Beispiel der Umweltschutz und die Vermeidung einer
    Gefährdung durch die hergestellten Produkte) zu berücksichtigen
    und optimal zum Ausgleich zu bringen, ohne daß sich die Ent-
    scheidungsprozesse unnötig verzögern.
-   Im Unternehmen muß unter Berücksichtigung der unterschiedli-
    chen Aufgaben der Einzelnen die aktive Beteiligung aller an der
    Unternehmensgestaltung vorangebracht werden.

Hinter der christlichen Fassade entstand eine neue geheime Religion – die Religion des Industriezeitalters – die in der Charakterstruktur der modernen Gesellschaft wurzelt, aber nicht als Religion bekannt ist. Die Religion des Industriezeitalters ist mit echtem Christentum unvereinbar. Sie reduziert die Menschen zu Dienern der Wirtschaft und der Maschinen, die sie mit ihren eigenen Händen gebaut haben.
‚Heilig‘ sind in der Religion des Industriezeitalters die Arbeit, das Eigentum, der Profit und die Macht, obwohl sie – in den Grenzen ihrer allgemeinen Prinzipien – auch den Individualismus und die persönliche Freiheit förderten.

Fromm, 145f.

– Wo Entscheidungen über wirtschaftliche und soziale Angelegenheiten an höheren Stellen getroffen werden, sollen die Arbeitnehmer auch daran beteiligt sein, sei es unmittelbar, sei es durch frei gewählte Vertreter.

Die Optionen machen deutlich, daß es eine gesellschaftliche Aufgabe ist, die Arbeitswelt persönlicher auszugestalten, d.h. die personale Würde des Arbeitenden mehr zu berücksichtigen, was z.B. durch mehr Mitsprache, mehr Mitbestimmung in Arbeitsabläufen und Arbeitsgestaltung zum Ausdruck kommt, wie auch durch Schaffung neuer Unternehmensformen, in denen der Einzelne nicht ‚nur‘ Arbeitnehmer, sondern namentlich bekannter und respektierter Mitarbeiter der Firma ist. Dieses Ziel hat Papst Johannes Paul II. in seinem Rundschreiben *Über die menschliche Arbeit* aus dem Jahre 1981 wie folgt formuliert: Der Mensch soll in seiner Arbeit das Bewußtsein bekommen, als „arbeite er in eigener Sache".

Zur humanen Gestaltung der Arbeitswelt gehört es natürlich auch, daß dem Arbeitenden genügend Freizeit zugestanden wird und es dem Einzelnen überlassen bleibt, sie sinnvoll und in einer ihm entsprechenden Form zu gestalten. Der Mensch braucht einen gesunden Rhythmus von Arbeit, Ruhe, Erholung, Zeit zur Besinnung, um physisch und psychisch gesund zu bleiben.

2. Im Rahmen der Bemühungen um eine humane Gestaltung der Arbeitswelt sind besonders die folgenden vier Ansätze, die schon in vielen Industriestaaten, besonders in den USA, in England und in den skandinavischen Ländern Anwendung finden, hervorzuheben. Diese Ansätze sind bekannt geworden unter den Begriffen des *Job Rotation*, des *Job Enlargement*, des *Job Enrichment* und der ‚teilautonomen Gruppenarbeit‘.

Unter *Job Rotation* ist der planmäßige Wechsel von Arbeitsplätzen und Arbeitsaufgaben zu verstehen, wodurch einseitige Belastungen und Monotonie verringert werden. Durch die Form des *Job Rotation* wird auch eine höhere Qualifikation der Arbeitnehmer erreicht.

Job Enlargement bedeutet eine Vergrößerung des Arbeitsumfanges durch Aneinanderreihung mehrerer strukturell gleichartiger oder ähnlicher Arbeitselemente. Dadurch wird eine Vergrößerung des Bewegungsfeldes und, wie bei *Job Rotation*, eine Verbesserung der beruflichen Qualifikation bewirkt sowie eine Zunahme der sozialen Kontakte erzielt.

Unter *Job Enrichment* ist eine Aufgabenerweiterung zu verstehen, die erreicht wird durch Zusammenfügung strukturell unterschiedlicher Arbeitselemente, wie z.B. Kontroll-, Planungs- und Fertigungsaufgaben, zu einer größeren Handlungseinheit, die der Verantwortung einer Arbeitsgruppe überlassen ist. Die Anwendung dieses Prinzips markiert den Einstieg in eine qualitative Veränderung der traditionellen Produktionsstrukturen, was im einzelnen u.a. bedeuten kann: Planung über den gesamten Arbeitsablauf mit Bestimmung des Arbeitsrhythmus und der Arbeitsverteilung, Aufhebung der Standortgebundenheit, Ausbau und Intensivierung von Arbeitsteams, Vertiefung sozialer Kontakte und Übernahme von Kontrollfunktionen.

Der Gipfelpunkt der Veränderungsstrategien ist die ‚teilautonome Gruppe‘. Deren Mitglieder wählen einen Gruppensprecher, entscheiden über Neuzugänge, erstellen Arbeitspläne, wie auch Ferien- und Verlaufspläne, und regeln so in kommunikativer Selbstbestimmung sowohl den Verlauf des technologischen Arbeitsprozesses wie auch die Strukturen der sozialen Beziehungen untereinander.

Die einzelnen Gestaltungskonzepte lassen sich in der Praxis nicht exakt voneinander trennen. Entscheidend ist, daß eine Verbesserung der Qualität des Arbeitslebens erreicht wird durch a) Humanisierung der Technik und b) Demokratisierung der Arbeitsorganisation. „Hinsichtlich der Auswirkungen auf die Arbeitnehmer können sich im ganzen einstellen: geringere Ermüdung durch Verminderung einseitiger Beanspruchungen, Abbau der Monotonie, Zunahme des Interesses an der Arbeit und damit Erhöhung der Arbeitszufriedenheit. Hinsichtlich der Arbeitsorganisation kann sich eine Reduzierung der traditionellen Befehls- und Kontrollpositionen ergeben. Und hinsichtlich der Produktion kann es zu einer Verbesserung der Produktionsqualität wie auch zu einer Erhöhung der Produktionsquantitäten kommen. Veränderungen der technologischen Strukturen im Sinne einer menschengerechteren Konstruktion und Bedienung der Produktionsmittel selbst schaffen darüber hinaus auch grundlegende Voraussetzungen für Veränderungen in den sozialen Beziehungsverhältnissen der Produzenten untereinander" (Brakelmann, 122). Allerdings bleibt anzumerken, daß all diesen genannten Veränderungen in der Arbeitswelt eine Erneuerung der sittlichen Gesinnung der Menschen vorausgehen muß, was bedeutet, daß der Mensch den Mitmenschen in seinem Selbstwert achten und Gemeinschaftsgeist als zu erstrebenden Wert schätzen lernt. Nur in einer dialektischen Verbindung von erneuerter Gesinnung und dementsprechend human gestalteter Technik sind reale Fortschritte zu erwarten.

1.6. Arbeit – Erfahrungsweg zur Vereinigung mit Gott

Die genannten Schritte zur Humanisierung der Arbeitswelt stehen im Kontext einer christlichen Anthropologie. Sie nehmen den einzelnen Menschen in seiner Individualität ernst, fernerhin sind sie auf das soziale und demokratische Miteinander ausgerichtet und haben das Wohl der menschlichen Gesellschaft im Auge, in dessen Dienst unter diesen Prämissen auch der technische Fortschritt steht. Aber für viele Menschen ist ihr Arbeitsalltag weit entfernt von den in den obigen Ansätzen aufleuchtenden Idealen: ihre Arbeit ist monoton, dient lediglich dem Erwerb des Lebensunterhaltes und der Finanzierung des jährlichen Urlaubes – von Selbstverwirklichung wagen sie gar nicht zu sprechen ... Und dann soll Arbeit, diese konkrete Arbeit, auch noch ein ‚Erfahrungsweg zur Vereinigung mit Gott' sein? Das erscheint nahezu lächerlich.

Das Leben des modernen Menschen splittert sich in viele Teilbereiche auf, die oftmals unverbunden nebeneinander stehen. Es fehlt der tragende Grund. So erscheint auch die Arbeit als ein Teilbereich, vielleicht sogar als ‚notwendiges Übel', wenn es sich z.B. um eine Tätigkeit handelt, die der Mensch aufgrund der Situation des Arbeitsmarktes und nicht aus ‚Berufung' gewählt hat. Das Leben wird aufgeteilt, wird gespalten und die Arbeitsverhältnisse sind im Einzelfall wahrhaftig nicht optimal; Arbeit und Gott erscheinen wie zwei unvereinbare Größen. Religion wird vielfach zum Randbereich, der lediglich sonntags und an Festen eine Rolle spielt, im Alltag aber relativ bedeutungslos ist.

Die Mahnung des Apostels zum unaufhörlichen Gebet in 1 Thess 5,17 erscheint wie eine Überforderung, bzw. fromme Übertreibung, in der harten Arbeitswelt nicht umsetzbar.

Man kann seinem Leben Sinn geben, indem man eine Tat setzt oder ein Werk vollbringt. Aber man kann seinem Leben auch Sinn geben, indem man das Schöne, das Gute, das Wahre in sich aufnimmt oder auch nur einen einzigen Menschen in seinem Wesen erlebt, in seiner Einmaligkeit und Einzigartigkeit – und einen Menschen als einmaligen und einzigartigen, als Du erleben, heißt: ihn lieben. Aber auch der Mensch, der sich in einer Zwangslage befindet, in der er weder durch Handlungen Werte verwirklichen kann, noch seinem Leben Sinn zu geben vermöchte durch Erlebnisse – auch dieser Mensch kann seinem Leben noch Sinn geben, nämlich gerade in der Art und Weise, wie er sich diesem seinem Schicksal, dieser seiner Zwangslage stellt.

Frankl, 100.

In den Apophthegmata heißt es über Abbas Lukios: „Einmal kamen einige zum Abbas Lukios in Enanton, Mönche, die man *Euchiten* (Beter) nannte. Der Greis fragte sie: ,Worin besteht euer Handwerk?‘ Sie antworteten: ,Wir rühren mit keinem Fingern an ein Handwerk, sondern, wie der Apostel sagt, wir beten unaufhörlich‘ (1 Thess 5,17). Darauf sprach der Alte zu ihnen: ,Eßt ihr nicht?‘ Sie antworteten: ,Doch!‘ Er sagte zu ihnen: ,Wenn ihr also eßt, wer betet inzwischen für euch?‘ Wiederum sprach er: ,Schlaft ihr nicht?‘ Sie sagten: ,Doch!‘ Und der Greis darauf: ,Wenn ihr also schlaft, wer betet indessen für euch?‘ Darauf wußten sie keine Antwort zu geben. Er sprach zu ihnen: ,Verzeiht mir, aber ihr tut nicht, was ihr sagt. Ich aber will euch zeigen, daß ich trotz Verrichtung meiner Handarbeit unablässig bete. Ich setze mich mit Gott nieder, weiche meine kleinen Palmfasern ein und flechte sie zu einem Seil. Dabei sage ich: Erbarme Dich meiner, o Gott, in Deinem großen Erbarmen, und nach der Menge Deiner Erbarmungen wasche ab meine Ungerechtigkeiten‘ (Ps 50,3). Und er fragte sie: ,Ist das kein Gebet?‘ Sie antworteten: ,Doch!‘ Da sprach er zu ihnen: ,Wenn ich den ganzen Tag mit Arbeiten und Beten verbringe, dann verdiene ich sechs Münzen, mehr oder weniger. Zwei davon gebe ich an die Tür (als Almosen), und von den übrigen bestreite ich das Essen. Und es betet für mich, der die zwei Münzen bekommen hat, während ich esse oder schlafe. Und durch die Gnade Gottes wird so von mir das unablässige Beten erfüllt‘ (Lk 18,1; Kol 4,2)“ (Miller, 156).

In der Arbeit geschieht konkreter Dank des Menschen, daß Gott ihn gewürdigt hat, Weltverantwortung zu übernehmen. So sehr der praktische Vorgang des Arbeitens mit Mühe und Anstrengung verbunden bleibt, so ist die Arbeit selbst dennoch ein Teil der Würde des Menschen. Diese Arbeitswürde hat ihren Grund in der Tatsache, daß Gott den Menschen würdigt, das Seine in stellvertretender Verantwortung zu vollziehen. Diese Auftragswürde wird für den Menschen zur täglichen Bürde, aber eben einer Bürde, die als Dank für das Lebendürfen verstanden wird. Arbeit ist deshalb nicht dunkle Fatalität, sondern der Ort menschlicher Bewährung. Sie ist ,Last‘ und ,Lust‘ zugleich. Sie bedrückt und befreit zugleich. Aus dieser doppelten Qualität kommt sie nicht heraus. Die Momente von Frustration und geglückter wie beglückender Leistung werden immer gleichzeitig in je verschiedenen Mischformen anwesend sein.

Durch seine Fragen weist Lukios die Mönche (*Euchiten*) auf die Schieflage ihres Verhaltens hin, nämlich Verzicht auf Arbeit zugunsten des unaufhörlichen Gebetes; um die alltäglichen Bedürfnisse des Menschen, wie Essen und Trinken, zu befriedigen, ist menschliches Tun, Arbeit, erforderlich. Gebet und Arbeit gehören zum Leben dazu, beide haben ihren Platz im Ablauf des Tages. Von besonderer Bedeutung ist die Aussage des Abbas, daß er sich *mit Gott* zur Arbeit niedersetzt, Arbeit ist also ein Tun mit Gott, in seiner Gegenwart. Durch kurze Psalmverse wird der Mönch sich immer wieder der Gegenwart Gottes bewußt, so daß seine Arbeit letztlich auf Gott ausgerichtet ist. „Ist das kein Gebet“, so fragt er seine Besucher. Diese haben mittlerweile verstanden, daß Gebet nicht lediglich das Rezitieren von langen Texten meint, sondern vielmehr das Leben in Gottes Gegenwart bedeutet. Arbeit, mag sie auch noch so monoton sein, geschieht in Gottes Gegenwart und erlangt so eine andere Qualität, einen neuen Sinn, der über die reine Zweckmäßigkeit hinausgeht. Der gesunde Wechsel von Gebet und Arbeit sichert nicht nur den Lebensunterhalt des Abbas, sondern ermöglicht ihm auch noch, Notleidende zu unterstützen, also sich sozial zu engagieren, wodurch die zwischenmenschlichen Beziehungen vertieft werden. Der Mitmensch, dem er geholfen hat, antwortet auf die erfahrene Hilfe mit Gebet – auch er *lebt* also seine Beziehung zu Gott, die sich im Gebet äußert. So sind die Mitglieder der menschlichen Gesellschaft durch Gebet und Arbeit in unterschiedlicher Weise miteinander verbunden und auf das letzte Ziel, auf Gott hin, ausgerichtet. Um dieses letzte Ziel bzw. den letzten Sinn des menschlichen Lebens geht es. So schreibt Elisabeth Lukas: „Wir sprachen vom ,letzten Sinn‘ eines Menschenlebens, der im ,Vordringen der Liebe‘ bestehen könnte.

Klage und Dank, Arbeitsleid und Arbeitsfreude werden in ihrer wechselseitigen Durchdringung das Bewußtsein des Arbeitenden bestimmen.
Krause / Müller, 661.

Der Ausdruck ‚letzter Sinn‘ kann aber noch umfassender definiert werden, als wir es getan haben, nämlich als ein letztlich allem übergeordneter Sinn des Ganzen, in theologischer Chiffre: ‚Gott‘. Und der ‚Wille zum letzten‘, auf den Viktor E. Frankl in seinen Schriften hinweist, bedeutet dann, daß jeder Mensch sich früher oder später suchend ausstreckt nach einer divinen Totalgeborgenheit, nach einer transzendenten Stimmigkeit, nach einem ungebrochenen All-Sinn-Zusammenhang, in dem selbst das Schlimmste und Häßlichste der Welt noch irgendwie aufgehoben ist. ... ‚Am Grunde unseres Seins liegt eine Sehnsucht, die dermaßen unstillbar ist, daß sie gar nichts anderes meinen kann als Gott‘ (Frankl)“ (Lukas, 42).

> Gott, der Urgrund des Seins, ist Zielpunkt des menschlichen Lebens, in ihn hinein wird der Mensch umgeformt, er ist die Klammer, die die Teilbereiche des Lebens, von denen Arbeit nur einer ist, miteinander verbindet. So verstanden, ist auch Arbeit ein ‚Erfahrungsweg zur Vereinigung mit Gott‘. Entscheidend ist, wie der Mensch sich zu seiner Lebenswirklichkeit verhält und sie auf Gott hin öffnet.

☞ Die Welt ist dem Menschen als Lebensraum anvertraut, den er nun in der ‚Art Gottes‘ – als sein Mitarbeiter – gestalten darf. In diesem Sinne ist Arbeit als ‚Sich Einklinken‘ in das Sorgen Gottes um den Menschen zu verstehen.

Indem der Einzelne arbeitet, vollzieht er einen Teilaspekt seines Menschseins: er erfährt sich selbst als wertvoll, weil er sich mit seinen Begabungen einbringen kann; die sozialen Beziehungen werden gefestigt und ausgebaut, weil die Arbeit dem Wohl der Mitmenschen dient und so der Mensch seine Bedeutung als Bruder / Schwester erkennt. Es bleibt eine dauerhafte Aufgabe, zu fragen, ob die jeweils herrschenden Arbeitsverhältnisse diesen Optionen entsprechen.

Alle Lebensbereiche des Menschen, wozu eben auch der Teilbereich Arbeit zählt, gilt es, auf Gott hin zu öffnen und auszurichten, damit alles, was dem Menschen im Laufe seines Lebens begegnet – Positives wie Negatives –, Hilfe werden kann auf dem Wege seiner Umformung in Gott hinein.

2. Spiritualität und Umwelt
von Elisabeth Hense

2.1 Die gegenwärtige Lage

Die menschliche Person ist unendlich kostbar und unbedingt zu schützen. Aber auch das Leben der Tiere und Pflanzen, die mit uns diesen Planeten bewohnen, verdient Schutz, Schonung und Pflege. Hemmungslose Ausbeutung der natürlichen Lebensgrundlagen, rücksichtslose Zerstörung der Biospäre, Militarisierung des Kosmos sind ein Frevel. Als Menschen haben wir – gerade auch im Blick auf künftige Generationen – eine besondere Verantwortung für den Planeten Erde und den Kosmos, für Luft, Wasser und Boden. Wir alle sind in diesem Kosmos miteinander verflochten und voneinander abhängig. Jeder von uns hängt ab vom Wohl des Ganzen. Deshalb gilt: Nicht die Herrschaft des Menschen über Natur und Kosmos ist zu propagieren, sondern die Gemeinschaft mit Natur und Kosmos zu kultivieren.

Küng, 1996, 33-34.

Im Gegensatz zur gängigen Kultur, die eine zerbrochene Umwelt verursacht hat und uns in eine tödliche Krise führt, ist heute eine Spiritualität notwendig, die ein neues Verhältnis zur Ökosphäre bewirkt. Dieses neue Verhältnis zeichnet sich ab in einem neuen Bewußtsein und in einem neuen Lebensstil.

Im Kontext der hochindustrialisierten Länder der nördlichen Halbkugel führt dieses neue Bewußtsein zu einem Paradigmenwechsel. Wo sich vor kurzem noch die wirtschaftlichen Machtstrukturen uneingeschränkt Geltung verschafften, soll jetzt ein ökologisches Weltethos für eine verantwortungsvolle, neue, kosmopolitische, planetarische Kultur Sorge tragen. „Mehr und mehr entdeckt der Mensch sich als Teil der Natur. Sein Verhältnis zur Natur kann nicht weiter in der Herrschaft über sie bestehen, sondern muß zu einem Zusammenleben mit ihr werden auf den Grundlagen eines neuen Bündnisses von Geschwisterlichkeit, Achtung und Zwiesprache" (Boff, 102). Das wachsende planetarische Bewußtsein macht uns, die wir bislang Einwohner dieses oder jenes Landes waren, zu Bürgern und Bürgerinnen dieser Erde. Wir alle bilden eine einzige Schicksalsgemeinschaft.

Komplementär zu diesem neuen Bewußtsein beginnt sich auch ein neuer Lebensstil zu entwickeln. Umweltkonferenzen versuchen neue Leitlinien für einen verantwortungsvollen Lebensstil zu entwerfen. So wurde z.B. weltweit das Treibgas FCKW reduziert, wodurch sich unsere Atmosphäre heute in einem ungleich besseren Zustand befindet als wenn diese Maßnahme nicht getroffen worden wäre. Sicherlich ist hier noch sehr viel zu tun und bewegt sich die Völkergemeinschaft oft viel zu träge, doch wird sie, um zu überleben, diesen neuen Lebensstil gegen die heute noch gültigen wirtschaftlichen Machtstrukturen durchsetzen müssen und weltweit Umweltvergehen durch eine bindende Instanz sanktionieren lassen.

Die Verschlechterung der Ökosphäre wird allgemein auf sechs Ursachen zurückgeführt:

1. *Technologie.* Viele moderne Technologien sind Umwelt belastend. Nehmen wir zum Beispiel die heute für uns wichtigste Technologie der Fortbewegung: das Auto. Diese Technologie verbraucht Rohstoffe, die nicht wieder zurückgewonnen werden können. Dies gilt insbesondere für den Brandstoff; die Karosserien müssen in Europa inzwischen recycled werden. Zudem verschmutzt diese Technologie die Luft und den Boden. Ein anderes Beispiel, die Landwirtschaftstechnologie, hat ebenfalls negative Auswirkungen auf die Umwelt: Weil diese Technologie nur in Monokulturen rentabel eingesetzt werden kann, kommt es zur Vernichtung der Vielfalt von Landschaften und landwirtschaftlichen Produkten.

Die Umweltforschung von Volkswagen hat vor wenigen Jahren eine neue Tür in der Solarenergienutzung geöffnet: die Abwasserbehandlung mit Hilfe von Sonnenenergie.

Für die Produktion eines Autos wird Wasser benötigt. Für einen neuen Golf um die 3,8 Kubikmeter – etwa, um die Maschinen zu kühlen, aber vor allem zur Reinigung der vielen Teile in den verschiedenen Stadien der Produktion. Wasser ist ein wertvoller Rohstoff, von dem kein Tropfen unnötig vergeudet werden darf.

Das Volkswagen Forschungsprojekt *Solare Abwasserbehandlung* beruht an sich auf einem simplen chemischen Prozeß: Organische Schadstoffe werden bei Raumtemperatur verbrannt, und zwar in drei Schritten:

Doch seit einigen Jahren zeichnet sich in vielen technologischen Bereichen ein Umdenken ab: Batterien enthielten in den letzten Jahren oftmals kein Quecksilber, Kadmium und Blei mehr, Schwermetalle, die extrem unverträglich für die Umwelt sind. Ab dem Jahre 2000 sind diese Schwermetalle in Batterien ganz verboten. Die Recycletechnologien boomen in den letzten Jahren: neben Papier, Glas, Metallen und

1. Das Sonnenlicht aktiviert den Photokatalysator Titandioxyd.
2. Ladungsträger wandern an die Oberfläche des Photokatalysators.
3. Die Schadstoffe reagieren an der geladenen Oberfläche mit Sauerstoff und werden zu Kohlendioxyd und Wasser verbrannt.

Volkswagen magazin,
3. Oktober 1999, 30.

Kunststoffen werden auch die kompostierbaren Materialien wiederverwertet, so daß die natürlichen Ressourcen geschont und erhalten bleiben.

2. *Wirtschaft.* Die moderne Wirtschaft orientiert sich mehr an der Kostenfrage als an Umweltaspekten. Weil z. B. der LKW-Transport billiger ist als der Bahntransport, werden viel mehr Güter über die Straße statt über die Schiene transportiert, obgleich die Schiene für die Umwelt die bessere Lösung wäre. Ein anderes Beispiel: Wenn es billiger ist, Joghurt in Plastikverpackungen zu liefern als in Pfandflaschen, wird die größere Umweltbelastung für das Recyclen der Plastikbehälter in Kauf genommen und der Pfandflaschenproduktion vorgezogen.

Doch was jetzt noch billiger ist, kann in Zukunft die teurere Alternative werden, wenn der Wirtschaft verschärfte Umweltnormen auferlegt werden. Die Stimmung scheint sich allmählich in diese Richtung zu entwickeln. Ein Konzern wie Shell hat das verstanden und liefert ab 2001 in den Niederlanden seine CO_2 Abgase an Gärtnereibetriebe, die dieses Gas für die Aufzucht bestimmter Pflanzen benötigen (s. Agrarisch Dagblad 2. 10. 1999). 1.500 Gärtnereibetriebe in der Provinz Südholland (NL) sollen die Restgase und die Restwärme der Shell-Raffinerie in der Botlek nutzen. Shell macht hierbei in wirtschaftlicher Hinsicht weder Gewinn noch Verlust, stellt sich aber bereits auf einen Trend ein, der für eine zukunftsfähige Wirtschaft unabdingbar sein wird. Zudem tut es dem angeschlagenen Image dieser Firma gut, im Zusammenhang mit Umweltfragen einmal positiv in die Schlagzeilen zu kommen. Solche Firmensymbiosen, wie Shell sie jetzt mit den Gärtnereibetrieben anstrebt, hat es auch in der Vergangenheit schon gegeben, doch ließe sich in dieser Richtung noch viel mehr tun.

3. *Politik.* Die Politik kann sich oft gegen die industriellen Pressuregroups nicht durchsetzen. So war z. B. der schnelle Ausstieg aus der Atomenergie in der Bundesrepublik Deutschland beim Regierungswechsel 1998 trotz politischem Willen nicht möglich, weil eine vorzeitige Aufkündigung der (internationalen) Verträge mit den Betreibern und ihren Wirtschaftspartnern unbezahlbar gewesen wäre.

Auf der anderen Seite gelang es der Politik jedoch in den achtziger Jahren, gegen den Widerstand der Industrie die Einführung des unverbleiten Benzins als Brandstoff für Autos durchzusetzen. Steuervergünstigungen für Autos mit Katalysator und geringerer Umweltbelastung haben einen wichtigen Beitrag zur Verbesserung von Luft und Boden geleistet. Besonders erwähnenswert ist sicher auch die Verbesserung der Wasserqualität durch politisches Eingreifen und Regulieren, so daß sich unsere Flüsse erholen konnten und von Fischen neu besiedelt werden. Der Zusammenschluß Europas und die Europäische Gesetzgebung wirken sich in vielen Bereichen positiv auf die Umwelt aus.

4. *Naturwissenschaft.* Die gängige Naturwissenschaft ist oft partiell und reduktiv, das heißt: sie beschäftigt sich immer nur mit kleinen, überschaubaren Ausschnitten der Wirklichkeit und untersucht die Möglichkeiten der Manipulation dieser Teilbereiche. Was machbar ist, wird auch getan – teils zum Schaden der Umwelt, teils zu ihrem Vorteil.

Gerade der Bereich der Chemie trägt heute auch zum Umweltschutz bei: Vielen Firmen gelingt es heute, ihre Abwässer, die z.B. bei der Kunststoffproduktion entstehen, chemisch zu neutralisieren und die

Abfallstoffe getrennt der chemischen Industrie wieder zuzuführen. Viele große Firmen sind heute in der Lage, in einer Bilanz den Verbleib der chemischen Stoffe ziemlich genau festzuhalten: ein bestimmter Prozentsatz steckt im Produkt, ein anderer in den Abwässern und Abgasen, ein weiterer geht durch bestimmte Aufbereitungsverfahren zurück zur chemischen Industrie.

5. *Privathaushalte.* Die enormen Müllberge, die von den Privathaushalten aufgestapelt wurden, waren vor einigen Jahren Anlaß zum Umdenken. Wertstofftrennung und Wertstoffwiedergewinnung waren die Stichworte. Obwohl das System der Mülltrennung von den Bürgerinnen und Bürgern in Deutschland gut angenommen wurde, konnte nicht erreicht werden, was man sich zunächst erhofft hatte. Vor allem die Wiederverwertung von Kunststoffen und Metallen bleibt noch unbefriedigend. Da werden riesige Mengen Material über weite Strecken transportiert, bis sie schließlich in einer Fabrik landen, die dann mit hohem Energieaufwand eine relativ geringe Menge neu verwendbares Material (z. B. Methanol) herstellt. Hier und da werden große Mengen sorgfältig getrennter Materialien wieder dem Restmüll zugeführt und gemeinsam mit ihm verbrannt. Sicherlich ist auf dem Gebiet der Technologie und des Firmenethos also noch Einiges zu tun. Wer heute im großen Stil an Mülltourismus und Wiederverwertung verdient, sollte auch einen entsprechenden Beitrag zur realen Umweltentlastung zahlen.
Ein anderes Beispiel für private Umweltbelastung sind die zahlreichen Urlaubsflüge, die zunächst die Luft und in der Folge auch Böden und Wasser verschmutzen. Für dieses Problem ist momentan noch keine Lösung in Sicht, da der Verzicht auf das weit entfernte Urlaubsland besonders unpopulär ist.

6. *Bevölkerungswachstum.* Seit 1900 hat sich die Anzahl der Weltbewohner vervierfacht. 1999 wurde die 6 Milliarden Marke überschritten und 14 Jahre später soll sich den Uno-Statistikern zufolge diese Zahl verdoppelt haben. Dieses Wachstum verteilt sich nicht gleichmäßig über die Länder. Das einseitige Wachstum in den sogenannten Entwicklungsländern führt dort zu einer zunehmenden Urbanisierung. Diese demographischen Entwicklungen erhöhen den Druck auf die Umwelt. Allerdings muß angemerkt werden, daß ein Mensch, der auf hohem Wohlstandsniveau auf der nördlichen Halbkugel wohnt, ungleich ‚belastender' für die Umwelt ist als ein armer Bewohner der sogenannten unterentwickelten Länder.

Bis vor wenigen Jahrzehnten mußten sich die Christen oftmals gegenüber dem Vorwurf rechtfertigen, sie würden den technisch-naturwissenschaftlichen Fortschritt eher hemmen als fördern. In der gegenwärtigen Diskussion um ökologische Probleme hat sich die Anklage ins Gegenteil gekehrt: die jüdisch-christliche Tradition habe einen Wertekodex geschaffen, der die Ausbeutung der Natur und die menschliche Verschwendungssucht steigere.
Hintersberger, 1103.

Obwohl in den letzten Jahren bereits eine deutliche Trendwende in Sachen Umweltschutz zu konstatieren ist, kann noch lange keine Entwarnung gegeben werden. Hintergrund dieser durch die genannten Faktoren bedingten ungünstigen Entwicklung der Ökosphäre soll vielen Kritikern zufolge die christliche Ideologie von der Unterwerfung der Erde sein (das sogenannte ‚dominium terrae'). Das Christentum wird sowohl von Kritikern aus den eigenen Reihen als auch von Außenstehenden für eine Umwelt vergiftende Weltanschauung verantwortlich gemacht. Die heutige Umweltkrise soll die Folge einer falschen geistigen Weichenstellung sein, die den westlichen Menschen zum Herrscher über die anderen Völker, die Natur und den Kosmos ausrief, statt ihn als Geschwisterkind aller Geschöpfe zu begreifen.

Dominium Terrae

Dann sprach Gott: Laßt uns Menschen machen als unser Abbild, uns ähnlich. Sie sollen herrschen über die Fische des Meeres, über die Vögel des Himmels, über das Vieh, über die ganze Erde und über alle Kriechtiere auf dem Land.
Gott schuf also den Menschen als sein Abbild; als Abbild Gottes schuf er ihn. Als Mann und Frau schuf er sie.
Gott segnete sie und Gott sprach zu ihnen: Seid fruchtbar, und vermehrt euch, bevölkert die Erde, unterwerft sie euch, und herrscht über die Fische des Meeres, über die Vögel des Himmels und über alle Tiere, die sich auf dem Land regen.

Gen 1,26-28.

Schriftinterpretation

Es gilt festzuhalten, daß die Bibel den Gedanken der Herrschaft über die Erde verbindet mit dem Gedanken der Gott-ebenbildlichkeit. Als Abbild Gottes bekommt der Mensch den Auftrag, über die Erde zu herrschen. Die menschliche Herrschaft über die Erde soll also nicht anders sein als die göttliche Herrschaft über die Erde. Gott, der die Erde geschaffen hat und sie für sehr gut befunden hat (Gen 1,31), herrscht über seine Schöpfung, indem er sie bewahrt. Somit ist klar, daß auch wir wie Gott die Schöpfung bewahren sollen.

In diesem Sinne hat sich auch die Deutsche Bischofskonferenz geäußert: „Der Herrschaftsauftrag des Menschen über die Tiere und seine sachgemäße Ausübung stehen und fallen mit der Gottebenbildlichkeit des Menschen" (Sekretariat der Deutschen Bischofskonferenz, 1993, 18). Darum kann dieser Auftrag nur vom göttlichen Vorbild her verstanden werden. Der weitaus ältere Schöpfungsbericht des Jahwisten (Gen 2,4b-24) bestätigt diesen Ansatz. Hier „ist der ursprüngliche Lebensraum des Menschen der Garten, ‚damit er ihn bebaue und hüte' (Gen 2,15)" (Erklärung der Deutschen Bischofskonferenz zu Fragen der Umwelt und der Energieversorgung, 1980, 9). In dem ökumenischen Text *Verantwortung wahrnehmen für die Schöpfung* ist die Rede davon, „das Angesicht der Erde zu schonen, zu gestalten, sie zu verändern, sie bewohnbar und fruchtbar zu machen" (Gemeinsame Erklärung des Rates der Evangelischen Kirche in Deutschland und der Deutschen Bischofskonferenz, 1985, Nr. 50). „Gleichwohl ist nicht zu leugnen, daß die biblischen Texte bisweilen als nachträgliche Legitimation für die bereits praktizierte neuzeitliche Naturausbeutung und für ein anmaßendes Herrschaftsverhältnis des Menschen gegenüber der Natur herangezogen wurden. Dies geschah wiederum ohne einen hinreichend vernehmbaren Widerspruch seitens der christlichen Kirchen und Theologien" (Sekretariat der Deutschen Bischofskonferenz, 1998, 26).

Höchster, allmächtiger, guter Herr, dein sind das Lob, die Herrlichkeit und Ehre und jeglicher Segen. Dir allein, Höchster, gebühren sie, und kein Mensch ist würdig, dich zu nennen.

Gelobt seist du, mein Herr, mit allen deinen Geschöpfen, besonders der Herrin Schwester Sonne, die uns den Tag schenkt und durch die du uns leuchtest. Und schön ist sie und strahlend in großem Glanz. Von dir, Höchster, ein Sinnbild.

Gelobt seist du, mein Herr, für Bruder Mond und die Sterne. Am Himmel hast du sie gebildet, klar und kostbar und schön.

Gelobt seist du, mein Herr, für Bruder Wind, für Luft und Wolken und heiteres und jegliches

Rezeptions- und Wirkungsgeschichte des Dominium Terrae

„Die byzantinischen Kirchenväter diskutierten vor allem, ob und inwieweit mit dem Sündenfall der Mensch die Gottebenbildlichkeit und damit auch den göttlichen Herrschaftsauftrag über die nichtmenschliche Schöpfung verloren habe. Sie kamen zu dem Schluß, daß durch den Sündenfall der Herrschaftsauftrag für den Menschen nicht mehr gegeben ist. Erst mit dem künftigen Gottesreich würde auch der ursprüngliche Zustand des Menschen wiederhergestellt. Der Gedanke einer aktiven Bemächtigung der Natur ist also nicht zu erkennen.
Erst Hugo von St. Viktor im 12. Jahrhundert hat den Gedanken des Dominium Terrae mit der Vorstellung verbunden, daß menschliches Wissen und damit auch technische Neuerungen der Rückkehr zum Ideal der Gottebenbildlichkeit förderlich seien. Aber auch er hielt weiterhin daran fest, daß durch den Sündenfall die Rückgewinnung einer Gottebenbildlichkeit und damit auch der Herrschaft erst mit einem künftigen Gottesreich gegeben sein wird.
Im 17. Jahrhundert hat sich bei Francis Bacon (engl. Staatsmann, Philosoph und Rechtslehrer) nun die Interpretation ganz auf den Bereich menschlicher Naturerkenntnis und Wissenschaft verschoben. Das Ziel der Naturerkenntnis ist die Wiederherstellung und Wiedereinsetzung des Menschen in die Herrschaft und Macht, die er im ersten Stadium der Schöpfung hatte" (Hartlieb, 42-43).

Wetter,
durch das du deine Geschöpfe
am Leben erhältst.

Gelobt seist Du, mein Herr,
für Schwester Wasser.
Gar nützlich ist sie und demütig
und kostbar und keusch.

Gelobt seist du, mein Herr,
für Bruder Feuer,
durch den du die Nacht erhellst.
Und schön ist er und fröhlich
und kraftvoll und stark.

Gelobt seist du, mein Herr,
für unsere Schwester
Mutter Erde,
die uns erhält und lenkt
und vielfältige Früchte
hervorbringt
und bunte Blumen und Kräuter.

Gelobt seist du, mein Herr,
für jene, die verzeihen
um deiner Liebe willen
und die Krankheit ertragen
und Not.
Selig, die ausharren in Frieden,
denn du Höchster wirst sie einst
krönen.

Gelobt seist du, mein Herr,
für unseren Bruder,
den leiblichen Tod.
Kein lebender Mensch kann
ihm entrinnen.
Wehe jenen, die in tödlicher
Sünde sterben.

Selig, die er finden wird
in deinem heiligsten Willen,
denn der zweite Tod wird ihnen
kein Leid antun.
Lobt und preist meinen Herrn
und dankt und dient ihm mit
großer Demut.
Franz von Assisi, 1998, 20-21.

Die Gottebenbildlichkeit, die der Schrift zufolge Richtschnur für die Herrschaft über die Erde ist, wurde im Laufe der Geschichte also zunächst für verloren erklärt und sollte schließlich mit dem dubiosen Mittel des Herrschens nach den Gesetzen des Machbaren wieder angestrebt werden. Diese fatale Entwicklung hat die Theologie nicht klar genug entlarvt. Gründe dafür mögen u.a. die Rangeleien zwischen der Kirche und den Wissenschaften um die ideologische Vorherrschaft angesichts der Technologieentwicklung gewesen sein – ein Streit, den im Grunde beide Seiten verloren haben. Schließlich kam es zu einer Trennung zwischen dem als Wissenschaft geltenden Bereich, in dem empirisch beobachtet und gemessen wurde, und dem geistigen Bereich der Werturteile, Ethik, Ästhetik und inneren Erfahrung.

„Widerstrebend erst, dann eilfertig zog sich die Theologie in die Nischen des Vermutens, des Gefühls und der Subjektivität zurück. Im Bereich des Objektiven breiteten sich mächtig und lustvoll die sogenannten Natur-Wissenschaften aus. Je mehr sich mit Naturdingen nicht nur Wissenschaft, sondern Wirtschaft betreiben ließ, um so öfter wurde die Theologie ermahnt, von jeglichen Grenzüberschreitungen Abstand zu nehmen. Das fromme Gemüt wurde zum Rückzugsgebiet der Theologen. Moderne Theologen unterschieden sich von konservativen dadurch, daß sie in der Kunst der Selbstbeschränkung stets einige Schritte voraus waren" (Henning, 50).

Aus verschiedenen Gründen hat sich die gegenseitige Isolation von Christentum und Naturwissenschaften inzwischen wieder aufgelöst. „Die Atombombe zerschlug den naiven Glauben an die Wissenschaft als Instrument des unvermeidlich Guten, und die wachsenden Anzeichen, daß Technologie möglicherweise in der Umwelt irreparablen Schaden anrichtet, brachte diesen Glauben noch mehr ins Wanken. Es schien immer wahrscheinlicher, daß die von den Naturwissenschaften geschaffenen Instrumente eher zur Zerstörung der Erde führen würden als zur endgültigen Etablierung von Wohlstand und Glück" (Radford Ruether, 47). Heute scheint es, daß die moderne Kultur nahe daran ist, das wieder zusammenzubringen, was Jahrhundertelang auseinandergerissen worden war: das wissenschaftliche Forschen und den soziokulturellen ethischen Rahmen für eine gerechte Beziehungsgestaltung zwischen den Menschen untereinander und zwischen den Menschen und der belebten und unbelebten nichtmenschlichen Natur. Indem wir umkehren, von Gott die Kunst des guten Umgangs mit der Schöpfung abgucken, uns ihm wieder angleichen und von ihm anleiten lassen, können wir, die wir nach dem Bilde Gottes geschaffen wurden (secundum imaginem Dei) in die Ähnlichkeit mit ihm neu hineinwachsen (ad imaginem Dei) und damit die Schöpfung hüten und bewahren lernen.

> Was also heute angesichts der ökologischen Krise nottut, ist eine spirituelle Neubesinnung und eine spirituell motivierte neue Praxis.

2.2 Zwei Beispiele christlicher Neubesinnung

2.2.1 Beitrag des Christentums für die neue Zivilisation (Boff)

Leonardo Boff geht der Frage nach, „inwieweit das Christentum der planetarischen Zivilisation helfen kann, sich religiös auszudrücken und das Heilige, das es in sich trägt, auch entsprechend zu verehren" (Boff, 69).

Eine Antwort auf diese Frage findet Boff im utopischen Charakter des christlichen Glaubens, dessen Inhalt er so zusammenfaßt: „Die Dinge haben einen umfassenden und letzten Sinn; nichts geht verloren; alles ist dazu bestimmt, sich voll verwirklichen zu können und von Grund auf umgestaltet zu werden; der Tod hat nicht das letzte Wort, sondern das Leben, und zwar das Leben in Fülle. Dieses freudige Geschehen wird Gott selbst sowohl an seiner Schöpfung wie auch an seinen Söhnen und Töchtern vollbringen" (Boff, 75).

> In der politisch-sozialen Mystik ist immer Utopie am Werk, das heißt jene Fähigkeit des Menschen, gestützt auf Möglichkeiten des Gegebenen, neue Träume, alternative Modelle und andere Projekte in der Geschichte zu entwerfen.
> Utopie setzt immer wieder neue Energien frei und schafft Veränderungen, die in die Nähe der Utopie kommen; gleichzeitig macht sie aber auch möglich, jede Errungenschaft zu relativieren, damit die Geschichte nicht reaktionär erstarrt, sondern sich stets offenhält für neue Fortschritte und neue Annäherungen an die Utopie.
>
> Boff, 160-161.

Die Utopie dieses Glaubens realisiert sich geschichtlich gesehen in allem, was Leben bewahrt, schützt und fördert. Beginnend bei den Schwächsten und denen, die am schlimmsten unterdrückt und verrandet sind, kommt sie zum Ausdruck in einer ‚Befreiung von' und einer ‚Befreiung für': „Befreiung *von* allem, was den Bund des Zusammenlebens und der Solidarität unter den Wesen zerstört, wie auch *von* dem Graben, der uns von Gott trennt; und Befreiung *für* alles, was uns in die ursprüngliche Richtung zurückorientiert, wie auch *für* alles, was die ganze Schöpfung wachsen läßt nach allen Seiten ebenso wie nach oben" (Boff, 77).

Dieser positive Gehalt des christlichen Glaubens läßt sich Boff zufolge in jeden kulturellen Code übersetzen und sollte von Christen als Hoffnungspotential in den derzeitigen Prozeß der Mundialisierung eingebracht werden, damit die Menschheitsfamilie sich zu der *einen* Familie Gottes entwickeln kann, deren Mitgliedern es möglich ist, frei zu sein und freundschaftlich-liebevoll miteinander umzugehen. Gerade als Christen können wir in dieser Übergangsphase vom Nationalen zum Weltweiten einen Beitrag dazu leisten, daß die Geburt einer „planetarisierten Menschheit, wohlwollend und mit weiter vermenschlichten Zügen" gelingt (Boff, 79).

> Demokratie muß nicht nur menschlich und sozial sein, Demokratie muß auch kosmisch sein. Was wäre unsere Gesellschaft ohne Bäume, ohne klares Wasser und saubere Luft und ohne das Strahlen der Sterne? Alles, was existiert, haben wir Menschen als Neubürger zu begrüßen. Als Brüder und Schwestern müssen wir uns allen Wesen verbunden fühlen, angefangen mit den entferntesten Milchstraßen bis hin zur Ameise auf dem Weg. Wenn wir den Kosmos so betrachten, werden wir auch imstande sein, das Heilige und Geheimnisvolle, das das Weltall trägt und das die Religionen Gott nennen, neu zu erfahren.
>
> Boff, 103.

Der Mensch kann den Gang der Dinge unterstützen oder beeinträchtigen und zwar kann er dies vor allem mit der Religion (religo = anbinden, festbinden). „In der Religion geht es nämlich darum, daß alles miteinander in Verbindung kommt: das Bewußte mit dem Unbewußten, der Geist mit dem Körper, der Mensch mit der Welt, das Männliche mit dem Weiblichen, das Menschliche mit dem Göttlichen" (Boff, 81). Religion hat also mit dem ganzen Leben zu tun, sie ist das, was eine Synthese schafft, was zur Einheit führt und zum Sinn des Ganzen. Trotz vieler geschichtlicher Fehlentwicklungen und auch heutiger Verkürzungen, Verdrängungen und Mißachtungen der ursprünglichen Frohen Botschaft, traut Boff dem Christentum noch immer die Kraft zu, diese neue Religion zu werden, die „alles rückbindet an einen so umfassenden Sinn, das dieser zum roten Faden wird, mit dem wir alle Erfahrungen, alle Experimente, alles Wissen, alle geistlichen Überlieferungen, alle Varianten von Politik und alle Formen von Humanisierung zusammennähen und so eine planetarische Wirklichkeit schaffen können, die zugleich eins und differenziert, dynamisch und inklusiv ist. Dazu kommt es darauf an, die verschiedenen Beiträge zusammenzuführen, die Punkte, an denen sie sich ergänzen, zu erkennen und dialektisch zu integrieren, und so zukünftig, in einer Perspektive der Konvergenz, etwas Neues zu entwickeln" (Boff, 98).

Allenthalben entstehen Gruppen, Gemeinschaften und Kreise mit einem neuen Solidaritätsbewußtsein für die durch das System Unterdrückten und An-den-Rand-Gedrängten vor Ort und anderswo auf der Erde. Wir denken dabei an Kreise, die sich um die Umweltproblematik und um die Urbevölkerung auf diesem oder jenem Erdteil kümmern; an Initiativen, die Hilfe zur Selbsthilfe praktizieren und vorzugsweise Waren aus den armen Ländern kaufen und verwenden; an Gemeinschaften, die neue spirituelle und religiöse Erfahrungen machen. Gruppen in den reichen Ländern bemühen sich um Austausch mit Gruppen in den armen Staaten; sie besuchen sich gegenseitig und engagieren sich für ein gemeinsames Bewußtsein im Sinne neuer Formen der Mundialisierung, die nicht mehr auf Markt, Wirtschaft, Wissenschaft und Technik beruhen, sondern auf Solidarität, offenem Austausch und gegenseitigem Voneinander-Lernen.

Boff, 104-105.

Nachdem die sozialistisch-kommunistischen Utopien endgültig für gescheitert erklärt wurden, die Kirchen weiterhin gefangen sind in einem Herrschaftsdenken mit unterdrückendem Charakter nach innen und nach außen, die Demokratien eher von der Saugkraft des Kapitals bewegt werden als von einer inneren Werteorientierung, fällt es heute vielen schwer, die Hoffnung auf eine universale Revolution zum Wohl aller Menschen und des ganzen Kosmos wach zu halten. Viele sind tief enttäuscht und fühlen sich von ihren religiösen wie politischen Führern in dieser Phase der Neuorientierung im Stich gelassen. Das offizielle Christentum steckt mit der Kultur der Unterdrückung, Ausbeutung und gnadenlosen Uniformierung unter einer Decke. „Mit den Augen des Südens betrachtet ist es nach wie vor ausgesprochen eurozentrisch, westlich, auf Ausschluß bedacht und alles andere als universal" (Boff, 106). Hoffnungsträger in dieser Situation sind die Gemeinschaften, Gruppen, Bewegungen und theologischen Strömungen, die heute in der Nachfolge Christi die Utopie vom Reich Gottes neu zu träumen wagen. Sie bemühen sich um ein neues Christentum, das der ganzen Menschheit sowie der Natur und dem Kosmos guttun kann. Als wichtigste Elemente dieser neuen christlichen Spiritualität nennt Boff die folgenden:

1. Das grenzüberschreitende Hineinnehmen. Als „Jünger und Jüngerinnen eines Armen, eines politischen Häftlings, eines zum Tode Verurteilten, eines ans Kreuz Geschlagenen" (Boff, 109) geht es heute darum, daß wir „die Schmerzen derer, die da am Kreuz hängen, lindern, sie vom Kreuz herabholen und sie bei ihrer Auferstehung unterstützen" (Boff, 109). Wenn Gott irgendwo in dieser Welt anzutreffen ist, dann an der Seite der Ausgegrenzten und Gekreuzigten. Im Glauben an den solidarischen Gott, der einst herabgestiegen ist, um sein Volk aus der Hand der Ägypter zu befreien (Ex 3,7-8), vertrauen wir auch heute darauf, daß Gott alle in seine Arme nimmt, an erster Stelle die Verstoßenen und Geschundenen dieser Welt. Die Option für die Verarmten und Verrandeten ist heute das Kriterium für die Glaubwürdigkeit und Universalität des Christentums.

2. Das neue Bündnis. Gott geht mit den Menschen nicht um wie der westliche Mensch mit den restlichen Menschen dieser Welt, die er als Bedrohung, Konkurrenten und Feinde empfindet, die man ausschalten muß. „Mit Christus hat Gott seinen Bund mit uns ein für allemal bestätigt. Das ist der Grund, weshalb es in Christus weder Machismus noch Feminismus gibt, weder Araber noch Türken, weder Schwarze noch Weiße, in Christus sind wir allesamt eine einzige Gemeinschaft von Brüdern und Schwestern, Bürger und Bürgerinnen der neuen Welt" (Boff, 114). Das ehrliche Bündnis mit den anderen Kulturen, insbesondere mit den bedrohten Völkern, ist heute Zeichen eines zukunftsfähigen Christentums.

3. Die Kraft der Schwachen. Gerade im Kleinen und Schwachen steckt nach christlicher Überzeugung eine große Kraft. „Wir müssen an die revolutionäre Kraft des Samens glauben. Die Umkehr des Herzens, das Anbrechen eines neuen planetarisch-solidarischen Bewußtseins, all die molekularen Revolutionen wie auch der Traum von einer kosmisch-sozialen Demokratie deuten an, was mit der ganzen Menschheit sein will" (Boff, 115). Die Kraft der Starken ist gerade auf Grund der Erfahrungen mit dem Herrschaftschristentum suspekt geworden. Die

Hoffnung keimen lassen kann heute nur ein Christentum, das auf die Kraft der Ohnmacht setzt.

2.2.2 Eine ökofeministische Theologie der Heilung der Erde (Radford Ruether)

Zur Heilung unserer Kultur und Gesellschaft sind Radford Ruether zufolge drei Elemente erforderlich: „1. die Neubildung der ursprünglichen und regionalen Gemeinschaften, in denen die Menschen das Ökosystem, an dem sie teilhaben, verstehen und Verantwortung dafür übernehmen können; 2. gerechte Beziehungen zwischen den Menschen, die die Rechte aller Mitglieder der Gemeinschaft auf einen ausgeglichenen Anteil an den Lebensgrundlagen anerkennen; und 3. die Überwindung der Kultur der Entfremdung durch ständige Konkurrenz und der Dominanz durch eine mitfühlende Solidarität" (Radford Ruether, 213). Die Frage, der Radford Ruether in ihrem Buch *Gaia & Gott* nachgeht, lautet: Gibt es Traditionen im Christentum, die für diese Aufgabe in Anspruch genommen werden könnten. Radford Ruether findet vor allem die folgenden beiden Traditionen:

1. Die Tradition des Bundes
Das hebräische Denken bietet mit seiner Arbeitswoche von sechs Tagen, seinem Arbeitsrhythmus von sechs Jahren und seinem Arbeitszyklus von neunundvierzig Jahren ein sozial-ökologisches Wirtschaftsmodell, das als Bund Gottes mit dem Menschen sowie der nichtmenschlichen Natur aufgefaßt wurde. „Eine der wichtigsten Früchte der hebräischen Auffassung von der Beziehung zwischen Gerechtigkeit und Wohlergehen im Land im Zeichen des Bundes ist die Sabbatgesetzgebung. Diese Gesetzgebung beschreibt eine Reihe konzentrischer Kreise, den Kreis der sieben Tage, den Kreis der sieben Jahre, den Kreis der sieben mal sieben Jahre des Jubeljahrs. In jedem dieser Kreise sollen, Land, Tiere und Menschen ruhen und sich erholen, in immer tieferer und umfassenderer Weise, bis in einer periodischen permanenten Revolution im fünfzigsten Jahr der Höhepunkt erreicht ist" (Radford Ruether, 223).
Die Sabbatruhe dient der Regenerierung des Menschen und der Arbeitstiere. Es ist gut, ein Wirtschaftsmodell zu haben, bei dem das Leben im Mittelpunkt steht und nicht das tote Kapital. Wer in den Rhythmus eines solchen lebensfördernden Modells einschwingt, wird mit mehr Lebensqualität belohnt als einer, der sein eigenes Leben und das seiner Gemeinschaft der Anhäufung toten Kapitals unterwirft.

Im sozial-ökologischen Wirtschaftsmodell der Bibel liegt die Aufmerksamkeit bei den Rechten der Armen und wilden Tiere, aber auch bei der Erneuerung des Landes selbst. Man ist sich bewußt, daß alle Geschöpfe in gegenseitiger Abhängigkeit existieren, daß entweder alle geschwisterlich miteinander leben oder daß der göttliche Bund zerbricht, was schlimme Folgen für alle haben muß.
Im siebten Jahr mußten alle männlichen hebräischen Sklaven schuldenfrei entlassen werden (Ex 21,1). In der Kombination des sozialen Ausgleichs und der ökologischen Regenerierung liegt die Stärke des hebräischen Wirtschaftsmodells. Natürlich ist unsere Welt heute so kompliziert und undurchsichtig geworden, daß sich dieses hebräische Modell nicht einfach übertragen läßt. Es bietet jedoch die noch immer

---

Sechs Tage kannst du deine Arbeit verrichten, am siebten Tag aber sollst du ruhen, damit dein Rind und dein Esel ausruhen und der Sohn deiner Sklavin und der Fremde zu Atem kommen.
Ex 23,12.

Sechs Jahre kannst du in deinem Land säen und die Ernte einbringen; im siebten sollst du es brach liegen lassen und nicht bestellen. Die Armen in deinem Volk sollen davon essen, den Rest mögen die Tiere des Feldes fressen. Das gleiche sollst du mit deinem Weinberg und deinen Obstbäumen tun.
Ex 23,10-11.

Der Sabbat des Landes selbst soll euch ernähren; dich, deinen

Knecht, deine Magd, deinen Lohnarbeiter, deinen Halbbürger, alle, die bei dir leben. Auch deinem Vieh und den Tieren in deinem Land wird sein ganzer Ertrag zur Nahrung dienen.

Lev 25,6-7.

Erklärt dieses fünfzigste Jahr für heilig, und ruft Freiheit für alle Bewohner des Landes aus! Es gelte euch als Jubeljahr. Jeder von euch soll zu seinem Grundbesitz zurückkehren. Das Land darf nicht endgültig verkauft werden; denn das Land gehört mir, und ihr seid nur Fremde und Halbbürger bei mir.

Lev 25,10.23.

Er ist das Ebenbild des unsichtbaren Gottes, der Erstgeborene der ganzen Schöpfung. Denn in ihm wurde alles geschaffen im Himmel und auf Erden, das Sichtbare und das Unsichtbare, Throne und Herrschaften, Mächte und Gewalten; alles ist durch ihn und auf ihn hin geschaffen. Er ist vor aller Schöpfung, in ihm hat alles Bestand. Er ist das Haupt des Leibes, der Leib aber ist die Kirche. Er ist der Ursprung, der Erstgeborene der Toten; so hat er in allem den Vorrang. Denn Gott wollte mit seiner ganzen Fülle in ihm wohnen, um alles zu versöhnen. Alles im Himmel und auf Erden wollte er zu Christus führen, der Frieden gestiftet hat am Kreuz durch sein Blut.

Kol 1,15-20.

gültigen Komponenten ‚soziale Gerechtigkeit‘ und ‚nachhaltige ökologische Entwicklung‘ als Bausteine für die Heilung unserer Erde an. Heute wie damals kann der Bund nur geschlossen werden, wenn es Aufmerksamkeit für das Land, die knapper werdenden Ressourcen, die Bedürfnisse der Pflanzen und Tiere sowie eine gerechte Aufteilung der Güter für alle Menschen gibt.

Ganz gleich ob die Gesetze des Jubeljahrs je vollständig angewandt worden sind, liegt ihre Bedeutung doch darin, daß sie ein Modell der erlösenden sozial-ökologischen Gerechtigkeit zur Verfügung stellen. „Anders als die apokalyptischen Erlösungsmodelle, verspricht die Vision des Jubeljahrs keine ‚ein-für-allemal‘-Vernichtung des Bösen. Der Mensch wird immer wieder in ungerechte Beziehungen zu anderen Menschen abgleiten, die Tiere überfordern und das Land ausbeuten. Aber dieses Abgleiten darf nicht ‚zur Tagesordnung‘ werden. Vielmehr muß sie als Unordnung erkannt werden, die von Zeit zu Zeit korrigiert werden muß, so daß die menschliche Gesellschaft wieder die richtigen ökosozialen Bedingungen findet und neu beginnen kann" (Radford Ruether, 225).

Die Vision vom Bund als Bild der Beziehung des Menschen zu den übrigen Geschöpfen basiert trotz der Nutzung der Tiere und Pflanzen für Nahrung und Kleidung und der Nutzung der Rohstoffe für Energie und Bauwesen auf einem *hütet und bewahrt*; Tiere, Pflanzen, Boden, Wasser und Luft dürfen nicht einfach zu ‚Dingen‘ reduziert werden, die unserer Macht unterstellt sind.

2. Die sakramentale Tradition

Unter anderem Paulus hat das Drama der Schöpfung mit dem Drama der Erlösung verknüpft und in der Vision des Logos-Christus das Bild von einem Anfang und Ende umgreifenden göttlichen Wesen installiert. Christus wird dann nicht nur als der Messias verstanden, der am Ende der Zeiten die Kräfte des Bösen vernichtet und das Universum erneuert, vielmehr ist er auch die kosmogonische Kraft, die in allem Seienden wohnt und es bis zur Vollendung weiterentwickelt. Die jüdische Tradition kannte die Gleichsetzung der Messiasgestalt mit der kosmogonischen göttlichen Kraft so noch nicht. Einflüsse des orientalischen Hellenismus, die über das hellenistische Judentum vermittelt wurden, ermöglichten im frühen Christentum diese Synthese von Schöpfung, Kosmogonie und Eschatologie. „Dieses eine göttliche Wesen wird verstanden 1. als Manifestation Gottes, 2. als immanente Gegenwart Gottes, die den Kosmos schafft und erhält, und 3. als göttliche Macht, die sich am Ende der Zeiten wieder manifestiert, um die Feindschaft zu heilen, die den Kosmos entzweit hat, und ihn mit Gott zu versöhnen" (Radford Ruether, 244).

Irenaeus von Lyon hat im 2. Jahrhundert den ehrgeizigen Versuch unternommen, eine Theologie zu schaffen, in der die Synthese von Schöpfung, Inkarnation und Vollendung fortgeführt wird. Die Erlösung mußte für ihn eine reale sein und nicht bloß Gnosis vermitteln. Zu einer realen Erlösung ist ein Gottmensch notwendig, Christus, der Mensch geworden ist, damit die Menschheit vergöttlicht werde; in ihm besteht die Zusammenfassung, Wiederherstellung und Vollendung der Menschheit und des Alls. Vor allem das Sakrament der Eucharistie ist Zugang zu dem einen kosmischen Ganzen: „...er selbst sagt, daß er uns den Kelch von seiner Schöpfung als sein eigenes Blut reiche, mit dem er unser Blut erquickt, und versichert, daß das Brot seiner Schöpfung sein eigener Leib ist, mit dem er unsere Leiber erhebt" (Irenaeus von Lyon, *Adversus Haereses*, V,2,2).

„Drei zum Teil unterschiedliche Versionen der christlichen Kosmologie machen in der gegenwärtigen Suche nach einer ökologischen Spiritualität die Runde. Eine davon ist die schöpfungszentrierte Spiritualität, wie sie besonders von Matthew Fox vertreten wird. Eine andere wurde von den Nachfolgern des französischen Paläontologen und Philosophen Pierre Teilhard de Chardin (1881-1955) entwickelt und eine dritte basiert auf der Prozeßtheologie von Alfred North Whitehead (1861-1947)" (Radford Ruether, 252). All diesen Ansätzen gemeinsam ist die Verbindung von Materie und Geist, von Bewußtsein und Organismus, von Personen und Universum. Sie machen uns unsere Verwandtschaft mit allen Geschöpfen dieser Erde bewußt und erfassen uns in einer einzigen kosmogonischen Entwicklung. Die Vision vom Logos-Christus sammelt alles, was ist, vom Makrokosmos bis zum Mikrokosmos, ein in dem einen lebendigen Gewebe, der mystischen Gestalt des Gottmenschen.

Radford Ruether hält die Tradition des Bundes für die Stimme Gottes und die sakramentale Tradition für die Stimme Gaias. Beide Stimmen rufen uns zu einem ökologischen Lebensstil auf: die eine Stimme inspiriert zu organisierten Systemen und Normen, die andere zu Mitgefühl und Mitgeschöpflichkeit. Beiden müssen wir folgen, damit wir unser Ökosystem in regionalen Gemeinschaften schützen lernen, gerechte Beziehungen zwischen den Menschen aufbauen und eine Kultur der mitfühlenden Solidarität entwickeln.

2.3 Eine neue christliche Praxis

2.3.1 Kirchen als Nichtregierungsorganisationen in der Umweltpolitik

„Keine andere nichtstaatliche Institution ist auf lokaler wie internationaler Ebene so gut organisiert, in nahezu sämtlichen internationalen Organisationen mit Repräsentanten vertreten und in so vielen gesellschaftlichen Gruppen verankert, wie es die Kirchen sind" (Bammerlin, 55). Aus diesem Grund können die Kirchen eine sehr gewichtige Rolle in der Umweltpolitik spielen. Obwohl sie die Verantwortung für die Schöpfung zu einem vordringlichen Anliegen gemacht haben (vgl. Gemeinsame Erklärung des Rates der Evangelischen Kirchen Deutschlands und der Deutschen Bischofskonferenz. 1985 und Sekretariat der Deutschen Bischofskonferenz, 1998), scheinen sie ihre Kraft allerdings noch zu wenig wahrzunehmen. Im Gegensatz zu vielen anderen Nichtregierungsorganisationen haben die Kirchen folgende Vorteile: „In zahlreichen Staaten sind sie als Anstalten öffentlichen Rechts, als Staatskirchen oder im Falle des Heiligen Stuhls sogar als völkerrechtliches Subjekt anerkannt. Sie vermögen mithin nicht allein als NROs, sondern auch als staatliche oder mit dem Staat aufs engste verflochtene Organisation zu agieren. Als bedeutende Grundstückseigner und Arbeitgeber können sie ökologische Modellprojekte (etwa in der Landwirtschaft) initiieren, aber auch umweltschädliche Projekte auf ihrem Boden verhindern. Als Träger unzähliger Bildungseinrichtungen und wissenschaftlicher Institutionen vermögen sie überdies, einen wesentlichen Beitrag zur Entwicklung von Umweltbewußtsein zu leisten" (Bammerlin, 56).

In vielen Bereichen sind die Kirchen organisatorisch wie personell mit zahlreichen anderen Gruppen vernetzt. Unter ihrem Dach vereinen sie zahlreiche Nichtregierungsorganisationen, besonders aus dem sozialen, entwicklungs- und friedenspolitischen Bereich. Nahezu alle Bevölkerungsgruppen werden kirchlich erreicht und / oder sind in kirchlichen Verbänden vertreten. Somit können die Kirchen eine wichtige Mittlerfunktion einnehmen, gerade in Bezug auf solche Gruppen, die von den Umweltverbänden nur schwer erreicht werden wie z.B. wertkonservative Bevölkerungsschichten und Teile der ländlichen Bevölkerung.

> Eine echte zukunftsfähige Entwicklung setzt einen tiefgreifenden seelischen Wandel des Menschen voraus, der ohne spirituelle und ethische Neuorientierung, beispielsweise im Sinne der christlichen Umkehr kaum möglich sein wird.
>
> Stappen, 68.

Seit der „Ersten Europäischen Ökumenischen Versammlung" (Basel 1989) beteiligen sich die Kirchen Europas intensiv an der Diskussion über eine zukunftsfähige Entwicklung. Auf der Konferenz über Umwelt und Entwicklung in Rio (UNCED 92) hat der Ökumenische Rat der Kirchen dann eine besonders aktive Rolle in der Umweltpolitik übernommen. „Ebenso gingen wichtige Impulse von dem gemeinsamen Studienprojekt der Konferenz Europäischer Kirchen (KEK) und der Europäischen Bischofskonferenz (CCEE) zur Evaluierung der kirchlichen Zukunftsfähigkeit aus" (Stappen, 68). Zentrales Ergebnis des Treffens vom Rat der Europäischen Bischofskonferenzen in Kreta 1995 war die Forderung nach einem radikalen Kurswechsel, vergleichbar mit „jenem bezüglich der sozialen Frage am Ende des 19. Jahrhunderts" (Stappen, 68). Große Hoffnungen wurden dann an die „Zweite Europäische Ökumenische Versammlung" (Graz 1997) geknüpft. Eine der Empfehlungen bezüglich einer „Neuen Praxis ökologischer Verantwortung, jetzt und im Hinblick auf kommende Generationen" formuliert das Schlußdokument dieses Treffens so: „Wir empfehlen KEK und CCEE, ein europäisches Netz von Umweltverantwortlichen einzurichten und bei ihren Aktivitäten als Partner anzuerkennen. Begründung: Um das Anliegen der Bewahrung der Schöpfung im Leben der Kirchen zu verankern und politisch wirksam werden zu lassen, bedarf es der institutionellen Absicherung fachlicher Kompetenz. Daher sollten die Mitgliedskirchen der KEK und die CCEE-Bischofskonferenzen eigene Verantwortliche für Umweltfragen ernennen und für ihre Vernetzung eine geeignete Organisationsform schaffen, die sie als Kooperationspartner nutzen" (http://www.kath.ch/ccee/). Ausdrücklich möchten sich die Kirchen dem Agenda 21-Prozeß anschließen und ihn mit dem ökumenischen bzw. konziliaren Prozeß für Gerechtigkeit, Frieden und Bewahrung der Schöpfung verbinden. „Begründung: Die Agenda 21 (Schlußdokument von Rio) bietet eine international vereinbarte Handlungsgrundlage, die wichtige gemeinsame Merkmale mit dem JPIC-Prozeß aufweist und besonders die Zusammenarbeit mit gesellschaftlichen und politischen Kräften auf lokaler und kommunaler Ebene anregen und organisieren mithelfen kann" (http://www.kath.ch/ccee/). 1999 trafen sich die Umweltbeauftragten der Europäischen Bischofskonferenzen dann zum ersten Mal in Celje/Slowenien. Die Teilnehmer stellten fest, daß sich trotz eines wachsenden ökologischen Bewußtseins und eines stärker werdenden Engagements auch von seiten der politisch Verantwortlichen die Situation der ökologischen Ressourcen immer mehr verschlechtert. „Den spezifischen Auftrag der Kirche sieht die Konferenz der Umweltbeauftragten vor allem in der Begründung und Motivation eines neuen ‚Lebensstils', der sich an einem ‚nachhaltigen', solidarischen und sozial gerechten Umgang orientiert." (http://www.kath.ch/ccee/).

> Ein neues Selbstbewußtsein in Sachen Umweltpolitik ist bei den christlichen Kirchen entstanden und entwickelt sich in positiver Richtung weiter. Für die Zukunft gilt es, das soziale und umweltpolitische Engagement der christlichen Kirchen miteinander zu verknüpfen.

2.3.2. Naturschutz in der Kirchengemeinde (van Berlo)

Aber nicht nur auf der politischen Ebene entwickelt sich kirchlicherseits ein neuer umweltbewußter Lebensstil, auch vor Ort in den Gemeinden wollen Christen ihren Beitrag zu einem nachhaltigen, solidarischen Umgang mit der Schöpfung leisten. Auf zwei rezente Arbeiten zu diesem Thema sei hier hingewiesen: 1. Leo van der Tuin bietet in seiner Doktorarbeit ein katechetisches Projekt zur Sorge für die Schöpfung an und untersucht die Wirkung von solcher Umweltkatechese auf umweltbewußtes Denken und Handeln. Er zieht das positive Resümee, daß Umweltkatechese die religiöse Inspiration für umweltbewußtes Handeln verstärkt. 2. Als Beitrag zum Umweltengagement der Kirchen gibt Markus van Berlo mit seiner Diplomarbeit einen Überblick über die vorhandenen Umweltaktivitäten im katholischen Bereich in Deutschland. Diese Arbeit zeigt beispielhaft an der Pfarrgemeinde St. Laurentius in Uedem eine Umsetzung von Naturschutz in der Kirchengemeinde auf und entwirft einen praxisorientierten Leitfaden für Naturschutzmaßnahmen in Kirchengemeinden.

Der folgende Maßnahmenkatalog, der bei dem Bemühen um einen nachhaltigen, solidarischen Umgang mit der Schöpfung als Checkliste konsultiert werden kann, entstammt der Diplomarbeit von Markus van Berlo (115-119).

Maßnahmenkatalog zum Naturschutz in der Kirchengemeinde
Die vorgeschlagenen Maßnahmen zum Naturschutz auf den Flächen der Kirchengemeinde werden nach fünf Bereichen unterschieden, für die jeweils weitgehend unterschiedliche Maßnahmen in Betracht kommen. Zunächst werden die kirchlichen Gebäude sowie deren Außenflächen getrennt betrachtet, um dann auf die Flächen Friedhof und Kindergarten einzugehen, auf denen im Vergleich zu den anderen Flächen durch die jeweilige Nutzung besondere Bedingungen herrschen. Schließlich werden als eigene Kategorie die land- oder forstwirtschaftlich genutzten Flächen betrachtet. Zu jeder Flächenkategorie werden kurz die wichtigsten Ziele des Naturschutzes und die jeweiligen Ansprüche der Gemeinde benannt. Danach folgt eine Liste mit möglichen Naturschutzmaßnahmen und schließlich einige Anmerkungen zur Akzeptanz der verschiedenen Maßnahmen.

Kirche und andere kirchliche Gebäude wie Pfarrhaus, Pfarrheim, Altenheim etc.
Ein wichtiges Ziel an allen kirchlichen Gebäuden ist die Erhaltung oder Schaffung von Lebensräumen für verschiedene Tierarten. Insbesondere Kirchen und andere große und alte Gebäude sind dafür von

Bedeutung. Aber auch an neueren kirchlichen Gebäuden ergeben sich verschiedene Möglichkeiten, sowohl Tierarten zu unterstützen als auch die begrenzten Möglichkeiten für Pflanzen zu erweitern. Wichtig ist dabei aus Sicht der Gemeinde, daß durch diese Maßnahmen keine Schäden an Gebäuden verursacht werden können. Vor allem bei der Kirche wird wegen der besonderen Bedeutung als Gotteshaus auch auf die Bewahrung eines repräsentativen Aussehens Wert gelegt. Außerdem soll auch der Pflegeaufwand nicht zu groß werden. Folgende Naturschutzmaßnahmen sind an kirchlichen Gebäuden denkbar:

- Erhaltung von Einflugöffnungen für Fledermäuse an Dachböden v.a. von Kirchen, bei verschlossenen Dachböden Einbau von speziellen Fledermausziegeln auf einer Dachseite.
- Möglichst wenig Störungen von vorhandenen Fledermausquartieren. Renovierungen nur im Winter, Holzschutz mit Heißluftverfahren statt giftiger Holzschutzmittel.
- Erhaltung von Einflugöffnungen oder Einbau von Nistkästen für Turmfalken und Schleiereulen im Kirchturm.
- Anbringung von Nistkästen für Mauersegler, Hausrotschwanz, Mehlschwalben und andere Vogelarten sowie Fledermauskästen an der Außenwand der Kirche.
- Einrichtung eines Taubenschlags zur Regulierung des Taubenbestands durch Eientnahme.
- Fassadenbegrünung mit selbstkletternden Pflanzen oder Gerüstkletterpflanzen.
- Extensive Dachbegrünung auf Flachdachbereichen.
- Regenwassernutzung oder -versickerung auf an Gebäude angrenzenden Flächen.
- Verwendung von Blumenschmuck aus der Region in der Kirche, anschließend Kompostierung.

Besonders vielversprechend können v.a. Maßnahmen zur Anbringung von Nistkästen sein, da diese meist bereitwillig unterstützt werden. Mehr Überzeugungsarbeit muß bei der Schaffung von Einflugmöglichkeiten in Dachböden geleistet werden, da oftmals Schäden oder Verunreinigungen befürchtet werden. Da solche Schäden jedoch insbesondere bei Fledermäusen auszuschließen und auftretende Verunreinigungen gering sind, kann diese Sorge ausgeräumt werden. Entscheidend bei den Einflugmöglichkeiten ist, daß die oft als Problem empfundenen Stadttauben (regional auch Dohlen) am Einflug gehindert werden.

Eine Fassadenbegrünung, die u.a. auch zur attraktiven Gestaltung von tristen Fassaden dienen kann, wird häufig aufgrund starker Ängste vor evtl. Gebäudeschäden abgelehnt. Hier ist eine intensive Aufklärung hinsichtlich der Vorteile und eine Differenzierung in bezug auf die Vielzahl der verschiedenen Kletterpflanzen und deren jeweilige Verwendungsmöglichkeiten notwendig. In der Regel kann für die meisten Fassaden eine passende Begrünung gefunden werden. Ähnliche Ängste bestehen oft auch gegenüber einer Dachbegrünung. Hier ist aber eher das Kostenproblem entscheidend, deshalb können solche Maßnahmen gut in Verbindung mit den häufiger notwendigen Reparaturen von Flachdachbereichen durchgeführt werden.

Flächen im Umfeld von kirchlichen Gebäuden, wie z.B. Kirchplatz, Pfarrgarten, Außenflächen von Pfarrheim und Altenheim etc.
Auf den Flächen im direkten Umfeld von kirchlichen Gebäuden sind

als wesentliche Ziele zunächst eine möglichst geringe Versiegelung sowie eine naturnahe Gestaltung der Grünflächen zu nennen, um dadurch das Bodenleben und den Wasserkreislauf zu aktivieren und Lebensraum für Tiere und Pflanzen anzubieten. Dazu ist v.a. eine Bepflanzung mit einheimischen Gehölzen und Stauden sowie eine möglichst extensive Pflege der Flächen sinnvoll. Sonderstrukturen wie z.B. Obst- oder Gemüsegärten, alte Mauern oder Totholz-haufen sollten erhalten oder auch neugeschaffen werden.

Für die Gemeinde steht zunächst die Nutzbarkeit der Flächen im Vordergrund. Dies betrifft die sichere Begehbarkeit von Wegen und Plätzen sowie die Aufenthaltsmöglichkeiten, die v.a. am Pfarrheim für Gruppenaktivitäten im Freien wie z.B. Ballspiele oder Grillen eine große Rolle spielen. Insbesondere die Vorgartenbereiche der Flächen sollen eher repräsentativ gestaltet sein. Gleichzeitig sollen i.d.R. sämtliche Außenflächen möglichst pflegeleicht sein. Folgende Naturschutzmaßnahmen sind auf den Flächen im Umfeld von kirchlichen Gebäuden möglich:

- Teilentsiegelung von asphaltierten oder gepflasterten Flächen und Ersatz durch wasserdurchlässigere Beläge wie Breitfugenpflaster, Sandkiesgemisch oder Mulchbelag. Vollständige Entsiegelung von ungenutzten Bereichen.
- Bepflanzung der Grünflächen mit einheimischen und standortgerechten Gehölzen. Entwicklung von freiwachsenden Hecken und Gebüschen aus einheimischen Laubgehölzen mit Wildkrautsaum.
- Erhaltung und Pflanzung von einheimischen Laubbäumen. Bepflanzung und nach Möglichkeit Vergrößerung der Baumscheiben (auf ca. 10 m^2).
- Verwendung von Wildstauden und traditionellen Blütenstauden für die Bepflanzung der Beete und Verzicht auf Torf und Mineraldünger.
- Extensivere Pflege der Grünflächen. In Teilbereichen Herbstlaub liegenlassen und in Ecken und Säumen Spontanvegetation aus Wildkräutern zulassen.
- Verzicht auf den Einsatz von Spritzmitteln und Zulassen von Pioniervegetation an Wegrändern. Verwendung von Sand und Split statt Auftausalzen.
- Rasenflächen nur ca. alle vier Wochen mähen. Schaffung von fließenden Übergängen zwischen Rasenflächen, Pflanzungen und Wegen. Möglichst Entwicklung von Rasenflächen zu Wildblumenwiesen.
- Erhaltung und Pflege von Obstbäumen und -wiesen. Nachpflanzung von Hochstämmen regionaler Obstsorten und Entwicklung zu einer Streuobstwiese.
- Erhaltung von Nutzgärten mit extensiver Pflege und Bewirtschaftung. Einsatz von biologischem Pflanzenschutz statt chemischer Spritzmittel.
- Anlage eines Komposthaufens sowie Aufschichtung von Laub-, Totholz- oder Steinhaufen.
- Erhaltung von alten Mauern und vorhandener Mauervegetation. Anlage von Trockenmauern und Begrünung von Mauern und Zäunen.
- Entwicklung von Zierteichen zu naturnahen Feuchtbiotopen oder Neuanlage eines Feuchtbiotops.

–   Anbringung von Nisthilfen, z.B. für Vögel, Fledermäuse, Wildbienen, Wespen, Hummeln, Hornissen und andere Arten (insbesondere im Bereich von Obstbäumen).

Maßnahmen auf den Flächen im Umfeld kirchlicher Einrichtungen lassen sich immer dann besonders erfolgreich umsetzen, wenn sie mit Nutzungsinteressen von bestimmten Gruppen verbunden werden können. Dies kann z.B. die Aufwertung von Flächen durch Entsiegelung und attraktive Bepflanzung, eine Abschirmung durch Hecken oder ein geringerer Pflegeaufwand sein. Auch die Anbringung von Nistkästen für verschiedene Tierarten stellt eine gut akzeptierte Maßnahme dar. Gegen eine extensivere Pflege und freiwachsende Gehölze oder Blumenwiesen bestehen oft größere Bedenken, die aus einem starken Ordnungs- und Sauberkeitsverständnis herrühren.

Friedhof
Auf dem Friedhof spielt neben der Förderung der klimatischen Funktion insbesondere die Erhaltung bzw. Entwicklung eines vielfältigen Lebensraums für Tiere und Pflanzen eine große Rolle. Dafür ist v.a. eine vermehrte Verwendung von einheimischen Laubbäumen und Laubgehölzen sowie eine weniger intensive Pflege der verschiedenen Bereiche notwendig. Außerdem sollten vorhandene Sonderstrukturen erhalten werden. Durch eine abwechslungsreiche Grabgestaltung mit einheimischen Gehölzen und traditionellen Friedhofspflanzen kann gleichzeitig ein Beitrag zur Belebung der vielfach in Vergessenheit geratenen traditionellen Friedhofskultur geleistet werden.

Für die Friedhofsnutzer ist es in erster Linie bedeutsam, daß ihre Grabflächen wie auch der gesamte Friedhof gepflegt und würdevoll aussehen. Andererseits soll aber auch der Pflegeaufwand nicht zu groß sein. Für die Gemeinde ist es darüber hinaus wichtig, ausreichend Platz für die Bestattung der Verstorbenen zur Verfügung zu haben und die Wege mit Sargwagen befahren zu können. Für den Naturschutz auf dem Friedhof kommen die folgenden Maßnahmen in Betracht:

–   Vermeidung von exotischen Nadelgehölzen wie Lebensbaum, Zeder oder Scheinzypresse, statt dessen Verwendung von einheimischen Gehölzen wie Eibe und Laubgehölze.

–   Pflanzung von größeren einheimischen Laubbäumen v.a. in den Randbereichen, sowie nach und nach als Ersatz für exotische Nadelgehölze. Pflanzung kleinerer Laubbäume auch zwischen den Grabreihen und als Alleen entlang der Hauptwege.

–   Entwicklung freiwachsender Hecken und Gebüsche aus einheimischen Laubgehölzen mit Wildkrautsaum statt streng geschnittener Nadelgehölzhecken.

–   Entsiegelung asphaltierter und gepflasterter Flächen. Anlage eines abgestuften Wegesystems mit wasserdurchlässigen Belägen wie Kies oder Sandkiesgemisch. Entwicklung kleinerer Seitenwege zu Rasenwegen. Soweit möglich Zurücknahme von Wegen und Wegebreiten.

–   Verzicht auf den Einsatz von Herbiziden und Auftausalzen auf den Wegen und Zulassen von Pioniervegetation an den Wegrändern.

–   Verzicht auf Grabeinfassungen aus Stein und evtl. Entwicklung der Gräberfelder als Rasenflächen. Verwendung von Grabsteinen aus der Region und Zulassen von Efeu, Moosen und Flechten auf den Grabsteinen. Nach Möglichkeit Verbot von Grababdeckungen aus Steinplatten, Kies oder Split.

- Abwechslungsreiche Grabgestaltung mit einheimischen Gehölzen und traditionellen Friedhofspflanzen sowie weniger intensive Grabpflege.
- Verzicht auf den Einsatz von Mineraldünger und Torf, statt dessen Verwendung von Kompost und Rindenmulch als Abdeckung.
- Zulassen von Herbstlaub und Spontanvegetation zwischen den Grabreihen und auf ungenutzten Flächen und Säumen und Verzicht auf Herbizide.
- Rasenflächen ca. alle 4 Wochen mähen. Nach Möglichkeit Entwicklung von Rasenflächen zu Wildblumenwiesen. Insbesondere extensive Pflege von Erweiterungsflächen als Wiesenbereiche.
- Erhaltung von alten Friedhofsmauern und vorhandener Mauervegetation sowie alter, efeuüberwachsener Grabanlagen. Begrünung der Friedhofshalle.
- Anbringung von Nisthilfen für Vögel, Fledermäuse, Wildbienen, Hummeln und andere Arten.
- Aufschichtung und Liegenlassen von Laub, Reisig und Totholz zu Haufen. Anlage einer Trockenmauer z.B. aus alten Grabeinfassungen.
- Kompostierung möglichst auf der Friedhofsfläche und Verzicht auf nicht kompostierbaren Grabschmuck aus Kunststoff.
- Anlage von Beispielgräbern mit Hinweistafeln als Vorbild für eine abwechslungsreiche, naturnahe und traditionelle Bepflanzung.
- Herausgabe eines Faltblatts für die Friedhofsnutzer mit Hinweisen zur Grabgestaltung und Grabpflege.
- Anpassung der Friedhofsordnung an die oben genannten ökologischen Gesichtspunkte.

Anregungen zur ökologischen und traditionellen Grabgestaltung, in Form eines Informations-Faltblatts oder durch die Anlage von Beispielgräbern werden meist gerne angenommen, bleiben allerdings auch relativ unverbindlich. Vorschläge zur Pflanzung von einheimischen Laubgehölzen und v.a. Laubbäumen stoßen dagegen bei vielen Gemeindemitgliedern eher auf Ablehnung, weil insbesondere das Laub auf dem Friedhof unerwünscht ist. Ähnliches gilt für eine extensivere Pflege von Grab- und Friedhofsflächen, die dem vorherrschenden Ordnungs- und Sauberkeitsverständnis entgegensteht. Beide Maßnahmen sind jedoch von größter Bedeutung für den Naturschutz auf dem Friedhof und sollten deshalb zumindest in kleineren Teilbereichen versuchsweise realisiert werden. In der Friedhofsordnung können z.B. ökologische Gestaltungs- und Pflegevorschläge für die Grabflächen oder ein Herbizidverbot festgelegt werden. Dieses hat jedoch häufig in der Praxis keine allzu große Bedeutung, sondern muß v.a. von den jeweiligen Verantwortlichen wie Friedhofsverwaltung, Gärtner und Bestatter mitgetragen und vertreten werden.

Kindergarten

Am Kindergarten bietet sich die besondere Gelegenheit, die Anliegen des Naturschutzes mit der Möglichkeit von Naturerfahrungen für die Kinder zu verbinden. So ist sowohl für das Naturerlebnis wie für den Naturschutz eine naturnahe und abwechslungsreiche Gestaltung der Fläche zu fordern. Dabei sollten ausschließlich natürliche sowie lebende Materialien in Form von standortgerechten und einheimischen Pflanzen verwendet werden. Bei einer extensiven Pflege können sowohl wertvolle Lebensräume für Tiere und Pflanzen als auch Naturerlebnismöglichkeiten für die Kinder entwickelt werden. Aus Sicht der

Kindergartenleitung und der Eltern spielt neben einem abwechslungs-reichen Spielgelände v.a. der Sicherheitsaspekt für die Kinder eine große Rolle. Außerdem sollte der Pflegeaufwand nicht zu hoch sein. Als Naturschutzmaßnahmen bieten sich am Kindergarten die folgen-den Maßnahmen an:

- Gestaltung der Spielfläche mit Bodenmodellierung, z.B. als Matschhügel mit Wasserpumpe und Wasserlauf aus Kies sowie Sand- und Spielgruben ohne Einfassungen.
- Anlage eines Sinnespfads mit verschiedenen natürlichen Materia-lien. Anlage eines Weidentunnels und einer Weiden- oder Lehm-hütte.
- Anlage eines kleinen Gartens oder Hochbeets mit Komposthaufen, Kräuterspirale und Weidenzaun.
- Abgrenzung der Fläche durch freiwachsende Hecken aus einhei-mischen Laubgehölzen mit Wildkrautsaum, alternativ auch Wei-denzaun oder begrünter Holzzaun.
- Erhaltung des vorhandenen Gehölzbestands und Pflanzung von einheimischen Laubgehölzen möglichst raumgliedernd verteilt auf der gesamten Fläche.
- Erhaltung, Pflege und Ergänzung von vorhandenen Obstbäumen. Pflanzung von fruchttragenden und duftenden Gehölzen. Schaf-fung eines ‚Märchenwalds' als Rückzugsraum.
- Vermeidung der besonders giftigen Arten Goldregen, Pfaffenhüt-chen, Stechpalme und Seidelbast sowie Aufklärung der Kinder über eßbare und giftige Früchte.
- Bepflanzung der Beete mit blühenden und duftenden Wildstauden und traditionellen Blütenstauden.
- Spielrasenfläche nicht düngen und wässern. In bestimmten Berei-chen Wildkrautecken stehen lassen und wenn möglich Blumen-wiesen entwickeln.
- Extensive Pflege und Zulassen von Spontanvegetation. Verzicht auf Mineraldünger, Spritzmittel und Auftausalze.
- Aufschichtung von Laub, Reisig, Totholz und Steinen zu Haufen und Anlage einer Trockenmauer.
- Entsiegelung von asphaltierten und gepflasterten Flächen und Schaffung verschiedener natürlicher und wasserdurchlässiger Un-tergründe wie z.B. Rindenmulch.
- Begrünung des Gebäudes mit selbstkletternden Pflanzen oder Ge-rüstkletterpflanzen und Dachbegrünung.
- Regenwassernutzung und Anlage eines Feuchtbiotops oder einer Rasenmulde als Versickerungsfläche für Regenwasser.
- Anbringung von Nisthilfen für Vögel, Fledermäuse, Wildbienen, Hummeln und andere Arten.

Durch die ähnlichen Ziele von Naturschutz und naturorientiertem Kinderspiel ist eine naturnahe Umgestaltung von Kindergartenflächen häufig sehr erfolgreich möglich. Besonders beliebt sind dabei u.a. Spielhügel und -gruben, das Element Wasser, ein Sinnespfad aus na-türlichen Materialien oder die Verwendung von lebenden Weiden. Trotz dem Wunsch nach mehr Natur ist dagegen eine extensive Pflege z.B. von Gehölzen sowie die Anlage von Blumenwiesen oder Wild-krautecken eher umstritten. Insgesamt ist es jedoch wichtig, darauf aufmerksam zu machen, daß eine naturnahe Gestaltung sich nicht auf einzelne Spielelemente beschränken darf, sondern die Gestaltung und Pflege der gesamten Fläche mit einbeziehen muß.

Land- oder forstwirtschaftlich genutzte Flächen
Auf den land- oder forstwirtschaftlich genutzten Flächen der Gemeinde sollte eine möglichst naturschonende Bewirtschaftung angestrebt werden. Dies kann v.a. durch eine Extensivierung der Nutzung und die Erhaltung bzw. Vergrößerung von ungenutzten Flächen gewährleistet werden. Insbesondere feuchte und gewässernahe Bereiche sowie Wälder sollten aus der Nutzung genommen werden. Das Interesse der Pächter liegt dagegen in erster Linie in einer möglichst effektiven wirtschaftlichen Nutzung, jenes der Gemeinde in ausreichenden Pachtzinseinnahmen. Folgende Naturschutzmaßnahmen sind auf den land- und forstwirtschaftlichen Flächen sinnvoll:

- Freihaltung der Flächen von Bebauung und Versiegelung.
- Auf Ackerflächen möglichst eine viergliedrige Fruchtfolge mit Zwischenfruchtanbau. Möglichst biologische Schädlingsbekämpfung und bedarfsgerechte Düngung. Verzicht auf gentechnisch veränderte Pflanzen.
- Auf Grünlandflächen kein Umbruch. Weitestgehender Verzicht auf den Einsatz von Herbiziden. Erhaltung von Extensiv- und Feuchtgrünland, dort zeitliche Beschränkung der Bodenbearbeitung und Mahd sowie Reduzierung der Besatzdichten.
- Keine zusätzliche Intensivierung oder Entwässerung der Flächen. Extensivierung durch Beteiligung an Förderprogrammen. Förderung von ökologischem Landbau u.a. durch Direktvermarktung.
- Erhaltung bzw. Entwicklung von mindestens 2 m breiten ungenutzten Randstreifen und Auszäunung von mindestens 2-6 m breiten Uferstreifen. Möglichst schonende Gewässerunterhaltung ohne Grabenfräse. Uferbepflanzung mit standortgerechten Gehölzen.
- Erhaltung, Pflege und Neuanlage von Hecken, Feldgehölzen und Streuobstwiesen, dort außerdem Nachpflanzung von Hochstamm-Obstbäumen und extensive Nutzung.
- Entwicklung von naturnahem Mischwald oder Naturwald und Aufbau von artenreichen gegliederten Waldrändern. Nutzungsaufgabe auf ertragsschwachen Standorten und Überlassung der Flächen für den Naturschutz.
- Abschluß entsprechender Pachtverträge mit Berücksichtigung ökologischer Kriterien und Pachtnachlaß für ökologische Maßnahmen.

Besonders vielversprechend kann auf landwirtschaftlichen Flächen die Nutzung von staatlichen Förderprogrammen zur Extensivierung und der Aufbau von Strukturen zur Direktvermarktung von ökologisch angebauten Lebensmitteln sein. Da Pächter aber in der Regel nicht aus Eigeninitiative ökologische Maßnahmen durchführen, ist es darüber hinaus sinnvoll, diese in den Pachtverträgen zu regeln. Hier sollte jedoch sehr sensibel diskutiert und flexibel auf die jeweilige Situation eingegangen werden, da sonst mit erheblichem Widerstand der Landwirte zu rechnen ist.

☞ Als Geschwisterkind aller Menschen, aller Tiere und Pflanzen sowie der unbelebten Elemente kommt der Mensch wieder in die Nähe Gottes. Im Hüten und Bewahren von Natur und Kosmos wird der Mensch umgeformt zu seiner ursprünglichen Gottebenbildlichkeit.

3. Spiritualität und der Dialog der Religionen

von Bernhard-Maria Janzen

3.1. Versuch einer Situationsbeschreibung

Der Dialog der Religionen befindet sich zur Zeit anscheinend in einer Krise. Zum einen läßt sich feststellen, daß auf vielen Ebenen die Notwendigkeit eines Dialogs außer Frage steht, zum anderen tauchen an allen Ecken und Kanten Fragen und Probleme auf, die diesen zu gefährden scheinen. Das Ringen um eine aufrichtige Position der Katholischen Kirche innerhalb dieses Dialogs zeigt, daß zwar die Wichtigkeit anerkannt wird, aber die Durchführung viele wunde Punkte im Selbstverständnis der Kirche und des Christentums und im Verständnis der anderen Religionen aufreißt. Daher bemühte sich 1996 auch die Internationale Theologenkommission um eine neue Stellungnahme zum Verhältnis zwischen dem Christentum und den Religionen, in der das Hauptgewicht auf der Einmaligkeit der Sendung Christi liegt, dabei aber versucht wird, die anderen Religionen respektvoll zu betrachten.

Und wer wird euch Böses zufügen, wenn ihr euch voll Eifer um das Gute bemüht? Aber auch wenn ihr um der Gerechtigkeit willen leiden müßt, seid ihr selig zu preisen. Fürchtet euch nicht vor ihnen, und laßt euch nicht erschrecken, sondern haltet in eurem Herzen Christus, den Herrn, heilig! Seid stets bereit, jedem Rede und Antwort zu stehen, der nach der Hoffnung fragt, die euch erfüllt; aber antwortet bescheiden und ehrfürchtig, denn ihr habt ein reines Gewissen. Dann werden die, die euch beschimpfen, weil ihr in (der Gemeinschaft mit) Christus ein rechtschaffenes Leben führt, sich wegen ihrer Verleumdungen schämen müssen.

1 Petr 3,13–16.

„Früher war es einfach: Wenn die eigene Religion richtig ist und allein den wahren Weg zur Erlösung weist, dann müssen die anderen falsch sein; und wenn sie falsch sind, müssen sie bekämpft werden. Oder man schickt Missionare aus, um die anderen zu überzeugen, daß auch sie einen besseren Weg wählen können. Was hat sich geändert, wenn man *heute* den Dialog von Religionen sucht? Wozu soll er eigentlich führen? Hat man den Absolutheitsanspruch der eigenen Wahrheit zugunsten eines echten Pluralismus von mehreren Wahrheiten aufgegeben? Oder will man den anderen weiterhin überzeugen, d.h. den Missionsgedanken nur hinter der Maske des Dialogs verstecken? Oder ist man vielleicht sogar bereit, die eigene religiöse Identität zugunsten einer künftigen Universalreligion aufzugeben?" (von Stietencron, 132.)

Die Fragen, die von Stietencron hier stellt, bedürfen einer ernsthaften und ehrlichen Antwort. Warum sollen sich Christen mit Anhängern einer anderen Religion austauschen, wenn nicht der Missionsgedanke dahintersteht? Doch selbst wenn der Missionsgedanke eine Rolle spielt, muß man hier bedenken, daß sich auch die Auffassung von Mission geändert hat. Es geht auch bei der Mission längst nicht mehr darum, andere Menschen zu ‚überzeugen‘ in dem Sinne, daß sie zu einem Akt gedrängt werden, der sie gleichsam entfremdet. Letztendlich geht es auch im neueren Missionsverständnis darum, Zeugnis vom Glauben an Jesus Christus zu geben, das andere überzeugen kann und sie nicht zu etwas zwingt, was sie nicht wollen. Auch für die Mission gilt die Aufforderung des ersten Petrusbriefes, der die Christen dazu auffordert, sich recht in der Welt zu verhalten und allen Auskunft geben, die sie nach ihrer Hoffnung fragen (1 Petr 3,15f.).

Mit dem Ende des Kalten Krieges ist ja keineswegs das Ende der Geschichte gekommen. Einerseits scheint die Globalisierung der Märkte, der Technologien, der Medien, ja sogar der interagierenden Kulturen unaufhaltsam. Andererseits beobachten wir immer wieder, auch in scheinbar unaufgeklärten

Angesichts der Problematik, die eine Globalisierung der Gesellschaft mit sich bringt, entsteht eine Situation, in der das Christentum nur eine Sinndeutung unter anderen anbietet, die allerdings fast nicht mehr durch die gesellschaftlich generell akzeptierte Kirche gestützt wird. Es entsteht die Situation, in der die Menschen ihre Religion wählen müssen. Ferner entsteht die Frage, ob die Religionen nicht jenseits aller Konkurrenz zusammen einen Beitrag zur allgemeinen Völkerverständigung leisten können, um dem Frieden in der Welt zu dienen und

Gesellschaften, den Reflex zum Rückzug in nationale oder kulturelle Wagenburgen, das Denken in Kategorien der Macht, das Malen von Feindbildern. Das modische Szenario vom Clash of Civilizations, das der Welt anstelle des Kalten Krieges nun einen globalen Kulturkampf prophezeit, ist ein typisches Beispiel dieser Denkungsart. Ich halte dieses Szenario für wissenschaftlich und ethisch fragwürdig.

Roman Herzog, in: von Brück / Lai, 14.

einem Kampf der Kulturen entgegenzuwirken. Der Beitrag, den die Religionen zu einer allgemeinen Völkerverständigung leisten können, ist nur im Dialog der Religionen zu leisten. Eines der wichtigsten Ziele ist dabei unumstritten der Weltfrieden. Dieses Streben, einen Beitrag zur Verständigung zwischen Religionen und Kulturen zu leisten, wird auch unter dem Begriff 'Weltethos' (Küng, 1990) zusammengefaßt.

Eines der markantesten Ereignisse, die als Symbol für den 'Weltethos' gelten, ist wohl das religionsumspannende Gebetstreffen in Assisi, das am 25. Januar 1986 stattfand. Doch auch dieses Gebetstreffen war nicht unumstritten. Von einigen Seiten wurde angefragt, ob es zulässig ist, daß Angehörige von verschiedenen Religionen miteinander beten oder ob diesem gemeinsamen Gebet nicht der Ruch des Synkretismus anhaftet, d.h. eine unkritische Vermischung von verschiedenen Religionspraktiken darstellt. Neben aller Kritik wurde beim Gebetstreffen in der Stadt des heiligen Franziskus aber auch deutlich, daß konkrete Schritte zum Dialog der Religionen getan werden können, auch wenn die Theologie noch nicht so weit ist, das Verhältnis von Christentum und den anderen Religionen befriedigend zu umschreiben. Mit dieser gemeinsamen Veranstaltung vieler Religionen ist ein Impuls gegeben worden, der zumindest in der Praxis noch fortlebt (vgl. Riedl, 9-20).

> Welche Dimensionen der Dialog der Religionen annehmen muß, damit er für die Menschen dieser Welt fruchtbar werden kann, wird sehr gut deutlich in der Zusammenfassung des Weltethos, die Küng liefert.
>
> Kein Frieden unter den Nationen
> ohne Friede unter den Religionen.
> Kein Frieden unter den Religionen
> ohne Dialog zwischen den Religionen.
> Kein Dialog zwischen den Religionen
> ohne Grundlagenforschung in den Religionen.
> (Küng, in: von Brück / Lai, 15.)

3.1. Modell Franziskus – Die Begegnung mit dem Sultan

Es ist kein Zufall, daß für das Gebetstreffen die Stadt des heiligen Franziskus (1181-1226) ausgewählt wurde. Franziskus ist wohl einer der populärsten Heiligen im Christentum, der bei Christen und auch in anderen Religionen bekannt ist. Sein Leben radikaler Armut und seine Liebe zu den Menschen und zur ganzen Schöpfung machten ihn bekannt. Angesichts seines Bekanntheitsgrades und der unmittelbar ansprechenden Botschaft seines Lebens, deren Wirkung weit über die Grenzen des Christentums hinausgeht, kann uns Franziskus als ein Leitmodell für den Dialog der Religionen gelten.

Von einem seiner Biographen, dem heiligen Bonaventura († 1274), ist die Begegnung des Heiligen mit dem Sultan Melek-el-Kamel (1218-1238 Sultan von Ägypten) überliefert (Bonaventura, 336-338). Franziskus war bei der Schlacht von Damiette (1219) anwesend. Wahrscheinlich in einer Zeit des Waffenstillstandes verließ er das christliche Lager und schlug sich zum Sultan durch. Bei dieser Gelegenheit wollte

Franziskus, ganz Kind seiner Zeit, den Sultan vom wahren Glauben überzeugen. Er tat das aber nicht dadurch, wie in der Zeit nicht unüblich, daß er den Glauben des Sultans als falschen Glauben bezeichnete, sondern bot dem Sultan eine Feuerprobe an: Er werde durch ein großes Feuer gehen, damit der Sultan erkenne, daß der Glaube an Jesus Christus der wahre Glaube ist. Der Sultan soll sich sehr beeindruckt gezeigt haben, da er nicht glaubte, daß einer seiner Geistlichen sich eines solchen Urteils unterziehen würde. Er erkannte den Mut und die geistliche Kraft des Franziskus an und ließ ihn unbehelligt ins christliche Lager zurückkehren.

> Die Brüder aber, die hinausziehen, können in zweifacher Weise unter ihnen geistlich wandeln. Eine Art besteht darin, daß sie weder Zank noch Streit beginnen, sondern ‚um Gottes willen jeder menschlichen Kreatur' (1 Petr 2,13) untertan sind und bekennen, daß sie Christen sind. Die andere Art ist die, daß sie, wenn sie sehen, daß es dem Herrn gefällt, das Wort Gottes verkünden: sie sollen glauben an den allmächtigen Gott, den Vater und den Sohn und den Heiligen Geist, den Schöpfer aller Dinge, an den Sohn, den Erlöser und Retter, und sie sollen sich taufen lassen und Christen werden; denn ‚wenn jemand nicht wiedergeboren wird aus dem Wasser und dem Heiligen Geiste, kann er nicht in das Reich Gottes eingehen' (vgl. Joh 3,5).
> Franz von Assisi, 1980, 188.

Franziskus hielt sich selbst an das, was er in seiner ersten Regel festgelegt hatte: nur durch das gute Beispiel sollte es den Brüdern erlaubt sein, bei den Sarazenen das Evangelium zu predigen. Sie sollen nicht streiten und nicht zanken, sondern um Gottes Willen jeder menschlichen Kreatur untertan sein und bekennen, daß sie Christen sind (vgl. NbReg, 16, in: Franz von Assisi, 1980, 187-189). Das Zeugnis des heiligen Franziskus gibt einen entscheidenden Impuls für den Dialog der Religionen. In einer Zeit, da der Islam nur als feindlich angesehen wurde, macht Franziskus sich auf, um unbewaffnet das Evangelium zu predigen. Er war einer der ersten innerhalb der Katholischen Kirche, der sich nicht für eine militante Auseinandersetzung mit dem Islam stark machte, sondern für eine gewaltlose und friedfertige Evangelisierung. Die Moslems waren für ihn Schwestern und Brüder, die durch das Blut Jesu Christi erlöst sind und deshalb als Schwestern und Brüder (an-)erkannt werden müssen. Aus der Haltung des heiligen Franziskus läßt sich somit die Geisteshaltung für einen Dialog der Religionen herauslesen.

> Der Dialog der Religionen muß gekennzeichnet sein vom Streben nach Gewaltlosigkeit – auch im Dialog selber. Die Gesprächspartner sind einander Schwestern und Brüder. Daher muß der Dialog von gegenseitiger Achtung und gegenseitigem Respekt getragen sein, damit keiner vom anderen vorschnell ideologisch vereinnahmt wird.

3.2. Zeugnisse gelebter Spiritualität in anderen Religionen

Nachdem wir quasi einen Betrachtungsrahmen für den Dialog der Religionen geschaffen haben, können wir nun dazu übergehen, einer der ‚Forderungen' des Weltethos nachzukommen: Grundlagenforschung in den Religionen. Dies soll anhand der Beispiele gelebter Spiritualität geschehen.

Angeregt durch die Begegnung des heiligen Franziskus mit einem Gläubigen einer anderen Religion, wollen auch wir hier eine Reise beginnen, die uns mit herausragenden Vertretern verschiedener Religionen bekannt machen soll. Wir werden zunächst zwei großen Gestalten des Hinduismus begegnen: Ramakrishna und Mahatma Gandhi. Aus dem Buddhismus werden wir dem Buddha begegnen, der seine Suche nach der Erlösung im *Nirvâna* fand, dem ewigen Verlöschen allen Leides. Als Vertreter des Amidismus, einer späteren Entwicklung des Buddhismus, werden wir einen der berühmtesten japanischen

Gelehrten erleben, wie er versucht, Christen das Verständnis vom Heil im Amidismus zu erklären. Aus dem Islam werden wir bedeutende Vertreter des sogenannten Sufimus kennenlernen, einer Bewegung, die auch die islamische Mystik genannt wird. Dort begegnen wir der Frau, die dieser Bewegung einen entscheidenden Impuls gegeben hat: Rabi'a. Als weiteren Vertreter werden wir einen der berühmtesten Märtyrer des Islam kennenlernen: Halladsch.

3.2.1. Hinduismus

Ramakrishna (1836-1886) – Kind der Göttin

Ramakrishna ist einer der bekanntesten indischen Weisen. Er wurde im Westen bekannt durch den Ramakrishna-Orden, den sein Schüler Swami Vivekânanda gegründet hat und der im Westen missionarisch tätig ist.

Geboren wurde er 1836 im ländlichen Milieu, nördlich von Kalkutta, das sehr von der Bewegung der indischen Gottesliebe (*Bhakti*) geprägt war. Um sich die Studien der heiligen Schriften und der Sprache leisten zu können, zog er zu seinem Bruder nach Kalkutta, der dort eine Schule leitete. Die Schule konnte sich jedoch nicht halten und so nahm sein Bruder eine Stelle als Priester im Tempel der Muttergottheit Kâlî in Dakshineswar an. Ramakrishna war damit zunächst nicht einverstanden, da der Tempel von einer Frau einer niedrigen Kaste erbaut wurde und er und sein Bruder Brahmanen waren und somit der religiösen Oberschicht angehörten. Als sein Bruder schon kurze Zeit später starb, übernahm Ramakrishna den Dienst des Priesters im Tempel. Hier begann er seine Gottsuche.

Als Priester im Tempel wollte er nicht nur Riten vollziehen, sondern eine Beziehung zwischen sich und der Göttin Kâlî aufbauen. Doch die Sehnsucht nach der Göttin blieb zunächst unerfüllt. Diese Zeit sah ihn oft in Wein- und Schreikrämpfen auf dem Boden liegen, so daß seine Angehörigen schon meinten, er hätte den Verstand verloren. Doch schließlich wurde seine Sehnsucht beantwortet und er berichtet selbst von einer Erfahrung, da ihm die Göttin in einer Vision erschienen sei.

Am Anfang waren die Visionen noch nicht kontrollierbar und von daher begab er sich in die Obhut zweier Meister: eines Weisen des Vedânta und einer Nonne. Unter ihrer Leitung versuchte er viele Übungen und Praktiken, die aus verschiedenen religiösen Traditionen Indiens stammten. In dieser Zeit lernte er auch Übungen aus dem Islam und dem Christentum kennen.

Mit der Zeit wurde Ramakrishna zusehends bekannter und viele Menschen kamen zu ihm, um Rat zu bekommen. Unter diesen Ratsuchern waren auch Mitglieder einiger Gruppen, die für die Unabhängigkeit Indiens kämpften. Auch wenn Ramakrishna nicht mit den Methoden und Zielen dieser Gruppen übereinstimmte, so kamen die Menschen dennoch und er blieb ein gesuchter Kritiker und Mahner. Am 16. August 1886 verstarb Ramakrishna nach längerer Krankheit. Er hatte eine Art Kehlkopfkrebs.

Die Spiritualität Ramakrishnas speiste sich aus der Frömmigkeit des Hinduismus. Sein Bestreben ging dahin, das, was ihn innerlich erfüllte,

---

Sidebar:

Ich hatte das Gefühl, als würde mein Herz ausgewrungen wie ein nasses Tuch. Große Unruhe befiel mich, und ich wurde von der Furcht besessen, daß ich die Mutter in diesem Leben nicht sehen werde. Ich konnte die Trennung von ihr nicht länger ertragen. Plötzlich fiel mein Blick auf das große Schwert, das im Heiligtum der Mutter hing. Ich beschloß, meinem Leben ein Ende zu machen. Wie ein Wahnsinniger stürzte ich auf das Schwert zu, ergriff es und – da offenbarte sich mir plötzlich die Gnadenvolle Mutter. Die verschiedenen Teile der Gebäude, der Tempel und alles übrige verschwanden spurlos vor meinen Augen. Statt dessen sah ich einen Ozean des Geistes, grenzenlos, unendlich, blendend. Soweit mein Blick reichte, sah ich glänzende Wogen, die sich von allen Seiten her erhoben und mit schrecklichem Rauschen auf mich einstürzten, als wollten sie mich verschlingen. Ich konnte nicht mehr atmen. Vom Wirbel der Wogen erfaßt, stürzte ich leblos zu Boden. Was in der Außenwelt vor sich ging, wußte ich nicht. Mein Inneres wurde von einer stetigen Welle unaussprechlicher, mir noch völlig unbekannter Glückseligkeit durchflutet, und ich fühlte die Gegenwart der Göttlichen Mutter.

Torwesten, 54.

Wie ein Kind auf die Mutter eindringt, mit ihr rechtet, sie durch
Weinen und Quengeln beeinflußt und nötigt, ebenso kindlich
darf ein *Bhakta* [ein Frommer],
der Kali als Mutter verehrt,
handeln.

Ramakrishna, 96.

O Mutter, ich habe meine Zuflucht zu Dir genommen. Ich
kenne keine Mantras und keine
Heiligen Schriften. Lehre mich,
Mutter, Dich in Wahrheit zu erkennen. Wer sonst kann mir
helfen? Bist Du nicht meine
einzige Zuflucht und mein Führer? Versenke meinen Willen in
Deinen Willen, und mache mich
zu Deinem Instrument.

Torwesten, 395.

Als M. (...) [Schüler und Biograph Ramakrishnas, BMJ.] bei
einem seiner ersten Besuche
zu Ramakrishna sagte: „Aber
Herr, man sollte denen, die ein
Bildnis aus Lehm anbeten, erklären, daß es *nicht* Gott ist,"
erwiderte dieser scharf: „Das ist
das eine große Hobby von euch
Leuten aus Kalkutta: Vorträge
halten und andere erleuchten!
Kein einziger macht sich Gedanken darüber, wie er selber
das Licht erlangen könne. Wer
bist du, daß du andere belehren
willst? Er, der Herr des Universums, wird alle belehren. Er hat
so viele Dinge vollbracht – wird
Er den Menschen nicht auch
zeigen, wie sie Ihn anbeten
sollen? Selbst wenn an der
Verehrung eines Standbildes
etwas falsch sein sollte – weiß
denn Gott nicht, daß Er allein
angerufen wird? Er wird mit
eben dieser Anrufung zufrieden
sein. Warum mußt du dir den
Kopf darüber zerbrechen? Du
solltest lieber selber nach Erkenntnis und Liebe streben!"

Torwesten, 47.

auch nach außen dringen zu lassen. Als Ramakrishna sich in die
Frömmigkeit um den Gott Krishna einübte, verkleidete er sich z.B. als
dessen Frau Radha und warb um die Liebe des Gottes. Er schlüpfte
auch in die Rolle des Dieners Ramas, Hanuman, um so der Verehrung
Ramas Raum zu geben. Er versuchte mit diesen Rollenspielen seinem
Verhältnis zum jeweiligen Gott einen Ausdruck zu geben, der ihn ganz
und gar einnahm. Die Frömmigkeit mußte für Ramakrishna Fleisch
werden, damit sie echt wird. Die oberste Gottheit ist für Ramakrishna
nicht nur ein philosophisches Prinzip sondern die Göttin, die göttliche
Mutter, der er ganz und gar ergeben war. Er sieht sie in allen Erscheinungen: in der Natur, in seiner Katze und auch in seiner Frau. Obwohl
er im Laufe seiner spirituellen Ausbildung auch Praktiken anderer hin-
duistischer Richtungen und Religionen kennengelernt hatte, kehrte er
immer zur liebenden Hingabe an die Göttin zurück.
Heilige Schriften und Rituale wurden dadurch relativiert, denn sie sind
nur Medium, um mit der Göttin in Kontakt zu treten. Ramakrisna vertrat die Auffassung, daß sie bei zu enger Interpretation zu Hindernissen
würden, denn man dürfte der Göttin keine Grenzen setzen – auch
nicht im Verstand durch irgendwelche Vorverständnisse und Vorein-
genommenheiten.

Diese Haltung wurde auch politisch brisant. Ramakrishna war ein
Mensch, der Gläubigen aller Kasten und Richtungen die Möglichkeit
zum Heil zugestanden hat. Keiner kommt schneller zum Heil, weil er
in einer privilegierten Stellung geboren wurde. Auch dient die Gelehrsamkeit nicht dem Heil. Gebildete haben keinen besseren Stand als
Ungebildete, weil nur die Hingabe an die Göttin der Weg zur Erlösung
ist. Niemand darf sich einbilden, die Göttin genauer zu kennen als andere. Die Göttin ist immer größer als die Erkenntnis der Menschen
und entzieht sich der Handhabung durch ihn.

Umformung heißt bei Ramakrishna, sich ganz der Absoluten hinzugeben, sich ganz nach ihr ausrichten und sämtliche (menschlichen) Eingrenzungen zu überwinden. Das heißt auch, die eigenen
Vorstellungen von Heil immer wieder zu transzendieren und loszulassen, um sich so ganz kindlich der Muttergottheit hinzugeben.

Mahatma Gandhi: Spiritualität und politisches Engagement

Mahatma Gandhi, die ‚Große Seele' Indiens, wurde 1982 durch einen
Film geehrt. Am Anfang des Films sah man die überfüllten Straßen von
Delhi. Ein Leichenzug inmitten einer Menge von 300.000 Menschen.
Irgendwo in der Mitte fährt ein Wagen, auf dem die Leiche eines kleinen Mannes in Blumen gebettet liegt. Auf der Leinwand wird das Geschehen des 31. Januar 1948 dreiunddreißig Jahre später wieder lebendig. Wer den Film von Sir Richard Attenborough gesehen hat, wird
sich der Faszination des kleinen Mannes aus Indien nicht entziehen
können. Der Film, ein dreistündiges Monumentalwerk, das mit acht
Oscars ausgezeichnet wurde, zeichnet in gekonnter Weise das Leben
des Mahatma Gandhi nach.

Als am 30. Januar 1948 die tödlichen Schüsse auf Gandhi abgefeuert
wurden, starb ein Mann, ohne den das moderne Indien nicht das wäre,

was es heute ist. Es starb ein Mann, der sich ganz für die Unabhängigkeit Indiens eingesetzt, der dieses politische Ziel aus seiner Spiritualität
heraus erreicht hatte und der ein strahlendes Licht in der menschlichen Geschichte ist. Sir Richard Attenborough hat ihm mit dem Mo-
numentalfilm ein würdiges Denkmal des 20. Jahrhunderts gesetzt.

1. Grundoptionen der Spiritualität Gandhis

Gandhis Lebens- und Denkweg ist wesentlich von den Grundannah-
men ‚Gott ist gleich Sein‘, ‚Ergreifen der Wahrheit‘ und ‚Gewaltverzicht‘ (*Ahimsa*) geprägt, die ihn aber nicht zur einseitigen Weltflucht
führen. Er hat aus seiner Spiritualität heraus Politik betrieben und hat
mit seinem gewaltlosen Widerstand, dem Boykott englischer Produkte
und der Verweigerung der Zusammenarbeit mit den Behörden ein ganzes Weltreich in die Knie gezwungen.

Gott ist die Wahrheit. Diese Grundoption ist eine der wichtigsten
Gandhis. Aus der philosophischen Lehre der Upanishaden übernahm
er den Grundsatz von der Einheit alles Seienden.

> Das Urprinzip wird ‚Sein‘ genannt, *Sat*. Aus dieser Wurzel ist auch
> das Wort für Wahrheit abgeleitet: *Satya*, das sich mit ‚Seiendes‘
> übersetzen läßt. Diese Wahrheit läßt sich nicht erkennen, indem
> man die Welt untersucht, sie läßt sich nur erkennen, indem man
> sich mit ihr vereint bzw. sich der Einheit alles Seienden in der
> Wahrheit bewußt wird.

In jedem Menschen ist diese Wahrheit präsent, so daß Gandhi sagen
kann: in allen Menschen wohnt Gott. Aus dieser Grundposition leitet
sich ein weiterer Schlüsselbegriff im Denken Gandhis ab: *Satyagraha*,
die Wahrheit ergreifen. Dieses ‚Ergreifen der Wahrheit‘ wird zu einem
politischen Instrument, das Hand in Hand mit einer anderen
Grundoption geht, die man als pan-indisch bezeichnen könnte, weil
sie in allen Religionen, die in Indien entstanden sind (Hinduismus, Jainismus und Buddhismus), als hohes Ideal gesehen wird: das Prinzip
des Gewaltverzichts, *Ahimsa*. Die Wortbedeutung von *Ahimsa* wird
oft mit Gewaltlosigkeit oder Nicht-Schädigen wiedergegeben. Dies ist
nicht ganz korrekt. Der Modus des Wortes wird im Sanskrit als Desi-
derativ bezeichnet, dessen korrekte Übersetzung ‚Nicht-Töten-Wollen‘,
‚Nicht-Schädigen-Wollen‘ lauten würde. Es ist keine Tatsachenbe-
schreibung, sondern eine Entscheidung oder ein festes Vorhaben, nicht
Gewaltlosigkeit sondern Gewaltverzicht. Im Buddhismus gehört dieser
Grundsatz zu den vier Hauptgeboten: absehen vom Töten jeglichen
Lebewesens. Gandhi jedoch deutet den Begriff neu als eine Art aktiver
Nächstenliebe und holt sich hier Anregungen auch aus der Bergpredigt, die ihm bestens vertraut war und die für ihn einer der maßgeb-
lichsten Texte auf spiritueller und politischer Ebene war. Eine weitere
Grundoption im Denken Gandhis ist die, daß Religion und Leben zu-
sammengehören, denn die Ziele der Religion müssen ins Leben überführt werden.

Um den universellen und allge-
genwärtigen Geist der Wahrheit
von Angesicht zu Angesicht sehen zu können, muß man fähig
sein, das geringste aller Geschöpfe wie sich selbst zu lie-

> Diese Grundeinstellung führte ihn nach eigener Aussage direkt in
> die Politik. Für diese Grundoptionen saß Gandhi mehrere Male in
> Haft, sowohl in Südafrika, wo er gegen die Apartheid kämpfte, als

ben. Ein Mensch, der danach trachtet, kann es sich nicht leisten, sich aus irgendeinem Bereich des Lebens herauszuhalten. Deshalb hat mich meine Hingabe an die Wahrheit in die Politik geführt; und ich kann ohne das geringste Zögern, und doch in aller Demut, sagen, daß jene, die behaupten, Religion habe nichts mit Politik zu tun, nicht wissen, was Religion bedeutet.

Easwaran, 55.

auch später in Indien. Gandhi sagte von sich selbst, daß er kein Seher wäre, sondern ein praktischer Idealist (vgl. Easwaran, 5). Alle Änderungen und Reformvorschläge, die er von anderen verlangte, hat er zuerst selbst durchexerziert und war bereit, dafür zu leiden. Die Kehrseite der Gewaltlosigkeit ist, daß man bereit sein muß, für das einzustehen, was richtig ist, auch wenn man selbst dadurch Nachteile, ja sogar den Tod in Kauf nehmen muß.

Aus dieser Grundüberzeugung folgt das Prinzip des Selbst-Leidens: Der Gegner soll nicht bekämpft werden, sondern bekehrt. Dazu muß der Satyagrahi, derjenige, der *Satyagraha* praktiziert, eher eigenes Leid in Kauf nehmen, als es dem anderen zuzufügen. In diese Richtung sind die Fastenaktionen Gandhis zu sehen, bei denen er mehr als einmal sein Leben aufs Spiel gesetzt hat.

2. Gandhis Weg
Als Oberstufenschüler bekam Gandhi ein Stipendium, daß es ihm ermöglichte, in England Advokat zu werden. Diese Ausbildung war kürzer als die in Indien mögliche. So beschloß er, nach England zu gehen. Dieser Entschluß stieß aber bei seiner Kaste auf wenig Gegenliebe, weil sie meinte, es sei gegen die Religion, ins Ausland zu reisen, wo die eigene Religion nach Vorstellung der Kastenmitglieder nicht ausgeübt werden konnte. Die Kastenmitglieder waren davon überzeugt, daß in England jeder zum Fleischessen, Alkoholtrinken und zur Unzucht gezwungen würde. Gandhi bestand aber darauf, nach England zu gehen, und argumentierte, daß es nicht gegen die Religion sein könnte, ins Ausland zu gehen. Nach einer kurzen aber heftigen Auseinandersetzung mit dem Vorsteher der Kaste, wurde er kurzerhand aus der Kaste ausgeschlossen.

Meine Experimente in England wurden unter dem Gesichtspunkt von Sparsamkeit und Gesundheit angestellt. Der religiöse Aspekt der Frage wurde nicht berücksichtigt, bis ich nach Südafrika kam, wo ich kühne Experimente unternahm ... Die Saat jedoch zu alledem wurde in England gelegt.

Gandhi, 62.

In England angekommen, versuchte er zunächst, wie ein Engländer zu wirken und zu werden, was angesichts seines Heimatlandes, Britisch Indien, von Vorteil zu sein schien. Auch der Abschluß an einer Englischen Universität sollte ihm seinen Status in Indien sichern, wenn er zurückkehrte. Das Jurastudium bereitete ihm allerdings Schwierigkeiten. Auch die ungewohnte Lebenssituation war nicht von Vorteil. Hatte er anfangs versucht, wie ein Engländer zu werden, so faßte er nach drei Monaten den Entschluß, daß er seinen Charakter bilden wollte, statt Engländer zu werden. Er besann sich auf sein indisches Erbe, studierte wieder den heiligen Text der Bhagavadgîtâ und versuchte, ein einfaches Leben zu führen, das ihn nicht durch nutzlose Dinge von seinem Ziel ablenken sollte. Dann begann er mit seinen, wie er sagt, vegetarischen Experimenten; von nun an sollte er kein Fleisch mehr zu sich nehmen.

Glücklich war er in London nicht und er hatte großes Heimweh nach Indien. Nach vielen Mühen und geduldigem Studium gelang es ihm schließlich, 1891 sein Jurastudium zu beenden. Schon drei Tage später trat er die Reise nach Bombay an.

Für ihn selbst war es eine Offenbarung, denn er schreibt: „Ich hatte die wahre Rechtspraxis gelernt. Ich hatte gelernt, die bessere Seite der menschlichen Natur zu aktivieren und zu den Herzen der Menschen vorzudringen. Ich begriff, daß die wahre Funktion eines Anwalts darin bestand, die zerstrittenen Parteien zusammenzuführen. Diese Lehre wurde mir so unauslöslich eingebrannt, daß ein großer Teil meiner Zeit wäh-

Wieder in Indien, gelang es ihm nicht, Anschluß zu finden, bis ihm 1893 die Chance geboten wurde, die Filiale eines Anwaltsbüros in Südafrika zu leiten. Er ging nach Südafrika und wurde dort Rechtsberater. Doch schon die Reise zu seinem Bestimmungsort konfrontierte ihn mit der Problematik des Landes. Das indische Anwaltsbüro hatte für ihn Zugkarten der ersten Klasse besorgt. Als die Kontrolleure ihn

rend der zwanzig Jahre meiner Anwaltspraxis darauf verwendet wurde, in Hunderten von Fällen private Vergleiche zustande zu bringen. Ich verlor nichts dabei – nicht einmal Geld und ganz gewiß nicht meine Seele."

Gandhi, 122.

Ganz gleich, was sie uns antun, wir werden niemanden angreifen und niemanden töten. Aber wir werden uns auch nicht unsere Fingerabdrücke nehmen lassen, niemand von uns. Sie werden uns ins Gefängnis stekken, sie werden uns bestrafen, uns alles nehmen, was wir besitzen. Aber sie können uns nicht unsere Selbstachtung nehmen, wenn keiner von uns bereit ist, sie ihnen zu geben. ... Wir werden nicht die Hand gegen sie erheben. Vielmehr werden wir ihre Schläge entgegennehmen und durch unseren Schmerz werden sie am ehesten feststellen können, was Ungerechtigkeit ist. ... Sie können, wenn sie wollen, meinen Körper foltern, mir meine Knochen brechen, mich sogar umbringen. Dann haben sie zwar meinen Leichnam aber keineswegs meinen Gehorsam.

Gandhi, Film. 29. Min.

Hier zeigt er auch, daß die Prinzipien [Gandhis, B.M.J.] nichts mit Passivität zu tun haben, sondern auch direkt in den politischen Kampf führen: Ich halte mich selbst für unfähig, irgendein Lebewesen auf der Erde zu hassen. ... Aber ich bin fähig – und ich tue es auch –, Übles zu hassen, wo immer es erscheint. Ich hasse das Regierungssystem, welches das britische Volk uns in Indien vorgesetzt hat. Ich hasse die rücksichtslose Ausbeutung Indiens genauso, wie ich im Grunde meines Herzens das abscheuliche System der Unberührbarkeit hasse, für das Millionen von Hindus die Verantwortung tragen. Aber ich hasse nicht die herrschenden Engländer, wie ich mich auch weigere, die herrschenden Hindus zu hassen. Ich möchte sie mit den Mitteln der Liebe, die mir zu Gebote stehen, verändern.

Easwaran, 49f.

fanden, und ihm sagten, daß Inder in der dritten Klasse zu reisen hatten, bestand er als Mitglied der englischen Anwaltskammer darauf, auf dem Platz zu sitzen, für den er die Karte hatte. Die Kontrolleure warfen ihn aus dem Zug und er mußte die Nacht auf einem zugigen Bahnhof verbringen.

Beruflicher Erfolg wurde ihm aber beschieden, als es ihm gelang, einen kniffligen und verfahrenen Rechtsfall außergerichtlich zu schlichten. Das brachte ihm hohes Ansehen. Der berufliche Erfolg bewirkte zunächst, daß er seine Familie nach Südafrika holte. Er begann, sich entsprechend nobel zu kleiden, doch merkte er bald, daß er sich mit einem gewissen Standard auch in verschiedene Abhängigkeiten begab. Er fing daraufhin an, sich aus diesen zu lösen. Er wusch seine Kleidung selbst, weil die Wäscherei zu teuer wurde. Er schnitt sich auch die Haare selbst, weil ein Friseur sich geweigert hatte, einem Farbigen die Haare zu schneiden. 1909 gründete er eine Farm, auf der er mit anderen Gesinnungsgenossen einen einfachen Lebensstil und das Prinzip der Gewaltlosigkeit einübte. Mit gewaltlosen Mitteln kämpfte Gandhi dann gegen die Diskriminierung der Inder in Südafrika und hat schließlich erreicht, daß den Indern in Südafrika Bürgerrechte zuerkannt wurden. 1914 wurde der Vertrag über die Rechte der Inder in Südafrika veröffentlicht, und Gandhi hatte bereits einen Erfolg verbucht, der ihm schon nach Indien vorausgeeilt war, als er 1914 dort wieder ankam.

In Indien gründete er eine Mustersiedlung, die er Âshram (Kloster oder Einsiedelei) nannte, in der ein einfacher Lebensstil geführt und die Prinzipien *Satyagraha* und *Ahimsa* eingeübt werden sollten. Die religiöse und politische Situation seines Heimatlandes, die er durch intensives Reisen ausführlich studiert hatte, erschien ihm unerträglich. Er entschloß sich, dagegen etwas zu unternehmen und zog durch das Land, um die Menschen *Satyagraha* und *Ahimsa* zu lehren.

Das erste Ziel war die Abschaffung der Diskriminierung der Unberührbaren. Der Weg, die Unberührbaren aus ihrem Dilemma zu holen, bestand darin, daß Gandhi sie ‚Harijan‘ nannte: Kinder Gottes. Er predigte die Gleichheit aller Menschen: „Wir sind alle eins. Wenn du anderen Menschen Leid bereitest, bringst du dir selbst Leid bei. Wenn du andere schwächst, schwächst du dich selbst, schwächst du die ganze Nation." (Easwaran, 50). Er weigerte sich auch, große Tempel der Hindus zu betreten, denn er behauptete daß Gott nicht dort wohnte, denn würde er dort wohnen, dann müßte jeder Zugang haben. So erreichte er es schließlich, daß nach Jahrhunderten große Tempel auch für die Harijan zugänglich wurden. Er lebte eine Zeitlang bei ihnen und lehrte sie, die Grundlagen der Hygiene, damit ihre gesundheitliche und gesellschaftliche Situation verbessert werden würde.

1920 wurde er zum Präsidenten gewählt und stand dem Kongreß vor. Doch er führte weiterhin den Kampf gegen die Briten. Er rief zur Verweigerung der Zusammenarbeit mit den britischen Regierungsbehörden auf, zum Boykott ausländischer Textilien und förderte das Spinnen, so daß die Inder sich ihre Kleidung selbst herstellen konnten. Er wurde wegen Aufhetzung zum Widerstand verhaftet und mußte vor Gericht. Da er Anwalt war, verteidigte er sich selbst in einer beeindruckenden Rede, die letztendlich der ganzen Welt deutlich machte, daß nicht er, sondern der Kolonialismus vor Gericht stand. Im Laufe dieser Kampagne schloß sich ihm auch Neru an, der aus einer angesehenen und reichen Juristenfamilie stammte und zu den Revolutionären gehörte, die auch gegen die Regierung angingen, allerdings mit Gewalt. Gandhi schaffte es aber, Neru und seine Gefolgsleute – mit gewaltlosen Mitteln (Fasten) – zur Gewaltlosigkeit zu bekehren.

Ein Biograph Gandhis beschreibt die Schlüsselszene zwischen ihm und Neru, die ihn Neru für sich gewinnen ließ, wie folgt: „Gandhi entwaffnete ihn völlig: ‚Ihr Leute redet ständig über die Revolution‘, erklärte er ihnen, ‚ich mache eine. Was ist denn so revolutionär an Gewalt? Wenn Ihr euer Volk wirklich liebt, helft mir, ihm zu zeigen, wie man sich von Gewalt befreit und die Furcht abschüttelt‘.“

Easwaran, 57.

Am schlimmsten empfand er das Salzmonopol der britischen Regierung, das die indische Bevölkerung zwang, besteuertes Salz von der Regierung zu kaufen. Die Tatsache, daß ein Land, das Tausende Kilometer eigenen Strandes hat, nicht selbst Salz gewinnen darf, war ihm unerträglich. Lange Zeit wußte er nicht, wie er darauf reagieren sollte – die britische Regierung fürchtete schon eine weitere Kampagne von Seiten Gandhis. 1930 fand er Klarheit und rief zum Boykott durch den Salzmarsch auf, bei dem er mit einer großen Anhängerschaft bis zur Küste wanderte, um dann symbolisch einen Klumpen Sand zu nehmen. Dieses Zeichen führte dazu, daß landesweit die Menschen zum Meer gingen, um Salz zu gewinnen und das Monopol der Regierung unterliefen. In der Folge reagierte die Regierung scharf. Es kam zu mehreren Ausschreitungen, denen jedoch nicht mit Gegengewalt geantwortet wurde. Er wurde abermals inhaftiert, doch es gelang der britischen Regierung nicht, Gandhi unschädlich zu machen; im Gegenteil: die Tatsache, daß Gandhi ins Gefängnis ging, war eine Ermutigung für die ca. 60.000 Satyagrahis, die in Haft waren. Er war ohne jede Verbitterung ins Gefängnis gegangen, er leitete sogar einige seiner Kampagnen von dort aus. Er war so oft im Gefängnis, daß er einmal einem britischen Offizier das Gefängnis als seinen Wohnsitz angab.

Als der Vizekönig Indiens, Lord Irwin, den mit Gandhi befreundeten amerikanischen Missionar Stanley Jones fragte, ob er auch Gandhi einladen sollte, antwortete Jones: „Gandhi ist Indien. Wenn Sie ihn einladen, laden Sie Indien ein. Tun Sie das nicht, ist es egal, wen Sie sonst noch einladen, weil ganz Indien abwesend sein wird.“

Easwaran, 66.

Nach und nach wuchs jedoch auch unter den Briten die Einsicht, daß eine Weiterführung der Regierung auch dem *Empire* schaden würde. So sollte es 1931 zu einer Round–Table–Konferenz in London kommen, bei der sich Vertreter der britischen Regierung mit Mahârajas und indischen Politikern trafen, die zum größten Teil durch die Briten unterstützt wurden.

1932 war ein weiteres wichtiges Jahr für Gandhi, das vom Kampf gegen das Kastensystem geprägt war, denn im März kündigte die Regierung einen Plan an, das Land in verschiedene Religionsgebiete aufzuteilen. Hindus, Moslems, Christen und Sikhs sollten eigene, selbständige Landesteile zugewiesen bekommen – auch die Unberührbaren. Für Gandhi, der wieder einmal in Haft war, war dies ein gefährlicher Versuch von Seiten der britischen Regierung, das Land zu spalten und zu beherrschen. Am 20. September verkündete er ein Fasten bis zum Tode, falls diese Pläne durchgesetzt werden sollten. Die Wirkung war erstaunlich: Moslems und Unberührbare verbündeten sich wieder mit ihm und diskutierten miteinander über Kompromisse. Ein Jahr später gründete er eine Zeitung mit dem Namen ‚Harijan‘, die sein Sprachorgan wurde. Sie erschien in zehn indischen Sprachen.

Die britische Regierung begann einzusehen, daß es so in Indien nicht weitergehen konnte. So wurden nach und nach Pläne der Autonomisierung in die Wege geleitet. Der Weg in die Unabhängigkeit Indiens wurde jedoch von einem Ereignis überschattet, gegen das Gandhi auch mit seinem Fasten nichts ausrichten konnte. Die Briten hatten die Ängste der Moslems genährt, daß sie unter der Hindu-Regierung eines unabhängigen Indiens Repressalien zu befürchten hatten. So begannen die Moslems, Forderungen nach einem eigenen Staat zu stellen, den sie Pakistan nennen wollten. Sie wollten für diesen Staat kämpfen, doch nicht wie Gandhi, sondern mit Gewalt. Der Führer der Moslems rief am 16. August 1946 zum ‚Direct Action Day‘ auf, ohne zu erläutern, was er damit meinte. Was er damit allerdings initiierte, war ‚das große Töten‘, das moslemische Gruppen in Kalkutta anrichteten.

Gandhi wollte das Morden beenden und brach am 6. November auf, zog durch das Kampfgebiet, traf die Hindus, die zum Islam gezwungen worden waren und sah das Ausmaß der Katastrophe. Er schlug nochmals vor, die Einheit Indiens beizubehalten, doch mußte er eine Niederlage hinnehmen, als der britische Premierminister am 3. Juni 1947 den Beschluß zur Teilung Indiens verkündete. Diesmal stimmten alle Parteien zu. Die Unabhängigkeit Indiens erfolgte am 15. August 1947. Es begann eine große Völkerwanderung. Hindus und Sikhs flohen aus Pakistan, die Moslems aus Indien: 12 Millionen Menschen flohen, doch das Morden hielt an und innerhalb eines Jahres starben 500.000 Menschen.

Gandhi verkündete ein weiteres Fasten, weil er das Morden beenden wollte. Vier Tage später waren die Unruhen in Kalkutta beendet. Gandhi beendete das Fasten. Doch die Ruhe währte nicht lange. In Delhi kam es zu Verbrechen gegen die verbliebenen Moslems von seiten der Hindus. Gandhi richtete einen Appell an die Regierungen von Pakistan und Indien, für den Schutz ihrer Minderheiten zu sorgen, doch dieser Appell stieß auf taube Ohren. So kündigte Gandhi am 12. Januar 1948 ein weiteres Fasten an, mit dem er die Einheit Indiens erreichen wollte. Nach fünf Tagen waren die Unruhen in Delhi beendet und Gandhi konnte sein Fasten abbrechen. Doch die Ruhe war trügerisch: am 20. Januar warf ein junger fanatischer Hindu eine Bombe in eine Gebetsversammlung, an der auch Gandhi teilnahm. Niemand wurde jedoch verletzt.

Zehn Tage später, als Gandhi zum Gebet gehen wollte, schoß ihm ein radikaler Hindu mitten ins Herz. Er war Angehöriger einer Verschwörung, die an die Überlegenheit der Hindus glaubten, und denen deshalb Gandhi als ein Beschützer der Moslems verhaßt war.

> Die *Umformung* vom alten zum neuen Menschen wird bei Gandhi sehr deutlich und zeigt sich als *Umformung* vom un-eigentlichen zum eigentlichen Menschen. Unverzichtbar sind für ihn die Grundsätze, daß Gott das Sein ist und allem zugrunde liegt. Diesem Seinsgrund verpflichtet, muß alles abgelegt werden, was dem Menschen nicht dienlich ist. Somit tritt Gandhi einen Weg an, der zu einer Läuterung führt. Alles Unwesentliche muß weichen, damit der eigentliche Mensch zur Entfaltung kommt. Es ist auch Aufgabe des Menschen, anderen Menschen zu helfen, damit auch sie eigentlicher werden können. Diese Hilfe geht aber nur durch eine Verpflichtung zum Gewaltverzicht (*Ahimsa*). Es ist nach Gandhi niemals erlaubt, dem anderen Gewalt anzutun – weder körperlich noch geistig! Eher ist eigenes Leid in Kauf zu nehmen, als daß man anderen Menschen Leid zufügt.

3.2.2. Buddhismus

Am Anfang des Buddhismus steht eine Person, der Buddha, die in der Geistesgeschichte keine Parallele hat. Von ihm hat Romano Guardini gesagt, er wäre der einzige gewesen, der es gewagt hatte, Hand ans Sein zu legen (Guardini, 361).

Gautama Siddhartha Buddha

Geboren wurde der Buddha der Legende nach als der Prinz Gautama Siddhartha. Sein Vater wollte ihn als Nachfolger für sein Reich haben, doch der Prinz entdeckt auf einer Rundreise durch sein Reich vier Personen, die sein Leben verändern sollten. Ein Kranker lehrte ihn, daß die Gesundheit vergänglich ist und die Krankheit alle Menschen bedroht. Ein Greis zeigte ihm, daß die Jugend vergänglich ist und das Alter ein Schicksal ist, das jeden Menschen ereilt. Ein Toter, der in einem Leichenzug zur Verbrennung getragen wurde, zeigte ihm, daß das Leben unweigerlich endet. Der Legende nach waren diese Erfahrungen für den Prinzen neu. Aufgewachsen war er sehr behütet in drei Palästen. Sein Vater hatte ihn vor allen negativen Erfahrungen abgeschirmt. Doch anläßlich der Rundreise wurden ihm diese drei Erkenntnisse zuteil. Diese Erfahrung wurde später dann vom Buddha mit der Ersten Edlen Wahrheit umschrieben, der Wahrheit vom Leiden. Somit wurde die Erfahrung des Leidens zum Grundton, der die ganze buddhistische Lehre durchzieht. Die vierte Begegnung war die mit einem Entsager (*Sanyasin*). Dieser war ruhig und selbstbeherrscht, weil er allem entsagt hatte und nichts weiteres für sein Leben brauchte. Gautama lernte auf diese Weise, daß in der Entsagung das Heil liegt. Nach einer längeren Zeit der Suche, während der sich Siddhartha in die Lehre verschiedener Gurus begab, fand er endlich die Erleuchtung unter einem Baum, der seitdem den Namen *ficus religiosa* trägt. Als er die Erleuchtung erlangte, wurde aus dem Prinzen Gautama Siddhartha der *Buddha*, der Erleuchtete.

Der Weg zur Erleuchtung, den der Buddha verkündete, war der Mittlere Weg. Buddha hatte aus der Zeit bei den verschiedenen Gurus gelernt, daß die extreme Askese nicht zur Erleuchtung zu führen vermag. Man soll, so heißt es in der sogenannten ‚Predigt von Benares', der ersten Predigt, die der Buddha gehalten haben soll, zwei Extreme meiden: das eine ist, sich ganz der Sinnenlust hinzugeben, das andere ist, sich der Selbstabtötung hinzugeben. Was der Buddha mit dem Mittleren Weg meint, beschreibt er selbst im Rückblick auf sein Leben. Er berichtet, daß er in die Hauslosigkeit auszog, um dem edlen Streben nachzueifern. Er hatte erkannt, daß es edles Streben und unedles Streben gibt. Unedles Streben besteht darin, den weltlichen Dingen nachzueifern, indem man Besitz, Macht und Frauen sammelt, obwohl man der Vergänglichkeit anheim gegeben ist. Edles Streben besteht darin, daß man nach dem strebt, was nicht der Vergänglichkeit unterworfen ist: dem ewigen Frieden, dem Verlöschen: dem Nirvâna.

„Und was, ihr Mönche, ist das edle Streben? Da, ihr Mönche, sucht einer, selber der Geburt unterworfen, in diesem der Geburt Unterworfensein das Elend erkennend, die geburtfreie, unvergleichliche innere Beruhigung, das Verlöschen; selber dem Altern unterworfen, in diesem dem Altern Unterworfensein das Elend erkennend, sucht er die alternsfreie, unvergleichliche innere Beruhigung, das Verlöschen; selber

---

Marginalien:

Dies nun, o Mönche, ist die edle Wahrheit vom Leiden. Geburt ist Leiden, Alter ist Leiden, Krankheit ist Leiden, Sterben ist Leiden, Kummer, Wehklage, Schmerz, Unmut und Unrast sind Leiden; die Vereinigung mit Unliebem ist Leiden; die Trennung von Liebem ist Leiden; was man wünscht, nicht zu erlangen, ist Leiden (...).
Samyutta-Nikâya in: Mylius, 204.

Da ist einmal die Hingabe an die Lust der Sinnesfreuden, niedrig, gemein, weltlich, unedel, nicht zum Ziel führend. Da ist zum anderen die Hingabe an die Selbstpeinigung, leidvoll, unedel, nicht zum Ziel führend. Ohne diesen beiden Extremen, o Mönche, zu folgen, ist ein mittlerer Pfad vom Vollendeten entdeckt worden, der Sehen bewirkt, Wissen bewirkt, zur Beruhigung, zur Einsicht, zur Erleuchtung, zum Erlöschen hinführt.
Samyutta-Nikâya in: Mylius, 204.

der Krankheit unterworfen, in diesem der Krankheit Unterworfensein das Elend erkennend, sucht er die krankheitfreie, unvergleichliche innere Beruhigung, das Verlöschen; selber dem Sterben unterworfen, in diesem dem Sterben Unterworfensein das Elend erkennend, sucht er die todfreie, unvergleichliche innere Beruhigung, das Verlöschen; selber dem Kummer unterworfen, in diesem dem Kummer Unterworfensein das Elend erkennend, sucht er die kummerfreie, unvergleichliche innere Beruhigung, das Verlöschen; selber der Beschmutzung unterworfen, in diesem der Beschmutzung Unterworfensein das Elend erkennend, sucht er die schmutzfreie, unvergleichliche innere Beruhigung, das Verlöschen. Dieses, ihr Mönche, ist das edle Streben" (Majjhima-Nikâya, in: Schmidt, 86).

Die neuartige Erkenntnis daran ist, daß das Anhaften an den weltlichen Dingen den Menschen im Kreislauf der Geburten festhält und daß er so immer wieder geboren wird, immer wieder altert und immer wieder stirbt. Das edle Streben richtet sich nach dem, was nicht der Vergänglichkeit anheim gegeben ist, nämlich nach dem höchsten Frieden, dem Nirvâna. Um allerdings diesem hehren Ziele nacheifern zu können, muß man nach Ansicht des Buddha das Hausleben verlassen und in die Hauslosigkeit ausziehen – eine buddhistische Umschreibung für den Eintritt in den buddhistischen Orden, Sangha.

Ein Mönch hatte so gut wie gar kein Eigentum. Nur seine Kutte war ihm erlaubt, eine Almosenschale, eine Nadel, ein Rosenkranz, ein Rasiermesser, mit dem er sich alle zwei Wochen den Kopf rasieren mußte, und ein Filter, um kleine Tiere aus dem Trinkwasser zu entfernen.
Conze, 50.

> Wer dem Sangha beitritt, verpflichtet sich zu Regeln, die sein Leben bestimmen. Formuliert werden diese Regel als Verpflichtungen, sich gewisser Dinge und Taten zu enthalten: dem Töten von Lebewesen, dem Nehmen von Nicht-Gegebenen, unerlaubtem Geschlechtsverkehr, der Lüge, dem Genuß von berauschenden Getränken. Diese fünf Regeln gelten auch für Laienanhänger. Nur für die Bhikkhu und Bhikkhunî, die männlichen und weiblichen Ordensleute des Buddhismus, gelten noch fünf weitere Dinge, denen sie entsagen müssen: zu unerlaubten Zeiten zu essen (für den alten Buddhismus heißt das nach 12 Uhr Mittags), die Teilnahme an Gesangs-, Tanz- oder sonstigen Veranstaltungen, der Gebrauch von Schmuck oder schmückendem Zierrat, der Gebrauch luxuriöser Lagerstätten und schließlich die Annahme von Geld, Gold, Silber oder Juwelen. Die Bhikkhu hatten nur wenige Dinge, die sie bei sich trugen.

Das Ideal, das dem Leben im Sangha zugrunde liegt, ist das des *Arhant* oder *Arahat* (Edler). Der Edle ist derjenige, der in der Welt leben kann, ohne sich an die Dinge der Welt – materiell oder geistig – anzubinden. Die Methode zur richtigen Erkenntnis ist die buddhistische Meditation. In der richtigen Erkenntnis erkennt der Mensch die Dinge und sich selbst, wie sie sind. Er erkennt, daß alles dem Wandel und Vergehen unterworfen ist. Die Dinge bleiben nicht so, wie sie sind, und auch der Mensch selbst verändert sich dauernd. Das führt zu der Erkenntnis, daß weder die Dinge noch der Mensch Bestand haben. Das heißt letztlich auch, daß es die Seele oder das Bewußtsein, so wie wir sie im allgemeinen verstehen, gar nicht gibt, denn das, was als Seele bezeichnet wird, ist nach buddhistischer Auffassung nur eine Ansammlung von Körpereindrücken, Gefühlen, Gemütszuständen und Gegebenheiten, die er wahrnimmt. Jedes dieser Elemente ändert sich aber und ist heute ein anderes als morgen. Somit kommt die buddhistische Reflexion zum Schluß, daß es kein bleibendes Selbst gibt. Das ist der Grundsatz des ‚Nicht-Selbst' (*anâtman* oder *anattâ*).

Die Meditation oder ‚Übung der Achtsamkeit' will Hilfe geben, diese Einsicht zu erlangen. Sie wird vom Buddha als der einzige Weg zum Heil beschrieben. In der Übung der Achtsamkeit verharrt der Meditierende aufmerksam bei seinem Körper und betrachtet ihn. Dann kommt er zur Erkenntnis: Der Körper ist nicht ich und ich bin nicht der Körper. Dann betrachtet er auf gleiche Weise die Gefühle, das Gemüt und die Gegebenheiten. Immer wieder kommt er zu der Erkenntnis: das bin nicht ich. Am Ende wird er sich von allem gelöst haben und wenn er von allem gelöst ist, hat er das Nicht-Anhaften verwirklicht und ist bereit für das Nirvâna.

> Die *Umformung* im alten Buddhismus geschieht durch die Meditation. Wer sich auf den Weg macht, und dem Sangha beitritt, begibt sich in eine Geistesschule, die darauf ausgerichtet ist, den Menschen umzugestalten. Die Wahrnehmung des Menschen wird geschult, damit er die Nichtigkeit der Dinge erkennt. Mit dieser Erkenntnis geht auch eine Selbsterkenntnis einher. Die Selbsterkenntnis besteht darin zu erkennen, daß die Persönlichkeit eine Illusion ist, die durch das Zusammenspiel verschiedener Komponenten entsteht. Erkennt der Mensch dieses, ist er bereit, sich von allen Dingen zu lösen. Damit schafft er die Voraussetzung für das Eingehen ins Nirvâna.

Daisetz T. Suzuki: Der Buddha der Liebe

Daisetz T. Suzuki gehört zu den berühmtesten Philosophen Japans. In dem Buch *Der Buddha der Liebe* versucht er, Christen den Amidismus nahezubringen und dessen Verständnis von Heil zu erläutern.

Suzuki zählt die *Schule vom Reinen Land*, die ursprünglich in China beheimatet war, in der Ausformung der *Shin-Schule* zu Japans wichtigsten Beitrag für die übrige Welt. Der Gründer ist Shinran (1173-1262). Der Buddha Amida wird in den Sutren mit viel Aufwand beschrieben. Die Elemente, die den Buddha ausmachen, werden mit einer Akribie beschrieben, die ihresgleichen sucht. Suzuki wendet sich explizit gegen eine solche Darstellung.

Das Reine Land, das in der ‚blumigen' Art Millionen von Kilometern entfernt im *Westen* liegt, ist gemäß der Darstellung Suzukis hier auf der Erde schon vorhanden, und „jene, die Augen haben, können es um sich herum sehen. Und Amida regiert nicht ein ätherisches Paradies, sondern sein Reines Land ist diese schmutzige Erde selbst." (Suzuki, 13f.) Die Basis des Amida-Buddhismus ist, daß der Buddha *Amida* der ‚Retter' ist und die Wesen, die in ‚Sünde' geboren und mit ihr beladen sind, rettet. Zweitens ist er der *Oyasama*, was soviel wie ‚Vater und Mutter von/voll Liebe und Mitleid' heißt. Drittens bedeutet der Amida-Buddhismus, daß die Erlösung durch das Aussprechen des Namens des Amida erfolgt. Die Geburt im Reinen Lande ist keine Geburt, die sich erst nach dem Tod des Menschen ereignet, sondern ist die Geburt *des* Reinen Landes *im* Menschen. „Wir tragen sozusagen das Reine Land stets mit uns, und wenn wir die magische Formel *Namu Amida*

Marginal notes (left column):

Allein zum Ziel führend, o Mönche, ist dieser Weg; (er führt) zur Läuterung der Wesen, zur Überwindung von Kummer und Trübsal, zum Verschwinden von Leid und Unmut, zum Eintritt in den rechten Wandel, zur Verwirklichung der Erlöschung; es sind diese vier Grundzüge des Bewußtseins. Welche vier? Da verharrt, o Mönche, ein Mönch beim Körper über den Körper wachend, eifrig, einsichtig, aufmerksam, nach Aufgabe von Gier und Unmut in der Welt; bei den Gefühlen über die Gefühle wachend, eifrig, einsichtig, aufmerksam, nach Aufgabe von Gier und Unmut in der Welt; beim Gemüt über das Gemüt wachend, eifrig, einsichtig, aufmerksam, nach Aufgabe von Gier und Unmut in der Welt; bei den Gegebenheiten über die Gegebenheiten wachend, eifrig, einsichtig, aufmerksam, nach Aufgabe von Gier und Unmut in der Welt.

Dîgha-Nikâya in: Mylius, 109.

Liest man die Sutren und hört man die alte Form, in der das Leben im Reinen Land dargestellt wird, so packt einen der Schwindel angesichts der Unterschiede zwischen der indischen Interpretation und der modernen Art, solche Dinge zu sehen und zu begreifen. Ich werde mich hier nicht mit der blumig ausgeschmückten orthodoxen Lehre befassen; darum kann es sein, daß meine Darstellung vielleicht ein wenig prosaisch erscheint und den Glanz und Bilderreichtum der traditionellen Sicht vermissen läßt.

Suzuki, 13.

Butsu aussprechen, werden wir uns der Anwesenheit des Reinen Landes in uns und um uns bewußt" (Suzuki, 17f.).

Erleuchtung des inneren Selbst

Suzuki geht auf die Geschichte Amidas ein und erklärt, daß Amida einst ein Königssohn war, der Mitleid mit den Kreaturen hatte und sie erlösen wollte. Er unterstreicht den Altruismus des Amida, als er die Gelübde ausspricht, die ihn zum *Bodhisattva*, zu einem Wesen machen, das zur Erleuchtung bestimmt ist. In diesen Gelübden verspricht er, daß er nicht die ‚Buddhaschaft' erlangen will, wenn nicht die Menschen, die sich wünschen im Reinen Land wiedergeboren zu werden, auch dort geboren werden, wenn sie nur zehnmal daran denken.

> Das Wichtige an dieser Aussage – so Suzuki – ist, daß man sich wirklich *wünschen* muß, dort wiedergeboren zu werden. Dieser Wunsch muß aufrichtig sein, mit reinem Herzen gewünscht werden. Was sich hier vielleicht so spielerisch leicht anhört, ist allerdings eine Herausforderung an den Menschen, der geistig fortschreiten möchte. Dieser reine Wunsch besagt nämlich, daß der Mensch ganz auf die jenseitige Kraft vertrauen muß. Er muß erkennen, daß er selbst in ‚Sünde' und Verstrickung gefangen ist. Ganz auf die eigene Kraft verzichtend, muß er sich dem Amida hingeben und die Wiedergeburt im Reinen Land wünschen. Die eigene Kraft zählt nichts – nur die Kraft Amidas vermag zu retten.

Gleichzeitig muß man den Namen Amidas aussprechen, mit eben dieser Aufrichtigkeit, wie sie oben beschrieben ist. Das Ziel der Wiedergeburt ist die Erleuchtung zu erlangen, die Amida erlangt hat. Wenn aber noch ein Funke von Eigenbestimmung vorhanden ist, indem man denkt: „Jetzt bin ich aufrichtig!", dann ist man noch nicht aufrichtig, denn der Blick auf die eigene Leistung bzw. das eigene Verdienst ist der Erlösung abträglich und der Mensch kann nicht im Reinen Land wiedergeboren werden. Wenn ich aber den Namen ausspreche und mich selbst dabei vergesse, vergesse, daß ich es bin, der diesen Namen ausspricht, dann bin ich der Erlösung nahe. Dieses Vergessen will, daß der Mensch nicht auf sich selber baut, sondern sich ganz dem Amida hingibt. Es ist vergleichbar mit dem Prozeß der Selbst-Nichtung im Christentum.

Suzuki unterscheidet zu diesem Zweck zwischen innerem und äußerem Selbst. Im normalen Leben haben wir es eher mit dem äußeren Selbst zu tun. Das innere Selbst liegt verborgen in den Abgründen unserer Seele, verborgen unter den Schichten aller möglichen Dinge, die sich an der Oberfläche des Bewußtseins bewegen. Das äußere Selbst beruht auf Spaltung. Wenn der Mensch denkt: das bin ich selbst, so verhält er sich zu sich selber. In ihm selbst entsteht die Spaltung in Objekt und Subjekt der Wahrnehmung. Wenn alte Texte von der Zerstörung des Bewußtseins sprechen, dann meinen sie genau diesen Sachverhalt: Die Trennung von Subjekt und Objekt im wahrnehmenden Menschen soll verhindert bzw. beseitigt werden. Nach (im Mahâyâna abgewandelter) buddhistischer Lehre hat jedes Ding seine Ursage. Demnach müssen Subjekt und Objekt von irgendwoher entstehen. Jenseits der Spaltung aber liegt die Einheit. Der Mensch taucht dann zurück in den Zustand, in dem er war, bevor er in diese Welt von Name und Form geboren wurde. Er nimmt die Dinge dann wahr, wie sie sind. Begrifflich ist das fast nicht zu fassen, da der Mensch, sobald er denkt, sich der Sprache bedient und Sprache in Zeit entsteht und sich bewegt. Zeit aber hat Teil an dieser Spaltung und arbeitet gegen die Einheit, denn es gibt ein Vorher, das nicht Jetzt ist, ein Jetzt, das nicht Nachher ist. Solange der Mensch sich in dieser Welt befindet, kommt er aus dem Dilemma nicht heraus, daß das, was für ihn wichtig ist und not tut, nicht aussagbar bleibt. Jenseits von Raum und Zeit postuliert Suzuki den gegenwärtigen Augenblick, den metaphysischen Kairos, der sich unabhängig von Zeit ereignet. Es ist der Augenblick, in dem das Selbst transzendiert und aufgegeben wird. Dieser Augenblick ist es, in dem es kein Subjekt und kein Objekt gibt, in dem Amida in unser Selbst kommt und sich mit ihm identifiziert. Wenn sich unser inneres Selbst in Amida wiederfindet, dann werden die Wesen im Reinen Land wiedergeboren werden. Diese Haltung zu erlangen ist natürlich sehr schwer. Der Mensch kann aber aufgrund eines Gelübdes Amidas doch darauf vertrauen, daß es möglich ist. Dieses Gelübde heißt:

„Wenn ich die Erleuchtung erlange, jedoch nicht alle Wesen die Erleuchtung erlangen werden, so will ich die höchste Erleuchtung nicht erhalten" (Suzuki, 28). Da aber Amida die höchste Erleuchtung erlangt hat, können wir davon ausgehen, daß auch die Menschen diese Erleuchtung erlangen, denn sonst hätte auch Amida sie nicht erlangt. Auf die Spitze getrieben könnte man sagen: eigentlich bräuchten wir diese Übung nicht mehr zu machen. Im Grunde sind wir alle Buddhas und erlangen die Erleuchtung, dafür hat Amida schon vor allen Zeiten gesorgt.

> Das Reine Land offenbart sich, wenn wir erkennen, was wir sind, oder vielmehr, was Amida ist. Die Andere Kraft wird in der Shin–Lehre ausdrücklich betont. Für den, der Amida und die andere Kraft begriffen hat, bekommt auch das Reine Land unvermeidlich seine Bedeutung. ... Es ist, als hielte man die Mitte fest. Zieht man an der Mitte, so kommt alles übrige von selbst mit.
>
> Suzuki, 20.

Alles Amida zu überlassen heißt auch, sich seines Wirkens bewußt zu sein. Alles, was der Mensch wirkt, wirkt Amida in ihm. Wir wissen nicht, was gut und was schlecht ist, doch ist alles, was wir tun, gut, weil es letztlich Amidas Tun ist. Amida kann dieses Wirken durch uns tun, weil er ganz selbstlos ist. Dies drückt sich in seinem Gelübde aus, das vollkommen absichtslos ist, ein reiner Ausfluß seines tiefen Mitleids den Wesen gegenüber. Er hatte kein Konzept, keinen Heilsplan, den er verwirklichen wollte: er war eins mit dem Mitleid und das Mitleid war Amida selbst.

Im religiösen Leben zählt keine Absicht. Beten um etwas hilft nur dann, wenn man es in der Haltung des „Dein Wille geschehe" betet. Der Mensch muß sich über das Eigeninteresse erheben und Amida sein Werk in uns vollenden lassen. Die Shin-Schule sieht in Amida den einzigen Handelnden. Der Mensch kann nur Amida sein Werk tun lassen. Er kann dem nichts hinzufügen.

Die Kraft Amidas ist die Andere Kraft, die einzige, die wirkt. Das, was dem Menschen bleibt, ist, sich des *Wirkens Amidas* bewußt zu werden, denn sonst kann er nicht gerettet werden. Der Mensch muß sich auch bewußt werden, daß die eigene Kraft kein Mittel ist, die Erlösung zu erlangen. Er muß sich dem Amida öffnen, damit dieser ihn retten kann.

> Suzuki berichtet von einer Frau, die ihm geschrieben hat und ihren geistlichen Weg nachzeichnete: „Obwohl ich in innigster Gemeinschaft mit Amida bin, kann ich nicht verhindern, daß ich von Zeit zu Zeit von

Die Anhänger der Shin–Schule werden mit dem Wort *Myôkônin* bezeichnet, was wörtlich übersetzt ‚wundervoll guter Mensch' heißt. Sie zeichnen sich aus durch besondere Friedfertigkeit, Gutherzigkeit, Frömmigkeit, Unweltlichkeit, eine gewisse Ungelehrtheit und Naivität – so Suzuki. Die Ungelehrtheit bewirkt eine frische Glaubensantwort,

schlechten Gedanken belästigt werde. Wahrlich, wie beschämend. Namu Amida Butsu. Wie heftig ich auch immer versuche, sie nicht zu haben, breiten sie sich doch in immer größerer Zahl in meinem Geist aus. Es ist wirklich eine Schande. Namu Amida Butsu. Wenn ich mein schlechtes Ich ansehe, erkenne ich, was für ein klägliches Ding das ist. Angeekelt bin ich von diesem armseligen Ich. Wie ich mich schäme! Ich bin wahrhaftig ein häßliches, altes Weib, ein abscheuliches Übel! ... Tagaus, tagein bin ich bei Amida. Mag die Sonne untergehen, wann sie will. Wie dankbar ich bin. Namu Amida Butsu. Preis und Verehrung der Gnade, die mir gewährt wird. Namu Amida Butsu."

Suzuki, 92.

die nicht durch die kritische Instanz des Verstandes getrübt ist. Er illustriert dies anhand von Anekdoten, die von einzelnen Shin-Anhängern erzählt werden.

„Ein Mann hört Lärm, geht aus dem Haus in den Hof und sieht, daß die Nachbarjungen in die Obstbäume klettern, sich an ihnen zu schaffen machen und ihm das Obst stehlen wollen. Der Mann geht leise ins Haus und stellt eine Leiter an den Baum, in den die Jungen geklettert sind. Obwohl die Kinder das Obst stehlen wollen, gilt die Sorge des Mannes der Gesundheit der Kinder. Er fürchtet mehr, daß sie stürzen könnten, als daß er sein Obst verliert" (Suzuki, 79f.).

Suzuki resümiert die Spiritualität der Shin–Schule mit den Worten: „Das ist die Essenz der Shin–Lehre, wie ich sie verstehe. Wir könnten sagen, das religiöse Leben habe nichts mit dem praktischen Leben zu tun. Aus den Beispielen von Saichi und jener Frau jedoch ersehen wir, wie bedeutungsvoll das religiöse Leben sein kann. In jeder Tat drückt es sich aus. Christliche Heilige würden dem gewiß zustimmen. Die Welt zeigt sich durchdrungen von Dankbarkeit und Freude. Das heißt nicht, daß alles, was unser Leben bedrängt, ausgelöscht ist. Es ist da. Es ist anwesend und doch nicht–existent. Es ist da, als wäre es nichts. Alle religiösen Lehren münden in diesen Punkt" (Suzuki, 97).

3.2.3. Islamische Mystik

Auch im Islam hat die Mystik, verstanden als Suche des Menschen nach Gott, eine lange Geschichte. Im Koran selbst ist die Unterwerfung unter Gottes Willen die Grundforderung. Die Entwicklung der Mystik wurde durch außerislamische Bewegungen beeinflußt. Der Koran kennt das Mönchtum und dessen Vorbild: das asketische Leben Jesu auf Erden. Jesus gilt als das Vorbild der Menschen, die nach Gott suchen, als der große Asket. Doch wenn auch Jesus als Vorbild für die Suche nach Gottesbegegnung gilt, so bleibt die Mystik islamisch, denn sie „ist in den Herzen von Menschen entstanden, die der islamische Glaube geformt hat, und sie ist auf der Grundlage von Vorstellungen und Verhaltensweisen gewachsen, die den Islam kennzeichnen" (Khoury, 572). Um das 12. Jahrhundert begannen asketische Gruppen, sich zu organisieren. Sie gründeten Bruderschaften, die ein einfaches Kleidungsstück aus Wolle (*suf*) trugen. Von daher ist die islamische Mystik auch unter dem Begriff Sufismus bekannt.

Rabi'a al-Adawiyya: Eine Mystikerin des Islam

Auf die Zeit der asketischen Lebenspraxis der ersten Gläubigen des Islam folgte eine Zeit, in der islamische Gelehrte mystische Literatur schrieben. In dieser Zeit gab es auch einige leuchtende Beispiele islamischer Mystik, die weniger geschrieben haben, über die aber viele Berichte und Erzählungen vorliegen. Hervorzuheben ist Rabi'a al-Adawiyya, die Heilige von Basra († 801). Sie war eine freigelassene Sklavin und gehörte in eine Gruppe Mystikerinnen, die sich mit dem Licht der reinen Gottesliebe befaßten und über ‚mystische Zustände' sprachen. Sie wird als eine Frau beschrieben, die mit allen Tugenden ausgestattet ist, und als eine zweite, unbefleckte Maria bezeichnet. Rabi'a wird als diejenige angesehen, die durch die Einführung der Liebe aus der rauhen Askese die Mystik hervorkommen ließ, sie ist somit eine Gründerin des islamischen Sufismus. Von ihr wird folgende Geschichte überliefert, die deutlich machen kann, worum es ihr in der Mystik ging:

„Eines Tages sahen einige Heilige, daß Rabiʻa Feuer in die eine Hand und Wasser in die andere genommen hatte und schnell rannte. Sie sagten zu ihr: ‚O Herrin der nächsten Welt, wohin eilst du, und was soll dies bedeuten?‘ Sie erwiderte: ‚Ich gehe, um Feuer ans Paradies zu legen und Wasser in die Hölle zu gießen, so daß beide Schleier (d.h. Hindernisse zur wahren Schau Gottes) für die Pilger völlig verschwinden mögen, und ihr Ziel gewiß sei, so daß die Diener Gottes Ihn schauen möchten ohne irgendeinen Gedanken der Hoffnung oder das Motiv der Furcht. Was wäre, wenn die Hoffnung aufs Paradies und die Angst vor der Hölle nicht existieren? Nicht einer würde seinen Herrn anbeten oder Ihm gehorchen‘“ (Smith, 123).

Sie ist ganz auf die Liebe Gottes reduziert, so daß sie rufen kann: „O mein Gott, Du weißt, daß es die Sehnsucht meines Herzens ist, Dir zu gehorchen, und daß das Licht meiner Augen Deiner Herrschaft zu Diensten ist. Wenn die Umstände es erlaubten, würde ich nicht eine Stunde aufhören, Dich anzubeten ...“

Smith, 25.

Im Zentrum des Sufismus steht von nun an die Liebe zur Liebe. Alle Beschreibungen des Paradieses sind nur noch Verschleierungen der wirklichen Schönheit Gottes. Rabiʻa stellte die Gottesliebe ins Zentrum ihrer Frömmigkeit, neben der nichts anderes Platz hatte. Sie heiratete nicht und hatte auch für den Propheten in ihrer Frömmigkeit keinen Platz mehr. Sie zog sich bisweilen ganz zurück, um zu beten und Gott zu dienen. Rabiʻa scheint auch eine der ersten gewesen zu sein, die im Zusammenhang islamischer Mystik von einem eifersüchtigen Gott gesprochen hat und somit dem Absoluten, der eigentlich keine Eigenschaften hat, Gefühle zuschrieb.

Auch hier passiert, was in vielen anderen Mystikern geschieht: die Mystikerin nichtet sich. Im Grunde bleibt von ihr nichts als ihre Liebe zu Gott. Alle Sehnsucht und Hoffnung wird vom Vergänglichen abgezogen (dazu zählen dann auch die Vorstellungen vom Paradies oder der Hölle) und nur auf den Ewigen reduziert. Diese Haltung macht Rabiʻa in einem Gebet deutlich, das von ihr überliefert wird:

„O mein Herr, was immer Du mir für einen Anteil an dieser Welt verleihst, verleih es Deinen Feinden, und was immer Du mir für einen Anteil an der nächsten Welt schenkst, schenke es Deinen Freunden. Du genügst mir“ (Smith, 50f.).

> Rabiʻa will ganz auf Gott vertrauen, egal, ob Gott damit einverstanden ist oder nicht. Von ihr wird auch ein Gebet überliefert, das sie zu Ende der Nacht gebetet hat, in dem sie sich fragt, ob der Geliebte die Gebete erhört oder nicht, ob er sie annimmt oder von der Tür verweist. Doch selbst wenn er sie verweisen würde, so würde sie nicht weggehen. Rabiʻa wurde wegen ihrer mystischen Begabung allgemein anerkannt – auch von Männern – und galt als Muster der selbstlosen Liebe. Sie war eine Frau, die im 8. Jahrhundert eine Liebesmystik entwickelte, deren Intensität beeindruckt.

Al-Hosayn ibn Mansour al-Halladsch (858-922)

Geboren wurde Halladsch ca. 858 im Iran im Milieu der Baumwollbauern; sein Beiname *al Halladsch* bedeutet: Baumwollkämmer. Etwa zwei Jahre war er Schüler eines Mystikers, dann ging er nach Bagdad, zur damaligen Zeit ein Zentrum des Sufismus, wo er Schüler zweier

Die Hinrichtung von al-Halladsch 922 war ein tragischer Höhepunkt der zunehmenden Spannung zwischen den Vertretern der Orthodoxie im Islam und den Mystikern. Der Konflikt beruhte auf politischen, sozialen und religiösen Gründen. Die Obrigkeit warf den Mystikern vor, die Oppositionellen, die Häretiker und die schiitischen Minderheiten politisch zu unterstützen. Außerdem wurde ihnen verübelt, daß sie eher das Leben der Armen teilten und die laschen Sitten der höheren Schichten anprangerten.

Khoury, 575.

Als Halladsch im Gefängnis war, fragte ihn ein Derwisch: „Was ist Liebe?" Er sprach: „Du wirst es heute sehen und morgen sehen und übermorgen sehen!" An jenem Tage töteten sie ihn, am nächsten Tage verbrannten sie ihn, und am dritten Tage gaben sie seine Asche dem Wind.

Schimmel, *Mystische Dimensionen*, 100.

Halladsch hat aber auch die Vorstellung von einer natürlichen Theologie, von der Erfahrung, daß der Mensch über die Erscheinungswelt Gott erkennen kann. „Der Punkt ist der Ursprung jeder Linie, und die Linie insgesamt besteht aus gesammelten Punkten. So kann die Linie des Punktes nicht entbehren, noch der Punkt der Linie. Und jede Linie, gerade oder gebogen, geht eben von

anderer Mystiker wurde. Die Sufis führten ihn ein in die Geheimnisse Gottes als des Einen und Einzigen. Sie waren jedoch eher skeptisch und zurückhaltend, diese tiefsten Geheimnisse Gottes mitzuteilen. Halladsch heiratete die Tochter eines dieser Sufis. Sein Schwiegervater betrachtete ihn als Scharlatan; auch die anderen Meister waren ihm gegenüber mißtrauisch. Bei einer Pilgerfahrt nach Mekka beobachteten die Sufis, wie Halladsch sich strengsten Übungen unterzog, die sie mit Schauder erfüllten. Halladsch verließ den Kreis und kehrte nach Bagdad zurück.

Kontakte, die er mit dem Ausland pflegte (er reiste u.a. nach Indien), machten Halladsch in den Augen der Regierenden suspekt. Er hegte Verbindungen mit einflußreichen Leuten, die ihn bei den Machthabern in nicht gutem Licht dastehen ließen. Seine Predigttätigkeit brachte ihm eine große Zahl von Anhängern, und auch das wurde von seinen Zeitgenossen nicht gern gesehen, die eifersüchtig wurden. Seine plötzlichen ekstatischen Zustände taten ein Übriges. So überraschte er durch sein ungewöhnliches Benehmen: er lachte ohne ersichtlichen Grund, er schrie auf und brach in lautes Weinen aus. Auch seine Lehre war umstritten. Halladsch vertrat die Ansicht, daß die liebende Einigung des geschaffenen menschlichen Geistes und des ungeschaffenen göttlichen Geistes in Augenblicken der Ekstase möglich war. Er geht sogar soweit, daß er in Anspielung auf Mose davon spricht, daß der Mystiker Gott von Angesicht zu Angesicht sehen kann. Diese Ansicht war sehr umstritten und einige Sufis hielten sie für echte Blasphemie.

Am Ende des Jahres 912 wurde er verhaftet, für drei Tage an den Pranger gestellt und dann eingekerkert. Viele seiner Verehrer versuchten, ihm die Haft so angenehm wie möglich zu gestalten – sie zog sich über viele Jahre hin. Ein erster Versuch, ihn hinrichten zu lassen, scheiterte 919. Nach einer Razzia hatte die Polizei geheime Korrespondenz und belastendes Material gefunden. 922 gelang es dem *Wezir*, die Hinrichtung zu erzwingen. Halladsch wurde verstümmelt, gekreuzigt (wahrscheinlicher aber gehängt), dann enthauptet. Sein Leichnam wurde verbrannt und die Asche in den Tigris geworfen.

Für Halladsch war der Tod ein Weg zur Vereinigung mit dem Geliebten. Er soll die Leute öfter aufgerufen haben, ihn zu töten, denn sie würden für diese gute Tat einen Lohn erhalten. Ein Beispiel für die Vereinigung des Menschen war für ihn das Bild vom Falter, der in die Flamme fliegt. Er fliegt nicht in die Flamme, weil er Licht oder Wärme will, sondern weil er nicht zurückkommen will. Von Halladsch sind viele literarische Werke bekannt, wobei die Poesie Halladsch's sehr berühmt geworden ist. Auch sein Tod hat ihn berühmt gemacht: Er wurde hingerichtet. Schimmel nennt ihn den ‚Märtyrer der mystischen Liebe'.

Das Bekenntnis des einen Gottes ist das Zentrum des Islam. Aber wie auch in anderen Religionen, geht Halladsch so weit, auch dieses Geheimnis kritisch zu beleuchten und zu radikalisieren. Wer behauptet, Gott sei Eins oder Einzig, der verletzt die Einzigkeit Gottes schon, weil er ihm ein Attribut zugesellt, und weil er ‚ich' sagt, denn Gott allein hat das Recht ‚Ich' zu sagen. Wer ‚ich' sagt, stellt sich neben Gott als Quasi-Gottheit:

„Einer seiner Schüler erzählte: Ich trat bei Halladsch ein und sagte zu ihm: ‚Gib mir einen Hinweis auf das Einheitsbekenntnis!' Er sprach: ‚Das Einheitsbekenntnis liegt außerhalb der Worte; daher kannst du es

dem Punkte aus. Und worauf immer der Blick eines Menschen fällt, das ist ein Punkt zwischen zwei Punkten. Und dies ist ein Hinweis darauf, daß die göttliche Wahrheit durch alles erscheint, was mit Augen erblickt werden kann, und durch alles hindurchscheint, was mit Augen gesehen werden kann. Und daher sage ich: „Ich sehe nichts, in dem ich nicht Gott sehe."

Schimmel, *Halladsch*, 60.

nicht aussprechen.' Ich fragte: ‚Was bedeutet dann ‚Es gibt keinen Gott außer Gott'?' Er sprach: ‚Ein Wort, mit dem Er das gewöhnliche Volk beschäftigt, damit sie nicht mit den wahren Einheitsbekennern vermischt werden. Das ist die Erläuterung des Einheitsbekenntnisses von jenseits des Religionsgesetzes.' Dann färbten sich seine Wangen rot, und er sprach: ‚Soll ich es dir kurz zusammenfassen?' Ich sagte: ‚Ja.' Er sprach. ‚Wer behauptet, er erkläre Gott als Einen, der hat Ihm bereits etwas zugestellt'" (Schimmel, *Halladsch*,47).

In seinen Gebeten faßt Halladsch seine Gottesbeziehung sehr aufschlußreich zusammen. Auch hier sind die Einzigkeit Gottes und seine Beziehung zum Menschen das Thema, um das er kreist und das er in Worte zu fassen versucht. Halladsch bezeugt die Einheit Gottes, ringt aber um Einheit zwischen Zeuge des Einen und dem bezeugten Einen. Er benutzt die Sprache der Liebe und der Vereinigung zwischen Gott und dem Mystiker. Gottes Schicksal ist das Schicksal des Menschen. Gott und Mystiker werden eins.

> Halladsch gibt sich ganz in die Hände seines Gottes. Dabei muß er die gängigen Vorstellungen über Einheit und Heiligkeit Gottes überwinden. Alles, was ihn von Gott trennt, muß er hinter sich lassen. Die *Umformung* besteht auch bei Halladsch darin, sich ganz dem Anspruch Gottes zu unterwerfen und sich mit ihm zu vereinen.

3.3. Spiritualität und die Begegnung der Religionen

☞ Am Ende der Reise, auf der wir Gläubige verschiedener Religionen kennengelernt haben, ist deutlich geworden, daß der Prozeß der *Umformung* in jeder Religion stattfindet. Diese *Umformung*, die die Menschen durchlaufen, ist jeweils Antwort auf einen unbedingten Anruf, den sie erfahren. Das Christentum erkennt an, daß Gott die Menschen in allen Religionen und Kulturen anrufen kann und daß die Menschen Gott in allen Religionen und Kulturen antworten können. Dabei spielt zwar nicht immer eine ausdrückliche Gotteserfahrung eine Rolle, jedoch kann man sehen, daß Gottes Anruf immer eine *Umformung* erfordert. Der alte Mensch, der vom Alltag geprägt wird, soll überwunden werden.

Ein Dialog, der durch die Spiritualität erweitert wurde, kann zu einer echten Begegnung führen und alle Beteiligten bereichern. Wenn Menschen verschiedener Religionen sich friedlich im gegenseitigen Respekt austauschen, dann ist die Grundlage geschaffen für einen Fortschritt des ‚Weltethos'. Der bereichernde Aspekt der Spiritualität wird auch von Brück unterstrichen, wenn er schreibt: „Die Krisen der Menschheit können, so scheint mir, nur durch eine spirituelle Transformation überwunden werden. Natürlich bedarf es auch wirtschaftlicher und politischer Veränderungen. Aber erst durch spirituelle Transformation gewinnt der Mensch seine psychische Identität" (von Brück, 98).

Was hat der gläubige Christ wirklich zu fürchten, wenn er unbewaffnet, d.h. ohne zu viele absichernde Theorien, allein im

Im *konkreten* Dialog der Menschen geht es m.E. letztlich darum, einander Rechenschaft zu geben von der Hoffnung, die einen erfüllt (1 Petr 3,15f.). Dabei ist es bereichernd, von anderen (Religionen) zu hören, worauf sich ihre Hoffnung gründet. Der Respekt ist dabei die

Vertrauen auf den, der verheißen hat, ‚Gott-mit-uns' zu sein,
in den Dialog eintritt? Was hat
er zu fürchten, wenn er glaubt,
daß in Jesus Christus das Heil
für alle in der Welt ist, und
wenn er in der Praxis erfährt,
daß „Gott Menschen ... auf
Wegen, die er weiß, zum Glauben führen kann" (AG 9) und
die Religionen „nicht selten einen Strahl jener Wahrheit erkennen lassen, die alle Menschen erleuchtet" (NA 2)?
Waldenfels, 1990, 27.

conditio sine qua non für den Dialog der Religionen, die echte Begegnung sein will. Er beinhaltet aber auch, daß sich nicht so schnell ‚Fortschritte' einstellen. Von Brück und Lai zeigen am Beispiel der renom-
mierten und geachteten Forscher Enomya-Lasalle und Dumoulin, daß
– ohne Schmälerung der Verdienste, die beide Forscher im Bereich des
christlich-buddhistischen Dialogs erbracht haben – die Überwindung
gegenseitiger Vorurteile ein langer Prozeß ist: „Begeisterung für den
Buddhismus und alte apologetische-christliche Missionsinteressen er-
zeugten ein ambivalentes Interpretationsfeld, mit dem auch heute in
veränderter Gestalt durchaus noch zu rechnen ist und das uns eines
lehren kann: die *Behutsamkeit*, mit der im interreligiösen Verste-
hensprozeß vorgegangen werden muß" (von Brück / Lai, 217).
Wie gewinnbringend dieser Prozeß des Verstehens ist, zeigt sich an
Beispielen christlicher Menschen, die sich ganz auf die andere Tradition eingelassen haben, ohne aufgehört zu haben, Christ zu sein. Im
Gegenteil – durch die Beschäftigung mit den anderen Religionen, die in
ihrem Heilsanspruch sehr ernst genommen wurden, kommt es zu einem fruchtbaren Austausch, von dem das Selbstverständnis der Christen profitiert.

> Der Dialog der Religionen wird dadurch gewinnen, daß der Be-
> reich der Spiritualität noch mehr hinzugezogen wird, als das im
> Moment noch der Fall ist. Durch die Spiritualität gewinnt auch die
> Praxis der Glaubenden einen relevanten Bezug in der theologi-
> schen Frage nach der Stellung der anderen Religionen.

3.3.1. Gedanken zu einer Theologie der Religionen

Abschließend möchte ich noch einige Überlegungen im Hinblick auf
eine Theologie der Religionen anstellen. Dazu könnte Franziskus einen
guten Beitrag leisten. Was beim heiligen Franziskus besonders auffällt,
ist seine radikale Armut, weshalb er in Italien auch schlicht: der *Po-
verello*, der kleine Arme heißt. Oft jedoch wird diese Armut nur im
materiellen Bereich angesiedelt und damit eigentlich ihrer Kraft be-
raubt. Die Armut ist bei Franziskus eine direkte Konsequenz aus der
Haltung Christi, wie sie im sogenannten Philipperhymnus deutlich
wird, den Paulus überliefert:
„Seid so unter euch gesinnt, wie ihr seid in Eins mit dem Messias Jesus.
Er – in Gottesgestalt wesend: Nicht als Beute für sich dachte er das
Sein wie Gott. Nein: Ausgeleert hat er sich selbst, Knechtsgestalt hat er
genommen; in Menschengleichheit trat er auf und ward in der Art als
Mensch erfunden. So hat er sich niedrig gemacht, ward gehorsam bis
zum Tod – den Tod am Kreuz" (Phil 2,5-8 in: Stier).

> Die ‚Selbstentleerung' Jesu Christi wird für Franziskus ein Modell-
> fall für die Nachfolge. Aus ihr bzw. aus ihrer Nachahmung fließen
> dem Heiligen Demut, Armut, Friedfertigkeit und die Liebe zu allen
> Menschen zu, gleich welcher Religion sie angehören. Mit der Ar-
> mut geht einher, daß sich Franziskus nichts aneignen will, weder
> Fähigkeit, noch Wissen, noch Besitz oder Macht. Die Selbstentäu-
> ßerung läßt es nicht mehr zu, daß Franziskus über andere herrscht,
> und er verbietet seinen Brüdern, daß sie herrschende Positionen

einnehmen. Das Leitmotiv des Lebens in der Gefolgschaft des heiligen Franz ist das Mindersein. Keiner der Brüder soll über andere herrschen, sie „sollen vielmehr die Minderen sein und allen untergeben sein, die im gleichen Hause sind" (NbReg 7,2 in: Franz von Assisi, 1980, 180).

Wenn es um die Theologie der Religionen geht, die durch die Spiritualität bereichert wird, scheint mir Franziskus ein gutes Paradigma zu sein. Sein Bestreben war es, allen Menschen ein Bruder zu sein. Die Liebe zu Gott und zu den Menschen gebot ihm, vom Glauben Zeugnis abzulegen. Dieses Zeugnis soll aber in Liebe erbracht werden. Jegliche Gewalt geistiger oder körperlicher Art wären ihm zuwider gewesen. In Achtung vor den Menschen redet er von Gott, wie er ihn erfahren hat. Bei ihm hat die sprichwörtliche Armut eine geistliche Komponente, die ihn dazu führte, alles loszulassen und nichts als sein Eigentum zu beanspruchen. Theologisch gesprochen wollte er die *Kenosis* Jesu, seine Selbstentäußerung, nachvollziehen. So wie Christus sich allem entäußert hatte, um Mensch zu werden (vgl. Phil 2,5-8), so wollte auch Franziskus nichts mehr für sich behalten. Als Beispiel für diese Selbstentäußerung Jesu Christi steht das Kreuz. Das Kreuz ist Symbol für die ‚Machtlosigkeit', die der Preis der Liebe Gottes zu den Menschen war. Aus dem Kreuz darf kein Machtanspruch erwachsen, da dieser letztlich mit dem Kreuz unvereinbar ist.

Das Christentum macht grundsätzlich den Anspruch, das Heil und die Offenbarung für jeden Menschen zu sein, macht den Anspruch, die Religion absoluter Geltung zu sein. Es erklärt, nicht nur das Heil und die Offenbarung für bestimmte Menschengruppen, Geschichtsperioden vergangener oder zukünftiger Art zu sein, sondern für alle Menschen und bis zum Ende der Geschichte. Ein solcher Absolutheitsanspruch ist aber nicht ohne weiteres mit der gleichzeitigen Selbstaussage des Christentums als einer geschichtlichen Größe zu vereinen.

Rahner, 143.

Es ist wohl nicht damit zu rechnen, daß die Frage nach der Heilsrelevanz der Religionen in den nächsten Jahren von der christlichen Theologie befriedigend und endgültig gelöst wird. Es gibt auf theologischer Ebene noch kein befriedigendes Modell, wie die anderen Religionen christlicherseits zu beurteilen sind. Immer wieder tauchen Formulierungen auf, die den Eindruck erwecken, die anderen Religionen seien auf soteriologischer Ebene vom Christentum abhängig und würden so als authentische Heilswege nicht ernst genommen werden. Auch in der Verlautbarung *Das Christentum und die Religionen* der Internationalen Theologenkommission tauchen solche Formulierungen auf, die den ‚klaren Universalitätsanspruch' des Christentums herausstellen und betonen, daß die „Frage nach der Heilsrelevanz der Religionen (...) im Zusammenhang mit dem universalen Wirken des Geistes Christi gesehen werden" muß (Sekretariat der Deutschen Bischofskonferenz, 1996, Nr. 49). Hier wäre es vielleicht hilfreich, wenn auch die Theologie der Religionen im Dialog *mit* den Religionen einen gangbaren Weg fände, der sich an der *Kenosis* Christi orientiert. Die Selbstentäußerung Jesu Christi könnte ein Korrektiv sein gegen ein Verständnis des Absolutheitsanspruchs, der als Machtanspruch auftritt und somit der Botschaft Christi von der Liebe Gottes zu allen Menschen zuwiderläuft. Es gibt Entwürfe, die dies auf ihre Weise schon zu berücksichtigen versuchen. Nikolaus von Cues (1401-1464) hat in seiner Schrift *De Pace Fidei* (Vom Frieden im Glauben) schon früh einen solchen Entwurf vorgelegt. Er meint, daß die Religionen in ihrer geschichtlichen Gestalt eigentlich nur Annäherungen an die wahre Religion sind, die in dieser Welt der Annäherungen noch nicht gefunden werden kann, weil sie transzendent ist und nur Gott allein die ganze Wahrheit kennt. Die Theologie, die sich daraus entwickeln würde, wäre eine eschatologische Theologie, die sich bewußt ist, daß sie das Geheimnis Gottes nur in Annäherung erfassen kann. Sie wäre eine spirituelle Theologie, da sie sich ihrer Vorläufigkeit bewußt ist und immer

Eine Neuentdeckung der befreienden Wurzeln von Religionen könnte ... Veränderungen einleiten, durch die der Mensch ohne Angst um seine Existenz zur Verantwortung in Freiheit reifen kann. Dies kommt einer *Bewußtseinstransformation* gleich, bei der in der gegenwärtigen Welt die unterschiedlichen religiösen Traditionen aufeinander wirken, ob sie dies nun wollen oder nicht.

von Brück, in: Suzuki, 2.

wieder in das Geheimnis Gottes verwiesen würde. Karl Rahner benennt diese Verwiesenheit als ein Charakteristikum der Theologie, die ihre Echtheit und Wissenschaftlichkeit ausmacht.

„Und daß natürlich die Theologie, gerade wenn sie Theologie sein will, immer eine Rückführung aller menschlichen Rede in das letzte, unbegreifliche Geheimnis Gottes ist und so als Wissenschaft in einem gewissen Sinn auch immer gesprengt wird in das Mysterium Gottes hinein, das ändert nichts an der Wissenschaftlichkeit der Theologie, sondern macht gerade ihre Eigentümlichkeit aus. Dort, wo der Mensch nicht kapituliert vor der Unbegreiflichkeit Gottes, da hat er keine Theologie getrieben und wohl im Grunde genommen seine eigene Wissenschaft verkannt." (Imhof / Biallowons, S. 73.)

Für die Theologie gilt in Abänderung, was vom Zweiten Vatikanum über die Kirche gesagt wurde: *semper reformanda*, sie ist immer wieder zu erneuern. Diese Erneuerung und Aktualisierung der Theologie kann in unserer Zeit der Globalisierung aber nur auf friedfertigem Weg im Kontext mit den anderen Religionen geschehen. Die Theologie der Spiritualität trägt zum Verstehen der Religionen bei, indem sie neben der Glaubenslehre auch die Glaubenspraxis der einzelnen Religionen in den Blick nimmt und so das Bild der anderen Religionen vervollständigt.

Literaturverzeichnis

Vorwort

Johannes Paul II., Fides et ratio Nr 48.

Rahner, Karl. Frömmigkeit früher und heute. In: Schriften zur Theologie Bd. VII. Benziger. Einsiedeln 1966. 11-31.

Rahner, Karl. Glaube, der die Erde liebt. Christliche Besinnung im Alltag der Welt. Herder. Freiburg ³1967.

I. Das Leben geistlich leben

Ahrens, S., Möller, D., Rössler, A. *Das Orgelwerk Messiaens.* Duisburg ²1976.

Alltag. In: LThK 3. Herder. Freiburg 1993, 417-420.

Angenendt. Mit reinen Händen. Das Motiv der kultischen Reinheit in der abendländischen Askese. In: *Herrschaft, Kirche, Kultur.* Beiträge zur Geschichte des Mittelalters. Festschrift für F. Prinz zu seinem 65. Geburtstag. Hrsg. v. G. Jenal. Hiersemann. Stuttgart 1993, 297-316.

Bamberg, C. *Bleibe treu und geh.* Gehen und Bleiben im christlichen Mönchtum. In: meditation 25 (1999), 11-13.

Berger, G. *In seinen Werken lebt er weiter – zum Tod von Olivier Messiaen.* In: Musica sacra 112 (1992), 194-199.

Berger, Peter L. *Der Zwang zur Häresie.* Religion in der pluralistischen Gesellschaft. Herder / Spektrum Bd. 4098. Freiburg / Basel / Wien 1992.

Boff, L. *Kleine Sakramentenlehre.* Patmos. Düsseldorf ¹⁵1998.

Bonaventura, *Franziskus Engel des sechsten Siegels.* Dietrich-Coelde-Verlag. Werl 1962.

Böll, Heinrich. *Ansichten eines Clowns.* In: Ders., Billard um halb zehn, Ansichten eines Clowns, Ende einer Dienstfahrt. Köln 1973, 217-387.

Böll, Heinrich. *Brief an einen jungen Katholiken.* Kiepenheuer & Witsch. Köln 1986.

Böll, Heinrich. *Eine deutsche Erinnerung.* Interview mit Rene Witzen. dtv Taschenbuchverlag. München ⁴1991.

Böll, Heinrich. *Der Engel schwieg.* Verlag Kiepenheuer &Witsch. Köln 1992.

Böll, Heinrich. *Und sagte kein einziges Wort.* dtv Taschenbuchverlag. München ⁸1987.

Brague, R. *Was heißt christliche Erfahrung?* In: Internationale katholische Zeitschrift 5 (1976), 481-496.

Brief von Papst Johannes Paul II. an die Künstler. Vatikanstadt 1999.

Bruners, W. *Wie Jesus Glauben lernte.* Herderbücherei Bd. 8757, Verlag Herder. Freiburg ⁶1994.

Demetz, Peter. In: Ziltener, W. *Die Literaturtheorie Heinrich Bölls.* Bern / Frankfurt / Las Vegas 1980.

Der Bund des heiligen Franziskus mit der Herrin Armut. Einführung, Übersetzung und Anmerkungen von K. Eßer und E. Grau. Dietrich-Coelde-Verlag. Werl 1966.

Celano, T. von. *Leben und Wunder des heiligen Franziskus von Assisi.* Einführung, Übersetzung und Anmerkungen von E. Grau. Dietrich-Coelde-Verlag. Werl 1955.

Christus in der bildenden Kunst. Von den Anfängen bis zur Gegenwart. Hrsg. v. K. Winnekes. Kösel. München 1989.

Deselaers, P. *Wichtiger als tausend Lesemeister wäre ein Lebemeister (Meister Eckhart).* Zur Spiritualität des Lesens. In: Glauben durch Lesen. Für eine christliche Lesekultur. Hrsg. v. Khoury, Muth. Verlag Herder. Freiburg 1990 (QD 128).

Die Dreigefährtenlegende des heiligen Franziskus von Assisi von Bruder Leo, Rufin und Angelus. Einführung, Übersetzung und Anmerkungen von E. Grau. Dietrich-Coelde-Verlag. Werl 1993.

Didache = Zwölf-Apostel-Lehre. Fontes Christiani, Bd. 1. Verlag Herder. Freiburg ²1997.

Entretien avec Olivier Messiaen. In: Messiaen. Saint François d'Assise, Libretto, Analyse, Kommentare, Dokumentation. Salzburger Festspiele 1992.

Failing, W.-E., Heimbrock, H.-G. *Gelebte Religion wahrnehmen: Lebenswelt – Alltagskultur – Religionspraxis.* Verlag W. Kohlhammer. Stuttgart / Berlin / Köln 1998.

Fraling, B. *Geistliche Erfahrungen machen.* Spiritualität im Seelsorge-Verbund. Echter. Würzburg 1992. (Reihe Perspektiven für die Seelsorge, 7.)

Franz von Assisi. *BReg Kapitel 1.* In: Schriften. Werl ⁴1982.

Frielingsdorf, K. *Vom Überleben zum Leben.* Matthias-Grünewald-Verlag. Mainz ⁵1996.

Fromm, E. *Haben oder Sein.* Die seelischen Grundlagen einer neuen Gesellschaft. Überarbeitet von Rainer Funk. © 1979 Deutsche Verlags-Anstalt GmbH. Stuttgart.

Fuchs, G., Werbick, J. *Scheitern und Glauben.* Vom christlichen Umgang mit Niederlagen. Verlag Herder. Freiburg 1991.

Gadamer, H.-G. *Wahrheit und Methode.* Tübingen ²1965.

Gasper, H. *Esoterik und kirchliche Praxis.* In: Lebendige Seelsorge 49 (1998) 260-263.

Gehen. In: meditation 25 (1999).

Gräve, K. *Ich will euch Zukunft geben.* Gedanken zu Texten aus dem Jeremiabuch. Echter. Würzburg 1983. Rechte: beim Autor.

Grimm, B. *Komme ich da auch wieder heraus?* Der Gang durchs Labyrinth. In: meditation 25 (1999) 18-22, 20.

Grün, Anselm. *Auf dem Wege.* Zu einer Theologie des Wanderns. Vier-Türme-Verlag. Münsterschwarzach 1983.

Haack, F. W. *Europas neue Religion.* Sekten Gurus Satanskult. Claudius Verlag. München.

Hagmann, Peter. *Gotteslob im Neonlicht.* Messiaens ,Saint François d'Assise' in der Felsenreitschule. In: Neue Zürcher Zeitung 29.8.1992.

Hammerskjöld, Dag. *Zeichen am Weg.* Knaur. München / Zürich 1965.

Heidegger, Martin. *Der Feldweg.* In: Martin Heidegger. Zum 80. Geburtstag von seiner Heimatstadt Messkirch. Frankfurt a. M. 1969, 11- 15.

Herbort, H.-J. *Der Musikant seines Gottes.* Zum Tode des Komponisten, Organisten, Lehrers und Kunst-Philosophen-Theologen Olivier Messiaen. In: Die Zeit 08.05.1992, 62.

Im Spiegel der Seele. Die Quellen der Mystik. Ausgewählt und eingeleitet von E. Hense. Verlag Herder. Freiburg 1997.

Jürgenbehring, H. *Liebe, Religion und Institution*. Ethische und religiöse Themen bei Heinrich Böll. Matthias-Grünewald-Verlag. Mainz 1994.

Kafka, Franz. Der Aufbruch. In: Ders. *Sämtliche Erzählungen*. Fischer Taschenbuch Verlag. Frankfurt a. M. 1983.

Kaiser, G. *Wozu noch Literatur?* Über Dichtung und Leben. Beck'sche Reihe Nr. 1164. Verlag C. H. Beck. München 1996.

Kapellari, E. *Sprache der Kunst – Sprache des Glaubens*. In: Die Kunst und die Kirchen. Der Streit um die Bilder heute. Hrsg. v. R. Beck, R. Volp, G. Schmirber. Verlag Bruckmann. München 1984, 38-45.

Karl Rahner im Gespräch. Hrsg. v. P. Imhof, H. Biallowons. Bd. 2, Kösel Verlag. München 1983.

Kehl, Medard. *Hinführung zum christlichen Glauben*. Matthias-Grünewald-Verlag. Mainz 1995.

Kern, H. *Labyrinthe*. Kösel. München 1982.

Körner, R. *Geistlich leben*. Von der christlichen Art Mensch zu sein. © St. Benno-Verlag. Leipzig [2]1997.

Kristeva, J. *Fremde sind wir uns selbst*. © Suhrkamp Verlag. Frankfurt a. M. 1990.

Die Kunst und die Kirchen. Der Streit um die Bilder heute. Hrsg. v. R. Beck, R. Volp, G. Schmirber. Verlag Bruckmann. München 1984.

Lang, J. *Ins Freie geführt*. Aspekte der franziskanischen Spiritualität. Dietrich-Coelde-Verlag. Werl 1986.

Langemeyer, G. *Religiöses Erleben und Erfahrung Gottes*. In: Lebenserfahrung und Glaube. Hrsg. v. G. Kaufmann. Patmos. Düsseldorf 1983, 11-24.

Langemeyer, B. *Gotteserfahrung und religiöses Erleben*. In: Seminar für Spiritualität Bd. 1: Geist wird Leib. Hrsg. v. A. Rotzetter. Benziger Verlag. Zürich / Einsiedeln / Köln 1979, 113-126.

Lebenserfahrung und Glaube. Hrsg. v. G. Kaufmann. Patmos. Düsseldorf 1983.

Leclerc, E. *Weisheit eines Armen*. Franziskus gründet seinen Orden. Dietrich-Coelde-Verlag. Werl 1983.

Luther, H. *Religion und Alltag*. Bausteine zu einer praktischen Theologie des Subjekts. © 1992 Radius-Verlag. 70180 Stuttgart, Olgastr. 114.

Manguel, A. *Eine Geschichte des Lesens*. Verlag Volk & Welt. Berlin 1998.

Mattes, A. *Alltag*. In: Praktisches Lexikon der Spiritualität.

Melos 39 (1972) Messiaen 5.

Mennekes, F. *Weitung von Kunst – Christus als Wirkkraft*. Eine Rede über Joseph Beuys. In: Christus in der bildenden Kunst. Von den Anfängen bis zur Gegenwart. Hrsg. v. K. Winnekes. Kösel. München 1989, 119-126.

Mennekes, F. *Joseph Beuys, Manresa*. Eine Fluxus-Demonstration als geistliche Übung zu Ignatius von Loyola. © Insel Verlag. Frankfurt a. M. 1992.

Mennekes, F. *Beuys zu Christus*. Eine Position im Gespräch. Verlag Katholisches Bibelwerk. Stuttgart [4]1994.

Mieth, D. *Nach einer Bestimmung des Begriffs ,Erfahrung': Was ist Erfahrung?* In: Concilium 14 (1978) 159-167.

Muth, L. *Die ,lesende Kirche' im Spiegel der Leserschaftsforschung*. In: Glauben durch Lesen.

Für eine christliche Lesekultur. Hrsg.v. Khoury, Muth. Verlag Herder. Freiburg 1990 (QD 128).

Nielen, M., Frömmigkeit bei Heinrich Böll, Verlag Thomas Plöger Annweiler 1987.

Ohm, T. Die Gebetsgebärde des Gehens. In: Ders. *Ex Contemplatione Loqui*. Gesammelte Aufsätze. Aschendorff. Münster 1960, 376-385.

Olivier Messiaen. *La Cité céleste – Das himmlische Jerusalem*. Über Leben und Werk des französischen Komponisten. Hrsg. v. Th. D. Schlee , D. Kämper. Wienand. Köln 1998.

Oman, H. *Joseph Beuys*. Die Kunst auf dem Weg zum Leben. Wilhelm Heyne Verlag GmbH & Co. KG. München 1998.

Pohlmann, C. *Franziskus – ein Weg*. Die franziskanische Alternative. Matthias-Grünewald-Verlag. Mainz 1980.

Pottmeyer, H. J. Die Entzweiung von Erfahrung und Glaube in der Neuzeit als Herausforderung an die Theologie. In: *Lebenserfahrung und Glaube*. Hrsg. v. G. Kaufmann. Patmos. Düsseldorf 1983, 25-42.

Rahner, Karl. *Gebet für geistig Schaffende*. In: Ders. Schriften zur Theologie VII. Benziger Verlag. Düsseldorf / Zürich [2]1971, 401-403.

Rahner, Karl. *Erfahrungen des Heiligen Geistes*. In: Ders. Schriften zur Theologie XIII. Benziger Verlag. Düsseldorf / Zürich 1978, 226-251.

Rauh, F. Aspekte der Verhaltenswissenschaft. In: *Triebsteuerung?* Für und wider die Askese. Hrsg. v. J. Gründel. Kösel. München 1972, 7-30.

Ressel, H. *Rituale für den Alltag*. Warum wir sie brauchen – wie sie das Leben erleichtern. Herder. Freiburg 1998.

Ritter, H. *Theologie und Erfahrung*. In: Una Sancta 35 (1980), 161-175.

Rogers, Carl. *Entwicklung der Persönlichkeit*. Klett-Cotta. Stuttgart [8]1991.

Rombold, G. *Ästhetik und Spiritualität*. Bilder Rituale Theorien. Verlag Katholisches Bibelwerk. Stuttgart 1998.

Rößler, A. *Beiträge zur geistigen Welt Olivier Messiaens*. Gilles & Francke. Duisburg 1984.

Rotzetter, A., Van Dijk, W., Matura, T. *Franz von Assisi*. Ein Anfang und was davon bleibt. Benziger Verlag. Zürich / Düsseldorf 1999.

Ruhbach, G. *Geistlich leben*. Wege zu einer Spiritualität im Alltag. Brunnen Verlag. Giessen / Basel 1996.

Schaller, H. *Treue zum eigenen Weg*. Matthias-Grünewald-Verlag. Mainz [2]1995.

Schmied, W. *Spiritualität in der Kunst des 20. Jahrhundert*. Die Kunst und die Kirchen. Der Streit um die Bilder heute. Hrsg. v. R. Beck, R. Volp, G. Schmirber. Verlag Bruckmann. München 1984, 112-135.

Schmidhäuser, U. *Einübung in Freiheit*. In: Was der Mensch braucht. Anregungen für eine neue Kunst zu leben. Hrsg. v. H. J. Schultz. Kreuz-Verlag. Stuttgart / Berlin 1977, 71-81.

Schneider, H. J. *Weg und Bewegung*. Zur religionspädagogischen Ausfaltung eines christlichen Leitmotivs. In: Katechetische Blätter 105 (1980), 171-181.

Schneider, M. *Theologie als Biographie*. Eine biographische Grundlegung. Eos Verlag. St. Ottilien 1997.

Schreiter, J. Kunst – eine Chance der Religion? Plädoyer für eine neue Spiritualität. In: Die Kunst und die Kirchen. Der Streit um die Bilder heute. Hrsg. v. R. Beck, R. Volp, G. Schmirber. Verlag Bruckmann. München 1984, 222-230.

Schulze, G. *Die Erlebnisgesellschaft*. Kultursoziologie der Gegenwart. Frankfurt a. M. / New York [6]1996.

Schweizer, K. *„Dokumentarische Materialien" bei Olivier Messiaen*. In: Melos/NZfM 4 (1978) 477-485.

Schweizer, K. Messiaen, Olivier. In: *Metzler Komponisten Lexikon*. Hrsg. v. H. Weber. J. B. Metzlersche Verlagsbuchhandlung. Stuttgart 1992, 485-489.

Schwens-Harrant, B. *Erlebte Welt – Erschriebene Welten*. Theologie im Gespräch mit österreichischer erzählender Literatur der Gegenwart. Tyrolia-Verlag. Innsbruck / Wien 1997. (Salzburger theologische Studien, 6.)

Sennett, R. *Der flexible Mensch*. Die Kultur des neuen Kapitalismus. Berlin Verlag. Berlin 1998.

Sölle, Dorothee. *Credo*. In: Dich kennen, Unbekannter? Religiöse deutschsprachige Lyrik von den Anfängen bis zur Gegenwart. Hrsg. v. P. Fietzek. Matthias-Grünewald-Verlag. Mainz 1992, 120f.

Sudbrack, J. *Gottes Geist ist konkret*. Spiritualität im christlichen Kontext. Echter. Würzburg 1999.

Thomas a Kempis. *Nachfolge Christi*. Thomas-Verlag. Kempen 1947.

Waaijman, Kees. *Wat is spiritualiteit*. Titus Brandsma Instituut Nijmegen 1992. (TBI-studies, 1.)

Wanke, J. Heute geistlich leben. Hirtenwort zur österlichen Bußzeit 1986. In: Körner, R. *Geistlich leben*. Von der christlichen Art Mensch zu sein. Benno Verlag. Leipzig [2]1997, 61-71.

Weismayer, Josef. *Leben in Fülle*. Zur Geschichte und Theologie christlicher Spiritualität. Tyrolia-Verlag. Innsbruck / Wien 1983.

Zahrnt, H. *Gotteswende*. Christsein zwischen Atheismus und Neuer Religiosität. © Piper Verlag GmbH, München 1989.

Zulehner, P. M. Pastoraltheologie Bd. 3: *Übergänge: Pastoral zu den Lebenswenden*. Patmos Verlag. Düsseldorf 1990.

II. Von Angesicht zu Angesicht

Basch, Michael Franz. *Kurzpsychotherapie in der Praxis*. Aus dem Amerik. von Brigitte Stein. Die amerik. Originalausgabe ist unter dem Titel „Doing Brief Psychotherapy" erschienen bei BasicBooks. Published by arrangement with BasicBooks, a division of HarperCollins Publishers, Inc. Pfeiffer bei Klett-Cotta (Reihe Leben lernen Nr. 111) Stuttgart 1997.

Bäumer, Regine und Plattig, Michael. *Aufmerksamkeit ist das natürliche Gebet der Seele*. Geistliche Begleitung in der Zeit der Wüstenväter und der personzentrierte Ansatz nach Carl R. Rogers – Eine Seelenverwandtschaft?! Echter. Würzburg 1998.

Beattie, Melody. *Kraft zum Loslassen*. Wilhelm Heyne. München. 1991. Aus dem Amerikanischen von Gertraud Perlinger.

Benavides, Marta. Der Garten meiner Mutter ist eine Neue Schöpfung. In: L.M. Russell, *In den Gärten unserer Mütter*. Freiburg 1990.

Berne, Eric. *Spiele der Erwachsenen*. Rowohlt. Hamburg 1988.

Boff, Leonardo *Mystik der Straße*. Patmos. Düsseldorf 1995.

Buber, Martin. *Ich und Du*. © Gütersloher Verlagshaus. Gütersloh.

Buber, Martin. *Das dialogische Prinzip*. Heidelberg 1979.

Crenshaw, Theresa L. *Die Alchemie von Liebe und Lust*. Hormone steuern unser Liebesleben. dtv. München 1999.

Dobhan, Ulrich. Demut. In: *Praktisches Lexikon der Spiritualität*.

Donnelly, D. *Radical Love*. An Approach to Sexual Spirituality. Minneapolis 1984.

Dorow, Wolfgang / Grunwald, Wolfgang. Konflikte in Organisationen. In: *Handbuch der Angewandten Psychologie*, Band 1.

Duesberg, Hans. Mitleid. In: *Praktisches Lexikon der Spiritualität*.

Dusay, J. *Egograms*. New York 1977.

Elias, N. *Die Gesellschaft der Individuen*. © Suhrkamp Verlag, Frankfurt am Main 1987.

Essen, Siegfried. Spirituelle Aspekte in der systemischen Therapie. In: *Transpersonale Psychologie und Psychotherapie* 2 (1995), 41-53.

Fittkau, Bernd und Fittkau-Garthe, Heide. Kommunikation- und Konfliktregelungstrainings mit Arbeitsgruppen. In: *Handbuch der angewandten Psychologie*, Band 1.

Fittkau, Bernd und Fittkau-Garthe, Heide. Zur Bedeutung der Kommunikation für die psychische Gesundheit – auch im Betrieb. In: B. Fittkau, H.-M. Müller-Wolf, F. Schulz von Thun. *Kommunizieren lernen (und umlernen)*.

Fittkau, B., Müller-Wolf, H.-M., Schulz von Thun, F. *Kommunizieren lernen (und umlernen)*. Hahner Verlagsgesellschaft. Aachen-Hahn [7]1994.

Fossum, M. / Mason, M. *Aber keiner darf's erfahren*. Scham und Selbstwertgefühl in Familien. Kösel. München 1992.

Foulkes, S.H. *Introduction to Group Analytic Psychotherapy*. London 1948/1983.

Fürstenau, P. *Entwicklungsförderung durch Therapie*. Grundlagen psychoanalytisch-systemischer Psychotherapie. Pfeiffer bei Klett-Cotta (Reihe Leben lernen Nr. 81), Stuttgart 1992.

Gmelch, Michael. *Du selbst bist die Botschaft: eine therapeutische Spiritualität in der seelsorglichen Begleitung von Kranken und leidenden Menschen*. Würzburg 1996.

Goulding, R. and Goulding, M. *Injunctions, decisions and redecisions*. TAJ, 6, 1, 1976.

Grigat, Rolf. *Wir sind alle süchtig*. In: Halt 1/99 (FABA news 2.Jahrgang; FABA = Förderverein zur Aufklärung und Beratung von Alkoholkranken und Mitbetroffenen), 8ff.

Hammarskjöld, Dag. *Zeichen am Weg*. Deutsche Ausgabe © Droemer Knaur Verlag. München.

Handbuch der angewandten Psychologie. Band 1, München 1980, und Band 2. ecomed verlagsges. Landsberg 1981.

Harley, W. F.. *Meine Wünsche, deine Wünsche*. Schulte & Gerth. Asslar 1995.

Hartmann, G. *Lebensdeutung*. Theologie für die Seelsorge. Vandenhoeck u. Ruprecht. Göttingen 1993.

Imoda, Franco. *Human development: psychology and mystery*. Leuven 1998.

Jalics, Franz. *Kontemplative Exerzitien*. Eine Einführung in die kontemplative Lebenshaltung und in das Jesusgebet. Echter. Würzburg [6]1999.

James, Muriel. *Mitarbeiter besser führen*. Moderne Industrie. München [2]1992.

Jessen, Fred. Transaktionsanalyse. In: *Handbuch der angewandten Psychologie*. Band 2, Landsberg am Lech 1981.

Josuttis, Manfred. *Die Einführung in das Leben*. Pastoraltheologie zwischen Phänomenologie und Spiritualität. Chr. Kaiser / Gütersloher Verlagshaus. Gütersloh 1996.

Jung, Matthias. *Mut zum Ich*. emu-Verlags-GmbH Lahnstein [3]1998.

Kast, Verena. *Wege zur Autonomie*. © 1985 Walter Verlag. Düsseldorf / Zürich.

Kautz, Reinhard. *Handeln statt wegsehen*. © 1997 Droemer Knaur Verlag. München.

Kitzmann, Arnold. Vergleichende Darstellung von gruppendynamischen und gruppentherapeutischen Verfahren. In: *Handbuch der angewandten Psychologie*, Band. 2.

Kreppold, Guido. *Der ratlose Mensch und sein Gott*. Programm für eine neue Seelsorge. Freiburg 1994.

Kübler-Ross, Elisabeth. *Interviews mit Sterbenden*. Gütersloher Taschenbuch. Stuttgart [6]1977.

Lampert. *The Divine Realm*. London 1943.

Lévinas, Emmanuel. *Totalität und Unendlichkeit*. Verlag Alber. Freiburg 1987.

Lowen, A. *Bio-Energetik*. Therapie der Seele durch Arbeit mit dem Körper. Reinbek 1981.

Menchu, Rigoberta. Mein unwiderrufliches Credo. In: H. Küng. *Ja zum Weltethos*. Piper. München [2]1996. Rechte: Stiftung Weltethos, Tübingen.

Moeller, Michael Lukas. *Die Wahrheit beginnt zu zweit*. © 1988 by Rowohlt Verlag GmbH, Reinbek.

Müller, Wunibald. *Intimität*. Vom Reichtum ganzheitlicher Begegnung. © Matthias-Grünewald-Verlag, Mainz [4]1997.

Needleman, Jacob. *Das kleine Buch der großen Liebe*. W. Krüger Verlag. Frankfurt 1997.

Nouwen, Henry. *Intimacy*. Notre Dame 1969.

Nouwen, Henri. *Schöpferische Seelsorge*. Herder. Freiburg 1989.

On a wing and a prayer – how the staff survived. In: *Electronic Mail and Gardian*, Johannesburg, 30. Oktober 1998. Internet http://www.mg.co.za/mg/news/98oct2/30oc-trc3.html.

Petzold, Hilarion (Hg.). *Wege zum Menschen*. Methoden und Persönlichkeiten moderner Psychotherapie. Ein Handbuch. Band 2. Junfermann. Paderborn [6]1994.

Piper, H.-C. Macht und Ohn-macht: Die Frage nach dem Proprium der Seelsorge. In: *Wege zum Menschen* 34 (1982).

Praktisches Lexikon der Spiritualität. Herausgegeben von Christian Schütz. Verlag Herder. Freiburg 1992.

Rahner, Karl. *Handbuch der Pastoraltheologie* II/1. Freiburg 1966.

Reisinger, Ferdinand. Arbeit. In: *Praktisches Lexikon der Spiritualität*.

Richter, H.-E. *Umgang mit Angst*. Hamburg 1992.

Rogoll, Rüdiger. *Nimm dich, wie du bist*. Einführung in die Transaktionsanalyse. Herder. Freiburg [11]1999.

Ruusbroec, Jan van. *Vanden Blinckenden Steen*. Tielt und Bussum 1981.

Schattenhofer, K. Gruppendynamik als Praxis der Selbststeuerung. In: *Die Dynamik der Selbststeuerung*. Hrsg. von Karl Schattenhofer und Wolfgang Weigand. Westdeutscher Verlag. Opladen und Wiesbaden 1998.

Schaupp, Klemens. *Gott im Leben entdecken. Einführung in die geistliche Begleitung*. Würzburg 1994.

Schulz von Thun, Friedemann. Psychologische Vorgänge in der zwischenmenschlichen Kommunikation. In: B. Fittkau, H.-M. Müller-Wolf, F. Schulz von Thun. *Kommunizieren lernen (und umlernen)*.

Singer, Kurt. *Zivilcourage wagen*. © Piper Verlag GmbH. München 1992.

Skynner, Robin u. Cleese, John. *... Familie sein dagegen sehr*. dtv. München 1994.

Sölle, Dorothee. *Mystik und Widerstand: du stilles Geschrei*. Hoffmann und Campe Verlag. Hamburg [2]1997.

Stauss, K. Anthropologische Philosophie der dialogischen Psychotherapie. In: *Transpersonale Psychologie und Psychotherapie* 2 / 1999, 15-26.

Stegmann, Cornelia. Pflege organisieren. In: *Sozialcourage – Ganz nah am Leben*. 1999.

Stewart, Ian und Joines, Vann. *Transactionele Analyse*. Utrecht [2]1998.

Tauler, Johannes. *37. Predigt*. Predigten Band I. Johannes Verlag. Trier [3]1987.

Tepperwein, Kurt. „*Geistheilung durch sich selbst*". Hugendubel Verlag (Ariston), Kreuzlingen, München 1983.

Tillich, Paul. In: Rogers, C.R. und Schmid, P. F. *Person-zentriert. Grundlagen von Theorie und Praxis*. Mit einem kommentierten Beratungsgespräch von Carl Rogers. Mainz 1991. 257-273.

Turner, Victor and Turner, Edith. *Image and Pilgrimage in Christian Culture*. Oxford 1978.

Tutu, Desmond. Abschlußbericht der Wahrheitskommission, Vorwort des Vorsitzenden, 16. Internet http://www.polity.org.za/govdocs/commissions/1998/trc.

Tutu, Desmond. Peacemakers in Training. Chapter 5: Making a friend out of an enemy. Internet http://theodore-sturgeon.mit.edu:8001/peacejam/html/tutuu1c5.html.

Voland, Eckhart. *Grundriß der Soziobiologie*. Stuttgart und Jena 1993.

Vowinckel, Gerhard. *Verwandtschaft, Freundschaft und die Gesellschaft der Fremden*. Grundlagen menschlichen Zusammenlebens. Wissenschaftliche Buchgesellschaft. Darmstadt 1995.

Watzlawik, Paul et al. *Pragmatik der menschlichen Kommunikation*. Bern, Stuttgart, Wien 1969.

Werfel, Franz. In: O. Betz. *Zustimmung*. Pfeiffer. München 1973.

Zulehner, Paul. *Pastoraltheologie*. Band 2: Gemeindepastoral. Orte christlicher Praxis. Patmos. Düsseldorf 1989.

III. Leben in Dialog mit Gott

Axters, S. *Geschiedenis van de vroomheid in de Nederlanden*. Antwerpen 1956.

Bauernfeind, Hans / Schlemmer, Karl. *Feiern in Zeichen und Symbolen*. Neue Modelle für priesterlose Gottesdienste. Verlag Herder. Freiburg 1998.

Baumgartner, Jakob. *Gläubiger Umgang mit der Welt*. Die Segnungen der Kirche. Einsiedeln 1976.

Benediktionale für die katholischen Bistümer des deutschen Sprachgebietes. Studienausgabe. Verlag Herder. Freiburg [12]2000.

Bergengruen, Werner. *Die Kunst, sich zu vereinigen.* Arche Verlag. Zürich 1956, vergriffen. Abdruck mit Genehmigung des Werner-Bergengruen-Archivs, Ebenhausen bei München.

Beumer, J. *Henri Nouwen – Sein Leben, sein Glauben.* Herder. Freiburg 1998.

Bianchi, Enzo. *Dich finden in deinem Wort.* Die geistliche Schriftlesung. Herder. Freiburg 1988.

Bloom, Anthony. *School for prayer.* London [9]1973.

Boff, Leonardo. *Kleine Sakramentenlehre.* Aus dem Portugiesischen übersetzt von Horst Goldstein. Patmos. Düsseldorf [15]1998.

Böhme, Jakob. *Die Morgenröte bricht an.* Herderbücherei Bd. 8077. Herder. Freiburg 1983.

Boismarmin, Christine de. *Madeleine Delbrêl.* Mystikerin der Straße. Neue Stadt. München [2]1996.

Boulad, Henri. *Der mystische Leib – kosmischer Zugang zur Eucharistie.* Übersetzt aus dem Französischen und herausgegeben von Hidda Westenberger. Edition Tau. Biricz [3]1995.

Buber, Martin. *Ich und du.* © Gütersloher Verlagshaus, Gütersloh.

Cullmann, Oscar. *Das Gebet im Neuen Testament.* Zugleich Versuch einer vom Neuen Testament aus zu erteilenden Antwort auf heutigen Fragen. Mohr. Tübingen 1994.

Daiker, A. *Kontemplativ mitten in der Welt – Die Kleinen Schwestern Jesu.* Herder. Freiburg 1992.

Das Herrenmahl. Gemeinsame römisch-katholische evangelisch-lutherische Kommission. Bonifatius-Verlag. Paderborn 1979.

Delbrêl, Madeleine. *Wir Nachbarn der Kommunisten.* Einsiedeln 1975.

Delbrêl, Madeleine. *Der kleine Mönch.* Freiburg [10]1995.

Delbrêl, Madeleine. *Gebet in einem weltlichen Leben.* Einsiedeln [5]1993.

Denzinger, Heinrich. *Kompendium der Glaubensbekenntnisse und kirchlichen Lehrentscheidungen.* Enchiridium symbolorum definitionum et declarationum de rebus fidei et morum. Latcinisch / Deutsch. Herder. Freiburg [37]1991. (Abgekürzt DH).

Die Benediktusregel. Regula Benedicti. Lateinisch / Deutsch. Beuroner Kunstverlag. Beuron. 1992.

Dienberg, Thomas. *Ihre Tränen sind wie Gebete.* Das Gebet nach Auschwitz in Theologie und Literatur. Echter. Würzburg 1997. (Studien zur systematischen und spirituellen Theologie; Bd. 20)

Einheit vor uns. Gemeinsame römisch-katholische evangelisch-lutherische Kommission. © 1985 by Bonifatius GmbH Druck-Buch-Verlag Paderborn.

Evagrius Ponticus. *Praktikos. Über das Gebet.* Vier Türme Verlag. Münsterschwarzach 1986.

Evdokimov, Michael. *Russische Pilger.* Vagabunden und Mystiker. Otto Müller Verlag. Salzburg 1990.

Evdokimov, Paul. *Das Gebet der Ostkirche.* Mit der Liturgie des heiligen Johannes Chrysostomos. Übersetzt aus dem Französischen von Wolfgang Sigel. Styria. Köln 1986.

Exeler, A. Beten: Eine Weise geistlichen Betens. In: *Katechetische Blätter* 11(1981)106.

Feldmann, Christian. Treue im Alltag, Madeleine Delbrêl. In: Georg Popp. *Damit unser Leben gelingt.* Pustet. Regensburg 1993.

Frischmuth, B. *Die Klosterschule.* Berlin 1976.

Fuchs, Gotthard. *... in ihren Armen das Gewicht der Welt, Mystik und Verantwortung: Madeleine Delbrêl.* Frankfurt a.M. 1995.

Fuchs, O. Beten als Gabe und Aufgabe. In: *Lebendige Seelsorge* 31 (1980).

Gerken, Alexander. *Theologie der Eucharistie.* München 1973.

Goettmann Alphonse und Rachel. *In deinem Namen ist mein Leben.* Die Erfahrung des Jesusgebets. Herder. Freiburg 1993.

Goldbrunner, Josef. *Dialog/Geistliches Gespräch.* In: Praktisches Lexikon der Spiritualität, 225.

Gregor der Große. *Kraft in der Schwachheit.* Zürich [2]1988.

Gregor von Nyssa. *Der versiegelte Quell.* Auslegung des Hohen Liedes. Johannes Verlag. Einsiedeln 1984.

Griesbeck Josef / Gastinger Rita-Anna / Rutz Oswin. *Viel Glück und viel Segen.* Glückwünsche und Segensgesten. München 1992.

Grün, Anselm. *Gebet und Selbsterkenntnis.* Vier Türme Verlag. Münsterschwarzach. 1984.

Grün, Anselm. *Chorgebet und Kontemplation.* Vier Türme Verlag. Münsterschwarzach 1989.

Grün, Anselm. *Eucharistie und Selbstwerdung.* Vier Türme Verlag. Münsterschwarzach 1990.

Grün, Anselm. *Gebet als Begegnung.* Vier Türme Verlag. Münsterschwarzach 1990.

Grün, Anselm. *Exerzitien für den Alltag.* Münsterschwarzach 1997.

Guardini, Romano. *Vom Geist der Liturgie.* Freiburg [18]1953. Alle Autorenrechte liegen bei der Katholischen Akademie in Bayern.

Guardini, Romano. *Vorschule des Betens.* Verlagsgemeinschaft Matthias Grünewald, Mainz / Ferdinand Schöningh, Paderborn [8]1986. Alle Autorenrechte liegen bei der Katholischen Akademie in Bayern.

Guardini, Romano. *Tugenden.* Meditationen über Gestalten sittlichen Lebens. Verlagsgemeinschaft Matthias Grünewald Mainz / Ferdinand Schöningh, Paderborn [3]1987. Alle Autorenrechte liegen bei der Katholischen Akademie in Bayern.

Guillerand, Augustin. Écrits spirituels, 2,234. In: Gabriel Di Lorenzi. *Gott Schauen, Karthäusermönche beschreiben den Weg zur Kontemplation.* Würzburg 1996.

Hammarskjöld, Dag. *Zeichen am Weg.* Knaur. München/Zürich 1965.

Hammarskjöld, Dag. In: *Liebe – eine Richtung des Herzens.* Hrsg. W. Böhme. Frankfurt 1995.

Harris, Paul. *Christian Meditation: contemplative Prayer for a new Generation.* London. 1996.

Hemmerle, Klaus. *Ruf/Beruf/Berufung.* In: Praktisches Lexikon der Spiritualität.

Hense, Elisabeth. *Mein Herz war wach.* Eine Schule der Kontemplation. Vier Türme Verlag. Münsterschwarzach 1996.

Hense, Elisabeth (Hg.). *Im Spiegel der Seele.* Die Quellen der Mystik. Herder. Freiburg 1997.

Heute segnen. Heinz, Andreas / Rennings Heinrich (Hg.). Werkbuch zum Benediktionale. Herder. Freiburg 1987.

Hopf, Bernhard. *Wortgottesdienste für die Sonntage und Hochfeste.* Mainz 1997.

Jäger, Willigis. *Kontemplation.* Otto Müller Verlag. Salzburg 1982.

Jansen, Gertrud. *Ein spirituell emotionaler Aufschrei.* In: gd 32(1998)12.

Jerusalemer Bibellexikon. Henning, Kurt (Hg.). Hänssler. Stuttgart 1989.

Johannes vom Kreuz. *Die Dunkle Nacht.* Herder / Spektrum Bd. 4374. Herder. Freiburg ⁵2000. (Abgekürzt N).

Johannes vom Kreuz. *Der Geistliche Gesang.* Herder / Spektrum Bd. 4554. Herder. Freiburg 1997. (Abgekürzt C).

Johannes vom Kreuz. *Worte von Licht und Liebe.* Herder / Spektrum Bd. 4506. Herder. Freiburg ²1997.

Johne, Karin. *Wortgebet und Schweigegebet.* Einige persönliche Gedanken und Erfahrungen. Vier Türme Verlag. Münsterschwarzach 1996.

Josuttis, M. *Der Pfarrer ist anders – Aspekte einer zeitgenössischen Pastoraltheologie.* München 1982.

Junclaussen, Emmanuel (Hg.). *Das Jesusgebet.* Anleitung zur Anrufung des Namens Jesus. Pustet Verlag. Regensburg ³1980.

Junclaussen, Emmanuel (Hg.). *Aufrichtige Erzählungen eines russischen Pilgers.* Herder / Spektrum Bd. 4947. Freiburg ²⁶2000.

Kahlefeld, Heinrich. *Christus inmitten der Gemeinde.* Die Kontemplation des Erhöhten im Gottesdienst. Frankfurt a.M. 1983.

Kammermeier, W. *Aufstieg.* In: Praktisches Lexikon der Spiritualität.

Kamphaus. (Bischof). gd 32(1998)12.

Karrer, Leo. *Der große Atem des Lebens.* Wie wir heute leben können. Herder. Freiburg 1996.

Kaszynski, Reiner. *Die Benediktionen.* In: Sakramentliche Feiern. Regensburg 1984, 233-274. (Gottesdienst der Kirche, Handbuch der Liturgiewissenschaft. Teil 8).

Katechismus der Katholischen Kirche. Oldenbourg / Benno / Paulusverlag / Veritas. München 1993.

Kleines Konzilskompendium. Rahner, Karl / Vorgrimler, Herbert (Hg.). Sämtliche Texte des Zweiten Vatikanums. Herder. Freiburg ¹³1979.

Laun, Andreas. *Freiheit.* In: Praktisches Lexikon der Spiritualität.

Kleines liturgisches Lexikon. Berger / Rupert (Hg.). Herder. Freiburg ³1991.

Lebendiges Stundengebet – Vertiefung und Hilfe. Klöckener, Martin / Rennings, Heinrich (Hg.). Herder. Freiburg 1989.

Lubac, Henri de. *Corpus Mysticum: Kirche und Eucharistie im Mittelalter.* Eine historische Studie. Übertragen von Hans Urs von Balthasar. Einsiedeln 1969.

Maas-Ewerd, Theodor. *Liturgie,* In: Praktisches Lexikon der Spiritualität.

Mann, Dorothee. *Du bist mein Atem, wenn ich zu dir bete.* Elemente einer christlichen Theologie des Gebets. Echter. Würzburg 1998.

Martin Luther. In: *Liebe – eine Richtung des Herzens.* Hrsg. W. Böhme. Insel. Frankfurt 1995.

Mattes, Anton. *Alltag.* In: Praktisches Lexikon der Spiritualität.

Meister Eckehart. *Deutsche Predigten und Traktate.* Hrsg. und übersetzt von Josef Quint. Carl Hanser Verlag. München ⁴1977.

Menting, Paul / Hense, Elisabeth. Unterwegs sein wie ein russischer Pilger. Der Weg zum Herzensgebet. In: *Meditation – Anstösse für den christlichen Vollzug.* Weilheim Obb. (1992)3, 83-88.

Menting, Paul. Eucharistie: Mystik für jeden – Karmelspiritualität als Vertiefung für liturgisches Erleben. In: *Bibel und Liturgie – Bausteine für das Leben in Gemeinden.* Klosterneuburg (Österreich). 70(1997)2, 119-127.

Menting, Paul. Wachsende Communio in der Eucharistie – Karmelspiritualität als Vertiefung für liturgisches Erleben. In: *Carmelus* 45(1998)1, 73-89.

Merton, Thomas. *New Seeds of Contemplation,* New York ¹⁰1962.

Merton, Thomas. *Contemplative Prayer.* Garden City (NY) 1971.

Merton, Thomas. *Spiritual Direction and Meditation & What is Contemplation?* Wheathampstead (Hertfordshire) 1975.

Meyer, Hans Bernhard. *Eucharistie: Geschichte, Theologie, Pastoral.* Regensburg 1989. (Gottesdienst der Kirche: Handbuch der Liturgiewissenschaft. Teil 4).

Nocke, Franz-Josef. *Sakramententheologie: ein Handbuch.* Patmos. Düsseldorf 1997.

Handbuch der Ostkirchenkunde. Nyssen, Wilhelm (Hg.). Band 2. Patmos. Düsseldorf 1989.

Pannenberg, Wolfhart. *Christliche Spiritualität.* Vandenhoeck und Ruprecht. Göttingen 1986.

Pesch, O.H. *Eucharistie heute.* Ehrlicher Versuch eines Rückwegs nach vorn. In: *Bibel und Kirche* 31 (1976), 112.

Philotheos der Sinait. In: *Byzantinische Mystik – Ein Textbuch aus der ,Philokalia'.* Ausgewählt und übersetzt von Klaus Dahme. Bd. I Otto Müller Verlag. Salzburg 1989.

Pichler, Josef. *Gott einatmen.* Eine Schule des Gebets. Herder. Freiburg 1995.

Plattig, Michael. *Gebet als Lebenshaltung.* Die spirituelle Gestalt der Reform von Touraine in der Oberdeutschen Karmelitenprovinz. Institutum Carmelitanum. Roma 1995.

Praktisches Lexikon der Spiritualität. Schütz, Christian (Hg.). Herder. Freiburg 1992.

Ringseisen, Paul. *Morgen- und Abendlob mit der Gemeinde.* Geistliche Erschließung, Erfahrungen und Modelle. Herder. Freiburg 1994.

Rahner, Karl. *Von der Not und dem Segen des Gebetes.* Innsbruck 1949.

Rahner, Karl. Über das Beten. In: *Geist und Leben.* 45(1972), 84-98.

Rahner, Karl. Frömmigkeit früher und heute. In: *Schriften zur Theologie* Bd. VII. Einsiedeln 1966.

Sartory, G. und T. *Johannes Cassian.* Spannkraft der Seele. Herder. Freiburg 1981

Schallberger, Franz-Toni. *Eucharistie – leibgewordener Glaube.* Freiburg (Schweiz) 1992.

Schilson, Arno. *Sakrament.* In: Praktisches Lexikon der Spiritualität.

Schlemmer, Karl. *Gottesdienste ohne Priester.* 72 Modelle und Anregungen. Herder. Freiburg 1994.

Schneider, Theodor. *Wir sind sein Leib: Meditationen zur Eucharistie.* Topos. Mainz. 1977.

Schütz, Christian. *Weg.* In: Praktisches Lexikon der Spiritualität.

Schütz, Christian. *Wort.* In: Praktisches Lexikon der Spiritualität.

Selawry, A. (Hg.). *Das immerwährende Herzensgebet.* Russische Originaltexte. Weilheim ³1976.

Sonntag, E. ,Frühschicht' und ,Spätschicht' in der Fastenzeit. Ein Versuch in Dortmund-Mengede. In: *Lebendige Seelsorge* 35 (1984).

Spölgen, Johannes. *Gottesdienste ohne Priester.* Ein Werkbuch für sonntägliche Gemeindefeiern. München 1994.

Stachel, Günter. *Gebet – Meditation – Schweigen.* Schritte der Spiritualität. Herderbücherei Bd. 8623. Freiburg 1989.

Steggink, Otger / Waaijman, Kees. *Spiritualiteit en Mystiek – Inleiding*. Nijmegen 1985.

Steinbüchel, Th. *Christliche Lebenshaltungen in der Krise der Zeit und des Menschen*. Frankfurt 1949.

Stutz, Pierre. *Gottesdienste ganzheitlich feiern*. Modelle für Gruppen und Gemeinden. Rex Verlag. Luzern / Stuttgart 1995.

Sudbrack, Josef. *Beten ist menschlich*. Aus der Erfahrung des Lebens zu Gott gehen. Freiburg 1973.

Sudbrack, Josef. *Was heißt christlich meditieren?* Wege zu sich selbst und zu Gottes Du. Freiburg 1990.

Tauler, Johannes. *Erste Predigt zum Fronleichnamsfest*. Zitiert nach: Greshake / Weismayer. Quellen geistlichen Lebens. Band II. Mainz 1985.

Teresa von Avila. *Die innere Burg*. Hrsg. und übersetzt von F. Vogelsang. © der deutschen Übersetzung by Diogenes Verlag AG Zürich. (Abgekürzt M).

Tersteegen, Gerhard. In: *Liebe – eine Richtung des Herzens*. Mystischer Kalender 1996. Hrsg. W. Böhme. Insel. Frankfurt 1995.

Theophan. *Schule des Herzensgebetes*. Die Weisheit des Starez Theophan. Mit einer Einführung von Josef Sudbrack SJ. Otto Müller Verlag. Salzburg [2]1989.

Thon, Nikolaus. *Ikone und Liturgie*. Trier 1979. (Sophia – Quellen östlicher Theologie; Bd. 19).

Waaijman, Kees. *Der mystische Raum des Karmels*. Eine Erklärung der Karmelregel. Grünewald. Mainz 1997.

Waaijman, Kees. De spiritualiteit van het parochieel getijdengebed. In: Henau, Ernst / Jespers, Frans. *Liturgie en Kerkopbouw*. Baarn. 1993.

Ware, Kallistos / Jungclaussen, Emmanuel. *Hinführung zum Herzensgebet*. Herder. Freiburg [8]1999.

Werkbuch für die Ministrantenarbeit. Zitiert in: Bechtold / Gerbes, Liturgische Nacht und Frühschicht – mehr als nicht schlafen. In: *Lebendige Seelsorge* 39 (1988).

Wörterbuch der Mystik. Dinzelbacher, Peter (Hg.). Kröner. Stuttgart 1989.

Zinzendorf, Nikolaus Ludwig Graf von. In: *Geduld bringt Frieden*. Hrsg. W. Böhme. Insel. Frankfurt 1994.

Zulehner, P. M. *Pastoraltheologie*. Band 2: Gemeindepastoral. Orte christlicher Praxis. Patmos. Düsseldorf [3]1995.

IV. Begleitet vom Geist Gottes

Bäumer, Regina / Plattig, Michael. *Aufmerksamkeit ist das natürliche Gebet der Seele*. Geistliche Begleitung in der Zeit der Wüstenväter und der personzentrierte Ansatz nach Carl. R. Rogers – eine Seelenverwandtschaft ?! Echter. Würzburg 1998.

Bamberg, C. Geistliche Führung im frühen Mönchtum. In: *Geist und Leben* 54 (1981), 276-290.

Barry, W. A. / Conolly, J. *Brennpunkt: Gotteserfahrung im Gebet*. Die Praxis der geistlichen Begleitung. Leipzig 1992.

Baumgartner, K. *Erfahrungen mit dem Bußsakrament*. Bd. 1: Berichte-Analysen-Probleme. München 1978.

Benke, C. *An den Quellen des Lebens*. Exerzitien im Alltag. Würzburg 1998.

Boff, C. *Theologie und Praxis*. Die erkenntnistheoretischen Grundlagen der Theologie der Befreiung. München-Mainz [2]1984.

Bonaventura. *Itinerarium*. Wilhelm Fink GmbH. München.

Boros, L. *Befreiung zum Leben*. Die Exerzitien des Ignatius von Loyola als Wegweiser für heute. Freiburg 1977.

Caterina von Siena. *Gespräch von Gottes Vorsehung*. Eingel. v. E. Sommer von Seckendorff u. H. U. v. Balthasar. Freiburg [4]1993.

Deenen, J.v. Stufen geistlicher Führung. Aufgezeigt anhand der Geistlichen Übungen des Ignatius von Loyola. In: *Geist und Leben* 54 (1981), 243-257.

Denzinger, H. *Enchiridion symbolorum definitionum et declarationum de rebus fidei et morum*. Kompendium der Glaubensbekenntnisse und kirchlichen Lehrentscheidungen. Lat.-Deu. Hrsg. von P. Hünermann, Freiburg 1991. (Abgekürzt DH).

Didache und Traditio apostolica. Fontes Christiani Bd. 1. Verlag Herder. Freiburg 1991.

Die Benediktsregel. Eine Anleitung zum christlichen Leben. G. Holzherr (Hg.). © [2]1982 Patmos Verlag GmbH & CoKG. Benziger Verlag. Düsseldorf und Zürich.

Ebertz, M.N. *Erosion der Gnadenanstalt?* Zum Wandel der Sozialgestalt von Kirche. Frankfurt/M. 1998.

Eisenstein, G. M. Selbstwerdung und geistliche Begleitung. In: *Lebendige Seelsorge* 40 (1989), 23-28.

Franz von Sales. *Anleitung zum frommen Leben. Philothea*. Dt. Ausgabe der Werke des Hl. Franz von Sales Bd. 1. Eichstätt-Wien 1959.

Franz von Sales. *Weisungen für die Beichtväter*. In: Dt. Ausgabe der Werke des Hl. Franz von Sales Bd. 12. Eichstätt 1993, 74-91.

Fuchs, Gotthard. *Die Arbeit der Nacht und der Mystik-Boom*. Zum unterscheidend Christlichen. In: LS 39 (1988), 341-349.

Fuchs, Gotthard. Rhythmen der Christwerdung. Aus dem Erfahrungsschatz christlicher Mystik. In: *Katechetische Blätter* 116(1991), 245-254.

Fuchs, O. *Prophetische Kraft der Jugend???* Freiburg 1986.

Görres, A. Ein existentielles Experiment. Zur Psychologie der Exerzitien des Ignatius von Loyola. In: Kuhn H. u.a. (Hg.). *Interpretation der Welt*. FS für Romano Guardini zum 80. Geburtstag. Würzburg 1965, 497-517.

Granda, A., Jaumann, I., Körner, L. und Lohr, G. (Hg.). *Exerzitien im Alltag*. Geistliche Übungen für Advent, Fastenzeit und andere Anlässe im Jahr. München 1998.

Gregor der Große. *Regula Pastoralis*. Hrsg. u. übers. v. G. Kubis. Leipzig 1986.

Gregor der Große. *Das zweite Buch der Dialoge*. Hrsg. u. eingel. v. E. Jungclaussen. Püttlingen 1998.

Grillmeier, A. Kommentar zu Lumen gentium. In: LThK K I, 156-347.

Grün Anselm. *Gebet und Selbsterkenntnis*. Münsterschwarzacher Kleinschriften 1. Münsterschwarzach 1979.

Grün Anselm / Dufner M. *Gesundheit als geistliche Aufgabe*. Münsterschwarzacher Kleinschriften Bd. 57. Münsterschwarzach 1989.

Grün, Anselm. *Geistliche Begleitung bei den Wüstenvätern.* Münsterschwarzacher Kleinschriften 67. Münsterschwarzach 1991.

Grün, Anselm. *Exerzitien für den Alltag.* Münsterschwarzach 1997.

Hahne, W. Vom Handwerk und von der Kunst einen Gottesdienst zu leiten. In: Gärtner H. *Leiten als Beruf.* Impulse für Führungskräfte in kirchlichen Aufgabenfeldern. Mainz 1992, 64-98.

Hirschauer, M. u.a. *Gott finden im Alltag.* Exerzitien zu Hause. Freiburg [2]1997.

Ignatius von Loyola. *Der Bericht des Pilgers.* Übers. u. erl. v. B. Schneider. Freiburg [3]1977. (Abgekürzt BP).

Ignatius von Loyola. *Der Bericht des Pilgers.* Übers. u. erl. v. B. Schneider. Vorw. v. K. Rahner. Freiburg [6]1988.

Ignatius von Loyola. *Bericht des Pilgers.* Übers. u. kom. v. P. Knauer. Leipzig 1990.

Ignatius von Loyola. *Geistliche Übungen.* Nach dem span. Urtext übers. v. P. Knauer. Würzburg 1998. (Abgekürzt GÜ).

Jalics, F. *Kontemplative Exerzitien.* Eine Einführung in die kontemplative Lebenshaltung und in das Jesusgebet. Würzburg [4]1996.

Jilesen, M. / Jülicher, J. *Mit Gott unterwegs.* Exerzitien im Alltag. Würzburg 1995.

Johannes vom Kreuz. *Die lebendige Flamme.* Die Briefe und die kleinen Schriften, übertragen von I. Behn. Freiburg [4]1993. (Abgekürzt L).

Johannes vom Kreuz. *Empor den Karmelberg.* Übertragen von O. Schneider. Trier [4]1989. (Abgekürzt S).

Johannes vom Kreuz. *Die Dunkle Nacht.* Herder / Spektrum Bd. 4374. Freiburg [5]2000. (Abgekürzt N).

Johne, K. *Geistlicher Übungsweg für den Alltag.* Graz / Wien / Köln 1993.

Josuttis, Manfred. *Der Weg ins Leben.* Eine Einführung in den Gottesdienst auf verhaltenswissenschaftlicher Grundlage. München 1991.

Klinger, E. *Das absolute Geheimnis im Alltag entdecken.* Zur spirituellen Theologie Karl Rahners. Würzburg 1994.

Lies, L. *Ignatius von Loyola.* Theologie, Struktur, Dynamik der Exerzitien. Innsbruck Wien 1983.

Meister Eckhart. *Deutsche Predigten und Traktate.* Hrsg. u. übers. v. J. Quint. Zürich 1979.

Metz, J.B. Religion, Ja – Gott, Nein. In: Ders. / Peters T.R. *Gottespassion.* Zur Ordensexistenz heute. Freiburg 1991, 14-62.

Meures, F. Was heißt Unterscheidung der Geister? In: *Ordenskorrespondenz* 31(1990), 272-291.

Nocke, Franz-Josef. Firmung. In: Schneider, T. (Hg.). *Handbuch der Dogmatik,* Bd. 2. Düsseldorf 1992, 259-267.

Nocke, Franz-Josef. Taufe. In: Schneider, T. (Hg.). *Handbuch der Dogmatik,* Bd. 2. Düsseldorf 1992, 226-259.

Platzbecker, G. Zielsetzung, Dynamik und Struktur der ignatianischen Exerzitien. In: *Seminar Spiritualität* 4, Zürich / Einsiedeln / Köln 1982, 225-232.

Rahner, H. *Exerzitien.* In: LThK[2], Bd. 3.

Rahner, H. Werdet kundige Geldwechsler. In: Wulf F. (Hg.). *Ignatius von Loyola.* Würzburg 1956, 301-341.

Rahner, Karl. Frömmigkeit früher und heute. In: *Schriften zur Theologie* Bd. VII. Einsiedeln 1966, 11-31.

Rahner, Karl. Der neue Auftrag der einen Liebe. In: Ders. *Glaube, der die Erde liebt.* Herderbücherei Bd. 1766. Herder. Freiburg [5]1971.

Rahner, Karl. Transzendenzerfahrung aus katholisch-dogmatischer Sicht. In: *Schriften zur Theologie* Bd. XIII. Einsiedeln 1978, 207-225.

Rahner, Karl. Erfahrung des Heiligen Geistes. In: *Schriften zur Theologie* Bd. XIII. Herder. Freiburg 1978.

Rahner, Karl. Unmittelbare Gotteserfahrung in den Exerzitien. In: Sporschill G. (Hg.). *Horizonte der Religiosität.* Verlag Herder. Wien 1984.

Rahner, Karl. Mystische und politische Nachfolge Jesu. In: Sporschill G. (Hg.). *Horizonte der Religiosität.* Kleine Aufsätze. Wien 1984, 35-40.

Rahner, Karl. *Von der Not und dem Segen des Gebetes.* Neuausgabe. Herder. Freiburg [2]1992.

Renata de Spiritu Sancto. *Edith Stein.* Nürnberg [6]1952.

Schaupp, K. *Gott im Leben entdecken.* Einführung in die geistliche Begleitung. Würzburg 1994.

Schneider M. *Aus den Quellen der Wüste.* Die Bedeutung der frühen Mönchsväter für eine Spiritualität heute. Köln [2]1989.

Schneider, M. Gott will meinen Dienst. Geistliche Begleitung. In: Falkner A. / Imhof P. (Hg.). *Ignatius von Loyola und die Gesellschaft Jesu 1491-1556.* Würzburg 1990, 185-188.

Schubert, E. *Gottes Spur auf meinem Weg.* Exerzitien im Alltag. Limburg 1997.

Steidle, B. (Hg.). *Die Benediktusregel.* 2. überarb. Aufl. Beuron 1975.

Stein, Edith. *Selbstbildnis in Briefen.* Werke Bd. IX. Herder. Freiburg 2000.

Stierli, J. *Ignatius von Loyola – Gott suchen in allen Dingen.* Topos TB 204. © Matthias-Grünewald-Verlag. Mainz 1990.

Sudbrack, Josef. *Geistliche Führung.* Zur Frage nach dem Meister, dem geistlichen Begleiter und Gottes Geist. Freiburg 1981.

Teresa von Avila. *Sämtliche Schriften.* 6 Bände. Übers. von A. Alkofer. München 1933-41.

Teresa von Avila. *Die innere Burg.* Hrsg. u. übers. v. F. Vogelgsang. © der deutschen Übersetzung 1979 by Diogenes Verlag AG. Zürich.

Therese von Lisieux. *Selbstbiographische Schriften.* Authentischer Text. Freiburg [14]1998.

Torello, J. B. Neurose und Spiritualität. In: *Christ* 34 (1988), 33-35.

Wengst, K. *Schriften des Urchristentums II.* Darmstadt 1984.

V.   Nicht von der Welt, aber in die Welt gesandt

Bammerlin, Ralf. Ungeheure Chancen. In: *Politische Ökologie* 48 (1996).

Boff, Leonardo. *Eine neue Erde in einer neuen Zeit.* Plädoyer für eine planetarische Kultur. Übersetzt von Horst Goldstein. Patmos. Düsseldorf. 1994.

Bonaventura <von Bagnoreggio>. *Franziskus Engel des sechsten Siegels.* Sein Leben nach den Schriften des heiligen Bonaventura. Einf., Übers. und Anm. von Sophronius Classen. Dietrich-Coelde-Verlag. Werl 1962.

Bovet, Theodor. *Zeit haben und frei sein.* Ein Stundenbuch. Zur Lebensgestaltung des modernen Menschen. Furche Verlag. Hamburg 1967.

Brakelmann, Günter. Arbeit. In: *Christlicher Glaube in moderner Gesellschaft*. Herder. Freiburg 1980. Bd. 8.

Cardenal, Ernesto. *Das Buch von der Liebe*. Peter Hammer Verlag. Wuppertal 1991.

Conze, Edward. *Der Buddhismus*. Wesen und Entwicklung. Kohlhammer. Stuttgart, Berlin, Köln. [9]1990.

Delbrêl, Madeleine. *Wir Nachbarn der Kommunisten*. Johannes Verlag. Einsiedeln 1975.

Deutsche Bischofskonferenz (Hg.). *Katholischer Erwachsenen-Katechismus*. Bd. 2. Freiburg 1995.

Dumoulin, Heinrich. *Spiritualität des Buddhismus*. Einheit in lebendiger Vielfalt. Matthias-Grünewald-Verlag. Mainz 1995.

Easwaran, Eknath. *Der Mensch Gandhi*. Herder / Spektrum Bd. 4036. Verlag Herder. Freiburg 1997.

Erklärung der Deutschen Bischofskonferenz zu Fragen der Umwelt und der Energieversorgung, *Zukunft der Schöpfung – Zukunft der Menschheit*, 1980.

Fox, Matthew. *Revolution der Arbeit*. Damit alle sinnvoll leben und arbeiten können. Kösel Verlag. München 1996.

Frankl, Viktor E. In: Hermann Gilhaus. *Am Ende steht das Leben*. Kyrios Verlag. Meitingen, Freising 1974.

Franz von Assisi. *Schriften*. Celano. Dietrich-Coelde-Verlag. Werl.

Franz von Assisi. Sonnengesang. In: *Brüder auf dem Weg*. Franz von Assisi. Hrsg. Thomas Dienberg und Christof Stadelmann. Verlag Herder. Freiburg 1998.

Fromm, Erich. *Haben oder Sein*. Die seelischen Grundlagen einer neuen Gesellschaft. Überarbeitet von Rainer Funk. © 1979 Deutsche Verlags-Anstalt GmbH. Stuttgart.

Gandhi. Film von Richard Attenborough, GB 1982. (180 Min.).

Gandhi, Mohandas K. *Eine Autobiographie oder Die Geschichte meiner Experimente mit der Wahrheit*. Hinder + Deelmann. Gladenbach [6]1977.

Gemeinsame Erklärung des Rates der Evangelischen Kirche in Deutschland und der Deutschen Bischofskonferenz. *Verantwortung wahrnehmen für die Schöpfung*. Köln 1985.

Guardini, Romano. *Der Herr*. Werkbund-Verlag. Würzburg [13]1964.

Guggenberger, Bernd. *Sein oder Design*. Zur Dialektik der Abklärung. Rotbuch Verlag. Berlin 1987.

Grün, Anselm OSB / Ruppert, Fidelis OSB. *Bete und arbeite*. Münsterschwarzacher Kleinschriften, Band 17. Münsterschwarzach 1981.

Grün, Anselm. *Verwandlung*. Eine vergessene Dimension geistlichen Lebens. © Matthias-Grünewald-Verlag. Mainz [7]1999.

Habermas, Jürgen. *Nachmetaphysisches Denken. Philosophische Aufsätze*. Frankfurt 1988.

Habermas, Jürgen. *Texte und Kontexte*. Frankfurt 1991.

Hartlieb, Elisabeth. Macht euch die Erde untertan? In: *Politische Ökologie* 48 (1996).

Hauptabteilung Gemeindearbeit. Bischöfliches Generalvikariat Aachen. *Wege der Befreiung gehen*. Vier Türme Verlag. Münsterschwarzach 1994.

Henning, Rainer. Kalt erwischt. In: *Politische Ökologie* 48 (1996).

Hetmann, Frederik. *Drei Frauen zum Beispiel*. 1980 Beltz Verlag. Weinheim und Basel. Programm Beltz & Gelberg. Weinheim.

Hintersberger, Benedikta. Schöpfung / Umwelt. In: *Praktisches Lexikon der Spiritualität*. Herder. Freiburg 1992.

Imhof, Paul und Biallowons, Hubert. *Glaube in winterlicher Zeit*. Patmos. Düsseldorf 1986.

Islam-Lexikon. 3 Bde. Hrsg. von Adel Th. Khoury, Ludwig Hagemann und Peter Heine. Herder. Freiburg, Basel, Wien 1991.

Khoury, Adel Th. *Mystik*. In: Islam-Lexikon. Herder / Spektrum Bd. 4036. Verlag Herder. Freiburg 1991.

Krause, G. und Müller, G. u.a. (Hg.). *Theologische Realenzyklopädie*. Verlag Walter de Gruyter. Berlin 1978. Bd. 3.

Krogmann, Angelika. *Simone Weil in Selbstzeugnissen und Bilddokumenten*. Hamburg 1970.

Küng, Hans. Projekt *Weltethos*. Piper. München 1990.

Küng, Hans. *Ja zum Weltethos. Perspektiven für die Suche nach Orientierung*. Piper. München 1995.

Lubich, Chiara. *Worte des Lebens*. Verlag Neue Stadt. München [2]1983.

Lukas, Elisabeth. *Spirituelle Psychologie*. Quellen sinnvollen Lebens. Kösel Verlag. München 1998.

Lustiger, Jean-Marie. *Wagt den Glauben*. Einsiedeln 1986.

Meister Eckehart, *Deutsche Predigten und Traktate*. Hrsg. v. J. Quint. © 1955 Carl Hanser Verlag. München – Wien.

Miller, Bonifaz. *Weisung der Väter*. Apophthegmata Patrum. Trier [3]1986.

Mylius, Klaus (Hg.). *Gautama Buddha*. Die vier edlen Wahrheiten. Texte des ursprünglichen Buddhismus. dtv. München [3]1991.

Politische Ökologie. 48 (1996). Semmelweisstr. 8. 82152 Planegg.

Radford Ruether, Rosemary. *Gaia & Gott*. Eine ökofeministische Theologie der Heilung der Erde. Edition Exodus. Luzern 1994.

Rahner, Karl. Gesamtwerk. *Grundkurs des Glaubens*. Verlag Herder. Freiburg 2000.

Ramakrishna. *Ein Werkzeug Gottes sein*. Gespräche mit seinen Schülern. © 1997 Patmos Verlag GmbH & CoKG. Benziger Verlag. Düsseldorf / Zürich.

Reisinger, Ferdinand. *Arbeit*. In: *Praktisches Lexikon der Spiritualität*. Herder. Freiburg 1992.

Riedl, Gerda. *Modell Assisi: christliches Gebet und interreligiöser Dialog in heilsgeschichtlichem Kontext*. de Gruyter. Berlin, New York 1998.

Schimmel, Annemarie. *Al-Halladsch – „O Leute, rettet mich vor Gott"*. Herderbücherei Bd. 4454. Verlag Herder. Freiburg 1995.

Schimmel, Annemarie. *Mystische Dimensionen des Islam*. Die Geschichte des Sufismus. Insel Verlag. Frankfurt, Leibzig 1995.

Schmidt, Kurt. *Buddhas Reden*. Majjhimanikaya. Die Lehrreden der mittleren Sammlung. In kritischer, komm. Neuübertragung. Kristkeitz. Leimen [2]1989.

Schnackenburg, Rudolf. *Die sittliche Botschaft des Neuen Testaments*. Bd 1: Von Jesus zur Urkirche. Herders theol. Kommentar zum NT / Supplementband. Freiburg 1986.

Schneider, Michael. *Aus den Quellen der Wüste*. Die Bedeutung der frühen Mönchsväter für eine Spiritualität heute. Köln [2]1989.

Schumacher, E.F. *Das Ende unserer Epoche*. Reden und Aufsätze. Übers. Karl A. Klewer. Hamburg 1980.

Schutz, Roger. *Die Regel von Taizé*. Gütersloh [10]1978.

Sekretariat der Deutschen Bischofskonferenz (Hg.). *Die Verantwortung des Menschen für das Tier*, Positionen – Überlegungen – Anregungen, Bonn 1993.

Sekretariat der Deutschen Bischofskonferenz (Hg.). Internationale Theologenkommission. *Das Christentum und die Religionen*. Bonn 1996.

Sekretariat der Deutschen Bischofskonferenz (Hg.), *Handeln für die Zukunft der Schöpfung*. Bonn 1998.

Smith, Margret. *Rabi'a von Basra*. Heilige Frauen im Islam. Mit e. Vorw. von Annemarie Schimmel. Geistfeuer-Verlag. Überlingen 1997.

Stappen, Ralf. Können und Wollen. In: *Politische Ökologie* 48 (1996).

Stier, Fridolin. *Das Neue Testament*. Kösel / Patmos. München, Düsseldorf 1989.

Suzuki, Daisetz T. *Amida – Der Buddha der Liebe*. © alle deutschsprachigen Rechte beim Scherz Verlag, Bern, München, Wien für den Otto Wilhelm Barth Verlag.

Swimme, Brian u. Berry, Thomas. *The Universe Story*. San Francisco 1992.

Teilhard de Chardin, Pierre. *Das göttliche Milieu*. Werke Bd. 2. © [7]1969, Walter Verlag. Düsseldorf / Olten.

Torwesten, Hans. *Ramakrishna*. Ein Leben in Ekstase. Biographie. Rechte beim Autor.

van Berlo, Markus. *Naturschutz in der Kirchengemeinde*. Umsetzung am Beispiel der katholischen Kirchengemeinde St. Laurentius Uedem im Bistum Münster. Diplomarbeit am Institut für Landschaftspflege und Naturschutz der Universität Hannover. Februar 1999. Zu bestellen bei: Markus van Berlo, Umweltbildungsreferent, Heimvolkshochschule ‚Heinrich Lübke' der KAB, Zur Hude 9, 59519 Möhnesee – Günne.

van der Tuin, Leo. *Het effect van milieucatechese op milieubewust denken en handelen*. Promotion an der Theologischen Fakultät Tilburg am 3. Dezember 1999.

von Brück, Michael. *Jesus und Buddha*. In: Suzuki, Daisetz T.: Der Buddha der Liebe. Herder. Freiburg, Basel, Wien 1997. S. 98 – 122.

von Brück, Michael / Lai, Whalen. *Buddhismus und Christentum*. Geschichte, Konfrontation, Dialog. Mit einem Vorw. von Hans Küng. Beck. München 1997.

von Stietencron. Tübinger Dialoggespräch: Die Pluralität der Religionen und der religiöse Pluralismus, in: *Dialog der Religionen* 1 (1991), S. 130-178.

Waldenfels, Hans. *Begegnung der Religionen*. Theologische Versuche I. Borengässer. Bonn 1990.

Weil, Simone. *Das Unglück und die Gottesliebe*. Kösel Verlag. München 1953.

Weil, Simone. *Die Einwurzelung*. Einführung in die Pflichten dem menschlichen Wesen gegenüber. Übers. v. F. Kemp. Kösel Verlag. München 1956.

Weil, Simone. *Philosophie, Religion, Politik*. Hrsg. von Heinz Robert Schlette u. André Devaux. Josef Knecht Verlag. Frankfurt a.M. 1985.

Weil, Simone. *Aufmerksamkeit für das Alltägliche*. Kösel Verlag. München 1987.

Sollte es uns trotz gewissenhafter Bemühungen in einzelnen Fällen nicht gelungen sein, die Rechteinhaber an Texten zu finden, bitten wir diese, sich gegebenenfalls mit dem Verlag Katholisches Bibelwerk in Verbindung zu setzen.

Glossar

AKKLAMATION ist der Zuruf, mit dem die versammelte Gemeinde ihre Zustimmung und Beteiligung ausddrückt (z.B. Amen, Halleluja, Kyrie usw.)

AMIDISMUS – auch Amida-Buddhismus, eine spätere Entwicklung des ↗ Mahâyâna-Buddhismus. Beheimatet in Japan und auch als Shin-Schule bekannt, so benannt nach ihrem Gründer Shinran.

APOSTOLAT heißt geistlicher Auftrag und Sendung eines jeden Christen, seine Berufung dort zu leben, wo Gott ihn hingestellt hat.

ASKESE meint jede Form selbstgewählter Enthaltsamkeit und Entsagung, die dem Ziel dient, frei zu werden für die Tugend der Liebe.

BETEN bezeichnet ganz allgemein den Dialog zwischen Mensch und Gott; wie bei jedem echten Dialog ist auch beim Beten sowohl das Sprechen als auch das Zuhören wichtig. Beide, Mensch und Gott, sprechen und hören. Beten ist daher kein Monolog.

BHAGAVAD-GÎTÂ – wörtl.: Gesang des Erhabenen. Teil des großen Epos Mahâbhârata und gehört zur Tradition. Obwohl sie im engeren Sinne nicht zur Offenbarung gehört, kommt ihr eine große Bedeutung in der hinduistischen Spiritualität zu und wird in ganz Indien von allen Vertretern des Hinduismus hoch geehrt.

BHIKKHU – Angehöriger des ↗ Sangha.

BHIKKHUNÎ – Angehörige des ↗ Sangha.

BIGOTTERIE meint Frömmelei, Scheinheiligkeit.

CHORGEBET ist das gemeinsame Gebet der Schwestern oder Brüder in einem Kloster.

COMMUNIO kommt aus dem Lateinischen und bedeutet ‚Gemeinschaft', im besonderen ‚Gemeinschaft mit Gott'.

DEMUT kann man umschreiben als die nüchterne Selbsterkenntnis, ein von Gott erschaffenes Wesen zu sein. Der Demütige steht mit beiden Beinen auf dem Boden und überschätzt sich nicht, macht sich aber auch nicht selbst herunter. Demut hat also nichts zu tun mit Demütigung, Unterwürfigkeit oder Servilität, zu deren Propagierung es allerdings oft mißbraucht wurde.

DOMINIUM TERRAE meint den Herrschaftsauftrag Gottes über die Erde.

EKKLESIAL heißt kirchlich, zur Kirche gehörend.

EKSTASE kommt aus dem Griechischen und meint das Außersichsein oder Außersichgeraten des Menschen in der Berührung mit Gott.

ESCHATOLOGIE ist die Lehre vom Weltende und vom Anbruch einer neuen Zeit, von den letzten Dingen, dem Tode und der Auferstehung.

ESOTERISCH heißt nur für Eingeweihte zugänglich und begreiflich.

EXERZITIEN sind geistliche Übungen, die dazu beitragen sollen, daß der Mensch geistlich weiterkommt und wächst.

EXISTENZIELL meint die Existenz, das Dasein betreffend, etwas nicht nur gedanklich oder theoretisch durchspielen, sondern mit Haut und Haaren, praktisch und konkret erfahren.

FRÖMMIGKEIT meint seit der Romantik und dem Pietismus ein religiöses Gefühl bzw. Gläubigkeit und Gottesfurcht. Heutzutage hat Frömmigkeit den Beigeschmack des Kitschigen und Abgegriffenen. Das Wort ‚Spiritualität' ist vielfach an seine Stelle getreten.

Die FRÜHSCHICHT lehnt sich an das morgendliche Tagzeitengebet an, ist jedoch in ihrer Struktur und in ihren wechselnden Elementen freier als die Laudes.

GNOSIS ist die Erkenntnis Gottes und die Einsicht in religiöse Zusammenhänge.

Die HISTORISCH-KRITISCHE EXEGESE legt die Bibel aus auf Grund geschichtlicher Untersuchungen zu Verfasser, Text, Überlieferung etc.

HOREN siehe Stundengebet.

INKARNATION ist die Fleischwerdung oder Menschwerdung Gottes.

INQUISITOR ist ein Untersuchungsführer am Gericht der katholischen Kirche gegen Abtrünnige.

Als JAHWIST bezeichnet man die älteste schriftliche Quelle des Pentateuch (9. Jahrhundert v. Chr. in Juda verfaßt).

JAINISMUS – streng asketische Religion Indiens gegründet von Mahâvira (zeitgleich mit dem Buddhismus).

KELLION ist die Unterkunft eines Einsiedlers / einer Einsiedlerin.

KOINOBION ist der Siedlungskomplex mehrerer geistlicher Männer oder Frauen, die einen gemeinschaftlichen Speiseraum besitzen.

KONTEMPLATION ist von alters her der Fachausdruck für die Gottesschau. Dabei ist zu bedenken, daß der Mensch Gott nicht als Objekt von außen schauen kann, sondern nur von innen als Subjekt. Das wird möglich durch die Umformung in Gott und die Vereinigung mit Gott auf Grund von Liebe.

Der KONZILIARE PROZEß für Gerechtigkeit, Frieden und Bewahrung der Schöpfung ist ein Konsultationsprozeß innerhalb der ökumenischen Bewegung mit dem Ziel gegenseitiger Verpflichtung und einer gemeinsamen Aussage nach außen. Er wird getragen von Initiativgruppen, Kirchengemeinden und kirchenleitenden Gremien, hat aber auch ein koordinierendes Büro beim Ökumenischen Rat der Kirchen in Genf.

LAUDES ist das Morgengebet der Kirche (siehe Stundengebet).

LECTIO DIVINA kommt aus dem Lateinischen und bedeutet wörtlich ‚göttliche Lesung'; gemeint ist das betende Lesen der Heiligen Schrift. Die *lectio divina* wird meistens in vier Schritten dargestellt: *lectio, meditatio, oratio* und *contemplatio.*

LITURGIE sind die gottesdienstlichen Versammlungen des christlichen Volkes, in denen Christus durch den Heiligen Geist gegenwärtig ist und wirkt. Liturgie ist der (ritualisierte) öffentlich-gemeinschaftliche Dialog zwischen Gott und seinem Volk.

MAHÂYÂNA – wörtl.: das große Fahrzeug. Eine der ‚Entwicklungsstufen' des Buddhismus, in der die Laien das Heil erlangen können. Der alte Buddhismus wird Theravâda genannt (Lehre der Alten), vom Mahâyâna etwas geringschätzig Hînayâna: kleines Fahrzeug, weil dort bis auf wenige Ausnahmen nur die ↗ Bhikkhu das Heil erlangen. Die dritte Stufe des Buddhismus ist der Vajrayâna: diamantenes Fahrzeug, zu der auch der tibetische Buddhismus gerechnet werden kann.

MANTRA ist ein mit göttlicher Kraft geladenes Wort, das oft wiederholt wird.

MEDITATION ist die religiöse Versenkung in einen Text, ein Bild, einen Gedanken oder einfach in die Stille. Dies kann mittels bestimmter Körperhaltungen, bestimmter Räumlichkeiten, mittels Musik, Gespräch, Bewegung, künstlerischem oder handwerklichem Tun erleichtert werden.

MYSTAGOGIE meint die Hinführung zur Erfahrung der Glaubensgeheimnisse. Dabei findet der Mensch auch eine sinnerfüllte Deutung seines Alltags.

MYSTIK ist die das gewöhnliche Bewußtsein und die verstandesmäßige Erkenntnis übersteigende, unmittelbare Begegnung mit der göttlichen Wirklichkeit.

NIRVÂNA – wörtl.: Verlöschen. Das Ziel des Buddhismus und dessen Begriff vom endgültigen Heil. Die inhaltliche Beschreibung wird nur in Bildern wiedergeben: Ein Reich, in dem alles Leiden beendet ist, wo kein Hunger und kein Durst herrscht. Die Deutung des Nirvâna variiert aber in den verschiedenen Schulen und Richtungen des Buddhismus.

ÖKUMENE ist die Bewegung aller christlichen Kirchen zur Einigung in Glaubensfragen und zur gegenseitigen Anerkennung der Ämter.

ORATIO ist der lateinische Ausdruck für Gebet.

ORDINATION ist die Weihe zum Priester (kath.) bzw. die Einsetzung in das Amt des Pfarrers (evang.).

ORTHODOXIE bedeutet Rechtgläubigkeit oder Strenggläubigkeit.

ORTHOPRAXIE bedeutet ein mit den für richtig gehaltenen Auffassungen übereinstimmendes Verhalten.

PIETISMUS ist eine protestantische Erweckungsbewegung im 17. und 18. Jahrhundert, die das innere Erleben gegenüber der veräußerlichten Kirche betonte.

PNEUMATISCH heißt vom Geist Gottes erfüllt.

RESPONSORIUM ist das lateinische Wort für Antwortgesang. Bei dieser Gesangform unterbricht die Gemeinde den Psalmvortrag des Solisten mit einem Kehrvers wie im Antwortpsalm in der Meßfeier; daneben gibt es das ‚Responsorium breve‘ nach den Lesungen in Laudes und Vesper und das große Responsorium nach den Lesungen der Lesehore, wobei der Text meist nicht mehr aus den Psalmen genommen, sondern allgemein aus Schriftworten geformt ist.

RUMINATIO kommt vom lateinischen Verb ‚ruminare‘ und bedeutet Wiederkäuen. Gemeint ist das zerkauende und wiederkäuende Beten eines kurzen Bibelwortes.

SAKRAMENTE sind Zeichenhandlungen, die nicht nur auf etwas verweisen, sondern auch bewirken, was sie symbolisieren.

SANGHA oder SAMGHA heißt wörtlich: Zusammenkunft, Konvent, Gemeinwesen, Gemeinde. So wird die buddhistische Gemeinde genannt, wird der Sangha als ‚vierfach‘ angesehen. Dann bezeichnet er die Gemeinde der Laienanhänger, die der Laienanhängerinnen, die der männlichen (Bhikkhu) und die der weiblichen Ordensleute (Bhikkhunî). Normalerweise wird mit Sangha aber nur der Orden bezeichnet.

SCHISMA bedeutet Spaltung der kirchlichen Einheit.

SEGNUNG meint das Gebet über eine Sache oder eine Person. Begleitet wird das Gebet von Segensgesten, etwa der Handauflegung, dem Kreuzzeichen, der Besprengung mit Weihwasser.

SHIN-SCHULE ↗ Amidismus.

Die SPÄTSCHICHT lehnt sich an das abendliche Tagzeitengebet an, ist jedoch in ihrer Struktur und in ihren wechselnden Elementen freier als die Vesper.

SCHAMANE ist ein Zauberpriester oder Geisterbeschwörer der Naturreligionen.

SCHOLASTIK ist die auf die antike Philosophie gestützte, die christliche Lehre verarbeitende Philosophie und Theologie des Mittelalters.

SPIRITUALITÄT ist die Eindeutschung des französischen *spiritualité* bzw. des lateinischen *spiritualitas*. Der Begriff ‚Spiritualität‘ hat sich erst in den letzten Jahrzehnten durchgesetzt und hat die alten Begriffe ‚Frömmigkeit‘, ‚geistliches Leben‘ und ‚innerliches Leben‘ ersetzt.

SPIRITUELLER AUFSTIEG meint geistliche Entwicklung hin zu größerer Liebe, das heißt: Angleichung an Gott.

STAREZ bedeutet eigentlich ‚Alter‘ oder ‚Greis‘. Im orthodoxen Christentum bezeichnet dieses Wort dann einen Mönch, der Menschen auf ihrem geistlichen Weg begleitet.

STUNDENGEBET meint die alltäglichen festen Gebetszeiten, die die Kirche seit ihren Anfängen kennt, vor allem die Vesper am Abend und die Laudes am Morgen.

TAGZEITENGEBET ist ein anderes Wort für Stundengebet.

TRANSFORMATION ist der lateinische Begriff für Umformung.

UMFORMUNG ist Verwandlung durch Liebe hin zu größerer Liebe mit dem Ziel, ganz und gar zu Liebe zu werden wie Christus, der vollkommene Liebe ist.

UNIO kommt aus dem Lateinischen und bedeutet Einheit oder Vereinigung mit Gott durch Liebe. Dabei löst sich der Mensch nicht in Gott auf, sondern übersteigt als Liebender die engen Grenzen der eigenen Person und erfährt ganz unmittelbar das Wesen Gottes.

UPANISHADEN – heilige Schriften im Hinduismus. Die ältesten (ca. 800 v. Chr.) werden als geoffenbart angesehen (↗ Vedânta), die jüngeren (bis ins 19. Jh. n. Chr.) werden als Tradition angesehen. Die älteren Upanishaden sind die wichtigsten Quellentexte für die hinduistische Philosophie.

Das 2. VATIKANISCHE KONZIL fand statt in Rom von 1962-1965. Ein Konzil ist die Versammlung aller Bischöfe der Kirche (und anderer höchster Würdenträger) unter dem Vorsitz des Papstes. Das 2. Vatikanische Konzil widmete sich unter anderem den Themen ‚Kirche‘ und ‚Welt‘.

VEDÂNTA – philosophische Richtung im Hinduismus. Wörtlich bedeutet Vedânta: Ende der Veda (= offenbarte Schriften) und ist in dieser Bedeutung identisch mit den ↗ Upanishaden. Bezieht sich der Begriff auf die Philosophie, dann ist damit meist der Advaita-Vedânta gemeint, dessen bedeutendster Vertreter der Philosoph Shankara ist. Shankara geht davon aus, daß die verschiedenen Dinge letztlich nur Ausformungen des Seins sind. Dieses Sein ist das einzige Prinzip, das existiert und neben ihm nichts zweites. Daher der Name Advaita = Nicht-Zweiheit.

VESPER ist das Abendgebet der Kirche (siehe Stundengebet).

VOLLKOMMENHEIT meint keine moralische Unfehlbarkeit, sondern vollständige liebende Selbstgabe.

Abkürzungsverzeichnis

AEM	Allgemeine Einführung in das Römische Meßbuch.
AES	Allgemeine Einführung in das Stundengebet. Stundengebet, Band I, S. 25*-106*.
AG	Ad gentes divinitus, Dekret über die Missionstätigkeit der Kirche des Zweiten Vatikanischen Konzils.
AK	Apostolische Konstitution zur amtlichen Einführung des gemäß Beschluß des Zweiten Vatikanischen Konzils erneuerten Stundengebetes. Stundenbuch, Band I, S. 13*-24*.
C	Camino de Perfección (= Weg der Vollkommenheit) von Teresa von Avila.
CA	Centesimus annus, Sozialenzyklika von Johannes Paul II. aus dem Jahre 1991.
CCEE	Consilium Conferentiarum Episcoporum Europae – Europäische Bischofskonferenz.
CIC	Codex Iuris Canonici, 1983.
CL	Christifideles Laici, Apostolisches Schreiben von Johannes Paul II. aus dem Jahre 1988.
CL	Cetedoc Library of Christian Latin Texts, Löwen 1996 (CD-ROM Version 3).
DH	Denzinger, siehe Literaturverzeichnis.
DPI	Department of Public Information (UN).
gd	Gottesdienst – Information und Handreichung der Liturgischen Institute Deutschlands, Österreichs und der Schweiz. Freiburg.
GS	‚Gaudium et spes‘, Pastoralkonstitution des 2. Vatikanischen Konzils.
GÜ	Geistliche Übungen von Ignatius von Loyala
JPIC	Justice, Peace and Integrity of the Creation.
KEK	Konferenz Europäischer Kirchen.
L	Llama de amor viva (= Lebendige Flamme der Liebe) von Johannes vom Kreuz.
LE	Laborem exercens, Enzyklika zum Thema Arbeit von Johannes Paul II. aus dem Jahre 1981.
LG	‚Lumen Gentium‘, Dogmatische Konstitution des 2. Vatikanischen Konzils über die Kirche.
LThK	Lexikon für Theologie und Kirche. Herder. Freiburg.
M	Moradas del Castillo Interior (= Innere Burg) von Teresa von Avila.
N	Noche Oscura (= Dunkle Nacht) von Johannes vom Kreuz.
NA	Nostra aetate, Erklärung über das Verhältnis der Kirche zu den nicht-christlichen Religionen des Zweiten Vatikanischen Konzils.
NGO	Non-governmental organisation.
NRO	Nichtregierungsorganisation.
PB	Bericht des Pilgers von Ignatius von Loyola.
PE	Pastorale Einführung ins Benediktionale. Benediktionale, S.11-22.
QA	Quadragesimo anno, Sozialenzyklika von Pius XI aus dem Jahre 1931.
RN	Rerum novarum, Sozialenzyklika von Leo XIII aus dem Jahre 1891.
S	Subida del Monte Carmelo (= Aufstieg auf den Berg Karmel) von Johannes vom Kreuz.
SC	‚Sacrosanctum Concilium‘, Konstitution des 2. Vatikanischen Konzils über die heilige Liturgie.
UNCED	The United Nations Conference on Environment and Development – Konferenz für Umwelt und Entwicklung der Vereinten Nationen.
V	Vida (= Leben) von Teresa von Avila.

AutorInnen

Thomas Dienberg
Kapuziner, Dr. theol., geb. 1964, Dozent für Theologie der Spiritualität an der Phil.-Theol. Hochschule Münster; in der Leitung des Instituts für Spiritualität, dabei verantwortlich für den Bereich der Aus- und Weiterbildung von Theologen/Innen; Ausbildungsleiter der Kapuziner, Redakteur ordenseigener Zeitschriften; Publikationen zur Spiritualität.

Gotthard Fuchs
Dr. theol. h.c., geb. 1938, Priesterweihe 1963, Direktor der Katholischen Akademie Rabanus Maurus in Wiesbaden-Naurod von 1983 bis 1997, Ordinariatsrat für Kultur, Kirche und Wissenschaft. Zahlreiche Veröffentlichungen in Fachzeitschriften und diverse Buchveröffentlichungen.

Elisabeth Hense
verheiratet, drei Kinder, Drs. theol., geb. 1957, wissenschaftliche Mitarbeiterin am Institut für Spiritualität an der Phil.-Theol. Hochschule Münster, wissenschaftliche Mitarbeiterin am Titus-Brandsma-Institut (Nijmegen, Niederlande), arbeitet im Auftrag der Niederdeutschen Provinz der Karmeliten über die Spiritualität und Mystik des Karmel, zahlreiche Publikationen zur Spiritualität und Mystik.

Maria Hense
ein Sohn, Dipl. Psych., geb. 1955, Sozialtherapeutin mit Schwerpunkt Sucht, Theaterpädagogin, Gestaltungstherapeutin, selbständige Tätigkeit als psychologische Psychotherapeutin in freier Praxis, tiefenpsychologisch ausgerichtet; Arbeit mit Kindern, Jugendlichen und Erwachsenen.

Reinhard Isenberg
Diözesanpriester, Dipl. theol. Lic. theol., geb. 1960, Gemeindeseelsorger, Mitarbeiter am Institut für Spiritualität an der Phil.-Theol. Hochschule Münster.

Bernhard-Maria Janzen
Kapuziner, Dr. theol., geb. 1962, Lehrbeauftragter für Religionswissenschaft an der Phil.-Theol. Hochschule Münster; wissenschaftlicher Mitarbeiter des Instituts für Spiritualität, dort Projektleiter für Spiritualität im religionswissenschaftlichen Vergleich; Publikationen zum Thema Spiritualität und Weltreligionen.

Paul Menting
verheiratet, drei Kinder, Ing. Elektrotechnik, Drs. theol., geb. 1959, arbeitet als Pastoralreferent im Bistum Den Bosch (NL), wissenschaftlicher Mitarbeiter am Institut für Spiritualität an der Phil.-Theol. Hochschule Münster, Publikationen zur Spiritualität und Mystik.

Michael Plattig
Karmelit, Dr. theol., Dr. phil., geb. 1960, Professor für Theologie der Spiritualität an der Phil.-Theol. Hochschule Münster; Leiter des Instituts für Spiritualität an der Phil.-Theol. Hochschule Münster; zahlreiche Publikationen zur Spiritualität und Mystik.

Öffne deine
Augen
neige dein
Ohr
löse deine
Zunge
und
erschließe
dein Herz

Grundkurs
Spiritualität

Band 2
Materialien für eine Seminarreihe

- Vorstellung eines Konzepts, das Theologie
  und Erfahrung miteinander verbindet
- Vorschläge für erfahrungsbezogenes Arbeiten
  an den Themen des Grundkurses Spiritualität
- Verlaufsskizzen und methodisch-didaktische
  Hinweise für Referenten

Erscheint im September 2001

Verlag Katholisches Bibelwerk
Stuttgart